Schleicher
Jugend- und Familienrecht

Jugend- und Familienrecht

Ein Studienbuch

von

Professor Hans Schleicher, München
Professor Dr. Jürgen Winkler, Freiburg
Rechtsanwalt Dieter Küppers, München

14. Auflage 2014

C.H.BECK

www.beck.de

ISBN 978 3 406 65770 2

© 2014 Verlag C. H. Beck oHG
Wilhelmstraße 9, 80801 München

Satz: Uhl + Massopust, Aalen
Druck: Nomos Verlagsgesellschaft
In den Lissen 12, 76547 Sinzheim

Umschlaggestaltung: Kunst oder Reklame, München

Gedruckt auf säurefreiem, alterungsbeständigem Papier
(hergestellt aus chlorfrei gebleichtem Zellstoff)

Vorwort zur 14. Auflage

40 Jahre nach dem erstmaligen Erscheinen liegt nunmehr die 14. Auflage des Lehrbuchs vor. Die Neuauflage bot wieder einmal die Gelegenheit, sämtliche Kapitel durchzusehen und dabei alle, bis zum 15. Dezember 2013 erfolgten, relevanten Gesetzesänderungen einzuarbeiten. Es handelt sich vor allem um folgende Gesetze:

- Gesetz zur Ermittlung von Regelbedarfen und zur Änderung des Zweiten und Zwölften Buches Sozialgesetzbuch vom 24.3.2011
- Gesetz zur Bekämpfung der Zwangsheirat und zum besseren Schutz der Opfer von Zwangsheirat sowie zur Änderung weiterer aufenthalts- und asylrechtlicher Vorschriften vom 23.6.2011
- Gesetz zur Änderung des Vormundschafts- und Betreuungsrechts vom 29.6.2011
- das Gesetz über die Besetzung der großen Straf- und Jugendkammern in der Hauptverhandlung und zur Änderung weiterer gerichtsverfassungsrechtlicher Vorschriften sowie des Bundesdisziplinargesetzes vom 6.12.2011
- Gesetz zur Stärkung eines aktiven Schutzes von Kindern und Jugendlichen (Bundeskinderschutzgesetz – BKiSchG) vom 22.12.2011
- Gesetz zur Kooperation und Information im Kinderschutz (KKG) vom 22.12.2011
- Gesetz zur Erweiterung jugendrichterlicher Handlungsmöglichkeiten vom 4.9.2012
- Gesetz zur bundesrechtlichen Umsetzung des Abstandsgebotes im Recht der Sicherungsverwahrung vom 5.12.2012
- Gesetz über den Umfang der Personensorge bei einer Beschneidung des männlichen Kindes vom 20.12.2012
- Gesetz zur zusätzlichen Förderung von Kindern unter drei Jahren in Tageseinrichtungen und in Kindertagespflege vom 15.2.2013
- Gesetz zur Einführung eines Betreuungsgeldes (Betreuungsgeldgesetz) vom 15.2.2013
- Gesetz zur Regelung der betreuungsrechtlichen Einwilligung in eine ärztliche Zwangsmaßnahme vom 18.2.2013
- Gesetz zur Reform der elterlichen Sorge nicht miteinander verheirateter Eltern vom 16.4.2013
- Unterhaltsvorschussentbürokratisierungsgesetz vom 3.5.2013
- Gesetz zur Änderung personenstandsrechtlicher Vorschriften (Personenstandsrechts-Änderungsgesetz – PStRÄndG) vom 7.5.2013
- Gesetz zur Stärkung der Rechte von Opfern sexuellen Missbrauchs (StORMG) vom 26.6.2013
- Gesetz zur Stärkung der Rechte des leiblichen, nicht rechtlichen Vaters vom 4.7.2013

Bewährtes wurde beibehalten und weiter ausgebaut – insbesondere die zum Text hinführenden Randkolumnen, die Querverweise, die Zusammenfassungen und das umfangreiche Stichwortverzeichnis.

Verfasser und Verlag hoffen auf eine weiterhin freundliche Aufnahme des Buches und sind für Anregungen und Kritik nach wie vor dankbar.

München und Freiburg, im Januar 2014

Hans Schleicher
Jürgen Winkler
Dieter Küppers

Vorwort zur ersten Auflage

In der sozialpädagogischen Arbeit ist die Kenntnis rechtlicher Bestimmungen unerlässlich geworden, da verschiedene Rechtsnormen auf die tägliche Praxis der Sozialpädagogen einwirken.
So stellt sich z.B. permanent die Frage, welche rechtlichen Anforderungen bei der in allen sozialpädagogischen Bereichen bestehenden Aufsichtspflicht erfüllt werden müssen.

Da in sozialpädagogischen Einrichtungen den einzelnen Erziehern Teile der elterlichen Fürsorge übertragen werden, ist es für sie auch von Bedeutung, die rechtliche Ausgestaltung, Übertragungsformen sowie Eingriffsmöglichkeiten in das Elternrecht zu kennen. Hieraus erklärt und ergibt sich nämlich der Rahmen der eigenen Tätigkeit und zugleich die Möglichkeiten der Hilfe für die anvertrauten Minderjährigen.

Bei der Auswahl der Gebiete aus der Gesamtmaterie dessen, was üblicherweise als „Jugend- und Familienrecht" bezeichnet wird, wurden weitgehend die Lehrpläne der Fachakademien bzw. Fachschulen für Sozialpädagogik berücksichtigt, aber auch die wesentlichen Teile des Lehrstoffes des Jugend- und Familienrechts für die Studenten der Sozialarbeit/Sozialpädagogik an Fachhochschulen behandelt.

Dabei wurden diejenigen Kapitel ausführlicher dargestellt, die entweder in der Praxis die größte Bedeutung haben oder erfahrungsgemäß den Studierenden bei der Erarbeitung die meisten Schwierigkeiten bereiten. Es wurden daher die in Betracht kommenden Gesetzesbestimmungen detailliert angegeben. Zum Verständnis und Nacharbeiten des Stoffes empfiehlt es sich, die zitierte Gesetzesstelle wirklich aufzuschlagen und nachzulesen, denn nur so kann die dem Laien oft fremde Diktion rechtlicher Normen erfasst und verstanden werden.

Das Studienbuch will sich aber nicht nur an die in der Ausbildung Stehenden richten, sondern auch an die bereits in der sozialpädagogischen Praxis Tätigen und ihnen eine Hilfe bei der Bewältigung ihrer verantwortungsvollen Aufgaben bieten.

München, Juni 1973   *Hans Schleicher*

Inhaltsübersicht

Teil 1. Jugendrecht

Teil 2. Familienrecht

§§ ohne nähere Angaben entstammen dem BGB (im Kapitel „Jugendhilferecht" dem SGB VIII).

Inhaltsverzeichnis

Teil 1. Jugendrecht

Inhaltsverzeichnis

Inhaltsverzeichnis

Inhaltsverzeichnis

Inhaltsverzeichnis

Teil 2. Familienrecht

Inhaltsverzeichnis

Inhaltsverzeichnis

Inhaltsverzeichnis

Inhaltsverzeichnis

Verzeichnis der Übersichten und Prüfschemata

Abkürzungsverzeichnis

aA	anderer Ansicht
aaO	am angegebenen Ort
AdoptG	Adoptionsgesetz
AdVermiG	Adoptionsvermittlungsgesetz
AdWirkG	Adoptionswirkungsgesetz
ÄndG	Änderungsgesetz
aF	alte Fassung
AG	Amtsgericht
AGJ	Arbeitsgemeinschaft für Jugendhilfe
Akt. Lfg.	Aktualisierungslieferung
Alt.	Alternative
Anm	Anmerkung
AnO	Anordnung
Anspr.	Anspruch
ArbGG	Arbeitsgerichtsgesetz
arg.	Argument
Art.	Artikel
ASD	Allgemeiner Sozialdienst
AsylVerfG	Asylverfahrensgesetz
AufenthG	Aufenthaltsgesetz
Aufl.	Auflage
AWO	Arbeiterwohlfahrt
Az.	Aktenzeichen
BAföG	Bundesausbildungsförderungsgesetz
BAG	Bundesarbeitsgericht (Band, Seite)
BayObLG	Bayerisches Oberstes Landesgericht
BBiG	Berufsbildungsgesetz
BDSG	Bundesdatenschutzgesetz
BeckOK	Beck'scher Online-Kommentar
BeckRS	Beck'sche Rechtssammlung
BEEG	Bundeselterngeld- und Elternzeitgesetz
BetrVerfG	Betriebsverfassungsgesetz
BeurkG	Beurkundungsgesetz
BGB	Bürgerliches Gesetzbuch
BGBl.	Bundesgesetzblatt
BGHSt	Bundesgerichtshof, E in Strafsachen (Band, Seite)
BGHZ	Bundesgerichtshof, E in Zivilsachen (Band, Seite)
BJagdG	Bundesjagdgesetz
BMJ	Bundesministerium der Justiz
BMFSFJ	Bundesministerium für Familie, Senioren, Frauen und Jugend
BNotO	Bundesnotarordnung
BR-Drs/BR-Drucks	Bundesratsdrucksache
BRD	Bundesrepublik Deutschland
BT-Drs/BT-Drucks.	Bundestagsdrucksache
BtG	Betreuungsgesetz
„Bufdis"	Bundesfreiwilligendienstleistende
BVerfG	Bundesverfassungsgericht
BVerfGE	Bundesverfassungsgericht (Band, Seite)
BVG	Bundesversorgungsgesetz
BW/BaWü	Baden-Württemberg

Abkürzungsverzeichnis

		(Internationale statistische Klassifikation der Krankheiten und verwandter Gesundheitsprobleme der Weltgesundheitsorganisation [WHO])
idF	....	in der Fassung
idR	....	in der Regel
idS	....	in diesem Sinn
iSd	....	im Sinne der/des
iVbm/i.V.m.	....	in Verbindung mit
iwS	....	im weiteren Sinne
JA	....	Jugendamt
JAmt	....	Zeitschrift Jugendamt (Jahr, Seite)
JArbSchG	....	Gesetz zum Schutz der arbeitenden Jugend
JAVollzO	....	Jugendarrestvollzugsordnung
JGH	....	Jugendgerichtshilfe
JGG	....	Jugendgerichtsgesetz
1. JGGÄndG	....	Änderungsgesetz 1990
JMStV	....	Jugendmedienschutz-Staatsvertrag
JStVollzG Bln	....	Jugendstrafvollzugsgesetz Berlin
Jur.	....	juristisch
JuSchG	....	Jugendschutzgesetz
Jugdl	....	Jugendliche(r)
JugSchöffGer	....	Jugendschöffengericht
JuHi	....	Jugendhilfe
Jur.	....	juristisch
Jura	....	Zeitschrift Juristische Ausbildung (Jahr, Seite)
JuRi	....	Jugendrichter
JuSchG	....	Jugendschutzgesetz
JuStr	....	Jugendstrafe
JVA	....	Jugendstrafvollzugsanstalt
JVEG	....	Justizvergütungs- und -entschädigungsgesetz
JWG	....	Jugendwohlfahrtsgesetz
KG	....	Kammergericht (= OLG Berlin)
Ki.	....	Kind
KICK	....	Kinder- und Jugendhilfeweiterentwicklungsgesetz
KiföG	....	Kinderförderungsgesetz
Kind-Prax	....	Kindschaftsrechtliche Praxis (Jahr, Seite)
KindRG	....	Kindschaftsrechtsreformgesetz
Kita	....	Kindertagesstätte
KJHG	....	Kinder- und Jugendhilfegesetz
KostO	....	Kostenordnung
Kripo	....	Kriminalpolizei
KSÜ	....	Haager Kinderschutzübereinkommen
Lbj.	....	Lebensjahr
LG	....	Landgericht
Lit	....	Literatur
LJA	....	Landesjugendamt
LPartG	....	Lebenspartnerschaftsgesetz
LPK-SGB VIII	......	Lehr- und Praxiskommentar zum SGB VIII
Mdj.	....	Minderjährige(r), minderjährig
MDR	....	Monatsschrift für Deutsches Recht (Jahr, Seite)
MHbeG	....	Minderjährigenhaftungsbeschränkungsgesetz
MRK	....	Menschenrechtskonvention
MSA	....	Haager Minderjährigenschutzabkommen
mtl.	....	monatlich
mwN	....	mit weiteren Nachweisen
MüKo/...	....	Münchener Kommentar zum BGB/Verfasser

Abkürzungsverzeichnis

UVG/UhVG . . . . Unterhaltsvorschussgesetz
UVollzO . . . . Untersuchungshaftsvollzugsordnung
VA . . . . Verwaltungsakt
vAwg . . . . von Amts wegen
VBVG . . . . Vormünder- und Betreuervergütungsgesetz
VersAusglG . . . . Versorgungsausgleichsgesetz
VersR . . . . Versicherungsrecht, Zeitschrift (Jahr, Seite)
VG . . . . Verwaltungsgericht
VGH . . . . Verwaltungsgerichtshof
VO . . . . Verordnung
Vollj . . . . Volljährige(r)
Vorbem. . . . . Vorbemerkung
VormG . . . . Vormundschaftsgericht (ehemaliges)
VS . . . . Vermögenssorge
VwGO . . . . Verwaltungsgerichtsordnung
WehrpflG . . . . Wehrpflichtgesetz
WG . . . . Wohngemeinschaft
ZblJugR . . . . Zentralblatt für Jugendrecht und Jugendwohlfahrt (Jahr, Seite)
ZfJ . . . . Zentralblatt für Jugendrecht (Jahr, Seite)
ZfSH . . . . Zeitschrift für Sozialhilfe (Jahr, Seite)
ZKJ . . . . Zeitschrift für Kindschaftsrecht und Jugendhilfe (Jahr/Seite)
ZPO . . . . Zivilprozessordnung
ZRP . . . . Zeitschrift für Rechtspolitik (Jahr, Seite)
z.T. . . . . zum Teil
zzt. . . . . zurzeit

Literaturhinweise

Nachfolgend wird vor allem auf weiterführende Literatur hingewiesen, die sozialwissenschaftlich orientiert ist und als ergänzende oder vertiefende Literatur in Betracht kommt.

I. Lehrbücher/Kommentare

Brühl/Deichsel/Nothacker, Strafrecht für die Soziale Praxis, Stuttgart 2005
Dethloff, Familienrecht, 30. Aufl., München 2012
Eisenberg, Jugendgerichtsgesetz, 16. Aufl., München 2013
Fieseler/Herborth, Recht der Familie und Jugendhilfe, 7. Aufl., München 2010
Fieseler/Schleicher/Busch/Wabnitz, Kinder- und Jugendhilferecht, Gemeinschaftskommentar zum SGB VIII, Neuwied 1998, 53. Akt. Lfg. Dez. 2013
Fricke/Söchtig/Kunkel, Kinder- und Jugendhilferecht – Fälle und Lösungen, 4. Aufl., Baden-Baden 2013
Kievel/Knösel/Marx, Recht für soziale Berufe, 7. Aufl., München 2013
Kunkel, Lehr- und Praxiskommentar zum SGB VIII (LPK-SGB VIII), 4. Aufl., Baden-Baden 2011
Kunkel, Jugendhilferecht, 7. Aufl., Baden-Baden 2013
Möller/Nix, Kurzkommentar zum SGB VIII – Kinder- und Jugendhilfe, München 2006
Mrozynski, SGB VIII, Kinder- und Jugendhilfe, 5. Aufl., München 2009
Münchener Kommentar zum BGB, Band 7 Familienrecht I (1. und 2. Halbband) (2010); Band 8 Familienrecht II (2008) mit Nachtrag (2010)
Münder/Trenczek/Meysen, Frankfurter Kommentar zum SGB VIII, 7. Aufl., Baden-Baden 2013
Münder/Ernst, Familienrecht, 6. Aufl., München 2009
Münder, Kinder und Jugendhilferecht, 6. Aufl., München 2007
Nothacker, Jugendstrafrecht, 3. Aufl., Baden-Baden 2001
Oberloskamp/Marx, Kindschaftsrechtliche Fälle für Studium und Praxis, 6. Aufl. Heidelberg 2006
Oberloskamp/Brosch/Brosey/Grühn, Jugendhilferechtliche Fälle für Studium und Praxis, 12. Aufl., Heidelberg 2011
Palandt/Bearbeiter, Bürgerliches Gesetzbuch, 72. Aufl. 2013
Schwab, Familienrecht, 21. Aufl., München 2013
Wabnitz, Grundkurs Familienrecht für die Soziale Arbeit, 3. Aufl., München 2012
Wabnitz, Grundkurs Kinder- und Jugendhilferecht für die Soziale Arbeit, 3. Aufl., München 2012
Wiesner, SGB VIII – Kinder- und Jugendhilfe, 4. Aufl., München 2011

II. Sonstige Veröffentlichungen

Balloff, Familiengerichtshilfe als Aufgabe der Jugendämter, ZfJ 1991, S. 379 ff.
Balloff, Kindeswille, Grundbedürfnisse des Kindes und Kindeswohl in Umgangsrechtsfragen, FPR 2002, S. 240 ff.
Bier-Fleiter/Weiß (Hrsg.), Familie und öffentliche Erziehung. Aufgaben, Abhängigkeiten und gegenseitige Ansprüche. 2001
Bundesarbeitsgemeinschaft der Landesjugendämter, Empfehlungen zur Adotionsvermittlung, 6. Aufl., München 2009
Eisenberg/Singelnstein, Zum Referentenentwurf eines Jugendstrafvollzugsgesetzes vom 19.1.2007, ZKJ 2007, S. 184 ff.
Fricke, Anhörungen von Kindern im Familiengericht, Kind-Prax 1999, S. 191 ff.
Gerth, Scheidungsberatung: Kinder als Subjekte, Herausforderung für die Trennungs- und Scheidungsberatung, Kind-Prax 2003, S. 75 ff.
Goldstein/Freud/Solnit, Jenseits des Kindeswohls, Frankfurt 1974
Hanft, Ausbildungsrelevante Besonderheiten in Strafverfahren gegen Jugendliche und Heranwachsende, Jura 2008, S. 368 ff.
Knödler, „Das hat noch keinem geschadet" – Vom Mythos der zulässigen elterlichen Gewalt gegenüber Kindern, ZKJ 2007, S. 58 ff.
Menne, Die Verwirkung von Unterhaltsansprüchen, Kind-Prax 2004, S. 136 ff.

Literaturhinweise

Rolfs/Giesen/Kreikebohm/Udsching (Hrsg.), Beck'scher Online-Kommentar Sozialrecht, Edition 18. Stand: 1.6.2010

Schleicher, Gemeinsame Sorgerechtsausübung durch geschiedene Eltern zum Kindeswohl? ZfSH 1983, S. 296 ff.

Schleicher, Stolperstein Familiengerichtshilfe – Aufgaben und Selbstverständnis der Jugendhilfe bei der Mitwirkung in familiengerichtlichen Verfahren, Jugendhilfe 1999, S. 323 ff.

Schleicher, Recht auf gewaltfreie Erziehung – Zur Bedeutung des gesetzlichen Gewaltverbots, Jugendhilfe 2001, S. 181 ff.

Spindler, Zur Kooperation von Beratungsstelle und Familiengericht bei hochkonflikthafter Trennung und Scheidung, Kind-Prax 2003, S. 202 ff.

Wabnitz, Mitwirkung in familiengerichtlichen Verfahren. Rechtsgrundlagen, Aufgaben, Selbstverständnis, ZfJ 2000, S. 336 ff.

Willutzki, Familiengericht und Jugendamt – neue Formen der Zusammenarbeit, ZfJ 1994, S. 202 ff.

Willutzki, Betreuter Umgang als Hilfestellung für ein faires Miteinander, Kind-Prax 2003, S. 49

Teil 1. Jugendrecht

Kapitel 1. Rechtliche Bedeutung der einzelnen Altersstufen

Rechtliche Bedeutung der einzelnen Altersstufen	
Vollendung der Geburt	– Beginn der Rechtsfähigkeit (§ 1 BGB), – Beginn der Parteifähigkeit (§ 50 Abs. 1 ZPO), – Beginn der Staatsangehörigkeit (s. dazu §§ 3, 4 StAG)
Vollendetes Lebensjahr	
3	– Anspruch auf Förderung in Tageseinrichtungen/Kindertagespflege (§ 24 Abs. 1 SGB VIII) – Mitwirkung bei Musik- und anderen Aufführungen, Werbeveranstaltungen, Rundfunk-, Fernseh-, Film-, Foto-, Tonbandaufnahmen bis zu zwei Stunden täglich zwischen 8 und 17 Uhr (sowie an den erforderlichen Proben) ist mit Genehmigung der zuständigen Aufsichtsbehörde möglich (§ 6 Abs. 1 Nr. 2a JArbSchG)
5	Änderung des Familiennamens des Namensgebers des Kindes erstreckt sich auf dieses nur dann, wenn es sich der Namensänderung „anschließt" (vgl. §§ 1617c Abs. 1 u. 2; 1618 S. 3; 1757 Abs. 2 S. 2).
6	– Beginn der Schulpflicht (Schulgesetze der Länder). – Mitwirkung bei Musik- und anderen Aufführungen, Werbeveranstaltungen, Rundfunk-, Fernseh-, Film-, Foto-, Tonbandaufnahmen bis zu drei Stunden täglich zwischen 8 und 22 Uhr (sowie an den erforderlichen Proben) ist mit Genehmigung der Aufsichtsbehörde möglich (§ 6 Abs. 1 Nr. 2b JArbSchG) – Besuch von für dieses Alter behördlich freigegebenen Filmen bis 20 Uhr; danach ist das nur in Begleitung personensorgeberechtigter oder erziehungsbeauftragter Personen erlaubt (vgl. § 11 Abs. 2 u. 3 JuSchG)
7	– bedingt deliktsfähig – bei fahrlässig verursachten Unfällen mit Kfz., Schienen-/Schwebebahnen aber erst ab 10 Jahren – (§ 828 Abs. 1, 2 BGB) – beschränkt geschäftsfähig (§ 106 BGB) – partielle Prozessfähigkeit (§§ 51, 52 ZPO, § 62 Abs. 1 VwGO)
10	Recht auf Anhörung vor Religionswechsel (§§ 2 Abs. 3 S. 5, 3 Abs. 2 S. 5 RelKErzG)
12	– Besuch von für dieses Alter behördlich freigegebenen Filmen bis 20 Uhr; danach ist das nur in Begleitung personensorgeberechtigter oder erziehungsbeauftragter Personen erlaubt (§ 11 Abs. 2 u. 3 JuSchG) – Kind kann nicht gegen seinen Willen in anderem Bekenntnis erzogen werden (§ 5 S. 2 RelKErzG).

14	– Besuch von für dieses Alter behördlich freigegebenen Filmen bis 22 Uhr; danach ist das nur in Begleitung PS-Berechtigter od. Erz.-Beauftragter erlaubt (§ 11 Abs. 2 u. 3 JuSchG)
	– Gaststätten-Aufenthalte von 5–23 Uhr gestattet zur Einnahme eines Getränks oder einer Mahlzeit oder wenn sie sich „auf Reisen" befinden oder in Begleitung PS-Berechtigter oder Erz.-Beauftragter oder bei Veranstaltungen anerkannter JuHi-Träger oder bei behördl. Ausnahmegenehmigung (§ 4 JuSchG)
	– Beschäftigungen bis 2 Std. tägl. von 8–18 Uhr (aber nicht vor od. während des Schulunterrichts), soweit sie leicht und für Kinder geeignet sind u. PS-Berechtigte einwilligen (vgl. § 5 Abs. 3 JArbSchG sowie § 2 Kinderarbeits-Schutz-VO)
	– Beschäftigung in der Landwirtschaft unter den vorgenannten Bedingungen bis 3 Std. tägl. (vgl. § 5 Abs. 3 JArbSchG sowie § 2 Kinderarbeits-Schutz-VO)
	– Recht auf persönliche Anhörung der Mdj. in allen ihre Personen- und Vermögenssorge betr. Verfahren vor den FamG (§ 159 FamFG)
	– freie Religionswahl (§ 5 RelKErzG)
	– Beginn der strafrechtlichen Verantwortlichkeit [bedingte Strafmündigkeit] (§§ 1 Abs. 2, 3 JGG)
	– eigenes Rechtsmittelrecht im Jugendstrafverfahren ohne Mitwirkung ihrer g.V. (§ 55 Abs. 2 S. 2 JGG)
	– selbstständiges Rechtsmittelrecht beim FamG in allen ihre Person betreffenden Angelegenheiten ohne Mitwirkung ihrer g.V. (§ 60 FamFG)
	– Einwilligung zur Adoption können Minderjährige nur selbst erteilen (§ 1746 Abs. 1 S. 3 BGB)
	– Änderungen des Vornamens und des Familiennamens von adoptierten Kindern sowie des Familiennamens anderer Kinder sind nur mit deren Einwilligung möglich (§ 1757 Abs. 2 S. 2 bzw. §§ 1617c Abs. 1 S. 2, 1618 Abs. 6 BGB)
	– Antrag auf Aufhebung der Adoption wegen fehlender Einwilligung des Kindes kann nur vom Kind selbst gestellt werden (§ 1762 Abs. 1 BGB)
	– Möglichkeit, die Ablösung eines Amts- oder Vereinsvormundes (oder: -pflegers) durch eine geeignete Einzelperson sowie: die Bestellung eines anderen Vormundes oder Pflegers zu beantragen (§§ 1887 Abs. 2 S. 2, 1915 BGB)
	– gemeinsamem Vorschlag der Eltern über Sorgerechts-Ausübung bei Getrenntleben oder Scheidung wird bei Widerspruch des Kindes die Verbindlichkeit genommen (§ 1671 Abs. 1 S. 2 Nr. 1 BGB) u. damit ist dann allein das Kindeswohl maßgebend; Entspr. gilt, wenn beim FamG ein Elternteil eines ne. Ki. die Übertragung der gemeinsamen elterlichen Sorge oder der Vater die Alleinsorge beantragt und der andere Elternteil dem jeweils zustimmt (§ 1671 Abs. 1 S. 2 Nr. 1, Abs. 2 S. 2 Nr. 1 BGB)
	– Ende des strafrechtlichen Jugendschutzes [sexueller Missbrauch von Kindern] (vgl. im Einzelnen §§ 176, 176a StGB)
	– aktives und passives Wahlrecht für die Jugendvertretung im Betriebsrat (§ 61 BetrVerfG)
	– volle Verfahrensfähigkeit bei mit Freiheitsentzug verbundenen Unterbringungen (§§ 167 Abs. 3, 316 FamFG), d.h.: selbstständiges Antrags-/Rechtsmittelrecht, Anwaltsbeauftragung etc. ohne Mitwirkung (u. auch gegen den Willen) ihrer g.V.

15	– Antragsrecht auf Sozialleistungen (z.B. nach BAföG, SGB XII), das die g.V aber einschränken können (§ 36 SGB I) – Ende des generellen Beschäftigungsverbots (§ 5 Abs. 1 JArbSchG) – Mindestalter für Kfz. ohne erforderl. Fahrerlaubnis (§ 10 Abs. 3 FahrerlaubnisVO)

16	– Beschäftigung in den Schulferien pro Kalenderjahr für max. 4 Wochen (bis zu max. 8 Stunden täglich u. 40 Stunden wöchentl.) zulässig (§ 5 Abs. 4 JArbSchG)
	– Führerschein der Klassen A1, L, M, S, T möglich (§ 10 Abs. 1 FahrerlaubnisVO)
	– Eidesfähigkeit (§ 393 ZPO bzw. § 60 Nr. 1 StPO)
	– *Ende einiger Jugendschutzbestimmungen:*
	  – Besuch von für dieses Alter behördl. freigegebenen Filmen bis 24 Uhr; danach nur in Begleitung PS-Berechtigter oder Erz.-Beauftragter (§ 11 Abs. 2 u. 3 JuSchG)
	  – Aufenthalt in Gaststätten (aber nicht in Nacht-Bars/-Clubs o. Ä.) zwischen 5 u. 24 Uhr gestattet; außerhalb dieser Zeiten nur für Jugendl. „auf Reisen", in Begleitung PS-Berechtigter od. Erz.-Beauftragter oder bei Veranstaltungen anerkannter JuHi-Träger oder bei behördl. Ausnahmegenehmigung (vgl. § 4 JuSchG)
	  – Abgabe u. Genuss von *alkoholischen Getränken* in Gaststätten, Verkaufsstellen oder sonst in der Öffentlichkeit nur im Beisein von PS-Berechtigten gestattet (vgl. § 9 Abs. 1 JuSchG)
	  – Anwesenheit bei öffentlichen *Tanzveranstaltungen erlaubt, ab 24 Uhr* jedoch nur in Begleitung von PS-Berechtigten od. Erz.-Beauftragten [Ausnahmen: Veranstaltungen anerkannter freier JuHi-Träger, der Brauchtumspflege oder der künstle-rischen Betätigung oder bei besonderer behördl. Genehmigung] (vgl. § 5 JuSchG)
	– Eigenes Antragsrecht und Prozessfähigkeit in Sozialversiche-rungsangelegenheiten, z.B. bei Unfällen (§ 71 SGG)
	– Anhörungsrecht vor Änderungen ihres Familiennamens (§ 2 Abs. 2 NamensÄndG)
	– FamG kann Heirat zulassen (vgl. § 1303 Abs. 2–4 BGB)
	– *Ende folgender strafrechtlicher Jugendschutzbestimmungen:*
	  – Verletzung der Fürsorge- oder Erziehungspflicht (§ 171 StGB),
	  – sexueller Missbrauch Schutzbefohlener (§ 174 Abs. 1 Nr. 1 StGB),
	  – Förderung sexueller Handlungen (§ 180 Abs. 1 StGB),
	  – sexueller Missbrauch Minderjähriger (§ 182 StGB).
	– Erwerb des Jugendjagdscheines möglich (§ 16 BJagdG)
	– Recht auf Einsicht/Auskunft aus Personenstandsregistern u. auf Erteilung von Geburts- u. anderen Urkunden (vgl. §§ 62, 63 PStG)

17	– Fahrerlaubnis für Klassen B u. BE in Begleitung einer Person ab 30 J. mit Fahrerlaubnis seit 5 J. (vgl. § 48a FahrerlaubnisVO) – freiwillige Verpflichtung bei Bundeswehr (§ 8 SoldatenlaufbahnVO)

18	– Volljährigkeit (§ 2 BGB) – volle Geschäftsfähigkeit (§ 106 BGB) – volle Prozessfähigkeit (§ 52 Abs. 1 ZPO) – volle zivilrechtliche Verantwortlichkeit – Deliktsfähigkeit – (§ 828 Abs. 2 BGB) – volle strafrechtliche Verantwortlichkeit – Strafmündigkeit – (§§ 1, 3 JGG) mit der Möglichkeit, auf noch nicht 21 Jahre alte Täter (Zeitpunkt: Begehung der Tat) evtl. noch das Jugendstrafrecht anzuwenden (§ 105 Abs. 1 JGG) – Ehemündigkeit (§ 1303 Abs. 1 BGB) – Führerschein der Klassen A bei stufenweisem Zugang, B, BE, C, C1, CE, C1E möglich (§ 10 Abs. 1 FahrerlaubnisVO) – Ende der elterlichen Sorge (§ 1626 Abs. 1 BGB) – Ende von Pflegschaften und Vormundschaften wegen Minderjährigkeit (§§ 1882; 1909, 1915 BGB) – Ende sämtlicher Jugendschutzbestimmungen (einschließlich des Rauchverbots in der Öffentlichkeit nach § 10 Abs. 1 JuSchG) – *Ende des strafrechtlichen Jugendschutzes (d. h. Strafbarkeit endet) bei:* – sexuellen Handlungen mit leiblichen oder adoptierten Kindern (§ 174 Abs. 1 Nr. 3 StGB) [aber Strafbarkeit des Beischlafs mit leiblichen Abkömmlingen bleibt bestehen gem. § 173 StGB.] – sexuellen Handlungen unter Missbrauch einer Abhängigkeit (§ 174 Abs. 1 Nr. 2 StGB) – Förderung, Vermittlung oder Bestimmung zur Prostitution – sog. schwere Kuppelei – (§§ 180a Abs. 2 Nr. 1, 180 Abs. 2 u. 3 StGB) – jugendgefährdender Ausübung der Prostitution (§ 184b Nr. 2 StGB) – Verbreitung sog. einfacher Pornografie (§ 184 Abs. 1 Nr. 1, 2, 5, 8 StGB) – Misshandlung von Schutzbefohlenen – sog. Kindsmisshandlung – (§ 225 StGB) – Kindesraub (§ 235 StGB) – Kinderhandel (§ 236 Abs. 2 StGB) – aktives u. passives Wahlrecht für Betriebsrats- bzw. Personalratswahlen (§§ 7, 8 BetrVerfG bzw. §§ 13, 14 Abs. 1 PersVertrG) – Bestellung als Pfleger oder Vormund möglich (§§ 1781 Nr. 1, 1915 BGB) – Eigene Strafantragsmöglichkeit (§ 77 Abs. 3 StGB) – Beginn der Wehrpflicht (§ 1 Abs. 1 WehrpflG) – allgemeines (aktives u. passives) Wahlrecht (Art. 38 Abs. 2 GG)
21	– Grundsätzlich Wegfall der Möglichkeit, HzE zu gewähren (§ 41 Abs. 1 S. 2 SGB VIII) – Wegfall der Möglichkeit, Jugendstrafrecht anzuwenden (§ 1 JGG) – Führerschein der Klassen D, D1, DE, D1 E möglich (§ 10 Abs. 1 FahrerlaubnisVO) – Wegfall diverser Vergünstigungen im Unterhaltsrecht: – die generell bestehende gesteigerte elterliche Unterhaltspflicht endet (vgl. § 1603 Abs. 2 BGB) – Vorrang gegenüber anderen Unterhaltsberechtigten entfällt (§ 1609 Abs. 1 Nr. 1 BGB

Kapitel 2. Aufsichtspflicht im privaten und beruflichen Alltag

Übersicht

A. Vorbemerkungen

Im familiären Bereich sowie in der gesamten sozialpädagogischen Arbeit können bei Minderjährigen Aufsichtspflichtfragen und/oder konkrete Haftungsfälle auftreten. Nicht selten ergeben sich hierbei für die Betroffenen vielfältige Probleme. Es werden dann unterschiedliche eigene Überlegungen angestellt, (evtl. gegensätzliche) Ratschläge eingeholt, und am Ende verbleibt doch überwiegend große Unsicherheit, wie man sich als Aufsichtspflichtiger denn nun wirklich richtig verhalten soll. **[Unsicherheit in der Praxis]**

Woran liegt es, dass zuweilen sogar erfahrene Erzieher bei den dann allein oder gemeinsam angestellten Überlegungen plötzlich unsicher werden, wenn es um die eigentlich doch ganz alltägliche berufsspezifische Frage geht, wie Aufsichtspflicht richtig – d. h. auch juristisch „unangreifbar" – ausgeübt werden soll? Das hat wohl *mehrere Gründe*: **[Gründe]**

Zum einen trägt sicherlich die sparsame gesetzliche Regelung (die nur die Rechtsfolgen [Schadensersatzpflicht und Bestrafung] nennt, Inhalt und Umfang der Aufsichtspflicht aber überhaupt nicht anspricht) mit dazu bei, die Materie undurchschaubar erscheinen zu lassen, da Einzelheiten nicht im Gesetz nachgelesen werden können, sondern einzelnen Gerichtsentscheidungen entnommen werden müssen. **[Gesetz regelt nur Rechtsfolgen]**

Zum anderen sind solche gerichtlichen Leitsätze (ähnlich wie evtl. vorhandene Dienstanweisungen oder Richtlinien zur Aufsichtspflicht der Träger der betreffenden sozialpädagogischen Einrichtungen) infolge ihrer Abstraktheit der Aussage sowie nicht zuletzt durch ihre juristische Diktion nicht immer dazu angetan, den konkreten Fall zu erhellen oder gar Hinweise für die eigene Aufsichtspflicht zu geben. **[Verwirrende Rechtsprechung und Richtlinien]**

Vielfach anzutreffende Aushänge und Schilder mit dem (in dieser Generalität übrigens absolut *falschen*) Text: *„Eltern haften für ihre Kinder"* tragen außerdem zur Verunsicherung bei. **[Verunsicherung durch Aushänge/Schilder]**

Der wirkliche Grund dafür, dass man Aufsichtspflichtfragen und -probleme theoretisch relativ leicht abhandeln kann, diese in der Praxis dann aber doch immer wieder problematisch werden, liegt allerdings am Ort des Geschehens – also an der Praxis selbst. Denn diese ist so verschiedenartig und befindet sich in einem permanenten Entwicklungs- und Wandlungsprozess in ihrem ständigen Bemühen, die jeweils neuesten Erkenntnisse der Erziehungswissenschaften mit einzubringen oder aber diese selbst mit voranzutreiben. So wird die Praxis ganz zwangsläufig immer wieder aufs Neue mit veränderten Situationen im Aufsichtsbereich konfrontiert, **[Vielfalt der Praxis]** die es täglich zum Wohl der anvertrauten Kinder oder Jugendlichen zu bewältigen gilt.

„Rezepte"
gibt es nicht   Im Folgenden sollen daher Begriff und rechtlicher Inhalt der Aufsichtspflicht aufgezeigt und die sich daraus ergebenden Konsequenzen für die Erziehungs-Praxis dargestellt werden, ohne dass etwa überall gültige „Rezepte" gegeben werden können, aber hoffentlich einige Hilfen für die alltägliche Ausübung der Aufsicht über Minderjährige.

B. Begriff und Entstehen der Aufsichtspflicht

Begriff   Personen, denen *Minderjährige* oder wegen ihres geistigen oder körperlichen Zustandes *aufsichtsbedürftige Volljährige* zur Erziehung, Pflege, Betreuung, Behandlung, Begutachtung … anvertraut worden sind, haben für diese Personen die Verantwortung. Dazu gehört (u. a.), die zu Betreuenden davor zu bewahren, dass diese selbst Schäden erleiden oder andere Personen schädigen (vgl. dazu unten Kapitel C. I.). Diese doppelte Verpflichtung heißt Aufsichtspflicht.

Doppelte
Verpflichtung

Entstehung   Da diese Verpflichtung entweder kraft gesetzlicher Bestimmungen oder durch vertragliche Abmachungen besteht, spricht man auch von: *gesetzlicher* und *vertraglicher* Aufsichtspflicht (vgl. § 832 Abs. 1 u. 2).

Inhalt und Umfang der Verpflichtungen, die sich hierdurch für die Aufsichtspersonen ergeben, sind unabhängig vom Entstehungsgrund der Aufsichtspflicht. Sonderheiten bestehen allerdings bei der Haftung für Aufsichtspflichtverletzungen.

I. Gesetzliche Aufsichtspflicht

Personenkreis   Sie liegt dann vor, wenn diese Verpflichtung einer Person aufgrund eines Gesetzes obliegt, ohne dass es auf deren Einverständnis ankommt. Diese gesetzliche Aufsichtspflicht besteht für:

- Eltern, sofern sie Personensorge besitzen (§ 1631 Abs. 1),
- Vormund (§§ 1793, 1800, 1631), Pfleger (§§ 1909, 1915, 1631),
- Ausbilder gegenüber minderjährigen Auszubildenden (§§ 6, 9 BBiG),
- öffentliche Heil- und Pflegeanstalten (nach Landesrecht) für Minderjährige und andere Pflegebedürftige,
- Lehrer für minderjährige Schüler (nach Landesrecht).

Keine gesetzliche Aufsichtspflicht besteht für: Beistände iSd § 1712, Gegenvormünder (§ 1792), Betreuer iSd § 1897, Eltern volljähriger Kinder.

II. Vertragliche Aufsichtspflicht

Formfreie Willens-
erklärung genügt   Sie liegt dann vor, wenn von einer Person, die kraft Gesetzes oder Vertrages aufsichtspflichtig ist, diese Verpflichtung auf eine andere Person durch entsprechende Vereinbarung übertragen worden ist. Dies kann ausdrücklich oder auch stillschweigend geschehen, sich aber auch einfach „aus der Natur der Sache" ergeben (wenn z. B. eine Erzieherin, Betreuerin, Pflegerin für einen Minderjährigen angestellt wird). Es muss lediglich der Wille zur Übertragung der Aufsichtspflicht einerseits sowie der Wille zur Übernahme derselben andererseits erkennbar sein. Formvorschriften bestehen also nicht (wie oft behauptet wird). Auch ist es grundsätzlich unerheblich, ob die Aufsichtspflicht entgeltlich oder unentgeltlich übernommen wird. (Zu Besonderheiten bei Gefälligkeitsaufsichten vgl. unten Kapitel B. III.)

Von der *Rechtsprechung* wird eine vertragliche Übernahme der Aufsichtspflicht regelmäßig dann angenommen, wenn es sich um eine „weit reichende Obhut von längerer Dauer und/oder weit gehender Einwirkungsmöglichkeit (auf die zu Beaufsichtigenden) gehandelt hat"[1].

Definition der Gerichte

Typische Beispiele: Erziehungspersonal von Kinderkrippen, Kitas, anderen Vorschuleinrichtungen, Hort, Heimen (iwS), Jugendreisen und sonstigen Jugenderholungsmaßnahmen; Pflegeeltern; Kinderpflegerinnen, sog. Kindermädchen, Kinder- bzw. Babysitter, Tagesmütter.

Wichtig ist bei der *vertraglichen Übernahme* der Aufsichtspflicht allerdings, dass der Vertrag zwischen den jeweils hierzu Berechtigten geschlossen worden ist. Auf der Seite des zu Beaufsichtigenden muss der Vertrag also *entweder* von ihm selbst mit Zustimmung seiner gesetzlichen Vertreter *oder* von jenen abgeschlossen werden. Auf der anderen Seite muss eine natürliche Person für sich selbst oder mit Zustimmung ihrer gesetzlichen Vertreter (berechtigterweise) für die oben als Beispiele genannten Institutionen tätig geworden sein. – Letzteres bereitet keine Schwierigkeiten, solange der Träger die Rechtsform einer *juristischen Person* des öffentlichen oder des privaten Rechts hat. Denn hier treten die Rechtswirkungen beim Träger ein (vgl. § 164 Abs. 1), so dass in einem Schadensersatzfall dessen Ersatzpflicht unzweifelhaft ist. Anders sieht es jedoch z.B. bei Jugendgruppen aus, die weder die Untergliederung einer juristischen Person noch nichtrechtsfähiger Verein sind. Hier kann der Vertrag nur mit dem jeweiligen Leiter der Jugendgruppe geschlossen werden (oder mit einem von ihm bestellten Vertreter, vgl. § 167). Die *Rechtsfolgen* (= hier: Haftung gemäß § 832) *treffen* dann gemäß § 164 Abs. 1 *den Leiter* der Jugendgruppe. Sind mehrere gleichberechtigt als Gruppenerzieher/-leiter tätig, so haftet derjenige, der den „Vertragsabschluss" (= Aufnahme in die Gruppe) konkret vorgenommen hat, dem Geschädigten unmittelbar (siehe dazu S. 25).

Berechtigung zum Vertragsabschluss

Sonderheiten bei Jugendgruppen

Ist die Person, die im Rahmen eines Ausbildungs- oder Arbeitsverhältnisses oder aus sonstigen Gründen die Ausübung von Aufsicht über Dritte übernehmen will, selbst noch *minderjährig*, so bedarf sie zur rechtswirksamen Übernahme der Aufsicht (wegen der daraus für sie entstehenden Verpflichtungen) der (vorherigen oder nachträglichen) Einwilligung ihrer gesetzlichen Vertreter (vgl. dazu §§ 107, 108 Abs. 1), die sich z.B. aus deren Genehmigung der Ausbildung ergeben kann.

Minderjährige als Aufsichtspersonen

Liegt vertragliche Aufsichtspflicht vor, so wird diese zwar gemäß § 832 Abs. 2 der gesetzlichen Aufsichtspflicht gleich erachtet. Unterschiede bestehen jedoch bezüglich der Haftung (siehe dazu unten die Kapitel D. III. und IV.).

Divergenz zur gesetzlichen Aufsichtspflicht

III. Gefälligkeitsaufsicht

Fraglich ist, ob man bei jeder tatsächlichen Übernahme der Aufsicht davon ausgehen kann, dass hier volle Verantwortung übernommen wurde. Diese Problematik ergibt sich vor allem dann, wenn Verwandte, Freunde,

Problemlage

---

[1] BGH NJW 1968 S. 1874.

Nachbarn oder sonstige Bekannte aus Gefälligkeit für einige Stunden tagsüber oder abends auf die Kinder „aufpassen".

Rechtsprechung des BGH   Der *Bundesgerichtshof* (BGH) hat zu diesem Problem klargestellt, dass man nicht bei jeder tatsächlichen Übernahme der Aufsicht von einer vertraglich verpflichtenden Aufsichtspflicht ausgehen könne[2]. Nach dem BGH liegt keine vertraglich übernommene Aufsichtspflicht vor, „wenn es sich um Einzelfälle auf kürzere Zeit handelt, mit denen die Aufwendung von Kosten nicht verbunden ist" (so z. B. wenn eine Mutter ihr Kind während ihrer Besorgungen bei der Großmutter oder bei Freunden „abgibt"); hierbei handele es sich vielmehr um eine *„reine Gefälligkeit"* (zur diesbezüglichen Haftungserleichterung siehe S. 25/26).

Gefällige Nachbarn   Dem vom BGH entschiedenen Fall lag folgender Sachverhalt zu Grunde: Zwei Elternpaare (Nachbarn) ließen ihre 4- bzw. 6-jährigen Buben abwechselnd in ihren jeweiligen Wohnungen spielen. Beaufsichtigt wurden die Kinder teils von den betreffenden Müttern, teils von einer Hausgehilfin. Als Letztere mit dem „eigenen" 4-jährigen Kind zur Toilette ging, warf das Nachbarskind ein Fernglasteil aus dem Fenster, von dem eine Fußgängerin erheblich am Kopf verletzt wurde.

Vertragliche Aufsichtspflicht oder: reine Gefälligkeit?   Der BGH führte dazu aus, dass es für die Beurteilung der Frage, ob die Vereinbarung der beiden Elternpaare zugleich eine vertragliche Übernahme der Aufsichtspflicht bedeutet habe oder nur eine „reine, außerhalb der rechtsgeschäftlichen Sphäre liegende Gefälligkeit" gewesen sei, darauf ankomme, ob der Wille zu einer vertragsrechtlichen Bindung vorlag. Denn eine einem Dritten erwiesene Gefälligkeit habe nur dann rechtsgeschäftlichen Charakter, wenn der Leistende (= hier: die Nachbarn) den Willen hat, dass seinem Handeln rechtliche Geltung zukommen soll, d. h., wenn er eine Rechtsbindung herbeiführen will und der Empfänger der Leistung die Gefälligkeit in diesem Sinn gedeutet und angenommen hat. Der BGH hat betont, dass „Gefälligkeiten des täglichen Lebens" ebenso wie solche, die „im gesellschaftlichen Verkehr wurzeln", sich regelmäßig *außerhalb* des rechtsgeschäftlichen Bereichs halten. Daher lasse auch die gegenseitige Gestattung der Kinderbesuche keinen Schluss auf einen Willen zur vertragsrechtlichen Bindung zu. Man könne einen solchen Willen der Parteien auch nicht deshalb unterstellen, weil diese Fiktion ein als angemessen angesehenes Ergebnis begründen würde. – Dem ist sicher zuzustimmen.

BGH: „lebensnah" betrachten   Der BGH hat dabei auf seine Entscheidung aus dem Jahre 1964 verwiesen, in der er das Vorliegen eines stillschweigenden Vertrages auf Übernahme der Aufsichtspflicht durch die Eltern eines 9-jährigen Jungen gegenüber dessen 11-jährigem Freund *verneint* hatte, der zwei- bis dreimal wöchentlich zum Spielen auf den Hof gekommen war. Man würde nämlich bei einer extensiven Auslegung von § 832 Abs. 2 BGB die Gegebenheiten des Alltags verkennen und damit zu wenig lebensnahen Ergebnissen gelangen. Entscheidend komme es daher darauf an, wie sich dem objektiven Betrachter die Gefälligkeit darstellt. Das müsse zu einer Verneinung des Willens zu einer vertragsrechtlichen Bindung führen."

---

[2] BGH NJW 1968, S. 1874; ebenso OLG Hamm, MDR 1999, S. 677.

Ergebnis:

Die *gefälligen Nachbarn* mussten in dem oben geschilderten Fall also nicht den Schaden ersetzen (d. h. jedoch nicht, dass sich aus einer Gefälligkeitsaufsicht niemals Verpflichtungen ergeben können; siehe dazu S. 25/26).

Haftet denn niemand?

Die *Eltern* des Kindes, das den Schaden verursacht hatte, waren auch nicht haftbar zu machen, da sie ihre Aufsichtspflicht nicht verletzt hatten. Denn nur dann haften die Eltern (s. dazu S. 17 ff.) – was „gerne" anders dargestellt wird.

Da das 6-jährige Kind deliktsunfähig (siehe dazu § 828 Abs. 1) war und hier *keine Billigkeitshaftung* in Betracht kam (siehe dazu § 829), blieb die geschädigte alte Dame auf ihrem Schaden sitzen. Denn (etwa vorhandene) *Haftpflichtversicherungen* hätten *auch nicht* zahlen müssen, weil diese (was „gerne" übersehen wird) nur dann einspringen, wenn ihre Versicherten zahlen müssten (s. dazu S. 34/35). Es wäre hier also *allein* die Chance für die Geschädigte geblieben, der *Hausgehilfin* eine Pflichtverletzung nachzuweisen und dann von ihr Schadensersatz gemäß §§ 823, 276 zu verlangen.

Auch dieser Fall zeigt, wie unbefriedigend unser (vor mehr als 100 Jahren konzipiertes) Schadensersatzrecht ist. Hier kann nur eine Reform helfen, die das starre Verschuldensprinzip abschaffen und eine Versicherungspflicht für Deliktsunfähige einführen müsste.[3]

Reformbedürfnis

C. Inhalt und Umfang der Aufsichtspflicht

I. Inhalt

Aufsichtspflichtige Personen haben eine doppelte Verpflichtung zu erfüllen, nämlich:

1. die ihnen zur Aufsicht Anvertrauten vor *Schäden jeder Art* (d. h. vor körperlichen, gesundheitlichen, seelischen, sittlichen, geistigen sowie Sachschäden) zu bewahren, die ihnen andere Personen oder sie sich selbst zufügen könnten;
2. zu verhindern, dass andere Personen („Dritte") durch die zu Beaufsichtigenden zu Schaden kommen.

Schadensabwehr

Das BGB hat diese beiden Verpflichtungen nicht ausdrücklich festgelegt, sondern in § 832 Abs. 1 S. 1 nur bestimmt, dass Aufsichtspflichtige haften, wenn zu beaufsichtigende Personen anderen widerrechtlich (d. h. ohne gesetzlichen Rechtfertigungsgrund wie z. B. Notwehr) Schäden zufügen, es sei denn, die Aufsichtspflichtigen können sich entlasten (siehe dazu S. 18–21). Das BGB regelt jedoch weder Inhalt noch Umfang der Aufsichtspflicht.

Keine gesetzliche Regelung

Wenn auch in gerichtlichen Entscheidungen immer wieder besonders betont wird, dass es „der vornehmlichste Inhalt der Aufsichtspflicht sei, eine Schädigung Dritter durch die zu Beaufsichtigenden zu verhindern"[4], so gebührt vom Erziehungsauftrag und von der Schutzwürdigkeit her bei

---

[3] Siehe dazu auch *von Hippel*, VersR 1998, S. 26.
[4] Vgl. z. B. BGH FamRZ 1964 S. 84 ff.

Primäre Pflicht:
Kindesschutz

richtiger Betrachtungsweise der Verpflichtung, die zu beaufsichtigenden Kinder vor Schäden jeder Art zu bewahren, besondere Aufmerksamkeit. Diese verantwortungsvolle sozialpädagogische Aufgabe und Pflicht ist vom BGB nicht ausdrücklich geregelt worden, sondern muss aus dem allgemeinen Haftungsgrundsatz des § 823 „herausgelesen" werden. Nach dieser Norm ist derjenige, der vorsätzlich oder fahrlässig das Leben, den Körper, die Gesundheit, die Freiheit, das Eigentum oder ein sonstiges Recht

Bei Verletzung:
Schadensersatz
gemäß § 823

(z. B. das allgemeine Persönlichkeits-, Namens-, Besitzrecht) *eines anderen* widerrechtlich verletzt, dem anderen zum Ersatz des daraus entstehenden Schadens verpflichtet. Nur wenn eines dieser Rechtsgüter durch Aufsichtspflichtverletzung beeinträchtigt wurde, besteht also Schadensersatzpflicht!

II. Umfang

Keine gesetzliche
Festlegung

Nähere konkrete inhaltliche Hinweise oder Forderungen, wie die kraft gesetzlicher oder vertraglicher Verpflichtung obliegende Aufsichtspflicht auszuführen ist und somit erfüllt werden kann, gibt das Gesetz nicht. Das ist auch kaum möglich bei der Vielfalt der denkbaren Erziehungs- und Betreuungssituationen, mit denen private oder berufliche Erzieher tagtäglich konfrontiert werden. Aber selbst wenn es möglich sein sollte, sämtliche Vorkommnisse der pädagogischen Praxis zu erfassen und dann zu reglementieren, so wäre dies keinesfalls wünschenswert, denn ihre Weiterentwicklung würde erschwert werden, wenn nicht ganz stagnieren. Eigeninitiativen würden damit weit gehend unterbunden und es bliebe dann kaum noch Raum für selbstständige, eigenverantwortliche Erziehungsarbeit, weil alles vorgeschrieben und die sozialpädagogische Arbeit damit von juristischer Betrachtungsweise abhängig würde.

Konkretisierung
durch Pädagogik

Es ist daher gut, dass der Gesetzgeber den konkreten Inhalt der Aufsichtspflicht den erziehungswissenschaftlichen Erkenntnissen überlässt. Im Falle eines Rechtsstreites (Prozess) sind allerdings die Gerichte gezwungen, Leitlinien über die Erfüllung der Aufsichtspflicht aufzustellen und diese auf den im Streit stehenden konkreten Einzelfall zu übertragen. Die Gerichte gehen dabei stets von dem Grundsatz aus, dass es das oberste Gebot der Erziehung sein müsse, die Kinder vor eigenen Schäden jeder Art sowie davor zu bewahren, dass sie Dritten Schäden zufügen und sich damit selbst unter Umständen wiederum materielle Schäden bereiten, weil sie eventuell schon selbst als schadensersatzpflichtig gelten (vgl. dazu die §§ 828, 829, 840).

Unvermeidbare
Schadensfälle

Die leibliche, geistige und seelische Förderung Minderjähriger muss daher erreicht werden, ohne dass sie überfordert oder gar gefährdet werden. Damit kann selbstverständlich von niemandem ausgeschlossen werden, dass dennoch Schadensereignisse vorkommen können (z. B. ein Kleidungsstück beim Spiel zerrissen, der Fuß verstaucht oder gar gebrochen wird). So etwas wird sich immer wieder ereignen, ohne dass deswegen den zuständigen Aufsichtspflichtigen schon eine Aufsichtspflichtverletzung

Überprüfung des
Einzelfalles

unterlaufen zu sein braucht. Allerdings wird dann überprüft, was getan wurde, um Schadensfälle dieser Art nach Möglichkeit zu vermeiden. Dabei wird auf die konkrete Situation (Gruppe – Umgebung – Spielart) abgestellt und dann in etwa gefragt:

„Wurde alles getan, was zum Schutze des betreffenden Kindes erforderlich und den Umständen nach den Erziehern zumutbar war?"

Was nun im Einzelnen dazu gehört, um seine Aufsichtspflicht so zu erfüllen, dass sie auch einer solchen juristischen Überprüfung standzuhalten vermag, ergibt sich aus den nachfolgenden Kapiteln 1.–4.

Wie erfüllt man Aufsichtspflicht

1. Die Informationspflicht der Erzieher

Erzieher (im weitesten Sinne) müssen sich über jedes ihnen kraft Gesetzes oder Vertrages anvertraute Kind so genau wie irgend möglich informieren. (Dies gilt insbesondere für berufliche Erzieher.)

Genaue eigene Information

Beispiele: Über Alter, Krankheiten, geistige und evtl. auch körperliche Entwicklung bzw. Behinderungen der einzelnen Gruppenmitglieder. (Dazu gehört auch, sich zu erkundigen, wem das Kind „herausgegeben" werden darf. Ist niemand genannt, kommen nur die Erziehungsberechtigten in Betracht, die die Anmeldung vornahmen!)

Diese sowie nähere Kenntnisse über individuelle Eigenart und Veranlagung der Kinder erleichtern immer die Arbeit von Erziehern oder machen sie überhaupt erst möglich. Hier kommt noch hinzu, dass man Kinder nur dann wirksam fördern und vor Schäden schützen kann, wenn man sich zuvor eingehend mit ihnen beschäftigt hat. Dann wird man auch eher merken, wenn eine Veränderung im Verhalten des Kindes auftritt und kann den Ursachen nachgehen. Dass dann ein intensiveres Beobachten notwendig und die Teilnahme an anstrengenden Unternehmungen gewissenhaft abzuwägen ist, versteht sich für verantwortungsvolle Erzieher von selbst.

Weiter gehört dazu, dass sich berufliche Erzieher über sämtliche in ihrem Arbeitsbereich liegenden örtlichen Verhältnisse und die dort bestehenden gesetzlichen Schutzbestimmungen (z. B. gesundheits- und baurechtliche Bestimmungen sowie die Jugendschutzgesetze) unterrichten. Hierüber sind dann die zu betreuenden Kinder ihrem Alter entsprechend ebenfalls zu informieren. Denn nur bei eigenem Verständnis und rechtzeitigem Erkennen vorhandener Gefahrenquellen kann wirksame Schadensverhütung erreicht werden.

Informationen für die Kinder

Aus der Informationspflicht ergibt sich auch, sämtliche Kenntnisse an die Kollegen (insbesondere an die Leitung der Einrichtung) und unter Umständen auch an die Eltern (sofern das nötig erscheint und möglich ist) weiterzugeben.

Weitergabe an andere Personen

Wichtig ist aber auch, die Kinder über Wirkungsweise und zu beachtende Vorsichtsmaßnahmen beim Gebrauch von Werkzeugen (wie Scheren, Messer, Hammer, Sägen) und „gefährlichem Spielzeug" (z. B. Pfeil und Bogen, Wurfpfeile[5]), Rollern, Kett-Cars, Fahrrädern, Skiern eingehend zu unterweisen, wobei Vorführungen, nicht nur Erklärungen notwendig sind. Danach ist das jeweilige Vorhaben dem überprüften Können der Kinder anzupassen. Schließlich sind die Kinder auf mögliche Gefahren hinzuweisen und vor Fehlverhalten zu warnen.

Anleitung der Kinder

---

[5] OLG Düsseldorf, FamRZ 1998 S. 234, hält z. B. eindringliche Warnung 6-Jähriger vor Gefahren von Spielzeugpistolen (mit Saugnapf-Pfeilen) nötig, falls dabei Stöcke oder andere Gegenstände verwendet werden.

> **Beispiele:** Nicht erhitzt oder mit vollem Magen ins Wasser gehen; hintereinander radeln; keine Wettfahrten auf der Fahrbahn; bei Wanderungen außerhalb von Ortschaften links gehen; bei Pfeil und Bogen (o. ä. „Schießgeräten") nur in eine Richtung schießen etc.

2. Die konkrete Beaufsichtigung

Situationsbedingt Aufsicht führen

Wichtig ist es, die Aufsicht *flexibel* zu gestalten, jeweils ausgerichtet an der Gruppe, und zwar an ihrem Alter, der Zusammensetzung, den Sonderheiten und dem einzelnen konkreten Vorhaben angepasst. Dabei sind – dem Erziehungsziel des § 1626 Abs. 2 S. 1 entsprechend – auch „die wachsende Fähigkeit sowie das wachsende Bedürfnis zu selbstständigem verantwortungsbewusstem Handeln" zu berücksichtigen.

Anwesenheit ist nicht immer nötig

Wenn die unter dem Punkt *Informationspflicht* angesprochenen Vorkehrungen getroffen wurden, kann es durchaus möglich sein, sich selbst aus der Gruppe und ihrem Spiel zurückzuziehen. Es muss dabei allerdings gewährleistet sein, sich ständig weiterhin davon überzeugen zu können, dass die konkreten Anweisungen, Ermahnungen, Belehrungen (oder wie immer man sie auch nennen mag) tatsächlich eingehalten werden. Man

Gewisse Kontrolle ist aber erforderlich

kommt dabei also nicht umhin, die Kinder (zumindest gelegentlich) zu kontrollieren. Hierzu gehört auch eine eingehende Besprechung, wenn die vorgegebenen Verhaltensregeln nicht eingehalten werden. Das gilt insbesondere bei gefährlichen Spielzeugen.[6] Dann wird es sich unter Um-

Sanktionen als letztes Mittel

ständen auch nicht vermeiden lassen, Verbote auszusprechen und Verstöße hiergegen mit Ausschluss vom Spiel oder Ähnlichem zu „bestrafen".

Zweifellos darf jede Aufsicht die Kinder nicht so einengen, dass die Entfaltung von Eigeninitiativen unterdrückt wird. Ständiges Bevormun-

Freiräume erhalten

den (Gebieten, Verbieten, „over-protective"-Haltung) ist sowieso keine sichere Methode, Unfälle zu vermeiden. Ein derartiges Verhalten würde überdies nicht nur jede Selbstständigkeit im Keime ersticken, sondern auch dazu herausfordern, die vorgegebenen Normen zu durchbrechen. Es wird weder eine Aufsicht „auf Schritt und Tritt" verlangt[7] noch erwartet, dass Kinder auf alle nur denkbaren Gefahren-Situationen des Lebens hingewiesen und dafür Verhaltensregeln besprochen oder gar vorgegeben werden[8].

Es liegt also am pädagogischen Geschick der Erzieher, für die jeweilige Gruppe oder für das jeweilige Kind die richtige Methode anzuwen-

„Pädagogische" Rechtsprechung

den, damit die obliegende Aufsicht sinnvoll erfüllt wird. – Mehr verlangt auch die *Rechtsprechung* nicht. Sie erwartet eine „verständige und zumutbare" Aufsichtsführung, die sich an dem orientiert, was vernünftige Eltern und andere Erzieher in derartigen Situationen tun;[9] sie ist also zunehmend „pädagogischer" geworden.

---

[6] Vgl. OLG Düsseldorf (siehe oben Fußnote 5).
[7] BGH, NJW 1997 S. 2047, im Falle einer „Milieu-Schädigung".
[8] BGH FamRZ 1990 S. 1214, bzgl. des Verbots für 7-Jährige, beim Spiel mit dem Feuer anderer Kinder diesen Beistand zu leisten.
[9] So der BGH in ständiger Rechtsprechung (Nachweise z. B. in NJW 1993 S. 1003).

3. Delegation der Aufsichtspflicht

Dass die Aufsichtspflicht übertragen (delegiert) werden kann und dann bei demjenigen, der sie rechtswirksam übernommen hat, dieselbe Verantwortlichkeit hervorruft, ergibt sich aus § 832 Abs. 2. Daraus folgt zweifelsfrei, dass die Aufsichtspflichtigen die ihnen obliegende Aufsicht nicht immer in eigener Person auszuüben brauchen. Damit ist jedoch noch nicht geklärt, ob man die Aufsichtspflicht stets delegieren darf. § 832 Abs. 2 sagt auch nichts darüber aus, ob man durch die Übertragung der Aufsicht an dritte Personen selbst von der eigenen Verpflichtung frei geworden ist. Diese beiden Probleme sollen im Folgenden behandelt werden:

Gesetzlich zwar ausdrücklich vorgesehen

Zulässigkeit der Delegation

Aus der generellen Formulierung des § 832 Abs. 2 kann nicht geschlossen werden, dass man die Aufsichtspflicht jederzeit und ohne Vorbehalte stets *„weitergeben"* kann. Das ergibt sich aus der verantwortungsvollen Aufgabe, die dieser gesetzlich normierten Verpflichtung zu Grunde liegt. Das gilt also auch dann, wenn dies nicht ausdrücklich in dem die Aufsichtspflicht begründenden Vertrag geregelt worden ist. Denn in Fällen „privater" Aufsicht ist immer davon auszugehen, dass diejenigen, die einer bestimmten Einzelperson die Aufsicht für ihre Kinder übertragen haben, nicht damit einverstanden sind, dass diese Verantwortung weitergegeben wird.

Aber:
nicht stets zulässig

Bei auf Einzelvertrag beruhender Aufsichtspflicht ergibt sich die *persönliche* Verpflichtung (von wirklichen Ausnahmesituationen abgesehen) somit „aus der Natur der Sache"; Delegation ist dort also grundsätzlich unzulässig.

Im privaten Bereich
Ausnahmefall

Anders ist dies selbstverständlich in sozialpädagogischen Einrichtungen *(Institutionen)*. Dort liegt es nämlich weit gehend „in der Natur der Sache", dass Aufsicht delegiert wird und damit auch die daraus resultierenden Verpflichtungen. So wird der die Aufsichtspflicht ergebende Vertrag zwar mit dem Träger der betreffenden Einrichtungen bzw. mit dessen hierzu berechtigten Vertreter geschlossen, die Ausübung oder Ausgestaltung der Aufsicht jedoch vom Träger der Leitung der betreffenden Institution übertragen. Diese wird häufig die Ausübung der Aufsicht global an einen oder mehrere Erzieher/-innen delegieren. Und selbst hier ist es nicht selten, dass diese wiederum die konkrete Einzelaufsicht durch eine weitere Person wahrnehmen lassen.

Im soz.-päd. Bereich
Normalfall

Beispiel: Die Gruppenleiterin beauftragt eine andere Erzieherin oder Kinderpflegerin und diese dann eine Praktikantin, mit den Kindern im Garten zu spielen.

Wenn die Aufsichtspflicht vom eigentlich Verpflichteten auf eine dritte Person übertragen wird, ist jedoch immer zu prüfen, ob nicht gerade in der „Weitergabe" der Aufsicht eine Verletzung der Aufsichtspflicht liegt. Dass sich jeder Aufsichtspflichtige diese Frage vor der Delegation seiner Verpflichtung stellen muss, bedarf keiner weiteren Erörterung. Er hat dabei vor allem die Person, die er mit der Aufsicht betrauen will, sorgfältig auszuwählen und sie umfassend zu informieren (siehe S. 11). Das kann sich natürlich im Einzelfall erübrigen, weil die betreffende Person das Kind (oder die Kinder) aus eigener Arbeit in bzw. mit der Gruppe kennt. Anderenfalls ist besondere Sorgfalt geboten.

Delegation kann
Pflichtverletzung
darstellen

Es ist in solchen Fällen außerordentlich wichtig, den Schutzzweck der Aufsichtspflichtbestimmungen zu bedenken. Daher hängt eine „ord-

Sorgfältige
Vorbereitung

nungsgemäße" Übertragung der Aufsicht nicht zuletzt davon ab, was dann während der eigenen Abwesenheit mit den Kindern unternommen werden soll. Das muss entweder konkret besprochen werden oder sich eindeutig aus der Übertragung ergeben. Wenn das der übertragenden Person nicht bekannt sein kann (z. B. der Träger eines Heimes weist diesem mehrere „neue" Kinder zu), muss sie sich besonders sicher sein können, dass die Personen, die nunmehr die Aufsicht wahrnehmen sollen, aufgrund ihrer Kenntnisse und Zuverlässigkeit keiner weiteren Informationen und Anweisungen bedürfen.

Problematisch ist es, die Aufsichtspflicht an nicht ausgebildete Personen zu delegieren.

Beispiele: „Bufdis", Studenten, hilfsbereite andere Eltern, ehrenamtliche Mitglieder der Organisation etc. (wie dies nicht nur bei Ferienerholungsmaßnahmen der freien Verbände immer wieder geschieht).

Delegation an „Berufsfremde" — Diese Personen bringen allenfalls einen guten Willen, meist jedoch weder theoretische Kenntnisse noch praktische Erfahrungen in der Betreuung von Aufsichtsbedürftigen (vor allem nicht von Gruppen) mit. Die Übertragung der Aufsichtspflicht auf die genannten Personen bedarf daher besonders sorgfältiger Vorbereitung und Anleitung, aber auch der konkreten Überwachung. Das erfordert schon die Schutzbedürftigkeit der ihnen Anvertrauten.

Delegation an Praktikanten — Entsprechendes gilt für den Einsatz von Praktikanten oder anderen Auszubildenden, jedoch mit der Besonderheit, dass diese Personen es ja unbedingt erlernen und auch erfahren müssen, wie man in der Praxis sinnvoll Aufsichtspflicht ausübt.

Praktikanten können auch Aufsicht führen — Es ist daher nicht nur falsch, sondern auch bedenklich, wenn von den Trägern sozialpädagogischer Einrichtungen häufig zu hören ist: „Praktikanten können noch keine Aufsichtspflicht haben." Allerdings erfordert ihr Einsatz besonders sorgfältige *Anleitung und Supervision*.

Dass dies „in der Praxis" eine Illusion sei, kann und darf nicht als Entschuldigung dienen, wenn auch die dort bestehenden Schwierigkeiten nicht geleugnet werden können noch sollen. Hier wird die unzulängliche personelle Ausstattung sozialpädagogischer Einrichtungen vielleicht am deutlichsten sichtbar, denn es fehlt überall an Praxisanleitern, die wirklich Zeit haben, ihre Anleitungspflicht genügend zu erfüllen.

Überfordern ist Pflichtverletzung — Die Aufsicht kann also in Institutionen *grundsätzlich* delegiert werden, wenn die Person, die zur Aufsicht herangezogen werden soll, hierfür geeignet ist. Bei Überforderung der zur Aufsicht ausgewählten Person stellt die Delegation allerdings eine Aufsichtspflichtverletzung dar. – Eine Überforderung kann sich daraus ergeben, dass die zur Aufsicht herangezogene Person die zu stellenden Anforderungen *noch nicht* erfüllen kann (z. B. *eine Praktikantin*) oder *nicht mehr* erfüllen kann (z. B.: *Betreuung einer weiteren Gruppe für eine erkrankte Kollegin*). Auch hier kommt es aber auf den konkreten Einzelfall an, insbesondere auf die Gruppe (Zahl, Alter, Eigenart der Kinder) und auf die „Unternehmungen" sowie (nicht zuletzt) natürlich auch auf die Person, an die die Aufsichtspflicht delegiert wird.

Delegation befreit nicht völlig — Aber selbst wenn die Aufsicht weitergegeben werden durfte und dies an eine hierzu geeignete Person geschah, wird der Übertragende dadurch von seiner Pflicht zur Aufsicht *nicht völlig* frei. Das hat der *Bundesgerichtshof* wiederholt zum Ausdruck gebracht[10] und dabei darauf hingewiesen, dass der Delegierende ohne Rücksicht auf die zulässige Übertragung weiterhin die Maßnahmen zu treffen hat, die auch sonst gefordert werden. Das wird im Bereich *sozialpädagogischer Einrichtungen* vielleicht am besten verständlich. Wenn z. B. die Heimleitung einer erfahrenen Erzieherin eine bestimmte Gruppe zuweist, ist sie selbst damit keineswegs aller Pflichten für diese Kinder entbunden. So hat sie unter anderem der Erzieherin alle Informationen zu geben, die diese benötigt, um z. B. die Besonderheiten einzelner Kinder und somit eventuell entstehende Probleme in ihre Arbeit einbeziehen zu können. Sie hat weiter für die Sicherheit in und außerhalb der Gebäude Sorge zu tragen (um nur einige Aspekte anzudeuten).

In soz.-päd. Einrichtungen

Auch im *familiären Bereich* wird durch eine Übertragung der Aufsicht an Dritte die Pflicht der Eltern nicht etwa aufgehoben, sich über das zu informieren, was die Kinder unternommen und wie sie sich sowie die Aufsichtsperson mit der neuen Situation zurecht gefunden haben.

Im familiären Bereich

In jedem Fall ist also weiterhin eine gewisse *„Überwachung"* der Person *erforderlich*, an die die Aufsicht übertragen wurde.

Gewisse Kontrolle weiterhin nötig

4. Erfüllung und Grenzen der Aufsichtspflicht

Bei der Darstellung der juristischen Betrachtungsweise der Aufsichtspflichtfragen wird zweierlei aufgefallen sein:

Zum einen werden Grundsätze entwickelt, die auf der allgemeinen Erfahrung des täglichen Lebens sowie auf der beruflichen Erfahrung der Sozialpädagogen beruhen. Man kann diese in den einzelnen Urteilen regelmäßig wiederkehrenden Ausführungen getrost als „Binsenweisheiten" bezeichnen. Dies führt in der Praxis (also bei den Aufsichtspflichtigen) erfahrungsgemäß meist dazu, dass sie von solchen gerichtlichen Sätzen enttäuscht sind. Besser wäre, diese Passagen würden die Betroffenen insoweit beruhigen. Denn aus ihnen ergibt sich doch, dass auch die Gerichte nicht mehr verlangen, als eben vernünftigerweise *nötig* und *möglich* ist. Entsprechende Sorgfalt darf man von verantwortungsbewussten Erziehern erwarten.

„Binsenweisheiten"

Zum anderen hören sich aber manche Ausführungen der Gerichte so an, als ob doch überspitzte, lebensfremde Anforderungen an die Aufsichtspflichtigen gestellt werden würden, wenn man z. B. liest:

„Lebensfremde"

„…hätte die Aufsichtspflichtige alles tun müssen, was den eingetretenen Schaden hätte vermeiden können."

Nun ist nicht zu leugnen, dass derartige „Leitsätze" eines Gerichts ohne Kenntnis des konkreten Sachverhaltes (insbesondere im Hinblick auf den genauen Geschehensablauf) für sich allein genommen geeignet sind, Verunsicherung der „betroffenen" Erzieher hervorzurufen. Denn das hört sich beim flüchtigen Lesen so an, als ob allein der Schadenseintritt bereits beweise, dass die Aufsichtsperson ihn hätte verhindern müssen und können. So ist das jedoch nicht zu interpretieren. Zwar wird durchaus genau überprüft, warum es zu einem Schadensfall gekommen ist, vor allem dann natürlich, wenn die Folgen sehr schwer wiegend sind. Diese Verpflichtung ist zum Schutz der Kinder zu bejahen. Das bedeutet aber nicht etwa, dass nun jedes Spiel, bei dem theoretisch eine *Selbst-* oder *Fremdgefährdung*

Schaden allein „beweist" gar nichts

---

10 Vgl. z. B. die in der NJW 1968, S. 1672, abgedruckte Entscheidung.

Spiel und Sport muss möglich bleiben

nicht auszuschließen ist, untersagt werden müsse. Sonst dürften Kinder ja keine Ball-, Kletter-, Geländespiele und Ähnliches mehr treiben; auch nicht schaukeln, Roller, Rad oder Ski fahren, nicht zum Baden gehen, Wanderungen in den Bergen unternehmen oder alleine zum Kindergarten oder zur Schule und wieder nach Hause gehen. Denn hierbei sind eigene oder fremde Verletzungen zweifellos nicht auszuschließen.

Keine überspitzten Anforderungen, aber gute Vorbereitung

Bei den verschiedenen Spiel- oder Sportarten ist andererseits aber bekannt und daher von den Aufsichtspflichtigen immer zu bedenken, dass sie gut *vorbereitet*, unter Umständen zunächst unter genauer Anleitung *vorgeführt*, *erlernt* und nur allmählich selbst ausprobiert werden. Außerdem sind die Vorkehrungen zu treffen, die in Anbetracht des „schwächsten Gliedes der Kette" nötig sind.

Beispiel: So ist es z. B. selbstverständlich, sich bei Ausflügen, Wanderungen nach den Schwächsten zu orientieren, wenn man die Gruppe nicht teilen kann.

Beschäftigen die Kinder sich mit Spielen, die sie aus eigener Erfahrung kennen, auf deren Besonderheiten und eventuelle Gefährdungen sie in pädagogisch sinnvoller Weise hingewiesen wurden (z. B. Ballspiele auf dem Heimgelände), so braucht man die Kinder nicht ständig „im Auge zu haben" (wie es so eigenartig heißt). Stetes „Gängeln" und „Kommandieren" ist nämlich mit Sicherheit keine sinnvolle Ausübung der Aufsicht.

Erziehung zur Selbstständigkeit

Man kann dadurch auch keine Erziehung zur Freiheit, Selbstständigkeit und Selbstverantwortlichkeit erzielen. Eine solche Art von Aufsicht stellt auch nicht etwa die sicherste Unfallverhütung dar. Denn gerade Kinder, die unaufhörlich mit genauen Geboten und Verboten (also mit ständiger Bevormundung) bei Spiel und Arbeit bedacht werden, nehmen erfahrungsgemäß jede sich nur irgendwie bietende Gelegenheit wahr, um aus den aufgezwungenen Normen auszubrechen, wenn sie sich für einen Augenblick unbeobachtet glauben. Das behutsame Heranführen zur Selbstständigkeit (das in § 1626 Abs. 2 S. 1 für die gesamte Erziehung postuliert wird) ist daher das Hauptproblem der Aufsichtspflicht.

aber: behutsam vorgehen

Zusammenfassung

- Aufsichtspflicht kann durch Gesetz oder Vereinbarung bestehen.
- Die Erfüllung der Aufsichtspflicht ist stets unter pädagogischen Aspekten jeweils abgestellt auf den konkreten Einzelfall zu betrachten.
- Delegation der Aufsichtspflicht ist zwar grundsätzlich möglich, aber nicht stets zulässig und befreit auch nicht völlig von der eigenen Verpflichtung.
- Aufsichtspflichtige haften nur, wenn sie sich nicht entlasten können. Hinweise oder Schilder wie: „Eltern haften für ihre Kinder" sind in dieser Generalität einfach falsch.

D. Die Rechtsfolgen bei Verletzung der Aufsichtspflicht

I. Vorbemerkung

Wenn eine Aufsichtspflichtverletzung vorliegt, ergeben sich daraus für die Betreffenden unterschiedliche rechtliche Konsequenzen. Art und Ausmaß der Rechtsfolgen hängen auch hier vom Einzelfall und zwar ver-

Einzelfall entscheidet

ständlicherweise vor allem davon ab, ob und gegebenenfalls welche Schäden durch die Verletzung der Aufsichtspflicht entstanden sind. Eine Rolle spielt dabei auch die Frage, ob den zu Beaufsichtigenden selbst ein Verschulden an dem eingetretenen Schaden vorgeworfen werden kann oder nicht. Weiter ist von Bedeutung, ob die zu Beaufsichtigenden selbst oder ein Dritter durch sie zu Schaden gekommen sind. – Auch ergeben sich für berufliche Erzieher noch Probleme mit dem Dienstherrn bzw. Arbeitgeber, die bei den Eltern oder bei einem Vormund naturgemäß entfallen. – Aufsichtspflichtverletzungen können unter Umständen auch ein Strafverfahren nach sich ziehen, das sich gegen die einzelnen Aufsichtführenden und/oder die Leitung der betreffenden Institution richten kann.

Mehrere Rechtsfolgen denkbar

Für jede Person, die kraft Gesetzes oder Vertrages zur Führung der Aufsicht über Minderjährige oder sonstige der Aufsicht bedürftige Personen (vgl. § 832 Abs. 1 S. 1) verpflichtet ist, erhebt sich daher die Frage, mit welchen Konsequenzen der oben angedeuteten Art man rechnen muss und inwieweit man sich gegen die einzelnen Rechtsfolgen durch entsprechende Versicherungen schützen kann. Denn es lässt sich bei realistischer Betrachtung nicht ausschließen, dass Erzieher/-innen (und damit zugleich ausnahmslos: Aufsichtspflichtige) Fehler machen, die Aufsichtspflichtverletzungen darstellen können.

In den Kapiteln II. bis VII. werden daher folgende Konsequenzen von Aufsichtspflichtverletzungen behandelt:

- Schadensersatzpflicht (s. S. 17 ff.),
- Haftungsumfang (s. S. 22 ff.),
- Regressansprüche sozialpädagogischer Träger (s. S. 26 ff.),
- arbeits- und dienstrechtliche Folgen (s. S. 32),
- strafrechtliche Folgen (s. S. 32 ff.),
- Versicherungsschutz (s. S. 34/35).

II. Schadensersatzpflicht

1. Allgemeine Grundsätze

Wenn Minderjährige einen Schaden erlitten oder einen solchen hervorgerufen haben, erhebt sich immer die Frage, wer für diese Schäden aufzukommen hat. Dieselbe Problematik ergibt sich auch bei wegen ihres geistigen oder körperlichen Zustandes Aufsichtsbedürftigen.

Bei Minderjährigen geht die herrschende Meinung[11] aus einem weiter reichenden Schutzgedanken heraus von einer generellen Aufsichtsbedürftigkeit aus und berücksichtigt die individuelle Entwicklung der betreffenden Minderjährigen erst bei der Frage, welches Maß und welcher Umfang der Aufsicht im Einzelfall nötig ist. Bei den anderen Personen muss dagegen eine „Einzel-Bedürftigkeit" vorliegen, die sich nicht generell auf eine bestimmte Personengruppe erstreckt. So werden gemäß § 1896 zu betreuende Personen – zu Recht – nicht schlechthin für aufsichtsbedürftig gehalten. Das gilt selbst für Geisteskranke. Diese bedürfen natürlich zu ihrem eigenen Schutz sowie zum Schutz der Allgemeinheit oftmals auch

Minderjährige generell aufsichtsbedürftig, andere Personen nicht

---

[11] Vgl. BGH, NJW 1976, S. 1145 sowie *Jauernig/Teichmann*, § 832 Rn. 3.

einer gewissen Aufsicht, die vom konkreten Einzelfall und der jeweiligen Situation abhängt.

Voraussetzungen der Haftung

Für eine *Haftung* ist bei Aufsichtspflicht-Fällen unerheblich, ob die Aufsichtsbedürftigen selbst zivilrechtlich verantwortlich (s. dazu §§ 827, 828) waren und auch schuldhaft gehandelt haben oder nicht. Ihre schädigende Handlung muss lediglich *widerrechtlich* (d. h., gesetzlich nicht zu rechtfertigen [z. B. durch Notwehr]) gewesen sein und den geltend gemachten Schaden verursacht haben; außerdem muss eine Aufsichtspflichtverletzung vorliegen (vgl. § 832 Abs. 1).

Gesamtschuldner?

Ist der aufsichtsbedürftige „Täter" aufgrund der §§ 828, 823, 276 selbst zivilrechtlich verantwortlich, so haften „Täter" und Aufsichtspflichtiger *gesamtschuldnerisch* (vgl. §§ 830 Abs. 1, 840 Abs. 1). Das bedeutet, dass der Geschädigte (= Gläubiger) nach seinem Belieben von einem der (beiden) Schuldner die Leistung (= Ersatz des Schadens) ganz oder zu einem Teil fordern kann, da jeder für sich die ganze Leistung (= Schadensersatz) schuldet (vgl. § 421). Derjenige, der zahlen musste, hat zwar nach § 426 gegenüber seinem „Mit"-Schuldner einen Ausgleichsanspruch (d. h. auf anteilige Erstattung des geleisteten Schadensersatzes). Bei Aufsichtspflicht-

Regress bei den zu Beaufsichtigenden möglich

fällen gilt jedoch die *Sonderheit*, dass der Aufsichtspflichtige den vollen Betrag beim „Täter" zurückfordern kann (vgl. § 840 Abs. 2). Wenn der aufsichtsbedürftige „Täter" aber nur aus Billigkeitsgründen haftet (siehe dazu § 829), so ist *allein* der Aufsichtspflichtige zum Schadensersatz verpflichtet (vgl. § 840 Abs. 2).

2. Schädigungen Dritter durch Aufsichtsbedürftige

Haftung für vermutetes Verschulden

Während bei Schadensfällen sonst immer der Geschädigte nachweisen muss, dass der Schädiger (hier also: der Aufsichtspflichtige) den angerichteten Schaden verschuldete, hat das BGB hinsichtlich der Verletzung der Aufsichtspflicht (das wäre ja hier das Verschulden) in § 832 eine Haftung für *vermutetes Verschulden* geschaffen, wenn ein Dritter hierdurch Schäden erlitten hat.

Gesetzliche doppelte Vermutung

Es handelt sich dabei um eine „doppelte Vermutung":

Verschulden und Ursächlichkeit

a) dass eine Verletzung der Aufsichtspflicht vorliegt und
b) dass diese ursächlich für den eingetretenen Schaden war.

Gegenteiliger Nachweis möglich und nötig (sog. Entlastungsbeweis)

Diese Vermutung ist zwar *widerlegbar*, wie § 832 Abs. 1 S. 2 zeigt. Diese Gesetzeslage zwingt aber die Aufsichtspflichtigen im Gegensatz zu anderen angeblichen Schädigern dazu, nun selbst aktiv zu werden, das heißt: sie müssen versuchen, sich zu *entlasten*. Sie können also nicht abwarten, ob man ihnen ein schuldhaftes Verhalten nachweisen kann. Geschädigte brauchen nämlich nur vorzutragen, dass ihnen von einem gemäß § 832 Aufsichtsbedürftigen ein Schaden in Höhe von Euro … rechtswidrig zugefügt wurde und dass „XYZ" kraft Gesetzes oder Vertrages aufsichtspflichtig war.

Beweislastumkehr belastet und verunsichert

Diese so genannte *Umkehr der Beweislast* trägt sicher wesentlich dazu bei, dass die Aufsichtspflichtigen (insbesondere im sozialpädagogischen Bereich) sich in ihrer Erziehungsarbeit behindert fühlen und zum Teil auch mehr oder weniger stark verunsichert sind. Die gesetzliche Regelung ist dennoch kein Anlass zur Sorge, wenn die betroffenen Erzieher und damit Aufsichtspflichtigen das getan haben, was man von ihnen zum Schutze der ihnen anvertrauten Kinder und anderer Personen (sog. „Dritter") erwarten und verlangen konnte. Die Erwartung ergibt sich aus den pädagogischen Erkenntnissen aus den Situationen, die konkret zum Schadensereignis führten. Was man hier von den Aufsichtspflichtigen verlangen konnte, folgt aus ihren gesamten persönlichen Verhältnissen. Dabei spielen vor allem ihre Belastungen (z. B. Größe der Gruppe) und die konkrete „Unternehmung" (Basteln, Ballspiel, Ausflüge, Wandern, Schwimmen, Radfahren, Inline-Skating, Rutschen, Schaukeln, Turnen, Klettern etc.) eine maßgebende Rolle.

Wegen der *Umkehr der Beweislast* haben in Schadensfällen die Aufsichtspflichtigen somit nachzuweisen, dass sie die ihnen obliegende Aufsichtspflicht erfüllt haben. Dabei ist es unerheblich, ob die betreffende Person „sonst immer" sehr sorgfältig ihren Pflichten nachgekommen ist. Allein entscheidend für die Beurteilung der Aufsichtspflichtverletzung ist der konkrete Einzelfall, der zum Schadensfall führte.

Nachweis der Pflicht-erfüllung erforderlich

Zum Schutz unbekannter Dritter, die durch Aufsichtsbedürftige zu Schaden kommen können – vor allem aber zum Schutz der Aufsichtsbedürftigen selbst (da sie u. U. schon verantwortlich und damit schadensersatzpflichtig sind[12] und gegen sie ergehende Gerichtsentscheide gemäß § 197 Abs. 1 Nr. 3 erst nach 30 Jahren verjähren würden) – werden an den Entlastungsbeweis grundsätzlich strenge Anforderungen gestellt. Darauf hat der *Bundesgerichtshof* mehrfach hingewiesen.[13] Diese Auffassung ist zu billigen, weil der *BGH* in seinen Entscheidungen zugleich zum Ausdruck gebracht hat, dass keine überspitzten Anforderungen an die Aufsichtspflicht zu stellen seien. Es müsse allerdings gefragt werden, *„was verständige Erzieher nach vernünftigen Anforderungen unternehmen müssen, um Schädigungen durch Kinder zu verhindern"*[14]. Das Maß der gebotenen Aufsicht bestimme sich nach: *„Alter, Eigenart, Charakter, der gesamten Entwicklung des Kindes"* sowie danach, *„was den Aufsichtspflichtigen in ihren jeweiligen Verhältnissen zugemutet werden konnte. Der Überwachung der Kinder und ihres dabei gezeigten Verhaltens seien aber natürliche Grenzen gesetzt"*[15].

Keine überspitzten Anforderungen

In einem weiteren Urteil hat der *BGH*[16] betont, dass sich hinsichtlich der Gefahren, die fast jedes Spiel in der Öffentlichkeit mit sich bringen kann, starre Regeln über die an die Aufsichtspflichtigen zu stellenden Anforderungen nicht aufstellen lassen, insbesondere nicht eine ständige Beobachtung der Kinder verlangt werden könne. Solange die Straße bzw. der Bürgersteig als Spielraum nicht zu entbehren sei, lasse sich nur auf einen erträglichen Ausgleich der Interessen der Kinder und der Allgemeinheit hinwirken. Die Aufsichtspflichtigen hätten jedoch dafür Sorge zu tragen, die Gefahren „auf das geringe Maß herabzumindern, das jedermann in der Nähe spielender Kinder Verständigerweise in Rechnung stellen muss". Außerdem sei das Spielen auf Gehwegen einer Straße in einem reinen Wohnviertel mit geringem durchgehenden Fußgängerverkehr üblich, auch mit Kinderfahrzeugen wie Dreirädern und Rollern.

Keine starren Regeln

---

12 Vgl. §§ 830, 840 sowie dazu S. 18.
13 Vgl. z. B. BGH in RdJB 1969, S. 58.
14 BGH in NJW 1993, S. 1003.
15 BGH in FamRZ 1962, S. 424 und FamRZ 1964, S. 84.
16 BGH in NJW 1993 S. 1003.

Spielmöglichkeit ist zu erhalten

In einem anderen Urteil hat unser oberstes Zivilgericht darüber hinaus betont, dass die Möglichkeit zum Spielen „im Freien" Kindern erhalten bleiben müsse, „solange das mit den Verkehrsverhältnissen nur irgendwie vereinbar sei"[17].

Trotz Verletzung der Aufsichtspflicht keine Haftung

Unabwendbare Schadensfälle

Der *Entlastungsbeweis* kann aber auch bei Aufsichtspflichtverletzung dann haftungsbefreiend geführt werden, wenn Aufsichtspflichtige nachweisen können, dass der eingetretene Schaden auch bei gehöriger Aufsichtsführung entstanden sein würde (vgl. § 832 Abs. 1 S. 2).

Pflichtverletzung insoweit unerheblich

Das bedeutet Folgendes: Die Aufsichtsperson will und kann gar nicht bestreiten, dass sie sich nicht in der erforderlichen Weise verhalten hat. Sie kann aber nachweisen, dass der Schaden in keinem Falle hätte vermieden werden können.

Beispiel: In einem Erholungsheim lässt die zuständige Erzieherin die von ihr zu betreuenden Kinder nachts für mehrere Stunden allein. Nachdem die 8- bis 10-jährigen Kinder eingeschlafen sind, geht sie zum Tanzen. Bei ihrer Rückkehr stellt sich heraus, dass ein 8-jähriger Junge so unglücklich aus seinem Bett gefallen ist, dass er sich hierbei den Arm gebrochen hat.

Obwohl man Kinder nachts nicht allein in einem Heim sich selbst überlassen darf, hätte sich dieses Schadensereignis auch bei Anwesenheit der Aufsichtsperson nicht vermeiden lassen. Denn man kann von einer Erzieherin nicht verlangen, dass sie sich nachts im Schlafsaal der Kinder aufhält. Abgesehen davon, ist selbst dann nicht auszuschließen, dass sich derartige Unfälle ereignen.

Ausnahme Folgeschäden: Wenn allerdings durch die Abwesenheit der zuständigen Aufsichtsperson ein zusätzlicher Schaden eintritt (z.B. infolge der hierdurch verspäteten ärztlichen Versorgung), kann sie natürlich insoweit zur Haftung herangezogen werden.

Konkreter Fall entscheidet

In diesen Fällen genügt jedoch *nicht die bloße Möglichkeit*, dass der Schaden auch bei Erfüllung der Aufsichtspflicht hätte entstehen können. Es ist vielmehr erforderlich, dass das konkrete Schadensereignis auch bei gehöriger Aufsicht eingetreten wäre.

Strenge Anforderungen

Es versteht sich von selbst, dass an diese Alternative des Entlastungsbeweises von den Gerichten strenge Anforderungen gestellt werden.

Andere Konsequenzen

Dass eine solche Verletzung der Aufsichtspflicht natürlich nicht ohne Konsequenzen für die betreffende Erzieherin bleibt, lässt sich denken, da der zuständige Arbeitgeber (= Träger) ein derartiges Verhalten wahrscheinlich nicht hinnehmen wird. – Ähnlich verhält es sich, wenn trotz Aufsichtspflichtverletzung gar kein Schaden entstanden ist (siehe dazu S. 32 Kapitel V.).

3. Schädigung der Aufsichtsbedürftigen

Wie auf Seite 9 ausgeführt, sind Aufsichtspflichtige kraft Gesetz oder Vertrag vornehmlich verpflichtet, dafür Sorge zu tragen, dass die ihnen anvertrauten Aufsichtsbedürftigen selbst nicht geschädigt werden; in Schadensfällen richtet sich ihre Haftung nach § 823.

---

[17] BGH FamRZ 1957, S. 206.

Beweislast

Im Schuldrecht gilt zwar der Grundsatz, dass derjenige, der behauptet, gegenüber einem anderen (= Schuldner) einen Anspruch zu haben, dies auch beweisen muss. Das gilt auch für deliktische Ansprüche nach § 823. Der dem Geschädigten obliegende Beweis erstreckt sich auf die schädigende Handlung (= Ereignis = hier Aufsichtspflichtverletzung) sowie auf das Verschulden (= Vorsatz oder Fahrlässigkeit).

Umfang der Nachweise

Von der Rechtsprechung wird seit langem dem Umstand Rechnung getragen, dass es einem Geschädigten oftmals schwer fällt, diesen Nachweis zu erbringen. Vielfach wird daher dem Geschädigten die Beweisführung durch die von den Gerichten entwickelten Grundsätze über den *Beweis des ersten Anscheins* (prima-facie-Beweis) erleichtert. Dieser beinhaltet Folgendes: Steht ein Sachverhalt fest, der nach der Lebenserfahrung auf einen bestimmten Geschehensablauf hinweist, so ist dieser regelmäßige Verlauf im Wege des *Anscheinsbeweises* als bewiesen anzusehen, wenn der Fall „das Gepräge des Üblichen und Typischen trägt"[18].

Anerkannte Beweisregel: Beweis des ersten Anscheins

Der Anscheinsbeweis gilt also nur für *typische* Geschehensabläufe. Nur bei diesen darf der Regelablauf ohne Ausschluss anderer denkbarer Möglichkeiten *prima facie* vermutet werden.

Geschehensablauf „typisch"?

Beispiele: Anscheinsbeweis für Verschulden bei Auffahren auf vorausfahrendes Kfz; bei schleuderndem Kfz; bei Zusammenstoß hinsichtlich des Wartepflichtigen; bei Unfall auf dem „Zebrastreifen"; bei Nichtbeachtung bestehender oder gebotener Schutzvorkehrungen (Unfall- oder Feuerverhütungsvorschriften, Streupflicht etc.); Kind fällt vom Balkon oder ertrinkt im Baggersee.

Wenn eine aufsichtsbedürftige Person selbst einen Schaden erleidet oder einer anderen Person zufügt, so wird also *prima facie* (siehe dazu oben) vermutet, dass dies mangels gehöriger Aufsicht geschah. Denn es wird als typisch und somit der Lebenserfahrung entsprechend angesehen, dass durch ausreichende Aufsichtsführung Schäden von den zu Beaufsichtigen oder von Dritten abgewendet werden können. Treten dennoch Schäden auf, muss daher der Anschein der Verletzung der Aufsichtspflicht von den zuständigen Erziehern, Pflegern, Eltern oder Vormund etc. durch entsprechenden Beweis entkräftet werden.

Schaden spricht für Pflichtverletzung

Entlastungsbeweis aber möglich

Ergebnis:

Bei Aufsichtspflichtfällen gilt also immer die Umkehr der Beweislast, d. h., unabhängig davon, ob

Bei Aufsichtspflichtfällen stets Umkehr der Beweislast

– die zu Beaufsichtigen selbst einen Schaden erlitten oder
– einem Dritten einen solchen zugefügt haben.

Somit haben Aufsichtspflichtige stets nachzuweisen, dass sie ihren Verpflichtungen nachgekommen sind.

---

[18] BGH NJW 1982, S. 2488; 1987 S. 2876; 2004 S. 3623; *Palandt/Grüneberg*, 72. Aufl., Vorbem. 131 zu § 249.

Zusammenfasssung

- Bei Schadensfällen im Aufsichtsbereich müssen Geschädigte nicht nachweisen, dass die Aufsichtspflicht verletzt wurde, sondern die Aufsichtspflichtigen, dass sie ihre Aufsicht gehörig erfüllt haben oder der Schadensfall unvermeidbar war (sog. Entlastungsbeweis).
- Dieser Entlastungsbeweis ist auch zu führen, wenn Aufsichtsbedürftige selbst zu Schaden kommen.
- An den Entlastungsbeweis werden keine überspitzten Anforderungen gestellt.
- Aufsichtspflichtige haften nur dann, wenn ihnen kein Entlastungsbeweis gelingt. (Das gilt auch für Eltern von mdj. Kindern.)
- Neben einer Schadensersatzpflicht der Aufsichtspflichtigen kommt u. U. eine eigene Haftung der Aufsichtsbedürftigen nach den §§ 827, 828, 829 in Betracht. Wird sie bejaht, haften Aufsichtspflichtige und Aufsichtsbedürftige als Gesamtschuldner (§§ 830, 840 Abs. 1), d. h.:
  - die Geschädigten haben die freie Wahl, an wen sie sich wenden (§ 421),
  - haben Aufsichtspflichtige Schadensersatz leisten müssen, können sie diesen von den Aufsichtsbedürftigen zurückfordern! Nur bei der Billigkeitshaftung (vgl. dazu § 829) ist es umgekehrt der Fall (§ 840 Abs. 2).

III. Ersatzpflichtige und Haftungsumfang

1. Vormund und Pfleger

Haftung für jedes Verschulden

Sie haften – sofern sie die Personensorge (und damit die Aufsichtspflicht) besitzen – bei Aufsichtspflichtverletzungen unmittelbar für jede Art des Verschuldens (also auch bei „leichtester" Fahrlässigkeit) ihrem Mündel oder Dritten gegenüber (vgl. dazu §§ 1631, 1793, 1833, 1915, 832, 823, 276).

2. Inhaber elterlicher Sorge

Gegenüber Dritten

Kommen andere Personen (= „Dritte") zu Schaden, so haften die Eltern, sofern sie die Personensorge besitzen (vgl. § 1631 Abs. 1) oder die Aufsicht durch Vereinbarung übernommen haben (wie das z. B. beim sog. *Besuchsrecht* getrennt lebender Eltern der Fall ist), *Dritten gegenüber* ebenfalls für jede Art des Verschuldens.

Gegenüber dem Kind

Wenn ihren Kindern jedoch selbst ein Schaden durch die Aufsichtspflichtverletzung entstanden ist, haben personensorgeberechtigte Eltern nur für die Sorgfalt einzustehen, die sie in eigenen Angelegenheiten anzuwenden pflegen (§ 1664 Abs. 1 iVbm § 277)[19], d. h. aber in jedem Fall ab grober Fahrlässigkeit.

Gesamtschuldner

Sind für einen Schaden infolge einer Aufsichtspflichtverletzung beide Elternteile verantwortlich, so haften sie als Gesamtschuldner (§§ 1664 Abs. 2, 830 Abs. 1, 840).

---

[19] Ständige Rechtsprechung des BGH (vgl. z. B. BGHZ 103, S. 345 sowie vom 15.6.2004 – VI ZR 60/03).

3. Aufsichtspflichtige in sozialpädagogischen Einrichtungen

Es gilt zwar der Grundsatz, dass immer der „Täter" für unerlaubte Handlungen und Vertragsverletzungen selbst haftet, also auch bei Aufsichtspflichtverletzungen. *Sonderheiten* gelten jedoch in sozialpädagogischen Einrichtungen (siehe nachfolgend).

a) Juristische Personen

Träger soz.-päd. Einrichtungen mit der Rechtsform einer juristischen Person (des privaten und des öffentlichen Rechts) haften bei jedem schuldhaften Handeln ihrer satzungsmäßigen *Vertreter* (§§ 30, 31, 89).

Haftung für „Mitglieder"

Beispiele: Vorstandsmitglieder und alle sonstigen durch die Satzung (z.B. des e.V.) für besondere Aufgaben bestellte Personen (freie Träger haben überwiegend diese Rechtsform).

Diese Träger soz.-päd. Einrichtungen haften für Aufsichtspflichtverletzungen dann so, als wenn sie diese selbst begangen hätten.

Haftung wie für eigenes Tun

Darüber hinaus haftet der Träger auch dann, wenn kein konkretes Verschulden seiner Vertreter (= „Organe") feststellbar oder nachweislich ist, sofern der Schaden auf mangelnder Organisation, unzureichender Überwachung oder Überforderung seiner Vertreter oder auf Verletzung der Verkehrssicherungspflicht beruht.

Organhaftung

Organisationsmängel

Darunter wird die Pflicht verstanden, alle zumutbaren Vorkehrungen zur gefahrlosen Benutzung der Einrichtung zu treffen.

Definition: Verkehrssicherungspflicht

Beispiele: Sicherung/Überwachung von elektrischen Anlagen, Spielgeräten, Fenstern, Türen, Treppen, Kellerschächten etc.; Räum- und Streupflicht.

Jede *juristische Person* haftet aber nicht nur für die in den §§ 30 und 31 BGB genannten Personen (siehe dazu oben), sondern darüber hinaus auch für zum Schadensersatz verpflichtende Handlungen sämtlicher Personen, deren sie sich zur Erfüllung ihrer vertraglichen Verpflichtungen (die Erfüllung der Aufsichtspflicht) bedient (a) oder die sie zu sonstigen Verrichtungen (b) bestellt hat (vgl. §§ 278 bzw. 831).

Haftung für Erfüllungs- und Verrichtungsgehilfen

Beispiele:
(a) Heimleiter, Erzieher, Therapeuten etc.
(b) Hausmeister, Köche, Reinigungskräfte etc.

Für die juristischen Personen des *öffentlichen Rechts* gelten diese haftungsrechtlichen Grundsätze jedoch nur, soweit diese oder ihre Vertreter (im weitesten Sinne des Wortes) privatrechtlich tätig wurden.

Haftung bei privatrechtl. Handeln

Beispiele: Bei allen sich aus Kaufverträgen ergebenden Verpflichtungen; wenn der Hausmeister eines städt. Heimes jemanden beim Abladen von Gegenständen verletzt.

Handelt die juristische Person des öffentlichen Rechts aber *hoheitlich* (was naturgemäß überwiegend der Fall ist), so haftet der öffentliche Träger gemäß § 839 BGB in Verbindung mit Art. 34 GG. Das ist immer dann der Fall, wenn jemand in Ausübung eines ihm anvertrauten öffentlichen Amtes die ihm Dritten gegenüber obliegenden *Amtspflichten* verletzt. Das gilt namentlich *im Bereich der öffentlichen Erziehung* (z.B. im Rahmen des SGB VIII) und der damit verbundenen Aufsichtspflicht.

Haftung bei hoheitlichem Handeln

Schutzzweck Dass die juristische Person für den Schaden aufkommen muss und nicht die Aufsichtsperson, dient (wegen der Leistungsfähigkeit) dem Schutz der Geschädigten. Die Folge ist, dass in solchen Fällen die Ansprüche *nur* an den Träger (= jur. Person) gestellt werden können und müssen.

b) Nichtrechtsfähige Vereine

Sonderheiten gegenüber dem e.V. Wenn der Träger der sozialpädagogischen Einrichtung, in deren Bereich eine Aufsichtspflichtverletzung zu Schadensersatzforderungen führt, keine juristische Person ist, sondern ein nichtrechtsfähiger (= nicht eingetragener) Verein (z. B.: Elternkreise/-initiativen/-vereinigungen), so gelten nach der in der *Rechtslehre* herrschenden Meinung[20] grundsätzlich dieselben Rechtsvorschriften wie für den e.V. (s. dazu S. 23), jedoch mit folgenden Sonderheiten:

Schäden der zu Beaufsichtigenden Bei einem Vorgehen des geschädigten Aufsichtsbedürftigen aus Vertragsverletzung (= Verletzung der vertraglich übernommenen Aufsichtspflicht) beschränkt sich die Haftung auf das Vereinsvermögen, auch wenn sich dies nicht aus der Satzung ergibt[21]. Daneben haftet derjenige, der den Aufnahmevertrag für den zu Beaufsichtigenden abgeschlossen hat, nach § 54 S 2 persönlich.

Schäden Dritter Wurden Dritte durch den Aufsichtsbedürftigen infolge der Aufsichtsverletzung geschädigt und machen nun Ansprüche gegen den nicht rechtsfähigen Verein nach § 832 geltend, kann die in § 831 Abs. 1 S. 2

Entlastung möglich vorgesehene *Entlastungsmöglichkeit* den Träger von der Schadensersatzpflicht befreien. Er müsste nach dieser Vorschrift nachweisen können, dass er sowohl bei Auswahl und Einsatz der Aufsichtsperson als auch bei deren Einweisung und Überwachung die erforderliche Sorgfalt beachtet hat oder dass der eingetretene Schaden auch bei Anwendung dieser Sorgfalt entstanden wäre[22]. – Bestehen jedoch zum Dritten Vertragsbeziehungen, entfiele aber diese Entlastungsmöglichkeit (vgl. § 278).

c) Sonstige private Träger

Aufsichtspflichtverletzungen und damit Schadensersatzprobleme können aber auch bei von Privatpersonen betriebenen sozialpädagogischen Einrichtungen (meist: Säuglingsheime, Krippen, Kitas, Kindergärten, Erholungs-, Erziehungsheime) oder bei zu einem bestimmten Zweck entstandenen Jugend- oder Freizeitgruppen (insbesondere bei gemeinsamen Fahrten) entstehen.

Haftung von Privatpersonen Betreibt eine *Einzelperson* diese Einrichtung, haftet sie für eigenes Verschulden und hat für ihre Angestellten bei Vertragsbeziehungen zum Geschädigten gem. § 278 und sonst nur gem. § 831 einzustehen (s. o.).

Haftung von Elterninitiativen Besteht der „*Träger*" aus einer *Elterninitiative*, die ohne Satzung oder sonstige verbindliche Regeln/Bestimmungen einem bestimmten Zweck dient (nämlich der Betreuung ihrer Kinder), so finden die Vorschriften über die sog. „BGB-Gesellschaft" Anwendung (= §§ 705 ff.). Hier haften die einzelnen Mitglieder (= „Gesellschafter") nur „wie in eigenen Ange-

---

[20] Nachweise z. B. bei *Palandt/Ellenberger*, 72. Aufl., § 54 Rn. 1.
[21] Aus Gründen der Rechtssicherheit empfiehlt sich aber eine Aufnahme einer solchen Regelung in die Satzung des nicht eingetragenen Vereins.
[22] Letzteres entspricht § 832 Abs. 1 S. 2 BGB (vgl. hierzu S. 20)

legenheiten" (§§ 708, 277), also erst ab grob fahrlässigem oder vorsätzlichem Fehlverhalten.

4. Sonstige Personengruppen

Bei *zufällig* und nur *kurzzeitig* entstehenden Gruppen/Gemeinschaften, die einmalig oder sporadisch etwas gemeinsam „unternehmen", kann man nur von einer Haftungsverpflichtung sprechen, wenn durch die Gemeinsamkeit des Gruppenzweckes ein oder mehrere Mitglieder gegenüber den anderen eine Art *Garantenstellung* erlangt haben. Das könnte dann vorliegen, wenn man von einem(r) Leiter(in) dieser Jugendgruppe sprechen kann. Haftungsvoraussetzung wäre aber, dass diesen überhaupt eine Verletzung der Aufsicht (das hieße hier: Nichtbeachtung besonderer Vorkehrungen, Sorgfaltsmaßnahmen, die die betreffende Unternehmung erforderten) vorzuwerfen ist (d.h.: ihnen kein Entlastungsbeweis gelingt).

Gruppenmitglieder, die eine solche Garantenstellung anderen Mitgliedern gegenüber einnehmen, haben grundsätzlich nur für vorsätzlich oder grob fahrlässig begangene Aufsichtspflichtverletzungen einzustehen (Sorgfalt wie in eigenen Angelegenheiten, § 277).

"Sporadische" Gruppen

Haftung nur bei Garantenstellung

§ 277 als Maßstab

Bei allen tatsächlichen Lebensgemeinschaften

Wohngemeinschaften jeder Art, seien es eine sog. „WG" oder das Zusammenleben zweier Partner mit ihren jeweiligen (also nicht gemeinsamen) Kindern oder sog. „Stiefeltern", Vater mit nichtehelichem Kind, Verwandte, Freunde in derselben Wohnung etc.

entstehen insbesondere dann solche Garantenstellungen gegenüber den genannten Kindern, wenn es gilt, Gefahren von ihnen abzuwenden, die sich entweder aus dem eigenen „vorhergegangenen Tun" ergeben haben

Beispiel: eine solche Person geht mit dem Kind zum Baden an einen See

oder die aus allgemeinen Umständen herrühren.

Beispiel: das gemeinsam benutzte Zelt oder Auto fängt Feuer

Bei besonders enger Lebensgemeinschaft oder Vertrauensstellung erscheint es gerechtfertigt, für das „normale" Verschulden (also mit Ausnahme der leichten Fahrlässigkeit) einstehen zu müssen; desgleichen bei „vorausgegangenem eigenem Tun" (siehe oben).

Bei allen anderen Garantenstellungen ist nur für Vorsatz und grobe Fahrlässigkeit einzustehen.

Aber auch bei der sog. „*Gefälligkeitsaufsicht*" kann man nicht davon ausgehen, dass in keinem Fall gehaftet würde, wenn „etwas passiert". Das erfordert schon der Schutz der zu Beaufsichtigenden, aber auch die Bereitschaft, sich zur Aufsicht zur Verfügung zu stellen. Wenn dies auch nicht in rechtsgeschäftlichem Sinn „mit Bindungswillen" geschehen sein mag (vgl. Seite 8), so bedeutet es doch im täglichen Leben, dass man „eine gewisse" Verantwortung zu übernehmen bereit war.

Aus diesem Grund hat jemand, der aus Gefälligkeit eine zu beaufsichtigende Person vorübergehend „in Betreuung" (im weitesten Sinn) genommen hat, *immer für: vorsätzliches und grob fahrlässiges Handeln* einzustehen.

Wenn die Zuordnung zu dem Betreffenden für das Kind eine neue Situation schafft (z.B. Nachbarin nimmt Kind im Pkw mit), ist darüber

Umfang der Verantwortlichkeit

Haftung bei Gefälligkeit

hinaus auch für die in eigenen Angelegenheiten angewandte *Sorgfalt* gemäß § 277 zu haften.

Hat die „gefällige" Person mit dem Kind etwas unternommen, was spezifische Sorgfalt notwendig macht (z. B. Schwimmen, Bergwandern, Radeln usw.), so hat sie auch die *gewöhnliche* Fahrlässigkeit zu vertreten.

Falls bei „Gefälligkeitsaufsichten" im konkreten Schadensfall nicht die Person selbst zugegen war, sondern diese die Kinder von jemandem, der zu seinem Haushalt, Betrieb etc. gehört, betreuen ließ, ist unter denselben Gesichtspunkten entsprechend zu prüfen, ob gemäß § 831 für diese Personen einzustehen ist.

IV. Regressansprüche der Träger sozialpädagogischer Einrichtungen

Begriff Als Regress (= Rückgriff) bezeichnet man das Zurückgreifen eines Ersatzpflichtigen auf denjenigen, für den er Schadensersatz leisten musste.

Voraussetzung Voraussetzung für Regressansprüche eines Trägers sozialpädagogischer Einrichtungen gegenüber demjenigen, der im in Betracht kommenden Fall die Aufsichtspflicht verletzte, ist somit, dass der Träger einem Geschädigten/Verletzten deswegen Schadensersatz leisten musste. Das ist jedoch **Selten erfüllt** nur noch selten der Fall (siehe dazu nachfolgende Kapitel 1.–3.).

1. Allgemeine Haftpflichtversicherungen

Die Träger sind inzwischen fast ausnahmslos für die sie treffenden Haftungsrisiken versichert, soweit es sich um öffentliche und freie Träger handelt. Das gilt aber auch für die Mehrzahl der privaten sozialpädagogischen Einrichtungen.

Kein Regress, wenn Wenn eine Versicherung den Schadensersatz übernehmen muss, der **Versicherung zahlt** Träger selbst also gar nichts zu leisten braucht, kann er auch nicht die Aufsichtsperson in Regress nehmen, die den Schaden verursacht hatte, da keine „Ersatzleistung" vorliegt.

2. Gesetzlicher Unfallversicherungsschutz in sozialpädagogischen Einrichtungen

Erlaubnispflichtige Nach § 2 Abs. 1 Nr. 8a SGB VII besteht gesetzlicher Unfallversicherungs-
Tageseinrichtungen schutz für Kinder in Tageseinrichtungen, deren Träger für den Betrieb der Einrichtung eine Erlaubnis nach § 45 SGB VIII oder aufgrund entsprechender landesrechtlicher Regelungen benötigen. Von § 22 Abs. 1 S. 1 SGB VIII werden Tageseinrichtungen definiert als Einrichtungen, in denen sich Kinder für einen Teil des Tages oder ganztags aufhalten und in Gruppen iSd § 22 Abs. 2 Nr. 1 und Abs. 3 gefördert werden. **Tages-**
Weitere Kriterien **einrichtungen** stellen eine auf gewisse Dauer angelegte Verbindung von Personen und Sachen, die mit einer Baulichkeit verbunden sind, unter Verantwortung eines Trägers dar[23]. Der organisatorische Rahmen muss weit gehend vom Träger vorgegeben sein und darf kaum Elemente der Selbstorganisation aufweisen. Die Tätigkeit der Einrichtung muss regelmäßig (d. h.: fortlaufend wiederkehrend) erfolgen; einmalige Unterbrin-

---

[23] BT-Drucks. 11/5948, S. 82

gung und Betreuung genügt daher nicht. Sind diese Voraussetzungen erfüllt, besteht gesetzlicher Unfallversicherungsschutz in folgenden sozialpädagogischen Einrichtungen:

Krabbelstuben, Kinderkrippen, Kitas, Kindergärten und andere Vorschuleinrichtungen, Horte etc.

Erfasste Einrichtungen

Die altersmäßige Zusammensetzung und die Größe der Einrichtung der Kindergruppen spielt dabei keine Rolle. Vom gesetzlichen Unfallversicherungsschutz erfasst werden daher auch Kleinsteinrichtungen.

Vom gesetzlichen Unfallversicherungsschutz des § 2 Abs. 1 Nr. 8a SGB VII *nicht erfasst* werden – unverständlicherweise – jedoch:

Nicht einbezogen sind aber alle Jugendfreizeit-/Bildungseinrichtungen

Jugendfreizeiteinrichtungen, d. h., alle Einrichtungen, die der Freizeitgestaltung von Kindern und Jugendlichen dienen (z. B. Jugendfreizeitheime, Jugendherbergen, Kinder- und Jugend-Clubs, pädagogisch betreute Kinder-/Jugend-Spielplätze, Jugend-Bastel-/Werkräume),

Jugendbildungseinrichtungen, d. h., alle Einrichtungen, die der außerschulischen Bildung von Kindern und Jugendlichen dienen (z. B. Schullandheime).

Durch das KICK wurde der gesetzliche Unfallversicherungsschutz seit 1.10.2005 erweitert auf Kinder, die durch geeignete Tagespflegepersonen iSd § 23 Abs. 3 SGB VIII betreut werden (§ 2 Abs. 1 Nr. 8a SGB VII). Da dies nur das zuständige JA verbindlich feststellen kann, erstreckt sich der gesetzliche Unfallversicherungsschutz nur auf vom JA vermittelte Tagespflege-Fälle (meist *Tagesmütter* genannt). Erfasst werden dann gemäß § 2 Abs. 1 Nr. 9 iVbm § 8 Abs. 2 SGB VII alle Unfälle der Kinder

Kinder in Tagespflege sind seit 1.10.2005 auch gesetzlich unfallversichert

Beschränkt auf vom JA vermittelte Fälle

- während des Aufenthalts bei Tagespflegepersonen,
- auf dem Hin- und Heimweg zu Tagespflegepersonen,
- bei Ausflügen (Spielplatz, Kindertheater, Spazierengehen, Baden etc.) mit Tagespflegepersonen,
- wenn Tagespflegepersonen die Betreuung der Kinder im Haushalt ihrer Personensorgeberechtigten übernehmen.

Nicht gesetzlich unfallversichert sind daher Kinder in selbst organisierter Kindertagespflege (Eltern-Kind-Gruppen o. ä.), Früh-/Förderstellen, sozialpädiatrischen Abteilungen/Zentren in Kliniken, in Kinder- und Wohnheimen sowie die eigenen Kinder der Tagespflegepersonen.

Weitere nicht versicherte Kinder

Die Tagespflegepersonen selbst sind in allen oben genannten Fällen gesetzlich unfallversichert (§ 2 Abs. 1 Nr. 9 iVbm § 8 Abs. 2 SGB VII).

Tagespflegepersonen selbst sind versichert

Die gesetzliche Unfallversicherung beinhaltet Folgendes:

Aufgabe der gesetzlichen Unfallversicherung ist es, nach Eintritt von Unfällen (s. dazu unten a)), die die Kinder während des Besuches der (oben genannten) Einrichtungen erleiden, die Gesundheit und die Leistungsfähigkeit der gesetzlich Versicherten mit allen geeigneten Mitteln wiederherzustellen und sie oder ihre Hinterbliebenen durch Geldleistungen zu entschädigen (§ 1 Nr. 2 i.V.m. § 7 Abs. 1 SGB VII). Somit können die dort Aufsichtspflichtigen von ihren Trägern allenfalls dann in Regress genommen werden, wenn infolge einer Aufsichtspflichtverletzung nicht die zu Beaufsichtigenden, sondern andere Personen zu Schaden gekommen sind.

Übernahme der Haftung

Verbleibende Haftungsfälle

Beispiele: Die Kinder beschädigen geparkte oder vorbeifahrende Autos mit Steinen. Das Mobiliar wird durch zündelnde Kindergartenkinder beschädigt.

Regressmöglichkeiten

Allerdings kann der Träger der gesetzlichen Unfallversicherung die konkret Verantwortlichen (= die die Aufsichtspflicht verletzten) in Regress nehmen, wenn diese grob fahrlässig oder vorsätzlich handelten (vgl. § 110 SGB VII).

a) Unfälle im Sinne des SGB VII

Schutz bei allen Veranstaltungen

Unfälle iSd SGB VII sind alle von außen auf den Körper einwirkenden Ereignisse, die während des Besuchs einer vom SGB VII erfassten Einrichtung (siehe dazu oben unter 2.) zu einem Gesundheitsschaden oder zum Tod führen – und zwar unabhängig von der zugrunde liegenden Ursache und Verschulden (vgl. § 8 Abs. 1 S. 2 SGB VII). Damit werden alle mit dem Besuch der betreffenden Einrichtung bzw. mit der Betreuung durch die o. a. Tagespflegepersonen sich ergebenden Unternehmungen erfasst.

Beispiele: Kinderfeste außerhalb der ‚normalen‘ Kindergartenzeit, Darbietungen auf Elternabenden oder sonstigen Feiern, Wanderungen o. ä.

Hin- und Rückweg mitversichert

Keine strengen Maßstäbe

Darüber hinaus ist auch der Hin- und Rückweg mitversichert (§ 8 Abs. 2 Nr. 1–4 SGB VII), selbst wenn nicht der kürzeste Weg eingehalten oder er zeitlich unterbrochen wird. Das gilt aber nur, wenn das Kind allein unterwegs ist, denn Kinder können nicht mit denselben Maßstäben gemessen werden wie Erwachsene. Insbesondere an „Kindergartenkinder" sowie an Kinder unter 14 Jahren können schon wegen des in diesen Altersstufen vorhandenen besonders ausgeprägten Spieltriebes und der damit verbundenen „Unberechenbarkeiten" keine strengen Anforderungen gestellt werden. So gehört es z. B. zum natürlichen Verhalten dieser Kinder, dass sie sich mit den anderen balgen. Somit sind daraus entstehende Verletzungen auch Unfälle infolge einer versicherten Tätigkeit iSd § 8 Abs. 1 S. 1 SGB VII, zumal „verbotswidriges Handeln" einen Versicherungsfall nicht ausschließt (§ 7 Abs. 2 SGB VII).

b) Einschränkungen des gesetzlichen Unfallversicherungsschutzes

Kein Ersatz von Sach-, Drittschäden und Schmerzensgeld

Nach den Bestimmungen der §§ 26 ff. SGB VII umfasst der gesetzliche Unfallversicherungsschutz *nicht*:

Schmerzensgeldansprüche[24], Sachschäden sowie Schäden, die die Kinder Dritten (z. B. Erziehern, anderen Angestellten der Einrichtung, Besuchern, Lieferanten, Passanten) zufügen.

Andere Kinder der betreffenden sozialpädagogischen Einrichtungen gelten jedoch nicht als „Dritte", sondern für sie besteht ebenfalls nach dem SGB VII gesetzlicher Unfallversicherungsschutz, wenn z. B. ein Kindergartenkind ein anderes verletzt.

Haftung der Träger

Damit der vom gesetzlichen Unfallversicherungsschutz erfasste Personenkreis aber nicht schlechter gestellt ist als andere Unfallopfer, haftet der Unternehmer (= hier: der Träger der sozialpädagogischen Einrichtung) bei Unfällen, die den Kindern vom Träger oder seinen Angestellten vorsätzlich oder auf deren Hin- Heimweg „herbeigeführt" wurden (vgl. § 104 Abs. 1 S. 1 SGB VII).

---

[24] Das BVerfG hält das mit dem GG für vereinbar (BVerfGE 34 S. 118).

Vorsätzlich herbeigeführt ist ein Unfall nicht nur bei direktem Vorsatz, also wenn der Schadensfall vom Träger oder seinen Beschäftigten beabsichtigt wurde (was kaum vorkommt), sondern auch bei *bedingtem* Vorsatz, d.h., wenn der Schaden als mögliche Folge einer Handlung billigend in Kauf genommen wurde.

Vorsätzliche Unfälle

Beispiel: Ein Erzieher gibt einem Kind eine sog. „Ohrfeige" und verletzt es dabei.

Wegeunfälle sind dann schuldhaft herbeigeführt, wenn sie anlässlich des Besuches einer vom Versicherungsschutz erfassten Einrichtung (vgl. S. 26/27) vom Träger (oder von seinen Beschäftigten) oder von einer Kindertagespflegeperson schuldhaft (d.h.: fahrlässig oder gar vorsätzlich) verursacht wurden.

Schuldhafte Wegeunfälle

Beispiele: Ein Kind wird von einer sog. Tagesmutter nach Hause gefahren und dann bei einem von ihr schuldhaft verursachten Unfall verletzt. – Das oben stehende Beispiel.

Ergebnis:
– Bei vom Träger oder seinen Angestellten vorsätzlich oder auf dem Hin- oder Heimweg herbeigeführten Unfällen tritt die gesetzliche Unfallversicherung mit ihren Leistungen nicht ein, sondern dann ist der Träger (bei Verschulden in seinem Bereich) den Kindern zum Schadensersatz einschließlich der Zahlung von Schmerzensgeld und Ersatz von Sachschäden verpflichtet.
– Bei allen nicht hierunter fallenden Schadensfällen bestehen also nur die eingeschränkten Ersatzansprüche (s. o.) im Rahmen des § 110 SGB VII gegenüber den Trägern der gesetzlichen Unfallversicherung.

c) Vorzüge der gesetzlichen Unfallversicherung

Mit dieser – wenn auch etwas eingeschränkten – Haftung hat der Gesetzgeber dem gesicherten Rechtsanspruch auf die gesetzlichen Leistungen der Unfallversicherung Vorrang gegeben gegenüber etwaigen weiter gehenden Ansprüchen (Sachschäden und Schmerzensgeld) wegen Aufsichtspflichtverletzungen. Dafür ersparen sich die verletzten Kinder (bzw. deren gesetzliche Vertreter) aber langwierige Prozesse mit unsicherem Ausgang und erheblichem Kostenrisiko.

Kein Prozessrisiko für Geschädigte

Zugleich sind die in Kindergärten (und in den anderen vom gesetzlichen Unfallversicherungsschutz erfassten soz.-päd. Einrichtungen[25]) Tätigen hierdurch von Regressansprüchen der Träger freigestellt worden, also auch die Aufsichtspflichtigen. Sie müssen nur noch bei vorsätzlichen Aufsichtspflichtverletzungen mit Regressansprüchen ihrer Träger und (ab grob fahrlässigem Verhalten) mit Regress des Trägers der Unfall- oder (bei der sicher seltenen Mitnahme von Kindern im Pkw) der Kfz-Haftpflichtversicherung rechnen (§ 110 SGB VII).

Regressansprüche kaum noch möglich

3. Verbleibende Regressansprüche

Regressansprüche der Träger sozialpädagogischer Einrichtungen kommen daher nur noch in den nicht in die gesetzliche Unfallversicherung einbe-

---

[25] Siehe dazu S. 26/27.

zogenen Institutionen (siehe S. 26/27) sowie dann in Betracht, wenn die zu beaufsichtigenden Kinder andere Personen (z. B. Hausmeister, Reinigungskräfte, Lieferanten, Besucher, Passanten) geschädigt haben und der Träger deswegen Schadensersatz leisten musste.

„Öffentliche" Träger   Aber auch in diesen Fällen muss nicht stets mit Regress gerechnet werden. Denn soweit es sich um „öffentliche" Träger

Beispiele: Bund, Länder, Bezirke oder Landschaftsverbände, Landkreise, Gemeinden oder sonstige juristische Personen des öffentlichen Rechts (z. B. in Bayern: Bayer. Jugendring, Bayer. Rotes Kreuz)

Haftungsprivileg   handelt, ist ein Regress gemäß § 839 BGB in Verbindung mit Art. 34 GG nur möglich, wenn die Aufsichtspflichtverletzung als vorsätzlich oder grob fahrlässig bezeichnet werden muss. Das bedeutet, dass für die in Einrichtungen öffentlicher Träger Tätigen ein Haftungsprivileg besteht, denn sie müssen bei leichter und „normaler" Fahrlässigkeit – im Gegensatz zu bei freien Trägern Beschäftigten (siehe dazu nachstehend) – nicht mit Regressansprüchen rechnen.

Andere Träger   Bei anderen Trägern (d. h., sog. „freie" Träger[26] oder Privatpersonen) besteht dieses Haftungsprivileg gesetzlich zwar nicht. Rechtsprechung und Lehre haben aber zunehmend anerkannt, dass es unbillig wäre, das Betriebsrisiko der Arbeitgeber durch Regressmöglichkeiten auf ihre Arbeitnehmer abzuwälzen. Inzwischen werden daher auch hier Regressbeschränkungen anerkannt. Sie haben zu einer Reduzierung des Haftungsrisikos beruflich Aufsichtspflichtiger geführt. Daraus ergibt sich Folgendes:

Begrenzte Regressmöglichkeiten   Regressmöglichkeiten anderer Träger (und damit eine Haftung der dort Aufsichtspflichtigen)

Leichte Fahrlässigkeit
Normale Fahrlässigkeit
– entfallen bei leichter Fahrlässigkeit völlig[27],
– bestehen bei normaler Fahrlässigkeit nur anteilig, d. h., entstandene Schäden werden unter abwägender Berücksichtigung der Gesamtumstände (Schadensanlass, -folgen, Verschulden, Betriebsrisiko) nach Billigkeits- und Zumutbarkeitsgesichtspunkten aufgeteilt

Grobe Fahrlässigkeit
Vorsatz
– bestehen bei grober Fahrlässigkeit grundsätzlich uneingeschränkt[28],
– bestehen bei Vorsatz in vollem Umfang.

Haftungsbeschränkung von Vereins- und Stiftungsvorständen   Vereins- und Stiftungsvorstände, die für ihre Tätigkeit nicht mehr als EUR 720 pro Jahr erhalten, können seit 2009 selbst nur noch bei Vorliegen von grober Fahrlässigkeit oder Vorsatz in Regress genommen werden, wenn sie einen Schaden (z. B. durch Organisationsmängel) verursacht haben (vgl. §§ 31a Abs. 1, 86 S. 1). Werden sie in diesem Zusammenhang von einem Dritten auf Schadensersatz in Anspruch genommen, haben sie, wenn sie nicht vorsätzlich oder grob fahrlässig gehandelt haben, gegen den Verein einen Freistellungsanspruch (§§ 31a Abs. 2, 86 S. 1). Dieser wandelt sich in einen Ersatzanspruch gegen den Verein (oder Stiftung) um, wenn sie bereits an Geschädigte Schadensersatz geleistet haben sollten.[29]

---

[26] Vgl. § 74 SGB VIII sowie S. 40.
[27] BGH, NJW 1991, S. 1685; BAG, NJW 1995, S. 211.
[28] Nach BAG, NJW 1990, S. 470 und BGH, NJW 1996, S. 1532 sind jedoch im Einzelfall bei besonderem Missverhältnis von Verdienst und Schadensrisiko Haftungsbeschränkungen möglich.
[29] *Palandt/Ellenberger*, 72. Aufl., § 31a, Rn. 5.

Haftung bei Aufsichtspflichtverletzungen				
Träger der soz.-päd. Einrichtung	Aufsichtspflichtige	Geschädigte	Ersatzpflichtige, Umfang der Ersatzpflicht	Regress* möglich
jur. Pers. des öffentl. Rechts *Beispiele: Gemeinden, Landkreise, Bezirke, Länder, Landschaftsverbände*	Berufliche Erzieher im weitesten Sinn aber auch: anderes Erziehungs- und Aufsichtspersonal	a) Aufsichtsbedürftige selbst	Träger haftet bei jedem Verschulden seiner Mitarbeiter (Beamte, Angest. Arbeiter, Aushilfen, Praktikanten) gem. § 839, Art. 34 GG	Nur bei: Vorsatz und grober Fahrlässigkeit
		b) Dritte	desgl., jedoch mit Entlastgsmöglkt. gemäß § 831	
jur. Pers. des priv. Rechts (z. B.: e.V.) *Beispiele: freie Verbände (Diak. Werk, PWV, Caritas, AWO etc.)*		a) s. o.	Träger haftet bei jedem Verschulden seiner Mitarbeiter (§§ 30, 31; 278)	bei: Vorsatz + grober F.: uneingeschränkt bei: „normaler" Fahrlkt.: quotenmäßige Verteilung bei: leichter Fahrlkt. (nach hM) kein Regress
		b) s. o.	Haftung gem. §§ 30, 31, jedoch mit Entlastgsmöglkt. gemäß § 831	
nichtrechtsfähige Vereine *Beispiele: Bürgerinitiativen, Elternvereinigungen*		a) s. o.	Träger haftet nach hM wie ein e. V. (s. o.), jedoch nur mit seinem Vereinsvermögen und (daneben!) das vertragschließende Mitglied	
		b) s. o.	Träger haftet wie bei a), jedoch mit Entlastgsmöglkt. gem. § 831	
Privat-Personen *Beispiele: Pflegeeltern priv. Heime/Kitas*		a) s. o.	Privat-Pers. haftet für jedes eigene Verschulden und für das ihrer Mitarb. gem. §§ 823, 278	
		b) s. o.	desgl. für Mitarb., jedoch mit Entlastgs.-möglkt. gemäß § 831	
sporadische Gruppen, Wohn-, Elterngemeinschaften ohne jede Satzung o. Ä.	Mitglied der Gemeinschaft bzw. Gruppe	a) s. o.	Nur der konkret Aufsichtführende haftet, jedoch nur wie bei eigenen Kindern (§ 1664 i.V.m. § 277)	entfällt
		b) s. o.	Nur der konkret Aufsichtführende haftet bei jedem Verschulden	
	Eltern	a) s. o.	haften nur wie in eigenen Angelegenheiten (§ 1664 iVbm § 277)	entfällt
		b) s. o.	haften bei jedem Verschulden	
	Lebenspartner von Aufsichtspflichtigen	a) und b)	Die betreffende Person haftet nur wie in eigenen Angelegenheiten (gem. §§ 823, 277)	entfällt
entfällt	Pfleger, Vormund	a) und b)	Sie haften bei jedem Verschulden	entfällt
	Gefällige Verwandte, Freunde etc.	a) und b)	Die betreffende Person haftet nur wie in eigenen Angelegenheiten (gem. §§ 823, 277)	entfällt
* Er entfällt, wenn gesetzliche oder private Unfall-Versicherung eintreten musste.				

V. Arbeits- und dienstrechtliche Folgen

Verletzung der Dienstpflichten

Jede Verletzung der Aufsichtspflicht stellt zugleich eine Verletzung der sich aus dem Dienst- bzw. Arbeitsverhältnis ergebenden Verpflichtungen dar. Der Dienstherr bzw. Arbeitgeber kann solche Vorkommnisse zum Anlass für eine Abmahnung, verstärkte Überwachung, Kontrollen, die Zurückstellung von einer anstehenden Beförderung, den Entzug von Leitungsfunktionen, Versetzung oder sogar als Anlass zur Kündigung nehmen.

Schadenseintritt ist zweitrangig

Hierbei ist es grundsätzlich unerheblich, ob der Arbeitgeber/Dienstherr durch die Aufsichtspflichtverletzung zum Schadensersatz herangezogen wurde oder nicht. Das wird besonders dann deutlich, wenn nur infolge „glücklicher Umstände" kein Schaden entstanden oder dieser sehr gering geblieben ist. – Selbst wenn die betreffende Aufsichtsperson im konkreten Fall nachweisen kann, dass der Schadensfall auch bei Erfüllung der Pflichten entstanden wäre (vgl. den Fall von S. 20), kann dem Arbeitgeber/

Unzuverlässig?

Dienstherrn nicht zugemutet werden, unzuverlässige Mitarbeiter in ihren bisherigen Funktionen zu belassen.

Wahrung der Verhältnismäßigkeit

Art und Schwere der begangenen Aufsichtspflichtverletzung müssen allerdings in einem angemessenen Verhältnis zum beabsichtigten Vorgehen des Arbeitgebers/Dienstherrn stehen. Man kann jedoch nicht von ihm verlangen, dass er angeblich „einmalige" Verfehlungen bei entsprechenden Beteuerungen gänzlich übergeht, zumal ihm selbst daraus ein erheblicher Vorwurf gemacht werden kann, wenn später wirklich „etwas passiert". (Das gilt nicht zuletzt schon deshalb, weil darin eine Verletzung der Aufsichtspflicht des Arbeitgebers/Dienstherrn gesehen werden kann und sich dann auch für ihn zivilrechtliche und u. U. auch strafrechtliche Folgen ergeben könnten.)

Kündigung

Bevor eine *Kündigung* in Betracht kommt, ist stets zu prüfen, ob nicht eine Abmahnung genügt und/oder eine andere Beschäftigung im Bereich des Arbeitgebers/Dienstherrn möglich und zumutbar ist (z. B. in der Verwaltung). Dies ergibt sich aus den Bestimmungen des Kündigungsschutzgesetzes, die allerdings nach dessen §§ 1, 23 während der ersten sechs Monate sowie bei Arbeitgebern mit nicht mehr als fünf (bei Arbeitsverträgen ab 2004: zehn) Arbeitnehmern nicht anwendbar sind. In diesen Fällen kann nämlich ohne jede Begründung gekündigt werden.

VI. Strafrechtliche Folgen

Aufsichtspflichtverletzungen können auch Strafverfahren nach sich ziehen, wenn darin zugleich eine Verwirklichung eines Straftatbestandes liegt.

1. Verletzung der Fürsorge- oder Erziehungspflicht

Strafbarkeitsvoraussetzungen

Noch nicht 16 Jahre alte Personen

Mit Freiheitsstrafe bis zu drei Jahren oder mit Geldstrafe bis zu einem Netto-Jahresverdienst kann bestraft werden, wer „seine Fürsorge- oder Erziehungspflicht gegenüber einer Person unter 16 Jahren gröblich verletzt und dadurch die Schutzbefohlenen in die Gefahr bringt, in ihrer körperlichen oder psychischen Entwicklung erheblich geschädigt zu werden oder einen kriminellen Lebenswandel zu führen oder der Prostitution nachzugehen" (vgl. § 171 iVm § 40 StGB).

Die objektive Gefährdung der „Schutzbefohlenen" genügt. Die im § 171 StGB genannten Folgen müssen daher noch nicht eingetreten, aber bei normaler Weiterentwicklung wahrscheinlich sein.

Objektive Gefährdung genügt

Eine „gröbliche" Verletzung liegt dann vor, wenn sie subjektiv und objektiv als besonders schwerwiegend anzusehen ist.

Gröbliche Verletzung

Vorsatz ist erforderlich, wobei es genügt, dass Pflichtverletzung und Gefährdung billigend in Kauf genommen wurden (= bedingter Vorsatz).

Bedingter Vorsatz genügt

2. Körperverletzungen infolge Aufsichtspflichtverletzungen

Werden infolge einer Aufsichtspflichtverletzung Aufsichtspflichtige oder Dritte (d.h. andere Personen) körperlich oder an ihrer Gesundheit geschädigt, so kann eine Bestrafung wegen Körperverletzung in Betracht kommen. Dabei ist zwischen vorsätzlicher und fahrlässiger Körperverletzung zu unterscheiden:

Vorsatz liegt nicht nur dann vor, wenn die Aufsichtspflichtverletzung begangen wurde, um eine Körperverletzung Aufsichtsbedürftiger oder Dritter herbeizuführen (was wohl selten vorkommen wird), sondern auch dann, wenn eine – vorhersehbare – Körperverletzung billigend „in Kauf genommen" wurde (wovon z.B. bei körperlichen Züchtigungen Minderjähriger stets auszugehen ist) – sog. bedingter Vorsatz (s.o.).

Vorsatz

Seit 2.11.2000 ist zudem jede körperliche Bestrafung Minderjähriger (ausnahmslos) unzulässig (vgl. § 1631 Abs. 2 S. 2 BGB)[30].

Fahrlässigkeit liegt vor, wenn infolge mangelnder Aufsicht Aufsichtsbedürftige (oder Dritte) unbeabsichtigt verletzt wurden, d.h.: wenn nicht bedacht wurde, dass hierdurch jemand verletzt werden konnte.

Fahrlässigkeit

Bei vorsätzlicher Körperverletzung kommt nach § 223 StGB entweder eine Bestrafung zu einer Geldstrafe bis zu einem Netto-Jahresverdienst (vgl. dazu § 40 StGB) oder Freiheitsstrafe bis zu fünf Jahren in Betracht. – Bei fahrlässiger Körperverletzung kommt gemäß § 229 StGB ebenfalls eine Geldstrafe oder Freiheitsstrafe bis zu drei Jahren in Betracht.

Strafmaß

3. Misshandlung von Schutzbefohlenen

Wer Personen unter 18 Jahren *oder* wegen Gebrechlichkeit oder Krankheit *Wehrlose*, die seiner Fürsorge oder Obhut unterstehen oder seinem Hausstand angehören *oder* die von dem Fürsorgepflichtigen seiner Gewalt überlassen worden oder durch ein Dienst- oder Arbeitsverhältnis von ihm abhängig sind, *quält* oder *roh misshandelt*, wird gemäß § 225 Abs. 1 StGB mit Freiheitsstrafe von sechs Monaten bis zu zehn Jahren (in minder schweren Fällen gem. § 225 Abs. 4 StGB bis zu fünf Jahren) bestraft. Dieselbe Strafe droht demjenigen, der durch böswillige Vernachlässigung seiner Pflicht, für diese Personen zu sorgen, sie an der Gesundheit schädigt. Bei Gefahr erheblicher gesundheitlicher, körperlicher oder seelischer Schädigungen oder bei Todesgefahr droht Freiheitsstrafe von einem bis zu zehn Jahren (§ 225 Abs. 3 StGB).

Geschützte Personen: alle Minderjährigen, Kranke, Gebrechliche

---

[30] Siehe dazu S. 282 ff. sowie *Schleicher*, Jugendhilfe 2001 S. 181 ff.

4. Fahrlässige Tötung

Wer durch Fahrlässigkeit den Tod eines Menschen verursacht, wird mit Geldstrafe bis zu einem Netto-Jahresverdienst oder mit Freiheitsstrafe bis zu fünf Jahren bestraft (§ 222 iVbm § 40 StGB).

Das Maß der Sorgfalt richtet sich *objektiv* nach den Umständen (Unternehmungen) und *subjektiv* nach den persönlichen Kenntnissen und Fähigkeiten. Diese Sorgfaltspflicht wird, wie der *BGH* betont hat, insbesondere durch den ausgeübten Beruf begründet. Daher darf man nichts mit den zu Beaufsichtigenden unternehmen, von dem man sich sagen muss, dass man der damit verbundenen Aufgabe (= Aufsicht) nicht gewachsen ist[31] oder, dass Gefahr besteht. Das gilt z. B. bei Touren mit einer Gruppe im Gebirge (insbesondere im Winter), beim Baden in unbekannten Gewässern oder ohne ausreichende Abkühlung der Kinder nach einer Wanderung.

5. Die Strafverfolgung

Auf Antrag oder von Amts wegen? Sie tritt bei allen durch Fahrlässigkeit verursachten Körperverletzungen sowie bei vorsätzlich begangenen sog. leichten Körperverletzungen (= § 223 StGB) *nur auf Antrag* ein, es sei denn, dass die Strafverfolgungsbehörde wegen des „besonderen öffentlichen Interesses" an der Strafverfolgung ein Einschreiten *von Amts wegen* für geboten erachtet (§ 230 Abs. 1 StGB). Das wird meist angenommen, wenn der Vorfall sich in soz.-päd. Einrichtungen ereignet.

Antragsberechtigte *Antragsberechtigt* ist für Verletzte, die geschäftsunfähig oder beschränkt geschäftsfähig sind, der gesetzliche Vertreter in den persönlichen Angelegenheiten sowie der Personensorgeberechtigte (§ 77 Abs. 3 StGB).

Der Strafantrag kann von den Antragsberechtigten bis zur Verkündung des Urteils zurückgenommen (aber dann nicht noch einmal gestellt) werden (§ 77d Abs. 1 StGB).

Verfolgung von Amts wegen Wenn die Körperverletzung durch einen kraft seines Berufes Aufsichtspflichtigen begangen wurde, bejaht die Staatsanwaltschaft grundsätzlich das öffentliche Interesse an der Strafverfolgung.

(Bei allen anderen oben unter 1., 3. und 4. behandelten Straftaten tritt die Strafverfolgung von Amts wegen ein!)

VII. Versicherungsschutz

Haftpflicht-versicherungen Gegen das Risiko von Schadensersatzzahlungen aufgrund von Aufsichtspflichtverletzungen können sich Aufsichtspflichtige durch Abschluss einer Privat- oder Berufshaftpflichtversicherung absichern (arbeits- und strafrechtliche Folgen sind aber nicht versicherbar). Außerdem kann eine Rechtsschutzversicherung abgeschlossen werden, die zusätzlich die Kosten der zivil-/arbeits-/dienst- und strafrechtlichen Verfahren übernimmt.

Rechtsschutz-versicherung

Dreifacher Schutz bei Berufsverbänden Für berufsbedingt Aufsichtspflichtige bieten Berufsverbände und Gewerkschaften einen guten Schutz, denn ihre Mitglieder sind automatisch haftpflicht- und rechtsschutzversichert. Dieser Versicherungsschutz beinhaltet Folgendes:

---

[31] BGHSt 10, S. 143.

a) die (auch gerichtliche) Abwehr von Schadensersatzansprüchen der Verletzten oder von Regressansprüchen ihrer Krankenkasse, sonstiger Versicherungsträger, Arbeitgeber/Dienstherrn bzw. gegebenenfalls die Erstattung der sich hieraus ergebenden Zahlungsverpflichtungen,

Abwehr + Übernahme von Schadensersatz

b) die Vertretung bei arbeits- oder dienstrechtlichen Auseinandersetzungen mit dem Arbeitgeber/Dienstherrn, falls dieser wegen des Vorfalls rechtliche Schritte (siehe dazu S. 32) gegen den Aufsichtspflichtigen unternimmt,

Vertretung bei zivilrechtlichen Verfahren

c) die Vertretung in einem sich aus einer Aufsichtspflichtverletzung eventuell ergebenden Strafprozess (z.B. wegen fahrlässiger Körperverletzung infolge einer Verletzung der Aufsichtspflicht).

Vertretung bei strafrechtlichen Verfahren

Wenn der Versicherungsfall ordnungsgemäß gemeldet wurde,[32] umfasst der Versicherungsschutz auch die anfallenden Gerichts-[33] und Anwaltskosten. Bevor man sich jedoch an einen Rechtsanwalt wendet, muss dies mit dem Versicherungsträger oder Berufsverband vereinbart werden. Das gilt auch dann, wenn in dem abgeschlossenen Versicherungsvertrag „freie Anwaltswahl" zugesichert wird, da der Versicherungsträger sich in den „allgemeinen Bedingungen" verständlicherweise vorbehalten haben wird, dass er zunächst prüft, ob

Gerichts- und Anwaltskosten

a) überhaupt ein „Versicherungsfall" vorliegt,
b) eine Regulierung ohne Anwalt möglich ist.

Vor *Abschluss* einer privaten Haftpflichtversicherung empfiehlt es sich, die Leistungen derselben genauestens anzuschauen und nicht allein den Beitrag. So kann man leicht Reklame machen, dass die eigenen minderjährigen Kinder ohne Aufpreis mitversichert sind. Da diese selten haftbar gemacht werden können (vgl. §§ 827, 829), muss auch die Versicherung kaum einmal eintreten. – Wichtig sind die Haftungssummen! Ungünstig ist eine Unterteilung in Personen- und in Sachschäden (besser ist ein „Pauschalsystem").

Versicherungsbedingungen vorher lesen!

Zu beachten ist auch, dass die Versicherungsträger grundsätzlich bei *vorsätzlichem Handeln* (= auch bei bedingtem Vorsatz[34]) den *Ausschluss* der Versicherungsleistungen vorsehen und sich zumeist bei grob fahrlässigem Verhalten den Regress bei ihren Versicherten vorbehalten.

Ausschluss

---

[32] Hierzu genau die Versicherungsbedingungen lesen.
[33] Bußgelder, Auflagen (Zahlungen an gemeinnützige Vereine), Geldstrafen fallen natürlich nicht hierunter.
[34] Siehe dazu oben S. 33.

Konsequenzen von Aufsichtspflichtverletzungen

Schadensersatz – arbeits-/dienstrechtliche Folgen – Strafverfolgung.
– Private Haftpflichtversicherungen der Träger soz.-päd. Einrichtungen sowie der dort häufig bestehende gesetzliche Unfallversicherungsschutz nach dem SGB VII verringern das Haftungsrisiko Aufsichtspflichtiger. Die verbleibenden Regressmöglichkeiten der Träger beschränkt die Rechtsprechung auf vorsätzliches und grob fahrlässiges Fehlverhalten.

Versicherungen der Aufsichtspersonen:
– Privat- oder Berufshaftpflichtversicherungen schützen vor einem Schadensersatz-Risiko. Arbeits- und strafrechtliche Folgen sind aber nicht versicherbar. Die Kosten gerichtlicher Verfahren (in allen Bereichen) können durch eine Rechtsschutzversicherung abgedeckt werden; Berufsverbände/Gewerkschaften bieten ihren Mitgliedern diesen kompletten Schutz kostenlos.

Arbeitsrechtliche Folgen können sein:
– Abmahnung, Kontrollen, verstärkte Überwachung, Nichtbeförderung, Entzug von Leitungsfunktionen, Versetzung oder auch Kündigung.

Strafrechtliche Folgen können sein:
– Geld- oder Freiheitsstrafen wegen: Verletzung der Fürsorge- oder Erziehungspflicht (§ 171 StGB), Körperverletzungen (§§ 223, 229, 230 StGB), Misshandlung von Schutzbefohlenen (§ 225 StGB), fahrlässiger Tötung (§ 222 StGB).

Unabhängigkeit der einzelnen Gerichtsverfahren

Abschließend sei noch darauf hingewiesen, dass die oben genannten drei Gerichtsverfahren, die aus einer behaupteten oder tatsächlich begangenen Aufsichtspflichtverletzung entstehen *können*, unabhängig voneinander eingeleitet werden *können* und dann auch durchgeführt werden würden und daher auch verschiedene Entscheidungen ergeben *können*.

Beispiele: Ein Strafverfahren wird von Amts wegen eingeleitet, obwohl weder vom Geschädigten Ansprüche geltend gemacht noch vom Träger arbeits- oder dienstrechtliche Schritte unternommen wurden.

Auch wenn man wegen einer Körperverletzung (begangen durch Aufsichtspflichtverletzung) in einem Zivilprozess für schadensersatzpflichtig erklärt wurde, stellt das noch nicht unbedingt einen Grund für eine Kündigung oder für eine strafrechtliche Verurteilung dar.

Kapitel 3. Jugendhilferecht[1]

Übersicht

A. Begriff, Zielsetzungen

Vorbemerkung:

1991 schuf das KJHG das SGB VIII (vgl. Art. 1 KJHG), das das 1922 entstandene (zuletzt 1961 novellierte) *JWG* ablöste. Das SGB VIII wurde seitdem oftmals z.T. erheblich geändert, zuletzt durch das Kinder- und Jugendhilfeverwaltungsvereinfachungsgesetz vom 29. August 2013[2].

Entstehung des SGB VIII

Der Begriff „Jugendhilfe" ist sehr komplex. Er hat sich weniger systematisch als pragmatisch gebildet. Das vormalige *JWG* wie auch das derzeitige SGB VIII verwenden den Begriff „Jugendhilfe", ohne ihn zu definieren, setzen dessen Inhalt also als bekannt voraus.

Begriff „Jugendhilfe"

Die Ziele der Jugendhilfe werden zunächst in § 1 Abs. 1 umschrieben. Danach soll die Jugendhilfe die Entwicklung und Erziehung junger Menschen „zu einer eigenverantwortlichen und gemeinschaftsfähigen Persönlichkeit" fördern.

Ziele der Jugendhilfe

Diese allgemeinen Ziele werden in § 1 Abs. 3 konkretisiert. *„Grundziele"* der Jugendhilfe sind nach dieser Vorschrift:

Konkretisierungen

1. junge Menschen in ihrer individuellen und sozialen Entwicklung zu fördern und dazu beizutragen, Benachteiligungen zu vermeiden oder abzubauen,
2. Eltern und andere Erziehungsberechtigte bei der Erziehung zu beraten und zu unterstützen,
3. Kinder und Jugendliche vor Gefahren für ihr Wohl zu schützen,
4. dazu beizutragen, positive Lebensbedingungen für junge Menschen und ihre Familien sowie eine kinder- und familienfreundliche Umwelt zu erhalten oder zu schaffen.

Jugendhilfe muss zunehmend als ein Glied innerhalb der Dienstleistungsangebote unseres modernen Sozialstaates verstanden werden, das einen wichtigen Beitrag zum Grundrechtsschutz zu leisten hat. Das bedeutet, Jugendhilfe hat jungen Menschen (vgl. dazu § 7 Abs. 1 Nr. 4) bei der individuellen und sozialen Entfaltung ihrer Persönlichkeit Hilfestellungen anzubieten, dabei ihre Menschenwürde zu achten, die Chancen-

Aufgabenstellung

---

[1] Paragrafen dieses Kapitels ohne Zusatz bezeichnen das SGB VIII.
[2] BGBl. I S. 3464.

gleichheit, insbesondere die Gleichberechtigung (vgl. dazu § 1 SGB I u. § 9 Nr. 3 SGB VIII), zu wahren und ihre Emanzipation zu fördern. Dabei ist immer das gesamte Umfeld der jungen Menschen (Familie, Freunde, Arbeits-, Ausbildungsstätte, Kommune) in alle Jugendhilfe-Aktivitäten einzubeziehen.

Verkürzt ausgedrückt ist Jugendhilfe also eine umfassende Sozialisationshilfe. Sie muss sich daher in erster Linie an den konkreten Bedürfnissen und Problemen der jungen Menschen ausrichten und dabei alltags- und lebensweltorientiert sein.

B. Aufgaben

Unterscheidung von Leistungen und anderen Aufgaben

Das SGB VIII unterteilt in § 2 die gesamten Aufgaben der Jugendhilfe in „Leistungen" (§§ 11–41) und „andere Aufgaben" (§§ 42–60). Beide Bereiche sind Pflichtaufgaben des JA (§ 3 Abs. 2 S. 2).[3]

Bedeutung der Unterscheidung

Die Unterscheidung von „Leistung" und „anderer Aufgabe" ist für die Anwendung einzelner Vorschriften von Bedeutung, z.B. für die Umschreibung der originären Aufgaben der freien Träger der Jugendhilfe (§ 3), die örtliche Zuständigkeit der öffentlichen Träger der Jugendhilfe (§§ 86 ff.), den Datenschutz (§§ 61 ff.) und die Kostenbeteiligung (§§ 90 ff.).

Aufgaben der Jugendhilfe (§ 2)	
Leistungen der Jugendhilfe	**Andere Aufgaben der Jugendhilfe**
– Jugendarbeit (§§ 11, 12) – Jugendsozialarbeit (§ 13) – Erzieherischer Kinder- und Jugendschutz (§ 14) – Angebote zur Förderung der Erziehung in der Familie (§§ 16–21) – Angebote zur Förderung von Kindern in Kindertagespflege u. Tageseinrichtungen (§§ 22–25) – Hilfe zur Erziehung und ergänzende Leistungen (§§ 27–35, 39–40) – Eingliederungshilfe für seelisch behinderte Minderjährige und ergänzende Leistungen (§§ 35a, 39, 40) – Hilfe für junge Volljährige und Nachbetreuung (§ 41)	– Inobhutnahme Minderjähriger (§ 42) – Pflegekinderschutz (§§ 43, 44) – Heimaufsicht (§§ 45–49) – FamG-Arbeit[34] (§ 50) – Adoptionsvermittlung (§ 51) – Jugendgerichts-Hilfe (§ 52) – Beratung und Unterstützung von Müttern bei Vaterschaftsfeststellung u. Geltendmachung von Unterhaltsansprüchen (§ 52a) – Beratung und Unterstützung von Pflegern und Vormündern (§ 53) – Erlaubnis für Vereinsvormundschaften (§ 54) – Beistandschaften, Amtspflegschaften, Amtsvormundschaften (§§ 55–58) – Auskunft über Nichtabgabe u. Nichtersetzung von Sorgeerklärungen (§ 58a) – Beurkundungen, Beglaubigungen (§ 59) – Aufnahme vollstreckbarer Urkunden (§ 60)

---

[3] Hier ist – irreführend – die Bezeichnung „Hilfe" üblich (siehe dazu S. 119).

Weitere Aufgaben der Träger der öffentlichen Jugendhilfe

Die Aufzählung der Aufgaben der Träger Jugendhilfe in § 2 ist nicht abschließend. Das SGB VIII enthält weitere Annex-Aufgaben:

- die Befassung des Jugendhilfeausschusses mit allen Angelegenheiten der Jugendhilfe (§ 71),
- die Förderung der freien Träger der Jugendhilfe (§ 74),
- die Anerkennung der Träger der freien Jugendhilfe (§ 75),
- die Jugendhilfeplanung (§ 80),
- die Geltendmachung von Kostenerstattung (§§ 89 bis 89h),
- die Erhebung von Teilnahme- und Kostenbeiträgen (§§ 90 bis 94),
- die Überleitung von Ansprüchen (§ 95),
- die Geltendmachung von Ansprüchen (§ 97) sowie
- statistische Erhebungen (§§ 98 ff.).

Zudem werden den Trägern der öffentlichen Jugendhilfe außerhalb des SGB VIII zugewiesen:

- die Adoptionsvermittlung (AdVermiG),
- die Gewährung von Unterhaltsvorschuss (UhVG),
- die Wahl der Jugendschöffen (JGG),
- die Stellungnahmen nach dem Namensänderungsgesetz,
- nach dem BauGB zur Bauleitplanung (§ 4 Abs. 1 BauGB) sowie
- nach dem StrafvollzugsG bei Mutter-Kind-Unterbringung (§ 80 StrafVollzugsG)
- und Anordnungen nach dem JugendschutzG (§ 9 JuSchG).

Die „Leistungen" der Jugendhilfe sind Sozialleistungen im eigentlichen Sinn, die daher ausnahmslos Angebotscharakter haben. Ihre Inanspruchnahme ist also stets freiwillig und geprägt von der Mitwirkung der Leistungsberechtigten (vgl. §§ 8, 36 Abs. 1) sowie von ihrem Wunsch- und Wahlrecht (§§ 5, 36). Letzteres steht in engem Zusammenhang mit dem gesetzlich anerkannten (vgl. § 3 Abs. 1) autonomen Betätigungsrecht der freien Träger, die die „Leistungen" der Jugendhilfe zusammen (d.h. unter Wahrung ihres gem. § 4 Abs. 1–3 bestehenden Vorranges[4]) mit den Trägern der öffentlichen Jugendhilfe erbringen (§ 3 Abs. 2 S. 1).

„Leistungen" Kennzeichen: freiwillig

Bei den „anderen Aufgaben" handelt es sich vor allem um *hoheitlich ausgestaltete Tätigkeiten*, die im Wesentlichen aufgrund des staatlichen Wächteramtes[5] zu erfüllen sind, also nicht zur Disposition der Betroffenen stehen (vgl. z.B. §§ 42–45). Diese Jugendhilfe-Aufgaben obliegen daher grundsätzlich den Jugendämtern, sofern sie diese (soweit möglich) nicht auf freie Träger übertragen haben (vgl. §§ 3 Abs. 3, 76).

„Andere Aufgaben": überwiegend hoheitlich

C. Freie und öffentliche Jugendhilfe

I. Unterscheidung

Die Unterscheidung richtet sich danach, wer Träger der einzelnen Jugendhilfemaßnahmen ist. Werden sie von den durch Landesrecht bestimmten

Trägerschaft entscheidend

---

[4] Siehe dazu S. 41 f.
[5] Siehe dazu S. 269.

(§ 69 Abs. 1) Trägern der öffentlichen Jugendhilfe erbracht, so spricht das SGB VIII von *„Trägern der öffentlichen Jugendhilfe"* (z.B. in: §§ 3, 61, 69, 72, 79, 80) oder von *„öffentlicher Jugendhilfe"* (z.B. in: §§ 4, 8).

Freie Jugendhilfe-Träger   Träger der freien Jugendhilfe sind nicht nur alle Jugendverbände, Jugendwohlfahrtsverbände, Kirchen und sonstige Religionsgemeinschaften, sondern auch Jugendgemeinschaften, Bürgerinitiativen, sonstige Selbsthilfeorganisationen etc. (sog. sonstige freie Träger), und zwar unabhängig von ihrer Rechtsform und ihrer Anerkennung[6], die nach dem SGB VIII zwar nicht mehr Förderungsvoraussetzung ist; jedoch besteht diesbezüglich eine Privilegierung (vgl. im Einzelnen § 74 Abs. 1 S. 2 u. Abs. 6).

Öffentliche Jugendhilfe-Träger   Die Träger der öffentlichen Jugendhilfe werden durch die Bundesländer für ihren Bereich festgelegt (§ 69 Abs. 1). Diese unterscheiden weiterhin wie früher das SGB VIII zwischen örtlichen und überörtlichen Trägern.[7] Örtliche Träger der Jugendhilfe sind die Landkreise und kreisfreien Städte.[8] Zusätzlich können nach den landesrechtlichen Bestimmungen kreisangehörige Gemeinden zu Trägern der öffentlichen Jugendhilfe bestimmt bzw. zu den Aufgaben der Jugendhilfe herangezogen werden.

Organisation   Soweit Landesrecht nichts Abweichendes regelt, errichten die öffentlichen Träger je ein aus Verwaltung und Jugendhilfe- bzw. Landesjugendhilfe-Ausschuss bestehendes Jugendamt bzw. Landesjugendamt (vgl. dazu §§ 70, 71).

Begriffe der Praxis   In der Jugendhilfepraxis sind auch die Begriffe: *„freie und öffentliche Träger"* oder *„freie und öffentliche Jugendhilfeträger"* sehr gebräuchlich. Im SGB VIII wurden sie jedoch entgegen der Empfehlung der Fachverbände nicht übernommen.

Die Tätigkeiten der freien und öffentlichen Jugendhilfe stehen nicht beziehungslos nebeneinander, sondern sind traditionell z.T. eng miteinander **Verflechtung** verflochten. (Das *BVerfG* spricht insoweit von der „gemeinsamen Bemühung von Staat und freien Jugend- und Wohlfahrtsorganisationen".[9])

Zusammenarbeit   Die partnerschaftliche Zusammenarbeit der freien und öffentlichen Jugendhilfe (vgl. dazu § 4 Abs. 1 S. 1) findet überwiegend im Jugendhilfeausschuss (§ 71) statt. Sie schafft die Basis für ein plurales Jugendhilfeangebot iSd § 3 Abs. 1 und damit die Voraussetzung für die Ausübung des in § 5 garantierten individuellen Wunsch- und Wahlrechts der Leistungsberechtigten (s. dazu S. 43 ff.).

Bei JuHi-Leistungen überwiegen freie Träger   *In der Jugendhilfepraxis* erbringen die freien Jugendhilfeträger den größeren – in weiten Teilbereichen den ganz überwiegenden – Anteil der Jugendhilfeleistungen, insbesondere bei Kindergärten, Heimen sowie im Bereich der Jugendarbeit. Das drückt sich auch in der Zahl der insgesamt in der Jugendhilfe tätigen Personen aus, von denen fast zwei Drittel bei

---

[6] Siehe dazu § 75.
[7] Vgl. §§ 1,3 LKJHG Baden-Württemberg, Art. 15, 24 AGSG Bayern, § 33 AG-KJHG Berlin, §§ 1, 8 AGKJHG Brandenburg, § 1 Abs. 1, 2 AGKJHG Bremen, § 1 AGKJHG Hamburg, §§ 5, 7 Abs. 2 Hessisches KJGB, §§ 1, 8 AGKJHG Mecklenburg-Vorpommern, §§ 1, 9 AGKJHG Niedersachsen, §§ 2, 7 AGKJHG Rheinland-Pfalz, §§ 1, 12 AGKJHG Saarland, §§ 1, 9 LJHG Sachsen, §§ 1, 8 KJHG Sachsen-Anhalt, §§ 47, 49 JuFöG Schleswig-Holstein, §§ 1, 6 KJHAG Thüringen.
[8] Siehe die in Fn. 7 zitierten Vorschriften.
[9] BVerfGE 22, S. 180, 200.

freien Trägern beschäftigt sind[10]. Für das Gebiet der sog. *„neuen" Bundesländer* gilt das noch in verstärktem Maße.

Ein gewisser Dualismus zwischen freier und öffentlicher Jugendhilfe besteht allerdings nur für den Bereich der sog. „Jugendhilfeleistungen" (vgl. dazu §§ 2 Abs. 2, 3 Abs. 2 S. 1). Denn die sog. „anderen Aufgaben" der Jugendhilfe[11] werden zunächst nur von den öffentlichen Trägern wahrgenommen, es sei denn, diese haben im Rahmen des nach § 76 Abs. 1 möglichen Umfangs freie Träger an diesen Aufgaben beteiligt oder diese ganz an sie delegiert.

Bei „anderen Aufgaben" überwiegen öffentliche Träger

Leistungsverpflichtungen des SGB VIII richten sich nur an die öffentlichen Jugendhilfeträger (vgl. § 3 Abs. 2 S. 2). Die freien Träger können also nie zur Übernahme von Jugendhilfeleistungen gezwungen werden. Das erscheint angesichts der öffentlichen Subventionen und des Subsidiaritätsprinzips problematisch.

Verpflichtungen treffen nur die öffentl. Träger

II. Subsidiaritätsprinzip

Der – auf die katholische Soziallehre zurückgehende – Subsidiaritätsgrundsatz gebietet das Zurücktreten größerer hinter kleinere Gemeinschaften und einzelne Personen („passive Subsidiarität") sowie deren Unterstützung („aktive Subsidiarität"). Das Subsidiaritätsprinzip hat im SGB VIII zweifachen Niederschlag gefunden, nämlich in § 1 Abs. 2 (der Art. 6 Abs. 2 GG wörtlich wiedergibt) bezüglich des Vorranges elterlicher Erziehungsverantwortung[12] und in den §§ 4, 74 hinsichtlich des Nachranges öffentlicher gegenüber freier Jugendhilfe. Letzterer bedeutet für das Jugendhilferecht Folgendes:

Hintergrund

Zweifacher Nachrang

Vorrang elterlicher Erziehung

Der öffentliche Jugendhilfeträger muss nach Feststellung eines bestimmten Jugendhilfebedarfes zunächst prüfen, ob in seinem Bereich genügend Veranstaltungen, Dienste und Einrichtungen zur Verfügung stehen (§§ 79 Abs. 1, 2, 80 Abs. 1). Müssen diese ausgebaut oder gar erst neu geschaffen werden, so hat der öffentliche Jugendhilfeträger deren Ausbau oder Schaffung unter Trägerschaft der freien Jugendhilfe anzuregen und zu fördern (d.h. vor allem auch finanziell) und von eigenen diesbezüglichen Aktivitäten abzusehen (vgl. §§ 4 Abs. 2, 3, 74 Abs. 1). Wenn jedoch die Anregung nebst Förderungsbereitschaft nicht zum Ziel führen, dann kann und muss der öffentliche Jugendhilfeträger die erforderlichen Jugendhilfeangebote selbst rechtzeitig und ausreichend zur Verfügung stellen. Das ist auch dann der Fall, wenn die freien Träger keine angemessenen Eigenleistungen (d.h. nicht nur finanzielle, sondern auch personelle, räumliche wie sachliche) erbringen können oder wollen (vgl. dazu § 74 Abs. 1 Nr. 4 u. Abs. 3 S. 2).

Förderung der freien Jugendhilfe

Gesamtverantwortung der öffentlichen Jugendhilfe

Wenn geeignete Jugendhilfeangebote freier und/oder öffentlicher Träger vorhanden sind, besteht jedoch keine Förderungspflicht des JA für weitere Angebote freier Träger. Entsprechendes gilt, wenn der Ausbau öffentlicher Dienste und Einrichtungen erheblich kostengünstiger wäre als der Aufwand für die Förderung neuer Projekte freier Träger. Noch weniger kann vom öffentlichen Träger verlangt werden, bereits bestehende

Grenzen der Förderung der freien Jugendhilfe

---

[10] BT-Drucks. 11/5948, S. 48
[11] Siehe dazu § 2 Abs. 3 sowie die S. 38 und 106 ff.
[12] Siehe dazu S. 42 f. und 269.

Keine Funktionssperre für die öffentl. JuHi

eigene Angebote zugunsten der Neuschaffung entsprechender durch freie Träger aufzugeben. Denn das Subsidiaritätsprinzip stellt *nicht etwa eine Funktionssperre*[13] für das JA dar, sondern ist einerseits Ausdruck der Verpflichtung des Staates, „für eine gerechtere Sozialordnung" zu sorgen, und soll zugleich eine „vernünftige Aufgabenverteilung und eine möglichst wirtschaftliche Verwendung der zur Verfügung stehenden öffentlichen Mittel sicherstellen"[14]. Die Heranziehung der freien Jugendhilfeträger zur Erledigung von Jugendhilfeaufgaben liegt also im pflichtgemäßen Ermessen der öffentlichen Jugendhilfeträger.

Entscheidend ist der Jugendhilfeausschuss

Die Entscheidung über die konkreten Jugendhilfeplanungen sowie über die Förderungen der freien Jugendhilfe (generell wie im Einzelfall) steht übrigens stets dem Jugendhilfeausschuss zu und gehört selbst bei geringen Summen nie zu den Aufgaben der laufenden Verwaltung des JA (vgl. § 71 Abs. 2 Nr. 2).

D. Prinzipien der Jugendhilfe

I. Nachrang gegenüber dem Elternrecht

Jugendhilfe schränkt Elternrecht nicht ein

Bei der Ausgestaltung der „Leistungen" wie bei der Erfüllung der „anderen Aufgaben" der Jugendhilfe ist wegen des im Art. 6 Abs. 2 GG als Grundrecht geschützten Erziehungsvorranges die von den Eltern (oder anderen Personensorgeberechtigten) bestimmte Grundrichtung der Erziehung zu beachten (§§ 1 Abs. 2, 9 Nr. 1). *Denn durch die Inanspruchnahme von Jugendhilfe tritt keine Beschränkung des elterlichen Erziehungsrechts ein.* Nach Ansicht des SGB VIII-Gesetzgebers ergeben sich daher für die Jugendhilfe auch keine eigenständigen Befugnisse, Angelegenheiten der elterlichen Sorge für Kinder und Jugendliche wahrzunehmen.[15] Die im Rahmen von Jugendhilfeleistungen tätig werdenden Personen (z.B. Pflegeeltern, Erzieher in Heimen o.ä. Einrichtungen) besitzen zwar die sog. „Alltagssorge"[16] (vgl. § 1688 Abs. 1 u. 2 BGB). Diese kann aber jederzeit durch einen Inhaber der elterlichen Sorge außer Kraft gesetzt werden (vgl. § 1688 Abs. 3 S. 1 BGB). Allerdings besteht auch in diesem Fall (ähnlich wie im Schulbereich) eine faktische Einschränkung der elterlichen Sorge.

II. Freie Entfaltung der Persönlichkeit junger Menschen

Zielsetzungen

Die Jugendhilfe muss (dem als Grundrecht für alle Menschen geschaffenen Art. 2 Abs. 1 des GG sowie dem in § 1 Abs. 1 SGB VIII und § 1626 Abs. 2 BGB verankerten Grundgedanken des Sorgerechts entsprechend) stets die wachsende Fähigkeit und das Bedürfnis der Minderjährigen zu selbstständigem, verantwortungsbewusstem Handeln berücksichtigen (§ 9 Nr. 2).

---

[13] *Fieseler/Herborth*, S. 210.
[14] BVerfGE 22, S. 180, 200.
[15] BT-Drucks. 11/5948, S. 52; aA: *Münder*, Soz.Arbeit 1990, 211; *Rummel* ZfJ 1990, 294.
[16] Siehe S. 223 f.

Außerdem hat die Jugendhilfe die jeweiligen sozialen und kulturellen Interessen und Eigenarten junger Menschen und ihrer Familien zu beachten (§ 9 Nr. 2). Diese Vorschrift konkretisiert den *Grundsatz der Individualisierung der Jugendhilfe* und will dabei zugleich die besondere Situation ausländischer Minderjähriger angemessen berücksichtigen.

Ferner muss die Jugendhilfe die unterschiedliche Lebenslage von Mädchen und Jungen beachten, Benachteiligungen abbauen und die *Gleichberechtigung fördern* (§ 9 Nr. 3). Dabei reicht es nicht aus, Mädchen und Jungen den gleichen Zugang zu den einzelnen Jugendhilfeangeboten zu eröffnen. Vielmehr müssen stärker als bisher üblich mädchenspezifische Ansätze in die Jugendhilfearbeit einbezogen werden.

III. Wunsch- und Wahlrecht

§ 5 Abs. 1 S. 1 gewährt Leistungsberechtigten grundsätzlich das Recht, zwischen den einzelnen Einrichtungen und Diensten verschiedener Träger wählen und hinsichtlich der Gestaltung der konkreten Jugendhilfe Wünsche äußern zu können. Für die stationären und teilstationären Hilfen der Hilfe zur Erziehung, der Eingliederungshilfe für seelisch behinderte Kinder und Jugendliche und der Hilfe für junge Volljährige wird das Wunsch- und Wahlrecht in § 36 Abs. 1 S. 3–5 geregelt.

Generelles Recht der Jugendhilfe-Adressaten

Leistungsberechtigte sind die nach dem SGB VIII Anspruchsberechtigten, die nicht immer identisch sind mit den Leistungsempfängern, wie das insbesondere bei der Hilfe zur Erziehung der Fall ist (denn dort sind gemäß § 27 Abs. 1 Leistungsberechtigte die Personensorgeinhaber[17]). Wer Leistungsberechtigter ist, ergibt sich aus den einzelnen Normen des SGB VIII. Das Wunsch- und Wahlrecht nach § 36 Abs. 1 steht auch den Kindern und Jugendlichen zu. Beim Wunsch- und Wahlrecht nach § 5 steht den Kindern/Jugendlichen ein Beteiligungsrecht nach § 8 zu.

Betrifft: Einrichtungen/ Dienste

Das JA ist verpflichtet, die Leistungsberechtigten auf ihr Wunsch- und Wahlrecht hinzuweisen (§§ 5 Abs. 1 S. 2, 36 Abs. 1 S. 3), was die Subjektrolle der Leistungsberechtigten unterstreicht. Der bloße Hinweis auf das Wunsch- und Wahlrecht ist nicht ausreichend.[18] Der Träger der öffentlichen Jugendhilfe muss umfassend und verständlich über die Leistungsangebote aller Träger, die Inhalte, Methoden und Arbeitsformen informieren. Daneben gelten die allgemeinen Aufklärungs-, Beratungs- und Auskunftspflichten nach den §§ 13–15 SGB I. Außerdem wird hierdurch der öffentliche Jugendhilfeträger verpflichtet, das plurale Angebotsspektrum der Jugendhilfe, von dem § 3 Abs. 1 ausgeht, zu verwirklichen. Das Wunsch- und Wahlrecht stellt somit die Konkretisierung des Individualisierungsprinzips der Jugendhilfe dar.

Hinweispflicht des JA

Richtig verstanden müsste danach jedes Jugendhilfeangebot sowohl von freien wie auch von öffentlichen Trägern erfolgen, was letztere gemäß ihrer Planungs- und Gesamtverantwortung (vgl. §§ 79, 80) zu gewährleisten hätten. Jedoch gerät das Wunsch- und Wahlrecht *zum Subsidiaritätsprinzip* des § 4 Abs. 2 in ein gewisses Spannungsverhältnis mit der Folge, dass es in der Praxis vielfach nur unter dem Gesichtspunkt, ob insgesamt ausreichende Angebote vorhanden sind, und nicht unter dem der *Angebots-*

Problematik

---

[17] Siehe dazu S. 81.
[18] Vgl. *Schindler* in LPK-SGB VIII § 5 Rn. 7.

und Trägervielfalt gesehen wird. Die Konsequenz ist dann meist, dass die in den §§ 5 Abs. 1 S. 2, 36 Abs. 1 S. 3 zwingend vorgesehene Verpflichtung, die Leistungsberechtigten auf ihr Wunsch- und Wahlrecht hinzuweisen, fälschlicherweise auch im zuvor genannten Sinn interpretiert wird. Damit die gesetzliche Zielsetzung nicht ins Leere läuft, ist daher immer wieder darauf hinzuweisen, dass die öffentliche Jugendhilfe aufgrund ihrer Gesamtverantwortung für ein plurales örtliches Angebot sorgen muss.

Einschränkungen bei Unterbringung in Einrichtungen

Eine weitere Einschränkung des Wunsch- und Wahlrechts enthalten §§ 5 Abs. 2 S. 2, 36 Abs. 1 S. 4:

Wird die Erbringung einer der in § 78a genannten stationären oder teilstationären Jugendhilfeleistungen in einer Einrichtung gewünscht, mit deren Träger vorab keine Vereinbarungen über Leistungsinhalte, Entgelte und Grundsätze der Qualitätsentwicklung nach § 78b bestehen, so soll der Wahl nur entsprochen werden, wenn die Erbringung der Leistung in dieser Einrichtung im Einzelfall oder nach Maßgabe des Hilfeplanes geboten ist (§ 36 Abs. 1 S. 4). Anderenfalls beschränkt sich das Wunsch- und Wahlrecht auf Einrichtungen, mit denen Vereinbarungen nach § 78b bestehen.

Mehrkosten als Sperre

Ähnlich wie in § 3 Abs. 2 S. 4 SGB XII wird in den §§ 5 Abs. 2 S. 1 das bezüglich der Gestaltung der Jugendhilfeleistungen bestehende Wunsch- und Wahlrecht aus Kostengründen eingeschränkt. Denn ihm soll nur entsprochen werden, wenn es nicht „mit *unverhältnismäßigen* Mehrkosten verbunden ist". Die größte Bedeutung hat die Vorschrift bei stationären Jugendhilfeleistungen, insbesondere bei Unterbringungen in Pflegefamilien und Heimen, denn dort können geäußerte Wünsche, die die Auswahl dieser Unterbringungsmöglichkeiten betreffen, kaum aus Kostengründen abgelehnt werden, da sämtliche anderen Einrichtungen erheblich preisgünstiger sind als Heime; bei letzteren könnten allerdings gerade in Ballungsgebieten die näheren erheblich teurer sein als weit entfernt und abseits „auf dem flachen Land" gelegene.

Erfolgsprognose jedoch vorrangig

Daher ist zu beachten, dass nicht allein fiskalisches Denken ausschlaggebend sein darf, sondern die Jugendhilfe sich mehr von der Erfolgsprognose leiten zu lassen hat. Denn bei einer nicht gewollten oder gar aufgezwungenen Jugendhilfeleistung ist deren Erfolglosigkeit meist vorprogrammiert und kostet daher bald mehr als eine gewünschte, die zunächst vielleicht teurer, dafür aber effektiv ist, somit meist auch kürzer und im Endeffekt daher sogar billiger ausfallen kann.

§ 5 betrifft nicht: Auswahl der Jugendhilfe

Das Wunsch- und Wahlrecht der §§ 5, 36 bezieht sich jedoch nicht etwa darauf, ob Jugendhilfe zu gewähren ist oder nicht oder auf die Auswahl geeigneter Jugendhilfeleistungen. Diese Entscheidungen obliegen vielmehr dem Jugendamt. (Bei Aufstellung des Hilfeplans sind aber diesbezügliche Vorstellungen der Leistungsberechtigten zu berücksichtigen.) § 36a beschränkt daher die Kostentragungspflicht generell auf vom JA eingeleitete HzE und Eingliederungshilfe, damit das JA nicht als bloße „Zahlstelle" fungiert.

IV. Beteiligungsrechte Minderjähriger

Minderjährige fast nie Leistungsberechtigte

Die Rechtsstellung der Minderjährigen ist im SGB VIII eher als „stark verkümmert" zu bezeichnen. Denn Leistungsberechtigte sind fast ausnahmslos nur deren Personensorgeinhaber (= Eltern, Vormund oder Pfleger) und nicht die Minderjährigen selbst, wie sich z. B. aus § 27 Abs. 1 für die Hilfe zur Erziehung ergibt (vgl. dazu S. 82). Echte Ausnahmen stellen nur die §§ 18 Abs. 3 S. 1, 24 Abs. 1 S. 1, 35a Abs. 1 S. 1, 42 Abs. 1 S. 1 Nr. 1 dar.

Allerdings sind Minderjährige bei allen sie betreffenden Entscheidungs- **Partizipation** prozessen – ihrem Entwicklungsstand entsprechend – einzubeziehen und in geeigneter Weise auf ihre Rechte im Verwaltungsverfahren sowie in Verfahren vor den Familien- und Verwaltungsgerichten hinzuweisen (§ 8 Abs. 1). Damit werden die in Art. 2 Abs. 1 GG sowie die in den §§ 1 **Kein Alterslimit** SGB I, 1626 Abs. 2 BGB, 60, 159 und 164 FamFG enthaltenen Garantien zur Wahrung ihrer freien Persönlichkeitsentfaltung und ihrem Bedürfnis nach Selbstständigkeit und der Berücksichtigung ihrer Bindungen, Neigungen, Eignungen und ihren Willen (ohne altersmäßige Untergrenze) Rechnung getragen. Dabei kommt der Jugendhilfe nicht nur die Auf- **Aufgabenstellung** gabe der Beachtung dieser Rechte und Aufklärung hierüber zu. Vielmehr hat sie die Minderjährigen auch zu befähigen, von diesen ihnen gesetzlich eingeräumten Rechten sinnvoll Gebrauch machen und damit zu einer selbstständigen, eigenverantwortlichen und gemeinschaftsfähigen Persönlichkeit heranreifen zu können.

Minderjährige haben nach § 8 Abs. 2 ausdrücklich das Recht (es war **Recht auf Anhörung** auch zuvor schon ohne gesetzliche Regelung anerkannt), sich in allen An- **und Beratung** gelegenheiten „der Erziehung und Entwicklung" (diese Formulierung umfasst alle Belange Minderjähriger, stellt also keine Einschränkung dar) an das JA zu wenden. (An freie Träger können sie sich natürlich auch wenden, jedoch sind diese nicht wie das JA gemäß § 3 Abs. 2 S. 2 zu Jugendhilfeleistungen verpflichtet.[19]) Hier wird zum einen die *Subjektstellung Minderjähriger* deutlich und zugleich durch die erhaltenen Informationen die Möglichkeit des JA erweitert, den Minderjährigen und ihren Familien evtl. rechtzeitig geeignete Jugendhilfeangebote machen und damit besser *präventiv wirken* zu können (so kann das gemäß Art. 6 Abs. 2 GG bestehende *staatliche Wächteramt*[20] auch besser ausgeübt werden). Das Recht Minderjähriger auf Anhörung und Beratung läuft allerdings ins Leere, wenn beim JA nicht entsprechende Ressourcen vorhanden sind, wie z. B. die Diskussionen um Kinder-Büros, Kinder-Beauftragte oder einen Anwalt/Ombudsmann des Kindes zeigen.

Ein Recht der Jugendhilfe zu bestimmten Befugnissen lässt sich aus § 8 Abs. 2 jedoch grundsätzlich nicht herleiten. Vielmehr haben alle daraufhin erfolgten Jugendhilfeleistungen nur *Angebotscharakter* (es sei denn, es kommt ein Vorgehen nach § 8a Abs. 3 oder § 42 in Betracht).

In Konsequenz ihres Rechts auf Anhörung und Beratung kann eine **Not- und Konflikt-** Beratung Minderjähriger auch ohne Kenntnis ihrer Personensorgeinhaber **beratung ohne** erfolgen, wenn sie aufgrund einer Konflikt- und Notlage **Kenntnis der Eltern**

(das ist nicht nach objektiven, allgemein gültigen Gesichtspunkten, sondern aus der subjektiven Perspektive der Minderjährigen zu beurteilen)

erforderlich ist

(dies liegt somit im pflichtgemäßen Ermessen der freien wie öffentlichen Jugendhilfeträger)

---

[19] Siehe dazu auch S. 41.
[20] Siehe dazu S. 269.

**Diskretions-
problematik**

und die Information der Personensorgeinhaber den Beratungszweck vereiteln würde (vgl. § 8 Abs. 3). Damit soll dem Umstand Rechnung getragen werden, dass Minderjährige sich meist nur dann einer Beratungsstelle anvertrauen, wenn absolute Vertraulichkeit garantiert ist, sie also sicher sein können, dass ihre Beratungsgespräche niemandem (insbesondere nicht: Schule, Ausbildern, Arbeitgebern, Polizei, aber oftmals auch nicht ihren Eltern oder ihrem Vormund) bekannt werden, ohne dass sie damit ausdrücklich einverstanden sind.

Konflikt- u. Notlagen

In Betracht kommen nicht nur durch elterliches Verhalten bedingte Situationen (z.B. Aufzwingen einer unerwünschten Ausbildung, rigide Kontaktverbote, Gewalttätigkeiten, sexueller Missbrauch). Es genügt, dass die konkrete Lage (z.B. drohendes Scheitern der Ausbildung, Alkohol- oder Drogenabhängigkeit, Schwangerschaft) die „geheime" Beratung erforderlich macht.

Beratungsdauer

§ 8 Abs. 3 ermöglicht eine kurzfristige (aber u.U. auch eine längerfristige) Konfliktberatung, bei der zunächst einmal ohne Konfrontationen mit den meist involvierten Personen oder Stellen (s.o.) nach Lösungen gesucht werden kann, wenn (und solange) durch die Einbeziehung der Personensorgeberechtigten der Beratungszweck vereitelt würde. Dadurch lassen sich in vielen Fällen zumindest Zuspitzungen und damit einhergehende weitere Gefährdungen oder gar Schädigungen evtl. vermeiden.

**Sonstige
Beteiligungsrechte**

Beteiligungsrechte der Kinder/Jugendlichen werden nicht nur in § 8 eingeräumt. Beteiligungsrechte sieht ferner § 36 Abs. 1 vor. In einigen Bundesländern sieht das Kommunalverfassungsrecht die Einrichtung eines Jugendgemeinderates vor, z.B. in Baden-Württemberg in § 41a Gemeindeordnung.

V. Kinderschutz

**Verpflichtung zu
Kinderschutz**

Den Jugendämtern obliegt, wie bereits die Umschreibung der Ziele der Jugendhilfe in § 1 Abs. 3 zeigt, der Kinderschutz. Mit dem Schutzauftrag wird das staatliche Wächteramt (Art. 6 Abs. 3 GG) – also die Verpflichtung des Staates, darüber zu wachen, dass die Eltern ihr verfassungsrechtlich garantiertes Erziehungsrecht zum Wohl des Kindes ausüben – konkretisiert.[21] Ist dieses Wohl gefährdet, müssen die Eltern unterstützt, ggfs. muss aber auch in ihr Recht eingegriffen werden. Einzelheiten regeln insoweit die §§ 8a, 42 SGB VIII.

Frühwarnsysteme

Der Schutz nach § 8a greift erst, wenn das Jugendamt oder ein freier Jugendhilfeträger Kenntnis von der Gefährdung des Wohles des Kindes/ Jugendlichen hat. Um hiervon Kenntnis zu erlangen, wird seit einigen Jahren diskutiert, wie mittels Frühwarnsystemen Fälle von Kindeswohlgefährdungen im elterlichen Haushalt aufgedeckt werden können. So haben z.B. die meisten Bundesländer weitere Vorsorgeuntersuchungen der Kinder eingeführt.

**Kinderschutz nach
dem KKG**

Dem frühzeitigem Erkennen von potentiellen Gefährdungssituationen dient ferner das Gesetz zur Kooperation und Information im Kinderschutz (KKG) vom 22. Dezember 2011.[22] Dieses Gesetz sieht „Frühe Hilfen" für Eltern vor (§ 1 Abs. 4 KKG). Die Eltern sollen über Unterstüt-

---

[21]   Vgl. *Bringewart* in LPK-SGB VIII § 8a Rn. 12f.
[22]   BGBl. I 2011 S. 2975.

zungsangebote in ihrem örtlichen Einzugsbereich informiert und ihnen soll ein persönliches Gespräch – auf Wunsch in ihrer Wohnung – angeboten werden (§ 2 KKG). In den Ländern werden Netzwerkstrukturen zum Kinderschutz geschaffen (§ 3 KKG). Besondere Bedeutung kommt dabei den Familienhebammen zu (§ 3 Abs. 4 KKG). Schließlich werden in § 4 Abs. 1 KKG aufgezählte Personen (u. a. Ärzte und Ärztinnen, staatlich anerkannte Sozialarbeiterinnen und Sozialarbeiter und staatlich anerkannte Sozialpädagoginnen und Sozialpädagogen und Lehrerinnen und Lehrer in den Kinderschutz einbezogen (§ 4 Abs. 1 KKG). Werden ihnen gewichtige Anhaltspunkte für eine Kindeswohlgefährdung bekannt, sollen sie – also müssen im Regelfall – mit den Eltern und dem Kind und der/dem Jugendlichen sprechen und auf die Inanspruchnahme von Hilfe hinwirken. Ist die Abwendung der Gefahr nicht möglich bzw. ist Hilfe erfolglos oder nicht erfolgversprechend, sind die bezeichneten Personen berechtigt, sich an das Jugendamt zu wenden. Sie dürfen insoweit die erforderlichen personenbezogenen Daten übermitteln (§ 4 Abs. 3 KKG).

1. Information und Risikoeinschätzung durch das Jugendamt

Voraussetzungen für ein Tätigwerden des Jugendamtes sind gewichtige Anhaltspunkte (§ 8a Abs. 1 S. 1). Bleiben Hinweise unterhalb dieser Schwelle, muss das Jugendamt nicht tätig werden. Die Kindeswohlgefährdung muss sich aus Tatsachen ergeben. Bloße Vermutungen und Wertungen sind nicht ausreichend. Insoweit ist in der Praxis zu klären, ob die Vermutungen einen Tatsachenkern enthalten. Gewichtig sind die Anhaltspunkte, wenn nach den dem Jugendamt bekannten Tatsachen eine Gefährdung des Wohles eines Kindes oder eines Jugendlichen von vornherein nicht ausgeschlossen werden kann.[23] Feststehen muss die Gefährdung des Wohles des Kindes oder des Jugendlichen nicht. Gerade dies soll ja in dem Verfahren nach § 8a abgeklärt werden. Sind die Anhaltspunkte nicht gewichtig, muss das Jugendamt nicht tätig werden.

Gewichtige Anhaltspunkte

Die gewichtigen Anhaltspunkte müssen dem Jugendamt bekannt werden. Hieraus folgt zunächst, dass das Jugendamt nicht selbst aktiv nach Anhaltspunkten sucht, sondern erst aktiv werden muss, wenn es durch Hinweise von außen oder bei der Wahrnehmung von ihm übertragenen Aufgaben Anhaltspunkte für die Gefährdung des Wohls eines Kindes oder eines Jugendlichen wahrnimmt. Unerheblich ist, wie dem Jugendamt die Tatsachen vorgetragen werden (schriftlich, mündlich, telefonisch, elektronisch), ob der Betroffene eine Nähe zum Kind/Jugendlichen hat oder das Jugendamt die Anhaltspunkte (z.B. bei einer Beratung nach § 8 Abs. 2) feststellt und ob der Hinweis namentlich oder anonym erfolgt. Das Jugendamt muss sicherstellen, dass die Hinweise dokumentiert (Anfertigung eines Aktenvermerks) werden und die zuständigen Stellen über die Hinweise unverzüglich in Kenntnis gesetzt werden. Unerheblich ist, wem im Jugendamt der Hinweis zugeht. Das Gesetz spricht lediglich von „Jugendamt". Kein Bekanntwerden iSv § 8a Abs. 1 S. 1 ist die außerdienstliche Kenntnisnahme durch Bedienstete des Jugendamtes.

Bekanntwerden der Anhaltspunkte

Die gewichtigen Anhaltspunkte müssen auf eine Gefährdung des Wohls eines Kindes oder Jugendlichen hindeuten. Der Gesetzgeber knüpft da-

Hinweis auf eine Gefährdung des Wohles des Kindes/ Jugendlichen

---

[23] Vgl. *Bringewart* in LPK-SGB VIII, § 8a Rn. 40.

mit an § 1666 BGB an (siehe S. 321 ff.). In der Kommentarliteratur geht man von einer Kindeswohlgefährdung aus, wenn eine gegenwärtige oder zumindest unmittelbar bevorstehende Gefahr für die Kindesentwicklung abzusehen ist, die bei ihrer Fortdauer eine erhebliche Schädigung des körperlichen, geistigen oder seelischen Wohls des Kindes mit ziemlicher Sicherheit herbeiführen wird. Als Beispiele werden sexueller Missbrauch, Misshandlung und Vernachlässigung genannt.

Informationsrecht und -pflicht — Liegen gewichtige Anhaltspunkte vor, ist das Jugendamt zur Informationsgewinnung berechtigt und verpflichtet. Diese Informationsgewinnung dient der Vorbereitung der Risikoabschätzung nach § 8a Abs. 1 S. 1 und ist (datenschutzrechtlich) auf die für diesen Zweck erforderlichen Informationen begrenzt. Mitumfasst ist auch die Abklärung, ob die Eltern bereit sind, Hilfen in Anspruch zu nehmen, mit denen das Gefährdungsrisiko abgewendet werden kann.

Zunächst Befragung des Betroffenen — Die Informationsgewinnung hat grundsätzlich wegen des datenschutzrechtlichen Ersterhebungsgrundsatzes beim Betroffenen (Personensorgeberechtigten, Erziehungsberechtigten, Kind – in kindgerechter Form –, Jugendlichen) selbst zu erfolgen (§ 62 Abs. 2 S. 1). Ohne oder gegen den Willen der Betroffenen dürfen Informationen bei Dritten (Nachbarn, Kindergarten, Schule, etc.) erhoben werden, soweit dies zur Erfüllung des Schutzauftrags nach § 8a erforderlich ist (z. B. weil die Eltern bei der Aufklärung des Sachverhalts nicht mitwirken) oder wenn die Hilfe durch die Datenerhebung gefährdet würde (z. B. wegen des Verdachts sexuellen Missbrauchs).

Beweismittel — Das Jugendamt muss ggf. einen Hausbesuch durchführen (§ 8a Abs. 1 S. 2). Im Übrigen stehen dem Jugendamt die in § 21 SGB X aufgezählten Beweismittel zur Verfügung.

Mitwirkungspflicht der Eltern — Die Eltern sind im Rahmen ihrer Elternverantwortung zur Mitwirkung verpflichtet. Wirken sie nicht mit, z. B. sie öffnen die Tür nicht bzw. sie verweigern die Erteilung von Auskünften, stehen dem Jugendamt keine Zwangsmittel zur Seite. Auf solche hat der Gesetzgeber bewusst verzichtet. Ggf. ist das FamG einzuschalten (§ 8a Abs. 2 S. 1). Hierauf sollten die Eltern hingewiesen werden.

Weitere Maßnahmen — Bestätigt die Informationsgewinnung die Gefährdung des Kindes/Jugendlichen nicht, muss das Jugendamt das Verfahren einstellen. Es darf keine weiteren Informationen sammeln.[24] Ansonsten muss das Gefährdungsrisiko im Team von mehreren Fachkräften abgeschätzt und das weitere Vorgehen beraten werden (§ 8a Abs. 1 S. 1).

Zusammenwirken mehrerer Fachkräfte — Zusammenwirken der Fachkräfte erfordert ein fachlich-methodisches Vorgehen der Fachkräfte, das die unterschiedlichen Fachrichtungen der Beteiligten bei der Abschätzung der Art und des Ausmaßes des Gefährdungsrisikos hinreichend zur Geltung bringt.[25] Soweit Fachkräfte beteiligt sind, die nicht der verantwortlichen Stelle angehören, müssen die Daten anonymisiert bzw. pseudonymisiert werden (§ 64 Abs. 2), soweit die Aufgabenerfüllung dies zulässt. Zur Entscheidung können weitere Experten hinzugezogen werden (z. B. Mediziner).

---

[24] Vgl. *Bringewart* in LPK-SGB VIII § 8a Rn. 28.
[25] Vgl. *Bringewart* in LPK-SGB VIII § 8a Rn. 55.

Das Jugendamt hat den Personensorgeberechtigten bzw. Erziehungsberechtigten Hilfeangebote zu unterbreiten, soweit diese zur Beseitigung der Gefährdung geeignet und notwendig sind (§ 8a Abs. 1 S. 3). Der Begriff Hilfen unterliegt dabei einem weiten Verständnis. Mit ihm werden alle Hilfen der Jugendhilfe gemeint. In der Praxis kommt indessen vor allem der Hilfe zur Erziehung und der Eingliederungshilfe für seelisch behinderte Kinder und Jugendliche besondere Bedeutung zu.

Hilfeangebote

Eingriffe in das Erziehungsrecht kommen nur in Betracht, wenn die Hilfen nicht angenommen werden oder nicht erfolgversprechend sind.

Eingriffe in das Erziehungsrecht

Das Jugendamt hat das FamG anzurufen, wenn die Eltern nicht bereit oder in der Lage sind, die Gefährdung des Kindeswohls abzuwenden oder an der Abwendung dieser Gefährdung mitzuwirken. Bei der Entscheidung, ob ein Tätigwerden des FamG nach § 8a Abs. 2 erforderlich ist, hat das Jugendamt einen Beurteilungsspielraum, der nur begrenzt gerichtlich nachprüfbar ist. Gelangt das Jugendamt zur Überzeugung, dass ein Tätigwerden des FamG erforderlich ist, so muss es dieses anrufen. Seinen Antrag an das FamG muss es ausreichend begründen. Eine Verpflichtung zur Anrufung des FamG besteht bereits dann, wenn die Eltern nicht zur Mitwirkung bereit sind.

Anrufung des FamG

Die Übermittlung von Daten an das FamG ist zulässig, wenn die Voraussetzungen des rechtfertigenden Notstands (§ 34 StGB) oder von § 65 erfüllt sind oder eine sonstige Übermittlungsbefugnis vorliegt. Bei der Beurteilung der Zulässigkeit der Weitergabe von Daten ist auch die Art der Informationsgewinnung von Bedeutung. Wurden die Informationen nicht den Sozialarbeitern von den Betroffenen anvertraut, sondern hat er diese von Dritten erfahren, ist eine Weitergabe gemäß § 69 SGB X zulässig.

Übermittlung von Daten an das FamG

Kommt das FamG zu einer Entscheidung, die nach Auffassung des Jugendamts das Wohl des Kindes nicht genügend berücksichtigt, hat das Jugendamt ein Beschwerderecht (§ 162 Abs. 3 S. 2 FamFG).

Beschwerderecht des Jugendamts

Die Entscheidung des FamG kann zunächst sorgerechtliche Maßnahmen nach den §§ 1666, 1666a BGB zum Gegenstand haben. (s. dazu S. 325 ff.).

Weiter kann das FamG Regelungen zum Umgangsrecht treffen.

Das FamG ist nicht befugt, verbindliche Anordnungen gegenüber dem Träger der öffentlichen Jugendhilfe zu treffen. Es ist deshalb ein kooperativer Entscheidungsprozess von FamG und Jugendamt anzustreben.

Entscheidung des FamG – Eingriff in das Sorgerecht – Eingriffe in das Umgangsrecht Keine Verpflichtung des Jugendamts

Bei dringenden Gefahren verweist § 8a Abs. 2 S. 2 auf die Inobhutnahme. Hierbei handelt es sich nicht nur um eine Rechtsfolgen-, sondern um eine Rechtsgrundverweisung mit der Folge, dass die Voraussetzungen der Inobhutnahme nach § 42 zu überprüfen sind. § 8a Abs. 2 S. 2 ist keine eigenständige Rechtsgrundlage für die Inobhutnahme.

Inobhutnahme des Kindes/Jugendlichen

In Fällen, in denen dies erforderlich ist und die Befugnisse und fachlichen Kompetenzen des Jugendamts nicht ausreichend sind, ist es verpflichtet, die Eltern auf die Inanspruchnahme anderer Einrichtungen und Dienste hinzuweisen (§ 8a Abs. 3), z.B. medizinische Dienste. Ggf. ist die Polizei hinzuzuziehen.

Einschaltung anderer Stellen

2. Einbeziehung der freien Träger der Jugendhilfe in den Schutzauftrag

Vereinbarungen mit freien Trägern

Das Gesetz bezieht die freien Träger nicht unmittelbar in den Schutzauftrag ein, da der Gesetzgeber insoweit verfassungsrechtliche Bedenken hatte. Vielmehr haben die öffentlichen Träger der Jugendhilfe durch Vereinbarungen mit den freien Trägern sicherzustellen, dass auch diese dem Schutzauftrag nachkommen (§ 8a Abs. 4). In der Literatur wird insoweit von einer zulässigen Begrenzung der Autonomie der freien Träger ausgegangen. Eine Ablehnung entsprechender Vereinbarungen wird für rechtswidrig gehalten. Bei der Vereinbarung handelt es sich um einen öffentlich-rechtlichen Vertrag.

Zuständiges Jugendamt

Welche öffentlichen Träger für die Vereinbarung zuständig sind, wird gesetzlich nicht geregelt. Im Schrifttum wird insoweit eine analoge Anwendung von § 78e befürwortet. Demnach ist der örtliche Träger zuständig, in dessen Bereich die Einrichtung ihren Sitz hat bzw. der Dienst seine Aufgaben wahrnimmt.

Inhalt der Vereinbarung

Den Mindestinhalt der Vereinbarung legt § 8a Abs. 4 fest. Danach haben die freien Träger bei Bekanntwerden gewichtiger Anhaltspunkte für eine Kindeswohlgefährdung unter Hinzuziehung einer erfahrenen Fachkraft und unter Einbeziehung des Kindes bzw. Jugendlichen und der Erziehungsberechtigten das Gefährdungspotential abzuschätzen (§ 8a Abs. 4 S. 1). Weiter muss vereinbart werden, dass die Erziehungsberechtigten zur Inanspruchnahme von Hilfen motiviert werden und das Jugendamt informiert wird, wenn die Gefährdung nicht anderweitig abgewendet werden kann (§ 8a Abs. 4 S. 2).

Gegenseitige Information der Jugendämter

Um zu verhindern, dass ein effektiver Kindesschutz durch Zuständigkeitsregeln behindert wird, verpflichtet § 8a Abs. 5 die Träger der öffentlichen Jugendhilfe, den zuständigen Träger über bekanntgewordene gewichtige Anhaltspunkte für eine Kindeswohlgefährdung zu informieren.

3. Folgen eines Verstoßes gegen den Kinderschutz

Strafrechtliche Konsequenzen

Der Schutz der Kinder und Jugendlichen unterliegt der strafrechtlichen Kontrolle. Die sozialpädagogischen Fachkräfte haben eine Garantenpflicht zur Abwendung von Kindeswohlgefährdungen. Unerheblich ist insoweit, ob diese Garantenpflicht auf tatsächlicher Übernahme der Schutzaufgabe, auf freiwilliger Übernahme oder auf vertraglicher oder gesetzlicher Verpflichtung beruht. Sie sind nach gefestigter strafrechtlicher Erkenntnis sog. Beschützergaranten, d. h. sie müssen mit strafrechtlicher Verfolgung rechnen, wenn das Kind bzw. der Jugendliche zu Schaden kommt. Die juristische geht insoweit weiter als die sozialpädagogische Literatur. In der sozialpädagogischen Literatur wird stark auf den Erhalt des Zugangs zur Familie abgestellt. Die strafrechtliche Literatur verlangt demgegenüber, dass eine bloße Hoffnung auf eine Verbesserung der familiären Verhältnisse nicht ausreichend sei. Übergeordnetes Ziel sei, das Kind bzw. den Jugendlichen vor Schäden zu bewahren. Aus dem Schutzauftrag folgt zunächst, dass aktive Schädigungshandlungen gegenüber dem Kind zu unterbleiben haben. Darüber hinaus verbietet der Schutzauftrag auch das Untätigbleiben. Ergeben sich Hinweise für konkrete Gefährdungssituationen, müssen diese abgeklärt werden. Aus dem Schutzauftrag folgt indes-

sen nicht die Pflicht zu unaufgeforderten Hausbesuchen ohne Verdachts-
momente. Insoweit würden verfassungsrechtliche Grenzen überschritten.

Ferner kommen bei unzureichender Wahrnehmung des Schutzauftrags **Schadenersatz**
Schadensersatzansprüche in Betracht.

4. Beschwerdemanagement in Einrichtungen

Ebenfalls dem Kinderschutz dient das Beschwerdemanagement in Einrichtungen der Jugendhilfe. Die Träger dieser Einrichtungen haben gegen
den Träger der überörtlichen Jugendhilfe einen Anspruch auf Beratung
bei der Entwicklung und Anwendung entsprechender Handlungsleitlinien
(8b Abs. 2). Die Träger der Einrichtungen der Jugendhilfe müssen Beschwerden in persönlichen Angelegenheiten ermöglichen (§ 46 Abs. 3).

VI. Geltungsbereich der öffentlichen Jugendhilfe

Das SGB VIII begrenzt zwar die Gewährung der Jugendhilfe nicht mehr **Tatsächlicher Aufent-**
auf deutsche Kinder (wie § 1 *JWG* es getan hatte), sondern stellt nur noch **halt im Inland nötig**
auf den *tatsächlichen* Aufenthalt im Inland ab (vgl. § 6 Abs. 1). **Ausländer** **Bei Ausländern:**
können jedoch Leistungen der Jugendhilfe nur beanspruchen, wenn sie **rechtmäßiger Aufent-**
entweder *rechtmäßig* **halt im Inland nötig**

Beispiele: unbefristete Niederlassungserlaubnis gem. §§ 9, 19, 23 Abs. 2 AufenthG oder befristete Aufenthaltserlaubnis gem. §§ 16/17; 18–21; 22–26; 27–36
AufenthG

oder *aufgrund einer ausländerrechtlichen Duldung* nach § 60a AufenthG

Beispiele: Gefahr politischer Verfolgung, Folter oder Todesstrafe; völkerrecht-
liche oder humanitäre Gründe; Wahrung politischer Interessen der BRD

ihren *gewöhnlichen Aufenthalt* im Inland haben (vgl. § 6 Abs. 2). Dieser
setzt nach § 30 Abs. 3 S. 2 SGB I voraus, dass jemand sich im Inland „unter Umständen aufhält, die erkennen lassen, dass er an diesem Ort oder
in diesem Gebiet nicht nur vorübergehend verweilt". Hierzu ist nach der
Rechtsprechung erforderlich, dass sich die Leistungsberechtigten in der
Bundesrepublik Deutschland tatsächlich aufhalten und während des Zeitraumes, während dem die Jugendhilfe geleistet wird, nicht ins Ausland
umziehen wollen.[26]

Die schwierige Lage junger Ausländer, die häufig zu Spannungen in **Keine Gleichstellung**
deren Familien führt, hätte eine Gleichstellung mit deutschen jungen **mit Deutschen**
Menschen geboten. Entsprechende Forderungen während der Beratung
des KJHG waren jedoch – vor allem aus Kostengründen – leider erfolglos
geblieben. Damit ist ein wichtiger Ansatzpunkt für eine bessere Integra-
tionsmöglichkeit junger Ausländer (und deren Familien) vertan und den
(von der Bundesregierung positiv aufgenommenen) Zielsetzungen des 8.
Jugendberichtes zuwidergehandelt worden.

Problematisch ist außerdem, dass die Gewährung von HzE außerhalb **Bei externer HzE**
der eigenen Familie u. U. zur sog. „Ermessensausweisung" (d. h.: we- **droht Ausländern**
gen Beeinträchtigung „sonstiger erheblicher Interessen der BRD") füh- **Ausweisung**
ren kann (vgl. § 55 Abs. 1, 2 Nr. 7 AufenthG). Das gilt jedoch nicht für
Minderjährige, deren Eltern (oder deren allein sorgeberechtigter Eltern- **Betroffene**
Minderjährige

[26] Vgl. *Winkler* in BeckOK-SGB VIII § 6 Rn. 15.

teil) sich rechtmäßig in der BRD aufhalten (§ 55 Abs. 2 Nr. 7 HS 2 AufenthG). Anderen Minderjährigen droht aber in folgenden Fällen grundsätzlich die Ausweisung:

- bei Gewährung von HzE außerhalb der eigenen Familie, (HzE gem. §§ 33–35 oder die Eltern haben die BRD wieder verlassen)
- bei Gewährung von HzE zur Erziehung für unbegleitete Mdje.

Jungen Volljährigen droht Ausweisung

Jungen Volljährigen droht bei Erhalt von (irgendwelchen) Jugendhilfeleistungen aber stets die Ausweisung (vgl. § 55 Abs. 2 Nr. 7 AufenthG).

Mitteilungspflichten „öffentlicher Stellen"

Zum Vollzug der vorgenannten Ausweisungsmöglichkeiten besteht nach § 87 AufenthG für sämtliche „öffentlichen Stellen" *Übermittlungspflicht* gegenüber den Ausländerbehörden. Das bedeutet, dass diese jenen auf Ersuchen alle ihnen „bekannt gewordenen Umstände" zu übermitteln haben, soweit dies zur Erfüllung ihrer Aufgaben erforderlich ist (vgl. § 87 Abs. 2 AufenthG). Dazu gehören nach § 71 Abs. 2 Nr. 1d SGB X alle personenbezogenen Daten (einschließlich der Angaben über das künftig zu erwartende soziale Verhalten), die für eine Entscheidung über den weiteren Aufenthalt oder dessen Beendigung erforderlich sind. Darüber hinaus besteht nach § 87 Abs. 2 AufenthG für sämtliche öffentliche Stellen (auch ohne Ersuchen) „unverzügliche" Übermittlungspflicht, sobald sie von einem Ausweisungsgrund[27] Kenntnis erlangen. Das JA ist jedoch nicht generell zu diesen Mitteilungen verpflichtet. Denn nach § 88 Abs. 1 AufenthG „unterbleibt" eine Übermittlung personenbezogener Daten und sonstiger Angaben nach § 87 AufenthG, soweit besondere gesetzliche „Verwendungsregelungen" entgegenstehen. Zu diesen gehören auch die besonderen Datenschutzbestimmungen der §§ 64, 65 SGB VIII. Das bedeutet, dass eine Übermittlung von personenbezogenen Daten von Minderjährigen und jungen Volljährigen durch das JA an Ausländerbehörden nur erfolgen muss (und somit darf), wenn

JA muss aber die §§ 64, 65 SGB VIII beachten

- dadurch der Erfolg einer Jugendhilfeleistung nicht gefährdet wird (vgl. § 64 Abs. 2 sowie S. 127 ff.) und
- eine Übermittlungsbefugnis gemäß § 65 vorliegt (siehe dazu S. 129 ff.).

Zu berücksichtigende Umstände bei Ermessensausweisungen

Bei allen **Ermessensausweisungen** sind nach § 55 Abs. 3 AufenthG zu berücksichtigen

1. die Dauer des rechtmäßigen Aufenthalts und die schutzwürdigen persönlichen, wirtschaftlichen und sonstigen Bindungen des Ausländers im Bundesgebiet,
2. die Folgen der Ausweisung für die Familienangehörigen, die sich rechtmäßig im Bundesgebiet aufhalten und mit ihm in familiärer Lebensgemeinschaft leben,
3. ob eine Aussetzung der Abschiebung solange in Betracht kommt, wie sie aus tatsächlichen oder rechtlichen Gründen unmöglich ist und keine Aufenthaltserlaubnis erteilt wird.

---

[27] D.h.: Aufenthalt ohne Aufenthaltstitel, Verstoß gegen räumliche Beschränkungen oder sonstiger Ausweisungsgrund (z.B. Ermessensausweisung nach § 55 AufenthG).

Außerdem genießen **minderjährige und junge volljährige Ausländer** nach § 56 Abs. 1 AufenthG einen besonderen Ausweisungsschutz, wenn sie

1. eine Niederlassungserlaubnis iSd § 9 AufenthG besitzen *und* sich mindestens fünf Jahre rechtmäßig in der BRD aufhalten,
2. eine Aufenthaltserlaubnis besitzen und in der BRD geboren *oder* als Minderjährige eingereist sind und sich mindestens fünf Jahre in der BRD rechtmäßig aufhalten,
3. eine Aufenthaltserlaubnis besitzen, sich mindestens fünf Jahre rechtmäßig in der BRD aufhalten *und* mit einem der in den Nrn. 1 u. 2 bezeichneten Ausländern in ehelicher oder lebenspartnerschaftlicher Lebensgemeinschaft leben,
4. mit einem deutschen Familienangehörigen (oder Lebenspartner) in familiärer (oder lebenspartnerschaftlicher) Lebensgemeinschaft leben,
5. als Asylberechtigter anerkannt sind, die Rechtsstellung eines ausländischen Flüchtlings genießen *oder* einen von einer Behörde der BRD ausgestellten Reiseausweis nach dem Abkommen vom 28.7.1951 über die Rechtsstellung der Flüchtlinge besitzen.

Minderjährige Ausländer, die nicht zu den vorgenannten geschützten Personen gehören, genießen, sofern deren Eltern oder deren allein sorgeberechtigter Elternteil sich rechtmäßig in der BRD aufhalten, dennoch einen besonderen Ausweisungsschutz. Für sie kommt nämlich gemäß § 56 Abs. 2 S. 2 AufenthG nur eine sog. „Ermessensausweisung" (siehe dazu oben) in Betracht, d. h.: nur bei rechtskräftiger Verurteilung zu Jugendstrafe von mindestens zwei Jahren wegen vorsätzlich begangener Straftaten (vgl. dazu § 53 AufenthG).

Asylbewerber können gem. § 60 Abs. 4 AufenthG nur ausgewiesen werden, wenn das Asylverfahren ohne Anerkennung als Asylberechtigter oder ohne Feststellung eines Abschiebungshindernisses nach § 60 Abs. 1 AufenthG *unanfechtbar abgeschlossen* wird. (Es sei denn, es liegt ein Ausweisungsgrund iSd § 56 Abs. 1 AufenthG [schwerwiegende Gründe der öffentlichen Sicherheit und Ordnung] vor.)

Weiteren Ausweisungsschutz genießen Ausländer durch supranationale und binationale Abkommen, die gegenüber dem nationalen Recht Vorrang genießen (vgl. Art. 25 GG) und daher nach § 6 Abs. 4 ausdrücklich „unberührt" bleiben. Es handelt sich dabei um folgende Abkommen:

- *EFA – das Europäische Fürsorgeabkommen* v. 11.12.1953 (EFA), dem die BRD 1956 beigetreten ist,
  Hiernach sind die dem EFA beigetretenen Staaten (Belgien, Dänemark, Frankreich, Griechenland, Großbritannien, Irland, Island, Italien, Luxemburg, Malta, Niederlande, Norwegen, Schweden, Spanien, Türkei) verpflichtet, in ihrem Gebiet sich erlaubt (s. o.) aufhaltenden Angehörigen der anderen Mitgliedstaaten genauso öffentliche Fürsorge – und somit u. a. Jugendhilfe – zu gewähren wie eigenen Staatsangehörigen. Es beschränkt zugleich die Ausweisung.

- das *Haager Minderjährigenschutzabkommen (MSA)* v. 5.11.1961, dem die BRD 1971 beigetreten ist,
  Das MSA verpflichtete die Bundesrepublik Deutschland, allen Minderjährigen, die im Inland ihren gewöhnlichen Aufenthalt haben (vgl. dazu § 30 Abs. 3 S. 2 SGB I), die nach unserem Recht vorgesehenen Schutzmaßnahmen für ihre Person und ihr Vermögen zu gewähren, und zwar unabhängig davon, ob das Her-

kunftsland der Minderjährigen dem MSA beigetreten ist oder nicht. Das MSA wurde durch das KSÜ abgelöst.

Haager Überein-kommen über Kindesentführung
– das *Haager Übereinkommen über die zivilrechtlichen Aspekte internationaler Kindesentführung* v. 25.10.1980, dem die BRD erst am 1.12.1990 beigetreten ist,

KSÜ
– das *Haager Kinderschutzübereinkommen (KSÜ)* v. 19.10.1996
Das KSÜ gilt für Minderjährige, die sich in einem EU-Mitgliedstaat außer Dänemarks aufhalten. Weitere Zuständigkeiten ergeben sich aus den Art. 8 –12. Das KSÜ sieht einzelne familien- und jugendhilferechtliche Maßnahmen vor. Insoweit gelten die Vorschriften des Aufenthaltsstaates.[28]

Brüssel IIa-Verordnung
– die Brüssel IIa-Verordnung v. 27.11.2003
Die Verordnung regelt (insoweit wie das KSÜ) Schutzmaßnahmen für Minderjährige, die ihren gewöhnlichen Aufenthalt in einem der Mitgliedstaaten der Europäischen Union haben; sie ergänzt zudem das HKÜ.

Unbegleitete minderj. Flüchtlinge
– die Richtline 2003/9/EG des Rates zur Festlegung von Mindestnormen für die Aufnahme von Asylbewerbern in den Mitgliedstaaten v. 27.1.2003
Die Richtlinie enthält u. a. Bestimmungen über die sicherzustellenden Lebensbedingungen von Asylbewerbern und berücksichtigt dabei auch zusätzliche Belastungen, etwa von unbegleiteten minderjährigen Flüchtlingen.

UN-Konvention
– *UN-Konvention über die Rechte des Kindes* v. 20.11.1989, die am 2.9.1990 in Kraft getreten, aber von der BRD erst am 17.2.1992 ratifiziert worden ist,

Beitritt der BRD
In ihrer Präambel wird zunächst die Anerkennung der Rechte aller Menschen ohne Unterscheidung nach Rasse, …, nationaler Herkunft etc. in Übereinstimmung der allgemeinen Menschenrechtskonvention bekräftigt; und Art. 2 verpflichtet dann die einzelnen Beitrittsstaaten zur Achtung und Gewährleistung dieser Rechte ohne jeden – auch nationalen – Unterschied und sichert in Art. 3 allen Minderjährigen Schutz und Fürsorge in ihrem Hoheitsgebiet sowie in Art. 4 alle geeigneten Maßnahmen zur Verwirklichung der in der Charta anerkannten Kindesrechte zu. Die Bundesrepublik hat im Jahre 2010 die zunächst erklärten Vorbehalte zurückgenommen.[29]

Flüchtlingskonvention
– die *Genfer Flüchtlingskonvention* v. 28.7.1951
Sie verpflichtet u. a., Flüchtlinge und Angehörige der Aufnahmestaaten auf dem Gebiet der öffentlichen Fürsorge gleich zu behandeln.

Österreich
– Abkommen mit *Österreich* über „Fürsorge und Jugendwohlfahrtspflege" v. 17.1.1966
Es verpflichtet die Vertragsstaaten, Angehörige des jeweils anderen Staates in Angelegenheiten der Fürsorge und der Jugendwohlfahrt wie eigene Staatsangehörige zu behandeln.

Schweiz
– Abkommen mit der *Schweiz* über die „Fürsorge für Hilfsbedürftige" v. 14.7.1952; zur Zuständigkeit des LJA siehe Art. 21 KJHG.

Ergebnis: Ausweisung doch stark reduziert
Somit sind die konkreten Gefahren einer Ausweisung insgesamt doch stark reduziert.

---

[28] Näher zum KSÜ *Schwarz*, Das Haager Kinderschutzübereinkommen – Ein Überblick für die Jugendhilfe, JAmt 2011, 438 ff.
[29] BGBl. II 2011 S. 600.

VII. Verhältnis zu anderen Leistungen und Verpflichtungen

§ 10 regelt das Verhältnis von Jugendhilfeleistungen zu Leistungen und Verpflichtungen „Anderer" (d. h., von Privatpersonen oder anderen öffentlichen Trägern).

Nachranggrundsatz

§ 10 Abs. 1 führt die Verpflichtungen und Leistungen auf, die gegenüber Jugendhilfeleistungen vorrangig sind, wobei die Nennung der Träger anderer Sozialleistungen und der Schulen im Satz 1 keine abschließende Aufzählung ist (vgl. „insbesondere").

Vorrang der Leistungen anderer

Vorrang gegenüber der Jugendhilfe haben die Leistungen der Kranken-, Pflege-, Unfall- und Rentenversicherung, der Arbeitsförderung, der sozialen Entschädigung (Impfopferentschädigung, Kriminalopferentschädigung) und der sozialen Förderung.

Das Verhältnis der Jugendhilfe gegenüber den Schulen war in der jüngeren Vergangenheit insbesondere bei der Frage umstritten, wer für die Kosten eines Integrationshelfers aufkommen muss. Da die Stellung eines solchen in den Schulgesetzen nicht vorgesehen ist, sind diese bei Kindern und Jugendlichen mit seelischer Behinderung über die Jugendhilfe zu finanzieren.

§ 10 Abs. 1 Satz 2 stellt klar, dass auf Rechtsvorschriften beruhende Leistungen „Anderer" (s. o.) nicht deshalb versagt werden dürfen, weil nach dem SGB VIII entsprechende Leistungen vorgesehen sind.

§ 10 Abs. 2 regelt die Heranziehung Unterhaltspflichtiger zu den Kosten für Leistungen und vorläufige Maßnahmen des SGB VIII. Einzelheiten regeln insoweit die §§ 90–97b.

Vorrang von Unterhaltspflichten

§ 10 Abs. 3 S. 1 legt fest, dass generell Jugendhilfeleistungen Vorrang haben gegenüber Leistungen nach dem SGB II. § 10 Abs. 3 S. 2 schränkt diesen Grundsatz aber bei Leistungen zur Eingliederung junger Menschen in den Arbeitsmarkt (§§ 3 Abs. 2, 14–16 SGB II) stark ein. Die Leistungen der beruflichen Integration junger Menschen, die nach dem SGB II leistungsberechtigt sind, werden nach dem SGB II erbracht, soweit die Leistungen nach dem SGB II mit jenen nach dem SGB VIII kongruent sind. Leistungskonkurrenzen ergeben sich zunächst zu den arbeitsweltbezogenen Leistungen der Jugendsozialarbeit nach § 13 und zu den sozialpädagogischen Hilfen zur beruflichen Ausbildung und Eingliederung in die Arbeitswelt. Leistungsberechtigt nach dem SGB II sind erwerbsfähige hilfebedürftige junge Menschen zwischen 15 und 25 Jahren. Nicht leistungsberechtigt sind sie, wenn sie für mehr als 6 Monate stationär untergebracht sind. Die genannten Personen können nach dem SGB II Leistungen zur Eingliederung in Arbeit und Ausbildung, psychosoziale Betreuung, Vermittlung in Arbeit und Ausbildung oder in eine Arbeitsgelegenheit erhalten. Vorrang haben sie insbesondere gegenüber sozialpädagogisch begleiteten Ausbildungs- und Beschäftigungsmaßnahmen (§ 13 Abs. 1 und 2). Für die Leistungen für eine Unterkunft in sozialpädagogisch betreuten Wohnformen haben dagegen jene der Kinder- und Jugendhilfe Vorrang. Dies gilt auch für die Schulsozialarbeit und die Hilfen zur schulischen Ausbildung.[30] Leistungen nach dem SGB VIII sind ferner bei jungen Menschen, die das 25. Lebensjahr vollendet haben, und bei ausländischen jungen Menschen,

Verhältnis zur Grundsicherung nach dem SGB II

---

[30] Vgl. *Meysen* in: Handbuch KJHR Kap. 2.2 Rn. 39.

die keine Arbeitserlaubnis haben und diese auch nicht erhalten können, ferner bei jungen Menschen, die nicht erwerbsfähig oder stationär untergebracht sind, zu erbringen.

Verhältnis gegenüber der Sozialhilfe

§ 10 Abs. 4 S. 1 regelt den Vorrang von Jugendhilfeleistungen gegenüber Sozialhilfeleistungen nach dem SGB XII.

Für körperl. oder geistig Behinderte vorrangig SGB XII-Maßnahmen

Für körperlich oder geistig behinderte (oder von einer solchen Behinderung bedrohte) Minderjährige gilt jedoch Folgendes: Für sie kommen vorrangig Eingliederungshilfe des SGB XII und Jugendhilfeleistungen nur ergänzend in Betracht (vgl. § 10 Abs. 4 S. 2 SGB VIII), d.h.: nur wenn entweder Eingliederungshilfe des SGB XII nicht ausreicht oder konkreter Erziehungsbedarf iSd § 27 SGB VIII (s. dazu S. 82) vorliegt.

Seelisch behinderte Kinder und Jugendliche haben dagegen einen Anspruch auf Eingliederungshilfe nach dem SGB VIII (§ 35a)[31]. Mit Erlass dieser Vorschrift wurde die äußerst schwierige Abgrenzung von „seelischer Behinderung" und „Gefährdung der seelischen Entwicklung" endlich überwunden. – Die *Abgrenzungsprobleme* von „seelischer" und „geistiger" Behinderung bleiben jedoch bestehen (da der Gesetzgeber den Anregungen der Praxis nicht gefolgt ist, alle Hilfeleistungen für behinderte junge Menschen der Jugendhilfe zuzuordnen) und nach wie vor ist nicht geregelt, welcher Leistungsträger bei Lern- und Mehrfachbehinderungen zuständig ist. – Diese Hilfen kommen gemäß § 41 auch für „junge" Volljährige (d.h., nach § 7 Abs. 1 Nr. 3 noch nicht 27 J. alt) in Betracht.[32]

Frühförderung nach LandesR

Da die Unterscheidung zwischen den einzelnen Behinderungen in der Kleinkindphase besonders schwierig (bzw. kaum möglich) ist, kann Landesrecht Maßnahmen der Frühförderung für Kinder *unabhängig von der Art ihrer Behinderung* anderen Leistungsträgern als denen der Jugendhilfe zuordnen (vgl. § 10 Abs. 2 S. 3). Geschieht das jedoch nicht, so muss hier in jedem Einzelfall die Zuordnung nach der Art der Behinderung erfolgen. Weil dies sehr schwierig ist, ist aufgrund des Nachrangs aller Sozialhilfe-Maßnahmen bei Unklarheiten dann in der Regel Jugendhilfe zu gewähren.

Zusammenfasssung

> Verhaltensauffällige und seelisch behinderte Mdje erhalten stets JuHi, körperlich u. geistig Behinderte vorrangig Sozialhilfe u. nur ergänzend JuHi. Zuordnungs-Probleme bestehen bei Lern- u. Mehrfach-Behinderungen, Abgrenzungs-Probleme bei Kleinkindern u. zwischen seelischer u. geistiger Behinderung.
>
> In Zweifelsfällen ist wegen des Nachrangs des SGB XII stets JuHi zu leisten.

---

[31] Näher unten S. 103 ff.
[32] Näher unten S. 105 f.

E. Jugendhilfeleistungen

I. Jugendarbeit

Das *JWG* unterteilte in § 2 die gesamte öffentliche Jugendhilfe in Jugend-   **Definitionen**
pflege und Jugendfürsorge, ohne diese jedoch näher zu definieren. In der
Praxis wurde die Jugendpflege zunehmend auch Jugendarbeit genannt.
Bei diesem Jugendhilfebereich handelt es sich um ein Sozialisationsfeld für
junge Menschen, in dem grundsätzlich die Gesamtheit ihrer Lebensbe-
züge angesprochen wird. Das SGB VIII definiert (wohl deshalb) den Begriff Jugendarbeit ebenfalls nicht, nennt aber in § 11 Abs. 3 ihre Schwerpunkte:

1. außerschulische Jugendbildung mit allgemeiner, politischer, sozialer,   **Gesetzliche**
   gesundheitlicher, kultureller, naturkundlicher und technischer Bildung,   **Schwerpunkte**
2. Jugendarbeit in Sport, Spiel und Geselligkeit,
   Die Jugendarbeit soll soziale Umgangsformen vermitteln.[33] Aus der Nennung
   des Sports in § 11 Abs. 3 Nr. 2 folgt kein genereller Förderanspruch der Sport-
   vereine.[34] Zur Jugendarbeit in Spiel gehört vor allem die Bereitstellung von
   Spielplätzen[35], z. B. Abenteuerspielplätze. Einzelheiten werden in den Bauge-
   setzen der Länder geregelt. Geselligkeit meint nicht Maßnahmen, die ausschließlich
   der Unterhaltung und Entspannung dienen. Auch bei diesen müssen soziale
   Zielsetzungen verfolgt werden.
3. arbeitswelt-, schul- und familienbezogene Jugendarbeit,
   Die arbeitsweltbezogenen Angebote der Jugendarbeit dienen vor allem der
   Unterstützung der Berufsfindung und der Berufsausbildung.[36] Arbeitsweltbezo-
   gene Angebote gibt es ferner von den Agenturen für Arbeit (z. B. Berufsorien-
   tierung und Berufsorientierungsmaßnahmen). Die schulbezogene Jugendarbeit
   soll die Lebensräume Schule, Familie und Freizeit miteinander verbinden.[37]
4. internationale Jugendarbeit,
   Die Maßnahmen der internationalen Jugendarbeit sollen das Verständnis der
   Kinder und Jugendlichen für andere Nationen und Kulturen fördern. Sie umfasst
   einerseits die Herstellung von Kontakten mit ausländischen Kindern und Jugendlichen durch grenzüberschreitende Austauschprogramme, andererseits mit
   ausländischen Kindern und Jugendlichen in Deutschland.
5. Kinder- und Jugenderholung,
   Mit den Maßnahmen der Kinder- und Jugenderholung sind insbesondere Feri-
   enlager sowie Feriennaherholungsheime gemeint. Mit diesen Maßnahmen soll
   ermöglicht werden, dass junge Menschen über längere Zeit in einer Gruppe zusammenleben können. Nicht gemeint sind Aufenthalte aus gesundheitlichen
   Gründen. Leistungsträger für diese Maßnahmen sind die Krankenkassen, die
   Sozialämter und sonstige Träger der medizinischen Rehabilitation.[38] Auch bloße
   billige Urlaubsangebote sind keine Maßnahmen iSv Nr. 5.[39]
6. Jugendberatung.
   Die Jugendberatung wurde zunächst in Jugendberatungsstellen durchgeführt. In
   den letzten Jahren wurde verstärkt die ambulante Jugendarbeit praktiziert

---

33 Vgl. *Kunkel* in LPK-SGB VIII § 11 Rn 17.
34 Vgl. BayVGH, BayVBl. 1993, 112 (114).
35 Vgl. *Wiesner/Struck*, SGB VIII § 11 Rn. 21.
36 Vgl. *Wiesner/Struck*, SGB VIII § 11 Rn. 22.
37 Vgl. *Wiesner/Struck*, SGB VIII § 11 Rn. 22.
38 Vgl. *Wiesner/Struck*, SGB VIII § 11 Rn. 24.
39 Vgl. *Kunkel* in LPK-SGB VIII § 11 Rn. 20.

(Streetwork). Die Jugendberatung wendet sich insbesondere an Kinder und Jugendliche in spezifischen Gefahrensituationen wie Alkohol- oder Drogengefährdung, Kriminalität, berufliche Perspektivlosigkeit.[40]

Keine abschließende Regelung

Diese Aufzählung stellt weder eine abschließende Regelung dar, noch ist damit eine inhaltliche Fixierung oder Vorstrukturierung der Praxis erfolgt. Im Hinblick auf die Vielgestaltigkeit der Jugendarbeit, angesichts des autonomen Betätigungsrechts der hier ganz überwiegend agierenden freien Träger wie auch wegen der weiteren Ausgestaltungsmöglichkeiten durch Landesrecht (vgl. § 15) wäre dies auch gar nicht möglich. Hinzu kommt, dass gerade die Jugendarbeit durch die Vielzahl von Trägern unterschiedlicher Wertorientierungen und die Vielfalt von Inhalten, Methoden und Arbeitsformen geprägt ist (wie dies § 3 Abs. 1 für die gesamte Jugendhilfe statuiert), weil sie nur dadurch die Jugend erreichen und damit wirken kann. Das berücksichtigt auch § 11 Abs. 2 S. 1. Er benennt abschließend die Träger der Jugendarbeit, nämlich die Jugendverbände, -gruppen und -initiativen sowie die „anderen" (d. h.: freien) und die öffentlichen Jugendhilfeträger.

Vielfalt von Trägern, Inhalten, Methoden und Arbeitsformen

Adressatenkreis

Jugendarbeit umfasst die sog. *offene Jugendarbeit* (die sich allgemein an *junge Menschen* iSd § 7 Abs. 1 Nr. 4 wendet) ebenso wie die gemeinwesenorientierten *und die nur für Mitglieder* der einzelnen Jugendverbände und -gruppen gedachten Angebote (§ 11 Abs. 2 S. 2). Dabei stellt § 11 Abs. 4 ausdrücklich sicher, dass in alle Angebote auch Personen über 27 Jahre in angemessenem Umfang einbezogen werden können (wie das schon immer Praxis war). Dies ist vor allem bei bildungs-, erholungs-, familienbezogenen, kulturellen und politischen Angeboten sowie bei internationalen Begegnungen bedeutsam. Angemessen meint, dass die über 27jährigen in der Minderzahl bleiben müssen.[41]

Offene Jugendarbeit

Da die offene Jugendarbeit ein wichtiges und zugleich schwieriges Arbeitsfeld darstellt, soll sie exemplarisch etwas näher angesprochen werden. Hier findet Jugendarbeit vor allem im Rahmen von diversen Freizeitangeboten (insbesondere Wochenend- und Ferienfreizeiten) und Freizeiteinrichtungen (Freizeitheimen, Jugendhäusern, Häusern der offenen Tür, Jugendzentren) statt. Letzterer Bereich gehört mit zu den schwierigsten Feldern der Jugendarbeit, weil es infolge der Reizüberflutung durch die Medien (Zeitschriften, TV, Film, Video, PC, Internet etc.) einerseits sowie der kommerziellen Konkurrenz (Discos, Bars, Cafés etc.) andererseits nicht einfach ist, attraktive Angebote seitens der Jugendhilfe zu machen. Hinzu kommt, dass hier Mitgestaltung und Mitbestimmung infolge der meist sehr unterschiedlichen Altersstruktur, der dadurch bedingten gegensätzlichen Interessenlage sowie der ständigen Fluktuation des Klientel (aber auch durch den oft bestehenden Interessengegensatz zu den Zielsetzungen der in diesem Bereich Tätigen) fast permanente und nur schwer lösbare Probleme schaffen, deren Bewältigung dann nicht selten alle anderen Aktivitäten überlagert und somit mehr oder minder lähmt. Hauptkonfliktstoffe sind dabei immer wieder die Öffnungszeiten, Alkohol und Gewalt gegen Sachen wie Personen.

Freizeiteinrichtungen

Problematik

---

[40] Vgl. *Wiesner/Struck*, SGB VIII § 11 Rn. 24.
[41] Vgl. *Wabnitz*, Recht der Finanzierung der Jugendarbeit und Jugendsozialarbeit, 2003, Rn. 52

Ziel der gesamten Jugendarbeit ist, die zur Förderung der Entwicklung junger Menschen erforderlichen Angebote zur Verfügung zu stellen, die ihren Interessen entsprechen. Sie sollen von ihnen mitbestimmt und mitgestaltet werden (Partizipation), um sie zur Selbstbestimmung zu befähigen sowie zu gesellschaftlicher Mitverantwortung und zu sozialem Engagement anzuregen und hinzuführen (§ 11 Abs. 1 S. 2). Angebote, die dies besser gewährleisten, sind daher bevorzugt zu fördern. Diese vom SGB VIII – zu Recht – für die Jugendarbeit als wesentlich herausgestellten Merkmale und Förderungskriterien verdeutlichen deren Funktion als geeignetes Feld sozialen Lernens und gesellschaftlicher wie auch politischer Partizipation. Bedingung hierfür ist eine gute personelle und materielle Ausstattung. Nur dann kann die Jugendarbeit ihre Funktion als eminent wichtiges Präventions-Instrument erfüllen.

§ 90 Abs. 1 Nr. 1 sieht zwar für die Inanspruchnahme von Angeboten der Jugendarbeit Kosten- und Teilnahmebeiträge vor, die aber an der Zumutbarkeit orientiert werden können (§ 90 Abs. 2). Zu beachten ist dabei, dass junge Menschen dadurch nicht vor der Inanspruchnahme von Angeboten der Jugendarbeit abgeschreckt werden. Daher können die Teilnahme- oder Kostenbeiträge auf Antrag ganz oder teilweise erlassen oder vom Träger der öffentlichen Jugendhilfe übernommen werden, wenn die Belastung den Minderjährigen und ihren Eltern oder den jungen Volljährigen nicht zuzumuten ist und die Förderung für die Entwicklung der jungen Menschen erforderlich ist.

Margin notes: Zielsetzung · Prävention · Erhebung von Kosten- u. Teilnahmebeiträgen

II. Förderung der Jugendverbände

Jugendhilfe und ihre Wirksamkeit sind abhängig von ihren Ressourcen. Das gilt in ganz besonderem Maße auch für die Jugendarbeit. Das SGB VIII verpflichtet daher die öffentlichen Jugendhilfeträger (dies sind in der Regel die Landkreise und kreisfreien Städte), für die Jugendarbeit einen angemessenen Anteil vom gesamten Jugendhilfeetat zu verwenden (§ 79 Abs. 2 S. 2) sowie die eigenverantwortliche Tätigkeit der Jugendverbände und Jugendgruppen unter Wahrung ihres satzungsmäßigen Eigenlebens und Stärkung ihrer Selbsthilfemöglichkeiten zu fördern, sofern diese die an die Angebote der Jugendarbeit im Einzelfall zu stellenden fachlichen Voraussetzungen erfüllen, die Gewähr für eine zweckentsprechende und wirtschaftliche Verwendung der Mittel bieten, gemeinnützige Ziele verfolgen, angemessene Eigenleistungen erbringen sowie die Gewähr für eine den Zielen des Grundgesetzes förderliche Arbeit bieten (vgl. §§ 4 Abs. 3, 12 Abs. 1, 74 Abs. 1 S. 1). Dabei dürfen jedoch die Förderungsbedingungen nicht die Autonomie der freien Träger beschneiden (vgl. den Verweis auf § 4 Abs. 1 in § 74 Abs. 2 S. 2). Ein Rechtsanspruch der Kinder/Jugendlichen wird dagegen von der überwiegenden Meinung verneint.[42]

Auf Dauer angelegte Förderungen setzen außerdem in der Regel die Anerkennung als Träger der freien Jugendhilfe voraus (§ 74 Abs. 1 S. 2). Davon kann bei Jugendgruppen/-initiativen bei Vorliegen der sonstigen, o. a. Förderungsvoraussetzungen abgesehen werden, damit kein Zwang

Margin notes: Verpflichtungen der öffentlichen Jugendhilfeträger · Förderungsvoraussetzungen · Zielsetzungen · Anerkennung als Träger

---

[42] Vgl. etwa *Fischer/Schellhorn* SGB VIII/KJHG, § 11 Rn. 4

zum Anschluss an einen Verband oder zu vereinsmäßigen Förmlichkeiten entsteht, die der Spontaneität derartiger Gruppierungen, z.T. aber auch ihrer Lebensfähigkeit abträglich sein könnten.

Überregionale
Aktivität
Bei überregionaler Bedeutung (wie internationalen Begegnungen) ist auch die Förderung seitens des Bundes vorgesehen (§ 83 Abs. 1).

Jugendpläne
Im Einzelnen erfolgt die Förderung im Rahmen der *kommunalen und Landesjugendpläne* sowie durch den *Bundesjugendplan* (vgl. dazu §§ 79, 80, 82, 83).

III. Jugendsozialarbeit

Zielsetzungen
Jugendsozialarbeit hat zum Ziel, für *junge Menschen* (d.h., gemäß § 7 Abs. 1 Nr. 4: für noch nicht 27 Jahre alte Personen), sozialpädagogische Hilfen anzubieten, die ihre schulische und berufliche Ausbildung, ihre Eingliederung in die Arbeitswelt und ihre soziale Integration fördern, sofern diese Personen zum Ausgleich sozialer Benachteiligungen oder zur Überwindung individueller Beeinträchtigungen in erhöhtem Maße auf Unterstützung angewiesen sind (§ 13 Abs. 1).

Soziale
Benachteiligungen
Soziale Benachteiligungen liegen vor, wenn diese für bestimmte gesellschaftliche Gruppen oder Gruppen junger Menschen typisch sind.[43] Sie liegen vor, wenn eine altersgemäße soziale Integration nicht wenigstens durchschnittlich gelungen ist.[44] Zum Adressatenkreis der Jugendsozialarbeit zählen u.a.[45] Jugendliche und junge Menschen ohne Ausbildung bzw. ohne Arbeitsstelle, Schulverweigerer, Jugendliche ohne Schulabschluss, junge Menschen mit Lernproblemen, Abbrecher von Maßnahmen der Arbeitsverwaltung, Ausbildungsabbrecher, Langzeitarbeitslose, Jugendliche mit Sprachproblemen, junge Menschen aus sozialen Brennpunkten, junge Menschen mit Schwierigkeiten bei der Wohnraumbeschaffung und -erhaltung, junge Menschen aus Spätaussiedler- und Ausländerfamilien, besonders benachteiligte Mädchen und Frauen[46]. Eine generelle Einbeziehung der Mädchen und jungen Frauen wäre dagegen zu weitgehend.[47]

Individuelle
Beeinträchtigungen
Individuelle Beeinträchtigungen sind alle physischen, psychischen und sonstigen Beeinträchtigungen, die die Entwicklung und Teilhabe von Kindern und Jugendlichen in der Gesellschaft erschweren,[48] z.B. Drogen- und Medikamentenabhängigkeit, Überschuldung, Delinquenz, Behinderung, erhebliche wirtschaftliche Benachteiligung, besondere Lern- und Leistungsschwächen, Verhaltensauffälligkeiten.

---

[43] Vgl. *Berntzen* in Jans/Happe/Saurbier/Maas KJHG § 13 Rn. 18.
[44] Vgl. *Wabnitz*, Recht der Finanzierung der Jugendarbeit und der Jugendsozialarbeit, 2003, Rn. 90.
[45] Vgl. *Wiesner/Struck*, SGB VIII § 13 Rn. 4; *Wabnitz*: Recht der Finanzierung der Jugendarbeit und der Jugendsozialarbeit. 2003. Rn. 90.
[46] Vgl. *Berntzen* in: Jans/Happe/Saurbier/Maas KJHG § 13 Rn. 18; *Münder/Struth* ZfJ 2002, S. 125 (129); *Wabnitz*, Recht der Finanzierung der Jugendarbeit und der Jugendsozialarbeit, 2003, Rn. 90; aA *Nonninger* in LPK-SGB VIII § 13 Rn. 14.
[47] Vgl. *Mrozynski* § 13 Rn. 5; aA *Kunkel*, Kinder- und Jugendhilfe, S. 72.
[48] Vgl. *Wabnitz*, Recht der Finanzierung der Jugendarbeit und der Jugendsozialarbeit, 2003, Rn. 90.

Junge Menschen sind in erhöhtem Maße auf Maßnahmen der Jugendsozialarbeit angewiesen, wenn schulische, ausbildungsbezogene, berufliche oder allgemeine soziale Schwierigkeiten vorliegen, die eine durchschnittliche schulische oder berufliche Qualifikation, die Einmündung in das Arbeitsleben oder die soziale Integration gefährden.[49]

In erhöhtem Maße angewiesen

Nicht erforderlich sind die Leistungen der Jugendsozialarbeit, wenn die Leistungen anderer Sozialleistungsträger – vor allem der Agenturen für Arbeit – oder der Schulverwaltungen ausreichend sind (vgl. insoweit § 10 Abs. 1). Die Leistungen der Grundsicherung für Arbeitsuchende sind dagegen grundsätzlich nachrangig gegenüber den Leistungen der Kinder- und Jugendhilfe (§ 10 Abs. 3 S. 1 SGB III). Zu den Ausnahmen von diesem Grundsatz (§ 10 Abs. 3 S. 2 SGB VIII) siehe oben S. 55). Die allgemeinen Integrationshilfen sind gegenüber § 13 Abs. 2 nicht vorrangig.

Erforderlichkeit

Dem *Subsidiaritätsprinzip* (vgl. § 4 Abs. 2 sowie oben Kapitel C. II.) der Jugendhilfe entsprechend können geeignete sozialpädagogisch begleitete Ausbildungs- und Beschäftigungsmaßnahmen, die den Fähigkeiten und dem Entwicklungsstand der jungen Menschen Rechnung tragen, nur angeboten werden, soweit deren Ausbildung nicht durch Maßnahmen und Programme anderer Träger und Organisationen (insbesondere der Schul- und Arbeitsverwaltung, aber auch der betrieblichen und außerbetrieblichen Träger) sichergestellt werden (§ 13 Abs. 2). Wegen des Vorrangs der Eingliederungsmaßnahmen nach dem SGB II kann die Jugendhilfe nur denjenigen eigene Ausbildungs- und Beschäftigungsmaßnahmen anbieten, die keinen betrieblichen Ausbildungs- oder Beschäftigungsplatz finden. Denn primäre Aufgabe der Jugendhilfe ist es, sozialpädagogische Hilfen anzubieten (§ 13 Abs. 1). Daher kommt hier vor allem eine Zusammenarbeit der Jugendhilfe mit den anderen Trägern von Ausbildungs- und Beschäftigungsprogrammen (oder eine Begleitung derselben) in Betracht, mit denen ohnehin die Angebote der Jugendsozialarbeit vorher abgestimmt werden sollen (§ 13 Abs. 4). Dies ist z. B. bei diversen Angeboten für sog. Lernschwache, Lerngestörte, Berufsunreife sowie für Berufsanfänger und Arbeitslose *schon vor Schaffung* des SGB VIII der Fall gewesen.

Ausbildungs- und Beschäftigungsmaßnahmen

Ausbildungs-/ Berufshilfen

Vernetzung

Angebote

Während der Teilnahme an schulischen oder beruflichen Bildungsmaßnahmen oder bei Berufseingliederungshilfen der Jugendhilfe kann den jungen Menschen auch Unterkunft in sozialpädagogisch begleiteten Wohnformen angeboten werden (§ 13 Abs. 3 S. 1). Vorrang haben die Leistungen nach den §§ 62 Abs. 3, 63 SGB III. Die Leistung nach § 22 SGB II ist dagegen nachrangig (§ 10 Abs. 3 S. 1 SGB VII). In diesen Fällen sollen auch der *notwendige Unterhalt* sichergestellt sowie Krankenhilfe nach Maßgabe des § 40 geleistet werden (§ 13 Abs. 3 S. 2), wenn keine Leistungen aus der gesetzlichen Krankenversicherung beansprucht werden können, was aber die Regel ist.

Gewährung von Unterkunft

Unterhalt Krankenhilfe

Diese Vorschrift bildet die Rechtsgrundlage für die Förderung von Jugendwohnheimen sowie von Wohn-, Ausbildungs- und Beschäftigungs-Projekten der Jugendhilfe. Siehe zur Förderung der Jugendwohnheime auch § 80a SGB III.

Wohnheime Projekte

---

[49] Vgl. *Nonninger* in LPK-SGB VIII § 13 Rn. 16.

Abgrenzungsfragen

Abgrenzungsprobleme können zur Jugendarbeit (vgl. § 11 Abs. 2 Nr. 3) sowie zur Hilfe zur Erziehung (vgl. § 27 Abs. 3 S. 2) entstehen. Ersteres spielt für die Träger der Jugendhilfe nur intern eine Rolle. Der Unterschied zur o. a. Hilfe zur Erziehung besteht darin, dass die Jugendsozialarbeit auch allgemeine Angebote vorsieht, während eine Hilfe zur Erziehung ausschließlich einzelfallbezogen und nur dann in Betracht kommt, wenn wegen eines konkreten Erziehungsbedarfs die Hilfe zur Erziehung erforderlich ist (vgl. § 27 Abs. 1 sowie S. 82).

Zuständigkeit des LJA

Im Bereich der Jugendsozialarbeit ist auch das LJA für die Anregung und Förderung von überregionalen Einrichtungen, die eine Schul- oder Berufsausbildung anbieten, zuständig (vgl. § 85 Abs. 2 Nr. 3 HS 2).

Heranziehung zu den Kosten nur bei § 13 Abs. 3

Diese Jugendhilfeleistungen sind grundsätzlich *kostenfrei. Ausnahme: Bei Unterbringungen gemäß § 13 Abs. 3* haben jedoch die jungen Volljährigen selbst und bei Minderjährigen diese nebst ihren Eltern aufgrund entsprechender Leistungsbescheide der Jugendämter zu den Kosten beizutragen (vgl. §§ 91 Abs. 1 Nr. 1, 92 Abs. 1 Nr. 1, Abs. 2). Der Umfang der Heranziehung richtet sich nach Sozialhilfegrundsätzen (vgl. §§ 93, 94).

Ausnahmen

Von der Heranziehung der Eltern zur Kostenübernahme ist immer abzusehen, wenn Minderjährige schwanger sind *oder* ein leibliches Kind unter sechs Jahren betreuen (§ 93 Abs. 4 S. 2). – Von der Heranziehung soll im Einzelfall *teilweise oder ganz abgesehen werden, wenn sonst Ziel und Zweck der Leistung gefährdet würden oder sich eine besondere Härte ergäbe* oder anzunehmen ist, der damit verbundene Verwaltungsaufwand stehe in keinem angemessenen Verhältnis zum Kostenbeitrag (§ 92 Abs. 6).

IV. Erzieherischer Kinder- und Jugendschutz

Aufgabenhintergrund

Junge Menschen wachsen heute in einer gesellschaftlichen Situation auf, die geprägt ist vom Streben nach raschem, hohem Lebensstandard und sozialer Anerkennung, verbunden mit starkem Konkurrenzdruck im Arbeits- wie Privatleben. Hinzu kommt, dass das verbreitete Konsum- und Anspruchsdenken, das vor allem durch die Bild-Medien noch verstärkt wird, häufig zu unerfüllbaren Ausbildungs- und Berufswünschen führt. Die daraus resultierenden Verunsicherungen und die geradezu vorprogrammierten Misserfolge können von der Familie nicht mehr aufgefangen werden, da diese meist mit denselben Problemen konfrontiert und mit deren Bewältigung oft selbst überfordert ist. Die in den Medien vorgegaukelten Verhaltensschemata greifen im täglichen Leben nicht. Die junge Generation fühlt sich daher allein gelassen, einsam, ziel- und perspektivlos. Das führt zu einem Fluchtverhalten, das gekennzeichnet ist durch:

– exzessiven Medienkonsum, Spielsucht an Automaten, Cliquen-Bildung mit Gewaltausübung, häufig wechselnde sexuelle Kontakte, übermäßigen Alkoholgenuss, Konsum von Drogen aller Art.

Zielsetzungen

Die hiervon ausgehenden Gefährdungen stellen für die gesamte Jugendhilfe eine Herausforderung dar, der sie nicht nur repressiv durch die Kontrolle der gesetzlichen Jugendschutzbestimmungen (s. dazu unten), sondern vor allem offensiv begegnen muss durch entsprechende präventive, erzieherische Angebote, die über eine Aufklärung und Beratung hinausgehen. Hier sind im Sinne der *Einmischungsstrategie* der Jugendhilfe u. a. alternative Angebote für die Jugend zu entwickeln (d. h.: Ausbau der

Jugendarbeit) sowie auf die Konzessionsvergabepraxis der Kommunen an kommerzielle Betreiber problematischer Freizeitangebote Einfluss zu nehmen. Des Weiteren ist vor allem Aufklärungs- und Zusammenarbeit mit allen anzustreben, die „mit der Jugend zu tun haben", d. h. mit Vereinen, Ausbildern, Arbeitgebern, Industrie- und Handwerkskammern, Schulen, Gast- wie Vergnügungsstätten aller Art sowie mit anderen Behörden (von Gewerbeaufsichtsämtern über Polizei bis hin zur Staatsanwaltschaft). Denn nur durch eine solche Vernetzung kann Jugendschutz wirksam werden.

Vernetzung

Durch die Bezeichnung „erzieherisch" in § 14 soll zum Ausdruck kommen, dass dieser Bereich der Jugendhilfe nicht identisch ist mit den anderen Jugendschutzaufgaben nach dem Jugendschutzgesetz, dem Staatsvertrag über den Schutz der Menschenwürde und den Jugendschutz in Rundfunk und Telemedien (Jugendmedienschutz-Staatsvertrag – JMStV), dem Jugendarbeitsschutzgesetz und der Jugendarbeitsschutzverordnung. Diese sind oben im Kapitel „Rechtliche Bedeutung der Altersstufen" zusammengestellt (siehe S. 1).

Spezieller Jugendschutz des SGB VIII

Weitere Jugendschutzaufgaben nach anderen Gesetzen

V. Förderung der Erziehung in der Familie

Gegenwärtig finden tief greifende, nicht auf den Produktionssektor begrenzte gesellschaftliche Modernisierungs- und Wandlungsprozesse statt, die sich auch massiv auf die familiale Lebensführung auswirken. Sie bewirken, dass familiäre Veränderungen derzeit in einem zuvor nicht gekannten Tempo ablaufen und sich dabei die Lebenslagen der Familien aus der Sicht der Kinder betrachtet zumeist verschlechtert haben. Ihre Situation wird laufend maßgeblich beeinflusst durch:

Hintergrund

- zunehmende Mobilität der Familien,
- vielgestaltigere familiale Lebensformen,
- Zunahme von „Trennungs- und Scheidungs-Waisen" durch abnehmende Stabilität von Erwachsenenbeziehungen,
- Rückgang verwandtschaftlicher Bindungen und Solidarität,
- ständiges Ansteigen der Lebenshaltungskosten,
- beengte Wohnverhältnisse,
- zunehmende Berufstätigkeit beider Elternteile,
- vermehrte Anforderungen an schulische Ausbildung,
- ansteigende Arbeitslosigkeit verbunden mit Perspektivlosigkeit und Identitätsverlust.

Diese Faktoren belasten die Familien und führen dazu, dass diese kaum noch alle auf sie zukommenden Anforderungen für eine zukunftsorientierte Sozialisation ihrer Kinder eigenständig erfüllen können. Familien sind vielmehr damit zunehmend überfordert und benötigen somit unabhängig von ihrer Schichtzugehörigkeit und von besonderen Problemlagen in ansteigendem Maße – gelegentlich oder über einen längeren Zeitraum – Unterstützung von außen.[50]

Überlastete Familien

Nach unserer Verfassung stehen Ehe und Familie unter besonderem Schutz der staatlichen Ordnung (Art. 6 Abs. 1 GG). Daraus ergibt sich nicht nur (negativ) ein Abwehrrecht der Bürger gegen störende – oder gar schädigende – Eingriffe des Staates in Ehe und Familie, sondern daraus re-

Verfassungslage

---

[50] 7. Jugendbericht, BT-Drucks. 10/6730, S. 33.

sultiert zugleich (positiv) die Verpflichtung des Staates, Ehe und Familie vor Beeinträchtigungen durch andere Kräfte zu bewahren und sie durch geeignete Maßnahmen zu fördern[51]. Auch das in Art. 6 Abs. 2 S. 2 GG statuierte sog. „Wächteramt" des Staates beschränkt sich nicht auf einen staatlichen Schutz gegen Missbräuche elterlicher Erziehung, sondern beinhaltet außerdem die staatliche Verpflichtung, Jugendhilfeleistungen zur Förderung der Elternverantwortung sowie zur Stärkung der elterlichen Erziehungskraft zur Verfügung zu stellen. – Auch im RegE zum KJHG wurde von einer verfassungsrechtlich verankerten Schutz- und Förderpflicht des Staates ausgegangen, deren Ziel nicht etwa eine Einmischung des Staates in familiäre Aufgaben, sondern partnerschaftliche Hilfe unter Achtung familialer Autonomie sein muss.[52]

Zielsetzung | *Hauptzielsetzung* des SGB VIII ist es daher, die Familie durch geeignete Jugendhilfeangebote bei ihren Erziehungsaufgaben zu unterstützen. Um dies zu unterstreichen und den Strukturwandel des JA von einer eingreifenden Behörde zum Partner der Familie zu betonen und zu verstärken, **Perspektivenwandel** hat das SGB VIII den Jugendhilfeleistungen zur Förderung der Erziehung in der Familie einen eigenen Abschnitt gewidmet (vgl. §§ 16–21) und dabei versucht, den unterschiedlichen familiären Lebenslagen durch entsprechende Förderangebote besser Rechnung zu tragen. Dabei geht das SGB VIII nicht vom traditionellen Familienbegriff des verheirateten Elternpaares mit Kindern aus, sondern versteht darunter die „ganze Bandbreite familiärer Situationen". Dazu zählen z.B. auch: Ein-Eltern- und Stiefeltern-**„Familie" wird** Familien, eingetragene Lebenspartnerschaften, unverheiratete Paare mit **weit ausgelegt** (nicht notwendig gemeinsamen) Kindern, Pflegeeltern sowie Kinder, die von nahen Verwandten (Tanten/Onkeln, Großeltern) erzogen werden.

Abgrenzung zur | Die Angebote zur Förderung der Erziehung in der Familie nach den **Erziehungsberatung** §§ 16–21 unterscheiden sich von der Hilfe zur Erziehung nach § 28 zunächst dadurch, dass Erstere allgemeine, Letztere jedoch konkrete einzelfallbedingte Beratungsangebote darstellen, sowie dadurch, dass hier die speziellen Voraussetzungen des § 27 Abs. 1 (siehe dazu S. 81 f.) nicht vorliegen müssen.

1. Allgemeine Förderung

Adressatenkreis | Leistungen zur allgemeinen Förderung der Erziehung in der Familie wenden sich gleichermaßen an Eltern und andere Erziehungsberechtigte **Zielsetzung** (Vormund, Pfleger) wie an die jungen Menschen selbst und sollen dazu beitragen, dass die Familie (zur weiten Auslegung siehe oben) ihre Erziehungsverantwortung besser wahrnehmen und *Konfliktsituationen gewaltfrei lösen* kann (§ 16 Abs. 1). Dazu nennt § 16 Abs. 2 in einem nicht abschlie-**Katalog ist nicht** ßenden („insbesondere") Katalog für diesen Bereich besonders wichtig er-**abschließend** scheinende Jugendhilfeangebote:

1. Familienbildung, die zur Aktivierung der Mitarbeit in Kindergärten, Horten, Pflegestellen, Mütterzentren sowie anderen Selbst- und Nachbarschaftshilfen besser befähigt sowie junge Menschen auf Partnerschaft, Ehe und das Zusammenleben mit Kindern vorbereitet,

---

[51] BVerfGE 55, 76.
[52] BT-Drucks. 11/5948, S. 42.

Die Angebote der Familienbildung sollen die Erziehenden zur Erziehung befähigen, eine Professionalisierung wird nicht angestrebt. Zu den Angeboten der Familienbildung zählen u. a. Seminare (z. B. Kommunikationstraining), Gesprächskreise (Eltern-Kind-Gruppen), Kurse (Kochen, Nähen, Säuglingskurse) und Elternbriefe.

2. Beratung in allgemeinen Fragen der Erziehung und Entwicklung junger Menschen,

Die Familienberatung nach § 16 Abs. 2 Nr. 2 setzt im Gegensatz zur Beratung nach § 28 keinen Erziehungsbedarf voraus und ist nicht auf den Einzelfall ausgerichtet ("allgemeinen").[53] Die Familienberatung erfolgt bei einem konkreten Anlass. Beraten werden die in § 16 Abs. 1 S. 1 genannten Personen.

3. Familienfreizeit und -erholung, insbesondere in belastenden Familiensituationen, die bei Bedarf die erzieherische Betreuung der Kinder einschließen.

Die Angebote der Familienfreizeit und Familienerholung (§ 16 Abs. 2 Nr. 3) sollen den Erziehungsberechtigten dabei helfen, außerhalb des familiären Konfliktfeldes unter professioneller Hilfestellung nach Lösungsmöglichkeiten zu suchen. "Belastende Familiensituationen" iSd Vorschrift sind z. B. Trennung, Scheidung, Situationen Alleinerziehender, Leben in Arbeitslosigkeit, Obdachlosigkeit"[54]. Belastende Situationen können ferner in kinderreichen Familien, Familien aus sozialen Brennpunkten und Familien mit kranken oder behinderten Kindern vorliegen.[55] Das Vorliegen einer belastenden Situation ist aber nicht zwingend erforderlich ("insbesondere"). Zu den Leistungen nach § 16 Abs. 2 Nr. 3 SGB VIII gehören u. a. kostengünstige Angebote für Urlaub und Wochenendfreizeiten. Die Leistung nach § 16 Abs. 2 Nr. 3 SGB VIII beinhaltet auch die Kinderbetreuung. Die Betreuung Jugendlicher ist gesetzlich nicht vorgesehen, aber möglich und sinnvoll.[56]

Diese Familienhilfen werden weitgehend von den freien Jugendhilfeträgern erbracht. Sie stellen gemäß § 16 Abs. 1 S. 1 aber Pflichtaufgaben für die öffentlichen Jugendhilfeträger dar (denn Sollvorschriften haben "Muss-Charakter"), ein Rechtsanspruch auf die Angebote des § 16 besteht nach hM allerdings nicht.[57] Den kommunalen Jugendhilfeträgern kommt hier infolge des Subsidiaritätsprinzips (siehe dazu S. 41) vor allem die Förderungs- und Finanzierungspflicht gegenüber den freien Trägern zu; die Letztverantwortung liegt jedoch bei den Kommunen (§§ 4, 74, 79).

Überwiegend freie Träger

Aber Pflichtaufgabe der öffentlichen Jugendhilfe-Träger

Um den unterschiedlichen Finanzierungsmöglichkeiten der einzelnen Bundesländer Rechnung zu tragen, kann das Landesrecht das Nähere über Inhalt und Umfang dieser Jugendhilfeaufgaben regeln (§ 16 Abs. 3).

Inhalt und Umfang kann Landesrecht näher regeln

Die allgemeinen Beratungsangebote nach § 16 Abs. 2 Nr. 2 sind *kostenfrei*; ansonsten können (unter Berücksichtigung der unterschiedlichen Leistungsfähigkeit) abgestufte Teilnahme- oder Kostenbeiträge festgesetzt werden (vgl. § 90 Abs. 1 S. 1 Nr. 2). Diese können auf Antrag teilweise oder ganz erlassen (oder vom öffentlichen Jugendhilfe-Träger übernommen) werden, wenn die Belastung den Minderjährigen und ihren Eltern oder den jungen Menschen (§ 7 Nr. 4) nicht zumutbar ist *(soweit nicht das jeweilige Landesrecht eine andere Regelung trifft, richtet sich das nach den §§ 82–*

Kosten

---

53 Vgl. *Wiesner/Struck*, SGB VIII § 16 Rn. 20.
54 Vgl. *Münder*, Familien- und Jugendhilferecht, S. 84.
55 Vgl. *Wiesner/Struck*, SGB VIII § 16 Rn. 23.
56 Vgl. *Wiesner/Struck*, SGB VIII § 16 Rn. 24.
57 Vgl. *Kunkel* in LPK-SGB VIII § 16 Rn. 2, aA *Schleicher* in GK-SGB VIII § 16 Rn. 3.

85, 87, 88 SGB XII) und die Förderung für die Entwicklung der Minderjährigen oder der jungen Menschen erforderlich ist (vgl. § 90 Abs. 2 S. 1 u. Abs. 4).

2. Partnerschafts-, Trennungs- und Scheidungsberatung

Inhalte   Die Jugendhilfeleistungen des § 17 beinhalten die fachliche Beratung in allen Fragen ehelicher oder nichtehelicher Partnerschaft sowie familialen Zusammenlebens, sofern minderjährige Kinder eines (oder beider) Partner mit betroffen sind. Das gilt insbesondere bei Konflikten und Krisen, die die Partnerschaft oder Familiengemeinschaft bedrohen oder zu ihrer Auflösung führen.

Adressatenkreis   § 17 Abs. 1 S. 1 nennt als Leistungsberechtigte nur Mütter und Väter (und zwar unabhängig von ihrer Sorgeberechtigung) und gewährt ihnen einen (einklagbaren) Rechtsanspruch auf Beratung. Diese Jugendhilfeleistung umfasst jedoch auch die Beratung junger Menschen, die Probleme oder Konflikte beim Zusammenleben mit ihren Eltern (oder deren Partnern) haben oder die selbst zu einem partnerschaftlichen Zusammenleben finden wollen (vielleicht unter Ablösung von ihren Eltern).

Hintergrund   Anerkanntermaßen leiden Kinder unter Partnerschaftsproblemen/-veränderungen oder gar -konflikten ihrer Eltern vor allem dann, wenn diese zu vorübergehender oder endgültiger Trennung der Partner führen, weil ihnen damit selbst auch der Verlust (mindestens) einer engen Bezugsperson droht bzw. damit verbunden ist. Hinzu kommt, dass für sie die Entscheidungen der Erwachsenen meist nur sehr schwer (oder gar nicht) zu verstehen und daher schon deshalb kaum zu verkraften sind. Das gilt vor allem dann, wenn die Konsequenz für sie eine Fremdunterbringung ist. Entwicklungs- und Persönlichkeitsstörungen sind daher erschreckend häufig die Folge, die sich später oft belastend auf ihre eigenen Partnerbeziehungen auswirken. § 17 sieht deshalb neben den allgemeinen Beratungsangeboten der Jugendhilfe spezielle für Fragen der Partnerschaft, Trennung und Scheidung vor.

Beratungsanspruch   Die Berechtigten haben einen Anspruch auf die Beratung. Diesen können sie ggfs. durch Widerspruch und Leistungsklage geltend machen, was aber aufgrund der Dauer dieser Verfahren in der Praxis keine Bedeutung hat.

Folgen von Beratungsfehlern   Bei unterbliebener oder fehlerhafter Beratung kommt bei öffentlichen Trägern der Jugendhilfe ein Amtshaftungsanspruch (§ 839 BGB i.V.m. Art. 34 GG) in Betracht.

Zielsetzungen   Zunächst sollen diese Beratungsangebote bei den Eltern die Bereitschaft wecken bzw. ggfs. stärken, ein partnerschaftliches Zusammenleben in der Familie aufzubauen, evtl. bestehende Konflikte und Krisen zu bewältigen und ihre Partnerschaft und/oder Lebensgemeinschaft fortzuführen (vgl. § 17 Abs. 1 S. 2 Nr. 1 und 2). Falls dies nicht möglich ist, soll die Jugendhilfe versuchen, dann wenigstens für den Trennungs- oder Scheidungsfall Bedingungen dafür zu schaffen, dass die Eltern sich weiterhin für ihre Kinder verantwortlich fühlen und ihre elterlichen Aufgaben erfüllen (§ 17 Abs. 1 S. 2 Nr. 3).

Gemeinsame Konzeption   Dafür bietet erfahrungsgemäß ein gemeinsam erarbeitetes, einvernehmliches Konzept, das dann auch als Grundlage für eine Entscheidung des FamG dienen kann, noch am ehesten günstige Voraussetzungen. Daher muss zunächst das Interesse der Eltern (wie auch das ihrer Anwälte) an der Entwicklung einer solchen Konzeption geweckt und dann auch hierbei fachliche Hilfestellung durch die Jugendhilfe geleistet werden, damit bei der Einigung der Erwachsenen das Kindeswohl nicht „verloren geht".

Über das Sorgerecht entscheidet das FamG im Scheidungsverfahren nur auf Antrag eines Elternteils (§ 1671 BGB). Ansonsten bleibt es bei der vor der Scheidung bestehenden Sorgerechtslage – also häufig beim gemeinsamen Sorgerecht. Der Gesetzgeber wollte die Autonomie der Eltern durch Abbau von staatlichen Reglementierungen stärken[58] sowie dem Umstand besser Rechnung tragen, dass trotz Auflösung der Ehe die Elternverantwortung bestehen bleibt. Denn es wird ja nur die Partnerschaft, nicht jedoch die Elternschaft beendet (s. dazu auch S. 222 ff.).

Um sicherzustellen, dass die Betroffenen mit der Entscheidung über die künftige Wahrnehmung der elterlichen Verantwortung nicht „*allein gelassen"* werden, sondern ihren Anspruch auf Beratung möglichst frühzeitig geltend machen können, muss das FamG das JA von Scheidungsverfahren benachrichtigen, wenn gemeinschaftliche minderjährige Kinder vorhanden sind (§ 17 Abs. 3), damit die Betroffenen rechtzeitig über das Leistungsangebot der Jugendhilfe zur Entwicklung eines einvernehmlichen Konzeptes zur Wahrnehmung der elterlichen Sorge informiert werden.[59]

Die Autonomie der Eltern derart zu bekräftigen bedeutet, darauf zu setzen, dass bei ihnen generell ausreichendes Verantwortungsbewusstsein vorhanden und keine Hilfe von außen nötig ist. Davon kann jedoch – quer durch alle sozialen Schichten – bei weitem nicht bei allen Eltern ausgegangen werden. Viele sind vielmehr mit der Regelung der Ausübung der elterlichen Sorge nach ihrer Scheidung enorm belastet oder auch überfordert, so dass die Belange der Kinder allzu leicht ins Hintertreffen geraten. Dies gilt besonders dann, wenn die Eltern sehr in ihre eigene Auseinandersetzung verstrickt sind (*sog. Problem- und „Knaller"-Fälle*). In diesen Konstellationen ist daher zu befürchten, dass die Eltern gerade dann fachliche Besprechung und Beratung scheuen, daher weder JA noch FamG von bestehenden Problemen Kenntnis erlangen und somit trotz vorhandenem Bedarf keine Hilfe erfolgt. *Dieser Reformbereich war deshalb z. T. heftig umstritten.*[60]

In alle Beratungen sind die Kinder entsprechend ihrem Entwicklungsstand einzubeziehen (vgl. §§ 8 Abs. 1 S. 1, 17 Abs. 2).

Dem Subsidiaritätsprinzip (vgl. dazu §§ 3, 4 sowie S. 41 f.) entsprechend werden diese Jugendhilfeleistungen vorrangig von den freien Jugendhilfeträgern erbracht. Die öffentlichen Jugendhilfeträger haben diesen gegenüber zwar die Förderungs- und Finanzierungspflicht, behalten dabei aber die Gesamtverantwortung (vgl. § 4 Abs. 3 sowie §§ 74 und 79).

Überschneidungen scheinen sich mit den Hilfen zur Erziehung gemäß § 28 S. 1 HS 2 zu ergeben. Der Unterschied liegt jedoch darin, dass bei

Kindeswohl beachten

Gerichtliche Regelung der elterlichen Sorge nur noch auf Antrag

Partnerschaft endet, Elternschaft aber nicht

FamG muss dem JA Scheidungsverfahren melden

Problematik

Beteiligung des Kindes Trägerschaft

Abgrenzungen

---

[58] Vgl. BT-Drucks. 13/4899, S. 63.
[59] BT-Drucks. 13/8511, S. 66.
[60] Siehe dazu *Schleicher* in GK-SGB VIII, § 17, Rn. 16.

allen Hilfen zur Erziehung die speziellen Voraussetzungen des § 27 Abs. 1
(siehe dazu S. 81 f.) erfüllt sein müssen.[61]

Kostenfreiheit Diese Jugendhilfeleistungen sind *kostenlos* (vgl. §§ 90, 91).

3. Beratung und Unterstützung Alleinerziehender und Umgangsberechtigter

Hintergrund

Wandel der Familie

In sog. unvollständigen Familien (Ein-Eltern-Familien) wachsen Kinder
in der Regel unter erschwerten Bedingungen auf, weil der allein erziehende Elternteil durch die ausschließliche Belastung mit der Erwerbs- und
Hausarbeit sowie mit der Erziehung häufig überfordert ist. Repräsentative
Erhebungen weisen zudem nach, dass sich insbesondere die wirtschaftliche Lage geschiedener (und z.T. auch verwitweter) Mütter nach Auflösung der Partnerschaft im Allgemeinen spürbar verschlechtert und damit
meist auch einen sozialen Abstieg nach sich zieht. Entsprechendes gilt für
die Situation von Müttern mit nichtehelichen Kindern.

Aufgabenstellung Da die Zahl unvollständiger Familien ständig zunimmt[62], gewährt § 18
Abs. 1 Nr. 1 daher allein erziehenden Eltern einen Rechtsanspruch auf
Beratung und Unterstützung in sämtlichen Angelegenheiten der Perso-
nensorge, also vor allem bei Erziehungsfragen, der Aufenthaltsbestim-
mung etc., aber auch bei der Geltendmachung von bürgerlich-rechtlichen
Unterhaltsansprüchen und Unterhaltsersatzansprüchen.

Rechtsanspruch Auf die Beratung nach § 18 Abs. 1 Nr. 1 besteht ein Rechtsanspruch.
Dieser kann bei Ablehnung ggfs. mit Widerspruch und Klage verfolgt
werden. Dies hat wegen der langen Verfahrensdauer in der Praxis indessen
keine Bedeutung.

Folgen fehlerhafter Beratung Bei unterbliebener oder fehlerhafter Beratung oder Unterstützung
kommt bei öffentlichen Trägern der Jugendhilfe ein Anspruch aus Amts-
haftung in Betracht (§ 839 BGB i. V. m. Art. 34 GG).

Umfang Die Jugendhilfe-Leistungen nach § 18 Abs. 1 umfassen fast alle Formen
der tatsächlichen wie rechtlichen Beratung und Unterstützung[63], also nicht
nur Information und Aufklärung über bestehende Ansprüche, sondern
auch Motivierung oder Bestärkung, diese geltend zu machen, Hinweise
auf Möglichkeiten kostenloser Rechtsberatung, Hilfe bei der Abfassung
von entsprechenden Schreiben (z.B. Zahlungsaufforderungen) und Anträgen (z.B. auf Prozesskostenhilfe) bis hin zur Hilfe beim Erstellen einer
Keine Vertretung Klageschrift. Diese Jugendhilfe-Leistungen beinhalten aber keine gesetzliche Vertretung[64] (das ist nur der Fall, wenn das JA Unterhalts-Beistand
oder Unterhalts-Pfleger ist) oder gar die gerichtliche Durchsetzung dieser
Ansprüche durch das JA.[65] Denn das wäre keine außergerichtliche Rechts-
dienstleistung mehr, die von Behörden im Rahmen ihrer Zuständigkeit

---

[61] Zu Überschneidungen von Ehe- und Familienberatungsstellen, die auch Part-
nerschafts-, Ehe-, Trennungs- und Scheidungsberatungen anbieten: *Schleicher* in
GK-SGB VIII, § 17, Rn. 30.

[62] Mehr als 143 000 minderjährige Kinder kommen jährlich allein durch Scheidungen hinzu (siehe dazu S. 207).

[63] Zur Auslegung des Begriffs *Schleicher* in GK-SGB VIII, § 18 Rn. 30 und § 50,
Rn. 44.

[64] Ebenso *Wiesner/Struck*, SGB VIII § 18, Rn. 13.

[65] DIV-Gutachten, DAVorm. 1992, 51; *Oberloskamp*, DAVorm. 1997, 65 ff.

ausgeübt wird", wie das nach § 8 Abs. 1 Nr. 2 *Rechtsdienstleistungsgesetz* erforderlich wäre. Außerdem ist nach unserem Prozessrecht nur die Bevollmächtigung natürlicher Personen, aber nicht die von Behörden möglich (§ 52 ZPO). – Die Vorschrift gewährt keine finanziellen Hilfen, insbesondere keine Erstattung von irgendwelchen Kosten und Auslagen, Prozesskostenvorschüsse oder gar Unterhaltsersatzleistungen (s. dazu oben).

Keine finanzielle Hilfe

Für mit dem Vater des Kindes nicht verheiratete Mütter
besteht nach § 18 Abs. 1 Nr. 2 ein *einklagbares Recht* auf Beratung und Unterstützung (zum Umfang s. o.) bei der Geltendmachung der ihnen gegenüber dem Vater des Kindes zustehenden Ansprüche. Es handelt sich dabei um folgende Ansprüche:

Beratung, Unterstützung bei Unterh.-Ansprüchen gegen den Vater

– den Ersatz der ihr *eventuell* entstandenen *Entbindungskosten* sowie weiterer ihr dadurch erwachsenen Aufwendungen nach § 1615 l Abs. 1 Satz 2 BGB (diese Kosten werden allerdings bei den meisten Müttern nach den §§ 24 c ff. SGB V von den Krankenkassen getragen),

Entbindungskosten

– Unterhaltsansprüche nach § 1615 l Abs. 1 Satz 1 BGB für sechs Wochen *vor* und acht Wochen *nach* der Geburt in der sog. gesetzlichen Mutterschutz-Zeit (vgl. §§ 3 Abs. 2, 6 Abs. 1 *Mutterschutzgesetz*),

Unterhaltsansprüche

– Unterhaltsansprüche bei schwangerschaftsbedingtem Ausfall in der Erwerbstätigkeit frühestens vier Monate vor und – im Regelfall – längstens drei Jahre nach der Entbindung – bei grober Unbilligkeit (insbesondere im Hinblick auf die Kindesbelange, wie z. B. schwere Erkrankung oder Behinderung) jedoch auch zeitlich unbegrenzt darüber hinaus (vgl. § 1615 l Abs. 2 Satz 1 und 3 BGB),
– Unterhaltsansprüche, wenn wegen Pflege oder Erziehung des Kindes keine Erwerbstätigkeit erwartet werden kann – zur Anspruchsdauer gelten vorstehende Ausführungen entsprechend (vgl. § 1615 l Abs. 2 Satz 2 und 3 BGB).

Unterhaltsansprüche

Sämtliche vorgenannten Ansprüche sind zwar davon abhängig, dass die Vaterschaft festgestellt wurde. Zuvor können jedoch schon Vorbereitungen für die Geltendmachung dieser Ansprüche getroffen werden, wenn die Mutter bereit ist, an der Vaterschaftsfeststellung mitzuwirken.

Vaterschaftsfeststellung erforderlich

Beratung und Unterstützung beinhaltet, die Mütter über Ansprüche nach § 1615 l BGB und deren Umfang zu informieren, sie bei deren Geltendmachung zu bestärken sowie ihr bei entsprechenden Schriftsätzen behilflich zu sein oder diese auch zu entwerfen. Dazu gehört jedoch nicht die gerichtliche Durchsetzung dieser Ansprüche (s. dazu S. 68). – Die Vorschrift gewährt keine finanziellen Hilfen, insbesondere keine Erstattung von irgendwelchen Kosten und Auslagen, Prozesskostenvorschüsse oder gar Unterhaltsersatzleistungen.

Umfang der Hilfe

Keine Vertretung und keine finanzielle Hilfe

Vätern steht der Anspruch zu, wenn sie nach § 1615 l Abs. 4 BGB unterhaltsberechtigt sind.

Hilfe bei nichtehelicher Geburt
Sobald das JA von der Geburt eines Kindes nicht verheirateter Eltern durch das Standesamt gemäß § 52a Abs. 4 informiert wurde oder anderweitig davon Kenntnis erlangt hat, ist es gemäß § 52a Abs. 1 verpflichtet, der Mutter unverzüglich vor allem bei der Vaterschafts-Feststellung und der Geltendmachung von Unterhalts-Ansprüchen des Kindes Beratung und Unterstützung anzubieten. Hierbei hat das JA hinzuweisen auf:

Hilfe bezüglich:

Vaterschaftsfeststellung – die Bedeutung der Vaterschaftsfeststellung,
– die Möglichkeiten, wie die Vaterschaft festgestellt werden kann, insbesondere bei welchen Stellen die Vaterschaft anerkannt werden kann,

Unterhalt für das Kind – die Möglichkeit, die Verpflichtung zur Erfüllung von Unterhaltsansprüchen gegenüber einem Kind nach § 59 Abs. 1 S. 1 Nr. 3 beurkunden zu lassen,

Beistandschaft – die Möglichkeit, eine Beistandschaft zu beantragen (was auch pränatal in Betracht kommt, vgl. §§ 1713 Abs. 1 S. 1, 1714 S. 2), sowie auf die Rechtsfolgen einer solchen Beistandschaft hinzuweisen (s. dazu S. 299 ff.),

Sorgeerklärung – die Möglichkeiten der gemeinsamen elterlichen Sorge durch Abgabe einer gemeinsamen Sorgeerklärung (s. dazu S. 304 ff.) – Diesbezüglich haben beide Eltern gem. § 18 Abs. 2 einen Rechtsanspruch auf Beratung durch das JA.

Persönliches Gespräch ist vom JA anzubieten Das JA hat der Mutter in diesem Zusammenhang ein persönliches Gespräch anzubieten, das in der Regel in ihrer persönlichen Umgebung stattfinden soll, wenn sie dies wünscht (§ 52a Abs. 1 S. 3 u. 4).

Auch pränatal möglich Das Angebot nach § 52a Abs. 1 kann auch schon vor der Geburt des Kindes erfolgen, wenn anzunehmen ist, dass seine Eltern bei der Geburt nicht miteinander verheiratet sein werden (§ 52a Abs. 2).

Beratung und Unterstützung bei Ausübung des Umgangsrechts
Kindeswohl stets vorrangig Bei Kontakten zwischen dem Kind und sog. „Umgangsberechtigten" (siehe dazu §§ 1684, 1685 sowie S. 332 ff.) besteht in der Praxis vor allem im Hinblick auf das – trotz aller noch so berechtigt erscheinender Wünsche der Erwachsenen – stets vorrangige Kindeswohl (siehe dazu S. 321 ff.) großer Hilfebedarf. § 18 Abs. 3 SGB VIII sieht daher für das Kind sowie für sämtliche „Umgangsberechtigten" ausdrücklich einen **Besonders relevante Konstellationen** Rechtsanspruch auf Beratung und Unterstützung vor. Diese Jugendhilfeleistungen sind besonders relevant bei:

– Trennung oder Scheidung verheirateter Eltern,
– getrennt lebenden, nicht miteinander verheirateten Eltern,
– Trennung der Eltern von Lebenspartnern,
– Beschränkung oder Entzug der elterlichen Sorge.

Hilfestellung bei Besuchskontakten
Kindeswohl beachten Bei Herstellung von Besuchskontakten soll vermittelt und in geeigneten Fällen Hilfestellung geleistet werden, und zwar unabhängig davon, ob eine (vereinbarte oder gerichtliche) Umgangsregelung vorliegt oder nicht (§ 18 Abs. 3 S. 4). Auch hier ist sorgsam auf das Kindeswohl zu achten (s. o. sowie S. 335 f.).

Beratung und Unterstützung junger Volljähriger bei der Durchsetzung von Unterhalts- und Unterhaltsersatzansprüchen
Junge Volljährige, die das 21. Lebensjahr noch nicht vollendet haben, haben gegen das JA Anspruch auf Beratung und Unterstützung bei der Durchsetzung ihrer Unterhalts- und Unterhaltsersatzansprüche (§ 18 Abs. 4). § 18 Abs. 4 wird durch § 59 Nr. 1 ergänzt, der das JA berechtigt, Unterhaltsansprüche zu beurkunden.

Kostenfreiheit Alle vorgenannten Jugendhilfeleistungen sind kostenlos (vgl. §§ 90, 91).

> Mütter von Kindern, die mit dem Vater nicht verheiratet sind, haben An-spruch auf kostenlose Beratung und Unterstützung durch das JA bei der
>
> – Vaterschaftsfeststellung (§ 52a),
> – Geltendmachung von Unterhaltsansprüchen für ihr Kind (§ 52a) sowie von eigenen Unterhaltsansprüchen nach § 1615 l BGB (§ 18 Abs. 1 Nr. 2),
> – Ausübung der Personensorge inkl. der Geltendmachung von Unterhalts-oder Unterhaltsersatzansprüchen (§ 18 Abs. 1 Nr. 1),
> – Ausübung des Umgangsrechts (§ 18 Abs. 3 S. 3).
>
> Weiter besteht gem. § 52a Abs. 1 S. 2 die Hinweis-Pflicht des JA auf die Mög-lichkeit
> – einer kostenlosen Beistandschaft gem. §§ 1712 ff. BGB,
> – der gemeinsamen elterlichen Sorge gem. §§ 1626a–e BGB. (Hier besteht gem. § 18 Abs. 2 ein Rechtsanspruch auf Beratung.)

Zusammenfasssung

4. Mutter-/Vater-Kind-Einrichtungen

Eltern, die allein für ein Kind, das bei Antragstellung[66] noch nicht sechs Jahre alt ist, zu sorgen haben oder tatsächlich sorgen, sollen von der Ju-gendhilfe Betreuung und Unterkunft gemeinsam mit ihrem Kind in einer geeigneten Wohnform angeboten werden, wenn (und solange) sie auf-grund ihrer Persönlichkeitsentwicklung dieser Form zur Unterstützung bei der Pflege und Erziehung ihres Kindes bedürfen (§ 19 Abs. 1 S. 1). Um eine – für alle Familienmitglieder äußerst problematische – anderwei-tige Unterbringung älterer Geschwister zu vermeiden, schließt § 19 Abs. 1 S. 2 deren Aufnahme und Betreuung in den oben genannten Wohnfor-men (ohne jede Altersbegrenzung nach oben) ein, sofern ihr betroffener Elternteil für sie allein zu sorgen hat (d. h.: erzieherisch und/oder pflege-risch).

Für allein Erziehende mit Kindern unter sechs Jahren

Einbezug älterer Kinder

In den oben genannten Wohnformen *können* auch *Schwangere* betreut werden (§ 19 Abs. 1 S. 3). Dadurch wurde die Präventivwirkung dieser Jugendhilfeleistungen noch verstärkt.

Schwangere

Mit § 19 wollte der Gesetzgeber nur eine gesetzliche Absicherung der etablierten stationären Mutter-Kind-Einrichtungen, aber keine neue Rechtsgrundlage für andere Formen familialer Hilfen in Wohn-Einrich-tungen schaffen. Es ist daher auf folgende *Abgrenzungen* zu anderen Sozial-leistungen hinzuweisen:

Rechtsgrundlage für diverse Einrichtungen

Abgrenzungen

Zusätzlich zu den stationären Hilfen nach § 19 kommen ambulante Ju-gendhilfeleistungen wie Beratung nach §§ 18, 41 oder sozialpädagogische Familienhilfe gemäß § 31 in Betracht.

Hilfen nach den §§ 18, 31, 41

Frauenhäuser werden von § 19 grundsätzlich *nicht* erfasst, da dort die Zuflucht für Frauen vor Übergriffen ihrer Partner im Vordergrund steht und somit generell Leistungen nach dem SGB II, insbesondere Arbeitslo-sengeld II, und Sozialhilfeleistungen nach § 68 SGB XII in Betracht kom-men. Wenn allerdings die Bedrängnis, Drangsalierung oder Unterjochung durch deren Partner bei den Schwangeren oder Müttern zu Unselbststän-digkeit und/oder Persönlichkeitsstörungen geführt haben, kommen we-

Frauenhäuser

---

[66] Vgl. VGH München BeckRS 2013, 50877.

gen der Vorrang-Regelung des § 10 Abs. 4 S. 1 (siehe dazu S. 55 f.) evtl.
doch Hilfen nach § 19 (s. dazu oben) und damit die Finanzierung durch
die öffentlichen Jugendhilfeträger in Betracht.

**Während des
Strafvollzugs**

Die Unterbringung von Müttern und Kindern in Mutter-Kind-Einrichtungen nach §§ 80, 142 *Strafvollzugsgesetz*, vor der das JA zwar anzuhören, aber nicht entscheidungsbefugt ist, kann grundsätzlich nur über
das SGB XII und *nicht über § 19 SGB VIII* finanziert werden, es sei denn,
inhaftierte Mütter benötigen infolge ihrer Persönlichkeitsentwicklung
bei der Pflege und Erziehung noch nicht 6 Jahre alter Kinder Unterstützung.

**Rechtsgrundlage für
diverse Einrichtungen**

Zielsetzungen

In erster Linie sollte § 19 das bereits bestehende Angebot an Mutter-
Kind-Einrichtungen und ähnlichen Wohnformen (wie Außenwohngruppen) gesetzlich absichern. Dabei soll durch betreute Unterbringung zusammen mit anderen Müttern allein Stehenden geholfen werden, die
durch die Geburt eines Kindes für sie entstehenden Schwierigkeiten zu
bewältigen. Das gilt vor allem, wenn sie sich in einer Schul- oder Berufsausbildung befinden, nun nicht mehr in ihrer Familie wohnen können oder wollen oder wenn sie wegen körperlicher, seelischer oder geistiger Behinderung die Betreuung des Kindes nicht ohne fremde Hilfe

Außenwohngruppen

bewältigen können. Dabei haben sich vielfach die sog. Außenwohngruppen gegenüber traditionellen Mutter-Kind-Heimen deshalb als vorteil-
haft erwiesen, weil sie unter realitätsnäheren Alltagsbedingungen besser
die Verselbstständigung der Mütter zu fördern vermögen als Heime (insbesondere solche mit Vollversorgung); auf sie kann jedoch nicht etwa verzichtet werden.

**Berufliche Perspek-
tiven verbessern**

Viele Mütter, die sich typischerweise in Mutter-Kind-Einrichtungen
befinden, sind sehr jung und/oder haben keinen Ausbildungsabschluss
und somit kaum eine echte berufliche Perspektive. Da sie aber auf eine
Berufstätigkeit angewiesen sind, wenn sie das Leben eines Tages wieder
außerhalb von Einrichtungen meistern wollen, erschien es dem Gesetzgeber zu wenig, ihnen nur anzubieten, eine Ausbildung oder Berufstätigkeit
fortzuführen oder aufzunehmen. Vielmehr soll während der Zeit ihrer
Unterbringung in o. a. Einrichtungen darauf hingewirkt werden, dass die
Mütter eine schulische oder berufliche Ausbildung beginnen oder fortführen oder eine Berufstätigkeit aufnehmen (§ 19 Abs. 2).

Die angemessene Betreuung des Kindes muss dann natürlich durch
andere Mütter, Tagespflege, Krippenplätze o. ä. gesichert sein, was auch
wieder Aufgabe der Jugendhilfe ist. – Verweigern sich die Mütter, darf
deswegen nicht die Hilfe eingestellt werden.

**Diskrepanz zur
Rechtsprechung**

Der *Bundesrat* hatte gegen diese Gesetzesregelung – vergeblich – Bedenken erhoben, weil die zur früheren Fassung des § 1570 BGB ergangene höchstrichterliche
Rechtsprechung Ehegatten, die ein Kind in diesem Alter betreuten, im Scheidungsfall nicht für verpflichtet ansah, eine Erwerbstätigkeit aufzunehmen, sondern
ihnen zubilligte, sich ausschließlich der Erziehung und Betreuung ihres Kindes zu
widmen.

Einbezug der Väter

Da auch allein erziehende Väter mit ähnlichen Problemlagen konfrontiert sein können, wurde § 19 im Hinblick auf Art. 3 Abs. 2 GG auf Väter ausgedehnt.

Unterhalt

Diese Jugendhilfeleistungen umfassen auch den *notwendigen Unterhalt*
der betreuten Personen (Pflegegeld, Taschengeld, ggfs. einmalige Leistun-

gen) *sowie die Krankenhilfe* nach Maßgabe des § 40 (§ 19 Abs. 3).[67] Beides ist somit allen Kindern (unabhängig von ihrem Alter) sowie deren Elternteilen zu gewähren. Damit ist die Verweisung der Betroffenen an verschiedene Stellen (mal JA – mal Sozialamt), wie das zuvor nötig war, entbehrlich geworden und der ungute „Drehtür-Effekt" entfallen.

Während es bei den Jugendhilfeleistungen nach § 19 vorrangig um Hilfen zur Erziehung sowie zur Persönlichkeitsentwicklung und Lebensbewältigung geht (siehe dazu S. 71), beinhalten die Leistungen bei Schwangerschaft und Mutterschaft nach den §§ 24c ff. SGB V und die Hilfe für Schwangere und Mütter nach § 50 SGB XII ärztliche Betreuung und Hilfe sowie Hebammenhilfe, Versorgung mit Heil-, Verbands- und Arzneimitteln, Anstalts- und Heimpflege, Finanzierung von häuslicher Wartung und Pflege, insbesondere durch nahe stehende Personen und Nachbarn.

Bezüglich der Kostenheranziehung gilt Folgendes:
Zu den Kosten zählen die für Betreuung und Unterkunft, der gewährte notwendige Lebensunterhalt sowie etwaige Krankenhilfe (§ 91 Abs. 3).
Nach § 92 Abs. 1 Nr. 3–5 werden zu den Betreuungs- und Unterkunftskosten

– der mdj. Kinder	diese selbst und ihre Eltern
– des Elternteils	dieser selbst und sein Ehegatte★
– der Schwangeren	diese selbst und ihr Ehegatte★

herangezogen – die *Eltern* der Schwangeren bzw. der Mutter (oder des Vaters) noch nicht 6 Jahre alter Kinder *dagegen nicht* (vgl. § 92 Abs. 4 S. 2).

★ oder Lebenspartner iSd Lebenspartnerschaftsgesetzes

Bei der Gewährung dürfen keine Kostenüberlegungen mit einfließen oder diese gar von der Prüfung des Kostenbeitrages abhängig gemacht werden. Vielmehr besteht für das JA gemäß § 91 Abs. 5 Vorleistungspflicht und es darf erst danach prüfen, in welchem Umfang (vgl. dazu §§ 92 Abs. 1 und 93, 94) die Verpflichteten zu den Kosten heranzuziehen sind (dies geschieht gemäß § 92 Abs. 2 durch späteren separaten Leistungsbescheid).

Von einer Kostenheranziehung soll gemäß § 92 Abs. 5 im Einzelfall teilweise oder ganz abgesehen werden, wenn sonst Ziel und Zweck der Jugendhilfe (d. h., Förderung der Selbstständigkeit, Stärkung ihrer Erziehungsfähigkeit, persönliche Betreuung ihres Kindes) gefährdet würden (z. B. weil sie es dann lieber abwechselnd bei Verwandten oder Bekannten unterbringen) oder sich aus der Heranziehung eine besondere Härte ergäbe.

Randbegriffe rechts:
Krankenhilfe

Abgrenzungen

Heranziehung zu den Kosten

Vorleistungspflicht des JA

Absehen von Heranziehung

5. Notwendige Betreuung und Versorgung des Kindes in der Familie

Die Vorschrift will verhindern helfen, dass bei Ausfall des betreuenden Elternteils eine familiale Notsituation entsteht, bei der sonst nämlich nur äußerst problematische Lösungen bestehen: *Entweder* sind die Kinder dann tagsüber weit gehend unbetreut auf sich allein angewiesen *oder* sie werden ohne eigentlichen erzieherischen Anlass in Heimen untergebracht (weil für vorübergehende Unterbringungen Pflegefamilien mangels Bereitschaft meist nicht zur Verfügung stehen) *oder* der andere Elternteil muss unter

Zielsetzungen

---

[67] Auch diese „Soll-Vorschrift" hat „Muss-Charakter", so dass nur in begründeten Ausnahmefällen (die hier nicht denkbar sind, da finanzielle Argumente unzulässig wären) davon abgewichen werden könnte.

Hinnahme eines erheblichen finanziellen und sozialen Abstieges seine Erwerbstätigkeit erheblich einschränken oder ganz aufgeben (was meist zum Verlust seines Arbeitsplatzes mit der Folge drohender Dauerarbeitslosigkeit und Sozialhilfebezuges führt). All diese „Lösungen" gehen letztlich zu Lasten der Kinder. Zielsetzung der Vorschrift ist es daher, in derartigen Situationen durch entsprechende Jugendhilfeleistungen dem Kind **Fremdunterbringung** den familialen Lebensraum zu erhalten und die mit der Trennung von El- **vermeiden** tern und eventuellen Geschwistern sowie die mit dem Milieuwechsel verbundenen Probleme oder gar Schädigungen zu vermeiden. Denn die *Hilfe* nach § 70 SGB XII steht nur Bedürftigen zu, und die Bezahlung einer Haushalts- und Erziehungshilfe übersteigt selbst die finanziellen Möglichkeiten gehobener Einkommensgruppen. § 20 sieht daher Folgendes vor:

Voraussetzung: ein Wenn der Elternteil, der bisher im gemeinschaftlichen Haushalt ein ge- **Elternteil fällt aus** meinsames Kind, d.h., es ist *unter 14 Jahre alt* (vgl. § 7 Abs. 1 Nr. 1), überwiegend betreut hatte, für die Wahrnehmung dieser Aufgaben entweder aus gesundheitlichen Gründen,

> **Beispiele:** Entbindung, Krankheit (einschließlich Entzug wegen Drogen, Tabletten, Alkoholabhängigkeit), Unfall, Kur,

oder aus anderen zwingenden Gründen ausfällt,

> **Beispiele:** ausbildungs- oder berufsbedingter Ortswechsel, Auslandsaufenthalt, Trennung der Eltern[68], Inhaftierung, Tod

so soll nach § 20 Abs. 1 *der andere Elternteil* bei der Betreuung und Versorgung im elterlichen Haushalt lebender Kinder durch geeignete Jugendhilfeleistungen unterstützt werden, wenn:

Weitere 1. der andere Elternteil wegen berufsbedingter Abwesenheit zur Wahr- **Voraussetzungen** nehmung dieser Aufgaben nicht in der Lage ist und
2. Jugendhilfeleistungen erforderlich sind, um das Kindeswohl zu gewährleisten, sowie
   Nicht erforderlich ist die Hilfe, wenn der andere Elternteil Urlaub nehmen oder sich von der Arbeit freistellen lassen kann, eine andere im Haushalt lebende Person das Kind versorgen und betreuen kann oder ein anderer Sozialleistungsträger vorrangige Leistungen erbringt (§ 10 Abs. 1), z.B. die Haushaltshilfe nach § 38 SGB V.
3. keine ausreichenden Tagesbetreuungsangebote vorhanden sind

> **Beispiele:** Krippen, Krabbelstuben, Tages-Pflegestellen, Kindergärten, Kinderhäuser/-zentren, Nachbarschaftshilfen.

Rechtsanspruch Sind sämtliche Voraussetzungen erfüllt, so muss diese Jugendhilfeleistung im Regelfall auch gewährt werden[69].

„Totaler" Fällt ein allein erziehender Elternteil oder fallen beide Eltern für die **Betreuungsausfall** Betreuung gemeinsamer Kinder (s.o.) aus gesundheitlichen (s.o.) oder anderen zwingenden Gründen (s.o.) aus, so sollen bei Fehlen ausreichender Tagesbetreuungsangebote (s.o.) die Kinder durch die Jugendhilfe im

---

[68] Einschränkend *Kunkel* in LPK-SGB VIII § 20 Rn. 3, nur für Fälle der Unzumutbarkeit „des Verbleibens im Haushalt"; aA: *Schellhorn/Fischer*, SGB VIII/ KJHG, § 20 Rn. 13; unklar *Mrozynski*, § 20, Rn. 1 („zumindest bis zur Regelung … nach den §§ 1671, 1672 …").
[69] Vgl. auch Gesetzesbegründung (BT-Drucks. 11/6002, S. 4).

elterlichen Haushalt versorgt und betreut werden, wenn (und solange) es für das Kindeswohl erforderlich ist (§ 20 Abs. 2). Da in diesen Fällen kein anderer Elternteil zur Verfügung steht, sind hier die Betreuung und Versorgung des Kindes besonders wichtig.

Fraglich ist, ob die Vorschrift auch für Stief- und Pflegeeltern Anwendung finden kann. In der „Definitionsnorm" des § 7 ist der Begriff „Eltern" nicht enthalten, und familienrechtlich betrachtet würde sie nur leibliche und Adoptiveltern einschließen. Geht man aber vom sehr viel weiteren Familienbegriff des SGB VIII bei den Jugendhilfeleistungen zur Förderung der Erziehung in der Familie aus (der dort die „ganze Bandbreite familiärer Situationen" erfassen will)[70] sowie vom Sinn und Zweck der Regelung, Kindern „problematische Situationen" (vor allem einen Milieuwechsel) zu ersparen, so erscheint die Vorschrift auch für Stief- und Pflegeeltern anwendbar[71]. **Stief- und Pflege-eltern**

Diverse Äußerungen aus JA-Kreisen und Literatur zeigen, dass die Auslegung der Vorschrift in der Praxis recht unterschiedlich gehandhabt wird. So wird z.T. vertreten, *elterliche Ausbildungs- und Arbeitswünsche seien keine zwingenden Gründe*[72] und bei § 20 Abs. 2 sei besonders zu prüfen, ob überhaupt damit zu rechnen sei, dass die elterliche Betreuung und Versorgung in absehbarer Zeit wieder aufgenommen werden könne und damit eine Haushaltsfortführung sinnvoll sei. In dieser Allgemeinheit sind solche Aussagen weder falsch noch richtig. Zweifellos ergibt es wenig Sinn, bei Krankenhausaufenthalten auf unbestimmt lange Zeit mit geringer Rückkehrwahrscheinlichkeit oder bei Tod dem Kind einen „verwaisten" Familienhaushalt unbegrenzt erhalten zu wollen.[73] Vielmehr ist hier nach anderen, perspektivenreicheren Lösungen (z.B. Pflegefamilie) zu suchen. Andererseits muss insbesondere bei mehreren Kindern auch bei vielleicht geringfügigeren Rückkehrchancen überlegt werden, ob die Finanzierung einer Betreuungsperson in der Familienwohnung für die Entwicklungsmöglichkeiten des(r) Kindes(r) nicht erheblich besser und kostengünstiger ist als ihr Herausreißen aus sämtlichen sozialen Bezügen durch anderweitige Unterbringung, da hier wohl meist nur die für die Kinder ungünstigere (und zugleich die für die Jugendhilfe teuerste) Alternative Heim in Betracht kommen wird. – Ähnlich ist es bei Ausbildungs- und Berufswünschen oder Strafhaft der Eltern, die zu langer Abwesenheit führen. **Anwendungsprobleme**

Abwägungen

Wenn die Jugendhilfe das Kindeswohl als oberste Zielsetzung beachten und nach der Intention des SGB VIII den Eltern bei ihrer Erziehungsverantwortung Hilfe leisten soll, dann hat sie hier über § 20 „einzuspringen" und nicht nach Abwehrargumenten zu suchen. – Es erweist sich dabei die Gesetzesüberschrift „in Notsituationen" meines Erachtens auch als zumindest problematisch. Klar muss jedenfalls sein, dass hierbei die „Not" **Kindeswohl ist oberste Zielsetzung**

Notsituation für Kind ist entscheidend

---

[70] Siehe BT-Drucks. 11/6748, S. 81 bzw. BT-Drucks. 11/5948, S. 59 sowie S. 61.
[71] Ebenso: *Münder*, § 20 Rn. 2.
[72] *Münder*, § 20, Rn. 6 (weil hierfür die §§ 22–25 vorgesehen seien) a. A.: *Mrozynski*, § 20, Rn. 1; einschränkend: *Kunkel* in LPK-SGB VIII § 20 Rn. 7 (aber nur, wenn Abwesenheit nicht abgewendet werden kann); *Schellhorn/Fischer*, SGB VIII/KJHG, § 20 Rn. 13 (nur nach Abwägung im Einzelfall – z.B. um Sozialhilfebezug abzuwenden).
[73] Siehe insoweit auch OVG Münster BeckRS 2013, 52472.

des Kindes gemeint ist und nicht die des bisher überwiegend betreuenden Elternteils.

Arten der Hilfeleistung

Welche Hilfe im Einzelnen zu gewähren ist, bleibt dem pflichtgemäßen Ermessen der Jugendhilfe anhand der konkreten Situation überlassen, die nach Möglichkeit vor allem eine Fremdunterbringung vermeiden helfen soll. Es kommen insbesondere beratende sowie betreuende ambulante Jugendhilfeleistungen, aber auch finanzielle Unterstützung, z.B. die Bezahlung einer gelegentlichen oder ständigen (= stundenweise, halbtags oder bei Fällen von § 20 Abs. 2 auch ganztags, evtl. sogar „rund um die Uhr") Erziehungs- und/oder Haushaltshilfe, in Betracht. Die Kosten einer Fremdunterbringung können dagegen nicht nach § 20 übernommen werden.[74]

Verwandte, Nachbarn

Der *Gesetzentwurf* zu § 20 hatte in einem Absatz 3 vorgesehen, dass die Leistungen von der Familie nahe stehenden oder ehrenamtlichen Personen mit Anspruch auf angemessene Entschädigung oder im Bedarfsfall auch von Fachkräften übernommen werden sollten. Auf Intervention des *Bundesrates* hin, der eine Kommerzialisierung allgemein üblicher Verwandten- und Nachbarschaftshilfen, Missbrauch sowie nicht einschätzbare Kostenbelastungen befürchtete, und den Jugendhilfeträgern bei der Festlegung von Art und Umfang der Hilfen möglichst Freiheit lassen wollte, ist diese Vorschrift zwar nicht Gesetz geworden. Das heißt jedoch nicht, dass im Einzelfall nicht entsprechend verfahren werden kann bzw. zum Wohle des Kindes sogar werden muss. *Missbrauch* kann durch Heranziehung der Eltern zu Kostenbeiträgen (siehe dazu §§ 91 Abs. 1 Nr. 3, 92 Abs. 1 Nr. 5, Abs. 2) vorgebeugt werden.

Verhältnis zu anderen Sozialleistungen

Diese Hilfe ist gegenüber den Haushaltshilfen der gesetzlichen Kranken-, Renten- und Unfallversicherung sowie der Bundesagentur für Arbeit (vgl. § 38 SGB V, § 42 SGB VII, § 54 SGB IX, § 26d Bundesversorgungsgesetz) *nachrangig* (§ 10 Abs. 1 S. 1), d.h., diese sind zunächst auszuschöpfen.

Zur Haushaltshilfe nach § 70 SGB XII besteht kein Rangproblem, da dort keine Kinderbetreuung (vor allem keine Erziehungsleistungen und Entwicklungsförderung) vorgesehen ist. Diese Aufgaben obliegen vielmehr allein der Jugendhilfe.

Zur sozialpädagogischen Familienhilfe nach § 31 besteht keine Überschneidung. Die Hilfen nach § 20 setzen zwar auch ein erzieherisches Bedürfnis voraus (vgl. Abs. 1 Nr. 2), jedoch nicht im Sinne eines Erziehungsbedarfs im Sinne von § 27 Abs. 1 (vgl. S. 82).

Kosten

Die Eltern werden zu den Kosten der Betreuung und Versorgung herangezogen (§ 91 Abs. 1 Nr. 3). Zur Vorleistungspflicht des JA und zum Absehen von der Heranziehung zu den Kosten siehe §§ 91 Abs. 5, 92 Abs. 5.

VI. Förderung von Kindern in Tageseinrichtungen und in Kindertagespflege

Vereinbarkeit von Familie und Beruf

Eines der zentralen politischen über die Parteigrenzen hinweggehendes Anliegen ist, Strukturen für die Betreuung von Kleinkindern zu schaffen, die es beiden Elternteilen ermöglichen, möglichst rasch nach der Geburt ihres Kindes ihrem Beruf weiter nachgehen zu können, sofern sie dies

---

[74] Vgl. OVG Bautzen BeckRS 2013, 53965.

wünschen. Hiermit soll insbesondere beruflichen Nachteilen entgegengewirkt werden, die jungen Frauen mit Kind drohen.

Zugleich haben sich die Familien- und Gesellschaftsstrukturen gewandelt, die sich nicht zuletzt auf die Erziehung und Entwicklung der Kinder auswirken. So wächst fast jedes fünfte Kind in einer Ein-Eltern-Familie und jedes zweite Kind als Einzelkind auf.

Veränderte Familien- und Gesellschaftsstrukturen

Da zugleich die Betreuungsmöglichkeiten durch Großeltern, Verwandte oder Bekannte sich zunehmend verringern, besteht somit ein großer Betreuungsbedarf von Kleinkindern.

Großer Betreuungsbedarf

Diesem großen Betreuungsbedarf sucht das SGB VIII durch die Leistungen der Förderung in Tageseinrichtungen und in Kindertagespflege (§§ 22 ff.) zu entsprechen. Diese Leistungen wurden in mehreren Etappen – jeweils nach heftigen kontroversen politischen Auseinandersetzungen –, zuletzt durch die Einräumung eines Anspruches auf Betreuung von Kindern zwischen 1 und 3 Jahren in Tageseinrichtungen und in Kindertagespflege zur Verfügung gestellt. – Befürchtungen, das JA könne verpflichtet werden, „Babysitter" und „Haushaltshilfen" zu finanzieren, übersehen, dass nur geeignete Tagespflegepersonen finanziert werden, die vom JA vermittelt wurden (vgl. § 23 Abs. 1) und, dass Eltern zu Kostenbeiträgen herangezogen werden können (vgl. hierzu § 90 Abs. 1 u. 3 sowie S. 80).

Leistungen des SGB VIII

Die Betreuung von Kindern in einer Tageseinrichtung oder in Kindertagespflege stehen *gleichberechtigt* nebeneinander. Diesbezügliche Elternwünsche sind daher gem. § 5 zu berücksichtigen. Ein Anspruch auf einen Platz in einer bestimmten Einrichtung besteht nicht. Sind nicht genügend Plätze in Tageseinrichtungen vorhanden, beschränkt sich der Anspruch auf die Betreuung in Kindertagespflege.

Eltern-Wünsche

Die Förderung umfasst nach § 22 Abs. 3 Erziehung, Bildung und Betreuung des Kindes und bezieht sich auf seine soziale, emotionale, körperliche und geistige Entwicklung. Sie schließt die Vermittlung orientierender Werte und Regeln ein. Sie soll sich am Alter und Entwicklungsstand, den sprachlichen und sonstigen Fähigkeiten, an der Lebenssituation sowie an den Interessen und Bedürfnissen des einzelnen Kindes orientieren und seine ethnische Herkunft berücksichtigen.

Gesetzl. Definition des Förderauftrags

Der zum 1.8.2013 neu gefasste § 24 differenziert beim Rechtsanspruch auf Betreuung in einer Tageseinrichtung oder in Kindertagespflege nach dem Alter des Kindes.

Rechtsanspruch auf Betreuung

§ 24 Abs. 1 S. 1 verpflichtet die Träger der öffentlichen Jugendhilfe, Kinder im Alter unter einem Jahr in einer Tageseinrichtung zu fördern, wenn

Bedarfsgerechtes Angebot für Kinder unter einem Jahr

– die Kindertagespflege für die Entwicklung des Kindes zu einer eigenverantwortlichen und gemeinschaftsfähigen Persönlichkeit geboten ist oder
– die Erziehungsberechtigten einer Erwerbstätigkeit nachgehen, eine Erwerbstätigkeit aufnehmen[75], oder Arbeit suchend sind, sich in einer beruflichen Bildungsmaßnahme, in der Schulausbildung oder Hochschulausbildung befinden oder Leistungen zur Eingliederung in Arbeit nach den §§ 16 ff. SGB II erhalten.

---

[75] Vgl. § 10 SGB II, § 11 SGB XII.

Hierbei handelt es sich lediglich um eine objektive Rechtspflicht des Jugendhilfeträgers. Dem Kind bzw. den Eltern wird kein Rechtsanspruch eingeräumt.

Betreuungsanspruch ab einem Jahr

Kinder zwischen einem Jahr und drei Jahren haben seit dem 1.8.2013 einen ggfs. einklagbaren Rechtsanspruch auf „frühkindliche Förderung in einer Tageseinrichtung oder in Kindertagespflege (§ 24 Abs. 2 S. 1). Eltern, die dieses Angebot nicht wahrnehmen, haben einen Anspruch auf Betreuungsgeld (§§ 4a ff. BEEG).

Anspruch auf Betreuung zwischen drei Jahren und Schuleintritt

Kinder, die das dritte Lebensjahr vollendet haben, haben einen Anspruch auf Betreuung in einer Tageseinrichtung (§ 24 Abs. 3 S. 1).

Bedarfsgerechtes Angebot für Kinder im Schulalter

Für Kinder im Schulalter ist ein „bedarfsgerechtes Angebot in Tageseinrichtungen vorzuhalten". Hierbei handelt es sich nur um eine objektive Rechtspflicht des Jugendhilfeträgers. Das Kind bzw. seine Eltern haben keinen subjektiven Rechtsanspruch auf die Betreuung.

Keine gesetzl. Vorgaben zur tägl. Betreuungszeit

Der Umfang der täglichen Betreuungszeit wurde gesetzlich nicht vorgegeben, sondern hat sich im Hinblick auf die in § 24 Abs. 3 S. 1 genannten Kriterien (siehe dazu vorstehend) nach dem jeweiligen individuellen Bedarf zu richten (vgl. § 24 Abs. 3 S. 2).

Information der Eltern über bestehende Angebote

Das JA oder die von ihm beauftragte Stelle sind verpflichtet, Eltern über das Platzangebot in Kindertagespflege und Kindertageseinrichtungen im örtlichen Einzugsbereich sowie über deren pädagogische Konzeptionen zu informieren sowie sie bei der Auswahl derselben zu beraten (§ 24 Abs. 5 S. 1). – Um den Trägern der öffentlichen Jugendhilfe ihre Planung zu erleichtern und nachfragenden Eltern eine Sicherheit hinsichtlich des Betreuungsbeginns für ihre Kinder zu ermöglichen, kann das jeweilige Landesrecht bestimmen, dass Eltern innerhalb einer bestimmten Frist *vor* einer beabsichtigten Inanspruchnahme von Kindertagespflege oder Kindertageseinrichtungen das JA (oder die beauftragte Stelle) zu informieren haben (§ 24 Abs. 5 S. 2).

Landesrecht kann Informationspflicht der Eltern vorsehen

1. Kindertagespflege

Betreuung in fremder oder in eigener Familie möglich

Die Kindertagespflege beinhaltet die Betreuung des Kindes durch eine fremde Pflegeperson im Haushalt dieser Person oder der Eltern (§ 22 Abs. 1 S. 2). Damit trägt das SGB VIII dem Umstand Rechnung, dass die Betreuung von Kindern in ihrer eigenen Familie idR unproblematischer ist als die in einer fremden, zumal der zweimalige „Transport" pro Tag meist weitere Probleme mit sich bringt.

Gesetzliche Zielsetzungen

Kindertagespflege soll
– die Persönlichkeitsentwicklung des Kindes fördern,
– die familiäre Erziehung und Bildung unterstützen und ergänzen,
– den Eltern dabei helfen, Erwerbstätigkeit und Kindererziehung besser miteinander vereinbaren zu können.

Eignungskriterien für Tagespflegepersonen

Zur Kindertagespflege geeignet sind nach § 23 Abs. 3 nur Personen, die sich durch ihre Persönlichkeit, Sachkompetenz und Kooperationsbereitschaft mit Erziehungsberechtigten und anderen Pflegepersonen auszeichnen sowie über kindgerechte Räumlichkeiten und über vertiefte Kenntnisse hinsichtlich der Anforderungen der Kindertagespflege verfügen, die sie in qualifizierten Lehrgängen erworben oder in anderer Weise nachgewiesen haben.

Die entgeltliche Kindertagespflege außerhalb des Haushalts der Eltern, die wöchentlich mehr als 15 Stunden erfolgt und länger als drei Monate dauert, bedarf der Erlaubnis des zuständigen Trägers der öffentlichen Jugendhilfe (§ 43 Abs. 1). § 43 Abs. 2 wiederholt die Anforderungen an die Qualifikation der Kindertagespflegeperson des § 23 Abs. 3. Wird die Kindertagespflege ohne die erforderliche Erlaubnis ausgeübt, liegt eine Ordnungswidrigkeit vor, die mit einer Geldbuße geahndet werden kann (§ 104).

Erlaubnis bei entgeltlicher Kindertagespflege erforderlich

Die Förderung in Kindertagespflege umfasst gem. § 23 Abs. 1 die Vermittlung des Kindes zu einer geeigneten Tagespflegeperson, deren fachliche Beratung, Begleitung und weitere Qualifizierung sowie die Zahlung einer laufenden Geldleistung an die Tagespflegeperson.

Förderungsumfang

Für öffentliche Jugendhilfeträger besteht kein Vermittlungsmonopol, denn die Tätigkeit anderer wird durch § 23 nicht berührt. Es können also auch privat-gemeinnützige sowie privat-gewerbliche Anbieter Tagespflegepersonen vermitteln.

Vermittlung zu einer geeigneten Person

Die laufende Geldleistung umfasst
- die Erstattung des angemessenen Sachaufwands (Verpflegungs-, Spielzeug-, Material-, Fahrt- sowie (anteilig) Heizungskosten, Strom, Wasser, Müllkosten etc.),
- einen angemessenen Beitrag zur Anerkennung ihrer Förderleistung,
- die Erstattung von Aufwendungen für Beiträge zu einer Unfallversicherung sowie die hälftige Erstattung von Aufwendungen für eine angemessene Alterssicherung der Tagespflegeperson (jeweils gegen entsprechenden Nachweis).

Laufende Geldleistungen

Soweit Landesrecht nicht etwas anderes bestimmt, wird die Höhe der laufenden Geldleistungen vom öffentlichen Jugendhilfeträger festgelegt (§ 23 Abs. 2a S. 1). Der *Deutsche Verein für öffentliche und private Fürsorge* in Berlin empfiehlt, auf der Basis von 60 % der jährlich fortzuschreibenden Sätze für die Vollzeitpflege (siehe dazu S. 98 f.) nach dem Kindesalter und dem zeitlichen Betreuungsumfang zu differenzieren.

Höhe der Geldleistungen

Anspruchsberechtigt sind die Tagespflegepersonen – nicht etwa die Eltern der Kinder. Die *laufenden Geldleistungen* sind – anders als früher – zu versteuern, soweit es sich nicht lediglich um einen 450,– EUR Job handelt.

Anspruchsberechtigte Steuerpflicht

§ 23 Abs. 4 ergänzt den gesetzlichen Förderauftrag noch um folgende Verpflichtungen des JA:
Erziehungsberechtigte und Tagespflegepersonen haben Anspruch auf Beratung in allen Fragen der Kindertagespflege durch das JA. Zusammenschlüsse von Tagespflegepersonen sollen außerdem unterstützt und gefördert werden. Für Ausfallzeiten einer Tagespflegeperson ist rechtzeitig eine andere Betreuungsmöglichkeit für das Kind sicherzustellen.

Weitere Verpflichtungen des JA Beratung

Unterstützung und Förderung Betreuung sicherstellen

Eine gute Zusammenarbeit zwischen den Eltern (oder anderen Personensorgeberechtigten) und der Tagespflegeperson ist im Interesse des Kindeswohls als auch für die *Kontinuität des Erziehungsprozesses* anzustreben. Daher fordert § 23 Abs. 3 S. 1 die Bereitschaft der Tagespflegeperson zur Kooperation mit den Eltern und räumt beiden Seiten einen *Rechtsanspruch auf fachliche Beratung* ein. Dies ist besonders wichtig, da in

Kooperation

Beratungsanspruch

aller Regel die Betreuungspersonen keine Fachkräfte sind und so mögliche Konflikte gelöst oder gar vermieden werden können. Die Beratungsangebote der Jugendämter haben daher die Aufgabe, die Tagespflege (auf beiden Seiten) gut vorzubereiten und sie dann kontinuierlich zu begleiten. Da dies zeitaufwendig ist, kann dies nur bei einer Verbesserung der bisherigen Arbeitsbedingungen (kleinere „Fallzahlen", flexible Arbeitszeitgestaltung für Hausbesuche, Ausweitung der Sprechstunden etc.) geleistet werden. Andernfalls verläuft der gute gesetzgeberische Ansatz im Sande.

Problematik „Fallzahlen"

Zusammenschlüsse von Pflegepersonen

Da Pflegepersonen bei ihrer verantwortungsvollen Tätigkeit auf sich allein gestellt sind, schließen sie sich zunehmend *zum Erfahrungsaustausch* wie zur gegenseitigen Unterstützung zusammen. § 23 Abs. 4 S. 3 erklärt im Interesse der Qualifizierung der Tagespflege die Beratung, Förderung und Unterstützung solcher Zusammenschlüsse zur Aufgabe des JA. Zu dieser gehören außer der Fachberatung auch Supervisionsangebote sowie das Bereitstellen erforderlicher Räume sowie von Sach- und Geldmitteln.

Selbsthilfegruppen

Ähnliches gilt für Formen selbst organisierter Betreuung von Kindern, die schon deshalb stärkerer Mitverantwortung der Eltern bedürfen und daher eher geeignet sind, Schwierigkeiten abzubauen oder zu vermeiden, die durch die Teilung der Sozialisation (in familiale und in die der Tagespflege) entstehen können. § 25 sieht daher hier ebenfalls die Beratung (s. o.) und Unterstützung (s. o.) vor.

Kostenregelung

Für die Kindertagespflege können *Teilnahme- oder Kostenbeiträge* festgesetzt werden, wobei das jeweilige Landesrecht diesbezüglich eine *Staffelung nach Einkommensgruppen und Kinderzahl oder nach Familienangehörigen* vorschreiben oder selbst festsetzen kann (vgl. § 90 Abs. 1). Auf Antrag sollen diese teilweise oder ganz erlassen oder vom öffentlichen Jugendhilfeträger übernommen werden, wenn die Belastung nicht zuzumuten ist (§ 90 Abs. 3 S. 1). Soweit nicht das Landesrecht eine andere Regelung trifft, gelten für diese Feststellung die §§ 82–85, 87, 88 des SGB XII (§ 90 Abs. 4 S. 1).

Unfallversicherungsschutz für Kinder

Durch das KICK wurde der gesetzliche Unfallversicherungsschutz seit 1.10.2005 erweitert auf Kinder, die durch geeignete Tagespflegepersonen betreut werden (§ 2 Abs. 1 Nr. 8a SGB VII; s. dazu S. 26 f.).

2. Tageseinrichtungen

Gesetzliche Definition

Tageseinrichtungen werden in § 22 Abs. 1 S. 1 definiert als Einrichtungen, in denen sich Kinder (d. h.: gem. § 7 Abs. 1 Nr. 1: *unter 14 Jahren*) entweder für einen Teil des Tages (meist vormittags oder nachmittags) oder ganztags (also nicht über Nacht) aufhalten und in Gruppen gefördert werden. Typische Beispiele für solche Einrichtungen werden (im Gegensatz zu früher) gesetzlich nicht mehr aufgeführt. In Betracht kommen insbesondere

Beispiele: Krippen, Krabbelstuben, Kinderhäuser, Kindergärten, Horte u. Ä.,

sofern diese eine gewisse Mindestplatzzahl und eine Organisationsstruktur aufweisen. (Dies folgt aus der Wortwahl „Einrichtung".) Anderenfalls handelt es sich um „Kindertagespflege" (siehe dazu S. 78 ff.). Einzelheiten der Abgrenzung der Tageseinrichtung gegenüber der Kindertagespflege regelt das Landesrecht (§ 22 Abs. 1 S. 3).

Zielsetzungen und Förderauftrag der Tageseinrichtungen für Kinder sind dieselben wie bei der Kindertagespflege (vgl. § 22 Abs. 2 u. 3 sowie S. 76 f.). Zur Sicherstellung der Qualität der Förderung der Kinder verpflichtet § 22a Abs. 1 die öffentlichen Jugendhilfeträger, die Qualität der Förderung in ihren Einrichtungen durch Einsatz von pädagogischen Konzeptionen und Verfahren zur Evaluation der geleisteten Arbeit sicherzustellen und weiterzuentwickeln. Dabei ist zu beachten, dass

– das Angebot sich pädagogisch und organisatorisch an den Bedürfnissen der Kinder und ihrer Familien orientiert (§ 22a Abs. 3 S. 1),
– durch entsprechende Zusammenarbeit mit den Sozialhilfeträgern bei der Planung, konzeptionellen Ausgestaltung und Finanzierung des Angebots Kinder mit und ohne Behinderung gemeinsam gefördert werden, sofern der Hilfebedarf dies zulässt (§ 22a Abs. 4),
– bei Schließung von Einrichtungen in Ferienzeiten für Kinder, die nicht von ihren Erziehungsberechtigten betreut werden können, eine anderweitige Betreuungsmöglichkeit sichergestellt ist (§ 22a Abs. 3 S. 2),
– die Realisierung des Förderungsauftrags nach Maßgabe von § 22a Abs. 1–4 auch in den Einrichtungen anderer Träger sichergestellt ist (§ 22a Abs. 5).

Die Kostenregelung für Tageseinrichtungen ist dieselbe wie die für die Kindertagespflege (vgl. § 90 Abs. 3 S. 1; siehe dazu S. 80).

VII. Hilfe zur Erziehung

Im vierten Abschnitt der „Leistungen" der Jugendhilfe (= §§ 27–40) ist u. a. die „Hilfe zur Erziehung" geregelt.

1. Voraussetzungen für die Gewährung

§ 27 Abs. 1 legt die Voraussetzungen der Hilfe zur Erziehung für alle Hilfen nach den §§ 28–35 fest.

Anspruchsberechtigter der Hilfe zur Erziehung ist der Personenberechtigte, nicht das Kind/der Jugendliche.

Personenberechtigter sind nach § 7 Abs. 1 Nr. 5 die natürlichen Eltern, Adoptiveltern, Vormund und Ergänzungspfleger. Ist der Personenberechtigte mit der Hilfe nicht einverstanden, scheidet HzE in der Regel aus. Ist aber ohne die HzE das Wohl des Kindes/Jugendlichen gefährdet und ist der Personenberechtigte nicht in der Lage oder bereit, die Gefährdung abzuwenden, muss das JA das FamG einschalten (§ 8a Abs. 2), das über den teilweisen oder völligen Entzug des Sorgerechts entscheiden muss (§ 1666 BGB).

Die Festlegung der Anspruchsberechtigung des Personensorgeberechtigten ist ein bedauerlicher Rückschritt gegenüber dem JWG, da hiernach die öffentliche Jugendhilfe das Recht des Kindes auf Erziehung zu gewährleisten hatte (vgl. § 6 JWG u. § 8 SGB I aF).

Noch bedauerlicher (als die Gesetzesverschlechterung ohnehin schon) war jedoch die amtliche Begründung hierzu, die diesbezüglich sowohl ein eigenständiges Erziehungsrecht der Jugendhilfe abstritt und auf die Forderung des Bundesrates, die

Minderjährigen ebenfalls als Anspruchsinhaber in das SGB VIII aufzunehmen, sich dazu verstieg, zu behaupten, der Anspruch auf HzE könne deshalb nicht gleichzeitig Eltern und Kindern zustehen, weil die Eltern „Erziehungssubjekt" und Kinder nur „Erziehungsobjekt" seien (!)[76]

Partizipation

Allerdings sind Minderjährige gemäß § 8 Abs. 1 (siehe dazu S. 44 ff.) und bei der Aufstellung des Hilfeplanes (vgl. dazu § 36 sowie unten) sowie bei der Gewährung sämtlicher Hilfen zur Erziehung zu beteiligen.

Voraussetzung 2: Erziehungsbedarf

Das Vorliegen eines konkreten Erziehungsbedarfs ist einheitliche Voraussetzung für die Gewährung sämtlicher Hilfen zur Erziehung und vor Auswahl der jeweiligen Hilfeart stets zu überprüfen. Voraussetzung ist danach, dass eine dem Wohl der Minderjährigen *entsprechende Erziehung nicht gewährleistet und daher Hilfe zur Erziehung für ihre Entwicklung geeignet und notwendig* ist (§ 27 Abs. 1).

Problematische Formulierung

Bei der Formulierung dieses konkreten Hilfebedarfs hat das SGB VIII zwar die als diskriminierend empfundenen abgestuften Etikettierungen des *JWG* („*Gefährdung*", „*Schädigung*", „*Verwahrlosung*") abgeschafft und durch die weniger belastende Formulierung „*wenn entsprechende Hilfeleistung nicht gewährleistet ist*" ersetzt. Aber auch diese Terminologie hat stigmatisierende Wirkung, da die Betroffenen sie als Eingeständnis eigener Unzulänglichkeit bei der Erziehung ihrer Kinder empfinden, wenn sie HzE beantragen. Dies ist somit wenig geeignet, die z. T. immer noch bestehenden Barrieren gegenüber dem JA abbauen zu helfen.

Ein Erziehungsbedarf besteht, wenn der Erziehungsstand des Kindes/Jugendlichen nicht dem eines Gleichaltrigen, gleichen Geschlechts im Milieu des Kindes/Jugendlichen entspricht.

Voraussetzung 3: Geeignetheit der Hilfe zur Erziehung

Voraussetzung 4: Notwendigkeit der Hilfe zur Erziehung

Geeignet ist die Hilfe zur Erziehung, wenn der Personenberechtigte bereit ist, mitzuwirken, und wenn mit der Hilfe zur Erziehung der im Einzelfall festgestellte Bedarf gedeckt werden kann.

Notwendig ist die Hilfe zur Erziehung, wenn sie geeignet ist, den erzieherischen Bedarf zu decken, und der erzieherische Bedarf weder mit Mitteln der Eltern, anderen Hilfen nach dem SGB VIII, anderen Sozialleistungen und Leistungen der Schule gedeckt werden kann.

Maßnahmen im Ausland

Soll die Maßnahme im Ausland durchgeführt werden, ist außerdem erforderlich, dass nach dem Hilfeplan erforderlich ist, dass die Maßnahme im Ausland ausgeführt wird (§ 27 Abs. 2 S. 3).

2. Maßnahmen der Hilfe zur Erziehung

Rechtsanspruch

Auf die Hilfe zur Erziehung besteht ein Rechtsanspruch, wenn die obigen Voraussetzungen erfüllt sind. Verweigert das JA die Hilfe zur Erziehung, obwohl deren Voraussetzungen vorliegen, kann nach erfolglosem Widerspruch vor dem Verwaltungsgericht geklagt werden. Die Verwendung des Begriffes „soll" in den §§ 28 ff. SGB VIII steht dem nicht entgegen.

Gesetzlicher Katalog ist nicht abschließend

§ 27 Abs. 2 legt fest, dass Art und Umfang der einzelnen *Hilfe zur Erziehung* sich nach dem jeweiligen Erziehungsbedarf im Einzelfall zu richten haben und das soziale Umfeld der Minderjährigen einbeziehen sollen. Da-

---

[76] Vgl. BT-Drucks. 11/5948, S. 68 und BT-Drucks. 11/6002, S. 5.

bei wird nur beispielhaft auf die Hilfearten der §§ 28–35 verwiesen (vgl.: *„insbesondere")*, so dass Raum für die Entwicklung weiterer dem Einzelfall gerecht werdender Lösungen bleibt. Zugleich wird damit die *Gleichrangigkeit der ambulanten und teilstationären Hilfen zur Erziehung neben den klassischen Formen der Fremdunterbringung* (insbesondere der Heimerziehung) manifestiert und somit deren Auswahl allein von pädagogischen Gesichtspunkten entsprechend dem Einzelbedarf abhängig gemacht.

Gleichrang der HzE

Auswahlkriterien

Die gesetzliche Reihenfolge der einzelnen HzE stellt nur zum Teil eine Abstufung nach Gewicht des Anlasses oder Intensität der HzE dar (vgl. §§ 31 u. 32 sowie 34 u. 35). Insbesondere müssen nicht etwa die ersteren vor den später aufgeführten HzE ausprobiert worden sein. (So kann z.B. Heimerziehung ohne vorherige Erziehungsbeistandschaft gewährt werden.) Auch ist ein Nebeneinander denkbar (z.B. § 32 zusammen mit § 28 oder § 30).

Nur z.T. Abstufung

Nebeneinander möglich

Anspruch auf HzE entfällt nicht dadurch, dass eine andere unterhaltspflichtige Person bereit und geeignet ist, diese Aufgabe in Zusammenarbeit mit dem JA zu übernehmen (§ 27 Abs. 2a). Hiermit wird bewusst Vollzeitpflege für Großeltern offen gelassen.

§ 27 Abs. 3 stellt – auf Anregung des Bundesrates – klar, dass Hilfe zur Erziehung insbesondere die Gewährung pädagogischer und damit verbundener therapeutischer Leistungen umfasst und bei Bedarf auch Ausbildungs- und Beschäftigungsmaßnahmen iSd § 13 Abs. 2 (siehe dazu S. 61) einschließt.

Therapeutische Hilfen, Ausbildungs- und Beschäftigungsmaßnahmen

---

Gesetzlicher Katalog der Hilfe zur Erziehung

- § 27 Abs. 3 Pädagogisch-therapeutische Leistungen
- §§ 27 Abs. 3/13 Abs. 2 Ausbildungs- u. Beschäftigungsmaßnahmen
- § 27 Abs. 4 Unterstützung mdj. Mütter, die sich in einer Einrichtung oder Pflegefamilie befinden, bei Pflege u. Erziehung ihrer Kinder
- § 28 Erziehungsberatung
- § 29 Soziale Gruppenarbeit
- § 30 Erziehungsbeistand, Betreuungshelfer
- § 31 Sozialpädagogische Familienhilfe
- § 32 Erziehung in einer Tagesgruppe
- § 33 Vollzeitpflege
- § 34 Heimerziehung, sonstige betreute Wohnform
- § 35 Intensive sozialpädagogische Einzelbetreuung

---

a) Erziehungsberatung

Die Erziehungsberatung wird im SGB VIII an verschiedenen Stellen als Jugendhilfe-Aufgabe genannt.

(vgl. §§ 1 Abs. 3 Nr. 2, 16 Abs. 2 Nr. 2, 17, 18 Abs. 1, 28, 36 Abs. 1 S. 1, 37 Abs. 1 u. 2, 51 Abs. 2, 53 Abs. 2–4).

Meist wird unterschieden zwischen „funktioneller" und „institutioneller" Erziehungsberatung. Von Ersterer wird dann gesprochen, wenn Personen in ihrer Funktion (z.B. Erzieher, Lehrer, Sozialarbeiter/Sozialpädagogen) bei Erziehungsproblemen um Rat gebeten werden oder diesen von sich aus geben. Wenn jedoch diese Hilfe bei größeren Erziehungs-

„Funktionelle" EB

„Institutionelle" EB

schwierigkeiten nicht ausreicht, sondern die kontinuierliche Unterstützung durch Dienste (= „Institutionen"), die mit besonderen wissenschaftlichen Erkenntnissen und Methoden arbeiten, nötig ist, spricht man von „institutioneller" Erziehungsberatung bzw. von Erziehungsberatungsstellen. Nur auf Letztere bezieht sich das Folgende. § 28 bildet die Rechtsgrundlage für die „institutionelle" Erziehungsberatung freier wie öffentlicher Jugendhilfe-Träger.

Voraussetzung

Voraussetzung für die Gewährung dieser HzE ist auch hier die Erfüllung der in § 27 Abs. 1 festgelegten Bedingungen (siehe dazu S. 81 f.). Die

Bezeichnungen

Aufgaben der Beratungsdienste und Einrichtungen, die traditionell „Erziehungsberatungsstelle" oder auch als „Beratungsstellen für Kinder, Jugendliche und Eltern", „Jugend- und Erziehungsberatung" oder als „Familienberatung" bezeichnet werden, beschreibt § 28 S. 1. Danach sollen

Zielsetzung

sie Kinder, Jugendliche, Eltern und andere Erziehungsberechtigte bei der Klärung und Bewältigung individueller und familienbezogener Probleme und der zugrunde liegenden Faktoren, bei der Lösung von Erziehungsfra-

Verschiedene Fachkräfte

gen sowie bei Trennung und Scheidung unterstützen. Dabei sollen Fachkräfte verschiedener Fachrichtungen, die mit unterschiedlichen methodischen Ansätzen vertraut sind, zusammenwirken (§ 28 S. 2), denn diese multidisziplinäre Besetzung gewährleistet am besten, dass ein differenzierter Zugang zur Situation der Klienten ermöglicht wird, dass unterschiedliche Sichtweisen einbezogen werden und die Auswahl der Behandlungs- und Therapieangebote flexibel erfolgt.

Datenschutz wichtig

Der hier besonders wichtige Datenschutz, den die §§ 61 ff. (siehe dazu S. 123 ff.) sowie § 203 StGB (siehe dazu S. 131) gewährleisten, ist eine wesentliche Voraussetzung für die Inanspruchnahme dieser Angebote.

Kostenfreiheit

Die Teilnahme ist kostenfrei (vgl. §§ 90, 91).

Überschneidungen und Abgrenzungen zur Beratung nach § 17

Überschneidungen ergeben sich zu den Beratungsangeboten nach § 17. Der Unterschied liegt zwar darin, dass bei jenen die Voraussetzungen des § 27 Abs. 1 (siehe dazu S. 81 f.) nicht erfüllt sein müssen und dort nicht die Minderjährigen, sondern die Erwachsenen Anlass der Beratung sind. So betrachtet, würde § 17 bei Trennung und Scheidung der Eltern sozusagen die „Einstiegsnorm" für die Beratung sein, und Erziehungsberatung nach § 28 wäre nur dann zu leisten, wenn sich herausstellt, dass auch erzieherische Probleme, Schwierigkeiten oder Defizite vorhanden sind. Diese – theoretisch zweifellos vorgegebene – Zuordnung bereitet jedoch *Schwierigkeiten in der Praxis*. Diese wirken sich zumindest dann negativ auf die Klienten aus, wenn hierfür verschiedene Dienste (vielleicht auch noch von unterschiedlichen Trägern) vorhanden sind und somit die Beratung weitergegeben werden muss, weil dadurch kaum eine notwendig einheitliche, am Kindeswohl orientierte Jugendhilfe gewährleistet werden kann. Daher ist von Folgendem auszugehen: Wenn im Einzelfall

Personeller Wechsel ist problematisch

nicht gravierende Gründe für einen Wechsel der Beratungsstelle vorliegen, hat der zuerst konsultierte Beratungsdienst grundsätzlich die gesamte Beratung durchzuführen. Denn jeder personelle Wechsel in der Beratung stellt für die betroffene Familie eine zusätzliche Belastung dar, weil dann ihre ganze „Geschichte" nochmals aufgerollt werden muss. Zudem widerspricht dies auch dem schützenswerten Interesse der Familien, nicht mehr Personen als nötig Einblick in ihre Verhältnisse zu geben (Bild vom *„umstellten Klienten"*). Außerdem führt ein derartiges „Weiterreichen" der

Klienten meist zu deren Verunsicherung und somit zur Ineffizienz der Jugendhilfe (*„Drehtür-Hilfe"*).[77]

b) Soziale Gruppenarbeit

Diese HzE ist nach modellhaften Erprobungen mit Jugendlichen in der Jugendhilfe sowie im Rahmen von Weisungen nach dem JGG entstanden. In der Praxis sind dafür unterschiedliche Bezeichnungen gebräuchlich *(Erziehungs-, Übungs-, Erfahrungskurse, soziale Trainingskurse)*. Gemeinsam ist ihnen, dass in diesen Kursen mit unterschiedlichen Arbeitsmethoden versucht wird, soziales Lernen von Jugendlichen und älteren Kindern zu fördern. Dabei dominieren drei methodische Schwerpunkte:

- der handlungs- und erlebnisorientierte Ansatz (Freizeitpädagogik),
- der themenorientierte Ansatz (verbale Methoden),
- eine Mischform aus beiden Ansätzen.

Bei Vorliegen der Voraussetzungen des § 27 Abs. 1 (siehe dazu S. 81 f.) ist die soziale Gruppenarbeit für ältere Kinder (ab ca. 12 J.) sowie für Jugendliche als Hilfe bei der Überwindung von Entwicklungsschwierigkeiten und Verhaltensproblemen gedacht (§ 29 S. 1). Weitere Zielsetzung ist, durch ein gruppenpädagogisches Konzept die Entwicklung Minderjähriger unter Erhalt des Lebensbezuges zu ihrer Familie und unter Einbeziehung des gesamten Umfeldes durch soziales Lernen in der Gruppe zu fördern (§ 29 S. 2). Leitender Gedanke ist, bei den Adressaten positive Verhaltens-Änderungen zu bewirken und dadurch ihren Verbleib in der eigenen Familie zu ermöglichen. Soziale Gruppenarbeit ist damit in der *Schnittstelle* zwischen offenen sozialpädagogischen Angeboten der Jugendarbeit, Beratungshilfen und der Erziehung außerhalb der eigenen Familie angesiedelt.
Diese HzE ist kostenfrei (vgl. §§ 90, 91).

Ursprung im JGG

Methoden

Adressaten

Intentionen

Kostenfreiheit

c) Erziehungsbeistand und Betreuungshelfer

Die aus der „Schutzaufsicht" entwickelte und ursprünglich ehrenamtlich angelegte Erziehungsbeistandschaft war *im JWG* die einzige ausdrücklich geregelte ambulante erzieherische Hilfe. Sie hat sich längst zu einer pädagogisch fundierten Hilfe zur Erziehung entwickelt, die fast ausschließlich von Fachkräften freier und öffentlicher Träger geleistet wird. Das SGB VIII hat diese bewährte ambulante HzE übernommen, jedoch von den bisherigen Förmlichkeiten der Bestellung eines Erziehungsbeistands sowie ihres zwangsweisen Einsatzes durch Gerichte abgesehen, weil sich beides in der Praxis als sehr hinderlich erwiesen und z.T. zur Umgehung dieser Hilfemöglichkeit geführt hatte. § 30 legt daher nur noch fest, dass der Erziehungsbeistand Minderjährige bei der Bewältigung von Entwicklungsproblemen möglichst unter Einbeziehung ihres sozialen Umfeldes unterstützen und unter Erhaltung des Lebensbezuges zur Familie ihre Verselbstständigung fördern soll. Die Vorschrift besagt nicht, wer die Erziehungsbeistandschaft übernimmt. In der Praxis stellt sie in der Regel eine kontinuierliche (meist ein bis drei Jahre) Einzelbetreuung durch haupt-

Formlos möglich

Zielsetzungen

---

[77] *Schleicher* in GK-SGB VIII, § 17, Rn. 29.

amtliche sozialpädagogische Fachkräfte freier oder öffentlicher Träger dar, die nicht selten eine Fremdunterbringung auf Dauer vermeiden hilft.

Durchführung Obwohl Adressatenkreis des § 30 nur die Minderjährigen sind, sind deren Personensorge-Inhaber Leistungsberechtigte (vgl. § 27 sowie S. 81 f.). Bei der Aufstellung des Hilfeplanes (und dessen kontinuierlicher Überprüfung) sind Beide einzubeziehen (§ 36 Abs. 2 S. 2). Aufbau einer Vertrauensbasis und Akzeptanz sowie fachliche Distanz zeichnen die Arbeit der Erziehungsbeistände aus. Sie beinhaltet neben pädagogischer Beeinflussung die Beratung und Unterstützung in lebenspraktischen Angelegenheiten (familiale und andere soziale Beziehungen, Ausbildung, Beruf). Sie findet in Einzel- und Gruppengesprächen statt und erfordert neben spezieller erzieherischer und therapeutischer auch besondere rechtliche Kompetenz. – Erziehungsbeistände besitzen keine Kontroll- oder gar Eingriffsbefugnisse und *(im Gegensatz zum früheren JWG)* auch kein Zugangs- oder Auskunftsrecht.

Betreuungshelfer Im Hinblick darauf, dass die Betreuungs-Weisung bei der gleichzeitig erfolgten Novellierung des JGG ausdrücklich in das Gesetz aufgenommen wurde und von der Jugendhilfe zu leisten ist, hat das SGB VIII in § 30 Erziehungsbeistand und Betreuungshelfer ohne unterschiedliche Aufgabenstellung oder Handlungsanweisung nebeneinander gestellt und wollte es von den Erfahrungen in der Praxis abhängig machen, ob beide Rechtsinstitute verschmelzen sollen.[78] Das ist jedoch sehr *problematisch*, da die Intentionen und Methoden der Jugendhilfe und des Jugendstrafrechts grundverschieden sind, wenn auch Erziehung gemeinsame Zielsetzung ist. Denn während im Jugendstrafrecht die Verbindlichkeit dominiert, stehen für die Jugendhilfe der Aufbau einer vertrauensvollen Beziehung und der pädagogische Aushandlungsprozess sowie die Akzeptanz der Maßnahmen im Vordergrund. Das zeigt sich auch hier:

Jede Anordnungs-Möglichkeit, die Aufnahme in das Erziehungs-Register (und Auskunft hieraus), zeitliche Begrenzung, Kontrolle und Sanktionsdruck ist der HzE fremd, im Jugendstrafrecht bei der Betreuungs-Weisung dagegen vorhanden (vgl. §§ 10 Abs. 1 S. 3 Nr. 5, 11 Abs. 1 u. 3, 38 Abs. 2 JGG, 60 Abs. 1 Nr. 2, 61 BZRG). Hinzu kommt folgende Problematik:

Problematik Durch die Jugendgerichte können nur die Minderjährigen verpflichtet werden, nicht jedoch der öffentliche Jugendhilfe-Träger. Das JA kann (und muss) daher in diesen Fällen dann selbstständig prüfen, ob die Leistungsvoraussetzungen des § 27 Abs. 1 erfüllt sind, d. h., ob ein Betreuungshelfer die geeignete und notwendige Hilfeform ist. Das ergibt sich schon aus dem Prinzip der Gewaltenteilung, so dass es unerheblich ist, dass bei der Betreuungs-Weisung nicht ausdrücklich auf das SGB VIII verwiesen wird (vgl. § 10 JGG).[79]

Diskrepanz von SGB VIII und JGG

AnO durch Jugendgericht problematisch Noch problematischer erscheint es, wenn ein Jugendgericht gemäß § 12 Nr. 1 JGG Delinquenten auferlegt, unter den im SGB VIII genannten Voraussetzungen HzE in Form der Erziehungsbeistandschaft in Anspruch zu nehmen. Denn außer den vorstehend genannten Bedenken kommt hier noch hinzu, dass diese HzE (wie alle anderen HzE auch) nur

---

[78] Vgl. BT-Drucks. 11/5948, S. 70.
[79] Im Ergebnis ebenso: *Mrozynski*, § 30, Anm. 3b.

möglich ist, wenn die Personensorge-Berechtigten der Minderjährigen damit einverstanden sind, da Erstere ja gemäß § 27 Abs. 1 Anspruchsinhaber sämtlicher HzE sind (siehe dazu S. 81).

Allerdings hat die Jugendhilfe weit gehende Einflussmöglichkeiten auf die jugendrichterlichen Maßnahmen, denn sowohl die JGH als auch das JA wirken in den Verfahren vor den Jugendgerichten mit:

Hier hat die JGH sich zu den zu ergreifenden jugendrichterlichen Maßnahmen zu äußern (§ 38 Abs. 2 S. 2 JGG), und das JA hat frühzeitig zu prüfen, ob für Jugendliche und Heranwachsende Jugendhilfeleistungen in Betracht kommen, und diese gegebenenfalls bereits einzuleiten (§ 52 Abs. 2). Somit kann die Jugendhilfe Einfluss nehmen, um unerwünscht erscheinende Weisungen nach den §§ 10 Abs. 1 S. 3 Nr. 5, 12 JGG zu vermeiden.

Einflussnahme der Jugendhilfe

Erziehungsbeistandschaft ist eine längerfristig angelegte (meist ein bis drei Jahre) ambulante HzE. Anlässe sind: persönliche, familiale, schulische, soziale Schwierigkeiten bis hin zu Straftaten.

Zielsetzungen dieser auch formlos möglichen HzE sind gemäß § 30:

– die Bewältigung von Entwicklungs-Problemen durch kontinuierliche Beratung u. Unterstützung durch eine feste Bezugsperson,
– Förderung der Verselbstständigung unter Erhaltung des Lebensbezugs zur Familie.

Adressat dieser ambulanten HzE sind die Minderjährigen selbst (§ 30). Personensorge-Inhaber sind aber gem. § 27 Abs. 1 die Leistungsberechtigten.

Erziehungsbeistände besitzen keinerlei Befugnisse; alles basiert auf Freiwilligkeit.

Diese HzE wird fast nur von hauptamtlichen Fachkräften freier und öffentlicher Träger geleistet und ist kostenfrei.

Jugendgerichte können Minderjährigen auferlegen, einen Erziehungsbeistand in Anspruch zu nehmen (vgl. § 12 JGG), was diese verpflichtet, nicht jedoch das JA; außerdem müssen die Sorge-Inhaber zustimmen.

Betreuungshelfer haben nach § 30 SGB VIII zwar dieselben Aufgaben wie Erziehungsbeistände, sind im JGG aber mit zeitlicher Begrenzung, Kontrolle und Sanktionsdruck vorgesehen, was den HzE widerspricht.

Zusammenfasssung

Beide HzE sind kostenfrei (vgl. §§ 90, 91).

Kostenfreiheit

d) Intensive sozialpädagogische Einzelbetreuung

Durch diese HzE soll Jugendlichen (vgl. § 7 Abs. 1 Nr. 2), die zur sozialen Integration und zur eigenverantwortlichen Lebensführung einer intensiven Unterstützung bedürfen und die sich allen anderen ambulanten Hilfsangeboten entziehen sowie aufgrund ihrer aktuellen Lebenssituation besonders gefährdet sind, geholfen werden (§ 35). Gedacht ist vor allem an Jugendliche und junge Volljährige (siehe § 41 Abs. 3) aus dem Punker-, Drogen-, Prostituierten- und Nichtsesshaften-Milieu, die am Rand der Gesellschaft leben, weil sie sich den gewöhnlichen Sozialisationsinstanzen (Familie, Schule, Arbeitswelt) weit gehend entzogen haben. Wenn die Gesellschaft sie nicht völlig aufgeben will, muss versucht werden, ihnen durch inten-

Zielsetzungen

Adressatenkreis

sive Einzelbetreuung zu helfen. Dies geschieht überwiegend außerhalb der Familie durch Dienste, die *Jugendberater, Aufsichts- oder Schutzhelfer, flexible Betreuung o. ä. genannt* werden. Dabei ist mitunter eine Ansprechbereitschaft oder auch Präsenz „rund um die Uhr" erforderlich, zumindest aber ein Sich-Einlassen auf ihr Milieu mit all seinen Schattenseiten unter Hintanstellung von bürgerlichen Perspektiven. Denn es gilt, meist mehr oder weniger konkret, eine geschlossene Unterbringung (in Heimen, Psychiatrie oder Strafanstalten) mit dem vorgezeichneten „ewigen Kreislauf der Wiederkehr" zu verhindern oder diese durch intensive Einzelbetreuung zu überwinden. Hierzu können auch z.T. erlebnispädagogische Aufenthalte unter Herausreißen aus dem gesamten Umfeld in Betracht kommen, wie es auf Schiffen, Erlebnis-Camps o. ä. unter realistischen Survival-Bedingungen erprobt wird. Im Ausland ist dies aber nur „bei besonderem Bedarf" zulässig (§ 27 Abs. 2 S. 3) und zuvor soll „zum Ausschluss einer seelischen Störung mit Krankheitswert" die Stellungnahme von Fachspezialisten iSd § 35a Abs. 1a S. 1 eingeholt werden (§ 36 Abs. 3 S. 1).

Vermeidung geschlossener Unterbringung

Erlebnispädagogische Aufenthalte
Einschränkungen bei Auslandsprojekten

Kosten in der Kritik

Intensive Einzelbetreuung bedeutet stets, dass eine sozialpädagogische Fachkraft nur für wenige (evtl. sogar nur eine) Person zuständig ist, was in Zeiten knapper Kassen immer wieder auf z.T. vehemente Kritik stößt (z.B. in dem Münchner Fall „Mehmet"). Dabei wird übersehen, dass die sonst in Betracht kommende (und meist auch geforderte) Alternative die Heim- oder Anstalts-Unterbringung darstellt, die oft noch kostenträchtiger ist und bei der die notwendige intensive Einzelbetreuung nur selten gewährleistet werden kann. Hinzu kommt, dass sich immer wieder zeigt, dass sich der betroffene Personenkreis selbst in geschlossenen Einrichtungen kaum festhalten lässt und die „Karriere" damit vorgezeichnet ist.

Für Volljährige möglich

Die intensive Einzelbetreuung kommt auch für noch nicht 27 Jahre alte Volljährige in Betracht (vgl. § 41 Abs. 1 u. 2, § 7 Nr. 3). Beginnt sie vor Vollendung des 21. Lebensjahres, soll sie aber nur in begründeten Einzelfällen für einen begrenzten weiteren Zeitraum fortgesetzt werden (§ 41 Abs. 1 S. 2).

Abgrenzungen

Von der Erziehungsbeistandschaft (§ 30) unterscheidet sich diese HzE vor allem durch ihre stärkere Intensität sowie dadurch, dass meist der Lebensmittelpunkt der Adressaten nicht mehr deren Familie und somit die HzE selten familienbezogen ist.

Der Unterschied zur HzE nach § 31 besteht darin, dass hier die Hilfe außerhalb der Familie ansetzt, weil es sich meist um junge Menschen handelt, die sich schon aus ihrer Familie gelöst haben.

Überschneidungen

Bei erlebnispädagogischen Angeboten scheinen sich Überschneidungen zur HzE nach § 29 zu ergeben. Diese grenzen sich jedoch von jenen durch die dort fehlende intensive Einzelbetreuung ab.

Zur sonstigen betreuten Wohnform des § 34 können sich Überschneidungen ergeben, da häufig der Aufbau angemessenen selbstständigen Wohnens Teil des Betreuungskonzepts ist.

Kostenregelung

Die ambulante intensive sozialpädagogische Einzelbetreuung ist *grundsätzlich kostenfrei*, bei der stationären (vgl. z.B. betreutes Wohnen) besteht jedoch für die Betroffenen Kostenpflicht (vgl. § 91 Abs. 1 Nr. 5c). – Zur Kostenheranziehung siehe im Einzelnen §§ 92 Abs. 1 Nr. 1, 4, 5 und 94 Abs. 1 iVbm § 93 sowie die KostenbeitragsVO, die nach Einkommensgruppen gestaffelte Pauschalbeträge für Eltern, Ehegatten und Lebenspartner enthält.

e) Sozialpädagogische Familienhilfe

Die SPFH des § 31 wurde schon zu Zeiten des *JWG* als intensive ambulante Hilfe entwickelt. Ihr kommt innerhalb der HzE besondere Bedeutung zu, weil sie als einzige Hilfeart zum größten Teil direkt in der
häuslichen Umgebung der Familie geleistet wird. Damit ist sie auf dem
schmalen Grat zwischen effektiver Befähigung zur Selbsthilfe, sozialer
Kontrolle der Familie und dem häufig letzten Ausweg zur Vermeidung
von Fremdunterbringung angesiedelt.

Die SPFH zielt darauf ab, dass die Selbsthilfekräfte einer Familie mit
vielschichtigen Schwierigkeiten innerhalb eines mittelfristigen Zeitraumes soweit aktiviert werden können, dass die Familienmitglieder Er-
ziehungsschwierigkeiten, Alltagsprobleme, Krisen und Konflikte sowie
Kontakte mit Ämtern und Institutionen selbstständig bewältigen oder
gelernt haben, sich rechtzeitig geeignete Unterstützung zu holen. Das
Familiensystem soll nach Möglichkeit weiter bestehen können und die
Fremdunterbringung von Kindern oder Jugendlichen nicht erforderlich
werden.

Voraussetzungen für die SPFH sind:
– eine dem Kindeswohl entsprechende Erziehung ist nicht gewährleistet,
– diese Jugendhilfe ist geeignet und notwendig,
– die Familie ist zur Annahme der Hilfe (besser: zur Mitarbeit) bereit.

Zielsetzungen der SPFH sind:
Stärkung, Wiederherstellung, Sicherung der Erziehungsfähigkeit der Familie, indem die Ressourcen der Familie geweckt und gestärkt werden,
um Benachteiligungen von Minderjährigen und deren Eltern zu vermeiden bzw. vorhandene abzubauen. Das gilt vor allem dann, wenn Familien
sich in schwierigen Lebenslagen, insbesondere in konkreten Krisensitua-
tionen befinden. Die SPFH zielt dann darauf ab, das Selbsthilfepotenzial
der Familie innerhalb eines mittelfristigen Zeitraumes so weit zu aktivie-
ren bzw. zu stärken, dass die bestehenden Schwierigkeiten behoben werden können. Dabei soll das Familiensystem nach Möglichkeit erhalten
und die Fremdunterbringung von Kindern und Jugendlichen vermieden
werden. Hier ist *Hilfe zur Selbsthilfe* zu leisten. – Die SPFH wird zunehmend auch präventiv eingesetzt.

Die SPFH kommt sowohl bei Krisen innerhalb der Familie **Innere Krisen**

> **Beispiele:** Geburt oder Rückkehr eines Kindes in die Familie; Erziehungs-
> schwierigkeiten; Überforderung der Eltern bei der Kinderbetreuung, Haushaltsfüh-
> rung, Alltagsbewältigung; organische oder psychische Erkrankungen oder Alkohol,
> Medikamenten, Drogen-Missbrauch; Beziehungsstörungen; Partnerverlust durch
> Trennung, Scheidung oder Tod etc.

als auch bei Krisen außerhalb der Familie **Äußere Krisen**

> **Beispiele:** schlechte Wohnsituation, soziale Isolation; häufiges Schulversagen;
> Arbeitslosigkeit; hohe Verschuldung, Armut etc.

in Betracht.

Marginalien: Gratwanderung von Hilfe und Kontrolle

Durchführung:
Erreicht werden sollen die Zielsetzungen der SPFH durch eine intensive Begleitung, Betreuung und Unterstützung der Familie

- bei ihren Erziehungsaufgaben,
- bei der Bewältigung von Alltagsproblemen,
- bei der Lösung von Konflikten und Krisen (innerhalb und außerhalb der Familie),
- beim Kontakt mit Ämtern und anderen Institutionen.

Praktische Lebenshilfe Dabei ist z.T. ganz praktische Lebenshilfe zu geben. Intention ist aber auch hier, *Hilfe zur Selbsthilfe* zu leisten. Das setzt eine häufige (zeitweilig auch ständige) Anwesenheit in der Familie (meist 5–20 Wochenstunden) für einen längeren Zeitraum (in der Praxis überwiegend ein bis zwei Jahre) voraus. Damit ist die SPFH die intensivste Form ambulanter Hilfen, da sie am weitesten in den Innenraum Familie hineinreicht und ihr viel abverlangt. Sie erfordert daher eine erhebliche Motivation der Familienmitglieder sowie das Aushandeln akzeptabler Kompromisse zwischen Familie und Familienhelfern.

SPFH ist intensivste Form ambulanter HzE

Die SPFH wird in der Praxis meist vom JA bzw. ASD initiiert und koordiniert und von freien Trägern durchgeführt. Dem Hilfeplan (§ 36) und dem Wunsch- und Wahlrecht der Betroffenen (§ 5) kommt auch hier besondere Bedeutung zu.

Kostenfreiheit Diese HzE ist für die betroffenen Familien kostenfrei (vgl. §§ 90, 91).

Finanzierung Die Finanzierung durch die öffentlichen Jugendhilfe-Träger erfolgt entweder einzeln oder pauschal, zum Teil auch nach einem kombinierten System.

Abgrenzungen:
Von der Jugendhilfe nach § 20 unterscheidet sich die SPFH dadurch, dass Erstere rein betreuende und pflegerische Funktion hat, während hier erzieherische Hilfen infolge eines Erziehungsbedarfs ausgeglichen werden müssen.

Von der HzE nach § 30 unterscheidet sich die SPFH dadurch, dass sie nicht – wie jene – einen einzelnen (meist schon älteren) Minderjährigen betrifft und weit gehend dessen Beratung und die Förderung seines Selbstständigwerdens beinhaltet, sondern auf die Familie als Ganzes abzielt, im Gegensatz zu jener fast ausschließlich innerhalb der Familie stattfindet und neben der Beratung und Unterstützung auch ganz lebenspraktische Hilfen umfasst.

f) Erziehung in einer Tagesgruppe

Konzeption Hier handelt es sich um eine HzE, die an der Schnittstelle zwischen ambulanten und stationären Hilfen angesiedelt ist und dabei die Grenzen zwischen den einzelnen Hilfeformen dadurch überwindet, dass sie die personellen und fachlichen Ressourcen einer Einrichtung nutzt, ohne dass die Minderjährigen aus ihrer Familie und ihren sonstigen sozialen Bezügen herausgerissen werden. Denn die Tagesgruppe ist entweder in eigenen Einrichtungen (z.B. heilpädagogischen Tagesstätten) oder in einer (meist heilpädagogischen) Pflegestelle angesiedelt oder einer Heimeinrichtung angegliedert (vgl. § 32 S. 2). Dort soll die Entwicklung der Minderjährigen durch soziales Lernen in der Gruppe, Begleitung schulischer Förderung sowie Elternarbeit unterstützt und dadurch der Verbleib der Minderjährigen in ihrer Familie gesichert werden (§ 32 S. 1).

Diese HzE besteht also aus drei Komponenten: **Drei Komponenten**

- soziales Lernen in der Gruppe
- Begleitung der schulischen Förderung
- Elternarbeit.

Fehlt eines dieser Elemente, so handelt es sich nicht um HzE iSd § 32 (z. B. bei reiner Hausaufgabenbetreuung).

Obwohl gesetzlich vorgesehen ist, dass diese Hilfe auch in geeigneten Formen der Familienpflege geleistet werden kann (§ 32 S. 2), erscheint es jedoch fraglich, ob hier soziales Lernen in der Gruppe und Elternarbeit stattfinden kann.

Die Kostenregelung entspricht der für die HzE nach § 35 (siehe dazu **Kostenregelung** § 91 Abs. 2 Nr. 2 sowie S. 83).

Von der Kindertagespflege nach § 23 unterscheidet sich die HzE nach **Abgrenzung zur** § 32 durch die Altersstruktur der Kinder sowie dadurch, dass sie – im Ge- **Kindertagespflege** gensatz zu jener – einen Erziehungsbedarf iSd § 27 (s. dazu S. 82) voraussetzt. Letzteres unterscheidet sie auch von der Betreuung im Hort.

Gegenüber der sozialen Gruppenarbeit nach § 29 ist diese HzE durch **Abgrenzungen** größere Kontinuität sowie (in der Regel) intensivere Arbeitsformen (siehe die vorstehend genannten Aufgaben) gekennzeichnet und grenzt sich von der Förderung in Kindertagespflege und Tageseinrichtungen durch die in § 27 Abs. 1 festgelegten Leistungsvoraussetzungen (siehe dazu auch S. 81 f.) sowie die unterschiedliche Kostenregelung ab (bei Letzterer werden gemäß § 91 Abs. 2 Nr. 2 Kostenbeiträge erhoben – *Erstere* ist dagegen gemäß §§ 90, 91 *kostenfrei*).

g) Vollzeitpflege

Vorbemerkungen:
Im Zusammenhang mit Pflegeverhältnissen Minderjähriger besteht keine einheitliche Terminologie. Vielmehr sind sehr unterschiedliche Bezeichnungen gebräuchlich.

Das SGB VIII verwendet die Begriffe „Kindertagespflege" und „Tages- **Terminologie des** pflegeperson" (vgl. §§ 22, 22a, 23, 43), „andere Familie" und „Vollzeit- **SGB VIII** pflege" (vgl. § 33), „Pflegeperson" (vgl. §§ 37, 44) sowie „Pflegestelle" und „Familienpflege" (vgl. §§ 33, 44).

In der Jugendhilfe-Praxis werden folgende Begriffe verwendet: **Terminologie der** Adoptions-, Bereitschafts-, Familien-, Kurzzeit-, Vollzeit-, Tages-, **Praxis** Teilzeit-, Übergangs-, Verwandten-, Wochen-Pflege sowie Pflegefamilie, Pflegenester, Pflegeperson, Pflegestelle, Sonderpflegestelle, Tagesmütter/-väter.

Schon im Hinblick auf die verschiedenen Voraussetzungen und Kosten- **Pflegeverhältnisse** folgen sind Pflegeverhältnisse im Rahmen einer HzE sowie andere Pflege- **und HzE** verhältnisse voneinander zu trennen. Erstere werden nur aufgrund einer Entscheidung des JA gewährt. Bei Letzteren ist das zwar nicht nötig, obwohl auch diese meistens auf Vermittlung des JA und seltener direkt durch Vereinbarung zwischen den Personensorge-Inhabern und den Pflegepersonen zustande kommen.

Jugendhilferechtlich ergeben sich folgende Zuordnungen:

Ehepaare, Lebens-
partner, Einzel-
personen

– Ehepaare, eingetragene Lebenspartner oder Einzelpersonen (einschließ-lich Verwandter des Kindes wie Tante/Onkel, Großeltern) können eine Pflegeperson/Pflegestelle oder eine Pflegefamilie sein. Sie können alle auch „andere Familie" iSd § 33 sein, so dass bei entsprechender Eignung auch bei ihnen HzE als Vollzeitpflege durchgeführt werden kann und somit von der Jugendhilfe die Erziehungs- und Unterhaltskosten sowie die Krankenhilfe zu übernehmen sind, da diese ja „außerhalb des Elternhauses" anfallen (vgl. §§ 39 Abs. 1, 40 Satz 1).[80]

Tagespflege

– Tages- oder Teilzeitpflege sowie Tagesmütter/-väter sind den §§ 22 ff. zuzuordnen. Bei Familien-, Kurzzeit-, Übergangs-, Vollzeitpflege so-wie bei Pflegenestern kann die Zuordnung nicht generell, sondern muss nach dem jeweiligen Einzelfall erfolgen.

Bereitschaftspflege

– Bereitschaftspflege ist ein Hilfeangebot für Minderjährige, die sich in einer akuten Not- bzw. Krisensituation befinden und daher vom JA gemäß § 42 in Obhut genommen werden müssen. Sie stellt eine vor-läufige Schutzmaßnahme und keine HzE iSd § 33 dar.

Sonderpflegestellen

– Sonderpflegestellen sind gemäß § 33 S. 2 für besonders in ihrer Ent-wicklung beeinträchtigte (insbesondere für schwer verhaltensgestörte) Minderjährige vorgesehen, die professioneller Erziehung und/oder the-rapeutischer Betreuung durch Fachkräfte bedürfen. Sie werden in der Praxis z.T. auch „sozialpädagogische Pflegestelle", „heilpädagogische Pflegestelle", „Erziehungsfamilie" oder „Erziehungsstelle" genannt.

Adoptionspflege

– Die Adoptionspflege (siehe dazu S. 359 f.) stellt eine eigene Pflegeart dar. Sie ist keine Vollzeitpflege iSd § 33, denn sie soll nicht einen Erzie-hungsbedarf ausgleichen (wenn dies auch der Hintergrund dieser Un-terbringung ist), sondern sie dient dazu, ein neues Eltern-Kind-Verhält-nis „für immer" aufbauen zu helfen.

Das SGB VIII definiert die Vollzeitpflege nicht, sondern setzt den Be-griff als bekannt voraus (vgl. § 33). Im Kontext der §§ 22, 23 und 32 ei-nerseits sowie dem Wortlaut des § 33 andererseits ergibt sich jedoch ein-deutig folgende Definition:

Definition
Vollzeitpflege

Vollzeitpflege ist eine zeitlich befristete oder auf Dauer ange-legte Erziehung von Minderjährigen in einer anderen (d.h.: ver-wandten, bekannten oder fremden) Familie, wobei z.T. von „Dauerpflege" und (bei Heimkehr in die eigene Familie am Wo-chenende) von „Wochenpflege" gesprochen wird.

Förderungs-
voraussetzungen

Die Vollzeitpflege nach § 33 setzt als HzE (leider) stets voraus, dass eine dem Kindeswohl entsprechende Erziehung des Minderjährigen in sei-ner Herkunftsfamilie nicht gewährleistet und daher eine (zeitweilige oder langfristige) Unterbringung in einer anderen (s.o.) Familie für seine Ent-wicklung geeignet und notwendig ist (vgl. § 27 Abs. 1). Dies ist bedau-erlich, weil das Feststellenmüssen eines Erziehungsbedarfs sicherlich eher

Problematik

geeignet ist, die Betroffenen von der Inanspruchnahme dieser HzE ab-zuhalten, als zu ihr anzuregen (siehe dazu auch S. 82). Zugleich hat das für die Minderjährigen einen äußerst prekären Stigmatisierungseffekt, der sich trotz Datenschutzes (siehe dazu §§ 61–64 – jeweils Abs. 1 – sowie S. 121 ff.) langfristig negativ auf sie auswirken kann. Aber abgesehen da-

---

[80] Ebenso *Kunkel* in LPK-SGB VIII § 33 Rn. 4.

von ist auch der Denkansatz verfehlt. Denn es ist nicht einzusehen, wenn z. B. bei einem alleinerziehenden Elternteil, der am selben Ort berufstätig ist und daher sein Kind nach der Arbeit aus einer Tagespflegestelle abholen kann, ohne die Feststellung eines Erziehungsbedarfs Jugendhilfe nach § 23 gewährt werden kann, jedoch bei Eltern, die z. B. Pendler oder zeitweilig auswärts berufstätig sind, dieser Tatbestand festgehalten werden muss. Noch krasser wird die Diskrepanz der unterschiedlichen Voraussetzungen bei Tages- und Vollzeitpflegestellen, wenn das Kind nur deshalb nicht täglich aus der Pflegestelle in seine Familie zurückkehren kann, weil im näheren, täglich erreichbaren Umkreis kein Tages-Pflegeplatz vermittelt werden konnte.

Kritik

Die Unterbringung in Vollzeitpflege soll für Minderjährige, deren Erziehung und Entwicklung in der eigenen Familie nicht gewährleistet ist, eine zeitlich befristete Erziehungshilfe oder eine auf Dauer angelegte Lebensform bieten (§ 33 S. 1). Beide Formen stellt die Vorschrift zwar gleichberechtigt nebeneinander und macht die Auswahl von den Umständen des Einzelfalles abhängig, wobei sowohl das Alter und die konkrete Entwicklung der Minderjährigen als auch ihre Bindungen sowie die Möglichkeiten der Verbesserung der Erziehungsbedingungen in ihrer Herkunftsfamilie (das ist also nicht zwingend die leibliche) maßgebend sind. Dabei hat die Prognose des JA aus der Perspektive der Minderjährigen zu erfolgen und danach erst eine dementsprechende Auswahl der passenden Pflegefamilie.

**Pflegekind-
perspektiven**

Das SGB VIII propagiert bei Pflegekindern grundsätzlich die Rückkehr in die Herkunftsfamilie. Daher ist das JA primär verpflichtet, durch entsprechende Beratung und Unterstützung die Beziehungen der Minderjährigen zu ihrer Familie zu fördern und deren Erziehungsmöglichkeiten so zu verbessern, dass sie wieder zu Hause erzogen werden können, sofern dies innerhalb eines im Hinblick auf die Entwicklung vertretbaren Zeitraums möglich ist (vgl. § 37 Abs. 1 S. 2 u. 3). Ist das jedoch nicht der Fall, so soll mit allen Beteiligten (d. h. mit Herkunfts-, Pflegefamilie und Kind) eine dem Kindeswohl förderliche und auf Dauer angelegte andere Lebensperspektive gemeinsam erarbeitet werden (§ 37 Abs. 1 S. 4). Denn aus tatsächlichen wie rechtlichen Gründen können sich für Minderjährige hieraus gravierende Folgen ergeben. Bei weiterem kontinuierlich gutem Verlauf in der Pflegefamilie erwächst daraus nämlich fast unweigerlich die Konsequenz der mehr oder weniger endgültigen Ablösung von deren Herkunftsfamilie, weil die Rechtsprechung wegen der dann immer stärker werdenden Einbettung in die Pflegefamilie bei länger als zwei Jahre dauernden Pflegeverhältnissen entsprechende Herausnahmeverlangen der leiblichen Eltern nach § 1632 Abs. 4 meist ablehnt.[81]

**Zielsetzung
des SGB VIII**

Rückkehrchancen

Damit dem JA die Entscheidung nicht allein überlassen wird, ob auf eine Rückkehr des Kindes in die leibliche Familie hingearbeitet oder dessen Verbleib in der Pflegefamilie (mit den sich hieraus ergebenden o. a. Konsequenzen) gefördert wird, ist die vorherige Beratung der Eltern, ihre Einbeziehung in den Hilfeplan und die weitere Zusammenarbeit mit ihnen (dazu S. 100 f.) besonders wichtig.

**Beratungspflicht
des JA**

---

[81] *Lakies* unter Hinweis auf eine (von ihm durchgeführte) Untersuchung (ZfJ 1990, 552), siehe dazu auch S. 288.

Dilemma der Pflegekinder

Diese Vorschrift zeigt besonders deutlich, dass die Situation von Pflegekindern immer dadurch gekennzeichnet ist, dass sie sich im Spannungsfeld von zwei Familien befinden und die leiblichen Eltern bei auf Dauer angelegten Pflegeverhältnissen es riskieren, ihr Kind nicht wieder zurückzuerhalten. Dies schafft für alle Beteiligten (Kind, Pflege- und leibliche Eltern) große Probleme, die eine sorgsame Beratung aller Seiten vor und während der Inpflegenahme erfordert – eine wahrlich schwer zu lösende verantwortungsvolle Aufgabe der Jugendhilfe. Bei guter Kooperation zwischen Pflege- und leiblicher Familie können diesbezügliche Konflikte und (meist dramatisch verlaufende) Entscheidungssituationen jedoch häufig vermieden werden. Das JA ist daher verpflichtet (vgl. dazu § 3 Abs. 2 S. 2), auf eine Zusammenarbeit der Eltern und Pflegepersonen hinzuwirken und hat Letztere zu beraten und zu unterstützen; das gilt auch für Zusammenschlüsse von Pflegepersonen (vgl. § 37 Abs. 1 u. Abs. 2). Dabei ist jedoch

Kindeswohl beachten

stets das Kindeswohl zu wahren und nicht die (subjektiv betrachtet) evtl. noch so berechtigten Interessen der Eltern oder der Pflegepersonen!

Kostenregelung

Die Kostenregelung entspricht gem. § 91 Abs. 1 der HzE des § 35 (s. dazu S. 88).

Ausübung der Personensorge durch Pflegepersonen

Ausübung elterlicher Sorge durch Pflegeeltern

Kraft Gesetzes (vgl. § 1688 Abs. 1 BGB) können Pflegeeltern, bei denen das Kind für längere Zeit in Familienpflege lebt, für ihr Pflegekind selbstständig entscheiden und die Sorgerechts-Inhaber insoweit vertreten

Befugnisse

– in Angelegenheiten des täglichen Lebens (siehe dazu unten),
– bei der Verwaltung des Arbeitsverdienstes des Kindes,
– bei der Geltendmachung und Verwaltung von Unterhalts-, Versicherungs-, Versorgungs- und sonstigen Sozialleistungen für das Kind,
– bei Gefahr im Verzug (hier besteht das sog. *Notvertretungsrecht*, vgl. dazu § 1629 Abs. 1 S. 4 sowie S. 298).

Sorgerechtsinhaber können allerdings Pflegeeltern (in jederzeit widerruflicher Weise) darüber hinausgehende Ermächtigungen erteilen.[82]

Beschränkungen durch Eltern oder FamG

Die Ermächtigung zur Ausübung der o.a. Bereiche der elterlichen Sorge gilt jedoch nur, wenn all diese Befugnisse nicht ausdrücklich von den Personensorge-Inhabern oder vom FamG eingeschränkt oder ausgeschlossen wurden (vgl. § 1688 Abs. 3 S. 1 u. 2 BGB).

Wenn dies aber dazu führt, dass dies eine dem Pflegekind förderliche Erziehung nicht mehr ermöglicht, sind die Pflegeltern berechtigt wie verpflichtet, das JA zur Vermittlung anzurufen (vgl. § 38).[83] Bringt dies keine dem Wohl des Pflegekindes gerecht werdende Lösung, muss das JA prüfen, ob es gemäß § 8a Abs. 2 das FamG hiervon informiert.

Sog. „Alltagssorge" durch Pflegepersonen

Zu den Angelegenheiten des täglichen Lebens gehören:
– Organisation des täglichen Lebens inkl. Freizeitgestaltung und Hausaufgaben,
– Kauf von Spielzeug (inkl. Audio-, Video-, PC-Zubehör), Kleidung,
– Teilnahme an freiwilligen Schulveranstaltungen (Ausflüge, Feste, Reisen etc.),

---

[82] Ebenso *Schwab*, Rn. 700.
[83] Das ist auch bei Kompetenzstreit von PS-Inhabern u. Pflegeeltern vorgesehen.

– Planung und Finanzierung von Ausflügen und Urlaubsreisen,
– Teilnahme an sportlichen, musischen, kulturellen Veranstaltungen,
– Arztbesuche (mit Ausnahme von Zahnregulierungen, Operationen).

Nicht dazu gehören Entscheidungen über:
– die generelle Veränderung des Aufenthaltes,
– An-/Abmeldung in Kindergärten und anderen Tageseinrichtungen,
– Ein-, Umschulungen, Schulwechsel,
– Ausbildungs- und Berufswahl,
– Nachhilfeunterricht,
– Unterbringung in Heimen, Internaten, Kranken-, Heil-, Pflege-Anstalten,
– Fragen der religiösen Erziehung,
– Beitritt in Vereine,
– Kreditaufnahmen.

Darüber Hinaus-
gehendes bleibt
Eltern vorbehalten

Die vorgenannten Entscheidungen gehören also *nicht* zur sog. „Alltagssorge", sondern bleiben vielmehr den Eltern (oder sonstigen PS-Inhabern) vorbehalten, sofern sie dieselben nicht ausdrücklich an die Pflegepersonen delegiert haben.

h) Heimerziehung

Die Erziehung in Heimen und ähnlichen Einrichtungen stellt eine weitere klassische Jugendhilfeleistung dar.

Das Verhältnis von Familien- und Heimerziehung ist nach wie vor kontrovers. Man kann – verkürzt dargestellt – Folgendes festhalten:

Pflegefamilie oder
Heim?

Heute wird wegen ihrer positiven Bindungswirkungen bei Kleinkindern von einem absoluten Vorrang der Pflegefamilien ausgegangen. Bei älteren Kindern (ab 10–12 Jahren) sowie bei Jugendlichen, bei denen eine Ablösung von der eigenen Familie fast schon eher eine altersmäßige Entwicklung sein kann, wird dagegen die Erziehung in Heimen und ähnlichen Einrichtungen mit ihren vielfältigeren Differenzierungsformen, und die daher eher eine Verselbstständigung als pädagogisches Ziel ermöglichen, durchaus als die evtl. bessere Alternative angesehen, zumal es für diese Altersgruppe meist zu wenige (bereite wie geeignete) Pflegefamilien/-stellen gibt.

Jede Fremdunterbringung ist für Kinder wie Eltern ein gravierender Eingriff, der alle sehr belastet. Er ist mit dem Abbruch vertrauter Verhältnisse und gewachsener Beziehungen sowie mit dem Risiko des Gelingens eines Neuanfanges verbunden. Fremdunterbringung will daher wohl überlegt sein. Das darf andererseits aber auch nicht dazu führen, dass so lange mit einer Herausnahme aus der eigenen Familie gewartet wird, bis jede sinnvolle Hilfe zur Erziehung buchstäblich zu spät kommt und dieses „Versagen" der Erziehung dann wieder der Fremdunterbringung angelastet wird. In diesem Spannungsverhältnis steht jede Fremdplatzierung.

Probleme von Fremd-
unterbringungen

Da auch Heimunterbringungen Angebotscharakter haben, sind sie von der Einwilligung der Personensorge-Inhaber abhängig. (Anders ist es nur bei nach § 42 erfolgten [siehe dazu die S. 106 ff.] oder vom FamG nach §§ 1666, 1666a BGB angeordneten [siehe dazu S. 321 ff.] Heimunterbringungen.) – Auch hier sind die Bedingungen des § 27 Abs. 1 (siehe dazu S. 81 f.) zu erfüllen.

Angebotscharakter

§ 27 Abs. 1 erfüllt?

Gesetzliche Zielsetzungen

Die Zielsetzungen dieser HzE enthält § 34:

Danach soll sie durch eine Verbindung von Alltagserleben und pädagogischen und therapeutischen Angeboten Minderjährige in ihrer Entwicklung fördern. Dabei soll je nach Alter und Entwicklungsstand der Minderjährigen sowie den Möglichkeiten der Verbesserung der Erziehungsbedingungen in der Herkunftsfamilie primär versucht werden, ihre

Rückkehr möglich?

Rückkehr in ihre Familie zu erreichen. Ist dies nicht möglich oder nicht sinnvoll, so soll die Erziehung in einer anderen Familie vorbereitet werden oder eine auf längere Zeit angelegte Lebensform geboten und auf ein selbstständiges Leben vorbereitet werden. Dabei kommen neben den

Heime

bewährten Heimen (d. h.: von eingruppigen Klein-Heimen über größere dezentralisierte Einrichtungen mit familienähnlichen Wohngrup-

Alternativen

pen bis hin zu Kinder- und Jugend-Dörfern) je nach Alter, Entwicklung und sonstigen Umständen vor allem auch betreute, selbstständige Jugend-Wohngemeinschaften sowie betreutes Einzelwohnen in Betracht. Die beiden Letzteren haben sich in der Praxis als Übergangshilfe zwischen Heimerziehung und selbstständiger Lebensführung ebenso bewährt wie als eigenständige Hilfeform.

Weitere Zielsetzungen für Jugendliche

Bei Jugendlichen kommt stets als Zielsetzung hinzu, sie in allen Fragen der Ausbildung, Beschäftigung sowie Lebensführung zu beraten und zu unterstützen (z. B. auf Maßnahmen im Rahmen der Jugendsozialarbeit hinzuweisen) und sie auf ein selbstständiges Leben vorzubereiten (§ 34 S. 3). Dabei sind die Eltern der Minderjährigen stets in die Beratungen einzubeziehen und sie über die Konsequenzen im Einzelnen aufzuklären (vgl. § 36 Abs. 1 S. 1).

Hilfeplan, Beratung, Zusammenarbeit

Dabei ist auch hier besonders auf die Bedeutung der Aufstellung eines Hilfeplanes sowie der Beratung und Zusammenarbeit mit den Eltern gemäß §§ 36, 37 hinzuweisen (siehe dazu auch S. 96 f.).

Über Volljährigkeit hinaus möglich

Nach Erreichen der Volljährigkeit können sich hier u. U. Jugendhilfeleistungen nach § 41 anschließen (s. dazu S. 105 f.).

Ausübung elterl. Sorge durch Erzieher/Betreuer

Während der Unterbringung in Heimen oder anderen Einrichtungen oder Wohnformen werden die Eltern (oder sonstigen PS-Inhaber) zwar nicht in ihrer elterlichen Sorge beschränkt. Jedoch gilt für die dort verantwortlichen Erzieherinnen und Erzieher dasselbe Vertretungsrecht, das Pflegepersonen zusteht (vgl. § 1688 Abs. 2 BGB), sofern diese keine Einschränkungen vorgenommen haben (§ 1688 Abs. 3 BGB).[84]

Geschlossene Unterbringung genehmigungspflichtig

Zu betonen ist, dass die Unterbringung in einer Heim- oder ähnlichen Einrichtung keinesfalls die Befugnis zur sog. „geschlossenen Unterbringung" einschließt. Dafür ist vielmehr gemäß § 1631b BGB stets die vorherige Genehmigung des FamG nötig (siehe dazu S. 289 ff.). Zu bedauern ist jedoch auch hier, dass diese Genehmigung die Personensorge-Berechtigten einholen müssen und nicht auch die entsprechende Einrichtung (zu den Konsequenzen siehe S. 291). Besser wäre es, wenn hier eine diesbezügliche Verpflichtung vorgesehen wäre.

Kostenregelung

Die Kostenregelung entspricht der HzE des § 35 (vgl. § 91 Abs. 1 Nr. 5b sowie S. 88).

---

[84] Siehe im Einzelnen dazu S. 94 f.

Zusammenfasssung

Pflegeverhältnisse, Heimerziehung, sonstige betreute Wohnformen:

Angesichts divergierender Voraussetzungen und Kosten sind allgemeine Pflegeverhältnisse von der HzE nach § 33 zu trennen.

Heimerziehung und betreute Wohnformen können nur durch das JA gewährt werden. Sie kommen nur bei Vorliegen der Voraussetzungen des § 27 in Betracht (s. dazu S. 81 f.).

Bei Pflegeverhältnissen ist das nicht zwingend der Fall. Sie können daher mit und ohne Mitwirkung des JA begründet werden.

Für Tages-/Teilzeitpflege, Tagesmütter/-väter kommen die §§ 22 ff. und nicht § 33 zur Anwendung; bei Familien-, Kurzzeit-, Übergangs-, Vollzeitpflege und Pflegenestern hängt dies vom konkreten Einzelfall ab.

In *Sonderpflegestellen* (§ 33 S. 2) wird HzE für besonders in ihrer Entwicklung beeinträchtigte Minderjährige gewährt, die Betreuung durch Fachkräfte benötigen.

Bereitschaftspflege stellt keine HzE iSd § 33, sondern eine vorläufige Schutzmaßnahme gem. § 42 dar.

Adoptionspflege gem. § 1744 BGB ist keine HzE iSd § 33, da sie keinen Erziehungsbedarf ausgleichen, sondern ein neues Eltern-Kind-Verhältnis „für immer" aufbauen soll.

Findet HzE in „Einrichtungen" statt und ist diese mit Unterbringung über Tag und Nacht verbunden, so spricht man von Heimerziehung oder Erziehung in betreuten Wohnformen. Sie richtet sich nach §§ 27 u. 34.

3. Unterhalt, Krankenhilfe

Vorbemerkungen

Voraussetzungen wie bei HzE

Die §§ 39 und 40 regeln Annexleistungen zur HzE. Sie können nur beansprucht werden, wenn Hilfe zur Erziehung nach den §§ 32–35, also Erziehung in einer Tagesgruppe, Vollzeitpflege, Erziehung in einem Heim oder einer sonstigen betreuten Wohnform oder intensive sozialpädagogische Einzelbetreuung erbracht wird. Unterhalt und Krankenhilfe ist ferner zu leisten, wenn „innovative" HzE erbracht wird, die den genannten Hilfen entsprechen. Bedürftigkeit ist nicht Voraussetzung des Unterhalts oder der Krankenhilfe.

Sonst: Arbeitslosengeld II, Sozialgeld, Sozialhilfe

Finanzielle Hilfen zum Lebensunterhalt ohne jegliche „Jugendhilfebeteiligung" können also (weiterhin) nur vom Träger der Grundsicherung für Arbeitsuchende (also Jobcenter), sonst vom Sozialhilfeträger übernommen werden. Unterhaltsverpflichtungen (d.h. gemäß §§ 1589, 1601 BGB: von Eltern und Großeltern) bleiben von der Gewährung „wirtschaftlicher Jugendhilfe" unberührt (vgl. § 10 Abs. 1 sowie auch S. 55 f.), d.h.: sie bleiben weiter bestehen.

Leistungen zum Unterhalt Minderjähriger (§ 39)

§ 39 bestimmt zunächst, dass zur Gewährung von HzE gemäß den §§ 32–35 auch gehört, neben den Erziehungskosten den notwendigen Lebensunterhalt des Minderjährigen außerhalb seines Elternhauses sicherzustellen (vgl. § 39 Abs. 1 S. 1: „... auch"). Das bedeutet Folgendes:

Erziehungs- und Unterbringungskosten

Unterhalt   Es ist außer den Erziehungskosten auch der notwendige Unterhalt der Minderjährigen sicherzustellen (vgl. § 39 Abs. 1 u. 2 S. 1).

Unterhalt von Neugeborenen   Bekommt eine minderjährige Mutter in einer Einrichtung oder Pflegefamilie ein Kind, so ist auch dessen Unterhalt sicherzustellen (§ 39 Abs. 7).

Taschengeld   Zusätzlich ist den Minderjährigen ein angemessener Barbetrag *(Taschengeld)* zur persönlichen Verfügung zu stellen, dessen Höhe (nach Altersgruppen gestaffelt) von der nach Landesrecht zuständigen Behörde festgesetzt wird (§ 39 Abs. 2 S. 2 u. 3).

Pflegegeld   Für die Hilfe zur Erziehung in Vollzeitpflege sehen die Absätze 3–6 des § 39 Sonderregelungen vor. Sie betreffen das sog. Pflegegeld, für dessen Berechnung somit (erstmalig) bundeseinheitliche Grundsätze (im Detail bestehen jedoch ländermäßige Unterschiede) vorhanden sind. Es setzt sich gemäß § 39 Abs. 3 zusammen aus:

– den laufenden Leistungen sowie einmaligen Beihilfen oder Zuschüssen.

Berechnung der laufenden Leistungen   Dabei sollen die laufenden Leistungen auf der Grundlage der tatsächlichen Kosten (d. h.: die Kosten des gesamten Lebensbedarfs sowie die der Erziehung), soweit sie einen angemessenen Umfang nicht übersteigen,

Pauschale   nicht rechnerisch, sondern durch monatliche Pauschalbeträge gewährt werden; dabei sind die Verhältnisse am Ort der Pflegestelle maßgeblich (§ 39 Absatz 4 S. 5). So kann z. B. auch ein höherer Aufwand etwa in heilpädagogischen Pflegestellen berücksichtigt werden. Die monatlichen Pauschalbeträge sollen die zuständigen Landesbehörden nach Altersgruppen

Landesrecht maßgeblich   pen gestaffelt festsetzen (vgl. § 39 Abs. 5). Der *Deutsche Verein für Öffentliche und Private Fürsorge* (Berlin) gibt hierzu kontinuierlich Empfehlungen heraus, die bei Vollzeitpflege für den Sachaufwand seit 1.1.2014 Folgendes vorsehen:[85]

Altersstaffelung vorgeschrieben
– für Kinder 6 Jahren 504,– EUR
– für Kinder von 6–12 Jahren 584,– EUR
– für Kinder und Jugendliche von 12–18 Jahren 671,– EUR

(wobei der Anteil der Unterkunftskosten [d. h.: Miete inkl. Nebenkosten] jeweils 87,50 EUR beträgt).

Hinzu kommt für die Erziehung für alle Altersstufen ein einheitlicher Betrag von 235,– EUR.

Erhält die Pflegeperson für ein Pflegekind Steuerermäßigung oder Kindergeld, so wird das Pflegegeld um 1/4 des gesetzlichen Erstkindergeldes (derzeit: 184,– EUR) gekürzt; wenn es das einzige oder das älteste (leibliche oder Pflege-) Kind in der Pflegefamilie ist, wird es um 1/2 gekürzt (vgl. § 39 Abs. 6).

Beihilfen, Zuschüsse   *Zusätzlich* zum Pflegegeld können einmalige Beihilfen und Zuschüsse gewährt werden (§ 39 Abs. 3).

Beispiele: Erstausstattung einer Pflegestelle, Urlaubs- u. Ferienreisen, Weihnachten, Geburtstag, Firmung, Konfirmation etc.

---

[85] NDV 2013, S. 501.

Krankenhilfe (§ 40)
Sie kommt (mit Ausnahme der Eingliederungshilfen in Tages- oder anderen teilstationären Einrichtungen) in denselben Fällen wie die Unterhaltsleistungen nach § 39 in Betracht. (Zum Umfang vgl. § 40 Satz 1 i.V. m. §§ 47–52 SGB XII sowie § 40 Sätze 2–4.)

4. Kostenbeteiligung

Kostenfrei (vgl. § 91 Abs. 1 u. 2) werden gewährt: Pädagogisch-therapeutische Leistungen (§ 27 Abs. 3), Ausbildungs-/Beschäftigungs-Maßnahmen (§§ 27 Abs. 3/13 Abs. 2), Erziehungsberatung (§ 28), Soziale Gruppenarbeit (§ 29), Erziehungsbeistand/Betreuungshelfer (§ 30), Sozialpädagogische Familienhilfe (§ 31).

Zum Teil Kostenfreiheit

Kostenpflichtig (vgl. § 91 Abs. 1 Nr. 5 u. 6, Abs. 2 Nr. 2 u. 3) sind: Erziehung in einer Tagesgruppe (§ 32), Vollzeitpflege (§ 33), Heimerziehung/sonstige betreute Wohnform (§ 34), Intensive sozialpädagogische Einzelbetreuung (§ 35), Eingliederungshilfe für seelisch behinderte Kinder und Jugendliche (§ 35a).

Kostenpflicht

In Fällen der Kostenheranziehung haben zunächst stets die öffentlichen Jugendhilfeträger die gesamten Kosten zu übernehmen. Dann errechnen sie den jeweiligen Kostenbeitrag und erlassen entsprechende Leistungsbescheide (vgl. §§ 91 Abs. 5, 92 Abs. 2). Dabei gilt Folgendes:

Weil die Eingliederungshilfe für seelisch behinderte Minderjährige der Jugendhilfe zugeordnet ist, gilt für diese und die HzE in § 94 eine einheitliche Regelung bzgl. der Kostenheranziehung, die von der abweicht, die für die anderen Jugendhilfeleistungen vorgesehen ist (§ 94 Abs. 1). Daraus folgt:

Einheitlich für Erziehungs- u. Eingliederungshilfen

Zu voll- wie teilstationären Leistungen werden nach Einkommen gestaffelte pauschale Kostenbeiträge erhoben, die sich aus einer (alle zwei Jahre anzupassenden) *Rechtsverordnung des Bundes* ergeben (§§ 91 Abs. 1, 92 Abs. 1, 94 Abs. 5). Junge Menschen iSd § 7 Abs. 1 Nr. 4 müssen aber ihr Einkommen (nach den Abzügen gem. § 93 Abs. 2 u. 3) voll einsetzen (§ 94 Abs. 6 S. 1), also über die Pauschalsätze hinaus.

Pauschalierte Kostenbeiträge

Heranziehen junger Menschen

Bei der Heranziehung zu den Kosten besteht nach § 94 Abs. 1 S. 3 u. 4 folgende Rangfolge:

Rangfolge bei der Heranziehung

– zunächst die Minderjährigen und jungen Menschen selbst,
– danach eventuelle Ehegatten oder Lebenspartner,
– zuletzt die Eltern.

Nach § 94 Abs. 3 ist bzgl. der Höhe der Kosten-Heranziehung bei Eltern, Ehegatten oder Lebenspartnern deren jeweiliges Einkommen iSd § 93 maßgebend sowie angemessen zu berücksichtigen, wie viele Personen mindestens im gleichen Rang wie der im Rahmen der Jugendhilfe untergebrachte junge Mensch ihnen gegenüber außerdem noch unterhaltsberechtigt sind (s. dazu § 1584 bzw. § 1609 BGB).

Berücksichtigung von Einkommen und Unterhaltspflichten

Werden Leistungen über Tag und Nacht erbracht und erhält ein Elternteil Kindergeld, so besteht mindestens in dieser Höhe Kostenbeitragspflicht; wird diese nicht erfüllt, kann das Kindergeld direkt bei der gewährenden Stelle eingezogen werden (vgl. § 94 Abs. 3).

Kindergeldeinsatz

Halten sich junge Menschen iSd § 7 Abs. 1 Nr. 4 nicht nur im Rahmen von Umgangskontakten bei Kostenbeitragspflichtigen auf, so wird – zur Vermeidung von Doppelbelastungen – deren tatsächliche Betreuungsleistung über Tag und Nacht auf den Kostenbeitrag angerechnet (§ 94 Abs. 4).

5. Verfahren

Um die in Betracht kommende Hilfe zur Erziehung richtig auswählen und vorbereiten, aber auch eine bessere Akzeptanz bei der betroffenen Familie (insbesondere den Minderjährigen) und damit bessere Effizienz erzielen zu können, ist das JA gemäß § 36 Abs. 1 S. 1 verpflichtet, die Personensorgeinhaber und die Minderjährigen eingehend zu beraten.

Dabei ist mit ihnen zu besprechen,
– ob sie Jugendhilfe in Anspruch nehmen wollen,
– welche HzE aus Sicht des JA in Betracht kommt,
– welche *tatsächlichen* und *rechtlichen* Folgen der zu gewährenden HzE zu bedenken sind

(vor allem die entwicklungs-, bindungs-, schul- u. ausbildungsmäßigen Folgen, aber auch die rechtlichen Konsequenzen einer HzE, d. h. von den Auswirkungen auf das Sorgerecht [Hinweis auf §§ 1688[86], 1632 Abs. 4[87]] bis hin zu evtl. sich ergebenden finanziellen Belastungen gemäß den §§ 91–94 SGB VIII).

Denn nur so kann erreicht werden, dass sich Eltern und Kind nicht als „Opfer" einer Maßnahme des JA, sondern als Entscheidungsbeteiligte verstehen, deren Beitrag wesentlich für den angestrebten Erfolg der jeweiligen HzE ist. Dies gilt daher auch bei Änderungen von Umfang oder Art der HzE (§ 36 Abs. 1 S. 1) sowie in besonderem Maße bei Fremdunterbringungen, bei denen die Personensorge-Berechtigten und die Minderjährigen daher auch bei der Auswahl der Pflegestelle oder der Einrichtung beteiligt werden müssen (§ 36 Abs. 1 S. 3), damit sie ihr Wunsch- und Wahlrecht (siehe dazu S. 43 f.) ausüben können. Dieses bezieht sich je-

doch nicht auf die Gewährung und Ausgestaltung der HzE, so dass bei diesbezüglicher Uneinigkeit evtl. keine HzE geleistet werden kann. Denn trotz Rechtsanspruchs der Personensorgeberechtigten (s. o.) liegt die fachliche wie rechtliche Verantwortung für die Auswahl und Gewährung der richtigen HzE immer beim JA.

Bei einer voraussichtlich langfristigen Fremdunterbringung muss zu alledem vom JA geprüft werden, ob eine Adoption in Betracht kommt (§ 36 Abs. 1 S. 2). Das darf auch in Anbetracht der großen Zahl von (vergeblichen) Adoptionsbewerbern aber keinesfalls missverstanden werden als eine Aufforderung, leibliche Eltern stets dahingehend zu motivieren, es sei denn, die Rückführung des Kindes zu ihnen erscheint tatsächlich von vornherein aussichtslos.

Aufstellung eines Hilfeplanes

Angesichts der weit reichenden Auswirkungen der einzelnen HzE auf die Entwicklung der Minderjährigen bedarf es in der Praxis erheblicher An-

---

[86] Siehe dazu S. 94 f.
[87] Siehe dazu S. 293 f.

Winkler

strengungen zur Qualifizierung der Entscheidungs- und Hilfeprozesse. § 36 Abs. 2 sieht daher bei einer voraussichtlich auf längere Zeit angelegten HzE die Aufstellung eines Hilfeplanes vor, den mehrere Fachkräfte zusammen mit den Personensorge-Berechtigten und dem Minderjährigen (soweit dies alters- und entwicklungsmäßig angezeigt ist) erstellen und – ggfs. – dabei die Pflege-Eltern oder Mitarbeiter der Einrichtungen bzw. Dienste miteinbeziehen sollen. Der Hilfeplan soll außer den Feststellungen über den individuellen erzieherischen Bedarf die am besten zu gewährende konkrete Hilfe zur Erziehung festlegen und dann später regelmäßig die weitere Geeignetheit und Notwendigkeit der ausgewählten HzE überprüfen. Hier haben sich in der Praxis verschiedene Modelle entwickelt („Erziehungsplanungen", „Erziehungskonferenzen", „Arbeitskreise") und bewährt, die allerdings noch nicht immer die Betroffen angemessen einbeziehen. Es gilt, diese Modelle auszubauen bzw. Ähnliches einzuführen, damit überall akzeptable Standards von Fachlichkeit und Rechtsstaatlichkeit erzielt werden. **Praxismodelle ausbauen**

Ist Eingliederungshilfe nach § 35a (siehe dazu S. 103 f.) erforderlich, so ist § 36 Abs. 3 zu beachten, d. h.: bei der Aufstellung und Änderung des Hilfeplanes sowie bei der Durchführung der Hilfen muss ein Arzt, der über besondere Erfahrungen in der Hilfe für Menschen mit Behinderung verfügt, beteiligt werden. **Beteiligung eines Arztes**

Erscheinen berufliche Eingliederungsmaßnahmen erforderlich, so sollen auch die Stellen der Bundesagentur für Arbeit beteiligt werden. **Bundesagentur für Arbeit**

Insgesamt dient der Hilfeplan außer einer qualifizierteren Entscheidungsfindung vor allem der Erarbeitung langfristiger Perspektiven. Er darf jedoch nicht verwechselt werden mit dem konkreten Erziehungs- und/ oder Behandlungskonzept, das im Falle einer Fremdunterbringung die betreffende Einrichtung für die bei ihr durchzuführende HzE selbst aufstellt (deren Konzeption ist aber in die Entscheidung über die Auswahl der Einrichtung einzubeziehen), sondern stellt die Vorbereitung und Begleitung der HzE durch die Jugendhilfe in Zusammenarbeit mit allen Betroffenen dar. **Qualifizierungsansatz und Perspektiventwicklung**

Verwechslungsgefahr

Entwicklung der Entscheidung zur Gewährung von HzE

Partizipation der Betroffenen
(§ 36 Abs. 1)

- Beratung der Personensorge-Inhaber und der Minderjährigen
- ihre Beteiligung bei Auswahl von Pflegestelle oder Einrichtung
- Berücksichtigung ihres diesbezgl. Wunsch- und Wahlrechts

Hilfe-Plan
(§ 36 Abs. 2)

- Zusammenwirken mehrerer Fachkräfte bei Entscheidungen über die im Einzelfall angezeigte Hilfeart, wenn voraussichtlich für längere Zeit HzE zu leisten ist
- Erstellung eines Hilfeplans mit Personensorge-Inhabern und Minderjährigen
- Einbeziehung der Hilfe leistenden Personen, Dienste/Einrichtungen bei Erstellung und Überprüfung des Hilfeplans
- Auswahl der geeignet und notwendig erscheinenden konkreten HzE
- kontinuierliche Überprüfung der Effizienz der ausgewählten HzE

Kooperation mit allen Beteiligten bei HzE
außerhalb der eigenen Familie
(§ 37)

- Zusammenarbeit von Personensorge-Inhabern und Erziehungs-/Pflege-Personen
- Beratung und Unterstützung der Herkunftsfamilie zur Verbesserung der Erziehungs-Bedingungen (wegen Rückkehr-Option)
- Entscheidung über Fremd-Unterbringung auf Zeit oder Dauer
- Berücksichtigung der Entwicklungsbedingungen der Minderjährigen (inkl. Zeit-Faktor)
- Erarbeitung einer auf Dauer angelegten Lebens-Perspektive (inkl. Prüfung, ob Adoption möglich ist), wenn Rückkehr in Herkunftsfamilie mangels Verbesserung der Erziehungs-Situation nicht in Betracht kommt

---

6. Ende der Hilfe zur Erziehung

Da die Hilfe zur Erziehung nur Angebotscharakter hat, also auf der Freiwilligkeit der Personensorge-Inhaber basiert, sind Zwangsmaßnahmen jetzt nur noch über §§ 1666, 1666a BGB, 8a, 42 SGB VIII, 12 JGG (s. zu Letzterem S. 145 f.) möglich. Daher muss jede HzE aufgehoben werden, wenn die Personensorgeberechtigten dies beantragen. In diesen Fällen muss das JA jedoch prüfen, ob es gemäß § 8a Abs. 2 das FamG anrufen muss. – Ansonsten endet die HzE, wenn ihre Zielsetzungen erfüllt sind. – Das FamG kann aber keine HzE anordnen[88].

---

[88]   Siehe dazu mit eingehender Begründung *Häbel* in GK-SGB VIII, § 27 Rn. 82.

VIII. Eingliederungshilfe für seelisch behinderte Kinder und Jugendliche

Die Eingliederungshilfe für seelisch behinderte Kinder und Jugendliche (§ 35a) soll einerseits die Behinderung verhindern, beseitigen oder mildern. Andererseits soll das behinderte Kind bzw. der behinderte Jugendliche in die Gesellschaft eingegliedert werden, d. h. es sollen die behinderungsspezifischen Nachteile ausgeglichen werden. Zur Eingliederung in die Gesellschaft sollen Maßnahmen durchgeführt werden, die das behinderte Kind bzw. den behinderten Jugendlichen in die Gemeinschaft (Familie, soziales Umfeld, Schule) integriert und die Teilnahme am kulturellen und öffentlichen Leben erleichtert. Weiter soll die Ausübung eines angemessenen Berufs oder einer angemessenen Tätigkeit ermöglicht werden. Schließlich soll Pflegebedürftigkeit beseitigt werden.

Ziele der Eingliederungshilfe

Eingliederungshilfe nach § 35a erhalten nur seelisch behinderte oder von einer solchen Behinderung bedrohte Kinder und Jugendliche. Körperlich und geistig behinderte Kinder und Jugendliche erhalten demgegenüber Eingliederungshilfe nach dem SGB XII, soweit die Voraussetzungen der §§ 53 ff. SGB XII erfüllt sind. Dies macht eine präzise Abgrenzung der körperlichen und insbesondere der geistigen Behinderung gegenüber der seelischen Behinderung erforderlich, was in der Praxis aber mit erheblichen Problemen verbunden sein kann. Bei vielen Betroffenen sind Mehrfachbehinderungen anzutreffen oder die Gesundheitsbeeinträchtigung kann unterschiedliche Auswirkungen haben, z. B. kann bei einem autistischen Kind eine geistige Behinderung, es kann aber auch nur eine Entwicklungsverzögerung vorliegen. Liegt eine Mehrfachbehinderung vor, kommt es nicht auf den Schwerpunkt der Behinderung an; liegt zumindest auch eine körperliche und/oder eine geistige Behinderung vor, ist der Sozialhilfeträger für die Eingliederungshilfe zuständig (§ 10 Abs. 4 S. 2).[89] Zur Feststellung der Behinderungsart ist ein Gutachten erforderlich. Dieses wird idR vom Medizinischen Dienst des Gesundheitsamtes oder durch eine Psychologische Beratungsstelle erstellt. Das Gutachten muss innerhalb von zwei Wochen erstellt werden (§ 14 Abs. 5 SGB IX).

Abgrenzung zur Sozialhilfe

Abgrenzungsprobleme bestehen ferner gegenüber der Hilfe zur Erziehung nach den §§ 27 ff. Denn auch bei der Hilfe zur Erziehung liegt eine drohende Persönlichkeitsstörung vor und auch diese beinhaltet therapeutische Angebote. Bei der Abgrenzung ist darauf abzustellen, ob der Schwerpunkt der Hilfe bei den pädagogischen Leistungen oder bei den therapeutischen Angeboten liegt. Nur im ersten Fall sind die Leistungen nach den §§ 27 ff. zu erbringen.

Abgrenzung zur Hilfe zur Erziehung

Die Bundesländer können für die Frühförderung besondere Zuständigkeitsregelungen treffen (vgl. § 10 Abs. 2 S. 3). Zur Frühförderung vgl. auch § 30 SGB IX.

Frühförderung

Anspruch auf Eingliederungshilfe nach § 35a SGB VIII haben nur Kinder oder Jugendliche. Seelisch behinderte junge Volljährige können Eingliederungshilfe nach § 41 erhalten. Sonstige seelisch behinderte Erwachsene erhalten keine Leistungen nach dem SGB VIII. Bei diesen kommen

Anspruchsinhaber: Kinder und Jugendliche

---

[89] Vgl. BVerwG FEVS 51, 337 ff.

Leistungen nach den §§ 53 ff. SGB XII in Betracht, soweit die weiteren Voraussetzungen dieser Vorschrift vorliegen.

Seelische Behinderung Der Behinderungsbegriff in § 35a Abs. 1 S. 1 ist zweigliedrig aufgebaut. Eine Behinderung setzt danach voraus:

1. ein Abweichen der seelischen Gesundheit vom lebensaltertypischen Zustand für wahrscheinlich länger als 6 Monate,
Ob eine solche Beeinträchtigung vorliegt, ist durch einen/e Gutachter/rin mit einer spezifischen Qualifikation auf der Grundlage der ICD-10 zu klären (§ 35 Abs. 1a).
2. die Beeinträchtigung der Teilhabe am Leben in der Gesellschaft
Zwischen diesen beiden Tatbestandsmerkmalen muss eine kausale Beziehung bestehen.

Anspruch Liegen die oben genannten Voraussetzungen vor, besteht ein Rechtsanspruch auf die Eingliederungshilfe („haben Anspruch").

Anspruchsberechtigte Anspruchsberechtigter ist – anders als bei der Hilfe zur Erziehung – das Kind oder der Jugendliche. Geltend zu machen ist der Anspruch indessen durch den gesetzlichen Vertreter, idR also durch die Eltern (vgl. § 1629 BGB).

Leistungsarten Die Eingliederungshilfe kann nach § 35a Abs. 2 in ambulanter Form (z.B. durch psychosoziale Dienste, in Beratungsstellen sowie in psychologischen oder in ärztlichen Praxen oder in Frühförderstellen), in Tageseinrichtungen für Kinder und andere teilstationären Einrichtungen, bei geeigneten Pflegepersonen und in Einrichtungen über Tag und Nacht und in sonstigen Wohnformen erbracht werden.

Leistungsinhalt Bezüglich der Leistungen der Eingliederungshilfe für seelisch behinderte Kinder und Jugendliche verweist § 35a Abs. 3 auf die §§ 54, 56 und 57 SGB XII. Die Eingliederungshilfe beinhaltet damit Leistungen der medizinischen Rehabilitation, der Teilhabe am Arbeitsleben und der Teilhabe am Leben in der Gemeinschaft. Zusätzlich werden vor allem Leistungen für eine angemessene Schul- und Berufsausbildung und heilpädagogische Leistungen erbracht. Es kommt die Gewährung der Leistungen als persönliches Budget in Betracht.

Unterhalt/ Krankenhilfe Weiter besteht ein Anspruch auf Unterhalt und Krankenhilfe nach den §§ 39, 40.[90]

Kombination mit Hilfe zur Erziehung § 35a Abs. 4 S. 1 ermöglicht, die Eingliederungshilfe mit der Hilfe zur Erziehung (§§ 27 ff.) zu kombinieren.

Beispiel: gleichzeitige Therapie wegen der seelischen Behinderung (Beispiel: Legasthenietherapie) und erzieherische Hilfe wegen eines bestehenden Erziehungsbedarfs.

Voraussetzung der Kombination ist, dass die Voraussetzungen beider Leistungen erfüllt sind.

Zuständigkeit und Verfahren Sachlich zuständig für die Eingliederungshilfe für seelisch behinderte Kinder/Jugendliche ist der örtliche Träger der Jugendhilfe, da keine abweichende Zuständigkeit bestimmt ist (§ 85 Abs. 1). Örtlich zuständig ist grundsätzlich der örtliche Träger, in dessen Bereich die Eltern ihren gewöhnlichen Aufenthalt haben (§ 86 Abs. 1 SGB VIII). Zur hiervon abweichenden örtlichen Zuständigkeit s. die weiteren Absätze des § 86.

---

[90] Insoweit gelten die Ausführungen auf S. 97 f. entsprechend.

Bei der Eingliederungshilfe für seelisch behinderte Kinder und Jugendliche gelten die §§ 36, 36a SGB VIII.[91]

Bei den ambulanten Hilfen erfolgt keine Heranziehung zu den Kosten. Demgegenüber werden bei teilstationären und stationären Hilfen das Kind/der Jugendliche und die Eltern zu den Kosten der Eingliederungshilfe herangezogen werden (vgl. §§ 91 Abs. 1 Nr. 6, Abs. 2, 92 Abs. 1 Nr. 1 und 5).[92]

Kostenbeteiligung

IX. Hilfe für junge Volljährige

Mit der Volljährigkeit enden zwar die HzE und die Eingliederungshilfe für seelisch behinderte Kinder und Jugendliche, nicht jedoch die Jugendhilfe generell (vgl. §§ 11–14, 16 ff. sowie § 41). Gemäß letzterer Vorschrift können Volljährige unter folgenden – an die Stelle jener der §§ 27 Abs. 1, 35a Abs. 1 S. 1 tretenden – Voraussetzungen Hilfe für junge Volljährige erhalten:

Voraussetzungen

- Sie dürfen noch nicht 27 Jahre alt sein (§ 41 Abs. 1 S. 1 iVbm § 7 Abs. 1 Nr. 3).
- Die Hilfe muss aufgrund ihrer individuellen Situation für ihre Persönlichkeitsentwicklung und eigenverantwortliche Lebensführung notwendig sein (§ 41 Abs. 1 S. 1).

Bei jungen Volljährigen, die noch nicht 21 Jahre alt sind, ist nicht erforderlich, dass sie bereits vor ihrem 18. Geburtstag Hilfe erhalten haben. Ab dem 21. Geburtstag wird die Hilfe dagegen nur geleistet, wenn sie bereits vor diesem Zeitpunkt erbracht wurde.

Außer der sozialpädagogischen Familienhilfe (§ 31) und der Erziehung in einer Tagesgruppe (§ 32) können für junge Volljährige alle HzE gewährt werden, einschließlich pädagogischer und therapeutischer Leistungen, Ausbildungs- und Beschäftigungsmaßnahmen, Eingliederungshilfe gemäß § 35a SGB VIII iVbm §§ 54, 55 SGB XII sowie Unterhalt (siehe dazu S. 97 f.) gemäß § 39 (vgl. § 41 Abs. 2).

Mögliche Hilfen

Von den HzE kommen für junge Volljährige vor allem in Betracht:
- soziale Gruppenarbeit (§ 29), Erziehungsbeistand/Betreuungshelfer (§ 30), Wohnen in betreuten Wohnformen oder in Heimeinrichtungen (§ 34) und die intensive sozialpädagogische Einzelbetreuung (§ 35) sowie wirtschaftliche Jugendhilfe (§ 39).

Mögliche HzE

Die individuell notwendig erscheinende HzE wird in der Regel nur bis zur Vollendung des 21. Lebensjahres gewährt, soll jedoch in begründeten Einzelfällen für einen begrenzten Zeitraum darüber hinaus fortgesetzt werden (§ 41 Abs. 1 S. 2). Davon ist vor allem dann auszugehen, wenn:

Zeitraum

- Ausbildungs-/Beschäftigungsmaßnahmen noch nicht beendet sind *oder* anderenfalls ein akutes Abgleiten in das Drogenmilieu oder in die Kriminalität zu befürchten ist.

Bei Vollendung des 27. Lebensjahres müssen alle Jugendhilfeleistungen eingestellt werden (§ 41 Abs. 1 S. 1 iVbm § 7 Abs. 1 Nr. 3). Jedoch

Nachbetreuung

---

[91] Insoweit gelten die Ausführungen auf S. 100 f. entsprechend.
[92] Insoweit gelten die Ausführungen auf S. 99 entsprechend.

kommt dann eventuell noch eine Nachbetreuung zur Hilfe bei seiner Verselbstständigung in Betracht (§ 41 Abs. 3), d. h. Beratung sowie tatsächliche, aber auch finanzielle Unterstützung (z. B. durch weiteres Wohnenlassen in einer betreuten Wohnform zu ermäßigtem Kostenbeitrag).

Vorrang vor § 67 SGB XII Die Jugendhilfeleistungen für junge Volljährige gehen der Hilfe zur Überwindung besonderer sozialer Schwierigkeiten nach den §§ 67 ff. SGB XII vor (§ 10 Abs. 4 S. 1).

Kostentragung Die jungen Volljährigen werden gemäß § 92 Abs. 1 Nr. 2 iVbm § 91 Abs. 1 Nr. 1, 4 u. 8 zu den Kosten der Hilfen, die in teilstationärer oder stationärer Form stattfinden, herangezogen. Das JA ist aber vorleistungspflichtig (§ 92 Abs. 3) und erhebt dann den nach den §§ 93, 94 sich zu errechnenden Kostenbeitrag durch Leistungsbescheid (§ 93 Abs. 2). – Von einer Kostenheranziehung soll aber gemäß § 92 Abs. 5 im Einzelfall teilweise oder ganz abgesehen werden, wenn sonst Ziel und Zweck der Jugendhilfe gefährdet würden (weil z. B. der Volljährige dann lieber darauf verzichtet und dadurch eine erhebliche Gefährdung für seine Entwicklung zu befürchten ist), sich aus der Heranziehung für ihn eine besondere Härte ergäbe oder der damit verbundene Verwaltungsaufwand unverhältnismäßig wäre.

Überleitung von Unterhaltsansprüchen Bezüglich der Eltern und Ehegatten (bzw. eingetragener Lebenspartner) findet gemäß § 95 Abs. 1 u. 2 die Überleitung evtl. bestehender Unterhaltsansprüche auf den öffentlichen Jugendhilfeträger statt, d. h., er kann diese dann gegen jene geltend machen.

F. „Andere" Aufgaben der Jugendhilfe

Sonderheiten Im Gegensatz zu den Leistungen der Jugendhilfe (vgl. dazu § 2 Abs. 2) gelten für diese in § 2 Abs. 3 (abschließend) aufgeführten Jugendhilfeaufgaben (vgl. zu beiden S. 38 f.) weder das Prinzip der Freiwilligkeit noch dazu Wunsch- und Wahlrecht oder ihre Mitwirkungsrechte, da diese Jugendhilfebereiche hoheitlich ausgestaltet und daher in erster Linie den öffentlichen Trägern vorbehalten sind; diese können die freien Jugendhilfeträger aber an einigen dieser Aufgaben beteiligen oder sie ihnen ganz übertragen (vgl. §§ 3 Abs. 3 S. 2, 76 Abs. 1). Die *Letztverantwortlichkeit* bleibt jedoch stets beim öffentlichen Jugendhilfeträger (§ 76 Abs. 2).

I. Inobhutnahme von Minderjährigen in Notsituationen

Recht und Pflicht zur Inobhutnahme § 42 verpflichtet und berechtigt das Jugendamt zur Inobhutnahme von Kindern und Jugendlichen. Eine Inobhutnahme kommt z. B. in Betracht, wenn ein misshandeltes Kind beim JA vorspricht und um seine Inobhutnahme bittet bzw. ein Kind nachts betrunken im Stadtpark aufgegriffen wird.

Ziel der Inobhutnahme Ziel der Inobhutnahme ist, die betroffenen Kinder bzw. Jugendlichen vorläufig bei geeigneten Personen oder Einrichtungen unterzubringen.

Begriff der Inobhutnahme „Inobhutnahme" ist eine zeitlich befristete Intervention zum Schutz der Kinder und Jugendlichen in Krisen- und Notsituationen.[93] Sie bein-

---

[93] Vgl. *Wiesner*, SGB VIII § 42 Rn. 1.

haltet die vorläufige Unterbringung bei einer geeigneten Person oder in einer geeigneten Einrichtung und Sorge für das physische und psychische Wohl, die Beratung in seiner gegenwärtigen Lage und das Aufzeigen von Möglichkeiten[94] der Hilfe und Unterstützung.

1. Voraussetzungen der Inobhutnahme

Eine Inobhutnahme kommt nur bei einem Kind oder einem Jugendlichen in Betracht. Kind ist, wer das 14. Lebensjahr (§ 7 Abs. 1 Nr. 1), Jugendlicher, wer das 14., aber noch nicht das 18. Lebensjahr vollendet hat (§ 7 Abs. 1 Nr. 2). Junge Volljährige können nicht nach § 42 in Obhut genommen werden. Bei diesen kommt nur eine Inobhutnahme nach den Polizeigesetzen bzw. den Unterbringungsgesetzen der Länder in Betracht.

Kind oder Jugendlicher

Das Jugendamt ist berechtigt und verpflichtet, ein Kind oder einen Jugendlichen in Obhut zu nehmen, wenn dieses/dieser darum bittet (sog. Selbstmelder; § 42 Abs. 1 S. 1 Nr. 1). Für die Bitte des Kindes oder Jugendlichen ist keine Form vorgeschrieben. Eine Begründung des Kindes ist nicht erforderlich.[95] Ein subjektives Schutzbedürfnis des Kindes/Jugendlichen ist ausreichend,[96] z.B. wenn es sich weigert, wieder nach Hause zurückzukehren, oder wenn die Eltern sich weigern, das Kind/den Jugendlichen wieder aufzunehmen. Die Aufnahme kann nicht von der Angabe des Namens des Kindes/Jugendlichen abhängig gemacht werden, sondern muss im Einzelfall anonym erfolgen.[97] Der Personensorgeberechtigte muss der Inobhutnahme nicht zustimmen. Eine Verletzung des Erziehungsrechts der Eltern (Art. 6 Abs. 2 GG) ist in der Inobhutnahme nicht enthalten. Dem Erziehungsrecht wird durch das weitere Verfahren hinreichend Rechnung getragen.[98]

Vorliegen eines Grundes für die Inobhutnahme
– Bitte des Kindes/ Jugendlichen

Das Jugendamt ist ferner zur Inobhutnahme eines Kindes oder eines Jugendlichen verpflichtet, wenn eine dringende Gefahr für dessen Wohl besteht (§ 42 Abs. 1 S. 1 Nr. 2). Die Vorschrift kommt insbesondere in Fällen zur Anwendung, in denen das Kind oder der Jugendliche durch einen Dritten (Polizei, Lehrer, Verwandte, Nachbarn) dem Jugendamt zugeführt werden. Dies kann auch gegen den Willen des Kindes oder Jugendlichen erfolgen.

– Dringende Gefahr für das Wohl des Kindes/Jugendlichen

Eine *dringende Gefahr* besteht, wenn „bei ungehindertem Verlauf des objektiv zu erwartenden Geschehens mit hinreichender Wahrscheinlichkeit das Wohl des Kindes oder des Jugendlichen gefährdet wird."[99] Eine Verletzung oder Schädigung muss nicht unmittelbar bevorstehen. Je höher der mögliche Schaden sein kann, umso geringer muss die Wahrscheinlichkeit des Schadenseintritts sein.[100] Ob eine Kindeswohlgefährdung vorliegt, ist im Einzelfall unter Berücksichtigung aller Umstände zu prüfen.[101] Eine dringende Gefahr liegt z.B. vor, wenn das Kind oder der Jugendliche sich

---

[94] Vgl. VGH BW Urteil v. 18.3.2002, NVwZ-RR 2002, 846.
[95] Vgl. *Wiesner*, SGB VIII § 42 Rn. 7.
[96] Vgl. OLG Zweibrücken FamRZ 1996, 1026 (1027); MüKoBGB/*Tillmanns*, SGB VIII § 42 Rn. 14.
[97] Vgl. *Wiesner*, SGB VIII § 42 Rn. 7; FK-SGB VIII § 42 Rn. 35.
[98] Vgl. *Wiesner*, SGB VIII SGB VIII § 42 Rn. 7.
[99] Vgl. *Wiesner*, SGB VIII SGB VIII § 42 Rn. 11.
[100] Vgl. BVerwGE 47, 31 (40).
[101] Vgl. *Czerner* ZfJ 2000, 379.

an einem sein Wohl gefährdenden Ort aufhält (Prostitutions- oder Drogenmilieu), aber auch, wenn ein Kind unterversorgt ist (z. B. nach einem Verkehrsunfall der Eltern).

Die Inobhutnahme nach § 42 Abs. 1 S. 1 Nr. 2 setzt voraus, dass die *Personensorgeberechtigten nicht widersprechen* oder eine familiengerichtliche Entscheidung nicht rechtzeitig eingeholt werden kann. Anders als bei Nr. 1 ist die Information der Personensorgeberechtigten Tatbestandsvoraussetzung. Damit wird der unterschiedlichen Interessenlage Rechnung getragen. Wird das Kind oder der Jugendliche von der Polizei aufgegriffen, setzen diese sich bereits mit den Eltern in Verbindung. Dem JA wird das Kind/ der Jugendliche nur zugeführt, wenn der Erziehungsberechtigte die Gefährdung nicht abwendet.

Widersprechen die Personensorgeberechtigten, darf das JA das Kind/ den Jugendlichen nur in Obhut nehmen, wenn und solange eine Entscheidung des FamG nicht rechtzeitig eingeholt werden kann. Gemeint ist damit, dass trotz unverzüglicher Anrufung des FamG bis zu dessen Entscheidung bereits Maßnahmen der Abwendung einer Gefährdung getroffen werden müssen.

Das JA hat das FamG auch dann anzurufen, wenn die Personensorgeberechtigten sich unterschiedlich äußern.[102]

– Unbegleitet einreisende Minderjährige
Das JA hat unbegleitet nach Deutschland einreisende Kinder oder Jugendliche, deren Erziehungs- oder Personensorgeberechtigten sich nicht in Deutschland aufhalten, in Obhut zu nehmen (sog. unbegleitet einreisende Minderjährige, § 42 Abs. 1 S. 1 Nr. 3). Nicht anzuwenden ist die Vorschrift bei Ferienaufenthalten des Kindes oder des Jugendlichen.

Bei Kindern und bei Jugendlichen, die das 16. Lebensjahr noch nicht vollendet haben, ist der Privilegierungstatbestand des § 14 Abs. 2 S. 1 Nr. 2 AsylVfG erfüllt, so dass sie nicht der Wohnpflicht in einer Aufnahmeeinrichtung nach § 47 Abs. 1 AsylVfG unterliegen. Bei 16- und 17jährigen Jugendlichen steht die Inobhutnahme dagegen in Widerspruch mit dieser Wohnpflicht. In der Praxis scheitert die Inobhutnahme oftmals daran, dass das JA nicht über die Aufnahme in ein Ausländerwohnheim informiert werden muss. In der Lit. wird zur Lösung der Pflichtenkollision Folgendes vorgeschlagen: Die Ausländerbehörde informiert das JA über die Aufnahme des Jugendlichen. Das JA prüft den erzieherischen Bedarf. Besteht dieser, wird der Jugendliche aus der Aufnahmeeinrichtung entlassen. Besteht er dagegen nicht, verbleibt der Jugendliche in der Aufnahmeeinrichtung.[103] Eine Kollision kann ferner mit der Wohnpflicht nach § 15a AufenthG entstehen.

Das JA hat eine Erstversorgung des eingereisten Minderjährigen sicherzustellen. Möglichst schnell nach der Einreise ist ein Vormund oder ein Pfleger zu bestellen (§ 42 Abs. 3 S. 4 SGB VIII).

Unmittelbare Rückführung des Kindes/ Jugendlichen nicht möglich
Ist eine unmittelbare Rückführung des Kindes oder des Jugendlichen möglich, kommt eine Inobhutnahme nach § 42 nicht in Betracht. Ein Kind/Jugendlicher ist insbesondere dann in Obhut zu nehmen, wenn das Kind/der Jugendliche die Adresse bzw. die Telefonnr. der Eltern nicht an-

---

[102] Vgl. *Wiesner*, SGB VIII § 42 Rn. 15.
[103] Vgl. *Wiesner*, SGB VIII § 42 Rn. 18.

geben will oder kann (z. B. wegen Drogenkonsums) oder wenn die Eltern nicht erreichbar sind.

2. Inhalt der Inobhutnahme

Die Inobhutnahme bezweckt, Kindern und Jugendlichen in akuten Krisen- bzw. Gefahrensituationen sozialpädagogische Schutzmaßnahmen bereitzustellen.

Aus der Befugnis zur Unterbringung in § 42 Abs. 1 S. 2 folgt das Recht zur Bestimmung des Aufenthalts des Minderjährigen. Eine Befugnis zu freiheitsentziehenden Maßnahmen enthält die Vorschrift nicht. Diese wird in § 42 Abs. 5 geregelt.

Die in Obhut genommenen Kinder und Jugendlichen werden bei einer geeigneten Person, in einer geeigneten Einrichtung oder einer sonstigen betreuten Wohnform untergebracht. Die Einrichtung bzw. die Betreuungsperson müssen über die erforderliche fachliche Kompetenz und Ausstattung verfügen. Einrichtungen idS sind z. B. Kinder- und Jugendnotdienst, Jugendschutzstellen, Jugendschutzzentren und Mädchen(Frauen)häuser sowie im Einzelfall geeignete Einrichtungen der Kinder- und Jugendpsychiatrie. Geeignete Einrichtungen sind auch die Stellen der sog. familiären Bereitschaftsbetreuung sowie für unbegleitet eingereiste ausländische Kinder/Jugendliche eingerichtete Clearinghäuser. Geeignete Personen und Einrichtungen sind nur solche, die eine ausreichende Betreuung des Kindes/Jugendlichen gewährleisten. Die Unterbringung in Polizeigewahrsam oder in einem Hotel oder einer Pension ohne pädagogische Betreuung ist nicht ausreichend.[104]

Das JA muss ein bedarfsgerechtes Angebot sicherstellen (§ 79). Dabei muss es insbesondere gewährleisten, dass den zielgruppenspezifischen, insbesondere den geschlechtsspezifischen Anforderungen Rechnung getragen wird.[105] Die Angebote müssen leicht und rund um die Uhr erreichbar sein.[106] Eine ausdrückliche Verpflichtung zur Schaffung solcher Einrichtungen fehlt dem SGB VIII. Sie findet sich aber vereinzelt in den Ländern, z. B. in § 27 Abs. 2 JuFöG Schleswig-Holstein.

Die Aufgaben im Zusammenhang mit der Inobhutnahme sind grundsätzlich vom JA wahrzunehmen. Das Jugendamt kann allerdings anerkannte Träger der freien Jugendhilfe (§ 75) an der Durchführung der Inobhutnahme beteiligen. Es bleibt aber auch dann für die Erfüllung der Aufgabe verantwortlich (§ 76 Abs. 2). Durch die Übertragung der Aufgabe an einen anerkannten Träger der freien Jugendhilfe wird ein öffentlich-rechtliches Auftragsverhältnis begründet, das zu Aufwendungsersatzansprüchen der freien Träger nach § 670 BGB analog führt.

§ 42 Abs. 1 S. 2 Hs. 2 berechtigt das JA zur Wegnahme des Kindes oder des Jugendlichen von anderen Personen. Seit Inkrafttreten von § 42 nF ist der Begriff der „anderen Personen" in einem weiten Sinne zu verstehen. Die Wegnahme ist damit auch beim Personensorgeberechtigten zulässig.

Zweck der Inobhutnahme

Unterbringung des Kindes/Jugendlichen

Gewährleistungspflicht des JA

Übertragung an die freien Träger

Wegnahme des Kindes

---

[104] Vgl. *Wiesner*, SGB VIII § 42 Rn. 23; VGH Ba-Wü. ZfJ 2004, 153; Menzel/Ziegler, Jugendhilferecht. 1997. Rn. 183.
[105] Vgl. *Wiesner*, SGB VIII § 42 Rn. 27.
[106] Vgl. *Wiesner*, SGB VIII § 42 Rn. 28.

Voraussetzungen   Die Wegnahme setzt eine dringende Gefahr für das Wohl des Kindes oder des Jugendlichen voraus. Nicht erforderlich ist, dass die Gefahr von der anderen Person ausgeht. Ausreichend ist, dass die andere Person nicht bereit ist, die Gefahr abzuwenden. Hohe Anforderungen sind an die Inobhutnahme eines Neugeborenen zu stellen. Ein Säugling darf unmittelbar nach seiner Geburt gegen den Willen der Mutter nur aus deren Obhut genommen werden, wenn außergewöhnlich zwingende Gründe vorliegen.[107]

Kein unmittelbarer   § 42 Abs. 1 S. 2 Hs. 2 berechtigt das JA nicht zur Anwendung unmit
Zwang   telbaren Zwangs. Es darf weder die Wohnung aufbrechen noch darf es die Gegenwehr der Personensorgeberechtigten oder sonstiger Personen mit Gewalt überwinden.

Hinzuziehung der   Ist der Einsatz von Gewalt erforderlich, muss das JA Beamte des Poli
Polizei   zeivollzugsdienstes hinzuziehen. Mitarbeiter und Mitarbeiterinnen des JA selbst dürfen nur bei einer gegenwärtigen, nicht anders abwendbaren Gefahr für Leib oder Leben des Kindes oder anderer Personen Gewalt einsetzen, wenn eine Abwägung der widerstreitenden Interessen ergibt, dass durch die Gewaltanwendung das hierdurch geschützte Interesse wesentlich überwiegt (§ 34 StGB). In diesem Fall ist die Gewaltanwendung gerechtfertigt, so dass eine strafrechtliche Ahndung ausscheidet. Dasselbe gilt, wenn sie selbst angegriffen werden.

Erziehung,   Bei den Hilfen und Unterstützungsmöglichkeiten hat das JA nicht nur
Beaufsichtigung und   geeignete Angebote nach dem SGB VIII zu prüfen, sondern auch zu klä
Betreuung   ren, ob eine Überweisung oder Vermittlung an andere Stellen in Betracht kommt, z. B. an Drogenberatungsstellen, Kinder- und Jugendpsychiatrie, Jugendsozialarbeit oder Schuldnerberatung.

Ausübung der   Während der Inobhutnahme übt das JA Erziehungsrechte aus. Die
Erziehungsrechte   Inobhutnahme führt indessen nicht zum Verlust des Sorgerechts der Personensorgeberechtigten.[108] Dies zeigt sich allein schon daran, dass das JA den mutmaßlichen Willen des Personensorge- bzw. Erziehungsberechtigten zu berücksichtigen hat (§ 42 Abs. 2 S. 4 Hs. 2). Umstritten ist, in welchem Verhältnis die Befugnisse des JA zur elterlichen Sorge stehen.[109]

Vornahme von   Das JA ist berechtigt, alle zum Wohl des Kindes oder Jugendlichen not
Rechtshandlungen   wendigen Rechtshandlungen vorzunehmen. Mit der Inobhutnahme erhält das JA kraft öffentlichen Rechts eine Rechtsposition, die das elterliche Sorgerecht für die Dauer der Inobhutnahme überlagert.[110] U. a. hat das JA die Befugnis zur Vertretung des Kindes/Jugendlichen. So darf es z. B. einen ärztlichen Behandlungsvertrag abschließen. Bei der Ausübung des Sorgerechts hat das JA den mutmaßlichen Willen des Personensorgeberechtigten zu berücksichtigen (§ 42 Abs. 2 S. 4 Hs. 2). Insoweit steht dem JA kein Entscheidungsspielraum zu. In der Praxis ist die Feststellung des mutmaßlichen Willens nicht immer einfach.

---

[107] Vgl. EuGHMR FamRZ 2005, 585.
[108] H. M., vgl. MüKoBGB/*Tillmanns*, § 42 SGB VIII Rn. 15.
[109] Vgl. *Röchling* in LPK-SGB VIII § 42 Rn. 17 ff.
[110] Vgl. *Wiesner*, SGB VIII Rn. 31; *Röchling* in LPK-SGB VIII § 42 Rn. 19 ff.; *Ollmann* FamRZ 2000, 261 (262); FK-SGB VIII § 42 Rn. 44).

Aus der Rechtsstellung des JA ergibt sich insbesondere dessen Verpflichtung bei der Aufnahme des Kindes/Jugendlichen in Bereitschaftspflege, die Pflegeperson sorgfältig auszuwählen und zu kontrollieren. Eigene unmittelbare Aufsichtspflichten hat es dagegen nicht.[111] Verletzt das JA seine Pflichten, kommen Schadensersatzansprüche aus Amtspflichtverletzung (§ 839 BGB i.V.m. Art. 34 GG) in Betracht.

Sorgfältige Auswahl der Stelle

Während der Inobhutnahme hat das JA Unterhalt zu gewähren (§ 42 Abs. 2 S. 3). Dies geschieht durch die Zahlung entweder von Leistungsentgelten oder von mit den Bereitschaftsstellen vereinbarten Pauschalbeträgen. Ferner hat es Krankenhilfe zu leisten, soweit das Kind/der Jugendliche nicht anderweitig gegen Krankheit abgesichert ist (vgl. § 10 Abs. 1 S. 1).

Unterhalt und Krankenhilfe

Unter den Voraussetzungen des § 42 Abs. 5 ist das JA zu freiheitsentziehenden Maßnahmen berechtigt. Die Regelung gilt sowohl für Selbstmelder als auch bei dringender Gefahr als auch bei unbegleitet eingereisten Minderjährigen.

Freiheitsentziehende Maßnahmen

Freiheitsentziehende Maßnahmen liegen dann vor, wenn das Kind auf einem beschränkten Raum festgehalten, ständig überwacht und die Aufnahme von Kontakten mit Personen außerhalb des Raums verhindert wird. Bloße Freiheitsbeschränkungen sind dagegen z.B. die Sicherung von Kleinkindern, begrenzte Ausgehzeiten oder der Abschluss eines Hauses oder eines Gebäudetraktes während der Nachtstunden.[112]

Begriff: Freiheitsentziehende Maßnahmen

Für die Freiheitsentziehung ist eine bloße dringende Gefahr für das Wohl des Kindes oder des Jugendlichen nicht ausreichend. Gründe einer freiheitsentziehenden Maßnahme können sein:

Gründe

- Lebensgefahr
  Lebensgefahr besteht sowohl bei einer Gefahr der Tötung eines anderen Menschen als auch einer Selbsttötung.
- Leibesgefahr
  Leibesgefahr ist nicht jede drohende einfache Körperverletzung, sondern nur schwere Körperverletzungen einschließlich drohender schwerer Erkrankungen.

Die Freiheitsentziehung muss geeignet und erforderlich sein, die bezeichneten Gefahren abzuwenden. Hierbei ist insbesondere zu prüfen, ob die Gefahr mit milderen Mitteln abgewendet werden kann.

Geeignetheit und Erforderlichkeit

Die Freiheitsentziehung darf nur für den Tag der Freiheitsentziehung und den darauf folgenden Tag ohne gerichtliche Entscheidung erfolgen (§ 42 Abs. 5 S. 2). Soll die Maßnahme darüber hinaus aufrechterhalten werden, ist eine Entscheidung des Gerichts erforderlich.

Das JA ist verpflichtet, das FamG zumindest in den Fällen, in denen absehbar ist, dass die Gefahr für Leben oder Leib nicht bis zum Ablauf des zweiten Tages behoben sein wird, unverzüglich anzurufen, damit dessen Entscheidung rechtzeitig vorliegt.

Str. ist, wie zu verfahren ist, wenn die Gefahr nach Ablauf des zweiten Tages vorliegt, aber eine Anrufung des Gerichts unterblieben ist oder dessen Entscheidung noch nicht vorliegt. Teilweise wird im Schrifttum die Auffassung vertreten, dass in diesem Fall die Freiheitsentziehung auf-

---

[111] Vgl. OLG Stuttgart JAmt 2005, 474.
[112] Vgl. *Wiesner*, SGB VIII § 42 Rn. 56.

rechterhalten werden kann, weil die Gefährdung von Leib und Leben das Freiheitsinteresse des Kindes oder Jugendlichen überwiegt und damit der Rechtfertigungsgrund des § 34 StGB erfüllt ist.

Für die freiheitsentziehende Maßnahme bedarf es eines gesonderten Verwaltungsakts.

3. Verfahren der Inobhutnahme

Zuständigkeit   Für die Inobhutnahme eines Kindes oder Jugendlichen ist der örtliche Träger der öffentlichen Jugendhilfe sachlich zuständig (§ 85 Abs. 1). Die örtliche Zuständigkeit richtet sich nach dem tatsächlichen Aufenthaltsort des Kindes/Jugendlichen (§ 87).

Kostenerstattung durch zuständiges JA   Das JA, das die Inobhutnahme vorgenommen hat, hat einen Anspruch auf Erstattung der Kosten gegen das JA, in dem das Kind/der Jugendliche seinen gewöhnlichen Aufenthalt hat.

Verwaltungsakt   Die Entscheidung über die Inobhutnahme eines Kindes/eines Jugendlichen ist ein Verwaltungsakt. Der Verwaltungsakt kann schriftlich, mündlich oder konkludent mit der Unterbringung des Kindes oder des Jugendlichen erlassen werden (vgl. § 33 SGB X). Adressat des Verwaltungsakts ist das Kind/der Jugendliche unabhängig von seinem Alter. In dem Verwaltungsakt wird die vorläufige Ausübung der elterlichen Sorge, der Aufenthalt des Kindes oder des Jugendlichen sowie die zu gewährende pädagogischen Hilfen bestimmt. Das JA ist berechtigt, die sofortige Vollziehbarkeit des Verwaltungsakts anzuordnen.

§ 36 SGB I ist nicht anzuwenden, da es sich bei einer Inobhutnahme nicht um eine Sozialleistung, sondern um eine andere Aufgabe handelt. Eine andere Interpretation würde zu einer nicht vertretbaren Kürzung des Rechtsschutzes von Kindern und Jugendlichen unter 15 Jahren führen.

Kontakt zu Vertrauensperson   Wer Vertrauensperson iSv § 42 ist, bestimmt das Kind/der Jugendliche. Eine Verpflichtung zur Benennung einer solchen Person besteht nicht. Vertrauenspersonen müssen nicht zwingend die Eltern, sondern können auch andere Personen (Geschwister, Freunde, Priester) sein. Vor allem bei Konflikten mit den Eltern wird sich das Kind oder der Jugendliche häufig an andere Personen wenden.

Das JA muss den Kontakt auch dann ermöglichen, wenn es die genannte Person nicht für vertrauenswürdig hält. Nur wenn Tatsachen vorliegen, aus denen sich eine Gefahr für das Wohl des Kindes oder des Jugendlichen (§ 1666 BGB) ergibt, muss es den Kontakt unterbinden. In diesem Fall muss es die Benachrichtigung einer anderen Vertrauensperson ermöglichen.[113]

Benachrichtigung der Eltern   Das JA hat die Eltern unverzüglich über die Inobhutnahme nach § 42 Abs. 1 S. 1 Nr. 1 (Selbstmelder) oder Nr. 2 (dringende Gefahr) zu benachrichtigen.[114] Die Information beschränkt sich nicht auf die bloße Mitteilung der Inobhutnahme, sondern umfasst aufgrund des Schutzzwecks der Norm auch die Pflicht des JA, zwischen Eltern und Kind bzw. Jugendlichen zu vermitteln.[115]

---

[113] Str.; vgl. *Wiesner*, SGB VIII § 42 Rn. 29.
[114] Zu den Problemen der Information der Eltern nach Abs. 1 S. 1 Nr. 2 s. *Wiesner*, SGB VIII § 42 Rn. 35.
[115] Vgl. *Wiesner*, SGB VIII § 42 Rn. 36.

Unverzüglich ist die Information der Eltern, wenn sie ohne schuldhaftes Zögern des JA erfolgt. Nicht schuldhaft ist das Zögern, wenn das JA zunächst abklärt, ob eine Rückführung des Kindes/des Jugendlichen in die Familie oder eine Anrufung des FamG bei Widerspruch sinnvoll ist. Insoweit wird von einer unverzüglichen Information im Schrifttum auch dann ausgegangen, wenn sie im Einzelfall erst nach ein bis zwei Tagen erfolgt.[116] Ob dies ausreichend ist, hängt nicht nur von den Möglichkeiten der Erreichbarkeit (Tages- bzw. Nachtzeit, Entfernung, Telefonanschluss, etc.), sondern auch vom Alter ab. So ist bei Kindern unbedingt noch am selben Tag ein telefonischer Kontakt oder eventuell auch ein Fax, E-Mail oder Telegramm erforderlich, während bei älteren Minderjährigen eine Benachrichtigung auch noch am nächsten Tag eventuell auch postalisch) geschehen kann. Hier kommt es vor allem auf die voraussichtlichen „Ängste und Sorgen" der Personensorge-Berechtigten an, sowie darauf, ob bisher überhaupt Kontakte bestanden, ob sie Kenntnis vom „Entweichen" „Herumtreiben" etc. haben oder nicht

Der Umfang der Benachrichtigung ist (in beiden Fällen) nicht geregelt und steht somit im pflichtgemäßen Ermessen des JA. So kann es schädlich sein, den Eltern brieflich oder auch telefonisch bereits den gesamten Hintergrund für die Inobhutnahme mitzuteilen; vielmehr ist dies besser der persönlichen gemeinsamen Beratung vorzubehalten. Auf keinen Fall erscheint jedoch eine Telefon- oder Briefzensur der Minderjährigen zulässig, auch nicht aus Sicherheitsgründen. Dann ist schon eher der beabsichtigte oder tatsächliche Unterbringungsort vor den Minderjährigen zu verbergen.

Mit dem Personensorge- oder Erziehungsberechtigten muss das Gefährdungsrisiko abgeschätzt werden (§ 42 Abs. 3 S. 1). Ggfs. erfolgt diese Risikoabschätzung bereits in dem Verfahren nach § 8a Abs. 1 S. 2.

Widersprechen die Personensorgeberechtigten der Inobhutnahme nicht, ist ein Hilfeplanverfahren nach § 36 SGB VIII einzuleiten. Die Inobhutnahme endet erst mit der Entscheidung über die Gewährung einer Anschlusshilfe (§ 42 Abs. 4 Nr. 2). Mit dieser Regelung stellt der Gesetzgeber sicher, dass eine Lücke in der sozialpädagogischen Unterstützung geschlossen wird.[117]

Widersprechen die Personensorge- oder Erziehungsberechtigten der Inobhutnahme, hat das JA das Kind/den Jugendlichen den Personensorge- oder Erziehungsberechtigten zu übergeben, sofern nach seiner Einschätzung eine Gefährdung des Kindeswohls nicht besteht oder die Personensorge- oder Erziehungsberechtigten bereit und in der Lage sind, die Gefährdung abzuwenden (§ 42 Abs. 3 S. 2 Nr. 1).

Übergabe bedeutet, dass dem Personensorge- oder Erziehungsberechtigten Gelegenheit zu geben ist, das Kind/den Jugendlichen an einem genau bezeichneten Ort abzuholen. Das JA hat dafür Sorge zu tragen, dass sich das Kind zur Übergabe bereithält. Es ist aber nicht berechtigt, das

Unverzüglich

Keine Zensur zulässig

Abschätzung des Gefährungsrisikos

Hilfeplanverfahren

Übergabe des Kindes

---

[116] Vgl. FK-SGB VIII § 42 Rn. 33, *Wiesner*, SGB VIII Rn. 37; enger wohl *Röchling* in LPK-SGB VIII § 42 Rn. 38.
[117] S. die Regierungsbegründung in BT-Drucks 15/2676 S. 37. Zu den verfassungsrechtlichen Bedenken s. FK-SGB VIII Rn. 8. Zu den Zuständigkeitsproblemen s. *Wiesner*, SGB VIII § 42 Rn. 42.

Kind zwangsweise festzuhalten.[118] Eine Verpflichtung, das Kind/den Jugendlichen zu den Eltern zu begleiten, besteht nicht. Im Einzelfall ist das JA aber berechtigt, dies zu tun, insbesondere wenn die Personensorge- oder Erziehungsberechtigten nicht in der Lage sind, das Kind abzuholen.

Anrufung des FamG   Liegen die Voraussetzungen für die Übergabe des Kindes nicht vor, ist das JA verpflichtet, das FamG anzurufen. Ermessen steht dem JA insoweit nicht zu.[119] Es muss die Entscheidung des FamG herbeiführen, wenn der Personensorgeberechtigte nicht bereit oder in der Lage ist, die Gefährdung abzuwenden. Das FamG hat nicht darüber zu entscheiden, ob die Inobhutnahme rechtmäßig war. Es hat vielmehr die notwendigen sorgerechtlichen Entscheidungen zu treffen. Inhalt der Entscheidungen des FamG können insbesondere Maßnahmen nach § 1666 BGB sein, z.B. die Verpflichtung der Eltern zur Inanspruchnahme bestimmter Hilfen, der Entzug des elterlichen Sorgerechts und die Übertragung auf einen Pfleger (siehe S. 325 ff.).[120]

Die Anrufung des FamG muss unverzüglich erfolgen. Verzögert sich danach die Entscheidung des FamG, kann dies dem JA nicht vorgeworfen werden.

Kann der Personensorgeberechtigte oder der Erziehungsberechtigte nicht erreicht werden, ist ebenfalls das FamG einzuschalten (§ 42 Abs. 3 S. 3).

Bestellung eines Vormunds/Pflegers   Bei der Inobhutnahme eines ausländischen Kindes oder Jugendlichen, das unbegleitet einreist und in der Bundesrepublik Deutschland keinen Personensorge- oder Erziehungsberechtigten hat, ist unverzüglich ein Pfleger oder ein Vormund zu bestellen. Die Bestellung erfolgt durch das FamG. Das Gericht ist innerhalb weniger Tage einzuschalten. Bei verspäteter Einschaltung erlischt der Kostenerstattungsanspruch gegen den überörtlichen Träger nach § 89d.[121]

Rechtsmittel   Die Inobhutnahme Minderjähriger durch das JA ist ein Verwaltungsakt, der nur im verwaltungsgerichtlichen Verfahren angefochten werden kann, d.h., zunächst käme hier ein Widerspruch gemäß §§ 68 ff. VwGO beim JA und dann Anfechtungsklage beim Verwaltungsgericht (§ 42 VwGO) in Betracht. Denn der Gesetzgeber ist Anregungen, die Kontrolle dem FamG zu übertragen, bisher nicht gefolgt.

4. Ende der Inobhutnahme

Die Dauer der Inobhutnahme ist vor allem für die Kostenerstattung von Bedeutung.[122]

Übergabe des Kindes/ Jugendlichen   Die Inobhutnahme endet mit der Übergabe des Kindes oder des Jugendlichen an den Personensorge- oder Erziehungsberechtigten und mit der Entscheidung über die Gewährung von Hilfen (§ 42 Abs. 4). Eine Entscheidung über die Gewährung von Hilfen meint nicht nur die Hilfen nach dem SGB VIII, sondern alle Leistungen nach dem SGB.[123]

---

[118] Vgl. *Wiesner*, SGB VIII § 42 Rn. 44.

[119] Vgl. *Czerner* ZfJ 2000, 371 (377).

[120] Vgl. *Wiesner*, SGB VIII § 42 Rn. 47.

[121] Vgl. BVerwG ZfJ 2000,31; krit. zur Praxis, bei Jugendlichen auf eine Bestellung eines Vormund oder Pflegers zu verzichten *Wiesner*, SGB VIII § 42 Rn. 50.

[122] Vgl. BVerwG ZfJ 2000, 31, BVerwG ZfJ 2005, 23.

[123] Vgl. *Wiesner*, SGB VIII § 42 Rn. 53.

Eine Übergabe an den Personensorge- oder den Erziehungsberechtigten liegt auch dann vor, wenn das Kind bzw. der Jugendliche nicht in den elterlichen Haushalt zurückkehrt, sondern z. B. in einem Internat, einer Aufnahmeeinrichtung oder einer Sammelunterkunft untergebracht wird.[124] Die Inobhutnahme endet dagegen nicht, wenn das Kind bzw. der Jugendliche in einer stationären Einrichtung untergebracht wird.

Trotz fehlender gesetzlicher Regelung endet die Inobhutnahme ferner, wenn das Kind sich der Inobhutnahme entzieht.[125]

5. Kostenbeteiligung

Zu den Kosten der Inobhutnahme können die Personensorgeberechtigten nach § 91 Abs. 1 Nr. 6 i.V.m. § 93 herangezogen werden.

Inobhutnahme

Inobhutnahme ist gem. § 42 Abs. 1 S. 2 die vorläufige Unterbringung von Minderjährigen

– bei einer geeigneten Person oder
– in einer geeigneten Einrichtung oder
– in einer geeigneten sonstigen Wohnform.

Voraussetzungen jeder Inobhutnahme (§ 42 Abs. 1 S. 1):

– Minderjährige sind entweder ohne oder in unzureichender Obhut,
– PS-Inhaber widersprechen nicht oder bei Widerspruch kann FamG-E nicht rechtzeitig eingeholt werden,
– eine geeignete Unterbringungsmöglichkeit ist vorhanden.

Verbindliche Verpflichtung des JA zur Inobhutnahme:

– Minderjährige bitten das JA darum (§ 42 Abs. 1 S. 1 Nr. 1),
– wegen dringender Kindeswohlgefährdung (§ 42 Abs. 1 S. 1 Nr. 2),
– ausländische Mdje. kommen unbegleitet in die BRD und weder Personensorge- noch Erziehungsberechtigte halten sich hier auf (§ 42 Abs. 1 S. 1 Nr. 3).

Pflichten des JA bei jeder Inobhutnahme:

– den Mdjen. ist unverzüglich die Benachrichtigung einer Person ihres Vertrauens zu ermöglichen (§ 42 Abs. 2 S. 2),
– Personensorge-/Erziehungs-Berechtigte unverzüglich benachrichtigen u. mit ihnen Gefährdungsrisiko abschätzen (§ 42 Abs. 3 S. 1), und bei deren Widerspruch oder Nichterreichbarkeit unverzüglich entweder Übergabe der Mdjen. oder Herbeiführung einer FamG-E über erforderliche Maßnahmen (vgl. § 42 Abs. 3 S. 2 u. 3),
– beraten, unterstützen, Perspektiven entwickeln (§ 42 Abs. 2 S. 1),
– unverzügliche Einleitung eines Hilfeplanverfahrens zur Gewährung einer Hilfe, sofern die Personensorgeberechtigten der Inobhutnahme nicht widersprechen (§ 42 Abs. 3 S. 5),
– notwendigen Unterhalt/notwendige Krankenhilfe sicherstellen (§ 42 Abs. 2 S. 3),

---

[124] Vgl. *Wiesner*, SGB VIII § 42 Rn. 52.
[125] Vgl. *Wiesner*, SGB VIII § 42 Rn. 54.

> – Vornahme aller zum Kindeswohl notwendigen Rechtshandlungen unter angemessener Berücksichtigung des mutmaßlichen Willens der Personensorge-/Erziehungsberechtigten (§ 42 Abs. 2 S. 4).
>
> **Freiheitsentziehende Maßnahmen** gem. § 42 Abs. 5 nur zulässig, wenn
>
> – sie erforderlich sind, um eine dringende Gefahr für Leib oder Leben der Minderjährigen oder für andere Personen abzuwenden und
> – das FamG diese spätestens im Laufe des nächsten Tages genehmigt.

II. Pflegekinderschutz

Reduzierte Aufsicht   Das SGB VIII hat die zu Zeiten des *JWG* bestehende ständige Aufsicht des JA über sämtliche Pflegeverhältnisse erheblich reduziert, insbesondere die Erlaubnispflicht weit gehend eingeschränkt, da das „Wächteramt" des JA hier nur *Missbrauchs-Aufsicht* beinhaltet (zur Problematik von Pflegekindverhältnissen und zur unterschiedlichen Terminologie siehe S. 91 ff.).

Fünf Arten von Pflegeverhältnissen   Hier sind fünf verschiedene Arten von Pflegeverhältnissen zu unterscheiden:

1. Tagespflege ohne JA-Vermittlung (*ohne* Erziehungsbedarf)
2. Tagespflege gemäß §§ 22 ff. (*ohne* Erziehungsbedarf)
3. Tagespflege als Hilfe zur Erziehung (*mit* Erziehungsbedarf) gemäß § 32 S. 2 oder § 33 S. 2
4. Wochen- u. Dauerpflege als HzE (*mit* Erziehungsbedarf) gemäß § 32 S. 2 oder § 33 S. 2
5. Wochen- u. Dauerpflege mit/ohne JA-Vermittlung (*ohne* Erziehungsbedarf)

Erlaubnisvorbehalt nur zur Mindeststandardsicherung

Erlaubnispflichtige Tagespflegefälle   Im Hinblick auf die spezifischen Anforderungen der Kindertagespflege wurde deren Erlaubnis getrennt von jener für Vollzeitpflege in § 43 geregelt. Der dort installierte Erlaubnisvorbehalt beinhaltet allerdings nur eine Mindeststandard-Sicherung, da die an eine Erlaubnis zu stellenden Voraussetzungen reduziert werden sollten. Danach benötigen Tagespflegepersonen nur noch dann eine Pflegeerlaubnis, wenn *sämtliche* nachfolgenden Merkmale erfüllt sind:

– Kinderbetreuung außerhalb der Wohnung des Erziehungsberechtigten
 (d. h., entweder in angemieteten oder in Räumen der Tagespflegeperson)

– während eines Teils des Tages
 (d. h., auch in Abend- oder Nachtstunden, da hier nur gegenüber der Vollpflege nach § 44 abgegrenzt werden sollte)

– mehr als fünfzehn Stunden wöchentlich
 (d. h., die – voraussichtlich – von der Tagespflegeperson – unabhängig von der Kinderzahl – insgesamt aufgewendete Betreuungszeit)

– gegen Entgelt
 (d. h., nicht notwendig „erwerbsmäßig", sondern lediglich mehr als gegen bloße Erstattung getätigter Aufwendungen, da Betreuungen durch „gefällige" Verwandte, Freunde, Nachbarn etc. erlaubnisfrei bleiben sollten)

– länger als drei Monate
 (d. h., maßgeblich ist hier die voraussichtliche Betreuungsdauer)

Erlaubnisfrei sind damit alle Pflegeverhältnisse, bei denen auch nur eines der vorgenannten Kriterien nicht vorliegt bzw. nicht zu prognostizieren ist.

> **Beispiele:** jegliche Betreuung von Kindern in deren Wohnung/Elternhaus unabhängig von deren Dauer und von einer Bezahlung (z.B. durch Tagesmütter, Kinderfrauen, Babysitter, Au-pair-Mädchen etc.);
> *außerhalb* ihrer Wohnung/Elternhaus unabhängig von deren Dauer jegliche unentgeltliche Betreuung

Es erscheint fraglich, ob diese Regelung einem Pflegekinderschutz noch gerecht wird.

Örtlich und sachlich zuständig für die Erlaubniserteilung ist der örtliche öffentliche Jugendhilfeträger, in dessen Bereich die Pflegeperson ihren gewöhnlichen Aufenthalt hat (§ 87a Abs. 1).

Nach § 43 Abs. 2 wird die Erlaubnis nur denjenigen Personen erteilt, die für die Kindertagespflege geeignet sind, d.h., die

– sich durch ihre Persönlichkeit, Sachkompetenz und Kooperationsbereitschaft mit Erziehungs-Berechtigten und anderen Tagespflegepersonen auszeichnen,
– über vertiefte Kenntnisse hinsichtlich der Anforderungen der Kindertagespflege verfügen, die sie in qualifizierten Lehrgängen erworben oder in anderer Weise nachgewiesen haben und
– über kindgerechte Räumlichkeiten verfügen.

Bei vorliegender Eignung haben Tagespflegepersonen einen einklagbaren Rechtsanspruch auf Erteilung einer Pflegeerlaubnis.

Diese wird nicht für das jeweils zu betreuende Kind erteilt, sondern berechtigt generell zur Betreuung von bis zu fünf fremden Kindern und ist auf fünf Jahre befristet (vgl. § 43 Abs. 3).

Die Betreuung eines Kindes in Tagespflege ohne erforderliche Erlaubnis kann (in jedem Einzelfall) mit Geldbuße bis zu 500,– EUR geahndet werden (vgl. § 104 Abs. 1 Nr. 1 iVbm Abs. 2).

Näheres zur Kindertagespflege kann das Landesrecht regeln (§ 43 Abs. 6). Dieses kann insbesondere vorsehen, dass die Zahl der zu betreuenden Kinder weiter eingeschränkt oder die Erlaubnis im Einzelfall für weniger als fünf Kinder erteilt wird (§ 43 Abs. 3 S. 3).

Im Gegensatz zur Erlaubnis bei Vollzeitpflege (§ 44) und bei Einrichtungen (§ 45) sieht § 43 weder negative Versagungsgründe noch Kontroll- oder Überwachungsbefugnisse für das JA vor. Allerdings sind Kindertagespflegepersonen verpflichtet, das JA über wichtige Ereignisse zu unterrichten, die für die Betreuung der Kinder bedeutsam sind (§ 43 Abs. 3 S. 6). Die Erlaubnisvorschrift sieht auch keine Möglichkeit der Rücknahme oder den Widerruf einer erteilten Erlaubnis vor. Landesrecht kann dies aber vorsehen. Ansonsten ist dies nur unter den Voraussetzungen der §§ 44 ff. SGB X möglich.

III. Heimaufsicht

Das SGB VIII hat in den §§ 45–48a bundeseinheitliche Grundsätze der Heimaufsicht aufgestellt (ohne jedoch diesen – in der Praxis gebräuchlichen – Begriff zu verwenden), Einzelheiten aber dem Landesrecht überlassen (§ 49). Zielsetzung ist, mögliche Gefahren für das Wohl der zu betreuenden Minderjährigen künftig bereits im Rahmen des Erlaubnis-

Marginalia (right column):

Erlaubnisfreie Tagespflege

Problematische Regelung

Zuständigkeit

Eignung ist Voraussetzung für die Erlaubniserteilung

Kriterien

Rechtsanspruch auf Erlaubniserteilung
Umfang der Erlaubnis

Bei fehlender Erlaubnis ist Bußgeld möglich
Nähere Ausgestaltung landesrechtlich möglich

Keine Kontroll-/ Überwachungsmöglichkeiten des JA

**Grundsätze →
SGB VIII
Details → LandesR**

Zielsetzungen

verfahrens und ansonsten durch regelmäßige Überprüfung der Tages- und Heimeinrichtungen (einschließlich der betreuten Wohnformen) zu begegnen.

Zuständigkeit

Die Zuständigkeit liegt grundsätzlich beim LJA, das auch für die Beratung der Träger von Einrichtungen schon bei der Planung sowie später bei der Betriebsführung zuständig ist (vgl. § 85 Abs. 2 Nr. 6 u. 7). Die Beratungsaufgaben können aber für den örtlichen Bereich z.T. auch vom JA wahrgenommen werden (§ 85 Abs. 3).

Ohne Betriebserlaubnis Geldbuße

Das Betreiben von Einrichtungen iSd § 45 Abs. 1 S. 1 oder von sonstigen Wohnformen iSd § 48a Abs. 1 ohne erforderliche Erlaubnis kann mit Geldbußen bis zu 15 000,– EUR geahndet werden (vgl. § 104).

IV. Mitwirkung in familiengerichtlichen Verfahren

Beispiele

Das FamG hat Entscheidungen zu treffen, die elementare Auswirkungen für die gesamte Entwicklung eines Minderjährigen (z.T. sogar für sein gesamtes Leben) haben (z.B. Sorgerechtsregelungen im Scheidungsfall, Sorgerechtsentzüge, Vormundbestellungen, Anordnung des Verbleibs in einer Pflegestelle gegen den Willen der Eltern, Adoptionen). Dabei gerät das Kindeswohl meist in den Rechtsstreit der Erwachsenen und damit allzu leicht in den Hintergrund. Daraus resultiert die Gefahr, dass die Entscheidungen der Erwachsenen sich nicht so vom Kindeswohl leiten lassen, wie das nötig ist. Da das Kind aber weitaus am schwächsten und daher schon deswegen am schützenswertesten von allen involvierten Personen ist, hat das JA (generell wie speziell) die Aufgabe, die Interessen des Kindes zur Geltung zu bringen, und zwar stets offensiv, ja geradezu rigoros.

Wahrung des Kindeswohls durch das JA

Anhörung des JA

Aus den vorgenannten Gründen müssen die FamG vor ihren Entscheidungen, die Minderjährige betreffen, nicht nur gemäß §§ 159, 160 FamFG die Eltern (bzw. sonstige Personensorge-Berechtigte) und die Minderjährigen, sondern gemäß § 162 FamFG auch das JA anhören, d.h.: rechtzeitig über das Verfahren informieren und ihm die Möglichkeit zur Mitwirkung iSd § 50 Abs. 1 u. 2 (s. dazu unten) geben. Daraus leiten die Gerichte überwiegend eine Verpflichtung des JA zu einer gutachterlichen Stellungnahme für die Gerichte ab, der sie meist durch genaue Terminsetzung (und z.T. auch durch Themenvorgaben) Nachdruck zu verleihen suchen (leider fast immer mit Erfolg). Diese Vorgehensweise ist nicht nur strikt abzulehnen. Sie ist auch rechtswidrig! Das ergibt sich aus Folgendem:[126]

Gerichtliche Praxis z.T. unzulässig

Begründung: Unabhängigkeit des JA

Das JA ist Teil der öffentlichen Verwaltung, deren Aufgaben sich unmittelbar aus dem Gesetz ergeben. Es kann daher durch Gerichte weder zum Tätigwerden ermächtigt noch verpflichtet werden.

Kein Fall der Amtshilfe

Das JA ist den Gerichten auch nicht zur Amtshilfe verpflichtet, wie teilweise behauptet wird. Denn das verfassungsrechtliche Gebot des Art. 35 Abs. 1 GG gebietet nur Behörden mit gleichen Befugnissen, einander Amtshilfe zu leisten (sozusagen als „verlängerter Arm" der ersuchenden Stelle). § 3 Abs. 2 Nr. 2 SGB X stellt aber klar, dass es sich nicht um Amtshilfe handelt, wenn die begehrte Hilfeleistung in Handlungen besteht, die der ersuchten Behörde als eigene Aufgaben obliegen. Das ist

---

[126] Ausführlich dazu *Schleicher* in GK-SGB VIII, § 50, Rn. 12 ff. (mwN).

hier evident, denn FamG und JA sind völlig verschiedene Behörden mit ganz unterschiedlichen Aufgaben und Befugnissen.[127]

Eine solche Verpflichtung kann auch nicht etwa aus der Formulierung des § 50 Abs. 1 S. 2 hergeleitet werden (wie das der Bundesrat im Gesetzgebungsverfahren meinte), auf dessen Betreiben die jetzige Formulierung zurückgeht („… hat … mitzuwirken" statt: „… wirkt mit").[128] Denn daraus ergibt sich eben nur die (unbestrittene) Verpflichtung des JA, an diesen Gerichtsverfahren mitzuwirken. Wie, in welchem Umfang und mit welcher Zielsetzung es dies tut, muss das JA jedoch selbst entscheiden – und zwar nach fachlichen, ausschließlich am Kindeswohl orientierten Gesichtspunkten und nicht nach den Interessen des FamG. **Selbstständigkeit des JA**

Der Gesetzgeber wollte bereits durch die Formulierung der Überschrift zu § 50 („Mitwirkung") zum Ausdruck bringen, dass das JA hier „als Träger eigener Aufgaben" tätig wird, dabei eine „eigenständige Position gegenüber dem Gericht hat", „nicht Hilfsorgan des Gerichts" und somit auch „nicht weisungsgebunden" ist.[129] Dies ist zu begrüßen. Denn die Gerichte vertreten häufig die Meinung, aus dem Anhörungsrecht des JA ergäbe sich zugleich dessen Verpflichtung zu einer Art gutachtlichen Stellungnahme vor Gericht (s.o. S. 118). Noch weniger ist das JA Ermittlungsbehörde der Gerichte[130]. **JA kein Hilfsorgan von FamG**

Es ist also lediglich ein weit verbreiteter Irrtum, wenn diese wichtige Aufgabe des JA, die Interessen des Kindes vor Gericht zu wahren, in der Praxis als „Familien- und Vormundschaftsgerichts*hilfe*" bezeichnet wird. Es wäre viel eher der Ausdruck „Kinder- (oder: Minderjährigen-) Hilfe" gerechtfertigt. Am besten ist es jedoch, diese wichtige Jugendhilfaufgabe „Familiengerichts*arbeit*" zu nennen. Damit kann man nämlich einerseits von vornherein jedes Missverständnis, das JA würde für die Gerichte tätig, vermeiden und zugleich auch deutlich darauf hinweisen, dass es sich hier um eine gesetzlich vorgesehene, eigenständige Aufgabe der Jugendhilfe in Form der Zusammenarbeit mit den FamG handelt, bei der häufig sehr viel „Überzeugungsarbeit" geleistet werden muss, um das Kindeswohl hinreichend zur Geltung zu bringen. **JA ist keine Ermittlungsbehörde Bezeichnung Gerichtshilfe irreführend**

Minderjährigenhilfe oder Gerichtsarbeit wäre richtig

Für das JA ist die „Familiengerichtsarbeit" eine Pflichtaufgabe, an der es jedoch die anerkannten freien Jugendhilfeträger beteiligen oder ihnen deren Ausführung übertragen kann; die *Letztverantwortung* bleibt jedoch stets beim JA (vgl. §§ 3 Abs. 3 u. 76). **Primär JA-Aufgabe, freie Träger aber möglich**

Aufgabenstellung nach dem SGB VIII
Bei allen Maßnahmen, die die Personensorge für Minderjährige betreffen, unterstützt das JA die FamG (§ 50 Abs. 1 S. 1), d.h., das JA bringt – je nach Erforderlichkeit des Einzelfalles – die fachlichen Gesichtspunkte vor Gericht zur Geltung, die für die weitere Entwicklung der Minderjährigen wesentlich sind[131]. **Fachliche Aspekte einbringen**

---

127 Ausführlich dazu *Schleicher* in GK-SGB VIII, § 50, Rn. 7 ff. (mwN).
128 Siehe BT-Drucks 11/5948, S. 138.
129 So ausdrücklich die Gesetzesbegründung, BT-Drucks. 11/5948, S. 87.
130 Dazu *Schleicher*, aaO, Rn. 16 ff.
131 Zur Divergenz der Funktionen von JA u. FamG (Hilfe- bzw. Entscheidung) *Schleicher*, aaO, § 50, Rn. 7–11.

Die Mitwirkungspflicht des JA gemäß § 50 Abs. 1 S. 2 beinhaltet Folgendes:

Hilfeangebot möglich?

Die gesetzlich festgelegte Anhörung ist für das JA Anlass, eingehend zu prüfen, ob (und ggfs. inwieweit) im Einzelfall ein fachgerechtes Leistungs- und Hilfeangebot erfolgen muss – und zwar im Hinblick auf das Kind möglichst wenig beeinträchtigende Konfliktlösungen zu erzielen. Dabei kommt der Perspektive weiterer Hilfsmöglichkeiten besondere Bedeutung zu.

Grenzen der Mitwirkung

Die konkrete Mitwirkung des JA im jeweiligen Gerichtsverfahren wird bestimmt durch seine gesetzliche Aufgabenstellung sowie den Datenschutz. Das bedeutet:

Kindeswohl vertreten „Anwalt des Kindes"

Das JA hat Jugendhilfe zu leisten und damit allein das Wohl des Kindes zu wahren sowie berechtigte Interessen anderer Familienmitglieder zu beachten, sofern diese hierzu nicht in Widerspruch stehen. Diese Aufgabenstellung ergibt sich aus den §§ 1 und 17 (siehe dazu S. 42 f., 66 ff.). Mit der Formulierung, „… in Verfahren … mitzuwirken", sollte zudem zum Ausdruck kommen, dass hier nur eine ständige Zusammenarbeit dem Kindeswohl dienen kann, nicht jedoch, dass das JA etwa Ermittlungsbehörde der Gerichte sei (s. dazu auch oben).

Mitteilung an Gerichte nur zum Kindeswohl

Unter diesem Blickwinkel ist auch § 50 Abs. 2 zu sehen, d. h.: Das JA unterrichtet in Sorgerechtsverfahren die Gerichte nur dann über angebotene und erbrachte Jugendhilfeleistungen, bringt erzieherische und soziale Entwicklungsaspekte ein und weist auf weitere Hilfsmöglichkeiten hin, wenn ihm dies im Interesse des Kindes und seiner Familie gerechtfertigt erscheint.

Datenschutz beachten

Bei alledem muss das JA strikt die Datenschutzbestimmungen des SGB VIII beachten, insbesondere § 64 Abs. 2 und § 65 Abs. 1 Nr. 2 (siehe dazu S. 121 ff.).[132]

Verfehlte Sicht

Es ist also nicht nur sozialpädagogisch völlig verfehlt, wenn z. T. noch gegenüber Klienten erklärt wird: „Sie wissen ja, dass ich einen Bericht an das Gericht geben muss", sondern dieses Vorgehen verstößt auch zugleich gegen datenschutz- wie strafrechtliche Bestimmungen, die aus Gründen des besonderen Vertrauensschutzes die Übermittlung von Sozialdaten – zu Recht – verbieten, denn es geht um das hohe Rechtsgut der Selbstbestimmung des Menschen (s. dazu S. 121).

Zu den Aufgaben des JA bei einer *Kindeswohlgefährdung* s. S. 46 ff.

V. Beistandschaften, Amtspflegschaften, Amtsvormundschaften

JA als Beistand, Pfleger, Vormund

In den vom BGB vorgesehenen Fällen (siehe dazu S. 269 ff.; 296 ff.; 373 ff.) wird das JA (und nicht der öffentliche Jugendhilfeträger) Beistand, Pfleger oder Vormund (§ 55 Abs. 1), d. h.: das JA besitzt für diesen Fall ausnahmsweise eigene Rechtspersönlichkeit und tritt daher bei Ausführung seiner Aufgaben als Behörde selbst auf.

Aufgabenerfüllung durch JA-Mitarbeiter als gesetzl. Vertreter

Die Ausübung der Aufgaben in o. a. Funktionen überträgt das JA einzelnen seiner Beamten oder Angestellten (§ 55 Abs. 2 S. 1), die dann insoweit gesetzliche Vertreter der Minderjährigen sind (§ 55 Abs. 2 S. 3). Auf die Führung der Beistandschaften, Amtspflegschaften, Amtsvormundschaften kommen die Bestimmungen des BGB zur Anwendung, soweit

---

[132] Dazu *Schleicher* in GK-SGB VIII, § 50, Rn. 64.

sich nicht aus dem SGB VIII etwas anderes ergibt (§ 56 Abs. 1). Das ist
z. B. gemäß § 56 Abs. 2–4 der Fall.

Den Eintritt von gesetzlichen Amtsvormundschaften (s. dazu S. 377 f.)
hat das JA dem FamG unverzüglich mitzuteilen (§ 57). Bei bestellten
Amtsvormundschaften (s. dazu S. 377 f.) sowie bei Pflegschaften ist dies
nicht nötig, weil diese ohnehin vom FamG eingerichtet werden. Bei Beistandschaften entfällt ebenfalls eine Mitteilungspflicht, weil hier keinerlei
Kontrolle durch das FamG besteht (s. dazu S. 299).

**Mitteilungspflichten
gegenüber dem FamG**

G. Datenschutz

I. Vorbemerkungen

Die in der Jugendhilfe Tätigen erhalten überwiegend sehr persönliche Daten von ihren Klienten (z. B. über Einkommen, Schulden, Beruf, Gesundheit, Partnerbeziehungen, psychologische Probleme, Straftaten). Denn
ohne Offenlegung ihrer Privatheit können sie entweder nicht die richtige
oder gar keine Hilfe bekommen. Die betroffenen Bürger müssen sich daher
darauf verlassen können, dass mit den von ihnen preisgegebenen höchstpersönlichen Informationen sehr sorgfältig umgegangen wird, sie insbesondere nicht zugleich für andere Zwecke verwendet werden, sie also weder
anderen Personen noch Stellen zugänglich sind. Denn es ist schlechterdings
unmöglich, eine vertrauensvolle helfende Beziehung zu Klienten aufzubauen, wenn diese befürchten müssen, dass die der Jugendhilfe bekannt
gewordenen Sachverhalte an andere Stellen oder Gerichte weitergegeben
werden. Auch wenn die Gerichte dies erwarten oder sogar nachdrücklich
fordern (s. dazu S. 188), ist auch ihnen hier meist Einhalt zu gebieten,
denn die Wahrung des Datenschutzes sowie der gesetzlichen Schweigepflicht und des Dienstgeheimnisses (siehe dazu unten Kapitel IX.) stehen
dem überwiegend entgegen. Aus diesem Grund wurde bei Schaffung des
Sozialgesetzbuches im Jahre 1975 eine Vorschrift aufgenommen, die jedem
einen Anspruch gewährt, dass Einzelangaben über seine persönlichen und
sachlichen Verhältnisse (diese werden „Sozialdaten" genannt) von den einzelnen Leistungsträgern (d. h. der Renten-, Kranken-, Sozial-, Jugendhilfe
etc.) als **Sozialgeheimnis** (das ist seitdem der offizielle gesetzgeberische
Ausdruck) gewahrt und nicht unbefugt übermittelt werden (§ 35 Abs. 1
S. 1 SGB I). Wann eine Übermittlung von Sozialdaten zulässig ist, regeln
die §§ 67–78 des SGB X, und zwar unabhängig davon, in welchem „Datenträger" sie sich befinden (Dateien, Akten, EDV) oder ob sie überhaupt
nicht aufgezeichnet worden sind. Die §§ 78a–80 SGB X regeln zusätzlich
die Datenverarbeitung (d. h.: die Speicherung, Veränderung, Nutzung) und
die §§ 81–84a SGB X die Rechte der Betroffenen (d. h.: Ansprüche auf
Auskunft, Schadensersatz, Berichtigung, Sperrung, Löschung).

**Hintergrund:
Offenbarungszwang**

Schutz vor Weitergabe

**Wahrung des
Sozialgeheimnisses**

1983 hat dann das *BVerfG* im sog. *„Volkszählungsurteil"* aus verfassungsrechtlichen Gründen weitere Anforderungen an den Datenschutz gestellt.
Es hat nämlich aus Art. 2 Abs. 1 GG (freie Persönlichkeitsentfaltung)
iVbm Art. 1 GG (Unantastbarkeit der Menschenwürde) ein Grundrecht
des einzelnen Menschen auf **informationelle Selbstbestimmung** abgeleitet.[133] Damit hat das *BVerfG* dem Datenschutz nicht nur Verfassungs-

BVerfG: Grundrecht

---

[133] BVerfGE 65, S. 1 = NDV 1984, S. 155 = NJW 1984, S. 419.

rang verschafft, sondern zugleich dem Einzelnen einen Garantieanspruch zuerkannt, selbst zu entscheiden, wann und innerhalb welcher Grenzen seine persönlichen Lebenssachverhalte offenbart werden.

Eingriffsvoraussetzungen sind eng begrenzt

Eingriffsmöglichkeiten in dieses „neue" Grundrecht hat das *BVerfG* eng begrenzt. Sie sind nur zulässig, wenn:

- Voraussetzungen und Umfang für den Bürger klar erkennbar sind,
- das Allgemeininteresse unter Wahrung der Verhältnismäßigkeit überwiegt und
- der Verwendungszweck bereichsspezifisch und präzise bestimmt ist.

Eigener Datenschutz im SGB VIII

Diesen Anforderungen war im Bereich der Jugendhilfe durch die §§ 67–77 aF SGB X nicht genügend Rechnung getragen. Es ist daher sehr zu begrüßen, dass in der Schlussphase des Gesetzgebungsverfahrens zum KJHG auf Anregung des Bundesrates noch ein bereichsspezifischer Datenschutz für die gesamte Jugendhilfe aufgenommen wurde, der z.T. eine Konkretisierung, aber z.T. auch eine bedeutsame Erweiterung der datenschutzrechtlichen Regelungen der im SGB I und X enthaltenen Vorschriften (s. o.) darstellt (was im Hinblick auf die vom *BVerfG* aufgestellten verfassungsrechtlichen Anforderungen trotz der allgemeinen „Sperre" des § 37 S. 2 SGB I möglich war).

Bedeutsamster Teil des SGB VIII

Dieser Teil des SGB VIII ist vielleicht der einzige echte, neu geschaffene Bereich gegenüber dem *JWG* (d. h. der nicht nur etwas gesetzlich legitimiert hat, was vor Schaffung des SGB VIII schon Praxis war). Er ist aber mit Sicherheit der für die gesamte Jugendhilfe bedeutsamste Teil des SGB VIII, denn seine speziellen Datenschutzbestimmungen zwingen die Praxis (hoffentlich), Arbeitsweise und Funktion der Jugendhilfe stets zu überdenken und neu zu bestimmen.

Datenschutz zwingt zur Reflexion des Handelns

Definitionen

Wichtige Datenschutzbegriffe sollen der Erläuterung des speziellen Datenschutzes des SGB VIII vorangestellt werden:

Datei

Eine Datei ist gemäß § 67 Abs. 3 SGB X:
1. eine Sammlung von *Sozialdaten*, die durch automatisierte Verfahren nach bestimmten Merkmalen ausgewertet werden kann (automatisierte Datei) *oder*
2. jede sonstige Sammlung von Sozialdaten, die gleichartig aufgebaut ist und nach bestimmten Merkmalen zugänglich ist und ausgewertet werden kann *(nicht automatisierte Datei).*
Nicht hierzu gehören Akten/Aktensammlungen, es sei denn, dass sie durch automatisierte Verfahren verarbeitet, genutzt und ausgewertet werden können.

Sozialdaten

Sozialdaten sind Einzelangaben über persönliche oder sachliche Verhältnisse einer bestimmten (oder bestimmbaren) Person („Betroffener"), die von einer Stelle iSd § 35 SGB I im Hinblick auf ihre Aufgaben nach dem SGB erhoben, verarbeitet oder genützt werden (§ 67 Abs. 1 S. 1 SGB X).

Datenerhebung

Datenerhebung ist das Beschaffen von Daten über den Betroffenen (§ 67 Abs. 5 SGB X).

Verarbeiten

Verarbeiten ist das Speichern, Verändern, Übermitteln, Sperren und Löschen von Sozialdaten (§ 67 Abs. 6 S. 1 SGB X).

Speichern

Speichern ist das Erfassen, Aufnehmen oder Aufbewahren von Sozialdaten auf einem Datenträger zum Zwecke ihrer weiteren Verarbeitung oder Nutzung (§ 67 Abs. 6 S. 2 Nr. 1 SGB X).

Verändern ist das inhaltliche Umgestalten gespeicherter Sozialdaten (§ 67 Abs. 6 S. 2 Nr. 2 SGB X).

Verändern

Übermitteln ist gem. § 67 Abs. 6 S. 2 Nr. 3 SGB X das Bekanntgeben gespeicherter oder durch Datenverarbeitung gewonnener Sozialdaten an einen Dritten („Empfänger") in der Weise, dass

Übermitteln

a) die Daten durch die speichernde Stelle an den Empfänger weitergegeben werden oder
b) der Empfänger von der speichernden Stelle zur Einsicht oder zum Abruf bereit gehaltene Daten einsieht oder abruft.

Übermitteln im Sinne dieses Gesetzbuches ist auch das Bekanntgeben nicht gespeicherter Sozialdaten (§ 67 Abs. 6 S. 2 Nr. 3 SGB X).

Sperren ist das vollständige oder teilweise Untersagen der weiteren Verarbeitung oder Nutzung von Sozialdaten durch entsprechende Kennzeichnung (§ 67 Abs. 6 S. 2 Nr. 4 SGB X).

Sperren

Löschen ist das Unkenntlichmachen gespeicherter Sozialdaten (§ 67 Abs. 6 S. 2 Nr. 5 SGB X).

Löschen

Nutzen ist jede Verwendung von Sozialdaten, soweit es sich nicht um Verarbeitung handelt; dazu zählt auch die Weitergabe innerhalb der verantwortlichen Stelle (§ 67 Abs. 7 SGB X).

Nutzen

Anonymisieren ist das Verändern von Sozialdaten derart, dass die Einzelangaben über persönliche sachliche Verhältnisse nicht mehr oder nur mit einem unverhältnismäßig großen Aufwand an Zeit, Kosten- und Arbeitskraft einer bestimmten oder bestimmbaren Person zugeordnet werden können (§ 67 Abs. 8 SGB X).

Anonymisieren

Pseudonymisieren ist das Ersetzen von Namen/anderen Identifikationsmerkmalen durch Kennzeichen, um die Bestimmung des Betroffenen auszuschließen oder wesentlich zu erschweren (§ 67 Abs. 8a SGB X).

Pseudonymisieren

Dritter ist jede Person oder Stelle außerhalb der verantwortlichen Stelle mit Ausnahme der Betroffenen sowie der Daten erhebenden, verarbeitenden oder nutzenden Personen oder Stellen (§ 67 Abs. 10 SGB X).

Dritter

Öffentliche Stelle ist jede Bundes- oder Landesbehörde einschließlich der Organe der Rechtspflege (vgl. § 2 Abs. 1 u. 2 BDSG).

Öffentliche Stelle

Nichtöffentliche Stelle ist jede natürliche und juristische Person, Gesellschaft und andere Personenvereinigung des Privatrechts, soweit sie nicht unter § 81 Abs. 3 SGB X fallen (vgl. § 67 Abs. 11 SGB X).

Nichtöffentliche Stelle

Verantwortliche Stelle ist jede Person oder Stelle, die Sozialdaten für sich selbst erhebt, verarbeitet oder nutzt oder dies durch andere im Auftrag vornehmen lässt; werden Sozialdaten bei einem Leistungsträger im Sinne von § 12 SGB I erhoben, verarbeitet oder genutzt, ist verantwortliche Stelle der Leistungsträger; ist der Leistungsträger eine Gebietskörperschaft, so sind verantwortliche Stelle die Organisationseinheiten, die eine Aufgabe nach einem der besonderen Teile des SGB funktional durchführen (vgl. § 67 Abs. 9 SGB X).

Verantwortliche Stelle

II. Anwendungsbereich

Verhältnis der Datenschutznormen des SGB VIII zu denen von SGB I u. X

§ 61 Abs. 1 SGB VIII stellt klar, dass in der Jugendhilfe außer den eigenen bereichsspezifischen Datenschutznormen (vgl. §§ 61–68) auch die für sämtliche Sozialleistungsträger geltenden Datenschutzvorschriften zu beachten sind, d. h. § 35 SGB I (Wahrung des „Sozialgeheimnisses") sowie die §§ 67–85a SGB X. Das bedeutet Folgendes:

§§ 61–68 SGB VIII sind vorrangig gegenüber SGB X Bindend für alle Stellen der öffentl. u. freien Träger

Die Datenschutzbestimmungen des SGB VIII kommen zu den bereits bestehenden Vorschriften des SGB I und X hinzu (vgl. § 61 Abs. 1 S. 1), d. h., sie gehen diesen im Einzelfall vor.

Sie gelten für alle Stellen der öffentlichen Jugendhilfeträger, soweit diese JuHi-Aufgaben wahrnehmen (§ 61 Abs. 1 S. 2), also unabhängig davon, wie deren Dienste oder Einrichtungen heißen, ob sie in deren „Zentralbehörde" JA eingegliedert sind oder eigene Behörden darstellen (wie z. B. z. T. der ASD). Sie gelten auch für kreisangehörige Gemeinden und Gemeindeverbände, soweit diese gemäß § 69 Abs. 5 Jugendhilfeaufgaben wahrnehmen, ohne örtliche Jugendhilfeträger zu sein (§ 61 Abs. 1 S. 3).

Verantwortung der öffentlichen Träger bzgl. Datenschutzwahrung durch freie Träger

Werden von freien Jugendhilfeträgern Einrichtungen oder Dienste in Anspruch genommen, so ist sicherzustellen (das bedeutet nach § 3 Abs. 2 S. 2 durch die öffentlichen Jugendhilfeträger), dass ebenfalls der Datenschutz in vollem Umfang gewährleistet ist (§ 61 Abs. 3) – eine schwer zu lösende Aufgabe, da hier einerseits Kontrollen nötig sind, aber andererseits die Eigenständigkeit der freien Träger zu wahren ist (vgl. § 4 Abs. 1 S. 2). Das bedeutet, dass der öffentliche Jugendhilfeträger nur überprüfen kann (und muss!), welche Maßnahmen der freie Träger generell ergreift, um den Schutz von Sozialdaten zu gewährleisten. Es ist jedoch keine konkrete Einzelüberprüfung zulässig. (Diese würde ohnehin eine unzulässige Verwendung der betreffenden Sozialdaten darstellen.) Im Übrigen gelten für die freien Jugendhilfeträger die für sie maßgeblichen datenschutzrechtlichen Regelungen, für nicht-kirchliche Träger also das Bundes- oder das Landesdatenschutzgesetz, für Kirchliche Träger das kirchliche Datenschutzrecht der jeweiligen Konfession.

III. Datenerhebung

Beginn des Schutzes

Der Schutz der Sozialdaten beginnt mit ihrer Erhebung (und zwar egal, wie das geschieht). Kennzeichnend für die Erhebung ist, dass die Datengewinnung gezielt betrieben wird. Zufällig erlangte Informationen werden darunter also nicht verstanden (die jedoch ebenfalls geheimhaltungspflichtig sind!).

Voraussetzungen

Nach § 62 Abs. 1 ist die Datenerhebung nur dann zulässig, soweit ihre Kenntnis zur Erfüllung der jeweiligen Aufgabe (damit ist der Einzelfall gemeint) erforderlich ist. Das bedeutet, dass alle in der Jugendhilfe Tätigen vorher für sich klären müssen, welche Informationen sie für die jeweilige Jugendhilfeaufgabe wirklich benötigen. Um dies feststellen zu können, müssen sie zuvor ihre Arbeit sowie ihr Vorgehen genau überdenken

Erhebung „auf Vorrat" unzulässig

und dürfen auf keinen Fall Daten „auf Vorrat" sammeln,[134] wie das früher (oder auch heute noch?) „gerne" geschah („Wenn sich schon mal die Gelegenheit bietet, Informationen zu bekommen, so sollte man sie nutzen."). Diese Art des Vorgehens ist selbst dann nicht gerechtfertigt, wenn die Betroffenen bereit sind, diese Daten preiszugeben.

---

[134] So auch ausdrücklich BVerfG, E v. 13.7.2007 – 1 BvR 1550/03; 2357/04; 603/05.

Die Datenerhebung ist also nur zulässig, wenn sie:

erforderlich sowie zweck- und einzelfallorientiert ist.

So plausibel und rechtsstaatlich wichtig und richtig das alles ist, so kann die Bestimmung des erforderlichen Datenbedarfs im Einzelfall jedoch durchaus problematisch sein, da im Jugendhilferecht die Leistungsvoraussetzungen fast immer durch unbestimmte Rechtsbegriffe („Kindeswohl, erzieherischer Bedarf, für Entwicklung geeignet und notwendig, Gefährdung der Entwicklung" etc.) umschrieben werden, die stets im Einzelfall ausfüllungsbedürftig sind. Dies hat nach vorheriger rechtlicher und fachlicher Abwägung zu geschehen und ist entsprechend der Entscheidung des *BVerfG* von 1983 zum Volkszählungsgesetz (siehe oben unter I.) den Betroffenen transparent zu machen. **Problematik**

Die Fachlichkeit spielt auch die entscheidende Rolle bei der Datenverarbeitung in reinen Beratungsfällen außerhalb eines Verwaltungsverfahrens. Denn hier gibt es keinerlei rechtliche Vorgaben. Die vorstehenden Grundsätze der Erforderlichkeit sowie der Zweck- und Einzelfallorientierung sind jedoch im Hinblick auf die o. a. Entscheidung des *BVerfG* hier ebenfalls zu beachten.[135] **Beratungsfälle**

Zur Garantie des Rechts auf informationelle Selbstbestimmung schreibt § 62 Abs. 2 (§ 67a Abs. 2 SGB X entspricht dem weit gehend) vor, dass Daten (von Ausnahmen gemäß § 62 Abs. 3 abgesehen) nur beim Betroffenen erhoben werden dürfen (nicht also über andere Personen). Dabei muss der Klient über die Rechtsgrundlage der Erhebung und über den Verwendungszweck aufgeklärt werden, soweit dieser nicht offenkundig ist (z.B.: er will Sorgerechtsänderung erreichen). – Diese Vorschrift ist zwar sanktionslos gestaltet, Verstöße hiergegen[136] stellen jedoch zweifellos eine Verletzung sozialpädagogischer Prinzipien sowie der Dienstpflichten dar. **Grundsatz: Erhebung nur beim Betroffenen**

In bestimmten Fällen dürfen aber auch ohne Mitwirkung der Betroffenen (im zuvor beschriebenen Sinn) Sozialdaten erhoben werden. Dies betrifft zunächst gemäß § 62 Abs. 3 folgende Ausnahmefälle: **Ausnahmen**

1. Wenn ein Gesetz dies erlaubt oder gar vorschreibt, wie das z.B. in § 87 AufenthG iVbm § 71 Abs. 2 Nr. 1d SGB X der Fall ist (s. dazu auch S. 52 f.)

2. a) Wenn die Erhebung beim Betroffenen nicht möglich ist
   (z.B. bei der Suche nach einer Fremdunterbringungsmöglichkeit; davon darf aber nicht ausgegangen werden, weil er Auskünfte verweigert!)

   oder

   b) die Aufgabe die Erhebung bei einem anderen erfordert
   (z.B. Vater möchte Besuchsrecht gegen den Willen der Mutter durchsetzen; hier müssen auch bei ihr Daten erhoben werden)

   und

---

[135] Ebenso: *Maas*, NDV 1990, S. 216.
[136] Zur Löschungspflicht unzulässig erhobener Daten *Kunkel* in LPK-SGB VIII § 61, Rn. 80.

c) die Kenntnis der Daten erforderlich ist für:
- die Feststellung der Voraussetzungen oder die Erfüllung einer Leistung nach dem SGB VIII **oder**
- die Feststellung der Voraussetzungen für die Erstattung einer Leistung nach § 50 SGB X **oder**
- die Wahrnehmung einer Aufgabe nach den §§ 42–48a, 52 **oder**
- die Erfüllung des Schutzauftrages bei Kindeswohlgefährdungen nach § 8a

Gefährliche Ausnahme

3. Wenn die Erhebung beim Betroffenen einen unverhältnismäßigen Aufwand erfordern würde und keine Anhaltspunkte dafür bestehen, dass schutzwürdige Belange des Betroffenen beeinträchtigt werden.
Dies ist eine gefährliche Ausnahme, denn es ist zu fragen, warum das Instrumentarium der §§ 61 ff. (insbesondere § 65) nicht ausreichen soll. Daher ist meines Erachtens von dieser Ausnahme des § 62 Abs. 3 Nr. 3 kein Gebrauch zu machen!

4. Wenn die Erhebung beim Betroffenen den Zugang zur Hilfe ernsthaft gefährdet
(z.B. bei Anzeichen von Gewalt, insbesondere sexuellem Missbrauch)

Weitere Ausnahme

Einen weiteren Ausnahmefall enthält § 62 Abs. 4 S. 1:
Sind die Betroffenen nicht identisch mit den Leistungsberechtigten der Jugendhilfe

Beispiele: Minderjährige, da nach § 27 Abs. 1 nicht sie, sondern deren Eltern für die Hilfe zur Erziehung leistungsberechtigt sind (s. dazu S. 81)

oder sonst an der Jugendhilfeleistung beteiligt

Beispiele: nicht sorgeberechtigter geschiedener Vater, volljährige Geschwister, Großeltern, Lehrer, Ausbilder, Arbeitgeber,

Kindeswohl entscheidet

so dürfen die Daten über die Betroffenen (= Minderjährigen) auch beim Leistungsberechtigten (= Personensorge-Inhaber) oder den anderen „nicht beteiligten" Personen erhoben werden, wenn die Kenntnis der Daten für die Jugendhilfeleistung notwendig ist. Das ist nach fachlichen, allein am Kindeswohl orientierten Gesichtspunkten zu entscheiden.

IV. Datenspeicherung

Voraussetzungen wie bei der Erhebung

Datenerhebung und Datenspeicherung hängen eng zusammen. Daher gelten hier dieselben Zulässigkeitsvoraussetzungen wie dort, d.h., auch die Speicherung von Daten muss erforderlich sein und darf nur zweck- und einzelfallorientiert erfolgen. Nur unter diesen Voraussetzungen ist die Aufnahme von Sozialdaten in Akten oder die Speicherung auf sonstigen Datenträgern zulässig (vgl. § 63 Abs. 1 SGB VIII, § 67 Abs. 6 Nr. 1 SGB X). Andere Daten dürfen also nicht in die Akten aufgenommen oder sonst wo gespeichert werden.

Aktentrennung

§ 63 Abs. 2 S. 1 enthält den Grundsatz der Aktentrennung, denn danach ist die *Zusammenführung von Akten nur zulässig, wenn* und solange dies wegen eines unmittelbaren Sachzusammenhanges erforderlich (das ist eng auszulegen) ist. Das gilt nach § 62 Abs. 2 S. 2 auch für die Daten, die für Jugendhilfeleistungen erhoben worden sind (z.B. zur Scheidungsberatung nach § 17 oder zur Gewährung von HzE), und für solche, die zur Erfüllung sog. „anderer Aufgaben" der Jugendhilfe (s. dazu § 2 Abs. 2 sowie

S. 38) dienen (z. B. der Zusammenarbeit mit FamG oder dem Pflegekinderschutz).

Es sind also häufig zwei getrennte Akten anzulegen, d. h., eine (chronologisch geordnete) *allgemeine* Leistungsakte und eine *spezielle* Leistungsakte (auch „Fallakte" oder „Arbeitsplatzakte" genannt), die die sehr persönlichen Daten über die Hilfe Suchenden und evtl. über prozesshafte Interaktionen zwischen Klient und JA-Mitarbeiter enthält, wie das vor allem bei Beratungsakten der Fall ist. Letztere sind also immer getrennt von allgemeinen Leistungsakten zu führen.

Daneben kann es noch eine 3. Art von „Akten" geben, die jedoch besser nur als Notizen oder Gedächtnisstützen bezeichnet werden sollten. Im datenschutzrechtlichen Sinne gelten sie jedoch als Akten, sofern sie „Bestandteil eines Vorgangs werden sollen" (= Umkehrschluss aus § 3 Abs. 3 S. 2 BDSG). Da diese nur für den persönlichen Gebrauch bestimmt sind, dürfen sie nicht mit den anderen Akten zusammengeführt werden (und sind am besten bald zu vernichten).

Verschiedene Akten anlegen

Notizen bald vernichten

Weitere Beispiele zu allen drei Aktenarten enthalten die (sehr zu empfehlenden) 71 Thesen zur „Aktenführung in der kommunalen Sozialverwaltung", die der „Deutsche Verein für Öffentliche und Private Fürsorge", Fachausschuss IX (Organisation sozialer Dienste) in NDV 1990, S. 335–339 veröffentlicht hat und die im Einzelnen auch auf Datenschutzfragen eingehen *(sie sind nach wie vor aktuell)*.

V. Datenverwendung

Nach § 64 Abs. 1 dürfen Daten (was eigentlich in der Jugendhilfearbeit selbstverständlich sein sollte) nur zu dem Zweck verwendet werden, zu dem sie erhoben (d. h.: rechtmäßig gemäß § 62) worden sind (Zweckbindungsprinzip); anderenfalls ist eine Legitimation (die sog. Übermittlungsbefugnis nach den §§ 64, 65) erforderlich (siehe dazu unten VI.). *Der Erhebungs- und Verwendungszweck müssen sich also decken.*

Zweckbindungsprinzip

Dieser Verwendungsgrundsatz wird in § 64 Abs. 3 auf anonymisierte (siehe dazu § 67 Abs. 8 SGB X) Jugendhilfeplanungen nach § 80 ausgedehnt, sofern dies zur Erfüllung dieser Aufgaben jeweils erforderlich ist.

Ist der Bürger mit der Datenerhebung einverstanden, so deckt dies auch die zweckgebundene Verwendung und die vom *BVerfG* aufgestellten verfassungsrechtlichen Anforderungen (s. o. unter I.) sind erfüllt. Bei einer Zweckänderung ist also eine neue Legitimation erforderlich (d. h.: entweder erneute „Freigabe" der Daten *oder* eine gesetzliche Befugnis). Das gilt auch, wenn sich dies innerhalb derselben Stelle abspielt (z. B. im JA oder ASD).

Erneute Legitimation bei Zweckänderung erforderlich

Beispiel: Wurde zunächst eine Scheidungsberatung nach § 17 durchgeführt und wirkt später JA/ASD im Rahmen der Anhörung nach § 162 Abs. 1 FamFG im Scheidungsverfahren gemäß § 50 mit, so bedarf es hier der zusätzlichen Legitimation der Betroffenen. Das gilt auch, wenn ein enger zeitlicher Zusammenhang zwischen beiden Vorgängen besteht.

VI. Datenweitergabe/Übermittlungsbefugnis

Unter Übermittlung von Daten ist deren Weitergabe unter Änderung des Verwendungszwecks an andere öffentliche oder nichtöffentliche Stellen zu

Definition

Spezielle Legitimation erforderlich

verstehen, auch wenn es sich um solche innerhalb desselben Leistungsträgers (Landkreis, kreisfreie Stadt) oder auch derselben Behörde handelt (z. B. eine andere Abteilung oder Dienst des JA). Denn dann liegt eine Abweichung vom Erhebungszweck vor, die stets der besonderen *Legitimation* (d. h. entweder einer erneuten Einwilligung der Betroffenen *oder* einer speziellen gesetzlichen Übermittlungsbefugnis) bedarf. Diese regelt für die Jugendhilfe das SGB VIII. Das ist zu begrüßen, da somit der sehr weit gehende § 69 SGB X, der die Übermittlung von der Aufgabe her rechtfertigt (!), in der Jugendhilfe nicht uneingeschränkt zur Anwendung kommt, sondern durch §§ 64 Abs. 2 und 65 reduziert wird. Eine Weitergabe von personenbezogenen Daten ist nämlich (selbst wenn sie der Erfüllung gesetzlicher sozialer Aufgaben dient) nach § 64 Abs. 2 ausdrücklich nur in-

Schutz des SGB VIII, wenn Hilfe sonst gefährdet wäre

soweit zulässig, als dadurch der Erfolg einer zu gewährenden Jugendhilfeleistung nicht infrage gestellt wird. Das muss von der jeweiligen Stelle (JA, ASD oder anderer Jugendhilfedienst) im konkreten Einzelfall (und nicht etwa generell) sorgfältig geprüft werden, damit die gesetzlich vorrangig für schutzwürdig anerkannten Interessen der Klienten auch wirklich gewahrt werden. Zwar nicht gesetzlich vorgeschrieben, aber sozialpädagogisch zu beachten ist, dass diese Entscheidung nicht von der jeweiligen Stelle allein, sondern zumindest nach Besprechung (besser: im Einvernehmen) mit den Betroffenen erfolgt.

Bei Weitergabe an externe Fachkräfte ist Verschlüsselung nötig

Bei jeder (zulässigen) Weitergabe von Sozialdaten an Fachkräfte, die der verantwortlichen Stelle nicht angehören, ist vorgeschrieben, dass diese Sozialdaten zuvor anonymisiert oder pseudonymisiert werden, soweit die Aufgabenerfüllung dies zulässt (§ 64 Abs. 2a).

Kriterien für Verwendung

Entscheidend für die Verwendung von Daten ist stets die Zweckbindung ihrer Erhebung. Denn das informationelle Selbstbestimmungsrecht des Bürgers erfordert es, dass er die Entscheidung darüber hat (und behält), zu welchen Zwecken die einmal von ihm erhobenen Daten später verwendet werden. Die *Zweckänderung* ist also das Wesensmerkmal der Weitergabe oder Übermittlung von Daten und nicht so sehr deren Transport von einer Stelle zur anderen, sofern die Aufgabe dieselbe bleibt. Das bedeutet, dass z. B. mehrere Stellen des JA, die zur Fremdunterbringung eines Minderjährigen benötigt werden, alle zu diesem Zweck erhobenen Daten ohne zusätzliche Genehmigung erhalten können. Andererseits dürfen zu einem anderen Zweck erhobene Daten von derselben Stelle nicht ohne erneute *Legitimation* (s. o.) für andere ihr ebenfalls obliegende Aufgaben verwendet werden.

Problemfälle

Bei der Datenverwendung können für das JA und/oder den ASD (= je nach Organisationsmodell) vor allem Konflikte bei Beratungsfällen auftreten, die später in einem gerichtlichen Verfahren münden, in dem dann die Mitwirkung gemäß §§ 50, 52 von JA oder ASD vorgesehen ist (siehe dazu oben unter F. V.). Hier ist die Wirksamkeit der Beratung gesetzlich vorrangig vor der Mitwirkung im gerichtlichen Verfahren, d. h., es ist nur dann zulässig, Einzelheiten aus Beratungsgesprächen (einschließlich ihrem positiven oder negativen Ergebnis) zu verlautbaren, wenn die Klienten damit ausdrücklich einverstanden sind. Anderenfalls bleiben nur folgende Lösungen:

– entweder wird den Gerichten mitgeteilt, dass Jugendhilfeleistungen angeboten worden sind, ohne deren Ergebnis zu benennen, oder

– es werden alternative Hilfeempfehlungen abgegeben
z.B.: „Sollte das Gericht zur Überzeugung gelangen, dass … dann …, sollte
es …, dann …"[137],

auch wenn das im Einzelfall unbefriedigend erscheinen mag.

Trennung von Beratung und Mitwirkung in gerichtlichen Verfahren

Schon aus datenschutzrechtlichen Gründen muss eine klare Trennung der
Beratungen nach § 17 von der Mitwirkung in gerichtlichen Verfahren erfolgen[138]. Das bedeutet, dass die bei der Beratung erhobenen Daten nur
unter den oben genannten Voraussetzungen für die Mitwirkung vor den
FamG verwendet werden dürfen. Dabei ist es unerheblich, ob diese Aufgaben von verschiedenen oder vom selben Träger wahrgenommen werden, hierfür unterschiedliche Dienste zuständig sind oder diesbezüglich
sogar Personalunion besteht.

Personelle Aufgabentrennung

Wegen der auftretenden Zielsetzungskonflikte von JA und FamG[139], die
dem Vertrauensschutz sowie der Konsolidierung der familiären Situation
abträglich sind, rät der *9. Deutsche Familiengerichtstag*[140] „in Konfliktfällen"
zur personellen Aufgabentrennung.[141] Abgesehen davon, dass das zu einer
völlig unerwünschten *„Drehtür-Hilfe"* führen würde, kann man m.E. dadurch die bestehende Problematik nicht lösen, da auch die im Rahmen
der Aufgabenerfüllung nach § 50 erhobenen Daten dem besonderen Vertrauensschutz nach § 65 Abs. 1 S. 1 unterliegen.[142]

Gesteigerter Übermittlungsschutz nach § 65

Voraussetzung ist, dass es sich um „persönliche und erzieherische Hilfe" **Voraussetzungen**
handelt. Dieser Begriff knüpft an § 11 S. 2 SGB I an, wo diese Sozialleistungen in Abgrenzung zu Sach- und Geldleistungen den Dienstleis-
tungen zugeordnet werden. Die Vorschrift erfasst also nicht nur die HzE,
sondern auch Jugendhilfeleistungen gemäß §§ 11 ff. und §§ 22 ff., sofern
es sich dort nicht um Geld- und Sachleistungen handelt und damit auch
„andere Aufgaben" der Jugendhilfe (s. dazu unter F.). (Dabei können bezüglich der Intensität des Datenschutzes im Einzelfall durchaus Abgren-
zungsschwierigkeiten bestehen.)

Weitere Voraussetzung ist, dass die Daten zum Zweck der vorgenann- **„Anvertraute" Daten**
ten Hilfen „anvertraut" wurden. Mangels jeglicher näherer Definition
im Gesetzestext wie einer Gesetzesbegründung ist nicht verwunderlich,
dass dieser Begriff in der Praxis unterschiedlich interpretiert wird. Der
Schutzzweck des bereichsspezifischen Datenschutzes des SGB VIII sowie die in § 203 StGB vorgenommene gleichrangige Verwendung mit
„sonst bekannt geworden" gebieten m.E., den Begriff „anvertraut" weit

---

[137] *Mörsberger,* ZfJ 1990, S. 371.
[138] Ebenso: *Mörsberger* in ZfJ 1990, 370 und *Wiesner,* SGB VIII § 50, Rn. 57.
[139] Dazu *Schleicher,* in GK-SGB VIII, § 17, Rn. 26a, 26b sowie § 50 Rn. 7–11.
[140] FamRZ 1992, S. 144 unter II 2 c.
[141] FamRZ 1992, 144, unter II 2 c.
[142] Dazu *Schleicher* in GK-SGB VIII, § 50, Rn. 64 u. 67 sowie § 17 Rn. 27.

auszulegen.[143] Darunter fallen folglich alle Informationen, bei denen die Betroffenen sich auf die Verschwiegenheit der betreffenden JA-Mitarbeiter verlassen. Daher müssen diese Daten auch gar nicht im Einzelnen „mitgeteilt" worden sein. Vielmehr genügt es, dass Einblick in die persönlichen Verhältnisse gewährt wurde (wie z. B. anlässlich von Hausbesuchen). Denn geschützt werden sollen die Klienten, die zur Erlangung von Jugendhilfe ihren Privatbereich meist sehr weit öffnen müssen. Für eine weite Auslegung spricht weiter, dass gerade auch bei denjenigen Personen, die nicht dem Personenkreis des § 203 StGB angehören,

Beispiele: Erzieher(innen)/Kindergärtnerinnen, Diplompädagogen, Verwaltungsfachkräfte des JA und seiner Dienste

der Vertrauensschutz für die Klienten erreicht werden sollte. Das zeigt auch, dass der Normadressat in § 65 „der Mitarbeiter" eines öffentlichen Jugendhilfeträgers ist und nicht die Behörde, Stelle oder Dienst oder der Träger selbst.

Übermittlungsfälle   Wenn diese vorgenannten Voraussetzungen erfüllt sind, dürfen personenbezogene Daten nur in folgenden sechs Fällen übermittelt werden, wenn:

1. die Betroffenen hierzu ausdrücklich die Einwilligung erteilen (§ 65 Abs. 1 S. 1 Nr. 1),
2. ohne die Weitergabe der Daten angesichts einer Kindeswohlgefährdung eine dem JA notwendig erscheinende gerichtliche Entscheidung nicht ermöglicht werden könnte (§ 65 Abs. 1 S. 1 Nr. 2),

Beispiele: Entscheidungen des FamG gemäß § 1666, § 1632 Abs. 4 oder § 1628

3. personeller oder örtlicher Zuständigkeitswechsel sowie Anhaltspunkte für Kindeswohlgefährdungen vorliegen (vgl. § 65 Abs. 1 S. 1 Nr. 3),
4. Fachkräfte zur Abschätzung des Gefährdungsrisikos nach § 8a hinzugezogen werden – dann jedoch anonymisiert oder pseudonymisiert (vgl. § 65 Abs. 1 S. 1 Nr. 3),
5. es um die Verhinderung drohender, aber noch abwendbarer Straftaten iSd § 138 StGB geht (§ 65 Abs. 1 S. 1 Nr. 5),
6. rechtfertigender Notstand iSd § 34 StGB vorliegt, denn in diesen Fällen dürfen die in § 203 Abs. 1 u. 3 StGB genannten Personen ihre gesetzliche Schweigepflicht durchbrechen (§ 65 Abs. 1 S. 1 Nr. 5).

Außerdem ist auch hier § 64 Abs. 2 zu beachten, d. h., vor einer Datenweitergabe ist zusätzlich zur Zweckbindungsprüfung (s. o.) von der jeweiligen Jugendhilfestelle zu bedenken, ob dadurch nicht der Erfolg der Hilfe in Frage gestellt wird. Denn dieser Zulässigkeitsvorbehalt gilt auch für § 65.[144]

---

[143] Ebenso: *Maas*, NDV 1990, S. 215 (219) und sich daran anschließend: *Habermann/Tries* NDV 1990 S. 48 (49) u. *Lakies*, ZfJ 1991, S. 22 (33); einschränkend jedoch *Mörsberger*, ZfJ 1990, S. 365 (371); *Münder*, § 65 Rn. 6 ff.; aA: *Kunkel* in LPK-SGB VIII § 65 Rn. 8.
[144] *Wiesner/Mörsberger*, SGB VIII § 64, Rn. 18.

VII. Datenlöschung

Wenn Daten zu dem erhobenen Zweck nicht mehr benötigt werden, so besteht nach § 84 Abs. 2 S. 2 SGB X die Verpflichtung zur teilweisen oder völligen Löschung dieser Daten, die in Akten oder auf sonstigen Datenträgern gespeichert sind, sofern dadurch keine schutzwürdigen Interessen der Betroffenen beeinträchtigt werden können. Dazu genügt es, dass die Daten unkenntlich gemacht werden (§ 67 Abs. 6 Nr. 5 SGB X). Diese Verpflichtung besteht gem. § 84 Abs. 2 S. 1 SGB X auch, wenn die Speicherung der Sozialdaten unzulässig ist (z.B. weil sie zu Unrecht bei Dritten erhoben oder ohne erforderliches Einverständnis weitergegeben wurden).

VIII. Datensperrung

Wenn jedoch Grund zu der Annahme besteht, dass durch eine Löschung schutzwürdige Interessen der Betroffenen beeinträchtigt würden oder eine Löschung wegen der besonderen Art der Speicherung nicht oder nur mit unverhältnismäßig hohem Aufwand möglich ist, tritt gemäß § 84 Abs. 3 SGB X an Stelle der Löschung eine Sperrung (s. dazu S. 123) der Daten ein. Dasselbe gilt nach § 20 Abs. 4 BDSG, soweit die Richtigkeit vom Betroffenen bestritten wird und sich weder die Richtigkeit noch die Unrichtigkeit feststellen lässt.

Voraussetzung

Gesperrte Daten dürfen ohne Einwilligung der Betroffenen nur übermittelt oder genutzt werden, wenn

Folgen

1. es zu wissenschaftlichen Zwecken, zur Behebung einer bestehenden Beweisnot oder aus sonstigen im überwiegenden Interesse der speichernden Stelle oder eines Dritten liegenden Gründen unerlässlich ist *und*
2. die Daten hierfür übermittelt oder genutzt werden dürften, wenn sie nicht gesperrt wären (§ 84 Abs. 4 SGB X).

IX. Amts- und Dienstgeheimnisse

Bei der Weitergabe von Daten sind jedoch nicht nur Datenschutzbestimmungen, sondern zusätzlich auch noch die gesetzliche Schweigepflicht zu beachten, die nach dem StGB (sowie nach dem Beamten- und Arbeitsrechtrecht) gilt. Diese besteht u.a. für alle staatlich anerkannten Sozialarbeiter/Sozialpädagogen sowie für alle Ehe-, Familien-, Erziehungs-, Jugend- oder Suchtberater von amtlich anerkannten entsprechenden Beratungsstellen (vgl. § 203 Abs. 1 Nr. 4 und 5 StGB); dazu zählen auch deren berufsmäßige Gehilfen und Praktikanten (§ 203 Abs. 3 S. 2 StGB). Voraussetzung ist, dass ihnen ein „fremdes Geheimnis", insbesondere wenn es zum persönlichen Lebens-, Betriebs- oder Geschäftsbereich gehört, „anvertraut" oder „sonst bekannt geworden" ist (s. dazu S. 129 f.).

Gesetzliche Schweigepflicht

Wenn diese Personen als Angestellte oder Beamte im öffentlichen Dienst stehen, unterliegen sie auch dann der Schweigepflicht, wenn ihnen persönlich Daten im Rahmen ihrer Tätigkeit nicht selbst offenbart, aber bekannt geworden sind (vgl. §§ 203 Abs. 2, 353b StGB). Das bedeutet, dass diese Personen zur Weitergabe von Daten außer der Einwilligung der von den Daten Betroffenen auch der Genehmigung ihres Dienstvor-

Öffentlicher Dienst

gesetzten bedürfen. – Insofern sind also auch die nicht in § 203 Abs. 1 StGB genannten Erzieher(innen) sowie Verwaltungsfachkräfte der Jugend-, Sozial- und Gesundheitsämter zur Verschwiegenheit verpflichtet!

Aussagen im Strafprozess   Andererseits haben (mit Ausnahme der Berater nach §§ 3 und 8 *Schwangerenkonfliktgesetz* und der Berater für Fragen der Betäubungsmittelabhängigkeit) aber sämtliche vorgenannten Personen im Strafprozess kein Aussageverweigerungsrecht (§ 53 Abs. 1 StPO). Sie dürfen jedoch nur aussagen, sofern ihr Dienstvorgesetzter ihnen zum Beweisthema die Aussagegenehmigung erteilt hat (§ 54 StPO). Nach beamtenrechtlichen Bestimmungen darf diese nur versagt werden, wenn die Aussage für den Bund oder ein Bundesland nachteilig wäre oder hierdurch die Erfüllung öffentlicher Aufgaben ernstlich gefährdet oder erheblich erschwert würde. – Wenn die Aussagegenehmigung erteilt wird, müssen die Betreffenden also aussagen!

Aussageverweigerungsrecht in sonstigen gerichtlichen Verfahren   In Zivil-, Arbeits-, Verwaltungs- und Sozialgerichtsverfahren sind die von § 203 Abs. 1–3 StGB erfassten Personen (s. o.) jedoch berechtigt, die Aussage zu verweigern (vgl. §§ 383 Abs. 1 Nr. 6 ZPO, 30 FamFG, 46 ArbGG, 98 VwGO, 118 SGG). *Das gilt aber nicht, wenn* die Person, der gegenüber sie geheimhaltungspflichtig sind, sie von der Verschwiegenheit entbindet (§§ 385 Abs. 2 ZPO, 30 FamFG, 46 ArbGG, 98 VwGO, 118 SGG).

Kapitel 4. Jugendstrafrecht

Übersicht

Vorbemerkungen

Das Jugendstrafrecht ist ein Sonderstrafrecht für junge Täter. Es hat sich zum Ziel gesetzt, Straftäter, die ihre Tat in dem kritischen Übergangsstadium von Kindheit zum Erwachsensein begangen haben, nicht einfach zu bestrafen, sondern durch individuelle Maßnahmen so zur Verantwortung zu ziehen, dass sie von weiteren Straftaten abgehalten werden. Dem liegt die Erkenntnis zugrunde, dass Jugenddelinquenz häufig eher ein episodenhaftes und vorübergehendes Verhalten ist, das sich später im Erwachsenenalter meist nicht wiederholt oder sich auf wenige Bagatellverstöße reduziert.

Zielsetzungen des Jugendstrafrechts

Dies war auch das Ergebnis der Untersuchung der Ad-hoc-Kommission „Diversion" vom 5.2.1988, von dem die Konferenzen der Jugend- und Justizminister/senatoren (der alten Bundesländer) im Mai bzw. September 1988 zustimmend Kenntnis genommen haben.[1]

Im Vordergrund aller jugendstrafrechtlicher Überlegungen müssen daher die Erforschung der Täterpersönlichkeit – und nicht primär die Tat – sowie die richtige „Behandlung" des Täters stehen. Denn es ist seit langem anerkannt, dass fast alle Straftaten Jugendlicher (14–18 Jahre) und Heranwachsender (18–21 Jahre) ihre Ursache in ihrer Entwicklung/Sozialisation haben, die der Staat bei seinen strafrechtlichen Sanktionen daher beachten muss. Seine Reaktionen dürfen deshalb nicht primär (wie sonst im Strafrecht) von Vergeltung, Sühne, Buße, Sicherung der Allgemeinheit und Abschreckung bestimmt sein, sondern es muss versucht werden, die durch die Straftat aufgedeckten Entwicklungs- und Sozialisationsdefizite durch geeignete Hilfsmaßnahmen auszugleichen und – sofern möglich – zu beheben. Jugendstrafrecht muss daher Täterstrafrecht und Erziehungsstrafrecht sein.

„Täter"- und „Erziehungs"-Strafrecht

Aus diesen Erkenntnissen hat 1923 die jugendstrafrechtliche Gesetzgebung mit der Schaffung des Jugendgerichtsgesetzes (JGG) begonnen, das 1943 und 1953 weit gehend umgestaltet wurde und vor allem durch das 1. JGG-ÄndG aus dem Jahr 1990 weitere umfangreiche Änderungen erfahren hat. Das JGG hat – neben verfahrensrechtlichen Besonderheiten – abschließend die Reaktionsmöglichkeiten des Staates auf solche Straftaten festgelegt (vgl. die Übersicht auf den S. 166/167), die von noch nicht 21 Jahre alten Tätern begangen werden (vgl. § 1 Abs. 1 JGG). Allerdings

Regelung von: Sanktionen und Verfahren

---

[1] BMJ, „Diversion" im Deutschen Strafrecht, 1989 S. 11 ff.

kommen für volljährige Täter (= Heranwachsende) nicht automatisch die besonderen jugendrichterlichen Maßnahmen zur Anwendung, sondern nur bei Vorliegen bestimmter Voraussetzungen (s. dazu S. 136–139).

Reformdiskussionen Reformdiskussionen werden immer wieder überlagert von Forderungen nach einer Verschärfung des Jugendstrafrechts, deren Hintergrund meist spektakuläre Kapitalverbrechen minderjähriger oder junger volljähriger Straftäter sind. So z. B. anlässlich der Taten zweier Jugendlicher, die zum Tod von Dominik Brunner am Münchener S-Bahnhof Solln führten oder die Prügelattacken von Schweizer Schülern gegenüber Obdachlosen und Passanten in der Münchener Innenstadt.

Unterschiede
JGG – StGB Das JGG unterscheidet sich von den „allgemeinen Vorschriften" (so die Gesetzessprache z. B. im § 1 Abs. 1 JGG) – zur Verdeutlichung meist als „Erwachsenenstrafrecht" bezeichnet – durch eigene Strafmaßnahmen (§ 5 JGG), ein besonderes (Jugend–) Strafverfahren (§§ 43 ff. JGG) und einen gesonderten Jugendstrafvollzug (Jugendstrafvollzugsregelungen der Länder).

Zieldefinition
in § 2 JGG Im Jahr 2007 wurde mit dem § 2 JGG die allgemein anerkannte, bis dahin aber gesetzlich nicht geregelte Zieldefinition des Jugendstrafrechts, der die Orientierung des Jugendstrafrechts am Erziehungsgedanken festschreibt, in das JGG eingefügt. Demnach sind nicht nur die Rechtsfolgen, sondern auch das Jugendstrafverfahren selbst vorrangig an pädagogischen und jugendpsychologischen Erkenntnissen auszurichten.

A. Strafrechtliche Verantwortlichkeit

Schuldfähigkeit ist
Voraussetzung Nach deutschem Strafrecht kann nur derjenige für von ihm begangene Straftaten selbst zur Verantwortung gezogen werden, der im Strafrecht für schuldfähig gehalten wird (siehe dazu §§ 19–21 StGB). Diese strafrechtliche Verantwortlichkeit wird meist als *Strafmündigkeit* bezeichnet, wobei drei Arten zu unterscheiden sind:

Drei Arten Strafunmündigkeit, bedingte und volle Strafmündigkeit.

I. Strafunmündigkeit

Personenkreis Kinder (so werden im Jugendrecht alle Minderjährigen genannt, die noch nicht das 14. Lebensjahr vollendet haben (vgl. z. B. § 7 Abs. 1 Nr. 1 SGB VIII) sind selbst bei Begehung schwerer Straftaten[2] nicht strafrechtlich verantwortlich und damit strafunmündig. Für sie können dann allerdings gemäß §§ 1631 Abs. 3, 1666, 1666a BGB Erziehungsmaßnahmen durch das FamG angeordnet werden (vgl. dazu S. 277, 322 und 324 f.). Ansonsten kommen für sie die Angebote der Jugendhilfe in Betracht, die allerdings – vom Vorgehen nach § 42 Abs. 1 SGB VIII abgesehen – vom Einverständnis der Sorgeberechtigten abhängen (siehe dazu S. 102, 106 ff.).

Erziehung statt
Strafmaßnahmen

---

[2] In diesen Fällen kommen immer wieder (vereinzelt) von politischer – nicht jedoch von justizieller – Seite Forderungen nach einer Herabsetzung der Strafmündigkeit auf. Umgekehrt wird bisweilen auch ein Heraufsetzen der Altersgrenze auf 16 bzw. 18 Jahre gefordert. Zum Thema vgl. die Nachweise bei *Eisenberg*, § 3 Rn. 3a.

Maßgebend ist (natürlich) der Zeitpunkt der Tat, nicht etwa deren Entdeckung/Aufklärung. Stellt sich im Laufe des Strafverfahrens heraus, dass eine Tat vor Vollendung des 14. Lebensjahres begangen wurde, so ist das Verfahren, da es sich um eine Prozessvoraussetzung handelt, (insoweit) einzustellen.

Tatzeitpunkt ist maßgeblich

Bis zum 31.12.1974 war die Strafunmündigkeit von Kindern im JGG geregelt (§ 1 Abs. 3 JGG aF). Seit 1.1.1975 ist diese Vorschrift nun im § 19 StGB zu finden. Aus der Festlegung der Geltung des JGG für Jugendliche und Heranwachsende, § 1 Abs. 1 JGG, ergibt sich jedoch auch, dass das Jugendstrafrecht für Kinder nicht anwendbar ist.

Regelung im StGB und im JGG

II. Bedingte Strafmündigkeit

Wer bei Begehung der Tat zwar schon 14, aber noch nicht 18 Jahre alt ist, wird im Jugendrecht als Jugendlicher bezeichnet (vgl. z.B. § 7 Abs. 1 Nr. 2 SGB VIII und § 1 Abs. 2 JGG) und ist gemäß § 3 S. 1 JGG strafrechtlich nur dann verantwortlich, wenn er zur Tatzeit nach seiner sittlichen und geistigen Entwicklung reif genug ist (= ethische und verstandesmäßige Reife), das Unrecht der Tat einzusehen (Einsichtsfähigkeit) und nach dieser Einsicht zu handeln (Handlungs- oder Steuerungsfähigkeit). Für diese Täter kommen dann die Maßnahmen des JGG zur Anwendung. Fehlte diese Verantwortlichkeit jedoch zur Tatzeit, so kommen (wie bei Kindern – s. dazu oben A. I.) nur familiengerichtliche Maßnahmen in Betracht (§ 3 S. 2 JGG). Sie werden im sog. Erziehungsregister eingetragen (§ 60 Abs. 1 Nr. 1 BZRG).

Personenkreis

Verantwortlichkeit

Regelung im JGG

Diese Verantwortlichkeit muss für jede Tat gesondert überprüft, kann also bei mehreren zur Last gelegten Straftaten nicht „pauschal" angenommen oder verneint werden.

Überprüfung jedes Einzelfalles notwendig

Hierzu ist nach Einleitung des Verfahrens eine „Untersuchung" des Beschuldigten durchzuführen (§ 43 JGG), wobei nicht eine rein medizinische gemeint ist. Vielmehr sind neben entwicklungspsychologischen auch schichtspezifische Aspekte zu berücksichtigen. Es empfiehlt sich daher, immer die Jugendgerichtshilfe zu dieser Frage zu hören (vgl. dazu § 38 JGG sowie S. 180 ff.) und bei Zweifelsfragen einen Sachverständigen (am besten: Jugendpsychologen/-psychiater) hinzuzuziehen.

Kriterien

Bleiben Zweifel, ist nach dem Grundsatz „in dubio pro reo" (im Zweifel für den Angeklagten) Strafunmündigkeit anzunehmen.

Im Zweifelsfall nicht strafmündig

III. Volle Strafmündigkeit

1. Volljährige

Täter, die bei Begehung einer Straftat bereits volljährig sind, sind grundsätzlich uneingeschränkt strafmündig. Ihre strafrechtliche Verantwortlichkeit kann nur im speziellen Fall wegen verminderter Schuldfähigkeit oder völliger Schuldunfähigkeit im Sinne der §§ 20, 21 StGB eingeschränkt oder ausgeschlossen sein. Im ersteren Fall käme dann Strafmilderung gem. § 49 StGB in Betracht, im Letzteren dagegen gar keine Bestrafung, sondern nur eine Unterbringung in einem psychiatrischen Krankenhaus oder in einer Entziehungsanstalt (vgl. §§ 63, 64 und 67 ff. StGB).

Generell strafmündig

Ausnahmen

Jugendstrafrecht evtl. anwendbar

Ist ein Täter zum Tatzeitpunkt jedoch noch nicht 21 Jahre alt, so ist für ihn unter bestimmten Voraussetzungen noch Jugendstrafrecht anwendbar (s. dazu nachstehend III. 3.).

2. Heranwachsende

Volljährige, die zur Zeit der Tat zwar schon 18, aber noch nicht 21 Jahre alt sind, werden als Hcranwachsende bezeichnet (§ 1 Abs. 2 JGG).

Historische Entwicklung

Das JGG von 1923 und 1943 galt nur für Jugendliche, sah allerdings den Strafvollzug von noch nicht 20 Jahre alten verurteilten Straftätern in Jugendstrafanstalten vor. Von der Jugendgerichtspraxis wurde jedoch schon bald gefordert, auf die Altersgruppen der Heranwachsenden ebenfalls das Jugendstrafrecht anzuwenden, weil diese Tätergruppe noch nicht als „fertige Erwachsene" (im Sinne einer abgeschlossenen Persönlichkeitsentwicklung) angesehen werden könne und daher für sie noch die differenzierenden Einwirkungsmöglichkeiten des Jugendstrafrechts in Betracht kommen müssten.

Obwohl sich diese – durch zahlreiche wissenschaftliche Untersuchungen belegte – Erkenntnis in der Praxis inzwischen schon lange durchgesetzt hat, konnte sich der Gesetzgeber bis heute nicht entschließen, die Heranwachsenden voll in das Jugendstrafrecht einzubeziehen. Im Gegenteil wird anlässlich spektakulärer Kapitalverbrechen z.T. für HW die generelle Anwendung des „Erwachsenenstrafrechts" gefordert.[3]

3. Besondere Voraussetzungen der Anwendung des Jugendstrafrechts auf Heranwachsende (§ 105 JGG)

Für Heranwachsende stets Jugendgerichte zuständig; diese entscheiden, ob JGG oder StGB

Bei Heranwachsenden muss in jedem Einzelfall individuell geprüft werden, ob auf Grund ihres Entwicklungsstandes noch Jugendstrafrecht angewendet werden kann, oder ob bereits die Regelungen des Erwachsenenstrafrechts für sie gelten (§§ 105, 106 JGG).

Hierbei kommt der Persönlichkeitserforschung (43 JGG) der Heranwachsenden, die vor allem Aufgabe der JGH ist (vgl. dazu §§ 38, 107 JGG sowie S. 180 ff.), besondere Bedeutung zu. Auch bei Anwendung des Erwachsenenstrafrechts bleiben aber die Jugendgerichte zuständig.

Voraussetzungen für Anwendung des JGG auf Heranwachsende

Die Kriterien für die Prüfung der besonderen Anwendungsvoraussetzungen gemäß § 105 Abs. 1 JGG sind folgende:

Das Jugendgericht kann auf einen Heranwachsenden nur dann Jugendstrafrecht anwenden, wenn

entweder

Stichwort „Reifeverzögerung"

„die Gesamtwürdigung der Persönlichkeit des Täters bei Berücksichtigung auch der Umweltbedingungen ergibt, dass er zur Zeit der Tat nach seiner sittlichen und geistigen Entwicklung noch einem Jugendlichen gleichstand" (§ 105 Abs. 1 Nr. 1 JGG)

oder

Stichwort „Jugendverfehlung"

„es sich nach der Art, den Umständen oder den Beweggründen der Tat um eine Jugendverfehlung handelt" (§ 105 Abs. 1 Nr. 2 JGG).

In der Praxis überwiegt Anwendung des JGG

Die Anwendung dieser Vorschrift bereitet in der Praxis Schwierigkeiten, weil sie so unbestimmt gefasst ist, dass selbst bei Hinzuziehung von Sachverständigen Unsicherheiten unausbleiblich sind. § 105 JGG bietet

---

[3] Nachweise z.B. bei *Eisenberg*, § 105, Rn. 6d.

gleichwohl den Gerichten die Möglichkeit im Einzelfall den unterschiedlichen Persönlichkeitsentwicklungen Heranwachsender Rechnung zu tragen. Im Jahr 2007 wurden bundesweit rund 63 % der angeklagten Heranwachsenden nach Jugendstrafrecht verurteilt.

a) Gleichstellung mit Jugendlichen („Reifeverzögerung")

Bedenklich – weil unklar – ist die Formulierung in § 105 Abs. 1 Nr. 1 JGG (Vorschrift bitte lesen!). Es gibt nämlich weder „den" Jugendlichen noch „den" Heranwachsenden als feststehenden Typus, so dass sich schon deshalb kein verlässlicher Vergleichsmaßstab finden lässt.

Problematische Bezeichnung

Dies hatte die Praxis nach Inkrafttreten des JGG schon 1953 sofort erkannt und daher auf der Arbeitstagung der „Deutschen Vereinigung für Jugendpsychiatrie" im Jahre 1954 in Marburg versucht, Kriterien für die Anwendung des § 105 JGG zu entwickeln. Diese werden „Marburger Richtlinien" genannt. Deren – nicht unproblematische – psychosoziale Bezeichnungen[4] gehen davon aus, dass die Jugendgerichte Heranwachsende dann einem Jugendlichen gleichstellen sollen, wenn sie einerseits bestimmte für Jugendliche typische Züge aufweisen, andererseits die für Erwachsene charakteristischen Merkmale noch vermissen lassen.

„Marburger Richtlinien"

Als für Jugendliche typische Züge gelten nach den „Marburger Richtlinien":

Was ist „typisch" für Jugendliche?

ungenügende Ausformung der Persönlichkeit, Hilflosigkeit (die sich nicht selten hinter Trotz und Arroganz versteckt), naiv-vertrauensseliges Verhalten, „den Augenblick leben", starke Anlehnungsbedürftigkeit, spielerische Einstellung zur Arbeit, Neigung zum Tagträumen, Hang zu abenteuerlichem Handeln, Hineinleben in selbstwerterhöhende Rollen, mangelnder Anschluss an Altersgenossen.

Ergänzend wird noch auf folgende Kriterien für Jugendliche hingewiesen:

impulsives, unmittelbar aus der Situation vorschießendes Handeln, Neigung zu kindlich-jugendlichem Stimmungswechsel ohne rechten Anlass, Fehlen einer Integration von Eros und Sexus (wichtig besonders bei Sittlichkeitsdelikten), jugendliche Übersteigerung des Abenteuerdranges, der Geltungssucht und ähnlicher „phasenspezifischer" Tendenzen.

Dagegen gelten als charakteristische Züge Erwachsener nach den „Marburger Richtlinien":

Was ist „typisch" für Erwachsene?

eine gewisse Lebensplanung, Fähigkeit zu selbstständigem Urteilen und Entscheiden, Fähigkeit zu zeitlich überschauendem Denken, Fähigkeit, Gefühlsurteile rational zu unterbauen, ernsthafte Einstellung zur Arbeit, eine gewisse Eigenständigkeit gegenüber anderen Menschen.

Obwohl die „Marburger Richtlinien" letztlich auch nur vage Entwicklungsmerkmale beinhalten, beeinflussen sie in der Praxis immer noch die Entscheidungen darüber, ob ein Heranwachsender zur Tatzeit nach seiner Gesamtentwicklung schon (eher) zur Gruppe der Erwachsenen oder doch noch (eher) zu der der Jugendlichen gehörte. (Nichts anderes kann es nämlich bedeuten zu entscheiden, ob für ihn – noch – Jugendstrafrecht oder – schon – „Erwachsenenstrafrecht" angewendet werden soll.)

Richtige Betrachtungsweise ist: Ist der Täter eher noch Jugendlicher oder eher schon Erwachsener?

---

[4] Siehe auch *Eisenberg*, § 105, Rn. 23 ff.

„Reifeverzögerung":
problematischer
Begriff

Der in Schrifttum und Praxis gebräuchliche Ausdruck „Reifeverzögerung" ist jedoch bedenklich, weil er die Vorstellung erwecken kann, es handele sich um „geistig zurückgebliebene" Erwachsene. Das ist jedoch vom Gesetzgeber (natürlich) nicht gemeint.

b) „Jugendverfehlung"

Begriff

Auch dieser Begriff (§ 105 Abs. 1 Nr. 2) ist mehrdeutig und damit sehr unbestimmt. In der Praxis wird von einer Jugendverfehlung meist dann ausgegangen, wenn die Tat

– nach ihren äußeren Umständen oder der Art ihrer Begehung oder nach den Beweggründen des Täters
– als für Jugendliche charakteristisch erscheint. Dabei spielt die konkrete Entwicklung des Heranwachsenden sowie die Schwere der Tat keine Rolle, sondern allein das „Erscheinungsbild" seiner Tat.

Als sog. **„typische Jugendverfehlungen"** werden z. B. angesehen:

Beispiele: Straftaten aus Geltungsbedürfnis, Abenteuerlust, Rauflust, Zerstörungswut, Heimweh, Neugierde begangene Straftaten, „sinnlose" Straftaten wie: Beschädigung öffentlicher Einrichtungen (Telefonzellen, Wartehäuschen, Straßenlaternen, -schilder etc.) oder privaten Eigentums (Autoantennen und -spiegel abbrechen, Autoreifen zerstechen, Fensterscheiben einwerfen, Gartenhäuschen aufbrechen und verwüsten etc.), sowie eine Reihe „spezifischer" Delikte wie z. B.: Entwendung von Kfz zum vorübergehenden Gebrauch („Spritztour"), Automatenknacken, Ladenhausdiebstähle, „Schwarzfahren" sowie „Affekt"-Handlungen (wie z. B. Beleidigungen und Körperverletzungen).

c) Anwendung des Jugendstrafrechts

Anwendung des
JStrafR = Regelfall

Der Gesetzgeber hat zwar 1953 die Anwendung des Jugendstrafrechts auf Heranwachsende als Ausnahmefälle angesehen. In der Praxis wurde aber schon bald die Tendenz deutlich, auf Heranwachsende weit möglichst Jugendstrafrecht anzuwenden. Daran hat auch die Herabsetzung des Volljährigkeitsalters auf 18 Jahre (seit 1.1.1975) nichts geändert, da es ja nicht um die strafrechtliche Verantwortlichkeit des Heranwachsenden geht, die – schon immer – uneingeschränkt besteht, sondern darum, ob die Anwendung der spezifischen jugendstrafrechtlichen Maßnahmen (s. dazu S. 166/167) im Einzelfall (noch) sinnvoller ist als die des „Erwachsenenstrafrechts" (d. h.: Geld- oder Freiheitsstrafe). – Im Jahre 2010 wurden in 66,3 % der Fälle Jugendstrafrecht und nur in 33,7 % der Fälle „Erwachsenenstrafrecht" angewendet.[5]

Kontroverse Ände
rungsforderungen

In Lehre und Praxis wird zum Teil zwar gefordert, das Jugendstrafrecht uneingeschränkt für Heranwachsende zu öffnen, aber es wird zum Teil auch verlangt, für Heranwachsende generell das „Erwachsenenstrafrecht" anzuwenden[6] (s. dazu auch S. 136).

---

[5] Vgl. Statistisches Bundesamt, Rechtspflege, Fachserie 10, Reihe 3, Strafverfolgung, Tabelle 1.1, 1.2.
[6] Nachweise z. B. bei *Eisenberg*, § 105, Rn. 6d.

d) Anwendung des „Erwachsenenstrafrechts"

Wird auf einen Heranwachsenden das Erwachsenenstrafrecht angewandt, so verbleibt es bei der Zuständigkeit der Jugendgerichte (siehe S. 136). Es gelten jedoch hinsichtlich der zu erwartenden Sanktionen die folgenden Besonderheiten:

Gemäß § 106 Abs. 3 darf Sicherungsverwahrung zwar nicht neben der Strafe im Urteil angeordnet, aber unter den dort genannten Voraussetzungen diesbezüglich ein *Vorbehalt* festgehalten werden:

- bei Verurteilungen von mindestens fünf Jahren wegen eines oder mehrerer Verbrechen (d.h.: gem. § 12 Abs. 1 StGB mit mindestens ein Jahr Freiheitsstrafe bedrohte Straftaten) gegen das Leben, die körperliche Unversehrtheit oder die sexuelle Selbstbestimmung oder wegen Raubes mit Todesfolge (§ 251 StGB), auch in Verbindung mit Räuberischem Diebstahl (§ 252 StGB) oder Räuberischer Erpressung (§ 255 StGB), durch welche das Opfer seelisch oder körperlich schwer geschädigt oder einer solchen Gefahr ausgesetzt worden ist, und
- die Gesamtwürdigung ergibt, dass der Täter infolge eines Hanges zu solchen Straftaten für die Allgemeinheit gefährlich ist.

Darüber hinaus kann gemäß § 106 Abs. 4 ein solcher Vorbehalt ausgesprochen werden

- bei einer Verurteilung wegen sexuellen Missbrauchs von Kindern (§ 176 StGB)
- wenn die übrigen Voraussetzungen des § 66 Abs. 3 StGB erfüllt sind
- und es sich auch bei den maßgeblichen früheren oder künftig zu erwartenden Taten um sexuellen Missbrauch von Kindern oder um die in § 106 Abs. 3 Satz 2 Nr. 1 genannten Taten handelt und das Opfer hierdurch seelisch oder körperlich schwer geschädigt oder einer solchen Gefahr ausgesetzt worden ist oder würde.

Wenn die Anordnung der Sicherungsverwahrung neben der Strafe vorbehalten wurde und ist der Verurteilte noch keine 27 Jahre alt, sind sozialtherapeutische Vorgaben zu beachten (vgl. § 106 Abs. 5).[7]

Bei Kapitalverbrechen kann statt lebenslanger Freiheitsstrafe eine zeitige Strafe von 10 bis 15 Jahren verhängt werden (§ 106 Abs. 1 JGG).

Von der Aberkennung der bürgerlichen Ehrenrechte (vgl. dazu § 45 StGB) kann abgesehen werden (§ 106 Abs. 2 JGG).

Zur Wiederholung des Themas „Strafrechtliche Verantwortlichkeit" siehe nachfolgende Übersicht (S. 140).

Randnotizen:

Jugendgerichte bleiben zuständig

Besonderheit Sicherungsverwahrung

Voraussetzungen eines Vorbehalts

Weitere Voraussetzungen

Statt lebenslänglich 10–15 Jahre Freiheitsstrafe möglich
Aberkennung der bürgerlichen Ehrenrechte

---

[7] Zur Entwicklung der Regelung der Sicherungsverwahrung siehe auch die Ausführungen auf S. 166/167 unten.

Strafrechtliche Verantwortlichkeit			
Einfluss des Alters zur Tatzeit auf die strafrechtliche Verantwortlichkeit (§ 1 Abs. 2 JGG)			
noch nicht 14 Jahre (Kinder)	14–18 Jahre (Jugendliche)	18–21 Jahre (Heranwachsende)	ab 21 Jahre (Erwachsene)
strafunmündig	bedingt strafmündig	voll strafmündig	voll strafmündig
Die Täter sind noch nicht strafrechtlich verantwortlich (§§ 19, 20 StGB). Für sie kommen daher nur Erziehungsmaß- nahmen des BGB in Betracht.	Für sie sind nur bei Einsichts- u. Steue- rungsfähigkeit zur Tatzeit Maßnahmen des JGG anwendbar. – Sonst: nur Maßnah- men von FamG (§ 3 S. 2 JGG).	Sie sind stets straf- rechtlich veantwort- lich. Je nach Reife oder Tat (§ 105 JGG) kommen für sie entweder Maßnahmen des JGG oder Sanktionen des StGB (mit Sonderheiten) zur Anwendung.	Sie sind stets straf- rechtlich verantwort- lich. Für diese Täter kommen unabhängig von Reife/Tat immer nur Maßnahmen des StGB zur Anwen- dung.
zuständig: Jugendrichter oder FamG (§ 3 S. 2 JGG)	zuständig: Jugendgerichte (§§ 33 ff. JGG)	zuständig: Jugendgerichte – auch bei Anwendung des StGB (§§ 33 ff.,107,108 JGG)	zuständig: allg. Strafgerichte (§§ 24 ff., 74 ff., 120 ff. GVG)
Das Alter zurzeit der Verurteilung ist jeweils unerheblich; maßgeblich ist stets die Tatzeit (vgl. Wortlaut des § 1 Abs. 2 JGG).			

B. Die jugendgerichtlichen Maßnahmen[8]

I. Vorläufige Maßnahmen

1. Anstaltsunterbringung zur Untersuchung des Entwick- lungsstandes (Unterbringung zur Beobachtung)

Zweck   Zur Klärung der strafrechtlichen Verantwortlichkeit eines Jugendlichen (vgl. § 3 JGG) oder des Entwicklungsstandes eines Heranwachsenden (vgl. § 105 JGG) kann der für die Eröffnung des Hauptverfahrens zustän- dige Jugendrichter die Unterbringung zur Untersuchung des Beschuldig- ten (Angeklagter heißt er erst nach Prozesseröffnung) bis zu sechs Wochen in einer geeigneten Anstalt (z. B. Jugendpsychiatrische Abteilung einer Nervenklinik) anordnen (§§ 73 Abs. 1, 109 Abs. 1 JGG).

---

[8]   Siehe dazu die Übersicht auf S. 166/167.

Diese einschneidende Maßnahme kommt nur in Betracht, wenn eine ambulante Untersuchung durch einen Sachverständigen (Jugendpsychologe, Psychiater) nach dessen Meinung nicht ausreicht (vgl. § 73 Abs. 1 S. 1 JGG) *und* die Bedeutung der Strafsache dies rechtfertigt. Sonst muss nach dem Grundsatz der Verhältnismäßigkeit die Lücke in der Aufklärung hingenommen werden; Zweifel wirken sich zu Gunsten des Täters aus. | **Zulässigkeit**

Vor dieser richterlichen Anordnung ist der Verteidiger des Beschuldigten anzuhören (§ 73 Abs. 1 S. 1 JGG). Hat er keinen Verteidiger, muss ihm der vorsitzende Richter einen bestellen (§ 68 Nr. 4 JGG). | **Verteidigeranhörung-/ bestellung**

Dieser Anordnungsbeschluss ist mit der „sofortigen Beschwerde" (= muss binnen einer Woche seit Bekanntmachung erfolgen, § 311 Abs. 2 StPO) anfechtbar, die aufschiebende Wirkung hat (§ 73 Abs. 2 JGG), d. h.: bevor nicht darüber entschieden ist, darf die Unterbringung nicht erfolgen. | **Rechtsmittel bewirkt Aufschiebung**

2. Vorläufige Anordnungen über die Erziehung

Gegen hinreichend tatverdächtige Jugendliche kann der Jugendrichter schon vor Prozessbeginn vorläufige erzieherische Anordnungen treffen oder die Gewährung von Leistungen nach dem SGB VIII anregen (§ 71 Abs. 1 JGG). In Betracht kommen vor allem | **Voraussetzungen**

– die Hilfen zur Erziehung der §§ 28 ff. SGB VIII (s. dazu S. 145)
– den Weisungen (s. dazu S. 143) entsprechende Anordnungen
– und bei Rückfallgefährdung einstweilige Unterbringung in geeigneten Heimen (§ 71 Abs. 2 JGG). | **Mögliche Anordnungen**

Die getroffenen Anordnungen sind wieder aufzuheben, wenn sie entbehrlich oder unzweckmäßig geworden sind. Die Aufhebung muss spätestens mit Rechtskraft (Unanfechtbarkeit) des Urteils erfolgen (§ 71 Abs. 1 JGG). | **Aufhebung**

Rechtsmittel ist die „einfache" (= fristlose) Beschwerde, die generell keine aufschiebende Wirkung hat (§§ 304 Abs. 1, 307 StPO). | **Rechtsmittel generell ohne Aufschiebung**

Für Heranwachsende sind vorläufige Erziehungsanordnungen nicht möglich, weil erzieherische Einwirkungen auf sie wegen ihrer Volljährigkeit rechtlich nicht mehr zulässig sind (vgl. §§ 71 Abs. 1, 109 JGG). | **Nicht für Heranwachsende**

3. Einstweilige Heimunterbringung

Wenn Jugendstrafe zu „erwarten" ist (zu den Voraussetzungen siehe S. 149), kann der Jugendrichter auch die Unterbringung in einem geeigneten (und aufnahmebereiten) Heim der Jugendhilfe anordnen, wenn dies im Hinblick auf die zu erwartenden jugendrichterlichen Maßnahmen geboten ist oder um den Jugendlichen vor einer weiteren Gefährdung seiner Entwicklung (insbesondere vor der Begehung neuer Straftaten) zu bewahren (§ 71 Abs. 2 S. 1 JGG). | **Voraussetzungen**

Diese Bestimmung will die Nachteile der Untersuchungshaft vermeiden helfen. Sie hat in der Praxis aber deshalb keine große Bedeutung, weil sich die meisten Heime gegen solche Aufnahmen sträuben. | **In der Praxis selten**

Bezüglich Aufhebung, Rechtsmittel und *Nichtanwendung auf Heranwachsende* gilt das oben unter 2. Gesagte.

Haftbefehlvorschriften gelten analog

Im Übrigen gelten die Vorschriften der §§ 114–115a, 117–118b, 120, 125, 126 StPO über den Haftbefehl sinngemäß (§ 71 Abs. 2 S. 2 JGG), da diese Unterbringung (einen echten) Freiheitsentzug darstellt, der daher auch auf einen im Urteil verhängten Jugendarrest oder auf Jugendstrafe (teilweise oder ganz) angerechnet werden kann (vgl. §§ 52, 52a JGG).

4. Untersuchungshaft

Konsequenzen für die Jugendlichen

Die Untersuchungshaft hat für den Jugendlichen besonders nachteilige Folgen. Er erleidet durch sie meist einen schweren Schock, der zu Folgeschäden führen kann. Außerdem kommen die Jugendlichen dadurch in für sie schädliche Kontakte mit meist viel älteren, zum Teil schwerstkriminellen Gefangenen. Denn der Vollzug in eigenen Anstalten ist in der Praxis häufig nicht möglich, obwohl er vom Gesetzgeber („nach Möglichkeit") gefordert wird (vgl. § 89c Abs. 1 JGG).

Für Jugendliche als letztes Mittel gedacht

U-Haft darf daher für Jugendliche nur dann verhängt und vollstreckt werden, wenn ihr Zweck (Flucht, Verdunkelung oder Wiederholung von Straftaten zu vermeiden) nicht durch vorläufige Erziehungsanordnungen (s. o. S. 141) oder durch andere Maßnahmen (z. B. Meldepflicht, Anordnungen über den Aufenthalt, Verpflichtung zur Inanspruchnahme eines Erziehungsbeistandes oder Betreuungshelfers (s. dazu S. 145), Überwachung durch Jugendgerichtshilfe und Bewährungshelfer etc.) oder durch Unterbringung in einem Erziehungsheim (s. o. unter B. 3.) erreicht werden kann (§ 72 Abs. 1 und 3 JGG).

– In der Praxis wird (leider) dennoch selbst bei geringeren Delikten (mehrfacher Ladendiebstahl) häufig U-Haft angeordnet.

Verfahren ist zu beschleunigen

Ist für Jugendliche U-Haft angeordnet, so ist das Gerichtsverfahren beschleunigt durchzuführen (§ 72 Abs. 5 JGG), um wenigstens ihre Dauer möglichst kurz zu halten. Auf Jugendarrest kann sie (auf Jugendstrafe muss sie generell) teilweise oder ganz angerechnet werden (vgl. §§ 52, 52a JGG).

Anrechnung auf Jugendarrest/-strafe

Vollzug der U-Haft

Die U-Haft wird (sofern möglich) in einer gesonderten Anstalt und nicht in einer allgemeinen JVA vollzogen (§ 89c S. 1 JGG) oder, wenn keine Jugendstrafe zu erwarten ist, in einer Jugendarrestanstalt (§ 90 Abs. 2 JGG). Dass dabei die U-Haft erzieherisch gestaltet werden soll, ergibt sich aus § 2 Abs. 1 JGG. Daher besteht – im Gegensatz zu Erwachsenen – für Jugendliche und HW Arbeitspflicht (Nr. 80 Abs. 2 S. 1 UVollzO). Da es fast ausnahmslos an sinnvollen Beschäftigungen mangelt, ist dies pädagogisch fragwürdig und wegen der Unschuldsvermutung (Art. 6 Abs. 2 MRK) auch verfassungsrechtlich äußerst bedenklich.

Keine Sonderheiten für Heranwachsende

Für Heranwachsende gelten die Sonderheiten des § 72 JGG nicht (vgl. § 109 JGG).

II. Endgültige Maßnahmen

1. Erziehungsmaßregeln (§ 9 JGG)

Erziehung statt Sühne

Sie werden vom Jugendrichter „aus Anlass" der Straftat (also nicht: „wegen" derselben) angeordnet (§ 5 Abs. 1 JGG). Damit soll bereits zum Ausdruck kommen, dass hier nicht die Tatvergeltung (durch Buße und/oder Sühne) der Tat, sondern die „Erziehung" des Täters bezweckt wird.

Das JGG kennt gemäß § 9 JGG zwei Arten von Erziehungsmaßregeln: **Zwei Arten**
Weisungen und Hilfen zur Erziehung.

– *Weisungen* sind in § 10 JGG geregelt (s. dazu diese Seite unten),
– *Hilfe zur Erziehung* (§ 12 JGG) gliedert sich in:
– die Verpflichtung zur Inanspruchnahme eines Erziehungsbeistandes oder Betreuungshelfers gemäß § 30 SGB VIII (s. dazu S. 145),
– die Verpflichtung zur Inanspruchnahme von Heimerziehung oder betreuten Wohnformen iSd § 34 SGB VIII (s. dazu S. 146).

Die Erziehungsmaßregeln sind als die dem jugendlichen Straftäter an-**Vorrang vor**
gemessene Reaktion des Staates vorgesehen. Nur wenn sie nicht ausrei-**Zuchtmitteln und**
chen, werden Straftaten Jugendlicher mit Zuchtmitteln oder Jugendstrafe **Jugendstrafe**
geahndet (§ 5 Abs. 2 JGG), die jeweils bereits Sühnecharakter haben (vgl.
§ 13 Abs. 1 und § 17 Abs. 2 JGG). Die Vergeltung der Straftat tritt also
im Jugendstrafrecht gegenüber dem Ziel, den Täter zu erziehen, zurück
(Subsidiaritätsprinzip). Man spricht daher auch vom JGG als einem „Erziehungsstrafrecht" (vgl. § 2 JGG). Allerdings empfinden die betroffenen Jugendlichen auch Erziehungsmaßregeln oft als Strafe (z. B. Weisungen wie:
Arbeitsauflagen oder Moped-, Lokal-, Umgangsverbote oder sich um
einen Ausgleich mit dem Opfer der Straftat zu bemühen). Andererseits erscheinen dagegen die Zuchtmittel der „Verwarnung" (§ 14 JGG) und die **Wertigkeit zweifelhaft**
„Auflage", sich zu entschuldigen (§ 15 JGG), weniger einschneidend und
damit subjektiv als „geringere Strafe".

Wird keine Jugendstrafe verhängt, können die Auswahl und Anordnung von **Auswahl durch FamG**
Weisungen auch dem FamG überlassen werden (§ 53 JGG). Das geschieht – wegen **ist zwar möglich,**
zu befürchtender Verzögerungen – jedoch meist nur selten, obwohl dies zum Ab- **aber selten**
bau der Diskriminierung der Erziehungsmaßregeln wie der Straftäter beitragen
könnte.

Erziehungsmaßregeln können einzeln oder nebeneinander oder zusammen mit **Verbindungs-**
Zuchtmitteln (ausgenommen Heimerziehung iSd § 34 SGB VIII und Jugendarrest), **möglichkeiten**
Weisungen, Auflagen und Erziehungsbeistandschaft können auch zusätzlich zur Ju-
gendstrafe angeordnet werden (vgl. § 8 Abs. 1 u. 2 JGG).

a) Weisungen (§ 10 JGG)

Hierunter fallen sämtliche Gebote und Verbote, welche die Lebensfüh- **Ge- und Verbote**
rung der Straftäter regeln und dadurch ihre Erziehung fördern und sichern
sollen (§ 10 Abs. 1 S. 1 JGG). Es dürfen dabei an die Lebensführung der
Täter keine unzumutbaren Anforderungen gestellt werden (§ 10 Abs. 1
S. 2 JGG). So wäre es z. B. unzulässig anzuordnen, einen Sparvertrag ab- **Unzulässige**
zuschließen, einer bestimmten Jugendgruppe oder Verein beizutreten, **Weisungen**
drei Monate lang sonntags beim Pfarrer die Beichte abzulegen, eine bestimmte Ausbildung zu beginnen oder eine Frau, die vom Täter ein Kind
bekommt, zu heiraten.

In § 10 Abs. 1 werden als Beispiele (vgl. „insbesondere") folgende für **Gesetzliche Beispiele**
Jugendliche wie Heranwachsende anwendbare (vgl. § 105 Abs. 1 JGG)
Weisungen genannt:

1. bzgl. Aufenthaltsort (bestimmte Lokale, Plätze, Stadtteile oder sonstige
   Orte zu meiden) – § 10 Abs. 1 S. 3 Nr. 1 JGG
2. bzgl. der Wohnung (in einer bestimmten Familie oder in einem Heim
   zu wohnen) – § 10 Abs. 1 S. 3 Nr. 2 JGG

3. Annahme einer (frei wählbaren) Ausbildungs- oder Arbeitsstelle) – § 10 Abs. 1 S. 3 Nr. 3 JGG
4. Arbeitsleistungen zu erbringen (z.B. in Sozialeinrichtungen wie Krankenhäusern, Alten- und Pflegeheimen oder Spielplätzen, Parks, Büchereien etc.) – § 10 Abs. 1 S. 3 Nr. 4 JGG
5. sich der Betreuung und Aufsicht einer bestimmten Person (Betreuungshelfer) zu unterstellen (gem. § 11 Abs. 1 S. 2 JGG idR max. ein Jahr) – § 10 Abs. 1 S. 3 Nr. 5 JGG (sog. „Betreuungsweisung")
6. an einem sozialen Trainingskurs teilzunehmen (gem. § 11 Abs. 1 S. 2 JGG idR max. sechs Monate) – § 10 Abs. 1 S. 3 Nr. 6 JGG
7. sich zu bemühen, einen Ausgleich mit dem Verletzten zu erreichen (Täter-Opfer-Ausgleich) – § 10 Abs. 1 S. 3 Nr. 7 JGG
8. Umgang mit bestimmten Personen oder den Besuch von Gast- oder Vergnügungsstätten zu unterlassen – § 10 Abs. 1 S. 3 Nr. 8 JGG
9. an einem Verkehrsunterricht teilzunehmen – § 10 Abs. 1 S. 3 Nr. 9 JGG
10. sich einer heilerzieherischen Behandlung oder Entziehungskur zu unterziehen – § 10 Abs. 2 JGG

(Bei Jugendlichen müssen die Erziehungsberechtigten und gesetzlichen Vertreter und ab 16 Jahren sollen sie auch selbst zustimmen, § 10 Abs. 2 JGG. – Trotz ungleich schlechterer Erfolgsaussichten kann insbesondere bei „unansprechbaren" Drogenabhängigen auch gegen den Willen der Minderjährigen angeordnet, die Durchführung aber nicht erzwungen, sondern nur bei schuldhafter Weigerung mit Jugendarrest geahndet werden, vgl. § 11 Abs. 3 JGG. Grundsätzlich ist auch ein Sachverständigengutachten nötig, RL 9 zu § 10 JGG).

Kein abschließender Katalog   Die gesetzlichen Beispiele stellen aber nicht etwa einen abschließenden Katalog der Weisungen dar, sondern lassen für zumutbare (s.o.) Weisungen jeder Art weiteren Spielraum (vgl. § 10 Abs. 1 S. 3 JGG: „insbesondere"). So werden jugendliche Straftäter seit einiger Zeit von den Gerichten „zum Lesen verurteilt" (beispielsweise zur Lektüre pädagogisch wertvoller Jugendromane). In sozialpädagogischen Projekten wird dann mit den Jugendlichen über das Gelesene diskutiert, Fragen beantwortet und Parallelen zum eigenen Leben aufgezeigt.

Arbeitsleistungen werden häufig nur allgemein angeordnet (z.B.: 60 Stunden) und deren Auswahl und Kontrolle dann Organisationen wie z.B. der „Brücke" übertragen.

Dauer   Die Laufzeit der Weisungen wird vom Richter festgelegt. Sie soll grundsätzlich zwei Jahre nicht überschreiten. Wenn dies aus Erziehungsgründen geboten ist, kann der Richter die Laufzeit auch bis auf insgesamt drei Jahre verlängern (§ 11 Abs. 1 u. 2 JGG). – Aus erzieherischen Gründen kann der Richter auch nachträglich noch die Weisungen ändern (z.B. wenn sie sich als schwer durchführbar erwiesen haben) oder ganz von ihnen befreien (§ 11 Abs. 1 u. 2 JGG).

Änderungen möglich

Bei Verstößen Jugendarrest   Die Einhaltung der Weisungen wird vom Jugendrichter in Zusammenarbeit mit der Jugendgerichtshilfe (§ 38 Abs. 2 S. 5 JGG) überwacht. Werden Weisungen nicht erfüllt, so kann ihre Befolgung zwar nicht erzwungen, aber dann Jugendarrest (bis zu vier Wochen) verhängt werden, sofern die Nichtbefolgung schuldhaft sowie eine entsprechende Belehrung erfolgt war; kommt der Betreffende daraufhin doch noch der Weisung nach, so sieht der Richter vom Vollzug des Jugendarrestes ab (§ 11 Abs. 3 S. 3 JGG).

b) Hilfe zur Erziehung (§ 12 JGG)

Zu Zeiten des *Jugendwohlfahrtgesetzes (JWG)* konnten Jugendgerichte Jugendhilfemaßnahmen direkt als Erziehungsmaßregeln anordnen – nämlich die Erziehungsbeistandschaft und die Fürsorgeerziehung. Diese Kompetenz besteht seit 1991 nicht mehr. Seitdem kann das Jugendgericht Jugendlichen als strafrechtliche Sanktion nur noch „auferlegen", unter den im SGB VIII genannten Voraussetzungen (d.h.: insbesondere unter Beachtung der §§ 27 u. 36 SGB VIII) HzE in Form der Erziehungsbeistandschaft iSd § 30 SGB VIII oder als Heimerziehung oder in einer sonstigen betreuten Wohnform iSd § 34 SGB VIII „in Anspruch zu nehmen" (§ 12 JGG). Adressat sind seither also ausschließlich die Jugendlichen. Weder JA, noch freie Träger, noch Personensorge-Inhaber können vom Jugendgericht zur Mitwirkung verpflichtet werden[9], denn die Durchführung dieser Anordnungen obliegt nicht den Jugendgerichten, sondern richtet sich nach dem SGB VIII (vgl. auch § 82 Abs. 2 JGG). Somit hängt die Realisierung dieser Erziehungsmaßregeln von der Zustimmung der Personensorge-Inhaber sowie davon ab, ob das Jugendamt die angeordnete HzE überhaupt vorhält und sie mitträgt, d.h. sie für sinnvoll und durchführbar hält.[10] – Wird die HzE nicht eingeleitet, kommt daher nur eine Mitteilung an das FamG und durch jenes evtl. eine Beschränkung der Personensorge gem. §§ 1666, 1666a BGB nebst Pflegerbestellung gem. § 1909 BGB in der Hoffnung in Betracht, dass dieser dann die HzE beantragt. Entsprechendes gilt beim Scheitern der HzE.

Seit 1993 ist (aus Sorge um die richterliche Unabhängigkeit) in § 12 JGG das Einvernehmen des Jugendamts durch die Formulierung „nach Anhörung des Jugendamts" ersetzt worden. Inhaltlich hat sich dadurch aber keine Änderung ergeben, denn nach wie vor kann es nur dann zu diesen beiden HzE kommen, wenn das JA entscheidet, dass diese HzE im Einzelfall sinnvoll sind und auch wirksam angeboten werden können. Denn diese Anordnungen verpflichten die betreffenden Minderjährigen – nicht jedoch etwa das JA (s.o.).

Insgesamt erscheint es problematisch, Jugendhilfe-Leistungen, die auf vertrauensvoller Zusammenarbeit und daher Freiwilligkeit basieren, mit repressiven Maßnahmen des JGG zu verzahnen. Zudem ist das inkonsequent, da die HzE gem. § 27 Abs. 1 SGB VIII ja nicht für Minderjährige, sondern für deren Personensorge-Inhaber vorgesehen sind (s. dazu S. 81).

aa) Erziehungsbeistand/Betreuungshelfer

Im Jugendhilferecht wird nicht zwischen Erziehungsbeistand und Betreuungshelfer unterschieden (vgl. § 30 SGB VIII sowie S. 85 ff.) und beide sind auch für „junge Volljährige" (d.h. gemäß § 7 Abs. 1 Nr. 3 SGB VIII: 18–27 J. alt) vorgesehen (§ 41 Abs. 2 SGB VIII). Im JGG sind sie aber (unverständlicherweise) unterschiedlich ausgestaltet:

– Als sog. „Betreuungsweisung" (§ 10 Abs. 1 Nr. 5 JGG) ist der Betreuungshelfer auch für Heranwachsende vorgesehen, die Erziehungsbeistandschaft jedoch nicht (vgl. § 105 Abs. 1 JGG).

Marginalien:

Seit 1991 keine Anordnungskompetenz mehr

Adressat: Jugendliche, nicht: Eltern oder JA

Bei Nichtzustandekommen FamG-Maßnahmen möglich

Stellung des JA

Problematik

Unterschiede JGG – SGB VIII

---

[9] Ebenso *Häbel* in Fieseler/Schleicher/Busch/Wabnitz, GK-SGB VIII, § 27 Rn. 85.
[10] Zur Problematik siehe oben S. 85 f.

– Während Erstere nicht länger als ein Jahr dauern soll, ist Letztere zeitlich unbegrenzt (vgl. § 11 Abs. 1 S. 2 u. § 12 JGG).
– Bei Ersterer ist ein „Ungehorsamsarrest" vorgesehen – bei Letzterer nicht (vgl. § 11 Abs. 3 JGG).

Jugendrichter können Jugendlichen nach Anhörung des JA (s. dazu oben unter b)) „auferlegen", unter den Voraussetzungen des SGB VIII einen Erziehungsbeistand oder Betreuungshelfer in Anspruch zu nehmen (§ 12 JGG).

Zu Voraussetzungen, Verpflichtung und Gestaltung siehe oben Kapitel 3.

Kostenfrei   Da diese HzE unter den Voraussetzungen des SGB VIII gewährt werden, richtet sich auch die Kostentragung nach dem SGB VIII, d. h.: sie sind kostenfrei (vgl. §§ 90, 91 SGB VIII).

bb) Heimerziehung, betreutes Wohnen

Jugendrichter können Jugendlichen nach Anhörung des JA (s. dazu oben Kapitel 3) „auferlegen", unter den Voraussetzungen des SGB VIII HzE iSd § 34 SGB VIII (= Heimerziehung oder betreute Wohnformen) in Anspruch zu nehmen (§ 12 JGG).

Zu Voraussetzungen, Verpflichtung und Gestaltung siehe oben Kapitel 3.

Kosten   Da diese HzE unter den Voraussetzungen des SGB VIII gewährt werden, richtet sich auch die Kostentragung nach dem SGB VIII (s. dazu S. 88).

2. Zuchtmittel (§§ 13 ff. JGG)

Zielsetzung   Die Zuchtmittel stehen als Folgen einer Jugendstraftat zwischen den reinen Erziehungsmaßnahmen und der echten Kriminalstrafe. Mit ihnen ahndet der Jugendrichter Straftaten, bei denen er Jugendstrafe für noch nicht geboten hält, jedoch meint, dass dem Täter eindringlich zum Bewusstsein gebracht werden muss, dass er für das von ihm begangene Unrecht einzustehen hat (§ 13 Abs. 1 JGG), ohne dass die Zuchtmittel die Rechtswirkungen einer (Kriminal-)Strafe haben (§ 13 Abs. 3 JGG).

Abgrenzung von Erziehungsmaßregeln   Wenn auch die Zuchtmittel schon Sühnecharakter haben, so ist dennoch eine exakte Abgrenzung von den Erziehungsmaßregeln nicht möglich. So sind die Auflagen des § 15 JGG letztlich nichts anderes als besondere – allerdings genau festgelegte – Weisungen. Auch sind schon viele Weisungen (s. o.) und Heimunterbringung sicherlich einschneidender als die Verwarnung oder einzelne Auflagen. Der eigentliche Unterschied zwischen Erziehungsmaßregeln und Zuchtmitteln besteht darin, dass Erstere eine *erzieherische Lang-Einwirkung*, Letztere dagegen eine eher *drastische Kurz-Einwirkung* (vor allem der Jugendarrest) bezwecken.

Das JGG kennt drei verschiedene Zuchtmittel:

– Verwarnung (§ 14)
– Auflagen (§ 15)
– Jugendarrest (§ 16).

Verbindungsmöglichkeiten   Zuchtmittel können einzeln oder nebeneinander oder zusammen mit Erziehungsmaßregeln (ausgenommen Jugendarrest und Heimerziehung iSd § 34 SGB VIII), Auflagen auch neben Jugendstrafe angeordnet werden (vgl. § 8 Abs. 1 u. 2 JGG).

Alle Zuchtmittel kommen auch für Heranwachsende, für die Jugendstrafrecht angewendet wird, in Betracht (§ 105 Abs. 1 JGG).

Auch für HW

a) Verwarnung

Durch die Verwarnung soll dem Täter das Unrecht der Tat eindringlich vorgehalten werden (§ 14 JGG). Diese Maßnahme als selbstständige Sanktion ist problematisch, weil auch sie natürlich erst nach Rechtskraft des Urteils vollzogen werden kann. Nach so langer Zeit ist eine solche ermahnende Zurechtweisung einerseits sicherlich zu wenig und andererseits neben anderen Erziehungsmaßregeln oder Zuchtmitteln zweifellos entbehrlich, da sie in ihnen bereits enthalten ist.

Zielsetzung, Problematik

Sinnvoll kann dagegen die nach § 45 Abs. 3 JGG vorgesehene Einstellung des Verfahrens sein. Das kommt bei geständigen Tätern (vor allem bei Ersttätern) in Betracht, bei denen der Jugendstaatsanwalt eine Ahndung durch ein Urteil für entbehrlich hält und daher beim Jugendrichter beantragt, den Täter nur zu ermahnen oder ihm Auflagen nach § 15 JGG oder Arbeitsauflagen zu machen oder seine Teilnahme am Verkehrsunterricht anzuordnen. Diese Einstellung des Verfahrens unter Auflagen kann und wird der Betreffende als letzte „Warnung" verstehen, nicht dagegen die Verwarnung des § 14 JGG als Ergebnis eines aufwendigen Prozesses. Näheres hierzu s. u. D. I. 2.

Absehen von der Strafverfolgung („Diversion")

b) Auflagen

Als Auflagen kommen nach § 15 Abs. 1 JGG in Betracht:

Abschließender Katalog

1. nach Kräften den durch die Tat verursachten Schaden wieder gutzumachen,
2. sich persönlich bei dem Verletzten zu entschuldigen,
3. Arbeitsleistungen zu erbringen oder
4. einen Geldbetrag zugunsten einer gemeinnützigen Einrichtung zu zahlen.

Diese Regelung ist abschließend, d.h.: weitere Auflagen sind nicht möglich.

Die Auflagen dürfen (ebenso wie die Weisungen gemäß § 10 Abs. 1 S. 2 JGG) an den Jugendlichen keine unzumutbaren Anforderungen stellen (§ 15 Abs. 1 S. 2 JGG).

Zumutbarkeit

Die Zahlung eines Geldbetrages gemäß § 15 Abs. 1 S. 1 Nr. 4 JGG soll der Jugendrichter nur unter den in § 15 Abs. 2 JGG genannten Voraussetzungen anordnen (Vorschrift bitte lesen!).

„Zwangsspende"

Diese Auflage bedarf deshalb einer sorgfältigen Prüfung, weil sie im Ergebnis nicht zur Umgehung der im Jugendstrafrecht unzulässigen Geldstrafe (vgl. § 5 JGG) führen darf.

Problematik

Werden die Auflagen ohne Verschulden vom Verurteilten nicht erfüllt, so kann der Jugendrichter sie aus Erziehungsgründen später ändern oder von der Erfüllung ganz oder teilweise befreien (§ 15 Abs. 3 S. 1 JGG).

Änderung und Befreiung möglich

Liegt dagegen ein Verschulden des Betreffenden vor, kann der Jugendrichter gegen ihn Jugendarrest verhängen, wenn er hierüber im Urteil belehrt worden war (§ 15 Abs. 3 S. 2 JGG, der auf § 11 Abs. 3 verweist).

Bei Verstößen: Jugendarrest

Nach Vollstreckung des Jugendarrestes sind die Auflagen grundsätzlich weiterhin zu erfüllen, jedoch kann der Richter sie dann auch teilweise oder ganz für erledigt erklären (§ 15 Abs. 1 S. 3 JGG).

Verpflichtung bleibt bestehen

c) Jugendarrest

Vollzug

Der Jugendarrest wird in eigens eingerichteten Jugendarrestanstalten (also nicht in Jugendstrafanstalten) oder in Freizeitarresträumen der Landesjustizverwaltung vollzogen, wobei der dortige Jugendrichter Vollzugsleiter ist (§ 90 Abs. 2 JGG).

Der Vollzug des Jugendarrestes soll das Ehrgefühl des Jugendlichen wekken und ihm eindringlich zum Bewusstscin bringen, dass er für das von ihm begangene Unrecht einzustehen hat. Glcichzeitig soll der Vollzug des Jugendarrestes erzieherisch gestaltet werden und dem Jugendlichen helfen, die Schwierigkeiten zu bewältigen, die zur Begehung der Straftat beigetragen haben (§ 90 Abs. 1 JGG).

Freiheitsentzug

Der Jugendarrest ist somit Freiheitsentzug mit *Sühnecharakter*, der daher auch *nicht zur Bewährung* ausgesetzt wird (§ 87 Abs. 1 JGG). Allerdings kann von der Vollstreckung nachträglich teilweise oder ganz abgesehen werden (vgl. § 87 Abs. 3 JGG).

Problematik

Die Verhängung von Jugendarrest ist problematisch, weil außer einer Schockwirkung (die angeblich heilsam sein soll) nichts Erzieherisches erzielt werden kann. Das zeigen auch die hohen Rückfallquoten. Dennoch kann auf ihn wohl nicht ganz verzichtet werden, weil sonst in zahlreichen Fällen, in denen weniger ein Bedürfnis nach Erziehung, sondern nach Ahndung besteht, sicherlich gleich Jugendstrafe (s. dazu unten Kapitel VII.) angeordnet werden würde.

Drei Versionen

Das JGG unterscheidet: Freizeit, Kurz- und Dauerarrest (§ 16 Abs. 1 JGG).

aa) Freizeitarrest

Kaum durchführbar

Er wird für ein bis zwei wöchentliche Freizeiten verhängt (vgl. § 16 Abs. 2 JGG) und ist damit praktisch nicht zu vollziehen, selbst wenn die Vollstreckung am Wohnort der Verurteilten möglich sein sollte. Anderenfalls käme es zu einem – völlig unsinnigen – Einsperren für kurze tägliche Abschnitte. Daher ist gesetzlich eine „Umrechnung" von einem Freizeitarrest in zwei Tage Kurzarrest vorgesehen (§ 16 Abs. 3 S. 2 JGG).

Umrechnung in Wochenend-Arreste

bb) Kurzarrest

Statt Freizeitarrest Wochenendarreste

Weil der Vollzug von Freizeitarrest praktisch undurchführbar ist, sieht das JGG den Kurzarrest vor, „wenn der zusammenhängende Vollzug aus Gründen der Erziehung zweckmäßig erscheint und weder die Ausbildung noch die Arbeit des Täters beeinträchtigt werden" (§ 16 Abs. 3 S. 1 JGG). Dabei stehen zwei Tage Kurzarrest einer Freizeit gleich (§ 16 Abs. 3 S. 2 JGG). Daher wird der Freizeitarrest immer in Kurzarrest umgewandelt und dann an Wochenenden vollzogen (sog. Wochenendarrest).

cc) Dauerarrest

1–4 Wochen

Er beträgt mindestens eine Woche und höchstens vier Wochen und wird nach vollen Tagen (z. B. 10 Tage) oder Wochen (z. B. drei Wochen) bemessen (§ 16 Abs. 4 JGG).

Problematik

Auf den Missbrauch des Dauerarrestes als kurze Ersatzfreiheitsstrafe ist zwar oft – zu Recht – hingewiesen worden. Er erscheint nur unter dem

Aspekt gerechtfertigt, dass seine Folgen nicht so einschneidend sind, wie die der Jugendstrafe (siehe: lange Dauer und „Vorbestraftsein"; vgl. dazu S. 168).

3. Jugendstrafe (§ 17 JGG)

Die einzige Kriminalstrafe des gesamten Jugendstrafrechts ist die Jugendstrafe und stellt die schärfste repressive Sanktion dar, die das JGG bereit hält. Sie ist eine selbstständige, unabhängig vom Erwachsenenstrafrecht ausgestaltete Freiheitsstrafe (RL 1 zu § 17 JGG), die (für Jugendliche immer und bei HW, wenn JStR angewendet wird) in eigenen Jugendstrafanstalten vollzogen wird (vgl. §§ 17 Abs. 1 JGG u. z.B. § 98 JStVollzG Bln). Sie enthält alle Elemente des allgemeinen Strafbegriffs (Vergeltung, Sühne, Abschreckung, Besserung, Schutz der Allgemeinheit, Ehrenrührigkeit). Sie soll den „Täter entsühnen und in die Gesellschaft wieder einordnen".[11]

Kriminalstrafe

Dennoch wird die Jugendstrafe als „Erziehungsstrafe" angesehen, die so zu bemessen sei, dass die erforderliche erzieherische Einwirkung möglich ist (§ 18 Abs. 2 JGG). – Wegen der völlig unzureichenden Ausstattung der Jugendstrafanstalten mit Erziehern, Sozialpädagogen u.Ä. steht dieser (z.B. in § 3 JStVollzG NRW und §§ 2 und 3 JStVollzG Bln näher angesprochene) Erziehungsanspruch jedoch nur auf dem Papier.

Erziehungsanspruch

Neben der Jugendstrafe kommen auch Weisungen und Erziehungsbeistandschaft (§ 30 SGB VIII) sowie Auflagen in Betracht (vgl. § 8 Abs. 2 JGG).

Verbindungs-möglichkeit

Seit dem 7.3.2013 ist mit der Einfügung des neuen § 16a JGG (Jugendarrest neben Jugendstrafe) neben der Jugendstrafe auch der sog. „Warnschussarrest" möglich. Es kann jetzt neben einer Jugendstrafe, deren Verhängung oder Vollstreckung zur Bewährung ausgesetzt wurde, unter den Voraussetzungen des § 16a Abs. 1 JGG auch ein Jugendarrest verhängt werden. Damit ist der Gesetzgeber von dem bisherigen Kopplungsverbot des § 8 Abs. 2 Satz 1 – neben Jugendstrafe nur Weisungen und Auflagen, aber kein Jugendarrest – abgerückt, siehe jetzt § 8 Abs. 2 Satz 2 JGG. Vorausgegangen war eine jahrelange rechtspolitische Diskussion um den sog. „Warnschussarrest", dessen Befürworter meinten, eine Bewährungsstrafe sei für den Jugendlichen nicht ausreichend „spürbar" und werde als „Freispruch zweiter Klasse" empfunden. Nunmehr werde dem Straftäter bereits am Anfang der Bewährungszeit ein klares Signal gesetzt. Ob dies die erwartete Wirkung erzielt, bleibt abzuwarten. Es stellt sich die Frage, ob nicht auch mit spürbaren Bewährungsauflagen wie längerer gemeinnütziger Arbeit, dem Täter-Opfer-Ausgleich oder der Schadenswiedergutmachung bessere Ergebnisse erzielt werden können.

„Warnschussarrest"

Jugendstrafe kommt für Jugendliche wie Heranwachsende in Frage (vgl. §§ 17 und 105 JGG).

Gilt auch für HW

a) Voraussetzungen der Jugendstrafe

Jugendstrafe ist das äußerste Mittel (ultima ratio) des gesamten Jugendstrafrechts und darf daher nur angewendet werden, wenn alle anderen

Jugendstrafe als „ultima ratio"

---

[11] So der Bundesgerichthof in einem Urteil aus dem Jahr 1963 zur Frage des Verhältnisses zwischen Jugendstrafe und Jugendarrest (BGHSt 18, 207, 209).

Maßnahmen des JGG nicht ausreichen. Jugendstrafe kommt deshalb nach § 17 Abs. 2 JGG nur dann in Betracht, wenn:

Voraussetzungen

- wegen der in der Tat hervorgetretenen **schädlichen Neigungen** Erziehungsmaßregeln oder Zuchtmittel zur Erziehung nicht ausreichen, oder
- wegen der **Schwere der Schuld** Strafe erforderlich ist.

Gerichtspraxis

In der Praxis wird die Jugendstrafe wegen ihres hohen Mindestmaßes (sechs Monate) und der Unzulänglichkeiten im Vollzug nur selten angewandt. Bei Jugendlichen beträgt der Anteil der Jugendstrafe ca. 10 % und bei Heranwachsenden ca. 20 % aller Verurteilungen.[12]

aa) Schädliche Neigungen

Begriff

Der Begriff stammt aus dem österreichischen Recht und stellt nichts anderes als eine Verdeutschung des Ausdrucks „kriminelle Neigungen" dar.

Definition „schädliche Neigungen"

Schädliche Neigungen werden meist als erhebliche Anlage- oder Erziehungsmängel definiert, die ohne längere Gesamterziehung des Täters die Gefahr von Störungen der Gemeinschaftsordnung durch weitere Straftaten begründen[13], wobei diese nicht ganz unerheblicher Art sein dürfen (daher keine Jugendstrafe bei Hang zu Bagatelldelikten). Bloße Gelegenheits-, Konflikts- und Notkriminalität deuten auch bei Wiederholungsgefahr noch nicht auf schädliche Neigungen hin.

Diagnose entscheidet

Ob schädliche Neigungen vorliegen, ist eine Frage der Diagnose, d. h., die Tat muss das Ergebnis der kriminellen Neigungen sein. Hierzu ist im JGH-Bericht (s. dazu S. 181) eingehend Stellung zu nehmen, dem in der Praxis eine nicht zu unterschätzende Bedeutung zukommt.

Kriterien problematisch

Überwiegend wird angenommen, dass es unerheblich sei, ob die schädlichen Neigungen auf Verschulden, ererbter Charakteranlage (ohnehin problematisch), neurotischer Fehlentwicklung, falscher Erziehung, Verführung oder sonstigen Umwelteinflüssen beruhen. Das lässt sich jedoch nur dann vertreten, wenn diese kriminellen Neigungen so massiv sind, dass Erziehungsmaßregeln und Zuchtmittel zur Erziehung wirklich nicht ausreichen (vgl. § 17 Abs. 2 JGG). Auch hier kommt es meist entscheidend auf den JGH-Bericht an.

„Hervortreten" in der Straftat

Das JGG verlangt, dass die schädlichen Neigungen in der abzuurteilenden Tat hervorgetreten sein müssen (§ 17 Abs. 2 JGG). Das ist wiederum eine Frage der Bewertung, die mit Hilfe der JGH zu erfolgen hat. Dabei geht es um das Problem, ob die vorliegende Tat symptomatische Bedeutung für die kriminelle Neigung des Täters hat oder nicht.

Jugendstrafe letztes Mittel

§ 17 Abs. 2 JGG lässt Jugendstrafe ausdrücklich nur dann zu, wenn Erziehungsmaßregeln und Zuchtmittel zur Erziehung des Täters nicht ausreichen. Dies kann nur nach eingehender Persönlichkeitserforschung –

Persönlichkeitserforschung

vor allem durch die JGH (s. S. 180) – erfolgen, wobei zu berücksichtigen ist, dass derzeit der Jugendstrafvollzug seinen erzieherischen Auftrag nicht zu erfüllen vermag (s. S. 149).

---

[12] Statistisches Bundesamt, Rechtspflege, Fachserie 10, Reihe 3, Strafverfolgung.
[13] Ständige Rechtsprechung des BGH, s. dazu *Eisenberg*, § 17 Rn. 18b.

bb) Schuldspruch ohne Strafausspruch (= „bedingte Verurteilung", § 27 JGG)

Kann auch nach Erschöpfung der Ermittlungsmöglichkeiten nicht mit Sicherheit vom Jugendgericht beurteilt werden, ob

in der Straftat schädliche Neigungen von einem Umfang hervorgetreten sind, dass eine Jugendstrafe erforderlich ist,

so kann sich das Gericht zunächst darauf beschränken, die Schuld des Täters festzustellen (z.B. „hat drei Diebstähle begangen"), die Entscheidung über die Verhängung der Jugendstrafe (= „wird zu ... verurteilt") aber noch für eine (vom Gericht zu bestimmende) Bewährungszeit auszusetzen (§ 27 JGG).

Bei Zweifeln an schädlichen Neigungen

Diese jugendrichterliche Maßnahme ist letztlich eine Konsequenz aus dem das gesamte Strafrecht beherrschenden Grundsatz: „in dubio pro reo" (im Zweifel für den Angeklagten).

„In dubio pro reo"

Diese nur im Jugendstrafrecht vorgesehene Maßnahme der „Aussetzung der Verhängung der Jugendstrafe" (so die Gesetzessprache), die auch „bedingte Verurteilung" genannt wird, entspricht der dem angelsächsischen Recht bekannten Trennung von Schuldspruch und Strafausspruch, d. h.: Letzterer wird hier noch bis zum Ablauf der Bewährungszeit „aufgeschoben" (ausgesetzt).

Aufschub des Strafausspruches

Für die Bewährungszeit erhält der Täter einen Bewährungshelfer, der eventuelle Weisungen des Gerichts zu überwachen und über die Lebensführung des Probanden in vom Gericht festgelegten Zeitabständen zu berichten hat (§ 29 JGG). – Sollte sich in dieser Bewährungszeit, die minimum ein bis maximal zwei Jahre beträgt (§ 28 JGG), herausstellen, dass die Straftaten doch nicht auf schädliche Neigungen von einem Umfang zurückzuführen waren, die Jugendstrafe erforderlich macht, so wird der gesamte Schuldspruch getilgt (vgl. §§ 30 Abs. 2, 62 Abs. 1 u. 2 JGG). Im negativen Fall erkennt allerdings das Gericht auf die Strafe, die es dem Täter als Jugendstrafe gegeben hätte, wenn die schädlichen Neigungen gleich hätten sicher beurteilt werden können, und entscheidet zugleich, ob sie zur Bewährung ausgesetzt wird oder der Täter dann diese Strafe „absitzen" muss (vgl. § 30 Abs. 1 JGG). – Bevor das Gericht das Scheitern der Bewährung feststellt, kann es allerdings auch die Bewährungszeit bis auf zwei Jahre verlängern (§ 28 Abs. 2 JGG), um den Probanden eine weitere Chance der Bewährung zu geben.

Bewährungshelfer

Bewährungsdauer ein bis zwei Jahre

Tilgung oder Verbüßung?

Verlängerte Bewährung statt Verbüßung

In diesem Schuldspruch ohne Strafausspruch liegt also eine große Chance und zugleich ein großes Risiko:

Chance, aber auch Risiko

Schafft der Betroffene die Bewährung, ist er mit keinem Strafmakel behaftet; anderenfalls muss er erneut eine lange Bewährungszeit auf sich nehmen oder die ihm zugedachte Jugendstrafe verbüßen und sich dann als vorbestraft bezeichnen (vgl. § 53 Abs. 1 iVbm § 32 BZRG).

Der Schuldspruch ohne Strafausspruch kommt auch für Heranwachsende, für die Jugendstrafrecht angewendet wird, in Betracht (§ 105 Abs. 1 JGG).

Gilt auch für HW

cc) Schwere der Schuld

Nach § 17 Abs. 2 JGG muss das Jugendgericht dann Jugendstrafe verhängen, wenn „wegen der Schwere der Schuld Strafe erforderlich ist".

Sühnegedanke

Mit dieser Bestimmung stellt das JGG allein auf das Schuldprinzip ab, das das allgemeine Strafrecht beherrscht, und durchbricht damit bewusst den Grundsatz der „Erziehungsstrafe" zu Gunsten des Sühnegedankens.

Verwerflichkeit der Tatausführung

„Schwere der Schuld" bedeutet, dass die persönliche Vorwerfbarkeit der Tat besonders groß sein muss. Dabei spielen Tatausführung, Beweggründe, Stärke des verbrecherischen Willens sowie Verhalten nach der Tat eine maßgebliche Rolle.

Beispiele: Brutalität gegenüber Wehrlosen; heimtückischer Überfall; Gebrauch von Waffen; Geiselnahme; Rache; Habgier; Anstiftung; Erzwingen der Tat durch Drohung; Bandenbildung für die Tat; Liegenlassen schwer verletzter Opfer; Einschüchterung von Zeugen; Verdacht auf andere lenken.

Letztes Mittel des Jugendstrafrechts

Die Schwere der Schuld muss die Jugendstrafe erforderlich machen (§ 17 Abs. 2 JGG), also keine andere Wahl zulassen. Das wird dann angenommen, wenn ein Absehen von Strafe zu Gunsten von Erziehungsmaßregeln oder Zuchtmitteln in unerträglichem Widerspruch zum „allgemeinen Gerechtigkeitsgefühl" stehen würde – so vor allem bei sog. Kapitalverbrechen (vorsätzlichen Tötungsdelikten).[14]

Problematik: schwere Tatfolgen

In der Praxis gehen die Gerichte leider oftmals auch bei schweren Tatfolgen von der Schwere der Schuld aus und verhängen dann Jugendstrafe (z.B.: schwere Sach- oder Körperschäden, Tod eines Menschen). Das ist nach der eindeutigen Gesetzesformulierung nicht zulässig,[15] wenn die Tat z.B. nur leicht fahrlässig geschah.

Beispiel: Verkehrsunfall mit Schwerverletzten oder gar mit Todesopfern.

b) Rechtsfolgen der Verhängung der Jugendstrafe

Im Normalfall: 6 Mon. bis 5 J.

Wird Jugendstrafe verhängt, so beträgt die Mindeststrafe (immer!) sechs Monate, die Höchststrafe bei Jugendlichen („normalerweise") fünf Jahre, bei Heranwachsenden zehn Jahre (§ 18 Abs. 1 S. 1 bzw. § 105 Abs. 3

Bei Heranwachsenden und bei Kapitalverbrechen: bis zu 10 Jahren

JGG[16]). Bei Kapitalverbrechen, bei denen das „Erwachsenenstrafrecht" mehr als zehn Jahre Freiheitsstrafe androht (vorsätzliche Tötungsdelikte, insbesondere Mord), ist allerdings bei Jugendlichen ebenfalls Jugendstrafe bis zu zehn Jahren möglich (§ 18 Abs. 1 S. 2 JGG). – Die Strafrahmen des allgemeinen Strafrechts gelten im Jugendstrafrecht also nicht (§ 18 Abs. 1 S. 3 JGG). So ist z.B. die Mindeststrafandrohung für Geiselnahme (gemäß

StGB-Strafrahmen gilt im JGG nicht

§ 239b StGB: fünf Jahre) für die Jugendgerichte unbeachtlich; sie können also dafür z.B. auch neun Monate verhängen.

Hohe Mindeststrafe

Das Höchstmaß der Jugendstrafe gilt jeweils auch dann, wenn wegen mehrerer Straftaten eine Einheitsstrafe (vgl. § 31 JGG sowie S. 156) gebildet wird. Diese gesetzliche Regelung geht davon aus, dass Jugendstrafe „Erziehungsstrafe" ist (zur Problematik vgl. S. 149). Sie hält daher eine kürzere Einwirkung auf den Täter als

Begründung fragwürdig

sechs Monate für sinnlos, desgleichen eine längere als fünf Jahre. – Die Ausnahmen bei Heranwachsenden sowie bei Kapitalverbrechen Jugendlicher werden mit dem dort vorhandenen größeren Gewicht des Sühnegedankens gerechtfertigt.

---

[14] BGHSt 18, 207 (209).
[15] BGHSt 15, 224.
[16] Gemäß § 105 Abs. 3 S. 2 JGG ist das Höchstmaß für Heranwachsende bei Mord 15 Jahre. Beachte auch § 106 Abs. 1 JGG, der – statt lebenslanger Freiheitsstrafe – eine Freiheitsstrafe von 10 bis 15 Jahren bei Heranwachsenden vorsieht, wenn allgemeines Strafrecht anzuwenden ist.

aa) Jugendstrafe mit Bewährung

Bei Verurteilungen zu einer bestimmten Jugendstrafe bis zu einem Jahr ist Strafaussetzung zur Bewährung vorgesehen, „wenn zu erwarten ist, dass der Täter sich schon die Verurteilung zur Warnung dienen lassen und auch ohne die Einwirkung des Strafvollzugs unter der erzieherischen Einwirkung in der Bewährungszeit künftig einen ‚rechtschaffenen‘ (= straffreien) Lebenswandel führen wird" (§ 21 Abs. 1 S. 1 JGG). Dabei sind die Persönlichkeit des Täters, sein Vorleben, die Umstände seiner Tat, sein Verhalten nach der Tat, seine Lebensverhältnisse sowie die Wirkungen zu berücksichtigen, die von der Strafaussetzung für ihn zu erwarten sind (§ 21 Abs. 1 S. 2 JGG). Seit dem 7.3.2013 ist gemäß § 21 Abs. 1 S. 3 JGG auch dann die Vollstreckung zur Bewährung auszusetzen, wenn die in Satz 1 genannte Erwartung erst dadurch begründet wird, dass neben der Jugendstrafe ein Jugendarrest nach § 16a (sog. Warnschussarrest; s. S. 149) verhängt wird. Die Aussetzung kann im Urteil oder nachträglich (aber vor Beginn des Strafvollzugs) durch Beschluss erfolgen (vgl. § 57 Abs. 1 u. 2 JGG). Hierbei kommt dem JGH-Bericht (s. dazu S. 181) jeweils entscheidende Bedeutung zu.

Bis zu 1 Jahr

Bei günstiger Prognose

Beträgt die Jugendstrafe mehr als ein Jahr, aber nicht mehr als zwei Jahre, so setzt das Gericht die Vollstreckung der Jugendstrafe ebenfalls zur Bewährung aus, wenn die oben genannten Voraussetzungen vorliegen und nicht die Vollstreckung der Jugendstrafe im Hinblick auf die Entwicklung des Jugendlichen geboten ist (vgl. § 21 Abs. 2 JGG). Dies ist nur dann der Fall, wenn ambulante Maßnahmen (insbesondere: Betreuungsweisung, sozialer Trainingskurs und Täter-Opfer-Ausgleich) aussichtslos erscheinen (hierzu ist meist die Heranziehung eines Sachverständigen gemäß § 43 Abs. 2 JGG nötig[17]). Seit 1991 ist also auch die Vollstreckung von Jugendstrafen bis zu zwei Jahren nur noch in den oben genannten Ausnahmefällen bei ungünstiger Prognose zulässig.

Bis zu zwei Jahren

Strafverbüßung bei negativer Prognose

Bei der Frage der Strafaussetzung zur Bewährung lässt das JGG – im Gegensatz zu § 56 Abs. 3 StGB – für generalpräventive Gesichtspunkte (insbesondere für die der Abschreckung und der Verteidigung der Rechtsordnung) also generell keinen Raum. Das gilt selbst beim Vorliegen schwerer Schuld.

Keine Generalprävention

Die Strafaussetzung zur Bewährung kann nicht auf einen Teil der Jugendstrafe beschränkt werden (vgl. § 21 Abs. 3 S. 1 JGG). Jedoch ist nach Vollstreckung eines Teiles die Aussetzung des Strafrestes zur Bewährung möglich (vgl. § 88 JGG).

Teil-Bewährung nicht möglich, aber: Reststrafen-Bewährung

Die Bestimmungen der Strafaussetzung zur Bewährung gelten auch für Heranwachsende, für die Jugendstrafrecht angewendet wird (vgl. § 105 Abs. 1 JGG).

Gilt auch für HW

(1) Bewährungszeit

Im Urteil wird die Dauer der Bewährungszeit festgelegt, die aber erst mit der Rechtskraft (Unanfechtbarkeit) des Urteils zu laufen beginnt (§ 22 Abs. 1 u. 2 JGG)[18]. Sie darf zwei Jahre nicht unter- und drei Jahre nicht überschreiten (§ 22 Abs. 1 S. 2 JGG), kann aber auch nachträglich ver-

Normal-Dauer: 2–3 Jahre

---

17 Gesetzesbegründung zum 1. JGG-ÄndG (BT-Drucks. 11/5829, S. 20).
18 Wird Rechtsmittel eingelegt, verzögert sich also die gesamte Bewährung um viele Monate, was problematisch erscheint.

Verkürzung auf 1 J. und Verlängerung auf 4 J. möglich

kürzt oder verlängert werden (§ 22 Abs. 2 JGG). Sie darf jedoch nie kürzer sein als ein Jahr (bei Strafen von mehr als einem Jahr: zwei Jahre). Das Höchstmaß der Bewährungszeit beträgt vier Jahre. Diese flexible Regelung kann einerseits besonders günstige Entwicklungen honorieren und zugleich dem Scheitern der Bewährung zunächst noch mit einer Verlängerung begegnen (vgl. § 26 Abs. 2 JGG). – Die zur Verbüßung drohende Strafe und die Bewährungszeit können also unterschiedlich lang sein (z. B. die Jugendstrafe beträgt 1 Jahr und die Bewährungszeit 2 1/2 Jahre).

Bewährungsplan

Der Vorsitzende Richter stellt – sinnvollerweise zusammen mit dem bestellten Bewährungshelfer – einen Bewährungsplan auf, in dem die Weisungen und Auflagen (die Vorschriften über deren Auswahl, Änderung, Befreiung und Erzwingung durch Jugendarrest gelten hier analog, vgl. § 23 Abs. 1 S. 4 JGG) für den Probanden sowie von ihm evtl. gemachte Zusagen und Anerbieten enthalten sind (§§ 23, 60 JGG). Dieser Bewährungsplan wird den Probanden ausgehändigt, wobei ihnen der Richter seine Bedeutung – vor allem in Hinblick auf die Widerrufsmöglichkeit der Aussetzung der Vollstreckung – erklärt. Zugleich gibt ihnen der Richter auf, jeden Aufenthalts-, Ausbildungs- oder Arbeitsplatz-Wechsel anzuzeigen (§ 60 Abs. 1 JGG). Die Probanden sollen versprechen, dass sie die Weisungen und Auflagen erfüllen wollen und den Bewährungsplan ebenso unterschreiben wie ihre Erziehungsberechtigten und ihre gesetzlichen Vertreter (§ 60 Abs. 3 JGG).

Eine nachträgliche Änderung des Bewährungsplanes ist bei entsprechender Belehrung (s. o.) möglich (§ 60 Abs. 1 S. 4 JGG).

Bewährungshelfer

Betreuungsfunktion

Im Gegensatz zu § 56d Abs. 1 StGB ist im JGG *ausnahmslos* vorgesehen, dass in der Bewährungszeit die Probanden für höchstens zwei Jahre (nachträgliche Änderung ist jedoch gemäß § 24 Abs. 2 JGG möglich) einen hauptamtlichen oder ehrenamtlichen Bewährungshelfer bekommen, der ihnen in allen Bereichen helfend und betreuend zur Seite steht (§ 24 Abs. 1 und 3 JGG). Um diese Aufgaben erfüllen zu können, haben Bewährungshelfer das Recht auf Zutritt zu den Probanden und auf Auskunft von deren Erziehern, Lehrern und Ausbildern über ihre Lebensführung (§ 24 Abs. 3 JGG).

Kontrollfunktion

Beurteilungsspielraum des BWH

Der Bewährungshelfer überwacht im Einvernehmen mit dem Richter die Einhaltung des Bewährungsplanes (§ 24 Abs. 3 S. 2 JGG). Der Richter kann dem Bewährungshelfer für diese Tätigkeit Anweisungen erteilen, insbesondere die Zeitabstände festlegen, in denen er ihm über die Lebensführung des Probanden zu berichten hat (§ 25 JGG). Dabei muss er dem Richter nicht jeden Verstoß gegen den Bewährungsplan, sondern nur solche Verstöße mitteilen, die als „gröblich" oder als „beharrlich" angesehen werden müssen (§ 25 S. 4 JGG). Die Wertung der Lebensführung des Probanden erfolgt also zunächst durch den Bewährungshelfer, der sich dabei aber an die gesetzlichen Widerrufsgründe des § 26 Abs. 1 JGG (s. unten (3)) zu halten hat. Das bedeutet, dass er nur das dem Richter mitteilen muss, was die Bewährung ernsthaft gefährdet; dies gilt selbst bei Straftaten![19] – Mangels Bewährungshelfer übernimmt dies alles die JGH (§ 38 Abs. 2 S. 5 JGG).

---

[19] Sehr viel weitergehend die RL JGG zu §§ 24 und 25 Nr. 3 S. 2 und 3; kritisch dazu: *Eisenberg*, § 25 JGG, Rn. 17a.

(2) Erfolgreiche Bewährung

Wenn kein gesetzlicher Grund bestand, die Strafaussetzung zu widerrufen (vgl. § 26 Abs. 1 JGG), so erlässt der Richter nach Ablauf der Bewährungszeit die Jugendstrafe (§ 26a S. 1 JGG) und erklärt grundsätzlich den Strafmakel als beseitigt (vgl. § 100 JGG). Damit ist das „Damoklesschwert" der drohenden Verbüßung der im Urteil festgesetzten Strafe abgewendet worden. Es darf dann nur noch Strafgerichten und der StA Auskunft über die Verurteilung erteilt werden, und nach weiteren fünf Jahren wird der Eintrag getilgt (vgl. §§ 41 Abs. 3, 46 Abs. 1 Nr. 1 f BZRG). Wurden jedoch Straftaten gegen die sexuelle Selbstbestimmung gemäß §§ 174–180, 182 StGB begangen, so wird der Strafmakel nicht beseitigt (§ 100 S. 2 JGG) und die Auskunft beschränkt sich nicht nur auf Strafgerichte und Staatsanwaltschaften bei laufenden Strafverfahren, sondern ist dann auch allen obersten Bundes- und Landes-, Verfassungsschutz- und Ausländer-Behörden sowie der Kriminalpolizei zugänglich (vgl. § 41 Abs. 3 S. 2 iVm Abs. 1 BZRG).

Straferlass

Beseitigung des Strafmakels

Nicht möglich bei Sexualdelikten

(3) Scheitern der Bewährung (= Widerruf der Strafaussetzung, § 26 JGG)

Der Richter widerruft gemäß § 26 JGG die Aussetzung der Jugendstrafe (d. h.: deren Strafvollzug wird angeordnet), wenn der Proband (= der unter Bewährung Stehende) entweder

Widerrufsgründe:

1. in der Bewährungszeit eine Straftat begeht *und* dadurch zeigt, dass die Erwartung, die der Bewährung zugrunde lag, sich nicht erfüllt hat,

„Wiederholungstäter" (§ 26 Abs. 1 S. 1 Nr. 1 JGG)

Es führt also nicht jede Straftat zum Widerruf (z. B. nicht: geringfügige oder völlig anders geartete Straftaten); dieser kommt vielmehr nur in Betracht, wenn die Legal- und Sozial-Prognose, die der laufenden Bewährung zugrunde lag, erschüttert wird, wobei Tat-Motive, Ausführung wie Folgen entscheidend sind. – Aufgrund der *Unschuldsvermutung* (Art. 6 Abs. 2 MRK) liegt eine Straftat aber erst ab entsprechender rechtskräftiger (= unanfechtbarer) Verurteilung vor. Hiervon weicht die hM jedoch bei eindeutigen Fällen ab, was verfassungsrechtlich problematisch ist.[20]

Unschuldsvermutung

oder

2. gegen Weisungen (= iSd § 10 JGG) „gröblich" (d. h.: schwerwiegend) oder „beharrlich" (d. h.: wiederholt und hartnäckig) verstößt oder sich der Aufsicht und Leitung des Bewährungshelfers „beharrlich" (s. o.) entzieht *und* dadurch Anlass zu der Besorgnis gibt, dass er erneut Straftaten begehen wird

„Rückfallgefahr" (§ 26 Abs. 1 S. 1 Nr. 2 JGG)

Hier hängt der Widerruf also „fast allein" von der Beurteilung des Bewährungshelfers ab.

oder

3. „gröblich" (s. o.) oder „beharrlich" (s. o.) gegen Auflagen iSd § 15 JGG) verstößt.

„Schwere Verstöße gegen Auflagen" (§ 26 Abs. 1 S. 1 Nr. 3 JGG)

Hier droht der Widerruf bereits ohne Besorgnis der Rückfälligkeit, worin wieder die Ahndungsfunktion der „Bewährungsstrafe" deutlich wird.

---

[20] Zur Problematik *Eisenberg*, §§ 26, 26a, Rn. 5.

Abschließende Regelung

Diese Widerrufsgründe sind abschließend in § 26 Abs. 1 JGG festgelegt. Sie führen aber nur dann zum Scheitern der Bewährung, wenn es nicht ausreicht, weitere Weisungen oder Auflagen zu erteilen oder die Bewährungs- oder Unterstellungszeit bis auf vier Jahre zu verlängern oder im Anschluss an die Bewährung erneut einen Bewährungshelfer zu bestellen (§ 26 Abs. 2 JGG), also nur bei ungünstiger Prognose.

Prognose entscheidet Widerruf bis zum Straferlass möglich

Der Widerruf einer Bewährung wegen einschlägiger Straftaten kann nach hM bis zum Erlass der Jugendstrafe (§ 26a JGG) erfolgen, also auch noch nach Ablauf der Bewährungszeit, wobei nach hM hierfür keine Frist besteht.[21] Das erscheint sehr problematisch.[22]

(4) Das Prinzip der Einbeziehung alter Verurteilungen

Aus erz. Gründen stets einheitliche Reaktionen

Wird in der Bewährungszeit eine andere Straftat begangen, so entsteht das Problem der Einbeziehung der neuen Tat gemäß § 31 JGG. Das Jugendstrafrecht geht nämlich grundsätzlich davon aus, dass jugendrichterliche Maßnahmen immer einheitlich festzusetzen sind (also keine Gesamtstrafenbildung wie in den §§ 54, 55 StGB erfolgt), weil es im Jugendstrafrecht als Täter- und Erziehungsstrafrecht weniger auf die Ahndung der Tat als auf die Gesamtwirkung der Maßnahmen ankommt (sog. *Einheitsprinzip*).

Konsequenzen bei bestehender Bewährung

Das bedeutet für die Verurteilung von Straftaten, die in der Bewährungszeit begangen wurden, Folgendes:

Da die 1. Verurteilung noch nicht erledigt ist (= Bewährungszeit läuft noch), wird sie in die 2. Verurteilung miteinbezogen, ohne dass hierdurch die laufende Bewährung widerrufen werden muss (vgl. § 31 Abs. 2 S. 1 JGG „... wird nur einheitlich auf ... oder Jugendstrafe erkannt").

Entscheidungsmöglichkeiten

Dabei sind folgende Konstellationen denkbar:

Bewährung läuft weiter u. Erz. maßregeln/Zuchtmittel kommen hinzu

1. Das Ersturteil lautet (z. B.) acht Monate Jugendstrafe auf Bewährung. – Wenn es sich bei der 2. Straftat um ein ganz anderes Delikt handelt, das nicht auf (erneute) schädliche Neigungen schließen lässt (z. B.: erst Jugendstrafe wegen diverser Einbrüche, jetzt eine Beleidigung oder Körperverletzung), so könnten die acht Monate Jugendstrafe zur Bewährung bestehen bleiben und zusätzlich Erziehungsmaßregeln (z. B. Weisungen) und/oder Zuchtmittel (z. B. Auflagen nach § 15 JGG) angeordnet werden (vgl. § 31 Abs. 1 S. 2 JGG: „... Maßnahmen mit Strafe ...").

Aufstockung der Jugendstrafe auf max. 2 Jahre und erneute Bewährung

2. Aber auch wenn wiederum schädliche Neigungen angenommen werden (z. B.: wie oben, 2. Tat, aber Ladendiebstahl), entsteht kein weiteres Problem, sofern das Gericht nun (zusammen mit der alten Jugendstrafe) auf insgesamt nicht mehr als 12 Monate erkennt. (Die Bewährungszeit wird dann neu festgesetzt und ein neuer Bewährungsplan erstellt.) Kommt das Gericht zu einer „Einheits"-Strafe von mehr als 12 Monaten, kann die (noch laufende) Bewährung ebenfalls aufrechterhalten werden, wenn nicht wegen negativer Entwicklung des Probanden die Strafvollstreckung geboten erscheint (zu Bewährungszeit und Bewährungsplan siehe oben). Das Gericht muss aber (insgesamt) zwei Jahre

---

[21] Nachweise z. B. bei *Eisenberg*, §§ 26, 26a, Rn. 18 ff.
[22] Ablehnend *Eisenberg*, §§ 26, 26a, Rn. 22, (widerspricht Erziehungsgedanken und Beschleunigungsgebot).

Jugendstrafe für ausreichend halten, weil sonst keine Bewährung mehr zulässig ist (vgl. § 21 Abs. 2 u. 3 JGG).

3. Will das Gericht bei 2. aus erzieherischen Gründen die durch eine Einbeziehung der neuen Straftat drohende Strafvollstreckung vermeiden, so kann es von der Einbeziehung absehen (§ 31 Abs. 3 S. 1 JGG), die Bewährung weiterlaufen lassen und für die 2. Tat Jugendstrafe mit oder ohne Bewährung verhängen.

Bewährung bleibt und erneut Jugendstrafe mit oder ohne Bewährung

4. Hat das Gericht wegen der erneuten Straftat die laufende Bewährung widerrufen, so wird das 2. Urteil ebenfalls grundsätzlich einbezogen (vgl. § 31 Abs. 2 JGG) und damit idR eine „Gesamt"-Jugendstrafe gebildet. Erscheint die Gesamtdauer zu lang, so kann davon jedoch abgesehen werden (§ 31 Abs. 3 JGG) und für die 2. Tat eine gesonderte Jugendstrafe ausgesprochen werden.

Bewährungswiderruf

5. Befindet sich ein Straftäter bereits im Strafvollzug, so wird das diesbezügliche Urteil ebenfalls einbezogen und wiederum nur einheitlich auf Maßnahmen oder Jugendstrafe erkannt (§ 31 Abs. 2 S. 1 JGG), sofern es nicht aus erzieherischen Gründen zweckmäßig erscheint, davon abzusehen (§ 31 Abs. 3 S. 1 JGG).

Täter im Strafvollzug

Das Einbeziehungsprinzip gilt auch für Heranwachsende, für die Jugendstrafrecht angewendet wird (§ 105 Abs. 1 JGG).

Gilt alles auch für HW

bb) Jugendstrafe ohne Bewährung

(1) Strafvollstreckung

Da der bisherige Jugendstrafvollzug nicht den Anforderungen an einen effektiven Rechtsschutz für Jugendstrafgefangene entsprach und insofern verfassungsrechtlich zu beanstanden war, hat das BVerfG 2006[23] die Bundesländer verpflichtet, den Jugendstrafvollzug neu zu regeln. Dementsprechend haben zehn Bundesländer[24] Jugendstrafvollzugsgesetze erlassen, die sich inhaltlich und vom Aufbau her an einem Musterentwurf orientieren und sich insoweit ähneln. Baden-Württemberg, Hessen und Nordrhein-Westfalen sind von dieser Linie abgewichen und haben eigene Jugendstrafvollzugsgesetze erlassen. In den Ländern Bayern, Hamburg und Niedersachsen gelten „allgemeine" Strafvollzugsgesetze (für Erwachsene), die jeweils Abschnitte, bzw. (Sonder-)Regelungen zum Vollzug der Jugendstrafe enthalten. Es bietet sich somit innerhalb Deutschlands ein uneinheitliches Bild des Jugendstrafvollzugs.

Die Vollstreckung der Jugendstrafe erfolgt durch Freiheitsentzug in eigenen Jugendstrafanstalten (z. B. § 98 JStVollzG Bln; § 112 JStVollzG NRW). Vollstreckungsleiter ist der Jugendrichter, der im ersten Rechtszug (= Verfahren) die Verhandlung geleitet hat (§§ 82 Abs. 1, 84 Abs. 1 JGG). Befindet sich der Verurteilte jedoch in einer außerhalb seiner Zuständigkeit liegenden Jugendstrafanstalt, so ist der dortige Jugendrichter zuständig (§ 85 Abs. 2 JGG).

Eigene Jugendstrafanstalten

Jugendrichter ist Vollstreckungsleiter

Der Strafvollzug für Volljährige, die noch nicht das 24. Lebensjahr vollendet haben, findet ebenfalls in Jugendstrafanstalten statt, es sei denn, sie

Strafvollzug für Volljährige

---

23 BVerfGE v. 31.5.2006, NJW 2006, 2093.
24 Berlin, Brandenburg, Bremen, Mecklenburg-Vorpommern, Rheinland-Pfalz, Saarland, Sachsen, Sachsen-Anhalt, Schleswig-Holstein und Thüringen.

eignen sich nicht mehr für erzieherische Einwirkungen; dann erfolgt der Vollzug in allgemeinen Strafvollzugsanstalten (§ 89b Abs. 1 JGG). Diese Entscheidung fällt der Vollstreckungsleiter (§ 89b Abs. 2 JGG).

(2) Vorzeitige Entlassung

Strafrest zur Bewährung   Wenn bereits 1/3 der Strafe verbüßt wurde und verantwortet werden kann zu erproben, ob der Verurteilte außerhalb des Jugendstrafvollzugs einen „rechtschaffenen (straffreien) Lebenswandel" führen wird, kann der Vollstreckungsleiter nach Anhören des Staatsanwalts den Strafrest einer bestimmten Jugendstrafe zur Bewährung aussetzen; grundsätzlich müssen aber mindestens sechs Monate verbüßt sein (§ 88 Abs. 1–3 JGG). Die Bestimmungen der Strafaussetzung zur Bewährung (§§ 21 bis 26a JGG) gelten dann sinngemäß – Bewährungsplan, Bewährungszeit, Bewährungshelfer, Erlass der Reststrafe, Widerruf der Bewährung etc. – nur dass an die Stelle des erstinstanzlichen Vorsitzenden Richters der Vollstreckungsleiter tritt (§ 88 Abs. 6 S. 1 und 2 JGG). – Dies gilt auch für Heranwachsende, für die Jugendstrafrecht angewendet wurde (§ 110 Abs. 1 JGG).

Gilt auch für HW

Zur Frage des „Vorbestraftseins" siehe unten B. III. Eintragungen in das Bundeszentral-/Erziehungsregister („Das Vorbestraftsein", S. 168).

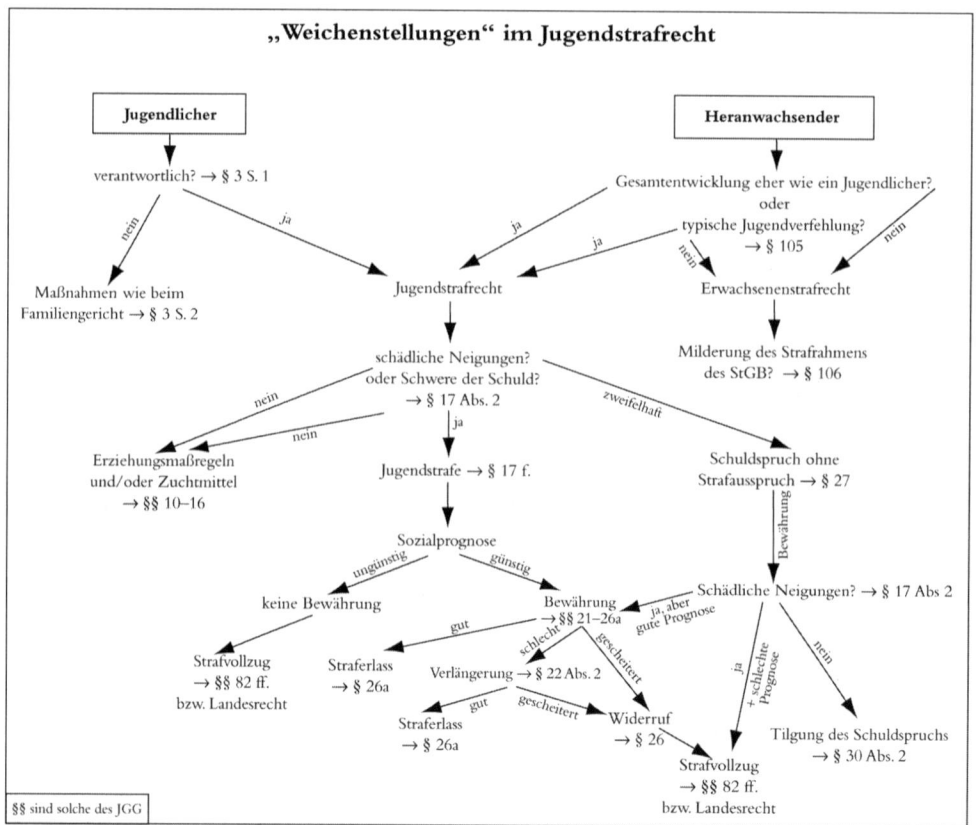

4. Maßregeln der Besserung und Sicherung (§ 7 JGG)

Maßregeln der Besserung und Sicherung sind in § 61 StGB abschließend geregelt. Diese orientieren sich nicht am Verschulden des Täters, sondern an dessen Gefährlichkeit; sie dienen dem Schutz der Gesellschaft. Die Maßregeln sind abschließend in § 61 StGB aufgezählt:

Abschließender Katalog

1. die Unterbringung in einem psychiatrischen Krankenhaus,
2. die Unterbringung in einer Entziehungsanstalt,
3. die Unterbringung in der Sicherungsverwahrung,
4. die Führungsaufsicht,
5. die Entziehung der Fahrerlaubnis,
6. das Berufsverbot.

Diese – z.T. freiheitsentziehenden (vgl. Ziffern 1.–3.) – Maßregeln der Besserung und Sicherung sind Ausfluss der Schutz- und Präventivfunktion des Strafrechts, wobei seit 1975 die Intention der Besserung (auch durch die Reihenfolge der Wortwahl) stärker in den Vordergrund getreten ist.

Präventiv- und Schutzfunktion

Voraussetzung für die Verhängung von Maßregeln ist eine *negative Gefährlichkeits-Prognose*. Dabei muss die vom Straftäter ausgehende Gefährlichkeit so groß sein, dass der Schutz der Allgemeinheit nicht anders als durch eine der gesetzlich vorgesehenen Maßregeln gewährleistet ist und diese muss im Verhältnis zu der vom Täter ausgehenden Gefahr stehen (vgl. § 62 StGB). Dieser (unser gesamtes Rechtssystem beherrschende) *Grundsatz der Verhältnismäßigkeit* gebietet daher auch, dass bei mehreren geeignet erscheinenden Maßregeln diejenige auszuwählen ist, die den Täter am wenigsten beschwert; dabei können auch mehrere Maßregeln nebeneinander angeordnet werden, insbesondere die Maßregeln der Ziffern 4–6 neben den anderen Maßregeln (vgl. dazu § 72 StGB).

Voraussetzungen der Anordnung

Kumulierung möglich

Wegen des Erziehungszweckes des JGG sieht das Jugendstrafrecht nur die Maßregeln der Unterbringung in einem psychiatrischen Krankenhaus oder in einer Entziehungsanstalt, die Führungsaufsicht oder die Entziehung der Fahrerlaubnis vor (vgl. § 7 Abs. 1 JGG). Diese sollen im folgenden Text (4. a–d) vorgestellt werden. Sie kommen auch für HW in Betracht (§ 105 Abs. 1 JGG); wird für HW kein Jugendstrafrecht angewendet, sind Berufsverbote und die Sicherungsverwahrung unter den dort genannten engen Voraussetzungen möglich (vgl. § 106 Abs. 3 bis 5 JGG) (s. dazu S. 139).

Im JGG nur bestimmte Maßregeln zulässig

a) Psychiatrisches Krankenhaus

Die Unterbringung in einem psychiatrischen Krankenhaus dient der Heilung von Straftätern, die wegen krankhafter seelischer Störungen, Bewusstseinsstörungen, Schwachsinns oder anderer schwerer Abartigkeiten für vermindert oder überhaupt nicht schuldfähig erklärt worden sind (vgl. §§ 63, 20, 21 StGB).

Zielsetzung und Personenkreis

Sie kommt dagegen nicht in Betracht bei Straftaten von schuldunfähigen Kindern (vgl. dazu § 19 StGB) oder von iSd § 3 JGG nicht verantwortlichen (vgl. dazu Seite 130) Jugendlichen.

Die Voraussetzungen für die Anordnung der Unterbringung in einem psychiatrischen Krankenhaus sind gemäß § 63 StGB folgende:

Voraussetzungen der Anordnung

– Vom Täter muss eine rechtswidrige Tat im Zustand verminderter Schuldfähigkeit oder (totaler) Schuldunfähigkeit begangen worden sein.

– Die Gesamtwürdigung des Täters muss ergeben, dass von ihm infolge seines Zustandes weiterhin erhebliche rechtswidrige Taten zu erwarten sind und er deshalb für die Allgemeinheit gefährlich ist.

Neben oder an Stelle anderer Sanktionen

Ist der Jugendliche oder Heranwachsende als vermindert schuldfähig iSd § 21 StGB (siehe dazu oben) angesehen worden, so wird die Unterbringung *neben* (– im Fall völliger Schuldunfähigkeit [§ 20 StGB] dagegen: *an Stelle*) einer jugendrichterlichen Maßnahme angeordnet. Im ersteren Fall wird dann die Behandlung des Täters in der Psychiatrie vorweg vollzogen und die dort verbrachte Zeit auf eine (evtl. ausgesprochene) Ju-

Anrechnung auf Jugendstrafe

gendstrafe angerechnet, bis 2/3 erledigt sind (vgl. dazu § 67 Abs. 2 u. 4 StGB). Die restliche Jugendstrafe kann nach der Entlassung aus der Psychiatrie bei günstiger Sozialprognose auch dann zur Bewährung ausgesetzt werden, wenn durch die Anrechnung bereits die Hälfte der Strafe erledigt ist (§ 67 Abs. 5 StGB). Die Jugendgerichte können aber auch gänzlich von der Verhängung von Jugendstrafe und Zuchtmitteln absehen, wenn die Unterbringung in der Psychiatrie die Ahndung entbehrlich erscheinen lässt (§ 5 Abs. 3 JGG).

Absehen von anderen Sanktionen

Die Unterbringung in der Psychiatrie kann auch zur Bewährung ausgesetzt werden, wenn der erwartete Besserungs- und Sicherungs-Zweck durch familiäre oder anderweitige Betreuung (z.B. freiwillige Therapie) gewährleistet erscheint; in diesen Fällen tritt (automatisch) Führungsauf-

Bewährung möglich: Dann tritt FA ein

sicht (s. dazu S. 161 ff.) ein (vgl. § 67b StGB). – Wann die Aussetzung der Unterbringung widerrufen wird, regelt § 67g StGB.

Die Dauer der Unterbringung in der Psychiatrie ist nicht festgelegt – auch keine Höchstdauer (vgl. § 67d Abs. 1 StGB)! Diese (problematische)

Flexible Zeitdauer

Regelung wird damit gerechtfertigt, dass sich bei derartigen Erkrankungen die Behandlungsdauer nicht vorhersagen (und damit nicht festlegen) lasse (bei Alkohol- und Drogenabhängigen hält man dies jedoch für möglich, vgl. § 67d Abs. 1 StGB). – Allerdings muss mindestens einmal im

Jährliche Überprüfung

Jahr überprüft werden, ob die Unterbringung nicht zur Bewährung ausgesetzt werden kann (§ 67e Abs. 1 und 2 StGB). – Wegfall der Voraussetzungen oder Unverhältnismäßigkeit führt zur Erledigungserklärung und grundsätzlich zum Eintritt der Führungsaufsicht (vgl. § 67d Abs. 6 StGB).

b) Entziehungsanstalt

Vorrangiger Zweck = Heilung
Voraussetzungen

Diese Maßregel bezweckt in erster Linie die Heilung des Täters und erst nachrangig die Sicherung vor dem Täter.

Die Voraussetzungen für eine Einweisung in eine Entziehungsanstalt sind gemäß § 64 StGB folgende:

Alkohol-/Drogen- abhängigkeit

– Beim Straftäter muss ein Hang (d.h.: eine ihn treibende Neigung) vorliegen, berauschende Mittel im Übermaß zu sich zu nehmen.

Beispiele: alkoholische Getränke, Rauschgifte (Haschisch, Morphine, Opium, Kokain, Heroin, LSD, Äther etc.), u.U. auch Schmerz- oder Schlaftabletten

Hang- oder Rauschtat

– Der Täter muss eine rechtswidrige Tat entweder im Rauschzustand begangen haben oder diese Tat muss auf seinen Hang zurückgehen.

Beispiele: Aufbrechen eines Kioskes und Entwenden von Alkohol; Einbruch in einer Apotheke; Raub zur Drogenbeschaffung

- Die Schuldunfähigkeit des Täters muss entweder erwiesen oder nicht auszuschließen gewesen sein.

Schuldunfähigkeit

- Es muss die Gefahr bestehen, dass der Täter infolge seines Hanges weitere erhebliche rechtswidrige Taten begehen wird.

Wiederholungsgefahr

Allgemeingefährlichkeit muss hier (im Gegensatz zu § 63 StGB) also nicht vorliegen. – Selbstgefährdung des Täters allein reicht andererseits nicht aus.

- Die Entziehungskur darf nicht „von vornherein" aussichtslos sein, denn sonst ist sie unzulässig.[25] Diese Feststellung kann nur durch ein Sachverständigen-Gutachten getroffen werden (vgl. §§ 80a, 246a StPO).

Entzug nicht völlig aussichtslos

Bei der Anordnung für Jugendliche und Heranwachsende wird diese Maßregel in Einrichtungen vollzogen, in denen die für die Behandlung derartiger junger Straftäter erforderlichen besonderen therapeutischen und sozialen Hilfen zur Verfügung stehen und der Vollzug auch „aufgelockert und weit gehend in freien Formen" durchgeführt werden kann (vgl. §§ 93a, 110 Abs. 1 JGG).

Besonderer Vollzug für Jugendl. und HW

Beispiel: Zu denken wäre vor allem an therapeutische Wohngemeinschaften (die in der Praxis allerdings leider nur selten vorhanden sind).

Die Einweisung in eine Entziehungsanstalt kann zur Bewährung ausgesetzt werden, wenn besondere Umstände dies rechtfertigen und der erstrebte Zweck auch so erreicht werden kann; in diesem Fall tritt automatisch Führungsaufsicht (FA) – s. dazu unten c) – ein (vgl. § 67b Abs. 2 StGB).

Aussetzung zur Bewährung möglich

Beispiel: Der Jugendliche macht die Zusage, sich freiwillig einem Entzug zu unterziehen.

Scheitert der freiwillige Entzug, so wird die Aussetzung der Maßregel widerrufen und der Entzug zwangsweise fortgeführt; dabei dürfen (insgesamt) jedoch zwei Jahre Entziehungszeit nicht überschritten werden (vgl. hierzu sowie zu den anderen Widerrufsgründen § 67g StGB).

Der gerichtlich angeordnete Entzug darf insgesamt zwei Jahre nicht überschreiten (§ 67d Abs. 1 StGB). Er ist jedoch zuvor regelmäßig – mindestens alle sechs Monate – zu überprüfen (§ 67e Abs. 2 StGB). Spätestens dann muss der Untergebrachte entlassen werden; die Maßregel ist damit erledigt (§ 67d Abs. 3 StGB). – Stellt sich jedoch vorher schon heraus, dass der Entzug erfolglos sein wird, so kann das Jugendgericht (noch nachträglich!) den Jugendlichen oder Heranwachsenden in ein psychiatrisches Krankenhaus einweisen (§ 67a Abs. 1 StGB).

Dauer und Überprüfung

c) Führungsaufsicht

Diese seit 1975 bestehende Maßregel der Besserung und Sicherung ist „Nachfolgerin" der – praktisch bedeutungslos gebliebenen – ehemaligen Polizeiaufsicht. Sie soll aber nicht allein Sicherungsaufgaben erfüllen, sondern enthält auch Gedanken aus dem Rechtsinstitut der Erziehungsbeistandschaft und stellt somit eine aktive Sozialisierungshilfe dar (beaufsichtigende Kontrolle und helfende Betreuung). In

Zielsetzung

---

[25] BVerfG, BGBl. I 1994, S. 3012.

der Praxis gelingt eine sinnvolle Integration dieser „Zweigleisigkeit" meist schon infolge von Überbelastung durch zu hohe Fall-Zahlen nicht, so dass sich viele Führungsaufsicht-Stellen auf das Sammeln von Daten und Informationen beschränken.[26]

Unterschiede zur Bewährungshilfe

Die Führungsaufsicht (FA) der §§ 68–68g StGB ähnelt als nicht freiheitsentziehende Maßregel der Bewährungshilfe (BWH), unterscheidet sich von dieser aber doch wesentlich:

– FA kann nie alleinige Reaktion auf eine Straftat sein, sondern nur im Zusammenhang mit Freiheitsstrafen oder freiheitsentziehenden Maßregeln der Besserung und Sicherung eintreten.
– FA kommt für einen anderen Täterkreis in Betracht als die BWH, nämlich für Täter mit (überwiegend) ungünstiger Sozialprognose, die überdies als besonders gefährlich angesehen werden.
– Bei der FA wird der Proband wesentlich stärker überwacht als bei der BWH.

Die FA tritt in verschiedenen Formen auf. Sie besteht entweder neben strafrechtlichen Sanktionen oder ist deren Vollzug vorgeschaltet oder folgt diesem nach.

– FA kann gerichtlich angeordnet werden, sie tritt z.T. aber auch kraft Gesetzes (= „automatisch") ein (vgl. § 68 StGB).

Gerichtlich angeordnete FA bei Wiederholungsgefahr

FA durch *richterliche Anordnung* (§ 68 Abs. 1 StGB):

Hat ein Jugendlicher oder HW wegen einer Straftat, bei der das Gesetz FA besonders vorsieht, eine Jugendstrafe erhalten, so kann daneben FA angeordnet werden, wenn die Gefahr der Begehung weiterer Straftaten besteht.

Beispiele: bei bestimmten Sittlichkeits- und Körperverletzungs- und Eigentumsdelikten (vgl. §§ 181b; 263 Abs. 6 StGB); bei schweren Eingriffen in die persönliche Freiheit wie: Erpressung, Raub, Geiselnahme, erpresserischer Menschenraub (vgl. §§ 249–255 → § 256 StGB; 239a–239b → § 239c StGB), bei Brandstiftungen (vgl. §§ 306–308 → 321 StGB), u.U. aber auch schon bei wiederholten Diebstählen und Einbrüchen (vgl. §§ 242–244a → 245 StGB).

Gesetzl. eintretende FA

FA *kraft Gesetzes* (vgl. §§ 68 Abs. 2, 67b, c, d, 68 f StGB):

Bei Bewährung

– Bei AnO der Aussetzung der Vollstreckung einer freiheitsentziehenden Maßregel zur Bewährung (insbesondere: Unterbringung in die Psychiatrie oder zum Entzug, vgl. § 67b Abs. 2 StGB); desgleichen, wenn die anfangs vollzogene Maßregel erst später zur Bewährung ausgesetzt wird (vgl. § 67d Abs. 2 S. 2 StGB), – nicht jedoch, wenn die Entlassung aus der freiheitsentziehenden Maßregel wegen Ablauf ihrer Höchstfrist erfolgt (vgl. § 67d Abs. 3 StGB) – obwohl dies hier auch sehr sinnvoll sein könnte.

Bei Verzicht auf Vollzug von Maßregeln

– Hat ein Verurteilter ausnahmsweise vor dem Vollzug einer Maßregel nach § 61 StGB seine Strafe antreten müssen (vgl. dazu § 67 Abs. 1 u. 2 StGB), so ist vor Beendigung des Strafvollzugs zu überprüfen, ob nun der Maßregelvollzug (z.B.: die Unterbringung in der Psychiatrie oder einer Entziehungsanstalt) noch erforderlich ist (vgl. § 67c Abs. 1 S. 1

---

[26] *Eisenberg*, § 7, Rn. 3.

StGB). Ist dies nicht der Fall, so wird die Maßregel zur Bewährung ausgesetzt und es tritt FA ein (§ 67c Abs. 1 S. 2 StGB).

– Ist bei einem Straftäter drei Jahre nach seiner rechtskräftigen Verurteilung immer noch nicht mit dem Vollzug der Unterbringung begonnen worden, so muss das Gericht prüfen, ob diese Maßregel jetzt noch
nötig erscheint (nachdem der Täter so lange nicht mehr „aufgefallen"
ist!). Wenn das Gericht dann die Maßregel noch nicht „für erledigt"
erklären möchte (was es könnte), so kann es die Maßregel zur Bewährung aussetzen, wodurch wieder FA eintreten würde (vgl. dazu § 67c
Abs. 2 StGB).

        Keine Unterbringung innerhalb von 3 Jahren

– Wenn ein Täter eine Freiheitsstrafe von mindestens zwei Jahren voll
verbüßen musste (also nicht ein Strafrest zur Bewährung ausgesetzt
wurde), so tritt grundsätzlich FA ein, wenn es sich um vorsätzliche
Straftaten handelt (§ 68 f Abs. 1 S. 1 StGB). FA tritt jedoch in diesen
Fällen nicht ein, wenn nach der Entlassung eine freiheitsentziehende
Maßregel vollzogen wird (§ 68 f Abs. 1 S. 2 StGB) oder dem Gericht
nun eine günstige Sozialprognose vorliegt (vgl. § 68 f Abs. 2 StGB).

        „Vollverbüßer"

        Ausnahmen

Gerichtliche wie gesetzliche FA dauern mindestens zwei und höchstens
fünf Jahre; dabei werden Zeiten, in denen der Verurteilte flüchtig oder auf
behördliche Anordnung hin verwahrt ist,

        Zeitdauer: idR 2–5 Jahre

Beispiele: Unterbringung in psychiatrischen, Entziehungs, Jugendarrest- oder
Jugendstrafanstalten

nicht eingerechnet (vgl. § 68c Abs. 1 u. 2 StGB); sie unterbrechen also
die Dauer der FA. Die Gerichte können die Höchstdauer (gleich oder
später) abkürzen und diese Entscheidung auch revidieren (vgl. §§ 68c
Abs. 1 S. 2, 68d StGB); sie heben die FA auf, wenn zu erwarten ist, dass
der Verurteilte keine Straftaten mehr begehen wird (§ 68e Abs. 1 StGB).

Während der FA untersteht der Verurteilte einer Aufsichtsstelle und erhält einen Bewährungshelfer (§ 68a Abs. 1 StGB). Beide haben dem Verurteilten „helfend und betreuend zur Seite zu stehen"; hierbei müssen
beide Institutionen gegenseitiges Einvernehmen herstellen (§ 68a Abs. 2
StGB); anderenfalls entscheidet das Gericht (§ 68a Abs. 4 StGB). Die
Überwachung erfolgt dagegen durch die Aufsichtsstelle im Einvernehmen
mit dem Gericht, während der BWH hier nur unterstützend mitwirkt
(vgl. § 68a Abs. 3 StGB); dabei kann das Gericht der Aufsichtsstelle wie
dem BWH Anweisungen erteilen (§ 68a Abs. 5 StGB).

        Aufsichtsstelle und Bewährungshelfer

Das Gericht kann dem Verurteilten für die Dauer der FA Weisungen
erteilen; dabei dürfen an seine Lebensführung keine unzumutbaren Anforderungen gestellt werden (vgl. § 68b StGB).[27] Der Unterschied zu den
Weisungen des JGG besteht darin, dass bei Verstößen dort allenfalls Jugendarrest, hier jedoch dem Jugendlichen oder Heranwachsenden Freiheitsstrafe (= Jugendstrafe) droht, wenn die Aufsichtsstelle dies bei Gericht
beantragt (vgl. § 145a StGB); dabei ist der BWH nur anzuhören, kann
bei Meinungsverschiedenheiten aber nicht das Gericht anrufen (vgl. § 68a
Abs. 6 StGB).

        Gerichtliche Weisungen

        Bei Verstößen droht Jugendstrafe

---

[27] Nach Auffassung des BVerfG (NStZ 1981, 21) verstößt das weder gegen das
Verbot der Doppelbestrafung (Art. 103 Abs. 3 GG) noch gegen den Verhältnismäßigkeitsgrundsatz.

Diese Regelung der strafbewehrten Weisungen ist sehr problematisch, denn aus ihr spricht das Vergeltungsstrafrecht, das dem Resozialisierungsbemühen des Jugendstrafrechts zu wenig Rechnung trägt. Zudem bleibt dieser Straftatbestand bei Schuldunfähigen wirkungslos. § 145a StGB erscheint daher allenfalls bei „Vollverbüßern" (siehe dazu oben) gerechtfertigt, weil bei diesen sonst kein Zwang zur Einhaltung von Weisungen mehr besteht.

Zusammentreffen von
FA und Bewährung
§ 68g StGB regelt das Zusammentreffen von FA und Strafaussetzung zur Bewährung.

Beispiele: Rückfalltäter iSd § 68 Abs. 1 StGB wird wegen guter Führung vorzeitig entlassen (vgl. dazu § 88 JGG). – Während einer schon länger gut verlaufenen FA begeht der Betreffende eine andere, nicht so schwerwiegende Tat und erhält für diese Jugendstrafe mit Bewährung.

Das Gesetz gibt dabei der FA grundsätzlich den Vorrang (vgl. § 68g Abs. 1 StGB). Bestehen jedoch FA und Bewährung wegen derselben Tat (siehe vorstehendes erstes Beispiel), so kann das Gericht das Ruhen der FA während der Bewährungszeit mit der Folge anordnen, dass im Falle des Scheiterns der Bewährung die Bewährungszeit dann nicht auf die Dauer der FA angerechnet wird (§ 68g Abs. 2 StGB). Verläuft jedoch die Bewährung erfolgreich, so bewirkt dies, dass dann die (für dieselbe Tat angeordnete) FA endet (vgl. § 68g Abs. 3 StGB).

d) Fahrverbot und Entziehung der Fahrerlaubnis

aa) Fahrverbot

„Nebenstrafe"
Das Fahrverbot gehört zwar nicht zu den Maßregeln der Besserung und Sicherung, sondern gilt als sog. „Nebenstrafe" (vgl. §§ 61 und 44 StGB). Diese Sanktion wird jedoch aus Gründen des Sachzusammenhanges hier kurz erläutert.

Zeitraum:
1–3 Monate
Wird eine Straftat im Zusammenhang mit dem Führen von Kfz begangen, so kann das Jugendgericht ein Fahrverbot von 1–3 Monaten aussprechen (vgl. §§ 44 Abs. 1 StGB, 76 Satz 1 JGG). Das Fahrverbot wird grundsätzlich mit der Rechtskraft (= Unanfechtbarkeit) des Urteils bzw. mit der amtlichen Verwahrung des Führerscheins wirksam (§ 44 Abs. 2 S. 1 und 2 StGB). Wird der Verurteilte jedoch auf behördliche AnO in einer Anstalt „verwahrt", (z.B.: Unterbringung in Psychiatrie-, Entziehungs-, Jugendarrest-, Jugendstrafanstalten), so wird diese Zeit (natürlich) nicht für das Fahrverbot mitgezählt (§ 44 Abs. 3 S. 2 StGB).

Diese Maßnahme kommt vor allem bzgl. führerscheinfreier Fahrzeuge Jugendlicher in Betracht und ansonsten als „Vorstufe" zum Führerscheinentzug.

bb) Entziehung der Fahrerlaubnis

Voraussetzung:
ungeeignet für Kfz
Diese Maßregel kommt bei im Zusammenhang mit Kfz begangenen Straftaten in Betracht, wenn „sich aus der Tat ergibt", dass der Täter zum Führen von Kfz ungeeignet ist (§ 69 Abs. 1 S. 1 StGB). Damit gilt der Verhältnismäßigkeitsgrundsatz des § 62 StGB als gewahrt (vgl. § 69 Abs. 1 S. 2 StGB). Nach § 69 Abs. 2 ist von dieser Ungeeignetheit stets auszugehen bei: Trunkenheit im Straßenverkehr, grob verkehrswidriger und rücksichtsloser Gefährdung des Straßenverkehrs, unerlaubtem Entfernen vom Unfallort und Vollrausch. Ansonsten kommt sie vor allem bei schuld-

unfähigen oder vermindert schuldfähigen Tätern (vgl. § 69 Abs. 1 S. 1 StGB) sowie bei fehlender charakterlicher Zuverlässigkeit in Betracht.

Beim Führerscheinentzug erlischt mit der Rechtskraft des Urteils die Fahrerlaubnis und der Führerschein wird eingezogen (§ 69 Abs. 3 StGB). **Fahrerlaubnis erlischt**

Im Urteil wird bestimmt, wie lange dem Verurteilten kein neuer Führerschein erteilt werden darf (= grundsätzlich sechs Monate bis fünf Jahre); in krassen Fällen „lebenslänglich", vgl. § 69a Abs. 1 StGB). Diese „Führerschein-Sperren" können vom Gericht vorzeitig aufgehoben werden (vgl. dazu § 69a Abs. 7 StGB). Der Führerscheinentzug bewirkt, dass der Verurteilte grundsätzlich eine erneute Führerscheinprüfung ablegen muss, bevor er eine neue Fahrerlaubnis ausgestellt bekommt. – Besitzt der Verurteilte gar keinen Führerschein (oder nicht den für das benutzte Kfz), so wird nur die „Führerscheinsperre" ausgesprochen (§ 69a Abs. 1 S. 3 StGB). **„Führerscheinsperre" 6 Monate – 5 Jahre oder auch für immer**

Führerscheinprüfung erneut nötig

Zur Wiederholung des Themas „jugendgerichtliche Maßnahmen" siehe nachfolgende Übersicht (S. 166/167).

Übersicht über die jugendgerichtlichen Maßnahmen

vorläufige Maßnahmen		endgültige Maßnahmen
Unterbringung Zur Untersuchung des Entwicklungsstandes (§ 73 JGG) Dauer: max. sechs Wochen		**Erziehungsmaßregeln** (§§ 9–12 JGG) ↓
Anregung von Jugendhilfe, vorläufige Erziehungs- anordnungen* (§ 71 Abs. 1 JGG) Dauer: max. bis zur Rechtskraft des Urteils		**Weisungen** (§§ 10, 11 JGG) z. B. Täter-Opfer-Ausgleich, Gebote und Verbote bzgl. der Lebensführung Dauer: max. drei Jahre
Einstweilige Unterbringung in einem Erziehungsheim* (§ 71 Abs. 2 JGG) Dauer: max. bis zur Rechtskraft des Urteils		**Erziehungsbeistandschaft*** (§ 12 Nr. 1 JGG) zeitlich nicht begrenzt, endet jedoch spätestens bei Volljährigkeit
Untersuchungshaft – nur in Ausnahmefällen zulässig* – (§ 72 JGG) Dauer: max. bis zur Rechtskraft des Urteils		**Betreutes Wohnen, Heimerziehung*** (§ 12 Nr. 2 JGG) zeitlich nicht begrenzt, endet jedoch spätestens bei Volljährigkeit

* Für Heranwachsende gemäß § 105 Abs. 1 bzw. § 109 Abs. 1 JGG nicht anwendbar.

– Bei allen Maßnahmen sind die Richtlinien zum Jugendgerichtsgesetz (RL JGG) zu beachten. Erziehungsmaßregeln und Zuchtmittel (auch mehrere) können nebeneinander angeordnet (§ 8 Abs. 1 S. 1 JGG), Hilfe zur Erziehung nach § 12 Nr. 2 JGG darf jedoch nicht mit Jugendarrest verbunden werden (§ 8 Abs. 1 S. 2 JGG).
– Neben der Jugendstrafe sind nur Weisungen, Auflagen sowie Erziehungsbeistandschaft zulässig (§ 8 Abs. 2 JGG). Seit dem 7.3.2013 kann neben der Verhängung einer Jugendstrafe oder der Aussetzung ihrer Verhängung unter den Voraussetzungen des § 16a JGG auch Jugendarrest angeordnet werden – sog. „Warnschussarrest" – (§ 8 Abs. 2 S.2 JGG)
– Der Verlust der bürgerlichen Ehrenrechte darf nicht angeordnet werden (vgl. § 6 JGG).
– Zur Entwicklung des Rechts der Sicherungsverwahrung: Der Europäische Gerichtshof für Menschenrechte hatte mit Urteil vom 17.12.2009 (NStZ 2010, 263) die nachträgliche Sicherungsverwahrung in Deutschland als nicht vereinbar mit der Europäischen Menschenrechtskonvention (EMRK) angesehen, da sie wegen ihres freiheitsentziehenden Charakters gegen Art. 5 (Recht auf Freiheit und Sicherheit) und 7 (Keine Strafe ohne Gesetz) der EMRK verstoße.

Durch das Gesetz zur Neuregelung der Sicherungsverwahrung vom Dezember 2010 wurde diesen Bedenken Rechnung getragen. Die dortigen Vorschriften, insbesondere § 7 Abs. 2 und 3 JGG wurden nur wenige Monate später vom BVerfG

Übersicht über die jugendgerichtlichen Maßnahmen

endgültige Maßnahmen			
Zuchtmittel (§§ 13–16 JGG) ↓	**Jugendstrafe** (§§ 17–30 JGG)		**Maßregeln** der Besserung und Sicherung (§ 7 JGG) ↓
Verwarnung (§ 14 JGG)	**mit Bewährung** (§§ 21–26a JGG) möglich bei: Strafen bis zu 2 Jahren (§ 21 Abs. 1, Abs. 2 JGG) Bewähr.-zeit 2–3 Jahre (§ 22 JGG)	**ohne Bewährung** (§ 18 JGG) grundsätzlich 6 Mon. – 5 J. (bei Kapitalverbrechen: bis 10 Jahre)	**Unterbringung in psychiatrisch. Krankenhaus** (§ 63 StGB) ohne zeitliche Begrenzung **Unterbringung in Entziehungsanstalt** (§ 64 StGB) Dauer: max. 2 Jahre
Auflagen (§ 15 JGG) Schadensersatz Entschuldigung Arbeitsleistungen „Zwangsspende"			
Jugendarrest (§ 16 JGG) Freizeitarrest (1–2 Wochenenden) Kurzarrest (2–4 Tage) Dauerarrest (1–4 Wochen)	**Aussetzung der Verhängung der Jugendstrafe** („Schuldspruch ohne Strafausspruch") (§§ 27–30 JGG) Bewährungszeit: 1–2 Jahre (§ 28 JGG)		**Führungsaufsicht** (§§ 68–68g StGB) Dauer: 2–5 Jahre **Entziehung der Fahrerlaubnis** (§§ 69–69b StGB) Dauer: 6 Monate – 5 Jahre – in Ausnahmefällen: für immer –

im Urteil vom 4.5.2011 für verfassungswidrig erklärt und dem Gesetzgeber eine Neuregelung, die sich an den verfassungsrechtlichen Vorgaben orientiert, auferlegt.

Durch das seit dem 1.6.2013 geltende Gesetz zur bundesrechtlichen Umsetzung des Abstandsgebots im Recht der Sicherungsverwahrung (BGBl. I S. 2425) sind die originäre und die nachträgliche Anordnung der Sicherungsverwahrung gegen Jugendliche (und auch gegen Heranwachsende) nicht mehr wie vorher möglich. Vielmehr kann unter den engen Voraussetzungen des § 7 Abs. 2 und 3 JGG (bei Heranwachsenden § 106 Abs. 3 und 4 JGG) im Urteil die Anordnung der Sicherungsverwahrung vorbehalten werden.

Nachträglich kann die Sicherungsverwahrung gegen Jugendliche oder gegen Heranwachsende nur noch in zwei Fällen angeordnet werden:

- Wenn der Betroffene nach § 63 StGB in einem psychiatrischen Krankenhaus untergebracht war und die Unterbringung nach § 67d Abs. 6 StGB für erledigt erklärt worden ist (siehe § 7 Abs. 4 JGG bzw. § 106 Abs. 7 JGG).
- Wenn die Prognose ergibt, dass vom Jugendlichen einschlägige Straftaten iSv § 7 Abs. 2 Satz 1 Nr. 1 JGG oder vom Heranwachsenden iSv § 106 Abs. 3 Satz 2 Nr. 1 oder Abs. 4 JGG zu erwarten sind (siehe § 7 Abs. 2 Satz 2 JGG bzw. § 106 Abs. 6 JGG).

Zum Vorbehalt der Sicherungsverwahrung für Heranwachsende siehe § 106 Abs. 3–5 JGG und S. 139.

III. Eintragungen in das Bundeszentral-/ Erziehungsregister („Das Vorbestraftsein")

Begriff

Ist ein Straftäter „vorbestraft", so versteht man darunter, dass er zu einer Kriminalstrafe verurteilt wurde, die der unbeschränkten Auskunftspflicht unterliegt, d. h., wenn sie im Führungszeugnis erscheint (vgl. dazu §§ 53, 32 sowie 45, 46 BZRG).

Nicht vorbestraft bei: Erziehungsmaßregeln und Zuchtmitteln

Erziehungsmaßregeln führen niemals zum „Vorbestraftsein", da sie nur „aus Anlass einer Straftat" angeordnet werden (vgl. § 5 Abs. 1 JGG); desgleichen die Zuchtmittel (§ 13 Abs. 3 JGG). Zwar werden sie ins Bundeszentralregister eingetragen, aber – da es sich hierbei um leichtere Sanktionen handelt – grundsätzlich nur in das (gesondert geführte) „Erziehungsregister" (§ 60 Abs. 1 Nr. 2 BZRG),

Sie werden in das (allgemeine) Bundeszentralregister nur dann eingetragen, wenn sie *zusammen mit* Entscheidungen gem. § 27 JGG *oder* mit Jugendstrafe *oder* mit Maßregeln der Besserung und Sicherung verbunden sind (§ 5 Abs. 2 BZRG).

aus dem nur beschränkt Auskunft erteilt wird.

Eintrag nur in das Erziehungsregister mit beschränkter Auskunft

Auskünfte erhalten: JA, LJA, Staatsanwaltschaften, Gerichte, Justizvollzugsbehörden, Bundes- u. Landesministerien, Verfassungsschutzämter, Einbürgerungs-, Ausländer-, Gnadenbehörden, Kriminaldienststellen (vgl. §§ 41, 61 BZRG).

und dessen Inhalt nicht zu den Eintragungen gehört, die im Führungszeugnis erscheinen (vgl. § 32 Abs. 1 S. 1 iVbm § 5 Abs. 2 u. § 32 Abs. 2 Nr. 2 BZRG), so dass hier der Makel des „Vorbestraftseins" entfällt (vgl. § 53 Abs. 1 BZRG).

Eintrag in das Bundeszentralregister

In das Bundeszentralregister werden dagegen die Verurteilungen zu einer Jugendstrafe, zu einer Maßregel der Besserung und Sicherung oder bei Feststellung der Schuld gemäß § 27 JGG (s. o.) eingetragen (vgl. § 4 Nr. 1, 2 und 4 BZRG)

Bei Bewährungsstrafen grundsätzl. „unbestraft"

Aber selbst die Verurteilung zu Jugendstrafe führt nicht immer zum „Vorbestraftsein", denn es erscheinen die zur Bewährung ausgesetzten Jugendstrafen (einschließlich der vorzeitigen Entlassung zur Bewährung) nicht im Führungszeugnis (vgl. § 32 Abs. 2 Nr. 2, 3 BZRG), so dass sich die betr. Verurteilten schon während ihrer Bewährungszeit als „unbestraft" bezeichnen dürfen (vgl. § 53 Abs. 1 BZRG). Dasselbe Resultat kann auch

Strafmakelbeseitigung

bei verbüßten Strafen durch vorzeitige Beseitigung des Strafmakels (siehe §§ 97 ff., 111 JGG) erzielt werden (vgl. § 32 Abs. 2 Nr. 4 BZRG).

Maßregeln der Besserung und Sicherung

Die Verurteilung zu Maßregeln der Besserung und Sicherung, zu Nebenfolgen und Nebenstrafen (vgl. §§ 6, 7 JGG sowie S. 164 ff.) allein oder iVm Erziehungsmaßregeln oder Zuchtmitteln erscheint ebenfalls nicht im Führungszeugnis (§ 32 Abs. 2 Nr. 8 BZRG). Das gilt aber nicht bei

Ausnahmen

Straftaten gegen die sexuelle Selbstbestimmung nach den §§ 174–180, 182 StGB (§ 32 Abs. 1 S. 2 JGG).

Vergünstigung des Jugendstrafrechts

Diese **Einschränkung des „Vorbestraftseins"** stellt eine wesentliche Vergünstigung gegenüber dem Erwachsenenstrafrecht dar, nach dem selbst bei geringer zweiter Geldstrafe (innerhalb von zwei Jahren) sowie bei erfolgreicher Bewährung dieser Strafmakel noch mindestens drei Jahre besteht (vgl. §§ 32 Abs. 2 Nr. 5, 33 Abs. 1, 34 Abs. 1 Nr. 1a BZRG).

C. Die Jugendgerichte

Jugendgerichte werden die nach den Bestimmungen des JGG besonders besetzten Strafabteilungen der Amts- und Landgerichte genannt, die über alle „Verfehlungen" (= Straftaten) von Jugendlichen und Heranwachsenden in erster Instanz zu entscheiden haben (vgl. §§ 33 Abs. 1, 107, 108 Abs. 1 JGG).

Immer zuständig für: Jugendl. und Heranw.

Die Jugendgerichte sind für Heranwachsende auch dann zuständig, wenn für sie die Anwendung des „Erwachsenenstrafrechts" zu erwarten ist (§ 108 Abs. 2 JGG), und sie bleiben auch zuständig, wenn „Erwachsenenstrafrecht" auf sie angewendet wird (vgl. § 106 Abs. 1 JGG).

Auch bei Anwendung von „Erwachsenenstrafrecht"

Jugendkammern (s. dazu S. 172) sind (neben den allgemeinen Strafkammern der LG) auch für sog. „Jugendschutzsachen" (= Straftaten Erwachsener durch die ein Kind oder ein Jugendlicher verletzt oder unmittelbar gefährdet wird, sowie Verstöße Erwachsener gegen Vorschriften, die dem Jugendschutz oder der Jugenderziehung dienen) zuständig (§§ 26, 74b GVG).

Jugendschutzsachen

Für sog. „Staatsschutzsachen"[28] von Jugendlichen oder Heranwachsenden sind jedoch immer die bei den LG bzw. OLG gebildeten besonderen Staatsschutzkammern bzw. Staatsschutzsenate zuständig (§§ 102 JGG, 74a, 120 GVG).

Staatsschutzsachen

In zweiter Instanz sind die Jugendgerichte (= Jugendkammern) nur für Berufungen gegen erstinstanzliche Urteile zuständig; für Revisionen sind dagegen die allgemeinen Strafgerichte (OLG bzw. BGH) zuständig (s. dazu S. 172).

Nur bei Berufungen, nicht bei Revisionen

I. Die Jugendrichter und Jugendstaatsanwälte

Für die Auswahl der Richter (und Staatsanwälte) an den Jugendgerichten stellt der Gesetzgeber die Forderung auf, dass sie „erzieherisch befähigt und in der Jugenderziehung erfahren sein sollen" (§ 37 JGG).

Erzieherische Befähigung

Diese bloße „Soll-Vorschrift" bietet jedoch nicht etwa die Gewähr dafür, dass die Jugendgerichte mit erstklassigen Fachkräften besetzt werden, denn es gibt keine Spezialausbildung für Jugendrichter. Nach dem unsere ordentliche Gerichtsbarkeit beherrschenden Prinzip muss vielmehr jeder Richter die Befähigung zu jedem Richteramt haben. So wird derjenige Jugendrichter, der sich dafür interessiert, ohne dass er spezielle Kenntnisse auf dem Gebiet der Jugendpsychologie, -psychiatrie oder -kriminologie nachweisen muss.

Keine Spezialausbildung

Den Jugendrichtern „sollen" für die Jugendlichen die Erziehungsaufgaben des FamG übertragen werden (§ 34 Abs. 2 S. 1 JGG). Dies sind nach § 34 Abs. 3 JGG:

Aufgabenkreis

– Unterstützung der Eltern, des Vormunds und Pflegers durch geeignete Maßnahmen (§§ 1631 Abs. 3, 1800, 1915 BGB),
– Maßnahmen zur Abwendung einer Gefährdung des Minderjährigen (§§ 1666, 1666a, 1837 Abs. 4, 1915 BGB).

---

[28] Darunter sind Straftaten zu verstehen, die gegen den Bestand des Staates, seine Funktionsfähigkeit oder die verfassungsmäßige Ordnung gerichtet sind (vgl. §§ 80 ff. StGB).

Problematik   Hiervon kann aus besonderen Gründen abgewichen werden, namentlich wenn Jugendrichter für den Bezirk mehrerer Amtsgerichte bestellt sind (§ 34 Abs. 2 S. 2 JGG). Diese Personalunion soll durch bessere Kenntnis des Straftäters eine einheitlichere erzieherische Einwirkung auf ihn ermöglichen. Sie bringt aber auch Gefahren mit sich. So kann es (auf beiden Seiten) zu Voreingenommenheiten, insbesondere dazu kommen, dass alle richterlichen Maßnahmen (also auch die des Familiengericht) als Bestrafung und nicht als Erziehung verstanden werden.

II. Die Jugendschöffen

Ebenso wie die Berufsrichter „sollen" die Jugendschöffen erzieherisch befähigt und in der Jugenderziehung erfahren sein (§ 35 Abs. 2 S. 2 JGG).

Ehrenamtliche Laienrichter mit gleichem Stimmrecht   Es handelt sich bei ihnen um ehrenamtliche Laienrichter, die – wie die allgemeinen Schöffen auch – volle Richterfunktion ausüben, und zwar mit gleichem Stimmrecht wie die Berufsrichter. Ihre Auswahl unterscheidet sich allerdings erheblich von der allgemeinen Schöffenwahl, bei der eine

Auswahl der Jugendschöffen: mehr zufällige Repräsentanz der Bevölkerung angestrebt wird. Die Jugendschöffen werden vom Jugendhilfeausschuss vorgeschlagen und dann

Jugendhilfeausschuss   vom nach § 40 GVG gebildeten Ausschuss des Gerichts (bestehend aus einem Jugendrichter, einem Verwaltungsbeamten und zehn Vertrauensleuten des Stadtrates bzw. Kreistages) für fünf Jahre gewählt, wobei es sich um die gleiche Anzahl von Frauen und Männern handeln soll (§ 35 Abs. 1 S. 2 JGG). Meist sind es in der Jugendarbeit tätige Personen. Die vom Jugendhilfeausschuss erstellte Vorschlagsliste ist im örtlich zuständigen Jugendge-

Wahlausschuss   richt nach vorheriger Bekanntmachung eine Woche lang zu jedermanns Einsicht aufzulegen (vgl. § 35 Abs. 3 JGG), damit Einsprüche zum Schöffenwahlausschuss möglich sind.

Mitwirkung bei jeder Hauptverhandlung   Zu jeder Hauptverhandlung beim Jugendschöffengericht und der Jugendkammer sollen dann immer jeweils eine Frau und ein Mann als Jugendschöffen herangezogen werden (§§ 33a Abs. 1 S. 2, 33b Abs. 1 JGG).

III. Der Jugendrichter als Einzelrichter

Aufgabenbereiche   Sein Aufgabenbereich lässt sich in vier Teile gliedern:

Ermittlungen   1. Ihm obliegen alle Aufgaben, die ein Strafrichter beim Amtsgericht nach StPO und GVG im Strafverfahren hat (§ 34 Abs. 1 JGG). Dazu gehören insbesondere alle richterlichen Ermittlungshandlungen im Vorverfahren.

    Beispiele: Erlass von Haftbefehlen, Haftkontrolle und -prüfung; Anordnung von Untersuchungen, Durchsuchungen, Beschlagnahmen; Einnahme des richterlichen Augenscheins; richterliche Vernehmung der Beschuldigten und Zeugen – auch im Wege der Rechtshilfe für andere Jugendgerichte; Entscheidungen über die Einstellung des Verfahrens oder Eröffnung der Hauptverhandlung.

Begrenzte Strafgewalt   2. Er verhandelt und entscheidet über Straftaten Jugendlicher und Heranwachsender, wenn für diese nur Erziehungsmaßregeln, Zuchtmittel, Fahrverbot, Entzug der Fahrerlaubnis oder Nebenfolgen gemäß § 7 JGG zu erwarten sind (§§ 39 Abs. 1, 108 JGG), also über weniger gravierende Fälle. Für Strafsachen, die gegen Jugendliche und Erwachsene gemäß § 103 JGG verbunden sind, ist der Jugendrichter *nicht zuständig*. Er kann auch Jugendstrafe verhängen, wenn sich das Erfordernis erst in der Hauptverhandlung herausstellen sollte. Allerdings ist er dann in seiner Strafgewalt begrenzt, d. h., er darf nur Jugendstrafe bis zu einem Jahr aussprechen; die Unterbringung in einem psychiatrischen Krankenhaus darf er nicht anordnen (§ 39 Abs. 2 JGG).

3. Der Jugendrichter ist zugleich Vorsitzender des Jugendschöffengerichts (§ 33a Abs. 1 S. 1 JGG) und trifft als solcher wiederum alle Ermittlungshandlungen im Vorverfahren (s. dazu S. 173 ff.) allein.

Vorsitzender des JugSchöffG

4. Weiter ist er Vollstreckungsleiter für Jugendarrest und Jugendstrafe und damit u. a. zuständig für eine vorzeitige Entlassung der Verurteilten (vgl. dazu §§ 82, 84, 88 JGG) und für den Jugendarrest sogar Vollzugsleiter, wenn in seinem Bezirk eine Jugendarrestanstalt liegt (vgl. dazu § 90 Abs. 2 S. 2 JGG sowie die Jugendarrestvollzugsordnung – JAVollzO).

Vollstreckungsleiter für Jugendarrest/ -strafe
Für Jugendarrest auch Vollzugsleiter

IV. Das Jugendschöffengericht

Das Jugendschöffengericht (beim Amtsgericht) ist mit dem Jugendrichter (Vorsitzender) und zwei Jugendschöffen (es sollen jeweils sein: eine Frau und ein Mann) besetzt (§ 33a Abs. 1 JGG).

Besetzung

Die Mehrzahl sämtlicher Jugendstrafverfahren findet vor diesem Gericht statt, da es die sog. „allgemeine Zuständigkeit" (auch „Auffangzuständigkeit" genannt) besitzt. Denn es ist zuständig für alle Straftaten von Jugendlichen und Heranwachsenden, die nicht zur Zuständigkeit des Jugendrichters (= „Bagatellsachen") oder der Jugendkammer (= schwerwiegende Delikte) gehören (§§ 40 Abs. 1, 108 Abs. 1 JGG).

„Allgemeinzuständigkeit"/„Auffangzuständigkeit"

Es hat grundsätzlich Strafgewalt bis zu fünf Jahren Jugendstrafe. Wendet es aber gegen Heranwachsende oder in Jugendschutzsachen „Erwachsenenstrafrecht" an, so reicht seine Strafgewalt jedoch nur bis zu vier Jahren (§§ 108 Abs. 3 S. 1 JGG, 24 Abs. 2 GVG). Ist im Einzelfall *höhere Strafe* oder die Unterbringung in einem psychiatrischen Krankenhaus oder in Sicherungsverwahrung (§ 106 Abs. 3–7 JGG) zu erwarten, ist es zur *Abgabe an die Jugendkammer* verpflichtet (§ 108 Abs. 3 S. 2 JGG).

Strafgewalt: bis 5 J. Jugendstrafe bis 4 J. allg. Strafe

Abgabe an JugKammer

Wenn das Jugendschöffengericht nach Erhalt der Anklageschrift durch die Staatsanwaltschaft feststellt, dass es sich um eine besonders umfangreiche Strafsache handelt (z. B. Bandensache oder sehr zahlreiche Straftaten), so kann es die Sache der Jugendkammer vorlegen (§ 40 Abs. 2 JGG). Diese entscheidet dann, ob es die Sache übernehmen will oder nicht; dieser Beschluss kann nicht angefochten werden (§ 40 Abs. 4 JGG).

Diese Abgabemöglichkeit besteht deshalb, weil es im Jugendstrafrecht kein erweitertes Schöffengericht (zwei Berufs- und zwei Laienrichter) gibt wie im „Erwachsenenstrafrecht" und daher sehr umfangreiche Strafsachen die Leistungsfähigkeit des Jugendschöffengerichts (mit nur einem Berufsrichter) übersteigen können.

Kein erweitertes Schöffengericht

Die Sitzungen des Jugendschöffengerichts werden von dem Jugendrichter als Vorsitzenden geleitet. Die Jugendschöffen haben jedoch – wie alle Laienrichter – dieselben Funktionen und Befugnisse wie andere Berufsrichter als Beisitzer. Vor allem hat ihre Stimme bei jeder Entscheidung des Gerichts gleiches Gewicht. Sie können also den Vorsitzenden überstimmen (§§ 30 Abs. 1, 194 Abs. 2, 196 Abs. 1 GVG).

Sitzungsleitung hat Berufsrichter

Volles Stimmrecht der Schöffen

V. Die Jugendkammer

Seit 1993 besteht bei jedem Landgericht eine *kleine* Jugendkammer und eine *große* Jugendkammer, wobei Erstere mit einem Berufsrichter und zwei Jugendschöffen, Letztere zusätzlich mit einem weiteren Berufsrichter besetzt ist (vgl. § 33b JGG sowie §§ 60, 74 GVG).

Kleine Jugendkammer   Die kleine Jugendkammer fungiert nur als Berufungsgericht gegen Urteile des Jugendeinzelrichters (vgl. § 33b Abs. 1 HS 2 JGG).

Große Jugendkammer   Die große Jugendkammer dagegen ist sowohl in 1. als auch in 2. Instanz zuständig. In 1. Instanz ist sie zuständig für:

Zuständigkeit
in 1. Instanz
1. alle Kapitalverbrechen (vorsätzliche Straftaten mit Todesfolge), die nach „Erwachsenenstrafrecht" vor das Schwurgericht gehören (§§ 41 Abs. 1 Nr. 1 JGG, 74 Abs. 2 GVG)
2. alle Jugendschutzsachen (siehe dazu S. 169) – neben der allgemeinen Strafkammer – (§§ 26 Abs. 1, 74b GVG)
3. Verfahren gegen Heranwachsende, bei denen Freiheitsstrafe von mehr als vier Jahren zu erwarten ist (§ 108 Abs. 3 S. 2 JGG)
4. Verfahren gegen Jugendl. und HW, wenn nach „Erwachsenenstrafrecht" die große Strafkammer zuständig wäre (§ 41 Abs. 1 Nr. 3 JGG)
5. wegen ihres besonderen Umfangs auf Vorlage des Jugendschöffengerichts übernommene Verfahren (§ 41 Abs. 1 Nr. 2 JGG)
6. Fälle, in denen die StA wegen der besonderen Schutzbedürftigkeit von als Zeugen in Betracht kommenden Opfern von Straftaten dies beantragt hat (§ 41 Abs. 1 Nr. 4 JGG).

Zuständigkeit
in 2. Instanz
In zweiter Instanz ist die große Jugendkammer Berufungsgericht[29] gegen Urteile des Jugendschöffengerichts (§ 41 Abs. 2 JGG).

VI. Das Oberlandesgericht

Zuständigkeit   Über Revisionen (keine „Tatsachen"-, sondern reine „Rechtsfragen"-Instanz[30]) gegen Urteile des Jugendrichters und des Jugendschöffengerichts entscheidet ein Strafsenat des Oberlandesgerichts (drei Berufsrichter) als zweite (und zugleich letzte) Instanz; desgleichen über Beschwerden gegen Entscheidungen der Jugendkammer, die diese in der Voruntersuchung oder im Hauptverfahren getroffen hat (§ 121 Abs. 1 GVG). – Revisionen gegen die Berufungsurteile der Jugendkammer gibt es nicht (§ 55 Abs. 2 S. 2 JGG), da im Jugendstrafrecht immer nur eine Rechtsmittelmöglichkeit besteht (siehe dazu S. 185).

VII. Der Bundesgerichtshof

Revisionen gegen
Jugendkammer
Gegen erstinstanzliche Urteile der Jugendkammer (vgl. oben Kapitel V.) ist nur die Revision gegeben, für die ein Strafsenat des Bundesgerichtshofes (fünf Berufsrichter) zuständig ist (§ 135 Abs. 1 GVG).

Bei Kapitalverbrechen fehlt also – wie im „Erwachsenenstrafrecht" – eine zweite Tatsacheninstanz, was nicht unproblematisch ist (siehe dazu oben Kapitel C. V. Nr. 1.).

---

[29] Zur Berufung siehe S. 185.
[30] Zur Revision siehe S. 185.

D. Das Jugendstrafverfahren[31]

Grundsätzlich gelten die allgemeinen verfahrensrechtlichen Bestimmungen der StPO und des GVG. Das JGG enthält jedoch einige Besonderheiten gegenüber dem Strafverfahren für Erwachsene, die den Erziehungsgedanken des Jugendstrafrechts auch im Verfahren Rechnung tragen wollen.

Besonderheiten aus erzieherischen Gründen

I. Das Vorverfahren

Es dient der Vorbereitung des Hauptverfahrens vor den Jugendgerichten und beginnt mit den staatsanwaltschaftlichen Ermittlungen, die sich hier aber nicht nur auf die Tat, sondern vor allem auf die Persönlichkeitserforschung des Täters richten (§ 43 JGG).

Zur Vorbereitung des Hauptverfahrens

1. Persönlichkeitserforschung

Entscheidende Voraussetzung für eine richtige und damit erfolgreiche Anwendung der jugendrichterlichen Maßnahmen ist eine sorgfältige Persönlichkeitsermittlung des Täters. Das „Täterbild" muss erstellt werden, denn im Mittelpunkt des Jugendstrafrechts steht der Täter und nicht (wie im „Erwachsenenstrafrecht") die Tat. Es kommt nämlich nicht in erster Linie auf das Geschehene, sondern darauf an, wie der Täter in seiner weiteren Entwicklung am besten positiv beeinflusst werden kann.

Erforschung des Täterbildes

Die Persönlichkeitserforschung des Täters soll bereits im Vorverfahren erfolgen (§ 43 Abs. 1 JGG), denn ihr Ergebnis ist entscheidend für die Frage, ob überhaupt das Hauptverfahren (= die Verhandlung und Entscheidung über die Tat) eröffnet werden soll (vgl. § 45 JGG) und (wenn ja) vor welchem Gericht (d.h.: Jugendrichter oder Jugendschöffengericht[32]).

Hauptverfahren nötig?

Daher sollen (d.h.: es darf nur in begründeten Ausnahmefällen davon abgesehen werden) die Erziehungsberechtigten, gesetzliche Vertreter, Schule, Ausbildende zuvor angehört werden. Die Anhörung der Schule oder des Auszubildenden unterbleibt aber, wenn die Jugendlichen davon unerwünschte Nachteile (wie z.B. den Verlust ihres Ausbildungs- oder Arbeitsplatzes) zu besorgen hätten (§ 43 Abs. 1 S. 3 JGG). – Soweit erforderlich, ist eine Untersuchung der Beschuldigten, namentlich zur Feststellung ihres Entwicklungsstandes oder anderer für das Verfahren wesentlicher Eigenschaften, herbeizuführen; damit sollen (nach Möglichkeit) zur Untersuchung von Jugendlichen befähigte Sachverständige beauftragt werden (§ 43 Abs. 2 JGG).

Anhörung des sozialen Umfelds

Untersuchung der Beschuldigten

Diese eminent wichtige Persönlichkeitsermittlung ist Aufgabe der Jugendgerichtshilfe (s. dazu S. 180), wenn nicht ein Sachverständigengutachten benötigt wird (vgl. §§ 38 Abs. 2 S. 2, 43 Abs. 1 S. 3 u. Abs. 2 JGG).

JGH-Aufgabe

Dies gilt alles auch für Heranwachsende (vgl. §§ 107 Abs. 1, 109 Abs. 1 JGG).

Gilt auch für HW

---

[31] Lesenswert zum Thema der Aufsatz von Hanft in: Jura 2008, 368 ff.
[32] Siehe dazu oben C. III. und IV.

2. Absehen von der Strafverfolgung („Diversion")

Kriminologischer Hintergrund

Kriminologische Forschungen haben erwiesen, dass Kriminalität im Jugendalter meist nicht Indiz für ein erzieherisches Defizit ist, sondern überwiegend als entwicklungsbedingte Auffälligkeit mit dem Eintritt in das Erwachsenenalter abklingt und sich nicht wiederholt.[33] Kriminalistische Untersuchungen haben weiter ergeben, dass im Bereich der leichten und mittleren Jugend-Delinquenz der Verzicht der Justiz auf formelle Sanktionen zugunsten informeller Erledigungen kriminalpolitisch von Bedeutung ist, da diese nicht allein zu einer humaneren und schnelleren Bewältigung von Jugendkriminalität führen, sondern ihnen auch im Hinblick auf Prävention und Rückfallvermeidung höhere Effizienz zukommt als justiziellen Sanktionen.

Umdenken führte zur „Diversion"

Ergebnis dieser kriminologischen Erkenntnisse war ein Umdenken in der Jugendstrafrechtspflege, die bei uns seit 1980 verstärkt die Möglichkeiten einer informellen Verfahrenserledigung im Vorfeld der förmlichen jugendrichterlichen Verurteilung nutzt. Dieses Konzept des Jugendstrafrechts wird *Diversion* (Ablenkung, Umleitung) genannt und fußt auf Entwicklungen in den USA der 1970er-Jahre. Der Begriff dient dabei der Sammelbezeichnung für sämtliche kriminologischen Tendenzen und Strategien, weitest möglich informelle Verfahrensweisen an die Stelle förmlicher justizieller Strafverfolgung zu setzen, d.h., Kriminalitätsfälle Jugendlicher und Heranwachsender werden „umgelenkt" von förmlichen Strafverfahren hin zu mehr informeller Sozialkontrolle. Diversion intendiert dabei zweierlei: bezüglich der Klientel eine Verminderung der Stigmatisierung und eine Verstärkung von Problemlösungshilfe und hinsichtlich der Justiz den Abbau unnötiger Sozialkontrolle sowie deren Entlastung.

Definition

Zielsetzung

Diversion trägt überdies dem Umstand Rechnung, dass die Konfrontation mit Polizei und StA insbesondere von Jugendlichen und Heranwachsenden bereits als Sanktion empfunden wird und zumeist auch weitere Reaktionen mit Sanktionscharakter in ihrem sozialen Umfeld (Eltern, Lehrer, Ausbilder, Nachbarn, Freunde Bekannte) auslöst. Ausgangspunkt für den Ansatz der Diversion im Jugendstrafrecht ist weiter die durch kriminologische Forschungen belegte Erkenntnis, dass Strafverfolgung oftmals mehr Schaden stiftet als Nutzen bringt. Denn eine strafrechtliche Intervention führt häufig eher zu einer Stabilisierung des abweichenden Verhaltens, als dass sie den Betroffenen bei der Lösung der hinter der Straftat stehenden Probleme hilft und damit von weiteren Delikten abhält. Diversion ist somit die gesellschaftliche Bewältigung der Jugendkriminalität außerhalb justizieller Instanzen. Die §§ 45, 47 JGG eröffnen die Möglichkeit, ein förmliches Verfahren mit Verurteilung zu vermeiden (Diversion), wenn das aus erzieherischen Gründen angezeigt ist (s. dazu nachfolgend sowie unten Kapitel D. II. 2.). Wegen der Unschuldsvermutung (Art. 6 Abs. 2 MRK) ist das jedoch nur bei eindeutig überführten oder geständigen Tätern unbedenklich.

Diversionsmöglichkeiten

Einstellung durch StA (§ 45 Abs. 1 und 2 JGG)

Der Staatsanwalt kann ohne Zustimmung des Richters von der Strafverfolgung absehen, wenn:

---

[33] BT-Drucks. 11/5829, S. 1.

1. die Schuld des Täters als gering anzusehen ist *und* kein öffentliches Interesse an der Strafverfolgung besteht, sog. „Bagatellfälle" (§ 45 Abs. 1 JGG) *oder:*
2. bereits eine erzieherische Maßnahme (z. B. Ermahnung o. ä. durch Eltern, Vormund, Heim, Schule, Ausbilder, JGH, Bewährungshelfer oder Staatsanwalt selbst) angeordnet wurde, die eine Erhebung der Anklage und Ahndung durch den Jugendrichter entbehrlich macht (§ 45 Abs. 2 JGG).

Ist der Beschuldigte geständig und hält der Staatsanwalt eine Ahndung durch Urteil für entbehrlich, so kann er bei dem Jugendrichter *anregen,* dem Jugendlichen Weisungen gemäß § 10 Abs. 1 S. 3 Nrn. 4, 7 und 9 JGG zu erteilen („Arbeitsweisung", Täter-Opfer-Ausgleich, Teilnahme an einem Verkehrsunterricht), ihm Auflagen (§ 13 Abs. 2 Nr. 2 iVm § 15 JGG) zu machen, oder eine Ermahnung auszusprechen.

Einstellung durch Richter (§ 45 Abs. 3 JGG)

Entspricht der Jugendrichter dieser Anregung, so sieht der Staatsanwalt von der Verfolgung (= Anklage) ab (vgl. § 45 Abs. 3 JGG).

Diversion kommt auch für Heranwachsende, für die Jugendstrafrecht angewendet wird, in Betracht (vgl. § 109 Abs. 2 S. 1 JGG).

Diversion auch für HW

3. Vernehmung der Beschuldigten

Wenn Jugendstrafe zu erwarten ist, die Sache also §§ 39 Abs. 1, 40 Abs. 1 JGG vor das Jugendschöffengericht kommt,[34] so soll der Staatsanwalt oder der Vorsitzende des Jugendgerichts die Beschuldigten vor Erhebung der Anklage vernehmen (§ 44 JGG), um sich – ohne die Zwänge der Hauptverhandlung – schon ein persönliches Bild von den Betreffenden machen zu können (was jedoch aus Zeitmangel meist unterbleibt). Wird diese Vernehmung durchgeführt, so müssen die Jugendlichen über den Tatvorwurf sowie über ihr Recht, Entlastungsbeweise beantragen, zum Tatvorwurf schweigen und sich vorher von einem Verteidiger ihrer Wahl beraten lassen zu können, gem. § 136 StPO belehrt werden. Weiter ist § 136a StPO (verbotene Vernehmungsmethoden: z. B. Misshandlung, Täuschung, Hypnose, körperliche Eingriffe) einzuhalten.

Vor Anklageerhebung

Belehrung über Rechte

Für Heranwachsende ist eine Vernehmung vor der Hauptverhandlung gesetzlich zwar nicht vorgesehen (vgl. § 109 JGG), aber möglich (vgl. RL 1 Satz 2 zu § 44 JGG).

Für HW möglich

4. Inhalt der Anklageschrift

Wenn Anklage erhoben wird, gelten zwar grundsätzlich die allgemeinen Regelungen des § 200 StPO. Jedoch soll im Jugendstrafverfahren das wesentliche Ergebnis der Ermittlungen (also einschließlich der Persönlichkeitserforschung) so dargestellt werden, dass die Kenntnisnahme durch die Beschuldigten möglichst keine Nachteile für ihre Erziehung verursacht (§ 46 JGG). Das bedeutet, dass z. B. Ausführungen über mangelnde elterliche Fürsorge und Erziehung oder über schädliche Einflüsse der Eltern oder des Heimes in der Anklageschrift zu vermeiden sind.

Pädagogische Aspekte beachten

---

[34] Siehe dazu oben C. IV.

Verständlichkeit

Andererseits soll die Anklageschrift den gegen die Jugendlichen erhobenen Vorwurf klar erkennen lassen. Sie muss deshalb auch sprachlich so abgefasst sein, dass sie den Jugendlichen verständlich ist.

Auch für HW

§ 46 JGG gilt zwar nicht für HW (vgl. § 109 JGG); dennoch sind dessen Grundgedanken zu beachten (RL 2 zu § 46 JGG).

II. Das Hauptverfahren

1. Eröffnung

Voraussetzungen

Die Jugendgerichte eröffnen auf Antrag der Staatsanwaltschaft (= Anklageschrift) das Hauptverfahren, wenn Angeklagte der Tat hinreichend verdächtig und strafrechtlich verantwortlich iSd § 3 JGG (s. dazu S. 134) sind. Anderenfalls wird die Eröffnung des Hauptverfahrens abgelehnt. – Diese Voraussetzungen kann das Gericht aufgrund der ihm vorliegenden Ergebnisse der Ermittlungen des Vorverfahrens prüfen.

2. Einstellung des Verfahrens

Das Jugendgericht kann auch noch nach Erhebung der Anklage (mit Zustimmung des Staatsanwaltes) das Verfahren durch Beschluss gemäß § 47 Abs. 1 u. 2 JGG einstellen, wenn:

1. § 153 StPO erfüllt ist (geringe Schuld *und* fehlendes öffentliches Interesse → „Bagatellstraftaten") oder
2. § 45 Abs. 2 JGG erfüllt ist (vgl. dazu oben S. 174/175),
3. bereits eingeleitete oder durchgeführte erzieherische Maßnahmen nach § 45 Abs. 3 S. 1 JGG ein Urteil entbehrlich machen
4. Angeklagte ihm mangels Reife iSd § 3 JGG strafrechtlich nicht verantwortlich erscheinen.

Einstellung nach erhobener Anklage

Die Einstellung kann auch noch in der Hauptverhandlung erfolgen (§ 47 Abs. 2 S. 2 JGG) – sogar noch in der Berufungs- oder Revisionsverhandlung[35], wenn sich z.B. erst dann durch ein Gutachten herausstellt, dass beim Täter die strafrechtliche Verantwortlichkeit gemäß § 3 JGG[36] nicht vorliegt. (Dann wird nämlich die Einstellung einem „Freispruch mangels Verantwortlichkeit" vorgezogen.)

Einstellungsbeschluss ist unanfechtbar

Der Einstellungsbeschluss (der begründet werden muss) ist unanfechtbar (§ 47 Abs. 2 S. 3 JGG). Die Gründe werden dem Angeklagten nur mitgeteilt, wenn keine erzieherischen Nachteile (z.B. bei der Annahme der „Geringfügigkeit" iSd § 153 StPO) zu befürchten sind, weil ihn das in seinem Verhalten bestärken könnte (§ 47 Abs. 2 S. 4 JGG).

Vorteil gegenüber StGB

Auch hier ist das Jugendstrafverfahren also viel flexibler als das „Erwachsenenstrafrecht" und kann somit besser auf die jeweiligen Täter eingehen.

Gilt auch für HW

Diese Möglichkeiten gelten auch für Heranwachsende (§ 109 Abs. 2 JGG).

---

[35] *Eisenberg*, § 47 Rn. 6 m.w.Nachw.
[36] Siehe dazu S. 134.

3. Strafbefehl und beschleunigtes Verfahren

Das Strafbefehlsverfahren (§§ 407 ff. StPO) und das beschleunigte Verfahren (§§ 212 ff. StPO) des allgemeinen Verfahrensrechts sind gegen Jugendliche (bei nach JGG behandelten HW jedoch nur Ersteres) unzulässig (vgl. §§ 79, 109 Abs. 2 JGG), weil sie eine Würdigung der Persönlichkeit des Täters nicht in ausreichendem Maße gestatten (§ 79 JGG). Dem praktischen Bedürfnis nach Vereinfachung und Beschleunigung bei der Aburteilung der Bagatellkriminalität kommt das Jugendstrafrecht durch die (ähnliche) Verfahrensart des vereinfachten Jugendverfahrens entgegen (s. dazu nachfolgend Nr. 4.).

Bei Jugendlichen beides unzulässig

Bei Heranwachs. Ersteres unzulässig

4. Das vereinfachte Jugendverfahren

Zur Vereinfachung, Beschleunigung und jugendgemäßen Gestaltung des Verfahrens kann der Jugendrichter von Verfahrensvorschriften des allgemeinen Strafprozesses abweichen (§ 78 Abs. 3 S. 1 JGG).

Wegen der von vielen Förmlichkeiten befreiten Möglichkeiten spielt das vereinfachte Jugendverfahren in der Praxis bei der Aburteilung einfach gelagerter Fälle eine große Rolle.

Bedeutsam in der Praxis

Für Heranwachsende gilt dies nicht (vgl. § 109 JGG).

Nicht für HW

a) Voraussetzungen

– Es darf keine Jugendstrafe, sondern nur: Weisungen, Erziehungsbeistandschaft, Zuchtmittel, Fahrverbot, Entziehung der Fahrerlaubnis, Verfall oder Einziehung (vgl. §§ 44, 73, 74 StGB) zu erwarten sein (§ 76 S. 1 JGG).

Leichte und eindeutige Fälle

– Es darf die Wahrheitserforschung nicht beeinträchtigt werden (§ 78 Abs. 3 S. 1 JGG); die Täter müssen also geständig oder eindeutig der Tat überführt worden sein.

– Der Staatsanwalt muss dieses Verfahren mündlich oder schriftlich ausdrücklich beantragen (§ 76 S. 1 JGG).

b) Rechtsfolgen

– Der staatsanwaltschaftliche Antrag ersetzt die Anklageerhebung (§ 76 S. 2 JGG).

Keine Anklageschrift

– Der Jugendrichter ist nicht an Ladungsfristen (vgl. § 217 StPO) gebunden, kann also z. B. die gemäß § 78 Abs. 1 S. 1 JGG vorgeschriebene mündliche Verhandlung unmittelbar nach Vorführung des auf frischer Tat Ertappten ansetzen.

Keine Ladungsfristen

– Der Staatsanwalt muss an dieser mündlichen Verhandlung nicht teilnehmen (§ 78 Abs. 2 S. 1 JGG); es kann dann die Einstellung des Verfahrens auch ohne seine Zustimmung beschlossen werden (§ 78 Abs. 2 S. 2 JGG).

Verhandlung ohne StA

– Für die Erziehungsberechtigten und die gesetzlichen Vertreter des Angeklagten muss allerdings die Möglichkeit der Teilnahme sowie eine Auskunftsmöglichkeit – wie sonst auch (vgl. § 67 JGG) – gewährleistet sein (§ 78 Abs. 3 S. 2 JGG).

Teilnahme der Erziehungsberechtigten und gesetzl. Vertreter

– Ohne Angeklagte darf nur gemäß § 50 JGG verhandelt werden (s. dazu S. 179) und auch nur dann, wenn ihnen dadurch ihr verfassungsmäßig

Verhandlung ohne Angeklagten

geschützter Anspruch auf rechtliches Gehör (Art. 103 GG) nicht beschnitten wird (§ 78 Abs. 3 S. 2 JGG).

Nur beschränkte Strafen möglich
– Die Entscheidung ergeht durch Urteil, das nicht auf Hilfe zur Erziehung iSd § 12 Nr. 2 JGG (Heimerziehung), Unterbringung in einer Entziehungsanstalt oder Jugendstrafe lauten darf (§ 78 Abs. 1 JGG).

Uneingeschränkte Rechtsmittel
– Das Urteil ist nach den gleichen Prinzipien (vgl. S. 184 ff.) anfechtbar wie ein Urteil im förmlichen Jugendstrafverfahren.

5. Privat- und Nebenklage

Privatklage bei Jugdl. unzulässig
Weil durch die Straftat Verletzte als private Ankläger (z. B. in Fällen des Hausfriedensbruchs, der Beleidigung, der Körperverletzung, der Bedrohung oder Sachbeschädigung, vgl. die Aufzählung in § 374 Abs. 1 StPO) das Verfahren oftmals ohne Rücksicht auf erzieherische Überlegungen allein aus ihrem eigenen Vergeltungsbedürfnis und zur Durchsetzung ihrer subjektiven Rechte betreiben würden, ist die Privatklage gegen Jugendliche unzulässig – nicht jedoch gegen Heranwachsende (vgl. §§ 80 Abs. 1, 109 JGG). Die Nebenklage gemäß § 395 ff. StPO ist dagegen in den in § 80 Abs. 3 genannten Fällen möglich.

Privatklage bei HW möglich

Schadensersatz gegenüber Jugendlichen stets nur im Zivilprozess
Aus den oben genannten Gründen sind auch die Vorschriften über die Entschädigung der Verletzten (§§ 403–406c StPO) im Strafverfahren gegen Jugendliche nicht anwendbar (§ 81); dies gilt nicht für Heranwachsende (§ 109 Abs. 2 S. 1 JGG). Verletzte sind also zur Durchsetzung ihrer Schadensersatzansprüche gegen Jugendliche allein auf den Zivilprozess angewiesen.

6. Hauptverhandlung

Problematik ihrer Gestaltung
Wie wichtig es ist, die Hauptverhandlung gegen Jugendliche und Heranwachsende sinnvoll zu gestalten und aus ihr alles fern zu halten, was sich für die Betreffenden nachteilig auswirken kann, braucht nicht betont zu werden. Es sollte selbstverständlich sein. In der Praxis liegt hier jedoch vieles im Argen, weil die Richter häufig meinen, die Verhandlung müsse einen „nachhaltigen Eindruck" auf die Täter machen, um sie vor weiteren Straftaten abzuhalten. Meist führt das dazu, dass die Betreffenden alles über sich ergehen lassen, ohne Anteil zu nehmen, und hinterher das alles von sich „abschütteln". Das trägt zweifellos nur zu weiterer Abstumpfung und der damit einhergehenden Rückfälligkeit (über 50 % bei Jugendstrafe, ansonsten ca. 33 %) bei.

Auf die sinnvolle Gestaltung einer Hauptverhandlung kann hier jedoch aus Platzgründen nicht eingegangen werden. Es muss sich vielmehr auf eine kurze Darstellung der wesentlichen Sonderheiten gegenüber dem „Erwachsenenstrafrecht" beschränkt werden.

a) Ausschluss der Öffentlichkeit

Stets bei Jugendlichen
Im Gegensatz zum „Erwachsenenstrafrecht" ist die Hauptverhandlung gegen Jugendliche grundsätzlich *nicht öffentlich* (§ 48 Abs. 1 JGG). Das bedeutet, dass neben den am Verfahren Beteiligten (Erziehungsberechtigte, gesetzliche Vertreter, Verteidiger, JGH) nur Erziehungsbeistand, Betreuungs-, Bewährungshelfer sowie den (durch die Tat) Verletzten die Anwesenheit gestattet ist (§ 48 Abs. 2 S. 1 JGG). Andere kann der Vorsit-

Zugelassene Personen

zende nur aus besonderen Gründen zur Verhandlung zulassen, namentlich zu Ausbildungszwecken (z. B. angehende Sozialarbeiter/Sozialpädagogen, Rechtsreferendare), wobei es sich dann nicht um Pauschal-, sondern um Einzelgenehmigungen handelt (§ 48 Abs. 2 S. 3 JGG). – Auch Rundfunk- und Pressevertreter können zugelassen werden. Dies geschieht jedoch nur, wenn gewährleistet ist, dass weder Name noch Bild und möglichst auch keine Angaben erscheinen, die auf die Person der Jugendlichen hindeuten.

Die Öffentlichkeit ist aus erzieherischen Gründen ausgeschlossen, weil die Jugendlichen durch Zuschauer nicht gehemmt, aber auch nicht zur Geltungssucht animiert werden sollen. Zudem können hierdurch meist schulische, berufliche und soziale Schwierigkeiten vermieden werden, die bei der Öffentlichkeit des Verfahrens zu befürchten wären.

Pädagogische Gründe

Hauptverhandlungen gegen Heranwachsende sind – leider – grundsätzlich öffentlich (vgl. § 109 Abs. 1 S. 1 JGG), obwohl hier die Problemlage kaum anders einzuschätzen ist. Es kann allerdings die Öffentlichkeit ausgeschlossen werden, wenn „dies im Interesse des Heranwachsenden geboten ist" (§ 109 Abs. 1 S. 4 JGG), also aus den gleichen Gründen, die bei Jugendlichen zur generellen Nichtöffentlichkeit führten (s. o.); dies geschieht aber leider nur selten.

Bei HW grundsätzl. öffentlich

Wird in demselben Verfahren gemäß § 103 JGG auch gegen Heranwachsende oder Erwachsene verhandelt, so besteht – leider – grundsätzlich Öffentlichkeit, wenn nicht deren Ausschluss im Interesse der Erziehung jugendlicher Angeklagter geboten ist (§ 48 Abs. 3 JGG) und daher im Einzelfall angeordnet wird.

Verfahren gegen Jugendl. und HW

b) Anwesenheit der Angeklagten

Weil das Gericht wegen der Auswahl geeigneter jugendrichterlicher Maßnahmen unbedingt auch einen persönlichen Eindruck von den Angeklagten gewinnen soll, kann selbst bei geringfügigeren Straftaten oder bei Nichterscheinen der Angeklagten grundsätzlich nicht ohne sie verhandelt werden (was im „Erwachsenenrecht" möglich wäre, vgl. §§ 232, 233 StPO). Im Jugendstrafverfahren müssten neben diesen allgemeinen Voraussetzungen noch „besondere Gründe" für eine Verhandlung ohne die Jugendlichen hinzukommen (z. B. sehr weite Anreise) und der Staatsanwalt müsste zustimmen (§ 50 Abs. 1 JGG).

Verhandlung ohne Jugendliche nur in besonderen Fällen

Für Heranwachsende gelten diese Grundsätze nicht (vgl. § 109 JGG).

Gilt nicht für HW

Anders als die StPO sieht das JGG erweiterte Möglichkeiten für einen zeitweiligen Ausschluss jugendlicher Angeklagter in der Hauptverhandlung vor. So soll der Vorsitzende Jugendliche für die Dauer von solchen Erörterungen ausschließen, von denen Nachteile für deren Erziehung entstehen können (§ 51 Abs. 1 S. 1 JGG). Das kommt vor allem dann in Betracht, wenn Erziehungs- und/oder Beziehungsprobleme der Eltern, des Vormundes oder von anderen Erziehern und deren Einfluss auf die Straftat besprochen werden sollen. – Der Vorsitzende muss den Angeklagten dann allerdings von dem in ihrer Abwesenheit Verhandelten insoweit berichten, als dies für ihre Verteidigung erforderlich ist (§ 51 Abs. 1 S. 2 JGG).

Zeitw. Ausschluss von Verhandlung

Informationspflicht

Aus denselben Gründen soll umgekehrt der Vorsitzende Angehörige, Erziehungsberechtigte, gesetzliche Vertreter von der Verhandlung (zeit-

Ausschluss von Angehörigen möglich

weilig oder ganz) ausschließen, soweit gegen ihre Anwesenheit Bedenken bestehen (§ 51 Abs. 2 JGG).

Gilt nicht für HW   Für Heranwachsende gilt dies nicht (vgl. § 109 JGG).

c) Vereidigung von Zeugen

Die Frage der Vereidigung von Zeugen richtet sich nach Wegfall des § 49 JGG im Jahr 2004 nach § 59 Abs. 1 S. 1 StPO (zur Vereidigung von Sachverständigen siehe § 79 StPO).

7. Jugendgerichtshilfe

a) Aufgaben

Wesen und Aufgaben der JGH   Die erforderliche umfassende Persönlichkeitsermittlung der jugendlichen oder heranwachsenden Täter (s. dazu oben S. 173) sowie ihre besondere Hilfsbedürftigkeit hatten bereits 1923 dazu geführt, dass in das Jugendgerichtsverfahren ein besonderes Organ eingebaut wurde: die Jugendgerichtshilfe (JGH). Seit 1953 ist der Aufgabenbereich der JGH eingehender beschrieben (vgl. § 38 JGG). Danach hat die JGH im Wesentlichen folgende vier Aufgaben:

Täter-Hilfe   − Hilfe für die Beschuldigten (vgl. § 38 Abs. 2 S. 1 u. 9),

Ermittlungen   − Unterstützung der Gerichte und Ermittlungsbehörden insbesondere durch Erforschung der Persönlichkeit, Entwicklung und Umwelt der Beschuldigten (vgl. § 38 Abs. 2 S. 1 u. 2),

Stellungnahmen   − Stellungnahme zu den zu ergreifenden Maßnahmen (vgl. § 38 Abs. 2 S. 2),

Täter-Überwachung   − Überwachung der Beschuldigten (vgl. § 38 Abs. 2 S. 5 u. 6).

Ist der Jugendliche strafmündig?   Zur Feststellung der Ursachen der Straftat(en) sowie des Reifegrades des Täters zur Beurteilung der strafrechtlichen Verantwortlichkeit Jugendlicher gemäß § 3 JGG oder zur Anwendung des „Erwachsenen-" bzw. des

Anwendung von JGG oder StGB?   Jugendstrafrechts gemäß § 105 JGG bedarf es besonders sorgfältiger und fachkundiger Ermittlungen. Diese können weder Jugendrichter noch Jugendstaatsanwalt oder gar die Polizei leisten, da sie kaum über jugendpsychologische Fachkenntnisse verfügen und − vor allem die Polizei − vornehmlich in Sachverhaltserforschung geschult sind. Hinzu kommt, dass Täter, deren Eltern, ein Vormund, sonstige Erzieher, Lehrer, andere Ausbilder, Verwandte etc. eher dem Vertreter der JGH als den Strafverfolgungsorganen unvoreingenomen begegnen werden.

Wichtige Funktionen für Jugendl. und HW   Hier kommt also der JGH für jugendliche und heranwachsende (vgl. §§ 38, 107 JGG) Beschuldigte eine wichtige Aufgabe zu.

(Einzelheiten zur Persönlichkeitserforschung gemäß § 38 Abs. 2 S. 2 JGG und ihre Bedeutung im Jugendstrafverfahren vgl. oben S. 173.)

Vor und während der Verhandlung   Die JGH tritt nicht erst in der Hauptverhandlung auf. Sie ist vielmehr so früh wie möglich im gesamten Verfahren − also bereits im Vorverfahren − heranzuziehen (§§ 38 Abs. 3 S. 1 u. 2, 43 Abs. 1 S. 1 JGG). Nur so kann gewährleistet werden, dass beschuldigte Jugendliche oder Heran-

Betreuung   wachsende betreut und bei der Bewältigung der Tat unterstützt werden können. Hierzu gehören nicht nur Beratungsgespräche mit den Beschuldigten und ihrer Familie, sondern auch mit Ausbildern und Arbeitgebern. Ziel dieser Betreuung ist es, Jugendliche oder Heranwachsende vor einem weiteren Abgleiten in die Kriminalität zu bewahren, zumal Täter in dieser Entwicklungsphase zu emotionalen „Kurzschlusshandlungen" (Abbrechen der schulischen oder sonstigen Ausbildung, Aufgabe des Arbeitsplatzes etc.) neigen. Die JGH muss dabei frühzeitig die Gewährung von Jugendhilfeleistungen prüfen und davon Staatsanwalt oder Richter unterrichten, um evtl. ein Absehen von Verfolgung (§ 45 JGG) oder eine Verfahrenseinstellung (§ 47 JGG) anzuregen (§ 52 Abs. 2 SGB VIII).[37]

Voraussetzung für ein Tätigwerden der JGH ist wegen der durch Art. 1 GG geschützten Privatsphäre ein hinreichender Tatverdacht, weil sonst die Hilfefunktion der JGH ins Gegenteil verkehrt werden würde.

Die JGH nimmt an der Hauptverhandlung teil und erhält auf Verlangen jederzeit das Wort (§ 50 Abs. 3 JGG). Sie hat dabei die Aufgabe, sich zu den jugendstrafrechtlichen Maßnahmen[38] sowie zu ihren Auswirkungen zu äußern, die sinnvollerweise bei den einzelnen Jugendlichen oder Heranwachsenden zu ergreifen sind (§ 38 Abs. 2 S. 2 und Abs. 3 S. 3 JGG). Wenn die JGH auch nur eine Art Vorschlagsrecht besitzt, so kann sich diese Funktion bei entsprechend fundiertem Bericht und Vortrag vor Gericht doch in der Praxis als maßgebliche Orientierungshilfe für die Jugendgerichte auswirken. Hier kommt den Sozialarbeitern/Sozialpädagogen (als wünschenswerten JGH-Vertretern) eine eminent wichtige Funktion im Jugendstrafverfahren zu.

Die JGH hat die verurteilten Jugendlichen oder Heranwachsenden nach Abschluss ihres Strafprozesses zu betreuen, indem sie mit ihnen während und nach dem Vollzug (von HzE iSd § 12 Nr. 2 JGG[39], Jugendarrest oder Jugendstrafe) „in Verbindung bleiben und sich seiner Wiedereingliederung in die Gemeinschaft annehmen" soll (vgl. § 38 Abs. 2 S. 9 JGG).

Darüber hinaus hat die JGH die Aufgabe, die Einhaltung der erteilten Weisungen und Auflagen zu überwachen, sofern kein Bewährungshelfer bestellt wurde (§ 38 Abs. 2 S. 5 u. 7 JGG). Dabei hat die JGH (nach ihrer Wertung!) nur erhebliche Zuwiderhandlungen dem Richter mitzuteilen (§ 38 Abs. 2 S. 6 JGG). – Hieraus entsteht der für Sozialarbeiter/Sozialpädagogen typische (schwer lösbare) Konflikt, zugleich helfen und kontrollieren zu sollen.

b) Zuständigkeit

Die für Jugendliche wie Heranwachsende wichtige JGH (siehe S. 180 wird von den Jugendämtern (§ 52 SGB VIII) im Zusammenwirken mit den Trägern der freien Jugendhilfe (insbesondere: Caritas, Diakonisches Werk, AWO, PWV) ausgeübt (§§ 38 Abs. 1, 107 JGG, § 4 Abs. 1 SGB VIII). Das bedeutet, dass die Jugendämter die freien Jugendhilfeträger zur Mitarbeit heranzuziehen und sie dabei nach Maßgabe der §§ 4 Abs. 3, 74 SGB VIII zu unterstützen haben. Die Gesamtverantwortung einschließlich der Planungsverantwortung für die JGH hat jedoch die öffentliche Jugendamtsverwaltung als Pflichtaufgabe durchzuführen (vgl. §§ 2 Abs. 2 Nr. 8, 52, 79 Abs. 1 SGB VIII, § 38 Abs. 1 JGG). Dabei handelt es sich

Randbemerkungen:

HzE prüfen

Verfahren zu beenden?

Problematik

Rederecht

Vorschlagsrecht zum Strafrahmen

JGH-Bericht

Betreuung nach der Verurteilung

Überwachung der Weisungen und Auflagen

Doppelfunktion: Hilfe und Kontrolle

JA und freie Verbände arbeiten zusammen

---

[37] Siehe dazu S. 174 und 176.
[38] Vgl. dazu die Übersicht auf den S. 166/167.
[39] Siehe dazu S. 145.

um eine eigenständige Aufgabe der Jugendhilfe und nicht etwa um einen „Hilfsdienst" für die Justiz (s. dazu auch S. 183).

c) Durchführung

Freie Träger

Bei den freien Jugendhilfevereinigungen wird die JGH meist von hauptamtlichen Fachkräften (Sozialarbeitern/Sozialpädagogen) wahrgenommen, die in persönlichen Gesprächen mit den Tätern, ihren Eltern, sonstigen Erziehern oder anderen gesetzlichen Vertretern (Vormund) sowie mit ihren Ausbildern versuchen, ihre Persönlichkeit sowie die Tatumstände zu erforschen, um dann geeignete jugendrichterliche Maßnahmen vorschlagen zu können (vgl. §§ 43 Abs. 1, 38 Abs. 2 JGG).

Besonderheiten bei Jugendämtern

Kritik an fachlicher Auswahl und Qualifikation

Entsprechend wird beim JA verfahren, wobei allerdings die betreffenden Vertreter des JA z.T. keine sozialpädagogische Ausbildung besitzen, sondern als Verwaltungsbeamte/-angestellte sich allein durch ihre bisherige Tätigkeit qualifizieren. Wenn man dann noch bedenkt, wie wenig sinnvoll es ist, dass immer noch bei einigen Jugendämtern die Trennung von „Innen"- und „Außendienst" dazu führt, dass noch nicht einmal die Person vor Gericht auftritt, die die Ermittlungen vorgenommen hat, kann es eigentlich nicht verwundern, dass von allen Betroffenen (Tätern und deren Angehörigen, von den Gerichten – und nicht zuletzt von den JGH-Vertretern) zunehmend die mangelnde Effizienz der Arbeit beklagt wird.

Personenidentität vorgeschrieben

Seit 1991 ist zwar in § 38 Abs. 2 S. 4 JGG festgelegt, dass in der Hauptverhandlung der Vertreter der JGH auftreten soll, der die „Nachforschungen angestellt hat", so dass nur in begründeten Ausnahmefällen davon abgewichen werden darf. In der Praxis wird dies dennoch immer noch nicht genügend beachtet.[40]

Arbeitsüberlastung

In der Praxis wird eine effiziente Arbeit der JGH – abgesehen von den Schwierigkeiten, die sich aus der Natur der vielfältigen Aufgaben ergeben – vor allem durch die Arbeitsüberlastung der JGH wie der Jugendgerichte sehr erschwert. Das führt leider nicht selten dazu, dass die zuständigen JGH-Vertreter erst kurz vor dem Gerichtstermin ihre Arbeit beginnen und daher häufig kaum persönlichen Kontakt zu dem Täter herstellen können. Dann gerät die Hilfe für die Beschuldigten wie für das Gericht weitgehend zu einer eiligen Routinehandlung, die der Aufgabenstellung der JGH nicht gerecht werden kann.

Interessenkonflikte

Ein weiteres Problem besteht darin, dass vielfach (nicht zuletzt von der Justiz) die JGH – fälschlicherweise – in erster Linie als Gerichtshilfe betrachtet und daher der Wahrheitsfindung Priorität vor dem Schutz der beschuldigten/angeklagten Jugendlichen/Heranwachsenden eingeräumt wird (insofern ist die Bezeichnung „Jugendgerichtshilfe" ja auch missverständlich). Die JGH ist jedoch unzweifelhaft eine eigenständige Jugendhilfeleistung der Jugendämter (vgl. §§ 2 Abs. 2 Nr. 8, 52 SGB VIII) und hat somit allein die Förderung junger Menschen und deren Familien zur Aufgabe (vgl. §§ 1 Abs. 2, 2 Abs. 1 SGB VIII). Auch wenn diese im Einzelfall den justiziellen Interessen zuwiderlaufen kann, entbindet das die JGH nicht von ihrer gesetzlichen Verpflichtung.[41] Bei der JGH wird das

---

[40] Kritik übt (sehr eingehend) auch *Eisenberg*, § 38, Rn. 33 ff.
[41] Siehe dazu S. 180.

zwischen JGG und SGB VIII bestehende Spannungsverhältnis besonders deutlich. Der Gesetzgeber des 1. JGG-ÄndG und SGB VIII verzichtete 1990 leider auf die Problemlösung, um ihre Reformvorhaben nicht zu gefährden[42] und bis heute ist diese „Baustelle" nicht wieder in Angriff genommen worden.

d) Verfahrensrechtliche Stellung

– Die JGH ist im gesamten Verfahren gegen Jugendliche und Heranwachsende so früh wie möglich heranzuziehen (§§ 38 Abs. 3, 107 JGG). Sie hat damit das Recht (und somit natürlich auch die Pflicht!), sich von sich aus einzuschalten, falls ihre Heranziehung bislang unterblieben ist und sie von einem Jugendgerichtsverfahren Kenntnis erhält. **Recht und Pflicht zum Tätigwerden**

– Im Fall des Erlasses eines Haftbefehls, der Vollstreckung der U-Haft und der vorläufigen Festnahme (§ 128 StPO) ist die Jugendgerichtshilfe unverzüglich zu unterrichten (vgl. § 72a JGG). **Unterrichtungspflicht**

– Der JGH ist der schriftliche oder mündliche Kontakt mit verhafteten Beschuldigten in demselben Umfang gestattet wie einem Verteidiger (§ 72b JGG), ohne dass ihr nach hM jedoch Anspruch auf Akteneinsicht zugestanden wird.[43] **Kontaktrecht**

– Die JGH hat ein Recht (und die Pflicht) auf Anwesenheit in der Hauptverhandlung, deren Ort und Zeit ihr mitzuteilen sind (§ 50 Abs. 3 JGG). In der Hauptverhandlung ist der JGH auf Verlangen das Wort zu erteilen (§ 50 Abs. 3 JGG). Der JGH steht jedoch kein Recht zur selbstständigen, unmittelbaren Befragung der Angeklagten oder der Zeugen zu; sie kann auch keine Beweisanträge stellen.[44] **Anhörungs- und Rederecht**

– Will das Jugendgericht Weisungen erteilen, muss es zuvor immer die JGH dazu anhören (§ 38 Abs. 3 S. 3 JGG). Ansonsten kann sie sich (von sich aus) zu den jugendrichterlichen Maßnahmen, die nach ihrer Meinung sinnvollerweise zu ergreifen sind, äußern (§ 38 Abs. 2 S. 2 JGG).

– Ein Zeugnisverweigerungsrecht steht der JGH (leider) nicht zu.[45] **Kein Zeugnisverweigerungsrecht**

– Ein Verstoß gegen diese Mitwirkungsrechte stellt eine Gesetzesverletzung iSd § 337 StPO und zugleich eine Verletzung der allgemeinen Aufklärungspflicht und damit einen Revisionsgrund dar, der zur Urteilsaufhebung führen muss. **Verstöße sind Revisionsgrund**

– Ein eigenes Rechtsmittelrecht besitzt die JGH nicht, sie kann also nicht Berufung oder Revision einlegen. **Kein Rechtsmittelrecht**

Dies gilt alles auch in Verfahren für Heranwachsende, für die Jugendstrafrecht angewendet wird (§ 109 Abs. 2 S. 1 JGG). **Gilt auch für HW**

---

[42] Vgl. BT-Drs. 11/5829, S. 14/15 sowie BT-Drs. 11/5948, S. 117.
[43] Nachweise z. B. bei *Eisenberg*, § 38, Rn. 27.
[44] Dazu eingehend *Eisenberg*, § 38, Rn. 28.
[45] Dazu eingehend *Eisenberg*, § 38, Rn. 30.

E. Rechtsmittelmöglichkeiten

I. Anfechtungsberechtigte

Personenkreis   Verurteilten, ihren Erziehungsberechtigten sowie deren gesetzlichen Vertretern (meist haben die Eltern ja beide Funktionen inne) wird grundsätzlich[46]das Recht zugestanden, sich – unabhängig voneinander – gegen die Verurteilung durch Einlegen eines Rechtsmittels (Berufung oder Revision) zu wehren. Dies gilt im Jugendstrafverfahren jedoch nur eingeschränkt. (vgl. §§ 55 Abs. 1, 109 Abs. 2 S. 1 JGG). Andere (z.B. Pflegeeltern, Erziehungsbeistand, Betreuungshelfer, Bewährungshelfer, JGH, Jugendamt) haben kein Rechtsmittelrecht.

Selbstständigkeit der Jugendlichen   Jugendlichen wird also selbst das Recht zugestanden, den Prozess vor die nächste Instanz zu bringen, obwohl sie nur beschränkt geschäftsfähig und damit auch noch nicht prozessfähig sind.[47] Im Strafprozess werden Jugendliche dagegen als die eigentlich Betroffenen (zu Recht) als selbstständig betrachtet. Das wird am folgenden Beispiel deutlich:

Beispiel: Ein 17-Jähriger erhält wegen wiederholter Einbruchdiebstähle Jugendstrafe mit Bewährung. Seine Eltern legen spontan gegen dieses Urteil Rechtsmittel ein, weil sie es als viel zu hart ansehen. Nachdem sie nun einen Rechtsanwalt zu Rate ziehen, wird ihnen klar, dass dieses Urteil kaum anzugreifen sein wird und durch den erneuten Prozess der Beginn der Bewährungszeit sich erheblich verzögern wird (vgl. § 22 Abs. 2 S. 1 JGG).[48] Sie wollen daher das Rechtsmittel zurückziehen (was möglich ist). Dabei stellen sie (sicherlich überrascht) fest, dass sie hierzu die Zustimmung ihres Sohnes benötigen (vgl. § 55 Abs. 3 JGG), weil er als der Hauptbetroffene eben entscheiden können soll, ob er das Urteil so hinnehmen will. – Die Eltern können also für ihn kein Urteil „annehmen".

Eltern können aber 2. Instanz erzwingen   Im „umgekehrten Fall" setzen sich allerdings die Eltern durch:

Beispiel: Nach Urteilsverkündung legen der 17-Jährige sowie auch seine Eltern Rechtsmittel ein, das der 17-Jährige später zurückzieht, weil er die Sache „endlich hinter sich bringen will". Beharren die Eltern auf ihrem Standpunkt, das Urteil sei viel zu hart, so kommt es zu einem erneuten Prozess.
(Es erscheint fraglich, ob diese gesetzliche Lösung richtig ist.)

Rechtsmittelrecht der StA   Unabhängig davon steht dem Jugendstaatsanwalt ein Rechtsmittel zu, wenn er das Urteil als „zu mild" oder als „zu hart" (was durchaus vorkommt!) ansieht (§ 296 Abs. 1 u. 2 StPO).

II. Beschränkte Rechtsmittelmöglichkeiten

1. Vorbemerkungen

Für Erwachsene grundsätzlich 3 Instanzen   Im „Erwachsenenstrafrecht" bestehen grundsätzlich (Ausnahme: bei Kapitalverbrechen[49]) stets 2 Rechtsmittelmöglichkeiten, so dass sich drei Instanzen ergeben können. Aus rechtsstaatlichen Gründen wird dabei in

---

[46] Zu den Einschränkungen s. u. II.
[47] Einen Zivilprozess – z.B. Schadensersatzklage – könnten sie nicht selbst betreiben; das müssten ihre gesetzlichen Vertreter für sie tun.
[48] Siehe dazu S. 153 f.
[49] Siehe dazu S. 172.

Kauf genommen, dass dadurch die Strafvollstreckung oftmals in einem fast unerträglichen Maße verzögert wird. (Auf die darin liegende Problematik kann jedoch in diesem Rahmen nicht eingegangen werden.)

Im Jugendstrafrecht würde das Ausschöpfen von drei Instanzen regelmäßig bedeuten, dass den Jugendlichen erst als Volljährigen, den Heranwachsenden erst als Erwachsenen die – überwiegend – erzieherischen Rechtsfolgen der Tat treffen würden und sie damit zweifellos wirkungslos blieben. Hinzu kommt, dass ein so langer Abstand zwischen Tat und Vollstreckung es wohl fast ausnahmslos mit sich brächte, dass die jeweilige gerichtliche Maßnahme nicht mehr im Zusammenhang mit der Tat stehen kann. Daher hat das JGG die Rechtsmittelmöglichkeiten gegenüber dem „Erwachsenenstrafrecht" erheblich reduziert. Das gilt auch für Heranwachsende (vgl. § 109 Abs. 2 JGG).

Aus päd. Gründen Einschränkungen

Gilt auch für HW

2. Nur eine Rechtsmittelmöglichkeit

Jeder Anfechtungsberechtigte kann nur ein Rechtsmittel einlegen (§ 55 Abs. 2 JGG). Er muss sich dabei entscheiden, ob er das Rechtsmittel der Berufung (zur Jugendkammer[50]) oder das der Revision (zum OLG[51]) einlegen will. Dabei braucht der Anfechtende innerhalb der Rechtsmittelfrist von einer Woche (§ 314 StPO) zunächst nur zu erklären, dass er das Urteil anfechte. Die endgültige Wahl zwischen Berufung und Revision braucht er dann erst innerhalb der einmonatigen Revisionsbegründungsfrist (vgl. dazu § 345 StPO) vorzunehmen. – Hat man sich für die Revision entschieden, kann man daher nicht mehr auf Berufung „umschwenken" und umgekehrt (vgl. § 55 Abs. 2 JGG).

Gilt für alle

Verbindliche Wahl zwischen Berufung und Revision

Berufung:
Die Berufung führt dazu, dass in der zweiten Instanz erneut alle Tatsachen zur Sprache gebracht werden können (vgl. § 327 StPO). Dieses Rechtsmittel wird daher vor allem dann gewählt, wenn man seine Unschuld (oder: geringere Tatbeteiligung o. ä.) geltend machen will.

Definition Berufung

Revision:
Beim Rechtsmittel der Revision ist man dagegen auf die Geltendmachung – und damit „Überprüfung" – von Rechtsfragen beschränkt (vgl. § 337 StPO: „dass das Urteil auf der Verletzung des Gesetzes beruhe."). Eine erneute Tatsachenüberprüfung ist nicht möglich. Die Revision wird man daher sinnvollerweise nur dann wählen, wenn man die Tat gar nicht bestreitet, aber das Verfahren oder den Urteilsspruch als solchen (s. aber nachstehend II. 3.) angreift.

Definition Revision

Beispiele: Man meint, das Strafmaß sei zu hart oder ein Zeuge sei zu Unrecht nicht gehört worden, der „mildernde Umstände" hätte darlegen können, oder ein Gutachten hätte verminderte Zurechnungsfähigkeit oder bei Jugendlichen mangelnde Reife im Sinne des § 3 JGG bestätigen können oder ein Richter sei befangen gewesen.

So kann die Dauer des Prozesses und der Aufwand (und somit auch ein Teil der Kosten) geringer gehalten werden als bei der Berufung.

Revisionsgründe

---

[50] Siehe dazu S. 172.
[51] Siehe dazu S. 172.

Bei Kapitalverbrechen nur Revision möglich

Bei Kapitalverbrechen (s. dazu S. 172), die in erster Instanz gleich vor die große Jugendkammer kommen (vgl. § 41 Abs. 1 Nr. 1 JGG), besteht allerdings – wie im „Erwachsenenstrafrecht" – nur die Möglichkeit der Revision zum BGH (vgl. § 135 Abs. 1 GVG).

Ausnahmen

Verurteilter legt Berufung ein und StA Revision

Aber auch im Jugendstrafverfahren kann es drei Instanzen geben: wenn z. B. von der Angeklagtenseite gegen das Urteil des Jugendschöffengerichts Berufung eingelegt wurde und nun der Jugendstaatsanwalt sich gegen das daraufhin ergehende Urteil der Jugendkammer wenden will, kann er Revision (zum OLG) einlegen.

Umgekehrter Fall

Dasselbe gilt natürlich auch, wenn die Staatsanwaltschaft Berufung gegen das erste Urteil einlegte. Dann kann von der Angeklagtenseite noch Revision (zum OLG) eingelegt werden.

Nur 1 Möglichkeit auf der „Täterseite"

Hat aber zunächst nur der Angeklagte (oder sein Erziehungsberechtigter oder sein gesetzlicher Vertreter) Berufung eingelegt, so kann keiner von ihnen noch Revision einlegen, also auch nicht der, der bisher noch kein Rechtsmittel „verbraucht" hat (§ 55 Abs. 2 S. 2 JGG). Auf der „Täterseite" besteht also immer nur eine Rechtsmittelmöglichkeit. – Bei Verletzung des rechtlichen Gehörs können Betroffene seit 2005 aber stets Revision einlegen (vgl. § 55 Abs. 4 JGG iVm § 356a StPO).

3. Keine Rechtsmittelmöglichkeit

Bei Weisungen, EB, Zuchtmitteln

Bei den weniger einschneidenden Erziehungsmaßregeln (Ausnahme s. u.) und Zuchtmitteln kann das Urteil nur wegen der Schuldfrage, nicht aber wegen der Auswahl oder des Umfanges der Maßnahmen angefochten werden (§ 55 Abs. 1 JGG).

Bei diesen Maßnahmen gilt nämlich das oben (vgl. II. 1.) Ausgeführte noch in verstärktem Maße. Hier würde jede erzieherische Intention verhindert, wenn ein weiterer – langwieriger – Rechtsstreit über die Auswahl und den Umfang von Erziehungsmaßregeln und Zuchtmittel geführt werden könnte.

Ausnahme bei HzE iSd § 12 Nr. 2 JGG

Rechtsmittelmöglichkeit besteht jedoch bei der Verpflichtung, HzE iSd § 12 Nr. 2 JGG anzunehmen (vgl. § 55 Abs. 1 S. 2 JGG). Da hier die Zielsetzung (s. o.) identisch ist und bei freiheitsentziehender Unterbringung ohnehin wegen § 1631b BGB die Genehmigung des FamG erforderlich wird, erscheint diese Ausnahme nicht gerechtfertigt.

III. Verschlechterungsverbot

Wichtiger Grundsatz des Strafrechts

Auch im Jugendstrafrecht gilt der Grundsatz der StPO, dass man durch die Einlegung von Berufung oder Revision nicht schlechter gestellt werden darf als vorher. Dieses in den §§ 331 und 358 Abs. 2 StPO (bitte lesen!) festgelegte Prinzip bedeutet, dass das Berufungs- oder Revisionsgericht die angegriffene Entscheidung nicht zu Ungunsten der Angeklagten abändern darf, weil sie sonst vor der Einlegung eines Rechtsmittels zurückschrecken könnten. Damit haben die in erster Instanz

Bestandsschutz

Verurteilten die Sicherheit, dass sie durch die Einlegung eines Rechtsmittels nicht etwa riskieren, eine höhere Strafe zu erhalten. Anders ausgedrückt: Sie können im Strafmaß nur besser oder genauso gestellt wer-

Ausnahme

den wie vorher, sich jedoch nicht verschlechtern. Dies gilt jedoch nicht, wenn die StA ebenfalls Rechtsmittel eingelegt hat, d. h.: dann ist wieder alles offen.

Das Verschlechterungsverbot bedeutet im Jugendstrafrecht Folgendes: Haben Angeklagte oder ihre Erziehungsberechtigten oder ihre gesetzlichen Vertreter oder die Staatsanwaltschaft zu ihren Gunsten Rechtsmittel eingelegt, so darf die zweite Instanz die im ersten Urteil ausgesprochenen Maßnahmen nach Art und Höhe nicht zum Nachteil ändern, also keine schwereren Mittel ergreifen. Welche Maßnahmen im Jugendstrafrecht als schwerer oder leichter anzusehen sind, ist jedoch nicht immer eindeutig – vor allem ist das nicht allein anhand der gesetzlichen Reihenfolge der vorgesehenen Maßnahmen zu ersehen (z. B. kommt die Verwarnung erst nach weit reichenden Weisungen). Hinzu kommt, dass die Betroffenen subjektiv die einzelne Entscheidung oft härter empfinden, als sie objektiv vom JGG gedacht worden ist. So wird z. B. die Anordnung eines 4-wöchigen Jugendarrests sicherlich härter empfunden als Jugendstrafe, die zur Bewährung ausgesetzt wurde. Die Jugendstrafe ist jedoch im System der Dreiteilung der jugendrichterlichen Maßnahmen zweifellos als letzte und damit härteste Maßnahme vorgesehen.

Nach hM wird in Bezug auf die Eingriffsintensität von folgender Abstufung[52] jugendrichterlicher Maßnahmen ausgegangen:

Verwarnung, Erziehungsbeistand, Auflagen, Weisungen (wegen § 11 Abs. 3 JGG), Jugendarrest, Jugendstrafe.

Margin notes:
Bedeutung im Jugendstrafrecht

Problematik

Abstufung der einzelnen Maßnahmen

IV. Vorläufige Teilvollstreckung vor Rechtskraft

Im allgemeinen Strafprozess gilt der Grundsatz, dass ein Urteil erst dann vollstreckt werden kann, wenn es rechtskräftig (d. h.: unanfechtbar geworden) ist (§ 449 StPO). Diesen Grundsatz durchbricht das JGG bei der Teilanfechtung eines Urteils. Sind nämlich Angeklagte wegen mehrerer Taten nach § 31 JGG zu einer Einheitsstrafe verurteilt worden, so kann das Gericht zweiter Instanz vor Beginn der (neuen) Hauptverhandlung das Ersturteil für einen Teil der Strafe für bereits vollstreckbar erklären, wenn die Schuldfeststellungen (im Ersturteil) bei einer oder mehreren Straftaten von keiner Seite beanstandet worden sind (§ 56 Abs. 1 S. 1 JGG). – Der Teil der Strafe, der für vorläufig vollstreckbar erklärt wird, darf – natürlich – nicht über die Strafe hinausgehen, die für die nicht beanstandeten Straftaten verhängt wurde (§ 56 Abs. 1 S. 3 JGG).

Die vorläufige Teilvollstreckung darf jedoch nur angeordnet werden, wenn sie dem „wohlverstandenen Interesse der Angeklagten entspricht" (§ 56 Abs. 1 S. 2 JGG). Dieses könnte m.E. allenfalls darin zu sehen sein, dass nicht das gesamte Urteil angefochten werden müsste, wenn nur die Verurteilung zu einzelnen Straftaten angegriffen werden soll. Bei der Anwendung dieser Vorschrift ist aus rechtsstaatlichen Gründen also große Zurückhaltung geboten.[53]

Margin notes:
Teilweise vollstreckbar

Nur zulässig im Täterinteresse

---

[52] Ausführlich dazu *Eisenberg*, § 55, Rn. 75–95.
[53] So auch *Eisenberg*, § 56, Rn. 6.

F. Die Kosten des Jugendstrafverfahrens

Bei Jugendl. und HW Kostenerlass möglich

Während der verurteilte Erwachsene im Urteil stets zum Tragen der Kosten des Verfahrens verpflichtet wird (§ 465 StPO), kann bei Jugendlichen und Heranwachsenden davon abgesehen werden, ihnen Kosten und Auslagen aufzuerlegen (§§ 74, 109 Abs. 2 JGG).

Kostenpflicht als Ausnahme

Die *Kostenpflicht* würde sich für die meisten Jugendlichen wie HW nur wie eine zusätzliche und sie oft noch lang belastende *Geldstrafe* auswirken, die im Jugendstrafrecht unzulässig ist (vgl. § 5 JGG). Daher werden ihnen die Kosten des Verfahrens nur dann auferlegt, wenn sie sie aus eigenen Mitteln bezahlen können und wenn dies aus erzieherischen Gründen angebracht erscheint (damit sie merken, welchen Aufwand sie verursacht haben). Als erzieherisches Mittel erscheint dies jedoch zweifelhaft.

Teil 2. Familienrecht

Kapitel 5. Eheschließung und Ehewirkungen

Übersicht

A. Eheschließung

Das Eheschließungs- und Ehescheidungsrecht war zunächst Bestandteil des BGB. 1938 wurde es aus diesem herausgelöst und im Sinne der unrechtmäßigen rassistischen Zielsetzungen der nationalsozialistischen Machthaber in einem Ehegesetz neu geregelt. Am 20.2.1946 wurde es unter Abänderung der nationalsozialistischen Unrechtsvorschriften als Gesetz Nr. 16 des Kontrollrates der Alliierten für die damaligen alten Bundesländer neu erlassen. In der DDR wurde es 1955 durch die Verordnung über die Eheschließung und Eheauflösung abgelöst, die dann 1965 in das Familiengesetzbuch der DDR eingeflossen ist. In der BRD wurde durch das 1. EheRG vom 14.6.1976 das Scheidungsrecht wieder in das BGB eingefügt. Durch das Eheschließungsrechtsgesetz vom 4.5.1998 (BGBl. 1, S. 833) wurde das Eheschließungsrecht wieder in das BGB aufgenommen und zugleich inhaltlich modifiziert. 2009 schließlich ist das Verbot weggefallen, das bei nicht standesamtlich verheirateten Personen die kirchliche Trauung untersagte (§§ 67 f. PStG).

Gesetzesentwicklung

I. Voraussetzungen

1. Ehemündigkeit

Grundsätzlich können nur Volljährige heiraten (vgl. § 1303 Abs. 1: „soll").

Grundsätzlich ab Volljährigkeit

Das FamG kann jedoch hiervon auf Antrag Befreiung erteilen, wenn Minderjährige bereits 16 Jahre alt und deren künftige Ehegatten volljährig sind (§ 1303 Abs. 2). Widersprechen die gesetzlichen Vertreter oder sonstige Personensorge-Inhaber minderjähriger Heiratswilliger einem solchen Antrag, so darf das FamG die Befreiung nur erteilen, „wenn der Widerspruch nicht auf triftigen Gründen beruht" (§ 1303 Abs. 3).

Ausnahmen ab 16 Jahren

Eine Befreiung kommt insbesondere in Betracht, wenn die Ablehnung der Heirat nichts mit dem Wesen der Ehe zu tun hat, wie z.B. bei persönlicher Abneigung, eigenen (wirtschaftlichen oder anderen) Interessen oder religiösen Gründen. Anders ist es z.B. bei fehlender wirtschaftlicher Basis für die Ehe, bei erheblichem Altersunterschied, bei starker Benachteiligung durch das Heimatrecht des anderen Ehegatten oder wenn zu befürchten ist, dass die Ehe die Ausbildung gefährdet.[1]

Beispiele und Gegenbeispiele

---

[1] Zu Rechtsprechungsnachweisen vgl. MüKo/*Wellenhofer*, § 1303 BGB, Rn. 6 ff.

Anhörungsverfahren

Das FamG muss vor seiner Entscheidung anhören: die betroffenen Minderjährigen (vgl. § 159 FamFG), die Verlobten[2], die Eltern der betreffenden Minderjährigen (vgl. § 160 FamFG), das JA (vgl. § 162 Abs. 1 FamFG).

Folgen der Befreiung

Befreit das FamG vom Erfordernis der Volljährigkeit, so benötigen die Minderjährigen bei der Eheschließung die Mitwirkung ihrer gesetzlichen Vertreter oder sonstiger Personensorge-Inhaber nicht (vgl. § 1303 Abs. 4).

Aufhebung bei fehlender Befreiung

Heiraten Minderjährige ohne Befreiung vom Erfordernis der Volljährigkeit, ist die Ehe aufhebbar (§ 1314 Abs. 1).

Auswirkungen auf die Geschäftsfähigkeit

Durch die Heirat wird die betreffende Person aber weder voll geschäftsfähig noch volljährig, sondern bleibt beschränkt geschäftsfähig und behält ihre bisherigen Sorge-Inhaber, die dann aber nicht mehr die sog. tatsächliche Personensorge, sondern nur noch die diesbezügliche Vertretung sowie die gesamte Vermögenssorge besitzen (vgl. § 1633 sowie S. 319 f.).

Eheverbot für Geschäftsunfähige

Geschäftsunfähige können nicht heiraten (§ 1304). Geschäftsunfähig sind alle Personen, die „sich in einem die freie Willensbestimmung ausschließenden Zustand krankhafter Störung der Geistestätigkeit befinden, sofern nicht der Zustand seiner Natur nach nicht ein vorübergehender ist" (§ 104 Nr. 2) (wie z.B. bei Rausch-Zuständen infolge von Alkohol- oder Drogen-Abusus). Dabei kommt es darauf an, ob die betreffende Person die Einsichtsfähigkeit für das Wesen der Ehe und die sich hieraus ergebenden Verpflichtungen besitzt und zu einer freien Willensentscheidung in der Lage ist. Der Standesbeamte kann die Eheschließung jedoch nur verweigern, wenn er diesbezüglich erhebliche Bedenken hat, wie das z.B. bei Bestellung eines Betreuers mit generellem Einwilligungsvorbehalt (vgl. § 1903) oder bei außergewöhnlichem Verhalten der Fall sein kann. Eine Befreiung ist hier nicht vorgesehen. Das wird mit der Bedeutung der Ehe und ihres Vertragscharakters gerechtfertigt.

Aufhebung bei fehlender Ehefähigkeit

Kann nachgewiesen werden, dass ein Ehegatte bei der Eheschließung geschäftsunfähig war, so kann die Ehe auf Antrag des anderen Ehegatten oder auf Antrag der (von der jeweiligen Landesregierung durch Rechtsverordnung zu bestimmenden) Verwaltungsbehörde aufgehoben werden (vgl. §§ 1314 Abs. 1, 1316 Abs. 1 Nr. 1).

Menschen mit Behinderung, Betreute

Menschen mit geistiger oder seelischer Behinderung können heiraten, sofern sie nicht geschäftsunfähig sind (siehe dazu oben). Das gilt auch dann, wenn bei ihnen rechtliche Betreuung angeordnet ist. Sie bedürfen dabei nicht der Zustimmung ihres Betreuers, selbst wenn ansonsten ein richterlicher Einwilligungsvorbehalt besteht (vgl. § 1903 Abs. 2).

2. Verschiedengeschlechtliche Personen

Ehe nur zwischen Mann und Frau

Ungeschriebene Voraussetzung der Eheschließung ist, dass die Eheschließenden verschiedenen Geschlechts sind. Zwar definiert das BGB die „Eheschließenden" bis dato nicht (vgl. §§ 1311–1313). Das BVerfG[3] bezieht die Ehe wie die hM nur auf heterosexuelle Verbindungen von Frauen und Männern.

---

[2] OLG Karlsruhe, FamRZ 2000, S. 819.
[3] BVerfG, NJW 1993, S. 3058.

Gleichgeschlechtliche Paare können aber seit dem 1.8.2001 nach dem Lebenspartnerschaftsgesetz eine Lebenspartnerschaft mit vor allem namens-, unterhalts-, güter- und erbrechtlichen Rechtswirkungen vor der nach dem jeweiligen Landesrecht zuständigen Behörde schließen und unter bestimmten Voraussetzungen auch wieder aufheben.

Eingetragene Lebenspartnerschaft möglich

3. Nichtvorliegen von Ehehindernissen

Das Standesamt muss überprüfen, ob keine Ehehindernisse vorliegen (§ 13 Abs. 1 PStG). Derzeit bestehen folgende Eheverbote:

Gesetzliche Eheverbote

– Doppelehe/Bigamie (§ 1306),
  wer gegen dieses Verbot verstößt, macht sich nach § 172 StGB strafbar und kann mit Freiheitsstrafe bis zu drei Jahren oder mit Geldstrafe bestraft werden,
– Ehe zwischen geradlinigen Verwandten (§ 1307 S. 1),

Beispiele: Vater und Tochter, Mutter und Sohn, Großvater und Enkelin, Urgroßvater und Urenkelin (vgl. § 1589)

Dieses Eheverbot gilt auch dann, wenn das Verwandtschaftsverhältnis infolge Adoption aufgehoben ist.

– Ehe zwischen voll- und halbbürtigen Geschwistern – also einschließlich der sog. Stiefgeschwister (§ 1307),
– Ehe zwischen Personen, die durch Adoption gemäß § 1754 zu geradlinigen Verwandten oder Geschwistern geworden sind, und zwar unabhängig vom Fortbestand der Adoption (§ 1308 Abs. 1); das FamG kann die Heirat von Adoptivgeschwistern aber zulassen (§ 1308 Abs. 2).

Cousin und Cousine, Onkel und Nichte, Tante und Neffe können dagegen einander heiraten.

Zulässige Heirat von Verwandten

Folgende Eheverbote sind seit 1.7.1998 weggefallen:

– das – umstrittene – Eheverbot der Schwägerschaft, von dem in der Praxis ohnehin sehr weit gehend Befreiung erteilt worden war,
– die im *früheren § 8 EheG* verordnete zehnmonatige Wartezeit für Frauen, die zuvor verheiratet waren.

Zur Aufklärung bestehender Ehehindernisse diente früher das Aufgebotsverfahren, in dem durch öffentlichen Aushang Dritte aufgefordert wurden, dem Standesamt mitzuteilen, ob einer beabsichtigten Heirat (rechtlich relevante) Hindernisse entgegenstehen. Dieses – datenschutzrechtlich bedenkliche – Aufgebotsverfahren, von dem ohnehin befreit werden konnte, hatte in der Praxis vor allem in größeren Gemeinden infolge mangelnden Interesses die ihm zugedachte Funktion nicht erfüllt, sondern meist nur Geschäftsleuten und Versicherungen als willkommene Informationsquelle gedient. Das Aufgebotsverfahren ist daher am 1.7.1998 ganz abgeschafft worden.

Aufgebotsverfahren seit 1.7.1998 entfallen

4. Standesamtliche Trauung

Eine Ehe wird bekanntlich im Standesamt geschlossen. Dies geschieht dadurch, dass beide Eheschließenden vor einem Standesbeamten erklären, die Ehe miteinander eingehen zu wollen (§ 1310 Abs. 1 S. 1). Hierüber soll der Standesbeamte sie einzeln befragen und bei beiderseitigem Bejahen aussprechen, dass die Eheschließenden „nunmehr kraft Gesetzes

Trauungszeremonie

rechtmäßig verbundene Eheleute sind" (§ 1312 Abs. 1 S. 1). Zu dieser Trauungszeremonie müssen beide Eheschließenden persönlich erscheinen und ihre Erklärungen ohne jede Bedingung oder Zeitbestimmung abgeben (§ 1311).

Trauzeugen möglich   Für die Eheschließung ist seit 1.7.1998 zwar nicht mehr die Anwesenheit von zwei Zeugen vorgeschrieben, aber es können ein oder zwei sog. Trauzeugen dabei sein (§ 1312 Abs. 1 S. 2).

Eintrag ins Eheregister   Im Anschluss an die Trauungszeremonie wird die Eheschließung im Eheregister beurkundet (§ 15 Abs. 1 PStG).

Verweigerung der Trauung   Standesbeamte dürfen eine Trauung nur verweigern, wenn entweder die Eheschließungsvoraussetzungen (siehe dazu S. 189 f.) nicht vorliegen oder offenkundig ist, dass die Ehe nach § 1314 Abs. 2 aufhebbar (siehe dazu S. 204 f.) wäre (§ 1310 Abs. 1 S. 2). Nach h. M. darf der Standesbeamte die Trauung ferner verweigern, wenn die Ehe geschlossen wird, um einer Ausländerin oder einem Ausländer eine günstigere ausländerrechtliche Position zu verschaffen (sog. Scheinehe).

II. Ehefähigkeitszeugnis für Ausländerinnen und Ausländer

Funktion   Um zu verhindern, dass Ausländerinnen oder Ausländer eine Ehe schließen, die ihrem Heimatrecht widerspricht und deshalb von ihrem Heimatstaat nicht anerkannt wird, sollen Ausländer grundsätzlich ein sog. Ehefähigkeitszeugnis vorlegen.[4] Dieses soll dem Standesbeamten die Prüfung erleichtern, ob das Heimatrecht der Betroffenen die Eheschließung erlaubt. Wenn sich die Ehefähigkeit einer Ausländerin oder eines Ausländers gemäß Art. 13 EGBGB aber nach deutschem Recht richtet, ist ein Ehefähigkeitszeugnis nicht erforderlich (§ 1309 Abs. 1).

Befreiung durch OLG-Präsident   Vom Ehefähigkeitszeugnis kann der Präsident des zuständigen OLG Befreiung erteilen (§ 1309 Abs. 2 S. 1). Das ist für Angehörige von Staaten, deren Behörden keine Ehefähigkeitszeugnisse ausstellen, sowie für Staatenlose mit gewöhnlichem Aufenthalt im Ausland vorgesehen (§ 1309 Abs. 2 S. 2). In besonderen Fällen darf die Befreiung auch Angehörigen anderer Staaten erteilt werden (§ 1309 Abs. 2 S. 3). Das kommt z. B. in Betracht, wenn die Beschaffung eines Ehefähigkeitszeugnisses infolge politischer Verhältnisse unmöglich ist. – Wird vom OLG-Präsidenten die Befreiung von der Nachweispflicht erteilt, so muss dieser dann selbst prüfen, ob das Heimatrecht der Betroffenen die Eheschließung erlaubt.

---

[4] Entsprechende Nachweise fordern übrigens auch andere Staaten.

Eheschließung

Alterserfordernis (§ 1303):
Das Mindestalter ist 18 Jahre. Hiervon kann das FamG jedoch Befreiung erteilen, wenn

- die Heiratswilligen bereits 16 Jahre alt sind,
- ihre Ehepartner volljährig sind,
- ihre gesetzlichen Vertreter und Personensorge-Inhaber keine triftigen Gründe dagegen geltend machen können.

Heiratsverbote bestehen für:

- Geisteskranke (§§ 104 Nr. 2, 1304),
- verheiratete Personen (§ 1306),
- Eltern – Kinder, Großeltern – Enkel, Geschwister (inkl. Stiefgeschwister), § 1307, (bei Adoptivgeschwistern ist Befreiung durch FamG möglich, § 1308 Abs. 2),

Ausländerinnen und Ausländer benötigen den Nachweis ihres Heimatlandes, dass keine Ehehindernisse vorliegen (sog. Ehefähigkeitszeugnis); Ausnahmen erteilt OLG-Präsident (§ 1309).

Aufgebotsverfahren sind seit dem 1.7.1998 entfallen.

Folgen fehlerhafter Eheschließungen:

- Die Nichtbeachtung von Sollvorschriften (§§ 1303 Abs. 1, 1308, 1309, 1312) berührt die Wirksamkeit einer Ehe nicht.
- Verstöße gegen die §§ 1303, 1304, 1306, 1307, 1311 können zur Aufhebung einer Ehe (siehe dazu Seiten 196 f.) führen.
- Wirkte jedoch kein Standesbeamter mit oder wurde keine Ehewillenserklärung abgegeben, so ist überhaupt keine Ehe entstanden (sog. Nichtehe).

B. Rechtswirkungen der Ehe

I. Familienrechtliche Wirkungen

1. Lebenszeitprinzip

Die bürgerliche Ehe wird auf Lebenszeit geschlossen (§ 1353 Abs. 1 S. 1). Das *BVerfG* sieht darin aber kein absolutes Dogma, sondern nur einen Grundsatz, der zur Scheidungsmöglichkeit nicht in Widerspruch steht.[5]
   Aus dem Lebenszeitprinzip ergibt sich Folgendes:

BVerfG: Kein Widerspruch zur Scheidungsmöglichkeit

- Verbot von Probe- oder Zeitehe (§ 1311 S. 2 BGB),
- Bedingungsfeindlichkeit der Eheschließungserklärung (§ 1311 S. 2),
- Unzulässigkeit von Rücktritts- oder Widerrufsvorbehalten,
- Irrelevanz der Vereinbarung keinerlei gegenseitiger Verpflichtungen.

---

[5] BVerfG, FamRZ 1980, 319, 323.

2. Verpflichtung zur ehelichen Lebensgemeinschaft

Rechtswirkungen   § 1353 Abs. 1 S. 2 verpflichtet die Ehegatten zur ehelichen Lebensgemeinschaft. Aus dieser Norm ergeben sich u. a. folgende Verpflichtungen:
Treue, Zusammenleben, Gefahrenabwehr, gegenseitige Achtung, Rücksichtnahme und Beistand in sämtlichen persönlichen und gemeinsamen Angelegenheiten (wie Kindererziehung und Haushaltsführung), Gewährung der Mitbenutzung von Wohnung und Hausratsgegenständen unabhängig von der Eigentumslage oder der mietvertraglichen Regelungen. – Aus dieser Verpflichtung ergibt sich aber keine gegenseitige Haftung, insbesondere nicht für Schulden des anderen Ehegatten (s. dazu S. 202).

Sanktionslos und nicht vollstreckbar   Diese Generalklausel hat für das gesamte Eherecht ähnlich grundlegende Bedeutung wie das Gebot von Treu und Glauben des § 242 für das Schuldrecht. Sie ist sanktionslos und lässt sich (trotz bestehender Klagemöglichkeit gemäß § 266 Abs. 1 Nr. 2 FamFG *„auf Herstellung des ehelichen Lebens“*) – natürlich – gerichtlich nicht vollstrecken (§ 120 Abs. 3 FamFG).

Ausnahmen von der Pflicht zur Lebensgemeinschaft   Diese Verpflichtung besteht nicht bei Missbrauch oder gescheiterter Ehe (§ 1353 Abs. 2). Zum *Scheitern der Ehe* siehe die §§ 1565 ff. (siehe dazu S. 211 ff.). *Rechtsmissbrauch* liegt bei mit ehelicher Gesinnung unvereinbarem oder dem anderen Ehegatten unzumutbarem Verlangen vor.

Beispiele: Ehebruch, Aids, Geschlechtskrankheit, Drogen- oder Alkohol-Abusus, Gewalttätigkeiten, andere erhebliche Gefährdungen für den Ehegatten oder die Kinder, Verweigerung des Unterhalts.

3. Namensführung

Verschiedene Termini   Es werden verschiedene Bezeichnungen verwendet:
Geburtsname – Ehename – Familienname – Nachname.

Geburtsname   *Geburtsname* ist der in die Geburtsurkunde einzutragende Name (§ 1355 Abs. 6).

Ehename   *Ehename* ist der von Eheleuten bei Heirat festgelegte gemeinsame Name (§ 1355 Abs. 1 S. 1).

Familienname (Nachname)   *Familienname* ist der Name, den eine Person als Geburts- oder Ehenamen oder durch Hinzufügung ihres Geburtsnamens zum Ehenamen nach Heirat führt (im Umgangsdeutsch wird dieser Name meist *Nachname* genannt).

Historische Entwicklung des Ehenamens   Die Verfasser des BGB bestimmten 1896, dass bei Heirat der Name des Mannes gemeinsamer Ehename wurde und Frauen ihren Geburtsnamen (sog. „Mädchenname") verloren. Diese patriarchalische Regelung blieb trotz der 1949 verfassungsmäßig verankerten Gleichberechtigung bis 1957 bestehen. Das *Gleichberechtigungsgesetz* hatte dann 1958 lediglich die Möglichkeit geschaffen, dass verheiratete Frauen ihren Mädchennamen an den Ehenamen anhängen konnten. Die gegen diese Regelungen zunehmend erhobenen Verfassungsbedenken hatten zwar zu mehreren Verfassungsbeschwerden, jedoch nicht zu einer Entscheidung des *BVerfG* geführt. Das 1. EheRG sah dann ab 1.7.1976 zwar erstmals die Möglichkeit vor, dass entweder der Geburtsname der Frau oder des Mannes als Ehename gewählt werden konnte, dass aber bei fehlender Namenswahl der Name des Mannes zum Ehename wurde. Letzteres wurde am 5.3.1991 vom *BVerfG*[6] wegen Verfassungswidrigkeit für

---

[6] BVerfGE 84, 9 (21) = NJW 1991, 1602 = FuR 1991, 93.

nichtig erklärt und führte durch das *Familiennamenrechtsgesetz* am 1.4.1994 zu der jetzt geltenden gesetzlichen Regelung.

Den Ehegatten ist es überlassen, ob sie nach der Heirat als Ehenamen einen gemeinsamen Familiennamen führen oder jeweils ihren bisherigen Familiennamen (Nachnamen) beibehalten wollen oder nicht, denn § 1355 Abs. 1 S. 1 ist bloße Sollvorschrift, von der nach § 1355 Abs. 1 S. 3 abgewichen werden kann. Als Ehename kann entweder der Geburtsname einer der beiden Ehegatten bestimmt werden oder der Name, den einer der beiden Ehegatten bei der Heirat führt. Dies ist durch Erklärung gegenüber dem Standesamt bei der Heirat oder später (zeitlich unbegrenzt) in öffentlich beglaubigter Form möglich (§ 1355 Abs. 2 u. 3).

Wahlmöglichkeiten

Für Ehegatten, die bei der Heirat den Geburtsnamen des anderen als Ehenamen akzeptiert haben, aber ihren Geburts- oder „erheirateten" Familiennamen nicht gänzlich aufgeben wollen, sieht § 1355 Abs. 4 folgende (zeitlich unbegrenzte) Möglichkeiten vor:

Doppelnamen bei Namensaufgabe

– Sie können durch Erklärung gegenüber dem Standesamt ihren bisherigen Familiennamen ihrem neuen Ehenamen voranstellen oder an jenen anhängen, es sei denn, der Ehename besteht bereits aus mehreren Namen (d.h.: gemäß dem *Gesetz über die Änderung von Familien- und Vornamen* durch irgendwann erfolgte Namensänderung).
– Besteht der Geburts- oder Familienname aus mehreren Namen (s.o.), so kann nur einer dieser Namen (frei wählbar) dem Ehenamen vorangestellt oder angehängt werden.

Diese persönlichen Namensbildungen können (wiederum zeitlich unbegrenzt) durch öffentlich beglaubigte Erklärung gegenüber dem Standesamt widerrufen, dann aber nicht mehr rückgängig gemacht werden (§ 1355 Abs. 4 S. 4).

Widerrufsmöglichkeit

Die immer wieder erhobene Forderung, aus beiden Geburtsnamen der Ehegatten einen Doppelnamen bilden zu können, und diesen auf die Kinder zu erstrecken, hat der Gesetzgeber bis dato aus „Ordnungsgründen" abgelehnt. Das erscheint unverständlich, da nur dann bei allen Beteiligten (Ehegatten und Kindern) Namensgleichheit (und damit gerade dann Klarheit und „Ordnung") bestünde.

Kein Doppelname möglich für: beide Ehegatten sowie für die Kinder

4. Haushaltsführung und Erwerbstätigkeit

Das BGB sah zunächst jahrzehntelang die sog. „Hausfrauenehe" und das Alleinentscheidungsrecht des Mannes in „allen Angelegenheiten des gemeinschaftlichen Ehelebens" vor. Dieses Leitbild modifizierte selbst das *Gleichberechtigungsgesetz* von 1957 nur insoweit, als es bis zum 30.6.1977 (!) u.a. Folgendes festlegte:

Früher: „Hausfrauenehe" und Männerdominanz

„Die Frau führt den Haushalt in eigener Verantwortung. Sie ist berechtigt, erwerbstätig zu sein, soweit dies mit ihren Pflichten in Ehe und Familie vereinbar ist."

Heute haben die Ehegatten die Haushaltsführung einvernehmlich zu regeln (§ 1356 Abs. 1 S. 1).

Einvernehmliche Regelung der Haushaltsführung

Beide Ehegatten sind (selbstverständlich) „berechtigt, erwerbstätig zu sein" (§ 1356 Abs. 2 S. 1). Sie müssen allerdings bei der Wahl und der Ausübung einer Erwerbstätigkeit auf die Belange des anderen und der Familie die gebotene Rücksicht zu nehmen.

Recht beider Ehegatten zur Erwerbstätigkeit

5. Gegenseitige Handlungsvollmacht

Prinzip   Zur angemessenen Deckung des Lebensbedarfs der Familie ist jeder Ehegatte gemäß § 1357 Abs. 1 berechtigt, Geschäfte mit Wirkung auch für den anderen Ehegatten zu besorgen mit der Folge, dass beide Ehegatten dann *Gesamtschuldner* (§§ 421, 426) sowie *Gesamtgläubiger* (§ 428) werden. Es handelt sich dabei um eine Art gesetzlicher Handlungsvollmacht, die bezweckt, den haushaltsführenden Ehegatten beim Abschluss von („häuslichen") Rechtsgeschäften unabhängig von der Zustimmung des anderen zu machen.

„Schlüsselgewalt"   Häufig wird von „Schlüsselgewalt gesprochen. Dieser Begriff hatte sich zu Zeiten der bis 30.6.1977 geltenden Gesetzesfassung gebildet. Vom Modell der „Hausfrauenehe" ausgehend sah sie (als eine Form des Vertrags zu Lasten Dritter) vor, dass bei Geschäften, die eine Ehefrau innerhalb ihres „häuslichen Wirkungskreises" tätigte, nur ihr Ehemann Vertragspartner wurde.

Kriterien   Die Eingrenzung der in Betracht kommenden Fälle ist nicht immer einfach. Zwar legt der unterhaltsrechliche Terminus „Lebensbedarf" die Heranziehung der §§ 1360, 1360a nahe. Die Begriffe „angemessen" und „Bedarf" gebieten jedoch eine restriktivere Auslegung als dort, weil hier ein Ehegatte vor vollendete Tatsachen gestellt und damit sein Selbstbestimmungsrecht eingeschränkt wird. Daher ist darauf abzustellen, ob es sich wirklich um Geschäfte handelt, die in vergleichbaren Familien in der Regel von einem Ehegatten selbstständig – und zugleich auch für den anderen – erledigt werden, wobei Einkommen und Lebenszuschnitt der Eheleute maßgeblich sind.[7]

Beispiele: In Betracht kommende Fälle sind:
Käufe/Bestellungen von Lebens- und Genussmitteln, Kosmetika sowie Kleidung für Frau, Mann und unterhaltsberechtigte Kinder, einzelne Einrichtungsgegenstände (nicht jedoch die komplette Küche oder gesamte Wohnungseinrichtung), Beschaffung von Heizmaterial, Reparaturaufträge im Bereich der Wohnung, Arzt- und Krankenhausverträge etc. einschließlich damit verbundener Zahlungen per Scheck oder Kreditkarte, auch wenn dies zum kurzfristigen „Überziehen" gemeinsamer Konten führt.

Nicht erfasste Fälle:
den Lebensstandard der Eheleute übersteigende vorgenannte Käufe/Bestellungen, Kfz-Kauf, Mieten, Vermieten oder Kündigen von Wohnungen – einschließlich Untermiete –, Pachten gewerblicher Räume oder Grundstücke, Bauaufträge, Abzahlungs- und Kreditverträge jeder Art.

Rechtswirkungen   Durch die im Rahmen des § 1357 Abs. 1 S. 1 getätigten Geschäfte werden jeweils beide Ehegatten berechtigt und verpflichtet (§ 1357 Abs. 1 S. 2), d. h., sie werden dadurch *Gesamtgläubiger* (§ 428) sowie *Gesamtschuldner* (§§ 421, 426).

Ausnahmen   Die Handlungsvollmacht und Mitverpflichtungsermächtigung besteht nicht, wenn

Getrenntleben   – die Ehegatten iSd § 1567 getrennt leben (§ 1357 Abs. 3),

Güterrechtsregistereintrag   – ein Ehegatte sie dem anderen gegenüber durch (formlose) Erklärung beschränkt oder ausgeschlossen hat und dies im Güterrechtsregister des

---

[7] BGH, NJW 1985, 1395 (= FamRZ 1985, 576) und FamRZ 1992, 291.

zuständigen Amtsgerichts (§ 1558) eingetragen oder den Geschäftspartnern (nachweisbar) bekannt war (vgl. § 1357 Abs. 2),

– sich aus den Umständen des Einzelfalles etwas anderes ergibt (§ 1357 Abs. 1 S. 2), d. h., der Ehegatte nur selbst Vertragspartner werden will und das auch bekundet hat oder dies ganz offenkundig ist (wie z. B. bei Anmeldungen für Verein, Fahrschule, Volkshochschule, andere Kurse, alleinige Urlaubsreise). **Konkrete Umstände**

6. Unterhaltspflicht

Ein Anspruch auf Unterhalt kann sich aus unterschiedlichen Anspruchsgrundlagen ergeben. Bei der Suche nach der Anspruchsgrundlage empfiehlt sich zunächst zu klären, in welcher familienrechtlichen Beziehung die Anspruch stellende zu der in Anspruch genommenen Person steht. Handelt es sich hierbei um eine Ehe oder eine Lebenspartnerschaft ist weiter zu klären, ob die betroffenen Personen noch zusammen leben, sich getrennt haben oder ob die Ehe geschieden/aufgehoben bzw. die Lebenspartnerschaft aufgelöst wurde. Hieraus ergibt sich folgendes Schaubild: **Suche nach der Anspruchsgrundlage**

Prüfschema Unterhaltsrecht

Personenkreis	Ehegatten	Ehegatten (getrennt lebend)	Ehegatten (geschieden)	Lebenspartner	Lebenspartner (getrennt lebend)	Lebenspartner (aufgehobene Partnerschaft)	geradlinig Verwandte (inkl. Adoptierte)	Nicht mit dem Vater verheiratete Mutter
Berechtigungsgrund	§ 1360	§ 1361	§§ 1570–1573, 1575, 1576	§ 5 LPartG	§ 12 LPartG	§ 16 S. 1 LPartG iVm §§ 1570–1573, 1575, 1576	§ 1601 (§ 1574)	§ 1615l
Bedürftigkeit	§ 1360	§ 1361	§ 1577 Abs. 1	§ 5 S. 2 LPartG iVm § 1360	§ 12 LPartG iVm § 1361	§ 16 S. 2 LPartG iVm § 1577 Abs. 1	§ 1602	§ 1615l Abs. 3 S. 1 i.V.m. § 1602
konkreter Bedarf	§ 1360a	§ 1361	§ 1578	§ 5 S. 2 LPartG iVm § 1360a	§ 12 LPartG iVm § 1361	§ 16 S. 2 LPartG iVm § 1578	§ 1610	§ 1615l Abs. 3 S. 1 i.V.m. § 1610 Abs. 1
Leistungsfähigkeit	§ 1360a	§ 1361	§ 1581	§ 5 S. 2 LPartG iVm § 1360a	§ 12 LPartG iVm § 1361	§ 16 S. 2 LPartG iVm § 1581	§ 1603	§ 1615l Abs. 3 S. 1 i.V.m. § 1603
Beschränkung oder Ausschluss	nicht möglich (vgl. § 1360)	§ 1361 iVbm § 1579 Nr. 2–8	§ 1573 Abs. 4, § 1579			§ 16 S. 2 LPartG iVm § 1573 Abs. 4, § 1579	§ 1611	§ 1615l Abs. 3 S. 1 i.V.m. § 1611
Rangfolgen a) Berechtigte b) Verpflichtete	a) §§ 1582, 1609 b) § 1608	a) § 1609 b) § 1608	a) §§ 1582, 1609 b) §§ 1584, 1608			a) § 16 S. 2 LPartG iVm §§ 1582, 1609 b) § 16 S. 2 LPartG iVm §§ 1584, 1608	a) § 1609 b) 1606	§ 1615l Abs. 3 S. 2
Art der Gewährung	§ 1360a Abs. 2	§ 1361 Abs. 4	§ 1585 Abs. 1				§ 1612	

Ehegatten sind (unabhängig vom jeweiligen Güterstand) einander verpflichtet, durch ihre Arbeit und mit ihrem Vermögen (grundsätzlich nur die daraus erzielten Erträge – nicht dessen Verwertung) die Familie angemessen zu unterhalten (§ 1360 S. 1) – und zwar nicht etwa jeder zur Hälfte, sondern jeder entsprechend seiner diesbezüglichen Leistungsfähigkeit. Solange die Ehegatten zusammenleben, besteht diese Pflicht – anders als sonst im Unterhaltsrecht (vgl. §§ 1361 Abs. 2, 1569, 1602) – unabhängig von einer Bedürftigkeit des anderen Ehegatten sowie von dessen Verhalten, also (abweichend von den §§ 1361 Abs. 3, 1579, 1611) auch bei selbst verschuldeter Bedürftigkeit oder sonstigem massivem ehewidrigem Fehlverhalten.

Unabhängig vom Güterstand

Weit gehende Verpflichtung

Der Ehegatte, der den Haushalt führt, erfüllt damit in der Regel seine Pflicht, durch Arbeit zum Familienunterhalt beizutragen (§ 1360 S. 2), d. h., er ist nur in Notfällen zu einer ihm zumutbaren Erwerbstätigkeit verpflichtet. Trotz Haushaltsführung bleibt er zum Einsatz seiner Vermögenserträge verpflichtet, aber nicht zur Vermögensverwertung.

Haushaltsführung genügt in der Regel

Wird der eigene angemessene Unterhalt des verpflichteten Ehegatten gefährdet, muss der andere seine geradlinigen (vgl. §§ 1601, 1589) Verwandten (z. B. Eltern oder Kinder) in Anspruch nehmen, da diese dann vorrangig unterhaltspflichtig sind (vgl. § 1608 Abs. 1 S. 2).

In Mangelfällen Haftung von Verwandten

Der *angemessene Familienunterhalt* umfasst alles, was nach den Verhältnissen der Ehegatten erforderlich ist, um die Haushaltskosten zu bestreiten und ihre persönlichen Bedürfnisse sowie den Lebensbedarf gemeinsamer unterhaltsberechtigter Kinder (vgl. § 1602) zu befriedigen (§ 1360a Satz 1).

Angemessenheit

Für die Art und Weise der Unterhaltsgewährung sind die konkreten Lebensverhältnisse der Familie maßgeblich (§ 1360a Abs. 2 S. 1), die sich nach Lebensstellung und Lebensstil beider Ehegatten bestimmen.

Art und Weise des Unterhalts

Dem haushaltsführenden Ehegatten ist ein angemessener Vorschuss des Haushalts- bzw. Wirtschaftsgeldes zu zahlen (vgl. § 1360a Abs. 2 S. 2); es ist ausreichender Wohnraum zu besorgen sowie bei der Haushaltsführung zu helfen.

Vorschusspflicht

Zusätzlich hat jeder Ehegatte Anspruch auf „Taschengeld" (ca. 5–7% des verfügbaren Netto-Einkommens des Unterhaltspflichtigen[8]).

„Taschengeld"

Trägt ein Ehegatte zum Familienunterhalt mehr bei, als er muss, so stellt § 1360b im Interesse des Familienfriedens die (widerlegbare) Vermutung auf, dass im Zweifel nicht beabsichtigt wurde, hierfür Ersatz zu verlangen. Das ist daher nur möglich, wenn der betreffende Ehegatte sich die Rückforderung (oder Anrechnung auf weitere Verpflichtungen) nachweisbar vorbehalten hatte.

Zuviel-Leistung

Für die Vergangenheit können Unterhaltsleistungen oder Schadensersatz wegen Nichterfüllung nur unter den in § 1613 festgelegten Voraussetzungen gefordert werden (§ 1360a Abs. 3).

Rückstände und Schadensersatz

Aufgrund der auch hier grundsätzlich bestehenden Vertragsfreiheit können die Ehegatten ihre Unterhaltspflichten vertraglich zwar im Einzelnen näher regeln, ohne dass es der notariellen Form des Ehevertrages (§ 1410) bedarf. Insbesondere können sie die einzelnen Anteile für den Familien-

Unterhaltsverträge

---

[8] MüKoBGB/*Weber-Monecke*, § 1360a, Rn. 6, u.a. unter Berufung auf BGH, NJW 1998, 1553 (= FamRZ 1998, 608).

unterhalt genauer festlegen, jedoch wegen der Verweisung des § 1360a Abs. 3 auf § 1614 nicht einen Ehegatten von seinen Pflichten (auch nicht teilweise) befreien, daher auch nicht einen unangemessenen Barbetrag für die Kinder oder für einen Ehegatten festlegen.[9]

Prozesskostenvorschusspflicht (§ 1360a Abs. 4)

Voraussetzungen Bei allen Prozessen in persönlichen Angelegenheiten (inkl. Strafverfahren), bei denen ein Ehegatte nicht in der Lage ist, die Prozesskosten zu tragen, muss ihm der andere Ehegatte diese vorschießen, soweit dies der Billigkeit entspricht (§ 1360a Abs. 4). Unbillig wäre dies nur bei offensichtlicher Mutwilligkeit oder Aussichtslosigkeit[10] oder bei Gefährdung des eigenen angemessenen Unterhalts, nicht jedoch, wenn sich der Prozess gegen den anderen richtet. – Über die endgültige Kostentragung solcher Prozesse besagt die Vorschrift nichts. Nach der Rechtsprechung richtet sich eine Rückzahlungspflicht nach der Billigkeit des Einzelfalles.[11]

Zusammenfassung

> Ehegatten sind verpflichtet, durch Arbeits- und Vermögenseinsatz zu ihrem Unterhalt und dem gemeinsamer Kinder beizutragen. Maßgeblich sind die Eheverhältnisse. Wer den Haushalt führt, erfüllt damit grundsätzlich seine Unterhaltsverpflichtung, muss daher nur in Notfällen erwerbstätig sein.
>
> Zum Unterhalt gehört außer dem Wirtschafts- und „Taschengeld" u. U. auch ein Prozesskostenvorschuss für den anderen Ehegatten.

7. Güterstände

Begriff Das eheliche Güterrecht der §§ 1363–1563 regelt, in welchem Verhältnis das (gegenwärtige und zukünftige) Vermögen von Eheleuten während der Ehe und bei deren Auflösung zueinander stehen soll. Das jeweilige Vermögensverhältnis der Ehegatten wird Güterstand genannt. Dabei gibt das BGB zwar die

Drei gesetzliche Güterstände
– **Zugewinngemeinschaft**
– **Gütergemeinschaft**
– **Gütertrennung**

Modifikationen möglich als Typen von Güterständen vor, lässt aber – uneingeschränkt – abweichende ehevertragliche Vereinbarungen zu (vgl. §§ 1363 Abs. 1, 1408 Abs. 1).

Zugewinngemeinschaft (§§ 1363 ff.)

System und Zielsetzung Dieser Güterstand wurde vom *Gleichberechtigungsgesetz* am 1.7.1958 eingeführt und war auf die damalige sog. „Hausfrauenehe" (siehe dazu S. 195) zugeschnitten, wurde aber bei deren Abschaffung vom 1.7.1977 beibehalten. Er beruht auf der Ehevorstellung einer umfassenden Lebens- und Versorgungsgemeinschaft, in der Erwerbstätigkeit und Haushaltsführung

---

[9] Ebenso z. B. MüKoBGB/*Weber-Monecke*, § 1360, Rn. 21.
[10] Hinreichende Erfolgsaussichten – wie bei der Gewährung von Prozesskostenhilfe gemäß § 114 Abs. 1 ZPO – können aber nicht verlangt werden.
[11] Nachweise bei MüKoBGB/*Weber-Monecke*, § 1360a, Rn. 32.

gleich zu bewerten sind und daher bei Eheauflösung ein erzielter Vermögenszuwachs zu teilen ist.

In diesem Güterstand leben alle Eheleute, die bei Heirat (oder später) nichts anderes durch Ehevertrag (vgl. dazu §§ 1408 ff.) vereinbaren (§ 1363 Abs. 1). Er wird daher *gesetzlicher Güterstand* genannt.

Gesetzlicher Güterstand

Die Bezeichnung Zugewinn„gemeinschaft" ist *irreführend*, da *weder* das von einem Ehegatten in die Ehe mitgebrachte *noch* das von ihm nach Heirat allein erworbene Vermögen (z.B. durch Kauf, Lotto-Gewinn oder Erbschaft) gemeinschaftlich werden (§ 1363 Abs. 2 S. 1), *vielmehr* diesbezüglich Gütertrennung herrscht. Es findet auch jeweils eine selbstständige Vermögensverwaltung statt (§ 1364). Allerdings kann ein Ehegatte ohne Einwilligung des anderen über ihm allein gehörende Haushaltsgegenstände sowie über sein Vermögen im Ganzen grundsätzlich nur mit Einwilligung des anderen verfügen (§§ 1369, 1365). – Nur gemeinsam Erworbenes wird also Gemeinschaftseigentum. Zur Verteilung des Hausrats nach der Scheidung siehe § 1568b.

Irreführender Terminus

Der Zugewinn, den das Vermögen eines Ehegatten, das er bei Heirat eingebracht oder in der Ehe erworben hat (s. dazu oben), während der Ehe erfährt, wird ausgeglichen, wenn die Zugewinngemeinschaft endet (§ 1363 Abs. 2 S. 2).

Ausgleich von Zugewinn

Als Beendigungsfälle benennt das Gesetz den Tod (§ 1371) sowie das Beenden „auf andere Weise" (§ 1372). In Betracht kommen: Scheidung, Eheaufhebung, erfolgreiche Klage auf vorzeitigen Zugewinnausgleich (vgl. § 1388) sowie Beendigung durch Ehevertrag. Im Todesfall wird der Erbteil des überlebenden Ehegatten um 1/4 erhöht, und zwar (hier) unabhängig von einem erzielten Zugewinn (§ 1371 Abs. 1). In den anderen Fällen erfolgen Berechnung und Ausgleich eines Zugewinns nach den §§ 1373 ff.

Fall-Konstellationen

Gütergemeinschaft (§§ 1416 bis 1563)

Dieser Güterstand, der – vor oder nach der Heirat – nur durch einen notariellen Ehevertrag vereinbart werden kann (vgl. §§ 1408, 1410, 1415), ist im Einzelnen sehr komplex und kompliziert. In der Praxis kommt er deshalb kaum noch vor. Von seiner Darstellung wird daher hier abgesehen.

Kommt in der Praxis kaum noch vor

Gütertrennung (§ 1414)

Durch einen notariellen Ehevertrag (§§ 1408, 1410) können Eheleute auch Gütertrennung mit der Wirkung vereinbaren, dass ihre vor und in der Ehe erworbenen Vermögen getrennt bleiben, diese von jedem uneingeschränkt selbstständig verwaltet und verwertet werden können und bei Auflösung der Ehe *kein Zugewinnausgleich* erfolgt (vgl. § 1414).

Ehevertrag nötig

Rechtswirkungen

Güterrechtsregister (§§ 1558–1563)

Es dient der Verlautbarung von bestimmten güterrechtlichen Verhältnissen, Vermögenszuordnungen, Verwaltungsbefugnissen und Haftung von Ehegatten. Es hat nur deklaratorische Bedeutung. Gutgläubigkeitsschutz besteht nicht; vielmehr besteht nur sog. „negative Publizität" (vgl. § 1412), denn Eintragungen erfolgen nur, wenn und soweit Ehegatten es wollen (z.B. bei Güterstands-Vereinbarungen) – niemals jedoch von Amts wegen (§ 1560 S. 1).

Funktion

8. Mithaftung von Ehegatten

Keine allgemeine Verpflichtung Für Ehegatten besteht keine allgemeine Verpflichtung, für Verbindlichkeiten, die der andere Ehegatte (privat oder beruflich) allein eingegangen ist, mithaften zu müssen. Das wird ehelich nicht geschuldet, denn das ergibt sich weder aus der Verpflichtung zur ehelichen Lebensgemeinschaft (§ 1353), noch aus der gegenseitigen Unterhaltspflicht (§§ 1360, 1360a) oder aus dem gesetzlichen ehelichen Güterstand der §§ 1361 ff. oder aus dem Güterstand der Gütergemeinschaft.

Voraussetzung: gemeinsames Handeln Vielmehr setzt eine Mit-Haftung grundsätzlich ein gemeinsames rechtsgeschäftliches (meist vertragliches) oder ein gemeinsames tatsächliches Handeln voraus.

Beispiele für rechtsgeschäftliches Handeln: gemeinsame Vertragsabschlüsse sowie Vertrags- oder Schuldbeitritte, Vertrags- oder Schuldübernahmen oder Bürgschaftserklärungen

Beispiele für tatsächliches Handeln: unerlaubte Handlungen iSd §§ 823 ff. (vgl. § 840), wobei stets (also auch bei § 832) zu prüfen ist, ob diese auch wirklich von beiden Ehegatten zu vertreten sind

Fälle der Mithaftung **Eine Mithaftung besteht aber in folgenden Fällen:**
In den Fällen des § 1357 (siehe dazu S. 196 f.).

Unterhaltspflichten in Gütergemeinschaft lebender Ehegatten
Wird ein Ehegatte von nur mit ihm verwandten Personen (gemäß §§ 1601, 1589 also von dessen Kindern, Enkeln, Urenkeln, Eltern, Großeltern) auf Unterhalt in Anspruch genommen, so bestimmt § 1604, dass dann bei der Überprüfung seiner Leistungsfähigkeit das sog. Gesamtgut (§ 1416) der Eheleute allein dem unterhaltspflichtigen Ehegatten zugerechnet wird. Dadurch kommt es in diesen – allerdings extrem seltenen – Fällen von Gütergemeinschaft zu einer sonst gesetzlich nicht vorgesehenen Unterhaltsgewährung von Stief- und Schwiegereltern. (§ 1604 gilt aber nicht bei Unterhaltspflichten gegenüber geschiedenen Ehegatten.)

Zwangsvollstreckungsmaßnahmen in das bewegliche Vermögen
Zugunsten von Gläubigern von Ehegatten wird kraft Gesetzes (widerlegbar) vermutet, dass alle beweglichen Sachen (inkl. Bargeld, Schecks, Schuldscheine, Aktien), die sich gegenwärtig im Besitz eines oder beider Ehegatten befinden, Eigentum des jeweiligen Schuldners sind (vgl. § 1362 Abs. 1). Zur Widerlegung dieser gesetzlichen Vermutung ist der volle Beweis des Gegenteils erforderlich (z. B. der Nachweis des alleinigen Eigentumserwerbs vor oder während der Ehe).

Die Eigentumsvermutung des § 1362 erleichtert in Verbindung mit der Gewahrsamsvermutung des § 739 ZPO Pfändungen (§ 808 ZPO) von Ehegatten. Dagegen kann der betroffene Ehegatte nur unter Berufung auf sein Eigentum (oder Miteigentum) Widerspruchsklage gemäß § 771 ZPO erheben.

Diese erleichterte Pfändung ist jedoch nicht möglich

– wenn Ehegatten iSd § 1367 getrennt leben,
– bezüglich ausschließlich zum persönlichen Gebrauch eines Ehegatten bestimmter Sachen (z. B. Arbeitsgeräte, Kleidung, Schmuckstücke),

weil dann die gesetzliche Eigentums- und Gewahrsamsvermutung widerlegt ist (vgl. § 1362 Abs. 1 S. 2 und Abs. 2 BGB iVm § 739 ZPO).

> Ehegatten haften nicht generell für Schulden des anderen Ehegatten, sondern
> grundsätzlich nur, wenn sie sich durch
>
> - Rechtsgeschäft (z. B. Vertrag, Schuldbeitritt/-übernahme, Bürgschaft)
> - unerlaubte Handlungen isd §§ 823 ff.
>
> selbst auch dazu verpflichtet haben.
>
> Eine Mithaftung von Ehegatten ohne eigenes Zutun besteht aber bei
>
> - Rechtsgeschäften zur Deckung des familiären Lebensbedarfs (§ 1357),
> - Unterhaltsverpflichtungen in Gütergemeinschaft lebender Ehegatten (§ 1604),
> - Zwangsvollstreckungen in bewegliches Vermögen (§§ 739 ZPO, 1362 BGB).

Zusammenfassung

II. Wirkungen außerhalb des Familienrechts

Auch die Wirkungen außerhalb des Familienrechts haben zur Voraussetzung, dass eine wirksame „staatliche" Ehe vorliegt. Eine kirchliche Trauung ist nicht ausreichend.

Voraussetzung: wirksame staatliche Ehe

1. Staatsangehörigkeit

Bei gemischt nationalen Eheschließungen behalten die deutschen Ehegatten die deutsche Staatsangehörigkeit, wenn sie keine andere Erklärung abgeben. Ob sie durch Heirat die Staatsangehörigkeit ihrer Ehepartner erhalten, hängt allein vom Recht deren Staates ab.

Deutsche Staatsangehörigkeit bleibt erhalten

Ausländerinnen und Ausländer erlangen durch Heirat mit Deutschen nicht automatisch die deutsche Staatsbürgerschaft (§ 3 StAG). Sie sollen sie jedoch auf ihren Antrag hin erhalten (§§ 8, 9 StAG), wenn

Ausländer können Deutsche werden

- der Einbürgerung keine erheblichen Belange der BRD, insbesondere solche der äußeren oder inneren Sicherheit sowie der zwischenstaatlichen Beziehungen entgegenstehen,
- sie ihre bisherige Staatsangehörigkeit verlieren oder aufgeben oder gem. § 12 StAG doppelte Staatsangehörigkeit zu dulden ist,
- ihre Einordnung in deutsche Lebensverhältnisse gewährleistet ist,
- kein Ausweisungsgrund nach dem AufenthG vorliegt,
- sie eine eigene Wohnung haben oder untergekommen sind,
- sie sich und ihre Angehörigen zu ernähren imstande sind,
- Handlungsfähigkeit gem. § 80 Abs. 1 AufenthG oder gesetzliche Vertretung besteht (vgl. §§ 8, 9 StAG).

Voraussetzungen für eine Einbürgerung

Besitzt ein Elternteil die deutsche Staatsbürgerschaft, so werden seine Kinder deutsche Staatsangehörige (§ 4 StAG).

Deutsche Staatsangehörigkeit der Kinder

2. Sozialrechtliche Wirkungen

Ehegatten, die weniger als 395 bzw. 450 Euro im Monat verdienen, sind bei ihren gesetzlich krankenversicherten bzw. sozial pflegeversicherten Ehegatten beitragsfrei in der gesetzlichen Krankenversicherung (§ 10 SGB V) und in der sozialen Pflegeversicherung (§ 25 SGB XI) mitversichert.

Beitragsfreie Familienversicherung

Leistungsansprüche   Ehegatten haben nach dem Tod ihres Ehegatten ggf. Anspruch auf Leistungen für Hinterbliebene, z.B. in der gesetzlichen Rentenversicherung auf Witwen-/Witwerrente.

Anrechnung von Einkommen und Vermögen   Bei Leistungen, die die Bedürftigkeit der Leistungsbezieherin bzw. des Leistungsbeziehers voraussetzen, wird das Einkommen und ggf. das Vermögen des Ehegatten angerechnet, z.B. beim BAföG, beim Arbeitslosengeld II und bei der Grundsicherung im Alter und bei Erwerbsminderung.

C. Aufhebung der Ehe

Beendigung der Ehe   Neben dem Tod eines Ehegatten und der Scheidung hat die Aufhebung die Beendigung der Ehe zur Folge.

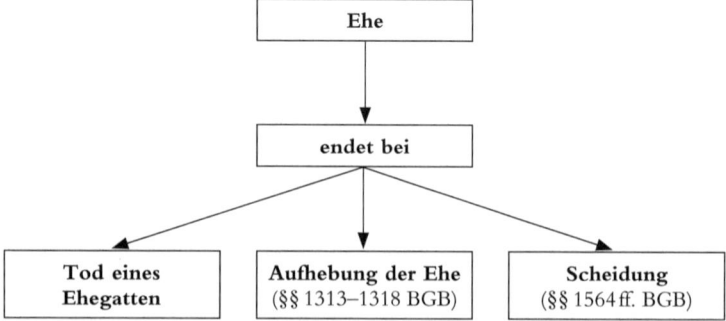

Einheitliche Aufhebungsklage   Anders als früher wird seit dem 1.7.1998 nicht mehr zwischen der Nichtigkeitsklage mit Wirkung von Anfang an und Aufhebungsklage mit Wirkung für die Zukunft unterschieden. Ist diese erfolgreich, wird die Ehe mit Wirkung für die Zukunft aufgehoben (vgl. § 1313 und §§ 121, 124, 126, 129 und 132 FamFG). Wenngleich die Folgen der Aufhebung der Ehe mit jenen der Scheidung ähnlich oder z.T. sogar identisch sind, ist sie wegen der abweichenden Voraussetzungen von der Scheidung zu unterscheiden.

I. Aufhebungsgründe

Abschließende Regelung   Die Aufhebungsgründe sind in § 1314 erschöpfend aufgezählt (vgl. § 1313 S. 3). § 1314 Abs. 1 betrifft Verstöße gegen die wichtigsten Eheschließungsvorschriften: Ehemündigkeit, Geschäftsunfähigkeit, Doppelehe, Verwandtschaft, Vorbedingungen (im letzteren Fall ist eine Klage aber max. fünf Jahre lang möglich, § 1315 Abs. 2 Nr. 2). § 1314 Abs. 2 betrifft Willensfehler bei Eheschließungen.

II. Ausschlussgründe

Gesetzliche Regelung   Die Aufhebung der Ehe ist jedoch gemäß § 1315 nicht möglich

1. bei Verstößen gegen die Ehemündigkeit des betreffenden Ehegatten, wenn dieser nach Volljährigkeit Fortsetzungswillen zeigt (vgl. Abs. 1 Nr. 1),

2. bei Heirat Geschäftsunfähiger, wenn dieser Umstand später wegfallen sollte, und entsprechender Bestätigung (vgl. Abs. 1 Nr. 2),
3. wenn eine bei Heirat bestehende Bewusstlosigkeit oder Geistesstörung wegfällt und der betreffende Ehegatte Fortsetzungswillen zeigt (vgl. Abs. 1 Nr. 3),
4. wenn bei Heirat bestehender Irrtum, Täuschung oder Drohung später wegfällt und der betroffene Ehegatte Fortsetzungswillen zeigt (vgl. Abs. 1 Nr. 4),
5. wenn Ehegatten, die bei Heirat keine ehelichen Verpflichtungen eingehen wollten *(Scheinehe)*, dann doch „als Ehegatten" miteinander lebten (vgl. Abs. 1 Nr. 5),
6. wenn bei Verstößen gegen das Bigamie-Verbot die Auflösung der ersten Ehe zwar schon vorlag, allerdings noch nicht rechtskräftig war (vgl. Abs. 2 Nr. 1),
7. wenn eine Heirat zwar unzulässigerweise unter Vorbedingungen erfolgte, aber die Eheleute dann fünf Jahre (bei Tod eines Ehegatten: drei Jahre) „als Ehegatten" miteinander lebten (vgl. Abs. 2 Nr. 2).

In den Fällen Nr. 2–4 ist aber Aufhebungsantrag binnen 1 Jahr möglich (vgl. § 1317).

Bei einer bereits durch Scheidung aufgehobenen Ehe ist die Aufhebung ausgeschlossen (§ 1317 Abs. 3). Ein Scheidungsantrag schließt die Aufhebung dagegen nicht aus, weil der Aufhebungs- gegenüber dem Scheidungsantrag Vorrang hat (§ 1317 Abs. 3).

III. Antragsberechtigte

In den Fällen von Irrtum, Täuschung oder Drohung bei Heirat ist nur der jeweils betroffene Ehegatte anfechtungsberechtigt (§ 1316 Abs. 1 Nr. 2). In den anderen Aufhebungsfällen ist jeder Ehegatte sowie die nach jeweiligem Landesrecht hierfür bestimmte Verwaltungsbehörde (§ 1316 Abs. 3) anfechtungsberechtigt – bei Bigamie auch der erste Ehegatte (§ 1316 Abs. 1 Nr. 1).

IV. Rechtsfolgen einer Eheaufhebung

Die sich aus einer Eheaufhebung ergebenden Folgen sind in § 1318 Abs. 2–5 abschließend geregelt. (Das will § 1318 Abs. 1 besagen.) **Abschließende Regelung**

Unterhaltsansprüche wie in Scheidungsfällen stehen zu: **Unterhaltsansprüche**

– nur dem Ehegatten, der bei Heirat die Aufhebbarkeit der Ehe nicht kannte oder vom anderen selbst (oder zumindest mit dessen Wissen von einem Dritten) getäuscht oder bedroht worden ist (§ 1318 Abs. 2 S. 1 Nr. 1),
– in Fällen der Bigamie, naher Verwandtschaft oder Vorbedingungen stehen sie beiden Ehegatten zu, wenn beide die Aufhebbarkeit kannten – in Bigamie-Fällen jedoch nicht, soweit dadurch ein Unterhaltsanspruch des ersten Ehegatten beeinträchtigt würde (§ 1318 Abs. 2 S. 1 Nr. 2),

wobei jeweils zu beachten ist, ob eine Versagung des Unterhalts im Hinblick auf die Belange pflege- oder erziehungsbedürftiger Kinder grob unbillig wäre (§ 1318 Abs. 2 S. 2).

Zugewinnausgleich
Versorgungsausgleich

Die Vorschriften über Zugewinn- und Versorgungsausgleich finden entsprechende Anwendung, soweit dies nicht im Hinblick auf die Umstände bei der Eheschließung oder bei Verstößen gegen das Bigamie-Verbot im Hinblick auf den 1. Ehegatten grob unbillig wäre (§ 1318 Abs. 3).

Ehewohnung
und Hausrat

Die §§ 1568 a, b gelten entsprechend. Bei der Zuteilung der Ehewohnung und der Verteilung des Hausrats sind die Umstände bei der Heirat und bei Verstößen gegen das Bigamie-Verbot die Belange des 1. Ehegatten besonders zu berücksichtigen (§ 1318 Abs. 4).

Erbrecht

Ehegatten, die bei Verstoß gegen die §§ 1304, 1306, 1307, 1311, 1314 Abs. 2 Nr. 1 die Aufhebbarkeit der Ehe gekannt haben, steht *kein* Ehegattenerbrecht nach § 1931 zu (§ 1318 Abs. 5).

Zusammenfassung

Eine **Eheaufhebung** kommt nur in Betracht bei Heirat unter Nichtbeachtung von Ehemündigkeit, Geschäftsunfähigkeit, Doppelehe, Verwandtschaft, Vorbedingungen oder bei Willensfehlern bei Eheschließungen.

Unter bestimmten Voraussetzungen ergeben sich dann für die ehemaligen Ehegatten Folgen wie bei Scheidungen; d.h.: bzgl. Unterhalt, Zugewinn- und Versorgungsausgleich sowie Hausrats- und Wohnungszuweisung. Ein Erbrecht steht nur dem Ehegatten zu, der die Aufhebbarkeit der Ehe nicht kannte.

Kapitel 6. Ehescheidung

Übersicht

A. Vorbemerkungen

Die materiellen und verfahrensrechtlichen Voraussetzungen der Ehescheidung haben sich seit Inkrafttreten des BGB am 1.1.1900 immer wieder geändert, wobei jede Veränderung meist heftig umstritten war. Die letzte umfassende gesetzliche Änderung des Scheidungsrechts erfolgte ab dem 1.7.1977 durch das 1. EheRG, das seitdem nur bzgl. einiger Scheidungsfolgen Änderungen erfahren hat. Es hat das zuvor geltende sog. „Schuld-Scheidungsrecht" abgelöst durch die neue schuldunabhängige Scheidungsvoraussetzung: das Scheitern der Ehe. Danach hat sich die rechtspolitische Diskussion über wünschenswerte Änderungen zwar weit gehend beruhigt, wenn auch gelegentlich extreme Positionen vertreten werden. Sie reichen von der freien Gestaltung und Lösbarkeit der Ehe durch autonome Vereinbarung der Eheleute und deren bloße Registrierung beim Standesamt bis hin zur Forderung nach Unauflöslichkeit der Ehe. | **Gesetzesentwicklung**

Die Zahl der Scheidungen hat in den letzten Jahrzehnten erheblich zugenommen. Von ihr sind eine große Anzahl von minderjährigen Kindern betroffen (bei 179 147 Scheidungen im Jahr 2012 waren es 143 022 minderjährige Kinder).[1] | **Ständige Zunahme von Scheidungen**

Die Voraussetzungen für eine Ehescheidung ergeben sich abschließend aus den §§ 1565–1568 (§ 1564 S. 3). Dazu sind folgende Bedingungen zu erfüllen: | **Scheidungsvoraussetzungen**
- *formell*, dass von einem (oder beiden) Ehegatten bei Gericht ein entsprechender Antrag gestellt wird (vgl. § 1564 u. § 124 S. 1 FamFG),
- *materiell*, dass
  - die Ehe gescheitert ist (vgl. § 1565 Abs. 1 S. 1),
  - und Scheidungshindernisse (Nichterfüllung des Mindest-Trennungsjahres oder Härtegrund) nicht vorliegen (vgl. § 1565 Abs. 2 u. § 1568).

B. Das Scheidungsverfahren

Zuständig für Scheidungsverfahren ist das FamG, das eine Abteilung des AG ist (§§ 23a Abs. 1 Nr. 1, 23b Abs. 1 GVG). | **FamG ist zuständig**

Hier herrscht Anwaltszwang (§§ 78 Abs. 2 ZPO, § 114 FamFG). Da Versäumnisurteile unzulässig sind (§ 130 Abs. 2 FamFG), könnte einer der Ehegatten aber auch ohne Anwalt auskommen. Ihm sind dann allerdings jegliche Prozesshandlungen verwehrt, insbesondere kann er keinerlei An- | **Anwaltszwang**

---

[1] Vgl. https://destatis/DE/ZahlenFakten/GesellschaftStaat/Bevölkerung/Ehescheidungen/Tabellen/MaßzahlenEhescheidungen.html; aufgerufen am 3.1.2014.

träge stellen. Ihm kann jedoch vom FamG ein Anwalt beigeordnet werden, wenn dies zum Schutz des betreffenden Ehegatten „unabweisbar" erscheint (§ 138 Abs. 1 S. 1 FamFG).

Anwaltszwang auch bei Folgesachen

Anwaltszwang besteht gemäß § 114 Abs. 1 FamFG auch bei

– den *mit einer Scheidung verbundenen* Folgesachen (zum Begriff vgl. § 137 Abs. 2 und 3 FamFG) d. h. bzgl. Kindes- u. Ehegatten-Unterhalt (§ 231 Abs. 1 FamFG), Versorgungsausgleich (§ 217 FamFG) und Ehewohnung/Hausrat (§ 200 FamFG), Sorgerechts- und Umgangs-Regelungen sowie Herausgabe des Kindes an einen Elternteil (vgl. § 137 Abs. 3 FamFG)[2],

– bei separat geltend gemachten güterrechtlichen Ansprüchen iSd § 261 FamFG.

Verfahrensgrundsätze

In Scheidungsverfahren nebst Folgesachen (vgl. zu Letzteren § 137 Abs. 2 und 3 FamFG) gelten grundsätzlich die für Landgerichte vorgesehenen Verfahrensregeln (§ 113 FamFG), jedoch mit folgenden Besonderheiten:

Terminologie

– Das Verfahren wird nicht durch eine Klage, sondern durch einen Antrag eingeleitet; die Parteien werden daher nicht „Kläger(in)" und „Beklagte(r)", sondern „Antragsteller(in)" und „Antragsgegner(in)" genannt (§§ 124, 133 FamFG).

Untersuchungs-grundsatz Ausnahmen

– Es gilt im Scheidungsverfahren nicht der Verhandlungs-(„Beibringungs"-) Grundsatz (§ 308 Abs. 1 ZPO), sondern der Untersuchungsgrundsatz (§ 127 Abs. 1 FamFG). Das gilt (mit Ausnahme von Unterhalt und Güterrecht) auch für die Scheidungsfolgesachen.

Anwesenheit der Eheleute

– Das FamG soll grundsätzlich das persönliche Erscheinen der Ehegatten anordnen und sie beide anhören (bei Nichterscheinen sind Zwangsgelder möglich); es kann sie auch als Partei vernehmen (vgl. § 128 FamFG).

Aussetzung des Verfahrens

– Das FamG soll das Scheidungsverfahren aussetzen, wenn „nach seiner freien Überzeugung" (!) Aussicht auf Fortsetzung der Ehe besteht, es sei denn, die Eheleute leben schon länger als ein Jahr getrennt und widersprechen beide einer Aussetzung (vgl. § 136 Abs. 1 FamFG). Setzt das FamG das Scheidungsverfahren aus, soll es in der Regel den Ehegatten „nahe legen", eine Eheberatung in Anspruch zu nehmen (§ 136 Abs. 4 FamFG). Eine Aussetzung darf einmal wiederholt werden und insgesamt nicht länger als sechs Monate bis ein Jahr dauern (§ 136 Abs. 3 FamFG).

Einstweilige Anordnungen

– Vor Abschluss des Verfahrens kann das FamG auf Antrag eines Ehegatten die Rechtsbeziehungen der Eheleute sowie die zwischen ihnen und ihren gemeinschaftlichen Kindern durch einstweilige Anordnungen regeln. Es handelt sich gemäß § 49 FamFG dabei um folgende Belange:

Beispiele: das Getrenntleben der Ehegatten inkl. Benutzung von Ehewohnung und Hausrat, die elterliche Sorge, das Umgangsrecht der Eltern, die Herausgabe des Kindes an einen Elternteil, Unterhalt für die Ehegatten und minderjährige Kinder sowie Kostenvorschuss für das Scheidungsverfahren und Folgesachen (vgl. zu Letzteren § 137 Abs. 2 und 3 FamFG) und Maßnahmen nach dem *Gewaltschutzgesetz.*

Versorgungsausgleich von Amts wegen

– Ist im Scheidungsfall ein öffentlich-rechtlicher Versorgungsausgleich durchzuführen (siehe dazu S. 229 f.), so leitet das FamG das diesbezügliche Verfahren von Amts wegen ein und verbindet es mit der

---

[2] Führen diese erst nach rechtskräftiger Scheidung zu einem Prozess, besteht kein Anwaltszwang.

Scheidungssache mit der Folge, dass dann hierüber gleichzeitig und zusammen mit der Scheidungssache zu verhandeln und zu entscheiden ist (sog. „Zwangsverbund") (§ 137 Abs. 1 FamFG). – Andere Scheidungsfolgesachen (z.B. Unterhaltsregelungen) können auch in den Verbund einbezogen werden, wenn ein Ehegatte dies bis zum Schluss der mündlichen Verhandlung vor dem FamG zur Niederschrift oder in der mündlichen Verhandlung beantragt (§ 140 Abs. 5 FamFG).

Verbundsystem

– Die örtliche Zuständigkeit ergibt sich aus Folgendem:

Örtliche Zuständigkeit ist abhängig vom gewöhnlichen Aufenthalt

1. in erster Linie ist das FamG zuständig, in dessen Bezirk einer der Ehegatten mit allen gemeinsamen minderjährigen Kindern seinen gewöhnlichen Aufenthalt hat (§ 122 Nr. 1 FamFG),
2. haben sie keinen gemeinsamen gewöhnlichen Aufenthalt mehr, ist das FamG zuständig, in dessen Bezirk einer der Ehegatten mit einem Teil der gemeinsamen minderjährigen Kindern seinen gewöhnlichen Aufenthalt hat, sofern bei dem anderen Ehegatten keine gemeinschaftlichen minderjährigen Kinder ihren gewöhnlichen Aufenthalt haben (§ 122 Nr. 2 FamFG),
3. liegt beides nicht vor, ist das FamG zuständig, in dessen Bezirk die Ehegatten ihren gemeinsamen gewöhnlichen Aufenthalt zuletzt gehabt haben, wenn zumindest ein Ehegatte diesen dort noch hat (§ 122 Nr. 3 FamFG),
4. liegt auch dieser Gerichtsstand nicht vor, so ist das FamG des gewöhnlichen Aufenthalts des Antragsgegners zuständig (§ 122 Nr. 4 FamFG),
5. das FamG, in dessen Bezirk der Antragsteller seinen gewöhnlichen Aufenthalt hat (§ 122 Nr. 5 FamFG),
6. kommt keine der vorgenannten Zuständigkeiten in Betracht (weil z.B. keiner der Ehegatten derzeit seinen gewöhnlichen Aufenthalt in der BRD hat), ist das FamG des AG Berlin-Schöneberg zuständig (§ 122 Nr. 6 FamFG).

– Bei Scheidungen besteht nicht die grundsätzliche Kostentragungspflicht der unterlegenen Partei (vgl. § 91 Abs. 1 ZPO), sondern die Verfahrenskosten (der Scheidung selbst sowie der verbundenen Folgesachen) werden grundsätzlich gegeneinander aufgehoben (§ 150 Abs. 1 FamFG), d.h., die Gerichtskosten werden geteilt und jeder Ehegatte trägt seine sonstigen gesetzlichen Gebühren und Kosten (insbesondere Rechtsanwaltsgebühren und Auslagen (z.B. Porto) nach den §§ 2, 13 RVG i.V.m. den entsprechenden Nummern der VV RVG selbst. Das FamG kann jedoch gemäß § 150 Abs. 4 S. 1 FamFG eine *andere Kostenverteilung* nach billigem Ermessen vornehmen, wenn

Verfahrenskosten

– die Kostenverteilung nach § 150 Abs. 1 bis 3 FamFG insbesondere bei Versöhnung der Ehegatten oder wenn das Ergebnis bei einer Folgesache als unbillig erscheint (§ 150 Abs. 4 S. 1 FamFG), wie das z.B. bei grundlosen oder leichtfertig überhöhten Forderungen des anderen Ehegatten der Fall sein kann, oder
– ein Beteiligter bei einem gerichtlich angeordneten Informationsgespräch über Mediation nach § 135 FamFG unentschuldigt nicht teilnimmt (§ 150 Abs. 4 S. 2 FamFG), oder
– die Ehegatten eine andere Kostenvereinbarung getroffen haben (§ 150 Abs. 4 S. 3 FamFG).

Kostentragung bei Abweisung oder Rücknahme des Scheidungsantrages

Der antragstellende Ehegatte trägt grundsätzlich sämtliche Kosten des Verfahrens und des Verbundverfahrens selbst (§ 150 Abs. 2 S. 1 FamFG).

Berechnung des Streitwertes[3]

Der Streitwert wird nach § 48 Abs. 1 GKG und den §§ 3, 28, 33 ff. FamGKG ermittelt. Da die Scheidung und die Folgesachen (s. dazu § 137 FamFG, § 44 Abs. 1 FamGKG) grundsätzlich als *ein Verfahren* (Verbund) gelten, ist die Summe der einzelnen Gegenstandwerte maßgeblich (§ 33 Abs. 1 S. 1 FamGKG). Danach ergeben sich folgende Streitwerte:

Ehesachen (§ 121 FamFG)

Der Verfahrenswert ist nach gerichtlichem Ermessen unter Berücksichtigung des Umfangs/Bedeutung der Sache und der Einkommensverhältnisse der Ehegatten (§ 43 Abs. 1 FamGKG) zu berechnen. In der Regel ergibt sich der Verfahrenswert aus dem Netto-Einkommen der letzten drei Monaten seit der jeweiligen ersten Antragstellung (§§ 34 S. 1, 43 Abs. 2 FamGKG). Der Wert muss zwischen 3000,– EUR und 1 Mio. EUR liegen (§ 43 Abs. 1 S. 2 FamGKG).

Ehewohnungs- und Haushaltssachen (§ 200 FamFG)

In Ehewohnungssachen beträgt der Streitwert 3.000,– EUR; nach § 200 Abs. 1 Nr. 2 FamFG beträgt er 4.000,– EUR (§ 48 Abs. 1 FamGKG). In Haushaltssachen beträgt der Streitwert 2.000,– EUR; nach § 200 Abs. 2 Nr. 2 FamFG beträgt er 3.000,– EUR (§ 48 Abs. 2 FamGKG).

Versorgungsausgleichssachen (§ 217 FamFG)

In Versorgungsausgleichssachen nach § 217 FamFG (Übertragung und Begründung von Renten-Anwartschaften, vgl. § 1587b) beträgt der Streitwert für jedes Anrecht 10 Prozent, bei Ausgleichsansprüchen nach der Scheidung („Ausgleichs-Rente", vgl. § 1587g) 20 Prozent des 3-Monats-Nettoeinkommens der Ehegatten, mindestens jedoch 1.000,– EUR (§ 50 Abs. 1 FamGKG). Der Streitwert bei Verfahren über Auskunftsansprüche oder die Abtretung von Versorgungsansprüchen beträgt 500,– EUR (§ 50 Abs. 2 FamGKG).

Unterhaltssachen

Bei Unterhaltsstreit (§ 231 FamFG) ist der für die ersten 12 Monate geforderte Betrag maßgeblich, höchstens jedoch der geforderte Gesamtbetrag (§ 51 Abs. 1 S. 1 FamGKG).

Ausnahmen

Das FamG kann nach den §§ 44 Abs. 3, 45 Abs. 3, 47 Abs. 2, 48 Abs. 3, 49 Abs. 2, 50 Abs. 3, § 51 Abs. 3 S. 2 FamGKG bei nach billigem Ermessen einen anderen Wert festsetzen.

Güterrechtssachen

Bei güterrechtlichen Ansprüchen (§ 261 FamFG) setzt das Gericht den Streitwert nach freiem Ermessen fest und kann dazu ein Sachverständigen-Gutachten anfordern (vgl. § 3 Alt. 3 ZPO).

Kindschaftssachen

Sind Kindschaftssachen (§§ 137 Abs. 3, 151 FamFG) Folgesachen, dann erhöht sich der Streitwert der Ehesache, unabhängig von der Anzahl der Kinder, um 20 Prozent, höchstens um 3.000,– EUR (§ 44 Abs. 2 S. 1 FamGKG).

Werden sie im Verbund mit der Ehesache geltend gemacht, so ist bezüglich der Regelung bestimmter Kindschaftssachen (elterliche Sorge, Umgang, Herausgabe) der Streitwert jeweils einheitlich 3000,– EUR

---

[3] Streitwert, Gegenstandswert und Verfahrenswert sind prinzipiell synonyme Begriffe, die maßgeblich für die Gebührenberechnung sind.

[4] Zu denen gehören auch die Scheidungssachen.

(§ 45 Abs. 1 FamGKG). Dies gilt auch, wenn diese Regelung mehrere Kinder betrifft (§ 45 Abs. 2 FamGKG).

Wenn Gegenstand einer Kindschaftssache eine vermögensrechtliche Angelegenheit ist, gelten § 18 Abs. 3, die §§ 19 bis 25, 39 Abs. 2 und § 46 Abs. 4 KostO entsprechend, es ist mithin der Gegenstandswert maßgeblich, wenn dieser 1 Million EUR nicht übersteigt (vgl. § 46 FamGKG).

In Abstammungssachen nach § 169 Nr. 1 und 4 FamFG beträgt der Streitwert 2.000,– EUR, in den übrigen Abstammungssachen beträgt er 1.000,– EUR (§ 47 Abs. 1 FamGKG). | **Abstammungssachen**

Der **Instanzenzug** ist in Scheidungsverfahren folgender: | **Instanzenzug**
AG (FamG, § 23b Abs. 1 GVG) → Berufung zum **OLG** (§ 119 Abs. 1 Nr. 1 GVG), wenn der Reststreit mehr als 600,– EUR beträgt oder das FamG die Berufung im Urteil wegen grundsätzlicher Bedeutung oder zur Rechtsfortbildung oder Sicherung einer einheitlichen Rechtsprechung zugelassen hat (§ 511 ZPO) → Revision zum **BGH** (§ 133 GVG), wenn eine Gesetzesverletzung von grundsätzlicher Bedeutung vorliegt (vgl. §§ 543, 545–547 ZPO).

Solange das Scheidungsverfahren nicht rechtskräftig (d.h.: unanfechtbar) abgeschlossen ist, besteht die Ehe noch (§ 1564 S. 2). Das gilt auch dann, wenn nur noch Streit über eine Scheidungsfolgesache besteht, die in den sog. „Zwangsverbund" geraten ist (siehe dazu oben „*Verbundsystem*"). | **Bis zur Rechtskraft Fortbestehen der Ehe**

C. Scheidungsvoraussetzungen

Das FamG muss eine Ehe scheiden, wenn diese gescheitert ist und keine Scheidungshindernisse bestehen.

I. Das Scheitern der Ehe

Einziger materieller Scheidungsgrund ist das Scheitern der Ehe (§ 1565 Abs. 1 S. 1). | **Alleiniger Scheidungsgrund ist das Scheitern**

Die Gesetzesüberschrift vor den §§ 1564–1568 „Scheidungsgründe" ist daher missverständlich.

Das „kann" in § 1565 Abs. 1 S. 1 ist folgendermaßen zu verstehen:
– eine Ehescheidung ist nur zulässig, wenn die Ehe gescheitert ist,
– andere Scheidungsgründe als das Scheitern der Ehe gibt es nicht,
– ist das Scheitern der Ehe nachgewiesen, so muss sie auf Antrag eines Ehegatten geschieden werden, wenn nicht ein Scheidungshindernis gemäß § 1565 Abs. 2 oder § 1568 entgegensteht (siehe dazu unten).

Eine Ehe ist gescheitert, wenn die Lebensgemeinschaft der Ehegatten nicht mehr besteht und nicht erwartet werden kann, dass die Ehegatten sie wiederherstellen (§ 1565 Abs. 1 S. 2). Ob dies der Fall ist, muss das FamG von Amts wegen untersuchen (§ 127 Abs. 1 FamFG). Unter „Lebensgemeinschaft der Ehegatten" ist die Gesamtheit der ehelichen Verhältnisse zu verstehen. Es genügt daher nicht, dass Eheleute getrennt leben und auch nicht mehr zusammenleben wollen. Hinzu kommen muss vielmehr, dass auch die geistig-seelische Verbundenheit der Ehegatten (so- | **Gesetzliche Definition des Scheiterns der Ehe** zusagen die „eheliche Gesinnung") fehlt. Scheitern beinhaltet somit die voraussichtlich unheilbare Zerstörung sämtlicher gemeinsamer Lebensbeziehungen der Eheleute.

Terminus Zerrüttung gebräuchlich, aber falsch

Hierfür wird in Praxis, Rechtsprechung und Wissenschaft allenthalben (fälschlich) die Bezeichnung „Zerrüttung" der Ehe gebraucht, obwohl der Gesetzgeber bei Schaffung des 1. EheRG diesen (zuvor seit Jahrzehnten bestehenden) Terminus ganz bewusst vermieden hatte, weil er ihm zu sehr nach schuldhaftem Fehlverhalten klang, das als Scheidungsvoraussetzung ja nicht mehr gefordert wird.[5]

Nachweis des Scheiterns

Gesetzliche Beweiserleichterungen

Da vor Inkrafttreten des 1. EheRG der Nachweis von Scheidungsgründen meist unausbleiblich zu einem sehr belastenden Eindringen in die Intimsphäre der Ehegatten und zu vielfach unschönen Auseinandersetzungen geführt hatte, hat das 1. EheRG zur Versachlichung von Scheidungsverfahren sowie vor allem zur Beweiserleichterung in § 1566 *unwiderlegbare Vermutungen* für das Scheitern einer Ehe aufgestellt. Dadurch ist der Nachweis des Scheiterns der Ehe anhand äußerer, leichter feststellbarer Indizien ohne Eindringen in die Intimsphäre der Ehegatten möglich, wovon in der Praxis daher auch überwiegend Gebrauch gemacht wird.

Nachweis des Scheiterns

Der Nachweis des Scheiterns einer Ehe kann auf dreifache Weise erfolgen:

1. gemäß § 1566 Abs. 1 durch gemeinsamen Scheidungsantrag (oder Zustimmung zum Scheidungsantrag des anderen Ehegatten) und Getrenntleben von mindestens einem Jahr; in diesem Fall muss außerdem Einigkeit über die wesentlichen Scheidungsfolgen nachgewiesen werden (vgl. § 133 Abs. 1 Nr. 2 FamFG)[6], d. h. es muss Übereinkunft bestehen über die Ausübung der elterlichen Sorge einschließlich des Umgangsrechts, den Kindes- und den Ehegatten-Unterhalt, die Benutzung von Ehewohnung und Hausrat (sog. einverständliche oder Konventional-Scheidung),

Konventional-Scheidung

3 Jahre Trennung

2. gemäß § 1566 Abs. 2 durch den Nachweis des Getrenntlebens von mindestens drei Jahren (hierbei ist unerheblich, ob die Scheidung einvernehmlich erfolgt oder nicht),

Konkreter Nachweis und ein Jahr Trennung

3. gemäß § 1565 Abs. 1 S. 2 durch konkreten Einzelnachweis des Scheiterns (siehe dazu unten) und (wegen § 1565 Abs. 2) Vorliegen des Mindest-Trennungsjahres (s. dazu S. 217 ff.)

Voraussetzungen für den Einzelnachweis

In den ersten beiden Fällen unterstellt der Gesetzgeber also *unwiderlegbar* das Scheitern der Ehe (gesetzliche Fiktionen des Scheiterns) und erleichtert somit eine Scheidung. Liegen diese nicht vor, muss das Scheitern konkret nachgewiesen werden (sog. *positiver Nachweis*). Das setzt nach § 1565 Abs. 1 S. 2 zweierlei voraus:

– den Nachweis, dass die eheliche Lebensgemeinschaft nicht mehr besteht (negative Diagnose) sowie
– die Darlegung, dass nicht zu erwarten ist, dass die Ehegatten diese wiederherstellen (negative Prognose).

---

[5] Klarstellend auch MüKoBGB/*Ey*, § 1565, Rn. 9 f.
[6] Denn es sollen voreilige Scheidungen verhindert werden (dazu zahlreiche Rechtsprechungsnachweise bei MüKoBGB/*Ey*, § 1565, Rn. 88).

In diesem Fall ist irrelevant, ob sich der andere Ehegatte auch scheiden lassen will oder sich gegen eine Scheidung wehrt, denn es kommt allein darauf an, ob die eheliche Gemeinschaft endgültig zerstört ist[7] (es sei denn, § 1568 greift).

Beispiele für den erfolgreichen Einzelnachweis:
Die Ehefrau ist gegen die vom Ehemann beantragte Scheidung, der seit 13 Monaten mit einer anderen Frau zusammenlebt und mit ihr ein gemeinsames Kind hat.
Die Ehefrau ist vor einem Jahr zusammen mit den gemeinsamen Kindern zu ihren Eltern gezogen, hat die Kinder dort eingeschult und es bestehen kaum Kontakte zum Ehemann. Der Ehemann wehrt sich gegen die von seiner Frau beantragte Scheidung.

In beiden Fällen kann der Nachweis des Scheiterns gemäß § 1565 Abs. 1 S. 2 erbracht werden und die Ehescheidung ist auch gegen den Willen des anderen Ehegatten möglich, sofern dieser sich nicht erfolgreich auf § 1568 (siehe dazu S. 219 ff.) berufen kann.

II. Das Getrenntleben

1. Kriterien

Da bei einer Scheidung dem Getrenntleben zentrale Bedeutung zukommt, hat der Gesetzgeber dieses in **§ 1567 Abs. 1 S. 1 definiert**.
Danach setzt das Getrenntleben von Ehegatten dreierlei voraus:

Voraussetzungen

– das objektive Nichtbestehen der häuslichen Gemeinschaft,
– die erkennbare Trennungsabsicht von (mindestens) einem Ehegatten,
– die Ablehnung der Herstellung der ehelichen Lebensgemeinschaft durch (mindestens) einen Ehegatten.

Zur äußeren Situation der objektiven Trennung der Eheleute müssen also als subjektive Elemente hinzutreten:
Trennungsabsicht sowie Ablehnung der ehelichen Lebensgemeinschaft.

Objektiver Tatbestand und subjektive Elemente

Somit liegt noch nicht unbedingt ein Getrenntleben im scheidungsrechtlichen Sinn vor, wenn Ehegatten getrennt sind durch
Krankheit, Unfall, Pflege, Naturkatastrophen, Arbeit, Weltreise, Inhaftierung etc.
Vielmehr müsste in diesen Fällen zumindest bei einem Ehegatten erkennbar sein, dass er die eheliche Lebensgemeinschaft ablehnt.

Zweifelsfälle

Nach § 1567 Abs. 1 S. 2 kann ein Getrenntleben auch innerhalb der Ehewohnung stattfinden. Damit trägt das Gesetz dem Umstand Rechnung, dass die wirtschaftlichen Verhältnisse vieler Ehepaare es ihnen in der ungeklärten Vorphase der Scheidung nicht erlauben, bereits einen zweiten Haushalt einzurichten. Der Nachweis des Getrenntlebens in derselben Wohnung fällt oft nicht leicht. Denn die Gerichte verlangen dann den Beweis dafür, dass wirklich getrennte Lebensräume innerhalb der Wohnung geschaffen wurden und alles unterbleibt, was auf eine eheliche Lebensgemeinschaft hinweist wie das gemeinsame für einander Sorgen, das Planen und Erledigen von Dingen, die sich aus dem Zusammenwohnen ergeben. Dass jedoch beide Ehegatten weiterhin Küche, Bad und Toilette gemeinsam nutzen, ist dagegen unschädlich.

Getrenntleben in der Ehewohnung

---

[7] Ebenso *Schwab*, Rn. 332 unter Hinweis auf BGH NJW 1995, 1082/1083.

2. Gerichtliche Durchsetzung des Getrenntlebens

Rechtsgrundlagen der Zuweisung der Ehewohnung/ Maßnahmen bei häuslicher Gewalt

Die gerichtliche Zuweisung der Ehewohnung regelt das BGB in § 1361b und in § 1568a. Nach § 1361b bestimmt sich materiell-rechtlich ausschließlich die Zuweisung der Ehewohnung an einen der Ehepartner während des Getrenntlebens der Eheleute durch einstweilige Anordnung nach § 49 FamFG[8]. § 1568a regelt dagegen nur die Zuteilung der ehelichen Wohnung aus Anlass der Scheidung für die Zeit *nach* der Scheidung der Eheleute, und zwar entweder als Scheidungsfolgesache im Verbundverfahren oder als selbständiges Verfahren in einer anderen Familiensache im Anschluss an die rechtskräftige Scheidung[9]. Die Zuweisung einer Wohnung ist ferner Gegenstand des GewSchG. Dieses ist bei häuslicher Gewalt eheähnlicher und lebenspartnerschaftsähnlicher Paare von Bedeutung. Bei Ehepaaren ist das GewSchG bei über die Wohnungszuweisung hinausgehenden Entscheidungen von Bedeutung. Bei akuter häuslicher Gewalt kommen schließlich Maßnahmen der Polizei und der Ordnungsbehörden nach polizeirechtlichen Vorschriften in Betracht.

In Härtefällen teilweise oder vollständige Zuweisung der Ehewohnung durch FamG

Wenn ein Ehegatte das Getrenntleben verhindert oder erheblich erschwert, kann der andere Ehegatte verlangen, dass ihm ein Teil oder die gesamte Ehewohnung zur Benutzung allein überlassen wird, soweit dies notwendig ist, um eine schwere Härte zu vermeiden (§ 1361b Abs. 1 S. 1). Die Eingriffsschwelle ist wegen der besonderen Bedeutung der Wohnung vom Gesetzgeber hoch angesetzt.

Beispiele

In der Rechtsprechung wird eine schwere Härte in der Regel daher nur bei körperlichen Misshandlungen und sonstigen schweren Störungen des Familienlebens (z. B. durch Alkohol- oder Drogen-Abusus) angenommen, ferner bei fortdauernden Gewalttätigkeiten oder gesundheitlichen Beeinträchtigungen der Kinder.[10, 11] Die Gewalt kann sich auch in grob unbeherrschtem und unberechenbarem oder grob rücksichtslosem Verhalten[12] sowie Sachbeschädigung äußern,[13] so dass die Fortsetzung der häuslichen Gemeinschaft objektiv nicht mehr zumutbar ist.[14] – Keinen Härtefall stellt der Wunsch zur Wohnungs-Veräußerung/-Vermietung dar.[15]

Unbillige Härte bei Beeinträchtigung der Kinder

Eine unbillige Härte kann auch dann gegeben sein, wenn das Wohl von im Haushalt lebenden Kindern beeinträchtigt ist (§ 1361b Abs. 1 S. 3).

Zuständiges Gericht

Zuständig ist für diese Entscheidungen das FamG (§ 23a Abs. 1 GVG, § 200 FamFG), das nach hM nur eine vorläufige Nutzungsregelung trifft.[16] Fraglich erscheint danach, ob eine Alleinzuweisung der Ehewohnung bei

---

[8] *Maurer*, FamRZ 1991, 886, 887; OLG Karlsruhe, FamRZ 1991, 1440.

[9] *Palandt/Brudermüller*, Ein v § 1568a Rn. 2.

[10] Vgl. OLG Düsseldorf, FamRZ 1988, 1058; OLG Bamberg, FamRZ 1995, 560; OLG München, FamRZ 1996, 730; OLG Brandenburg, FamRZ 1996, 743.

[11] Nach BGH (FamRZ 1978, 671; 1979, 469/470) wenn nur ein „bloßes räumliches Nebeneinander ohne persönliche Beziehung" vorliegt.

[12] OLG Naumburg, FamRZ 2006, 1207.

[13] OLG Köln FamRZ 2001, 761.

[14] OLG Köln FamRZ 2006, 126.

[15] OLG Hamburg, FamRZ 1993, 190; OLG Köln, FamRZ 1997, 943; OLG Hamm, FamRZ 1998, 1172; OLG Karlsruhe, FamRZ 1999, 1087; OLG Jena, FamRZ 2004, 877; OLG Frankfurt, FamRZ 2004, 875.

[16] *Palandt/Brudermüller*, § 1361b, Rn. 2; nach MüKoBGB/*Weber-Monecke*, § 1361b, Rn. 28.

fehlender Scheidungsabsicht nach § 1361b möglich ist.[17] Davon ist m.E. nach dem Wortlaut der Vorschrift und ihrer Einordnung (d.h.: im Ehe- und nicht im Scheidungsrrecht) auszugehen.

Steht einem Ehegatten allein (oder gemeinsam mit einem Dritten) Eigentum, Erbbaurecht oder Nießbrauch an dem Grundstück zu, auf dem sich die Ehewohnung befindet, so ist dies besonders zu berücksichtigen; Entsprechendes gilt für Wohnungseigentum, Dauerwohnrecht und dingliches Wohnrecht (§ 1361b Abs. 1 S. 4).

Besonderheiten bei Eigentum

Hat der Ehegatte widerrechtlich *und* vorsätzlich eine Körper-, Gesundheits- oder Freiheits-Verletzung begangen (oder damit gedroht) oder das Leben des anderen Ehegatten bedroht, ist idR die gesamte Wohnung zur alleinigen Benutzung zu überlassen (§ 1361b Abs. 2 S. 1). – Diese Ansprüche sind nur dann ausgeschlossen, wenn keine weiteren Verletzungen und widerrechtlichen Drohungen zu besorgen sind, es sei denn, dass dem verletzten Ehegatten das weitere Zusammenleben mit dem anderen Ehegatten wegen der Schwere der Tat nicht zuzumuten ist (§ 1361b Abs. 2 S. 2).

Zuweisung der Ehe- wohnung bei Gewalt

Wenn ein Ehegatte vorsätzlich Körper, Gesundheit oder Freiheit des anderen verletzt, hat das FamG auf dessen Antrag erforderliche Maßnahmen zu treffen (§ 1 Abs. 1 S. 1 GewSchG, §§ 210 ff. FamFG). Dabei kann das FamG insbesondere anordnen, dass der gewalttätige Ehegatte es unterlässt,

Maßnahmen nach dem GewSchG

1. die Wohnung des verletzten (s.o.) Ehegatten zu betreten,
2. sich in einem bestimmten Umkreis derselben aufzuhalten,
3. bestimmte andere Aufenthaltsorte des verletzten Ehegatten (z.B. Arbeits-/Ausbildungsstätte) aufzusuchen,
4. Verbindung zum anderen Ehegatten (inkl. durch Fernkommunikationsmittel wie z.B. Telefon, Fax, E-Mail, Briefe etc.) aufzunehmen,
5. Zusammentreffen mit dem anderen Ehegatten herbeizuführen.

Entsprechendes gilt, wenn diesbezügliche Bedrohungen vorliegen *oder* ein Ehegatte widerrechtlich (d.h., ohne gesetzlichen Rechtfertigungsgrund) in Haus, Wohnung oder Grundstück des anderen Ehegatten eindringt *oder* diesem unzumutbar nachstellt *oder* diesen unter Verwendung von Fernkommunikationsmitteln unzumutbar verfolgt (§ 1 Abs. 2 S. 1 GewSchG). Vorstehendes gilt auch, wenn die Ehegatten bisher einen gemeinsamen Haushalt führten (§ 2 Abs. 1 und 4 GewSchG).

Stalking-Fälle

Verstöße gegen diese (grundsätzlich zu befristenden) Anordnungen können mit Geld- oder Freiheitsstrafe (bis zu einem Jahr) bestraft werden (vgl. §§ 1 und 4 GewSchG). Daneben ist die Bestrafung wegen Nachstellung ("Stalking"), Körperverletzung, Nötigung oder Freiheitsberaubung möglich (§§ 238, 223, 240, 239 StGB).

Die gerade beschriebenen Maßnahmen kommen auch bei nicht verheirateten Paaren zur Anwendung. Darüber hinaus ist bei diesen das GewSchG Rechtsgrundlage der Zuweisung der Wohnung. Ob § 2 GewSchG auch bei Ehegatten anwendbar ist, ist str., aber richtigerweise zu bejahen.[18]

Anwendung auch bei nicht verheirateten Paaren

---

[17] Dafür: *Palandt/Brudermüller*, § 1361b, Rn. 4 unter Berufung auf *OLG Naumburg*, FamRZ 2003, 1748a.
[18] Vgl. *Schwab*, PdW, S. 70.

Polizei- und ordnungsrechtliche Maßnahmen bei häuslicher Gewalt

Da gerichtliche Hilfe meist nicht rechtzeitig erreichbar ist, wird bei akuter häuslicher Gewalt oftmals zunächst die Polizei um Hilfe gerufen. Diese ist nach den landesrechtlichen Polizeigesetzen zum Eingreifen verpflichtet, wenn eine Gefahr für die öffentliche Sicherheit und Ordnung besteht, wozu auch gehört, dass eine Person gewaltsamen Angriffen ausgesetzt ist. Die Polizei kann einen Platzverweis erteilen. Die Ordnungsbehörde kann diesen bis zu zwei Wochen verlängern.

Schadenersatz, Bestrafung

Neben den genannten Vorschriften sind die allgemeinen zivil- und strafrechtlichen Vorschriften anwendbar. Wird der Partner verletzt, kommen Schadenersatzansprüche aus § 823 Abs. 1, 2 BGB sowie die Bestrafung wegen Körperverletzung (§ 223 StGB) in Betracht. Weitere denkbare Straftatbestände sind sexuelle Nötigung (§ 177 StGB), sexueller Missbrauch (§ 174 StGB), Nachstellung (§ 238 StGB), Freiheitsberaubung (§ 239 StGB), Nötigung (§ 240 StGB) sowie Bedrohung (§ 241 StGB).

3. Versöhnungsversuche

Gesetzesintention

Damit Eheleute sich nicht scheuen, doch noch einmal einen Versöhnungsversuch zu unternehmen, ist seit 1977 in § 1567 Abs. 2 ausdrücklich festgelegt, dass ein Zusammenleben „über kürzere Zeit", das der Versöhnung der Ehegatten dienen soll, die Fristen des § 1566 nicht unterbricht oder hemmt, auch wenn die Norm sich nicht auf § 1565 Abs. 2 bezieht,

Auswirkungen auf die Trennungszeit

in Lehre und Rspr. besteht Einigkeit, dass hier nur ein Redaktionsversehen des Gesetzgebers vorliegt[19]

bedeutet das, dass die Trennungszeit stets weiter läuft und nicht erneut berechnet werden muss[20], wenn ein Versöhnungsversuch „über kürzere Zeit" fehlschlägt. Dafür ist nicht nur die Zeitdauer des Versöhnungsversuchs (Faustregel: zwei bis vier Wochen sind unschädlich – bei langer Trennung auch drei Monate[21]), sondern auch die bisherige Trennungszeit entscheidend.

Beispiele: Nach sechs Monaten Trennung verbringen die Eheleute einen gemeinsamen vierwöchigen Urlaub, trennen sich danach aber doch wieder, und nach weiteren fünf Monaten wird von einem der beiden die Scheidung beantragt. Ergebnis: Die Trennungszeit wurde nicht unterbrochen, das Mindest-Trennungsjahr ist erfüllt.
Nach zweijähriger Trennung leben Ehegatten für drei Monate zusammen, trennen sich danach und beantragen nach neun Monaten die Scheidung. Ergebnis: Die Trennungszeit wurde nicht unterbrochen, das Mindest-Trennungsjahr ist erfüllt.
Ehegatten ziehen nach einmonatiger Trennung für vier Wochen wieder zusammen, trennen sich danach wieder, und nach weiteren zehn Monaten wird die Scheidung beantragt. Ergebnis: Die Trennungszeit wurde unterbrochen, das Mindest-Trennungsjahr ist nicht erfüllt.

---

[19] MüKoBGB/*Ey*, § 1567, Rn. 62; *Schwab*, Rn. 355.
[20] Nachweise bei MüKoBGB/*Ey*, § 1567, Rn. 65.
[21] Diverse Rechtsprechungs- und Literatur-Nachweise bei MüKoBGB/*Ey*, § 1567, Rn. 64/65.

4. Rechtsfolgen des Getrenntlebens

- Die elterliche Sorge bleibt für beide Eltern bestehen. Es kann aber jeder Elternteil beim FamG beantragen, dass ihm deren Ausübung allein übertragen wird (vgl. § 1671 Abs. 1 sowie dazu S. 222 f.).

  Elterliche Sorge

- Die gegenseitige Handlungsvollmacht (s. dazu S. 196 f.) der Eheleute endet (vgl. § 1357 Abs. 3).

  Handlungsvollmacht

- Unterhaltsberechtigung (§ 1361) besteht nach den ehelichen Lebensverhältnissen und den beiderseitigen Erwerbs- und Vermögensverhältnissen; hierzu gehören auch Aufwendungen infolge eines Körper- oder Gesundheitsschadens gemäß § 1610a sowie der sog. Vorsorgeunterhalt ab Rechtshängigkeit des Scheidungsverfahrens.

  Unterhalt

  Auf eine Erwerbstätigkeit kann ein Ehegatte dann nur verwiesen werden im Hinblick auf seine persönlichen und wirtschaftlichen Verhältnisse – insbesondere wegen früherer Erwerbstätigkeit und kurzer Ehedauer.

  Erwerbstätigkeit

  Bei Unbilligkeit kann der Unterhalt analog § 1579 Nr. 2–7 herabgesetzt werden (vgl. § 1361 Abs. 1–3).

  Herabsetzung

  Der Unterhalt umfasst auch die Zahlung eines Prozesskostenvorschusses in allen persönlichen Angelegenheiten einschließlich des Scheidungsverfahrens (vgl. § 1361 Abs. 4 S. 4 iVbm § 1360a Abs. 4).

  Prozesskostenvorschuss

  Unterhaltsvereinbarungen können zwar getroffen werden – jedoch nicht ein Unterhaltsverzicht (vgl. § 1361 Abs. 4 S. 4 iVbm §§ 1360a Abs. 3, 1614).

  Vereinbarungen möglich, aber kein Verzicht

- Zur Überlassung eines Teiles oder der gesamten Ehewohnung s. § 1361b (näher hierzu S. 214).

  Ehewohnung

- Jeder Ehegatte kann grundsätzlich die Herausgabe der ihm gehörenden Haushaltsgegenstände verlangen (§ 1361a). Zu Ausnahmen siehe § 1361a Abs. 1 S. 2. Beiden gehörende Gegenstände müssen nach Billigkeitsgesichtsgrundsätzen verteilt werden.

  Haushaltsgegenstände

III. Das Mindest-Trennungsjahr

Auch bei Nachweis des Scheiterns der Ehe ist eine Scheidung grundsätzlich nicht ohne Einhaltung eines Mindest-Trennungsjahres möglich (§ 1565 Abs. 2). Dadurch wollte der Gesetzgeber voreiligen Scheidungswünschen vorbeugen und zugleich Vorwürfe entkräften, das Institut der Ehe würde nicht mehr ernst genommen werden[22]. Daher wird die Einhaltung des Mindest-Trennungsjahres (das FamG überprüft dies gem. § 127 Abs. 1 FamFG vAwg) nicht nur bei konkret nachgewiesenem Scheitern gemäß § 1565 Abs. 1 S. 2, sondern sogar bei der einverständlichen Scheidung (sog. Konventionalscheidung) gemäß § 1566 Abs. 1 verlangt.

Gesetzeszweck

Voraussetzung für fast jede Scheidung

Allerdings sieht § 1565 Abs. 2 vor, dass das Mindest-Trennungsjahr nicht eingehalten werden muss, wenn
- das Abwarten mit dem Scheidungsantrag für den Scheidungswilligen unzumutbar ist und
- die Unzumutbarkeitsgründe ausschließlich in der Person des anderen liegen.

Ausnahmen bei Unzumutbarkeit

---

[22] Dazu *Schleicher*, RWP 1978 – 1003 – E II.

Strenge Anforderungen

Diese gesetzliche Regelung, die eine Scheidung auch vor Ablauf des Mindest-Trennungsjahres ermöglicht, stellt eine Ausnahmebestimmung dar, an die nach hM strenge Anforderungen zu stellen sind.[23] Das bedeutet:

Kriterien

Es muss eine unzumutbare Härte im Fortbestehen des formalen Ehebandes (d. h. dem Weiter-Miteinander-Verheiratet-Sein) vorliegen und nicht etwa bzgl. des Zusammenlebens[24], denn kein Ehegatte kann (trotz § 1353) zum Zusammenleben gezwungen werden (siehe dazu S. 194).

Bei der Beurteilung der unzumutbaren Härte ist nach hM nicht auf das subjektive Unzumutbarkeitsempfinden des „verletzten" Ehegatten abzustellen, sondern darauf, ob ein „besonnener Dritter" bei ruhiger Abwägung aller Umstände auf das Verhalten des anderen Ehegatten mit einem Scheidungsantrag reagieren würde[25]. Dies ist z. B. der Fall bei ernst zu nehmenden Bedrohungen, Gewalttätigkeiten gegen den anderen Ehegatten (oder gegen die Kinder), ständigem Alkohol- oder Drogen-Abusus. – Gründe, die zum Scheitern der Ehe führten, reichen dagegen für sich allein genommen generell nicht aus[26].

Anzuerkennende Fälle

Rechtsprechungsbeispiele für die Nicht-Einhaltung des Mindest-Trennungsjahres:
- wenn beide Ehegatten sich einem anderen Partner zugewandt haben[27],
- wenn eine Ehefrau nach Auszug aus der Ehewohnung im Haus ihrer Eltern mit dem Bruder ihres Ehemannes in eheähnlicher Gemeinschaft zusammenlebt[28],
- bei Ausübung der Prostitution nach Trennung ohne Einverständnis des Ehemannes[29],
- wenn ein Ehegatte den anderen zum Geschlechtsverkehr zu dritt auffordert[30],
- ernsthafte Bedrohungen[31]; ausreichend ist, dass diese gegenüber Dritten ausgesprochen werden[32].

Nicht anerkannte Fälle

Rechtsprechungsbeispiele für die Einhaltung des Mindest-Trennungsjahres:
- bei von Anfang an gescheiterter Ehe und Nichtaufnahme einer Lebensgemeinschaft, weil sie nur zum Zweck der Aufenthaltserlaubnis geschlossen wurde[33],
- bei Nervenkrankheit eines Ehegatten, insbesondere wenn dies der andere vor der Heirat wusste[34],
- bei homosexuellen Beziehungen, da diese den gleichen Regeln wie heterosexuelle Beziehungen unterliegen und für sich genommen keine unzumutbare Härte darstellen[35],

---

[23] *Palandt/Brudermüller*, § 1565, Rn. 9; OLG Rostock, FamRZ 1993, 808; OLG Köln, FamRZ 1992, 319; OLG Brandenburg, FamRZ 1995, 807.

[24] So die hM, vgl. z. B.: BGH, NJW 1981, 449; OLG Köln, FamRZ 1996, 108; MüKo/*Wolf*, § 1565, Rn. 96; *Palandt/Brudermüller*, § 1565, Rn. 9.

[25] OLG Bamberg, FamRZ 1980, 577; OLG Brandenburg, FamRZ 1995, 807.

[26] OLG Köln, FamRZ 1992, 319.

[27] OLG Stuttgart, FamRZ 1978, 690; OLG Düsseldorf, FamRZ 1992, 319; OLG Rostock, FamRZ 1993, 808.

[28] OLG Oldenburg, FamRZ 1992, 682.

[29] OLG Bremen, FamRZ 1996, 489.

[30] OLG Köln, FamRZ 1996, 108.

[31] BGH, FamRZ 1981, 127; OLG Brandenburg, FamRZ 2001, 1458.

[32] OLG Dresden BeckRS 2012, 11238.

[33] OLG Karlsruhe, FamRZ 1986, 680.

[34] OLG Düsseldorf, FamRZ 1993, 809.

[35] OLG Köln, FamRZ 1997, 24.

– Kenntnis vom wahren Grund für Verbüßung mehrjähriger Freiheitsstrafe des Ehegatten nach Heirat[36],
– Aufnahme der neuen Partnerin in die Ehewohnung während krankheitsbedingter Abwesenheit der Ehefrau[37],
– Ehebruch und Zusammenleben mit der neuen Partnerin[38],
– Liebeserklärung gegenüber einer anderen Frau am Tag vor der Hochzeit[39].

IV. Die Härteklauseln des § 1568

Im Hinblick auf die Scheidungserleichterungen war bei Schaffung des 1. EheRG gefordert worden, in besonderen Härtefällen eine „einseitige" Ablösung aus einer Ehe nicht zuzulassen. Das hat zur Installierung der Härteklauseln des § 1568 geführt. Diese Norm bestimmt, dass eine Ehe trotz nachgewiesenen Scheiterns nicht geschieden werden soll, wenn und solange

Voraussetzungen

– *entweder* die „Aufrechterhaltung der Ehe" im Interesse gemeinsamer minderjähriger Kinder „aus besonderen Gründen ausnahmsweise" *notwendig* ist *(Kinderschutzklausel)*
– *oder* die Scheidung für den Ehegatten, der sie ablehnt, eine so schwere Härte darstellen würde, dass die Aufrechterhaltung der Ehe auch unter Berücksichtigung der Belange des Scheidungswilligen ausnahmsweise geboten erscheint *(Ehegattenschutzklausel)*.

1. Die Kinderschutzklausel

Fraglich ist, ob die Aufrechterhaltung einer gescheiterten Ehe der Eltern dem Kind wirklich dienlich sein kann, weil damit faktisch nichts geändert wird (und werden kann), sondern die Ehe lediglich „auf dem Papier" bestehen bleibt und das Kind unterhalts- und erbrechtlich durch die Scheidung seiner Eltern keine Schlechterstellung erleidet. Die hM verneint daher, dass das Aufrechterhalten einer gescheiterten Elternehe zum Vorteil des Kindes sei[40]. Dies kann jedoch nicht generell entschieden, sondern muss im Einzelfall überprüft werden. In der Praxis führt die Kinderschutzklausel nur sehr selten zur Versagung einer Scheidung. Dies ist der Fall, wenn „psychische Faktoren in der Person des Kindes [...] das Kindeswohl" gefährden würden.[41] Obergerichtliche Rechtsprechung findet man nur wenig.[42]

Problematik

Rechtsprechungsbeispiele für die Anwendung der Kinderschutzklausel:

Anerkannte Fälle

Die ernsthafte Suizid-Gefahr eines minderjährigen Kindes,[43] jedoch nicht, „wenn dieser Zustand behandlungsfähig ist"[44].

---

36 OLG Nürnberg, FamRZ 1990, 630.
37 OLG Köln, FamRZ 1992, 319.
38 OLG Düsseldorf, FamRZ 1993, 809.
39 OLG München NJW-RR 2011, 77.
40 Nachweise bei MüKoBGB/*Ey*, § 1568, Rn. 15, Fn. 38.
41 OLG Brandenburg NJW-RR 2011, 71.
42 Nachweise bei MüKoBGB/*Ey*, § 1568, Rn. 24.
43 OLG Hamburg FamRZ 1986, 469.
44 MüKoBGB/*Ey*, § 1568, Rn. 26, mwN.

Der Ansicht, nach der sogar starke Bindungen des Kindes an beide Eltern einer Scheidung im Wege stehen können,[45] kann nicht gefolgt werden, da sonst in unzähligen Fällen eine Scheidung nicht möglich wäre und ein formales Fortbestehen der Elternehe Kindern kaum nützen kann (s. o.).

Berücksichtigung von Amts wegen

Die Prüfung, ob eine „Aufrechterhaltung der Ehe" zum Schutz minderjähriger Kinder in Betracht kommt, hat das FamG nicht nur auf Antrag eines Ehegatten, sondern auch von Amts wegen vorzunehmen, also auch bei einverständlichem Scheidungswunsch der Ehegatten, obwohl § 127 Abs. 3 FamFG das Antragserfordernis bzgl. § 1568 undifferenziert vorsieht[46].

2. Die Ehegattenschutzklausel

Berücksichtigung nur auf Antrag

Außergewöhnliche Umstände eines Ehegatten, die einer Scheidung entgegenstehen könnten, sind vom FamG nur zu berücksichtigen, wenn sie von dem die Scheidung ablehnenden Ehegatten vorgebracht werden (§ 127 Abs. 3 FamFG).

Außergewöhnliche Härte

Seelische, gesellschaftliche oder wirtschaftliche Folgen einer Scheidung können grundsätzlich nicht zur Anwendung dieser Härteklausel und damit zur Verzögerung oder gar Verhinderung einer Scheidung führen. Das ist nur dann denkbar, wenn die negativen Auswirkungen für einen Ehegatten auf außergewöhnlichen Umständen beruhen und die Intensität einer schweren, ausnahmsweise nicht zumutbaren Härte erreichen[47]. Dabei können Belastungen, die aus dem Scheitern der Ehe resultieren, nicht berücksichtigt werden, sondern nur solche, die sich zusätzlich aus einer Scheidung ergeben würden[48].

Anerkannte Fälle

Rechtsprechungsbeispiele für die Anwendung der Ehegattenschutzklausel:

– wenn ein schwer kranker Ehegatte durch die Scheidung und die damit verbundenen Auseinandersetzungen zusätzlich schwer belastet würde[49], insbesondere bei Suizid-Gefahr[50],
– wenn eine Frau nach langer Ehe, in der sie sich für ihren Mann besonders aufgeopfert und dessen Betrieb unterstützt hatte, gegen ihren Willen geschieden werden soll[51].

Nicht anerkannte Fälle

Rechtsprechungsbeispiele für die Nichtanwendung der Ehegattenschutzklausel:

– die Androhung eines Suizids des die Scheidung ablehnenden Ehegatten, wenn er nicht in seiner Fähigkeit zu eigenverantwortlichem Tun eingeschränkt ist[52], insbesondere wenn er dieser Gefahr in zumutbarer Weise durch eine Psychotherapie begegnen kann[53],

---

[45] OLG Celle, FamRZ 1978, 508.
[46] Ebenso: *Schwab*, Rn. 341; MüKoBGB/*Ey*, § 1568 Rn. 18.
[47] So BGH, FamRZ 1979, 422.
[48] BGH, FamRZ 1981, 1161.
[49] BVerfGE 55, 134.
[50] BVerfG, FamRZ 2001, 896.
[51] BGH, FamRZ 1979, 422.
[52] OLG Celle, FamRZ 1996, 614.
[53] OLG Hamm, FamRZ 1990, 60.

– wenn die Ausländerbehörde dem ausländischen Ehegatten eines deutschen Staatsangehörigen wegen der Trennung der Eheleute die Aufenthaltserlaubnis nachträglich befristet und die Abschiebung angedroht hat[54],
– wenn die Scheidung einen Ehegatten aufgrund seiner religiösen Überzeugung und wegen seiner Stellung in einer Glaubensgemeinschaft, der er angehört, sehr hart trifft[55],
– Krankheiten, für die die Scheidung nicht mitursächlich ist, können der Scheidung nicht entgegengehalten werden[56].

Überblick		
Scheidungsvoraussetzungen und Scheidungshindernisse		
Getrenntleben	**Scheidungsmöglichkeit**	**Härteklauseln möglich a) Kinderschutzklausel b) Ehegattenschutzklausel**
weniger als 1 Jahr	nur bei Unzumutbarkeit in der Person des anderen Ehegatten (vgl. § 1565 Abs. 2)	theoretisch a) und b) mögl., d.h. Abwägung von „Härte gegen Härte"
mindestens 1 Jahr	wenn beide scheidungswillig sind und über die wesentlichen Folgesachen Einigkeit besteht (vgl. § 1566 Abs. 1; § 133 Abs. 1 FamFG) – sog. Konventionalscheidung – wenn Scheitern nachweisbar ist gemäß § 1565 Abs. 1 S. 2, auch gegen den Willen des anderen Ehegatten (sog. streitige Scheidung)	a) mögl., da vAwg geprüft b) nicht, da nur auf Antrag (vgl. § 127 Abs. 3 FamFG) a) und b) möglich (s. o.)
mindestens 3 Jahre	einverständl. und streitig mögl., da hier die Ehe stets als unwiderlegbar gescheitert gilt (vgl. § 1566 Abs. 2)	a) und b) möglich (s. o.)

D. Scheidungsfolgen

I. Ehe- und Familienname

Bei Scheidung bestehen diverse Namensmöglichkeiten:

Gestaltungsmöglichkeiten

– Besteht kein gemeinsamer Ehename, so führt natürlich jeder geschiedene Ehegatte seinen bisherigen Namen weiter,[57] d. h.:
  – entweder seinen Geburtsnamen
  – oder den bei der Heirat geführten Familiennamen (z. B. aus einer früheren Ehe)
  – oder den aus Ehe- und Geburtsnamen zusammengesetzten Doppelnamen.

---

54 OLG Karlsruhe, FamRZ 1990, 630; OLG Nürnberg, FamRZ 1996, 35.
55 OLG Stuttgart, FamRZ 1991, 334.
56 OLG Brandenburg NJW-RR 2011, 71.
57 Das ist daher alles auch gar nicht ausdrücklich gesetzlich geregelt.

– Besteht ein gemeinsamer Ehename, so behalten geschiedene Ehegatten diesen auch nach der Scheidung (vgl. § 1355 Abs. 5 S. 1).
Der Ehegatte, dessen Name nicht Ehename geworden war, kann nun aber durch (eine öffentlich beglaubigte, zeitlich völlig unbegrenzte) Erklärung gegen über dem Standesbeamten
  – entweder seinen Geburtsnamen wieder annehmen
  – oder den vor der Heirat geführten Familiennamen wieder annehmen
  – oder seinen Geburtsnamen oder den vor der Heirat geführten Familiennamen dem Ehenamen voranstellen oder anfügen (vgl. § 1355 Abs. 5 S. 2 und 3).

II. Elterliche Sorge

1. Grundsätzlich gemeinsame Ausübung der elterlichen Sorge

Eltern behalten gemeinsame Sorge

Sowohl in Trennungs- als auch in Scheidungsfällen bleibt die gemeinsame elterliche Sorge der Eltern bestehen. (Die Argumentation war: *Nur die Partnerschaft wird aufgelöst, nicht jedoch die Elternschaft.*) Aus Praktikabilitätsgründen hat jedoch der betreuende Elternteil gemäß § 1687 Abs. 1 in alltäglichen Angelegenheiten sowie in Eilfällen die alleinige Sorgebefugnis (siehe dazu unten S. 223 ff.).

Alleinsorge nur auf Antrag

Die alleinige Ausübung der elterlichen Sorge überträgt das FamG bei nicht nur vorübergehend getrennt lebenden Eltern nur auf Antrag von (mindestens) einem Elternteil ganz oder teilweise auf einen Elternteil. Das gilt somit auch in Scheidungsfällen. (Da die Scheidung ein Unterfall des Getrenntlebens ist, wird sie in der Vorschrift gar nicht eigens erwähnt.)

oder bei Gefährdung des Kindeswohls

Liegt kein elterlicher Antrag auf Sorgerechtsregelung vor, kann das FamG in Trennungs- und Scheidungsfällen nur noch bei Bekanntwerden von Kindeswohlgefährdungen gemäß §§ 1666, 1666a von Amts wegen tätig werden.

Benachrichtigung des JA durch das FamG

Um sicherzustellen, dass die Betroffenen mit der Entscheidung über die künftige Wahrnehmung der elterlichen Verantwortung nicht *allein gelassen* werden, sondern ihren Anspruch auf Beratung möglichst frühzeitig geltend machen können, muss das FamG das JA von Scheidungsverfahren benachrichtigen, wenn gemeinschaftliche minderjährige Kinder vorhanden sind (§ 17 Abs. 3 SGB VIII). Damit soll gewährleistet werden, dass das JA die Eltern rechtzeitig über das Leistungsangebot der Jugendhilfe zur Entwicklung eines einvernehmlichen Konzeptes zur Wahrnehmung der elterlichen Sorge informieren und seine Hilfe anbieten kann bei der Entwicklung von Bedingungen, die für die Wahrnehmung einer gedeihlichen elterlichen Verantwortung für die Zeit der Trennung oder Scheidung der Eltern erforderlich ist (vgl. auch § 17 Abs. 1 u. 2 SGB VIII [58]).

Anhörung der Eltern durch das FamG

Außerdem sieht § 128 Abs. 2 FamFG eine Anhörung beider Ehegatten zur elterlichen Sorge vor, bei der das FamG auch auf bestehende Beratungsmöglichkeiten durch die Beratungsstellen und Dienste der Jugendhilfeträger hinzuweisen hat.

---

[58] Dazu *Schleicher*, GK-SGB VIII, § 17 Rn. 11–18.

Eigenmächtiger Wegzug eines Elternteils unter Mitnahme des Kindes

Wenn ein Elternteil gegen den Willen des anderen ihm das gemeinsame Kind vorenthält, wegnimmt oder zusammen mit diesem die gemeinsame Wohnung verlässt und es an einen anderen Ort (eventuell sogar ins Ausland) verbringt, spricht man von *„Legal" Kidnapping*. Denn dieses Vorgehen ist aufgrund des diesem Elternteil zustehenden Aufenthaltsbestimmungsrechts zwar rechtlich möglich, bei gemeinsamer elterlicher Sorge wegen Verstoßes gegen §§ 1626 und 1627 aber *zweifellos rechtswidrig*. Für diese Fälle sieht das Gesetz keine spezielle Regelung vor. Der betreffende Elternteil müsste beim FamG eine Übertragung des alleinigen Aufenthaltsbestimmungsrechts auf ihn gemäß § 1628 beantragen, da die Regelung dieser Angelegenheit für das Kind von erheblicher Bedeutung ist. Nur wenn das FamG diesem Antrag entspricht, wäre das Verhalten gerechtfertigt (= *„legal"*). Denselben Antrag könnte natürlich auch der andere Elternteil stellen (oder den auf Übertragung der alleinigen Ausübung der elterlichen Sorge nach § 1671 Abs. 1) und sich darauf berufen, dass infolge des „Herausreißens" des Kindes aus sämtlichen sozialen Bezügen diese Regelung gem. § 1671 Abs. 1 S. 2 Nr. 2 dem Kindeswohl am besten entspricht. Aber auch im Erfolgsfall ist die Vollstreckung in der Praxis meist problematisch bzw. gar nicht möglich, weil derartige Eltern nicht selten unauffindbar sind oder sich ins Ausland abgesetzt haben.

„Legal" Kidnapping

2. Alleinzuständigkeit im Rahmen der Alltagssorge und in Eilfällen

Wenn Eltern nicht nur vorübergehend getrennt leben, ist aus Praktikabilitätsgründen gegenseitiges Einvernehmen der Eltern nur noch bei Angelegenheiten erforderlich, deren Regelung für das Kind von erheblicher Bedeutung ist (vgl. § 1687 Abs. 1 S. 1). In Angelegenheiten des täglichen Lebens hat der Elternteil, bei dem sich das Kind rechtmäßig (d. h.: mit Einwilligung des anderen Elternteils oder aufgrund gerichtlicher Entscheidung) gewöhnlich aufhält, die alleinige sog. *Alltagssorge* (§ 1687 Abs. 1 S. 2), also die *alleinige Sorgebefugnis* (vgl. § 1687 Abs. 1 S. 2 u. 3) einschließlich der diesbezüglichen *gesetzlichen Vertretung*.[59]

Alleiniges Entscheidungsrecht in alltäglichen Angelegenheiten

Angelegenheiten des täglichen Lebens sind solche, die häufig vorkommen und keine schwer abzuändernden Auswirkungen beim Kind haben (§ 1671 Abs. 1 S. 3).

Begriff: Angelegenheiten des täglichen Lebens

Beispiele: Organisation des täglichen Lebens des Kindes inkl. Freizeitgestaltung und Hausaufgaben, insbesondere Betreuungs- und Erziehungsfragen einschließlich der alltäglichen Entscheidungen im Bereich der schulischen oder beruflichen Ausbildung (wie Nachhilfeunterricht, Teilnahme an schulischen Veranstaltungen etc.);
Freizeitgestaltung samt Urlaubsfahrten sowie Beitritt in Sport- und andere Vereine;
Kontakte mit Verwandten, Freunden, Nachbarn etc.;
Anschaffung von Spielzeug (inkl. Audio, Video, PC-Zubehör) und Kleidung;
Einzahlungen und Abhebungen von Sparbüchern;
medizinische Behandlungen (mit Ausnahme von Operationen, Zahnregulierungen);
Verwaltung eventueller Arbeitsverdienste der Jugendlichen

---

[59] BT-Drucks. 13/4899, S. 107

Bei Verstößen FamG-Entscheidung möglich

Dabei hat der betreffende Elternteil alles zu unterlassen, was das Verhältnis des Kindes zum anderen Elternteil beeinträchtigt oder die Erziehung erschwert (§§ 1687 Abs. 1 S. 5, 1684 Abs. 2 S. 1). Bei Verstößen kann das FamG diese Befugnis auf Antrag oder (bei entsprechender Kenntnis [z. B. durch das Jugendamt]) von Amts wegen einschränken oder ausschließen, wenn dies zum Kindeswohl erforderlich ist (§ 1687 Abs. 2).

Alleinentscheidung in Eil- und Notfällen

Bei Gefahr im Verzug (z. B. bei Unfällen, Blinddarmdurchbruch o. ä.) ist der betreuende Elternteil ausdrücklich berechtigt, alle Rechtshandlungen allein vorzunehmen, die zum Kindeswohl notwendig sind, wovon allerdings der andere Elternteil unverzüglich unterrichtet werden muss (§§ 1687 Abs. 1 S. 5, 1629 Abs. 1 S. 4).

Geltendmachung von Unterhaltsansprüchen gegen den anderen Elternteil

Während des Getrenntlebens kann jeder Elternteil gegen den anderen Unterhaltsansprüche des Kindes geltend machen – jedoch nicht im Namen des Kindes, sondern nur im eigenen Namen (§ 1629 Abs. 3 S. 1). Diesbezügliche gerichtliche Entscheidungen und zwischen den Eltern geschlossene gerichtliche Vergleiche wirken allerdings auch für und gegen das Kind (§ 1629 Abs. 3 S. 2).

Einigungspflicht bei Fällen von erheblicher Bedeutung

In Angelegenheiten, deren Regelung für das Kind von erheblicher Bedeutung ist, müssen die Eltern sich einigen (§ 1687 Abs. 1 S. 1).

Beispiele: Aufenthaltsbestimmung (insbesondere Unterbringung in Pflegestellen, Heimeinrichtungen, Internaten);
Unterbindung von Kontakten zu nahen Verwandten;
An- und Abmeldung in Vorschuleinrichtungen, Einschulung, Schulwechsel, Beginn und Beendigung einer Berufsausbildung;
Entscheidungen im Rahmen der religiösen Erziehung (wie Taufe, Firmung, Kommunion, Konfirmation oder Bekenntniswechsel);
Operationen, Zahnregulierungen;
Kreditaufnahme.

Bei Uneinigkeit § 1628 anwendbar

In diesen Fällen ist bei Uneinigkeit oder gar Streit (wie bei zusammenlebenden Eltern auch) die Anrufung des FamG möglich, das dann die Alleinentscheidung in der betreffenden Angelegenheit einem Elternteil allein übertragen kann (vgl. § 1628 sowie S. 298).

3. Aufhebung gemeinsamer Sorge grundsätzlich nur auf elterlichen Antrag

Antrag erforderlich

Voraussetzung für eine Sorgerechtsregelung bei nicht nur vorübergehendem Getrenntleben der Eltern (also insbesondere bei Scheidung) ist, dass mindestens ein Elternteil einen diesbezüglichen Antrag beim FamG stellt (vgl. § 1671 Abs. 1).

Kein Antragsrecht des Kindes und des JA

Das JA und das Kind besitzen dagegen kein Antragsrecht, da es allein als Sache der Eltern angesehen wurde, über die Beibehaltung der elterlichen Sorge zu entscheiden.[60] Liegt kein elterlicher Antrag auf Sorgerechtsregelung vor, behalten getrennt lebende Eltern stets die gemeinsame Ausübung der elterlichen Sorge. Das gilt auch bei Scheidung, und zwar selbst dann, wenn JA und/oder FamG diesbezüglich Bedenken haben.

Grundsätzlich keine Entscheidung von Amts wegen

Selbst wenn solche Bedenken bestehen, kann das FamG die Ausübung der elterlichen Sorge dann nicht von Amts wegen einem Elternteil (ganz oder teilweise) allein übertragen. Vielmehr kann seitens des JA wie auch

---

[60] BT-Drucks. 13/4899, S. 64.

des FamG nur bei den Eltern angeregt werden, einen Antrag auf Sorgerechtsregelung nach § 1671 zu stellen.

Bei Getrenntleben oder Scheidung der Eltern ist es somit dem FamG von Amts wegen (d. h.: ohne elterlichen Antrag) nur noch in Fällen der Gefährdung des Kindeswohls (unter den Voraussetzungen der §§ 1666, 1666a – siehe dazu S. 321 ff.) oder bei längerem tatsächlichen Ausfall eines Elternteils (siehe dazu § 1674 sowie S. 313 f.) möglich, einem Elternteil die Ausübung der elterlichen Sorge teilweise oder ganz zu beschränken und dem anderen insoweit allein zu übertragen.

FamG-Entscheidung von Amts wegen nur in den Fällen der §§ 1666, 1674

Kommt es bei Getrenntleben (insbesondere bei Scheidung) gemeinsam sorgeberechtigter Eltern auf deren Antrag zu einem Sorgerechtsverfahren, so ist dem FamG in § 156 FamFG explizit die Aufgabe zugewiesen, auf ein Einvernehmen der Beteiligten (und damit auf eine dem Kindeswohl entsprechende Regelung) hinzuwirken. Dies soll so früh wie möglich und in jeder Lage des Verfahrens geschehen, wobei die Beteiligten baldmöglichst angehört und auf bestehende Beratungsmöglichkeiten hingewiesen werden sollen. Zu diesem Zweck kann sogar das Sorgerechtsverfahren ausgesetzt werden, sofern Aussicht auf Einvernehmen der Beteiligten oder zumindest deren Bereitschaft zur außergerichtlichen Beratung besteht und dies nicht zu einer für das Kindeswohl nachteiligen Verzögerung der gerichtlichen Entscheidung führt (§ 21 Abs. 1 FamFG).

Vermittlung durch das FamG

Um Letzteres zu vermeiden, kann das FamG unterdessen von Amts wegen schon einstweilige Anordnungen bezüglich der elterlichen Sorge erlassen (§ 156 Abs. 3 FamFG).

Einstweilige Anordnungen

4. Entscheidungsmöglichkeiten des FamG

Regelung der Ausübung der elterlichen Sorge

§ 1671 Abs. 1 besagt, dass die Eltern (zusammen oder einzeln) beantragen können, dass das FamG einem von ihnen die elterliche Sorge teilweise oder insgesamt allein „*überträgt*". Diese Bezeichnung ist (und war auch schon nach früherer Gesetzeslage) aus mehreren Gründen *schlichtweg falsch*.[61] Bei der elterlichen Sorge handelt es sich nämlich nicht nur um eine Pflicht der Eltern, sondern auch um deren verfassungsmäßig garantiertes Grundrecht (vgl. Art. 6 Abs. 2 S. 1 GG). Dieses besitzen sie aufgrund ihrer Elternposition. Es kann ihnen daher gerichtlich weder übertragen noch genommen, sondern nur dessen Ausübung näher geregelt sowie auch beschränkt werden. Letzteres geschieht, wenn aufgrund eines elterlichen Antrags gemäß § 1671 vom FamG eine Sorgerechtsregelung getroffen wird, denn der Sache nach handelt es sich hier um den (teilweisen oder völligen) Entzug der Ausübung elterlicher Sorge.

Falsche Terminologie

Elterliche Anträge auf partielle oder gesamte alleinige Ausübung

Hier ist jede Aufteilung denkbar, die ihnen sinnvoll erscheint. Maßgeblich hierfür wird wohl sein, ob bezüglich der Ausübung einzelner Bereiche der elterlichen Sorge zwischen ihnen Differenzen bestehen oder nicht.

So kann z. B. beantragt werden, dass

---

[61] So auch die Gesetzesbegründung, in der es jedoch hieß: „diese sprachliche Ungenauigkeit soll hingenommen werden" (BT-Drucks. 13/4899, S. 99).

Beispiele:
– ein Elternteil die Personensorge allein ausübt,
– ein Elternteil die Personen- und der andere die Vermögenssorge allein ausübt,
– einem Elternteil die Ausübung des Erziehungs- und/oder Aufenthaltsbestimmungsrechts allein zusteht und sie die restlichen Teile weiterhin gemeinsam ausüben.

Bindung des Gerichts an elterliche Anträge

Voraussetzungen Das FamG muss dem Antrag eines Elternteils auf (teilweise oder völlige) alleinige Ausübung der elterlichen Sorge stattgeben, soweit

Konsens zwischen Eltern und Kind
Kindeswohl erfordert Alleinsorge

– *entweder* der andere Elternteil zustimmt und ein bereits 14 Jahre altes Kind nicht widerspricht (vgl. § 1671 Abs. 2 Nr. 1)
– *oder* zu erwarten ist, dass die Aufhebung der gemeinsamen Ausübung der elterlichen Sorge und die alleinige Ausübung durch den antragstellenden Elternteil dem Kindeswohl am besten entspricht (vgl. § 1671 Abs. 2 Nr. 2).

Ausnahmefälle: § 1674 oder § 1666 Das FamG darf einem elterlichen Antrag allerdings nicht stattgeben, soweit die elterliche Sorge aufgrund anderer Vorschriften abweichend geregelt werden muss (§ 1671 Abs. 4). Das ist z. B. dann der Fall, wenn ein Elternteil für längere Zeit die elterliche Sorge tatsächlich nicht ausüben kann (vgl. § 1674) oder die Voraussetzungen für den Entzug der Ausübung der elterlichen Sorge nach den §§ 1666, 1666a erfüllt sind.

Elterliches Einvernehmen und Kindeswille (§ 1671 Abs. 2 Nr. 1)

Kein Veto-Recht des Kindes Vom übereinstimmenden Elternwillen kann gerichtlich nur dann abgewichen werden, wenn ein bereits 14 Jahre altes Kind dem widerspricht. Das Kind hat aber *kein Veto-Recht*. Jedoch kann es ab diesem Zeitpunkt verhindern, dass ein gemeinsamer Elternvorschlag vom FamG ohne jegliche Überprüfung übernommen wird. Denn in diesem Fall muss das Gericht dann nach § 1671 Abs. 2 Nr. 2 entscheiden (siehe dazu unten). – Ansonsten kann das FamG allein aus Kindeswohlgründen nicht mehr von gemeinsamen Elternvorschlägen abweichen (wie das nach § 1671 Abs. 3 S. 1 aF möglich gewesen war), sondern nur noch in Fällen des Absatzes 4 (siehe dazu oben). Hier wurde also die Elternautonomie gestärkt und die Kindesinteressen nicht mehr eigens für schützenswert erachtet. Das erscheint nicht unproblematisch (siehe dazu unten 5.).

Kindeswohl als oberste Maxime (§ 1671 Abs. 2 Nr. 2)

Einseitige Elternwünsche oder Elternstreit Die Vorschrift enthält die Voraussetzungen, unter denen elterlichen Anträgen auch dann stattgegeben werden muss, wenn der andere Elternteil nicht zustimmt oder sogar dagegen ist. Das ist der Fall, wenn zu erwarten ist, dass die Aufhebung der gemeinsamen Ausübung der elterlichen Sorge und die alleinige Ausübung durch den antragstellenden Elternteil dem Kindeswohl am besten entspricht. Dem liegt die Erwartung zu Grunde, dass sowohl die Aufhebung der gemeinsamen Ausübung der elterlichen Sorge als auch die nunmehr alleinige Ausübung der elterlichen Sorge (oder von Teilen derselben) dem Kindeswohl am besten gerecht wird. Im Gegensatz zum früheren Recht (vgl. § 1671 Abs. 2 aF) wird seit 1.7.1998 dabei gesetzlich nicht mehr ausdrücklich auf die Berücksichtigung der familiären und sozialen Bindungen des Kindes hingewiesen, weil diese ohnehin nur eines von mehreren entscheidungserheblichen Kriterien seien, da auch hiervon abweichende Wünsche des Kindes sowie

Betreuungsmöglichkeiten oder Wohnverhältnisse Einfluss auf die gerichtliche Entscheidung haben.[62] Das ist zweifellos richtig. Dennoch ist der Wegfall des Hinweises auf die Bindungen des Kindes aus dessen Sicht zu bedauern.

5. Problematik der gesetzlichen Regelung

Zielsetzung des Kindschaftsrechtsreformgesetzes war, durch Abbau staatlicher Reglementierung die Autonomie der Eltern zu stärken sowie dem Umstand besser Rechnung zu tragen, dass trotz Auflösung der elterlichen Partnerschaft ihre Elternverantwortung bestehen bleibt[63]. Denn Untersuchungen hatten angeblich ergeben, dass mehr als die Hälfte aller geschiedenen Väter bereits ein Jahr nach ihrer Scheidung keinerlei Kontakt mehr zu ihrem Kind hatten.[64] Dieser Reformbereich war (und ist noch) z.T. heftig *umstritten*. Die Kritik richtet sich vor allem dagegen, hierdurch werde die gemeinsame elterliche Sorge von geschiedenen und anderen getrennt lebenden Eltern gegenüber der Alleinsorge unangemessen bevorzugt (Vorwurf: *„Regelfall-Modell"*). Allerdings muss sich das FamG auf Antrag eines Elternteils mit der Angelegenheit befassen und bereits dann eine abweichende gerichtliche Regelung treffen, wenn zu erwarten ist, dass dies dem Kindeswohl am besten entspricht (§ 1671 Abs. 2 Nr. 2 BGB). Fraglich ist, ob sich (gemäß einer in der Praxis weit verbreiteten Meinung) aus § 1671 ein Vorrang gemeinsamer elterlicher Sorge als „Regelfall" ergibt.[65] Der *BGH* hat dazu unter Hinweis auf die *Begründung zum KindRG*[66] festgestellt:

„Die Neuregelung des Rechts der elterlichen Sorge durch das KindRG enthält kein Regel-Ausnahme-Verhältnis in dem Sinn, dass eine Priorität zugunsten der gemeinsamen elterlichen Sorge bestehen und die Alleinsorge eines Elternteils nur in Ausnahmefällen als *ultima ratio* in Betracht kommen sollte."[67] Es solle zwar in erster Linie Sache der Eltern sein zu entscheiden, ob sie die gemeinsame Sorge nach ihrer Scheidung beibehalten wollen oder nicht. Daraus sei jedoch nicht der Schluss zu ziehen, dass der gemeinsamen Sorge künftig ein Vorrang vor der Alleinsorge eines Elternteils eingeräumt werden sollte. Ebenso wenig bestehe eine gesetzliche Vermutung dafür, dass die gemeinsame elterliche Sorge im Zweifel die für das Kind beste Form der Wahrnehmung elterlicher Verantwortung sei.[68] Einer solchen Regelung „stände bereits entgegen, dass sich elterliche Gemeinsamkeit in der Realität nicht verordnen lässt."[69]

Das *BVerfG* hat dazu entschieden, es sei in Scheidungsfällen „von Verfassungs wegen nicht geboten, der gemeinsamen Sorge einen Vorrang einzuräumen". Ein solcher finde sich auch nicht in der Regelung des § 1671

Gesetzl. Intention: Elternautonomie stärken u. Elternschaft erhalten

Regelfall-Modell?

---

[62] BT-Drucks. 13/4899, S. 99.
[63] Siehe BT-Drucks. 13/4899, S. 63.
[64] So BT-Drucks. 13/4899, S. 63 – ohne jeden Beleg.
[65] Dagegen wendet sich unter Berufung auf die Entscheidung des BGH (FamRZ 1999, S. 1646–1648) u. a. *Fieseler* in: Bier-Fleiter/Weiß, S. 170 f..
[66] Siehe BT-Drucks. 13/4899, S. 63 und 99.
[67] BGH, FamRZ 1999, S. 1647.
[68] BGH, aaO unter Hinweis auf die Begründung zum KindRG, BT-Drucks. 13/4899, S. 63.
[69] BGH, aaO

wieder. Genauso wenig könne vermutet werden, dass die gemeinsame Sorge nach der Trennung der Eltern im Zweifel die für das Kind beste Form der Wahrnehmung elterlicher Verantwortung sei.[70]

Es ist daher zu betonen, dass in Trennungs- und Scheidungsfällen auch nach der Kindschaftsrechtsreform die Jugendhilfe nach wie vor die Aufgabe hat, nach einer dann noch bestmöglichen Lösung für die betroffenen Minderjährigen (die für diese ohnehin meist nur die „zweitbeste" ist, weil sie von einem Elternteil getrennt werden) zu suchen (s. dazu S. 66 ff.). Dabei ist aber nicht etwa Zielsetzung, beinahe „krampfhaft" die gemeinsame Ausübung der elterlichen Sorge anzustreben.[71] Es erscheint deshalb auch äußerst bedenklich, wenn Jugendämter zum Teil untereinander geradezu um die Zahl der Scheidungsfälle mit gemeinsamer elterlichen Sorge wetteifern, indem sie diesbezügliche Statistiken veröffentlichen und sich dadurch unnötigerweise selbst unter Druck setzen.[72]

Die gesetzliche Regelung erscheint aus folgenden Gründen nicht unproblematisch:

Eltern oft überfordert oder zerstritten

Die Autonomie der Eltern zu stärken bedeutet, darauf zu setzen, dass bei ihnen generell ausreichendes Verantwortungsbewusstsein vorhanden und keine Hilfe von außen nötig ist. Davon kann jedoch – quer durch alle sozialen Schichten – bei weitem nicht bei allen Eltern ausgegangen werden, sondern viele sind mit der Regelung der Ausübung der elterlichen Sorge nach ihrer Scheidung enorm belastet oder auch überfordert. Erst recht geraten die Belange der Kinder all zu leicht ins Hintertreffen, wenn die Eltern sehr in ihre eigene Auseinandersetzung verstrickt sind.

Problemlösungsversuche zweifelhaft

Dies gilt insbesondere dann, wenn ein Elternteil den anderen stark dominiert oder wenn die Eltern heftig zerstritten sind (sog. Problem- und „Knaller"-Fälle). In all diesen Konstellationen ist deshalb zu befürchten, dass die Eltern gerade dann fachliche Besprechung und Beratung scheuen, daher weder JA noch FamG von diesen bestehenden Problemen Kenntnis erlangen und somit trotz bestehenden Bedarfs keine Hilfe erfolgt. Um den (bereits im Gesetzgebungsverfahren geäußerten) Befürchtungen zu begegnen, dass das Kind mit seinen Bedürfnissen im Scheidungsverfahren überhaupt nicht mehr zur Kenntnis genommen wird, sondern nur noch eine Objekt-Rolle spielt, ist allerdings Folgendes vorgesehen worden:

Info des FamG an JA

– Die FamG, die vom Vorhandensein gemeinschaftlicher minderjähriger Kinder aufgrund des Scheidungsantrags gemäß § 133 Abs. 1 Nr. 1 FamFG Kenntnis haben, müssen gemäß § 17 Abs. 3 SGB VIII das JA hierüber informieren, damit es den Eltern rechtzeitig Beratung und Unterstützung bei der Entwicklung eines einvernehmlichen Konzepts für die Wahrnehmung ihrer elterlichen Sorge anbieten kann (s. dazu S. 66 ff.).

Elternanhörung durch FamG

– Außerdem sieht § 128 Abs. 2 FamFG eine Anhörung der Ehegatten zur elterlichen Sorge vor, bei der die FamG auch auf bestehende Beratungsmöglichkeiten durch die Beratungsstellen und Dienste der Jugendhilfeträger hinzuweisen haben.

---

[70] BVerfG, Kind-Prax 2004, S. 107.
[71] *Fieseler* in: Bier-Fleiter/Weiß, S. 171, geißelt diese in vielen Jugendämtern verbreitete Tendenz und spricht dabei von „vorauseilendem Gehorsam".
[72] *Fieseler*, aaO.

Aber selbst wenn JA und/oder FamG bei getrennt lebenden oder geschiedenen Eltern bezüglich der weiteren gemeinsamen Ausübung der elterlichen Sorge Bedenken haben und eine andere Lösung für das Kind für besser halten, kann diese dann nicht von Amts wegen dem anderen Elternteil übertragen werden. Vielmehr ist es auch in den Fällen des Getrenntlebens oder der Scheidung der Eltern nur noch bei Ruhen der elterlichen Sorge (§ 1674) oder bei Vorliegen einer Kindeswohlgefährdung unter den Voraussetzungen der §§ 1666, 1666a möglich, einem Elternteil mit den sich aus § 1680 Abs. 3 ergebenden Konsequenzen die elterliche Sorge teilweise oder ganz zu beschränken. In allen anderen Fällen kann seitens des JA wie auch des FamG nur bei den Eltern angeregt werden, einen Antrag auf Sorgerechtsregelung nach § 1671 zu stellen.

Elternwille nur bei § 1674 oder § 1666 unbeachtlich

Gesetzliche Regelung in Trennungs- und Scheidungsfällen:

– In beiden Fällen bleibt die gemeinsame elterliche Sorge der Eltern bestehen. In alltäglichen Angelegenheiten sowie in Eilfällen hat jedoch der betreuende Elternteil die alleinige Sorgebefugnis (§ 1687 Abs. 1 S. 2 u. 5).
– Eine Sorgeregelung durch das FamG ist nur noch auf Antrag von (mindestens) einem Elternteil vorgesehen (§ 1671 Abs. 1).
– Beantragen Eltern übereinstimmend eine Aufteilung der Sorgebefugnis, kann das FamG nur anders entscheiden, wenn ein bereits 14 Jahre altes Kind widerspricht oder die elterliche Sorge gemäß § 1674 oder §§ 1666, 1666a anders geregelt werden muss (§ 1671 Abs. 2 Nr. 1 u. Abs. 3).
– Von Amts wegen kann das FamG nur noch tätig werden bei Ruhen der elterlichen Sorge (§ 1674) und bei Kindeswohlgefährdungen (§§ 1666, 1666a), nicht jedoch, wenn das JA oder das FamG eine andere Regelung zum Kindeswohl für besser halten.

Zusammenfassung

III. Versorgungsausgleich

Das 1. EheRG führte 1977 mit dem Versorgungsausgleich ein weltweit neues Institut ein, mit dem bei einer Scheidung die Partizipation an den während der Ehe erworbenen Versorgungsansprüchen sichergestellt werden sollte. Einzelheiten regelt das Versorgungsausgleichsgesetz (VersAusglG).

Das Recht des Versorgungsausgleichs geht davon aus, dass die während der Ehe erworbenen Anrechte auf Alters- und Invaliditätsversorgung auf der gemeinsamen Leistung der Ehegatten beruhen. Deshalb sind diese nach der Scheidung zu teilen. Hierdurch wird insbesondere sichergestellt, dass eine „Nur-Hausfrau" oder ein „Nur-Hausmann" nach der Scheidung eigenständig gegen die Risiken des Alters und der Invalidität abgesichert und nicht auf Unterhaltszahlungen des früheren Partners angewiesen ist.

Aufgabe des Versorgungsausgleichs

Im Versorgungsausgleich wird jede während der Ehe erworbene Versorgungsanwartschaft im Inland und Ausland und Ansprüche auf laufende Versorgungen gesondert geteilt (vgl. § 2 VersAusglG).

Aufzuteilende Anrechte

Die Ehegatten können Vereinbarungen über den Versorgungsausgleich schließen (§ 6 Abs. 1 S. 1 VersAusglG). Die Vereinbarung ist nur wirksam, wenn sie notariell beurkundet oder gerichtlich protokolliert wurde (§ 7 VersAusglG). Sie muss einer Inhalts- und Ausübungskontrolle standhalten (§ 8 VersAusglG), darf also einen Ehegatten nicht sittenwidrig benachteiligen.

Vereinbarungen der Ehegatten

Wertausgleich bei Scheidung

Schließen die Ehegatten keine Vereinbarung, führt das FamFG einen Wertausgleich durch (§§ 9 ff. VersAusglG). Das VersAusglG unterscheidet dabei zwischen interner und externer Teilung.

Interne Teilung

Bei der internen Teilung werden die Ansprüche innerhalb des jeweiligen Versorgungssystems geteilt (§ 10 VersAusglG). Das FamG überträgt die bei einem Versorgungsträger (z.B. Deutsche Rentenversicherung Bund) bestehenden Anwartschaften zur Hälfte auf den anderen Ehegatten. Das Anrecht des anderen Ehegatten wird entsprechend gekürzt.

Externe Teilung

Bei der externen Teilung begründet das FamG für die ausgleichsberechtigten Ehegatten einen Versorgungsanspruch bei einem anderen Versorgungsträger (§ 14 Abs. 1 VersAusglG). Der Versorgungsträger des ausgleichspflichtigen Ehegatten zahlt an den anderen Versorgungsträger einen Ausgleichsbetrag. Der Anspruch des ausgleichspflichtigen Ehegatten wird entsprechend gekürzt. Die externe Teilung ist nur zulässig, wenn

- der ausgleichsberechtigte Ehegatte und der Versorgungsträger des ausgleichspflichtigen Ehegatten dies vereinbaren,
- der Versorgungsträger des ausgleichspflichtigen Ehegatten dies verlangt,
- eine Beamtenversorgung oder eine ähnliche Versorgung aufgeteilt wird (§ 14 Abs. 2, § 16 VersAusglG).

Ausnahmen vom Versorgungsausgleich

Die §§ 18, 19 VersAusglG zählen Fälle auf, in denen der Versorgungsausgleich ausgeschlossen ist, z.B. bei einer geringfügigen Differenz oder bei einem geringfügigen Ausgleichswert. Der Versorgungsausgleich ist weiter ausgeschlossen, wenn die Ehegatten dies vereinbarten. Dauerte die Ehe kürzer als drei Jahre, werden die Versorgungsansprüche nur ausgeglichen, wenn ein Ehegatte dies beantragt (§ 3 Abs. 3 VersAusglG).

Ausgleichsansprüche nach der Scheidung

Wurde ein Anrecht nicht durch den Wertausgleich ausgeglichen (Beispiel: das Anrecht war noch nicht ausgleichsreif, § 19 VersAusglG), kann der Ausgleichsberechtigte den Ausgleich nach der Ehe verlangen (§§ 20 ff. VersAusglG). Der Ausgleich erfolgt mittels schuldrechtlicher Ausgleichszahlung (§§ 20 ff. VersAusglG). Abfindung ist möglich.

Abänderung der Entscheidung

Ändert sich der Wert eines Anrechts (z.B. wegen geänderter Vorschriften), kann beantragt werden, den Versorgungsausgleich des betroffenen Rechts zu ändern (§§ 32 ff. VersAusglG).

Teilhabe an Hinterbliebenenversorgung

Stirbt ein ausgleichsberechtigter Ehegatte und besteht ein noch nicht ausgeglichenes Anrecht, hat der ausgleichsberechtigte Ehegatte gegen den Versorgungsträger Anspruch auf Hinterbliebenenversorgung in dem Umfang, wie wenn die Ehe im Zeitpunkt des Todes noch bestanden hätte. Leistet ein ausländischer, zwischenstaatlicher oder überstaatlicher Versorgungsträger an die Witwe/den Witwer, besteht der Ausgleichsanspruch gegen diese/diesen.

IV. Unterhaltsansprüche geschiedener Ehegatten

Vorbemerkungen

Siehe zunächst die Übersicht zu den Unterhaltsansprüchen oben S. 198.

Prinzip der Eigenverantwortung

Aus § 1569 folgt, dass jeder Ehegatte nach der Scheidung grundsätzlich selbst für seinen Lebensunterhalt aufkommen muss.

Nachehelicher Unterhalt nur in bestimmten Fällen

Nachehelicher Unterhalt kann nur beansprucht werden, wenn einer der Berechtigungsgründe der §§ 1570–1576 vorliegt. Dies bringt § 1569 dadurch zum Ausdruck, dass ein Anspruch nur „nach den folgenden Vorschriften" besteht.

Mit der Scheidung ist die sich aus § 1353 Abs. 1 S. 2 ergebende gegenseitige Beistandspflicht von Eheleuten an sich beendet. Im Unterhaltsrecht wirkt sie jedoch z.T. weit über die Scheidung hinaus nach (vgl. §§ 1569 ff.). Hier wird geschiedenen Ehegatten einiges abverlangt. Gerechtfertigt wird dies meist als Nachwirkung der ehelichen Solidarität. So geht z.B. das *Bundesverfassungsgericht* von einer über die Scheidung hinaus fortwirkenden personalen Verantwortung beider Ehegatten aus.[73] Gerechtfertigt wird diese nacheheliche Solidarität damit, dass ehebedingte Bedürfnislagen vom wirtschaftlich Stärkeren ausgeglichen werden müssten. Dies erscheint adäquat, soweit und solange ein Elternteil wegen der Betreuung gemeinsamer minderjähriger Kinder nicht für seinen Lebensunterhalt selbst sorgen kann oder um der Familie willen während der Ehe seine berufliche Entfaltung eingeschränkt oder ganz aufgegeben hat. Problematisch erscheint jedoch, dass Unterhaltsverpflichtungen auch dann bestehen, wenn deren Ursachen nicht in der Ehe wurzeln, sondern auf anderen Gründen beruhen (wie z.B. Arbeitslosigkeit oder Krankheit). Kritisch zu betrachten ist dabei vor allem, dass der Berechtigungsgrund generell weder Einfluss auf Rangfolge, Höhe oder Dauer[74] des Unterhaltsanspruchs hat.

Ziele des Gesetzes

Siehe zunächst die Übersicht zu den Unterhaltsansprüchen auf S. 198. § 1569 ist keine Anspruchsnorm (auch keine Art Generalklausel). Anspruchsgrundlage des Anspruches auf nachehelichen Unterhalt sind vielmehr die einzelnen Berechtigungsgründe der §§ 1570 ff.

Anspruchsgrundlage

Die einzelnen Anspruchsvoraussetzungen ergeben sich abschließend (§ 1569) aus den §§ 1570–1586b. Im Einzelnen sind folgende Voraussetzungen zu prüfen:

Anspruchs-voraussetzungen

Voraussetzungen des Anspruches auf Geschiedenenunterhalt:

– Vorliegen eines Berechtigungsgrundes nach den §§ 1570 ff.
– Bedürftigkeit des Unterhalt begehrenden Ehegatten
  – Umfang des Lebensbedarfes
  – abzüglich einzusetzendes Einkommen, ggf. fiktives Einkommen und Vermögen
– Leistungsfähigkeit des in Anspruch genommen Ehegatten
– Fehlen von Ausschlussgründen.

Unerheblich ist, in welchem Güterstand die geschiedenen Ehegatten lebten und welcher Scheidungsgrund (anders als früher nach dem EheG) vorliegt.

Liegen die genannten Voraussetzungen vor, besteht ein Anspruch auf Unterhalt in Höhe des nicht gedeckten notwendigen Lebensunterhalts. Einzelheiten bezüglich Art, Zahlungszeitpunkt, etc. legen wiederum die §§ 1570 ff. fest.

Anspruchsinhalt

---

[73] BVerfG, FamRZ 1981, 745, 748.
[74] Bei Ansprüchen nach § 1573 besteht allerdings eine Begrenzungsmöglichkeit (siehe S. 240 f.).

1. Gesetzlich anerkannte Unterhaltsberechtigungsgründe

Abschließende Regelung in den §§ 1570–1576

Die §§ 1570–1573, 1575, 1576 legen abschließend fest, wann in Scheidungsfällen eine Unterhaltsberechtigung besteht. Leitender Gesichtspunkt ist dabei, dass in bestimmten Fallkonstellationen von einem geschiedenen Ehegatten keine Erwerbstätigkeit zu erwarten ist.

Erwerbstätigkeit

Zusätzlich zu der jeweiligen speziellen „Erwartungsformel" der vorgenannten Vorschriften stellt § 1574 Abs. 1 allgemein klar, dass geschiedene Ehegatten nicht jede Arbeit übernehmen müssen, sondern nur eine ihnen gemäß § 1574 Abs. 2 „angemessene Erwerbstätigkeit" auszuüben brauchen. Diesen unbestimmten Rechtsbegriff konkretisiert § 1574 Abs. 2. Danach ist eine Erwerbstätigkeit nur dann angemessen, wenn sie entspricht

Angemessenheit

der Ausbildung, den Fähigkeiten, einer früheren Erwerbstätigkeit, dem Lebensalter und dem Gesundheitszustand des betreffenden Ehegatten sowie den ehelichen Lebensverhältnissen.

(Bei Letzteren ist sowohl Ehe- wie Betreuungs-Dauer gemeinschaftlicher Kinder zu berücksichtigen.)

Verpflichtung zur Aus-/Fortbildung/ Umschulung

Andererseits sind geschiedene Ehegatten aber auch verpflichtet, sich ausbilden, fortbilden oder umschulen zu lassen, soweit dies „zur Aufnahme einer angemessenen Erwerbstätigkeit erforderlich und ein erfolgreicher Abschluss zu erwarten ist" (§ 1574 Abs. 3).

Verhältnis der Ansprüche zueinander

Die einzelnen Unterhaltsberechtigungsgründe der §§ 1570–1572, 1576 können nebeneinander bestehen (insbesondere § 1570 u. § 1572 sowie § 1572 u. § 1571). Der Anspruch nach § 1573 Abs. 1 schließt dagegen logischerweise andere Berechtigungsgründe aus, wenn er dies auch nur ausdrücklich für die Ansprüche nach den §§ 1570–1572 besagt.[75] Das Verhältnis von § 1576 zu den anderen Unterhaltsberechtigungsgründen wird unterschiedlich gesehen. Aus seiner Entstehungsgeschichte ist m.E. zu schließen, dass er nur in Betracht kommt, wenn andere Ansprüche nicht gegeben sind; der *BGH* nimmt Subsidiarität gegenüber § 1570 an und hat dies gegenüber den anderen Berechtigungsgründen offen gelassen.[76] Die einzelnen Unterhaltsberechtigungsgründe können z.T. nacheinander geltend gemacht werden (z.B. erst § 1570, danach § 1575, dann § 1572 und schließlich § 1571). Kritiker bezeichnen dies als „*maschendichtes Unterhaltsnetz*", da u.U. lebenslang Ansprüche bestehen.

Unterhaltsnetz

Pflicht zum Selbsterhalt beachten

Auch wenn im Einzelfall ein konkreter Unterhaltsberechtigungsgrund vorliegt, ist stets § 1577 Abs. 1 zu beachten, d.h.: ob der betreffende Ehegatte noch angemessen selbst für sich sorgen kann (siehe dazu oben).

---

[75] Ebenso: MüKoBGB/*Maurer*, § 1573 Rn. 3 sowie *Schwab*, Rn. 396, der jedoch Ansprüche nach § 1575 nicht einbezieht.
[76] BGH, FamRZ 1984, 361.

Gesetzlich abschließend geregelte Unterhaltsberechtigungsgründe

- Kinderbetreuung, d. h. Pflege oder Erziehung gemeinschaftlicher Kinder (§ 1570)
- Altersgründe (§ 1571)
- Krankheit, Schwäche, Gebrechen (§ 1572)
- fehlende angemessene Erwerbstätigkeit (§ 1573 Abs. 1 u. 3)
- zu geringe eigene Einkünfte (§ 1573 Abs. 2)
- Ausbildung, Fortbildung, Umschulung (§ 1575)
- Billigkeitsgründe (§ 1576)

Die gesetzliche Reihenfolge entspricht nur zum Teil der Häufigkeit in der Praxis.

Bei der Prüfung sämtlicher Unterhaltsberechtigungsgründe sind stets §§ 1569 und 1574 zu beachten!

---

a) Unterhalt wegen Kinderbetreuung

Ein geschiedener Ehegatte kann vom anderen Unterhalt wegen der Pflege oder Erziehung eines gemeinschaftlichen Kindes für mindestens drei Jahre nach der Geburt (sog. Basisunterhalt) verlangen (§ 1570 Abs. 1 S. 1). Ob er das Kind betreuen will, kann er frei entscheiden.

Betreut ein Ehegatte ein Kind über drei Jahre, erhält er Unterhalt, solange und soweit dies der Billigkeit entspricht (§ 1570 Abs. 1 S. 2). Bei dieser Entscheidung ist neben den Belangen des Kindes zu berücksichtigen, ob Möglichkeiten der Kinderbetreuung bestehen, z. B. Kindergarten, Schule. Der Übergang von der elterlichen Betreuung zur Vollerwerbstätigkeit kann stufenweise erfolgen (BT-Drucks. 16/6980 S. 9). Dass ausreichende Betreuungsangebote nicht zur Verfügung stehen, muss der unterhaltsberechtigte Ehegatte nachweisen. Grundsätzlich muss er Betreuungsangebote nutzen. Etwas anderes gilt nur, wenn hierdurch das Wohl des Kindes gefährdet ist. Dies ist aber bei öffentlichen Betreuungsangeboten in der Regel nicht der Fall.[77] Maßgebend ist, ob im konkreten Einzelfall der Betreuungsbedarf gedeckt ist. Es genügt nicht, auf allgemeine Erfahrungswerte zurückzugreifen.[78] Das nach dem bis Ende 2007 geltenden Recht angewandte Altersphasenmodell ist nicht mehr anwendbar.[79] Bei einem Kind von sieben Jahren geht der BGH allerdings davon aus, dass keine Vollerwerbstätigkeit aufgenommen werden müsse, wenn die Betreuung des Kindes in Schule und Hort nur bis 14.00 Uhr sichergestellt sei, da es in diesem Alter regelmäßiger Kontrolle bedürfe. Ein Anspruch auf Betreuungsunterhalt über das dritte Lebensjahr des Kindes hinaus kann sich weiter aus elternbezogenen Gründen ergeben (§ 1570 Abs. 2). Hierbei sind die Gestaltung der Kinderbetreuung und der Erwerbstätigkeit während der Ehe sowie die Dauer der Ehe zu berücksichtigen. Die Er-

Voraussetzungen
Kinder unter drei Jahre

Kinder über drei Jahre

---

[77] Vgl. BGH NJW 2009, 2592.
[78] Vgl. BGH FamRZ 2011, 1375.
[79] Vgl. BGH NJW 2009, 2592.

werbstätigkeit neben der Erziehung und Betreuung darf nicht zu einer überobligationsmäßigen Belastung führen.[80]

Gemeinschaftliche Kinder

Gemeinschaftliche Kinder sind eheliche und gemeinsam adoptierte Kinder sowie adoptierte Stiefkinder (d. h. ein Ehegatte adoptiert das Kind des anderen). Für andere in der Ehe aufgenommene Kinder (nichteheliche Kinder, Kinder aus einer anderen Ehe sowie Pflegekinder) kann die Norm nicht angewendet werden (jedoch evtl. § 1576 [siehe dazu S. 242 ff.]) – ebenso wenig für ein zum Scheidungszeitpunkt oder später betreutes nichteheliches Kind. – Umstritten ist, ob die Norm auch für gemeinsame Kinder gilt, die nach der Scheidung geboren werden.[81] – § 1570 gilt gleichermaßen für beide Ehegatten, auch wenn die Vorschrift in der Praxis ganz überwiegend Frauen betrifft.

Bedeutung der elterlichen Sorge

Für die Anwendung der Norm ist grundsätzlich unerheblich, ob dem allein betreuenden Elternteil die elterliche Sorge zusteht oder nicht.

Bei Wegnahme oder Nichtherausgabe des Kindes durch einen nicht sorgeberechtigten Elternteil kann allerdings eine Beschränkung oder Versagung des Unterhalts nach § 1579 Nr. 8 in Betracht kommen (s. dazu S. 254 ff.).

Privilegierter Anspruch

Wer einen Unterhaltsanspruch nach § 1570 besitzt, wird unterhaltsrechtlich besonders *privilegiert*, denn dieser Anspruch

- ist als einziger unabhängig vom Bestehen eines zeitlichen Zusammenhanges mit der Scheidung (vgl. § 1570),
- besteht grundsätzlich auch dort, wo andere beschränkt oder versagt werden (vgl. §§ 1577 Abs. 4 S. 2, 1578b sowie auch § 1579),
- kann einen bestehenden Gleichrang mit einem zweiten Ehegatten verdrängen (vgl. § 1609 sowie S. 248),
- kann als einziger Berechtigungsgrund nach Auflösung einer weiteren Ehe wieder aufleben (vgl. § 1586a Abs. 1 sowie S. 257).

Zentrale Bedeutung

Der Unterhaltsanspruch wegen Kinderbetreuung ist somit von ganz zentraler Bedeutung. Es ist daher nicht verwunderlich, dass er meist im Mittelpunkt einer Scheidung steht.

Ausübung einer nicht zu erwartenden Erwerbstätigkeit

Fraglich ist, ob ein Unterhaltsanspruch aus § 1570 auch dann besteht, wenn ein geschiedener Ehegatte Einkommen erzielt, obwohl von ihm eine Erwerbstätigkeit nicht zu erwarten ist. Nach hM sind derartige Einkünfte nach § 1577 zu behandeln. Das bedeutet Folgendes:

- sie bleiben gemäß § 1577 Abs. 2 S. 1 anrechnungsfrei, solange der volle Unterhaltsbedarf (siehe dazu § 1578 sowie S. 244 ff.) nicht überschritten wird,
- gehen sie darüber hinaus, werden sie gemäß § 1577 Abs. 2 S. 2 nach Billigkeitsgrundsätzen angerechnet (wobei die Berechnung streitig ist; die wohl hM lässt 50 % anrechnungsfrei[82]).

---

[80] Vgl. BGH NJW 2009, 2592.
[81] Siehe dazu MüKoBGB/*Maurer*, § 1570, Rn. 2; nach *BGH*, NJW 1998, 1065, bestehen dann nur Ansprüche nach § 1615 l.
[82] *Palandt/Brudermüller*, § 1577, Rn. 26.

b) Unterhalt wegen Ausbildung, Fortbildung, Umschulung

Zielsetzung des 1. EheRG war es u. a., die besondere Lage derjenigen Ehegatten auszugleichen, die durch die Ehe Nachteile in ihrem beruflichen Fortkommen erlitten haben.[83] Um diesen Ehegatten (zumeist sind es Frauen) die Eingliederung in das Berufsleben zu erleichtern (oder überhaupt erst zu ermöglichen) und ihnen eine iSd § 1574 angemessene Erwerbstätigkeit zu sichern, gewährt § 1575 ihnen zum Ausgleich ehebedingter Nachteile einen Unterhaltsanspruch für die Zeit einer Aus- oder Fortbildung sowie Umschulung.

Ausgleich von ehebedingten Nachteilen

aa) Ausbildungsunterhalt

Nach hM sind Schul- und Berufsausbildung im weitesten Sinn zu verstehen. Eine Beschränkung auf die im BAföG aufgeführten Ausbildungsmöglichkeiten oder auf die durch gesetzliche Berufsbilder bestimmten Berufe besteht dabei nicht. Allerdings muss ein Ausbilder vorhanden sein.[84]

Begriff Ausbildung ist weit auszulegen

Gemäß § 1575 Abs. 1 S. 1 sind für den Anspruch auf Ausbildungsunterhalt **4 Voraussetzungen** zu erfüllen:

Anspruchsvoraussetzungen

1. Der betreffende Ehegatte muss *entweder* in Erwartung der Ehe *oder* während der Ehe eine Schul- oder Berufsausbildung nicht aufgenommen oder eine (bereits begonnene) abgebrochen haben.

Nichtaufnahme oder Abbruch der Ausbildung

> Ersteres ist nur schwer, Letzteres anhand der jeweiligen Biographie dagegen leicht beweisbar. Denn die Norm verlangt nicht den Nachweis, dass die Nichtaufnahme einer Ausbildung oder deren Abbruch „wegen der Ehe" erfolgte. Im Hinblick auf die Schwierigkeiten beim Führen eines solchen Kausalzusammenhanges wurde bewusst in Kauf genommen, dass hierfür auch andere Gründe maßgeblich gewesen sein können, zumal davon ausgegangen worden war, dass diesbezügliche Entscheidungen in einer Ehe meist einvernehmlich erfolgen und somit beiden Ehegatten zuzurechnen sind.[85]

2. Der betreffende Ehegatte muss eine geplante, aber nicht begonnene oder die während der Ehe abgebrochene Ausbildung – oder eine entsprechende – „sobald wie möglich aufnehmen".

Baldmögliche Aufnahme derselben oder gleichwertigen Ausbildung

> Für die Frage, ob die neu aufgenommene Ausbildung der ursprünglich beabsichtigten oder der abgebrochenen Ausbildung entspricht, kommt es nach hM nicht auf fachliche Gesichtspunkte, sondern auf die Gleichwertigkeit in der sozialen Einordnung an. Der Beruf muss den Neigungen des geschiedenen Ehegatten entsprechen, wobei durch eine vor der Ehe einmal eingeschlagene Berufsrichtung keine Vermutungen entstehen. Der geschiedene Ehegatte kann also zwischen der Aufnahme einer neuen Ausbildung und der Fortsetzung einer vorzeitig abgebrochenen Ausbildung wählen. Der Unterhaltsverpflichtete kann ihn dabei nicht auf einen für sich selbst günstigen Weg verweisen.[86]

> Für die Aufnahme der Ausbildung „sobald wie möglich" hat der Gesetzgeber keine Frist gesetzt, um hierbei die jeweiligen persönlichen Umstände wie auch die Ausbildungsmöglichkeiten/-beginne berücksichtigen zu können. Dabei muss nicht nur ein gewisser Überlegungszeitraum, sondern auch eine eventuelle Kinderbetreuung oder Krankheit sowie auch der Versuch, eine Erwerbstätigkeit

Fristenproblematik

---

[83] BT-Drucks. 7/650, S. 130.
[84] BGH, FamRZ 1987, 795.
[85] BT-Drucks. 7/4361, S. 131.
[86] OLG Köln, FamRZ 1996, 867.

zu finden, zugestanden werden (das OLG Köln, aaO, hat im letzteren Fall daher bei diesbezüglich fehlgeschlagenem Versuch nach 14 Monaten noch einen Ausbildungsanspruch zugebilligt).

Nachhaltige Unterhaltssicherung

3. Die geplante Ausbildung muss dem Ziel dienen, eine iSd § 1574 angemessene Erwerbstätigkeit (s. dazu S. 246 f.) zu erlangen, die den Unterhalt *nachhaltig sichert.*

Der Begriff der „nachhaltigen Sicherung" ist dem Entschädigungsrecht entlehnt, so dass die hierzu ergangene Rechtsprechung maßgeblich ist,[87] d. h. davon ist nur auszugehen, wenn eine „dauernde" Erwerbstätigkeit angestrebt wird und voraussichtlich auch erreichbar ist. Maßgeblicher Zeitpunkt für die diesbezügliche Prognose ist die Scheidung.[88] Gesetzeszweck ist einerseits, die wirtschaftliche Selbstständigkeit des betreffenden Ehegatten zu ermöglichen und damit die Unterhaltsverpflichtung des anderen in absehbarer Zeit zu beenden. Andererseits sollen auch Missbräuche verhindert werden (also keine Ausbildung „zur bloßen Selbstverwirklichung").

Erfolgreicher Abschluss ist zu erwarten

4. Der erfolgreiche Abschluss der geplanten Ausbildung muss zu erwarten sein.

Diese Erwartung muss sich aus den gesamten Umständen ergeben, insbesondere aus den Fähigkeiten und dem Alter.[89] Die Erfolgsaussicht muss nicht nur vor, sondern auch während der Ausbildung gegeben sein, anderenfalls besteht der Anspruch nicht (oder nicht mehr). Der Anspruch ist jedoch nicht erfolgsabhängig. Bei Nichtbestehen von Prüfungen ergibt sich daher kein Rückzahlungsanspruch.[90]

Anspruchsdauer

Berücksichtigung ehebedingter Verzögerungen

Ausbildungsunterhalt kann „längstens" für die Zeit beansprucht werden, in der die betreffende Ausbildung „im Allgemeinen" abgeschlossen wird; dabei sind ehebedingte Verzögerungen (z. B. Kinderbetreuung oder Lebensalter) zu berücksichtigen (§ 1575 Abs. 1 S. 2). Er besteht also u. U. nicht nur für die Zeiträume, die jeweils für ein Studium oder eine Berufsausbildung vorgesehen sind.

Umfang des Anspruchs

Gesamter Lebensbedarf und Ausbildungskosten

Wie bei allen Unterhaltsansprüchen Geschiedener umfasst auch der Ausbildungsunterhalt den gesamten Lebensbedarf, der sich an den ehelichen Lebensverhältnissen orientiert und auch die Ausbildungskosten beinhaltet (vgl. § 1578 Abs. 2).

bb) Fortbildungsunterhalt

Definition

Wenn sich ein geschiedener Ehegatte fortbilden lässt, um durch die Ehe eingetretene Nachteile auszugleichen, gilt nach § 1575 Abs. 2 Entsprechendes wie für den Anspruch auf Ausbildungsunterhalt. Unter Fortbildung wird die Teilnahme an Maßnahmen verstanden, die das Ziel haben, berufliche Kenntnisse und Fertigkeiten festzustellen, zu erhalten, zu er-

---

[87] BT-Drucks. 7/650, S. 127.

[88] BGH, FamRZ 1985, 53, 791 u. 1234.

[89] Eine entsprechende Formulierung war im ursprünglichen Gesetzentwurf vorgesehen gewesen, aber dann wegen „Selbstverständlichkeit" wieder gestrichen worden (vgl. BT-Drucks. 7/4361, S. 30).

[90] Ebenso MüKoBGB/*Maurer*, § 1575, Rn. 19.

weitern oder der technischen Entwicklung anzupassen oder einen beruflichen Aufstieg zu ermöglichen.

Sie setzen eine abgeschlossene Berufsausbildung oder eine angemessene Berufserfahrung voraus. Zusätzlich müssen folgende weitere Voraussetzungen erfüllt sein:

Voraussetzungen

1. die Fortbildung muss erfolgen, um ehebedingte Nachteile auszugleichen,
2. die Fortbildung muss erforderlich sein, um eine angemessene Erwerbstätigkeit zu erlangen, die den Unterhalt nachhaltig sichert,
3. die Fortbildung muss so bald wie möglich aufgenommen werden,
4. der erfolgreiche Abschluss der Fortbildung muss zu erwarten sein.

Bezüglich der allgemeinen Voraussetzungen sowie der Dauer und des Umfangs dieses Unterhaltsanspruchs gelten die Ausführungen oben zu aa) entsprechend.

cc) Umschulungsunterhalt

Unter beruflicher Umschulung wird die Teilnahme von Arbeitsuchenden an Maßnahmen verstanden, die das Ziel haben, den Übergang in eine andere geeignete berufliche Tätigkeit zu ermöglichen, insbesondere um die berufliche Beweglichkeit zu sichern und zu verbessern. Sie setzen ebenfalls eine abgeschlossene Berufsausbildung oder eine angemessene Berufserfahrung voraus.

Definition

Unter denselben Voraussetzungen wie bei beruflicher Fortbildung gewährt § 1575 Abs. 2 bei Umschulungsmaßnahmen einen Unterhaltsanspruch. Bezüglich Dauer und Umfang desselben gilt das unter aa) Gesagte entsprechend.

Anspruchs-voraussetzungen

dd) Unterhalt nach Beendigung von Ausbildung, Fortbildung, Umschulung

Wenn die Voraussetzungen für eine Unterhaltsgewährung nach § 1575 entfallen sind (weil die o. a. Maßnahmen erfolgreich abgeschlossen oder abgebrochen wurden), so steht dem Ehegatten nach § 1573 Abs. 3 ein Unterhaltsanspruch zu, wenn er nun keine angemessene Erwerbstätigkeit findet oder die Einkünfte aus einer solchen nicht ausreichen. In Abweichung von § 1574 Abs. 2 bleibt aber dann ein evtl. erreichter höherer Ausbildungsstand bei der Bestimmung der ihm angemessenen Erwerbstätigkeit außer Betracht (§ 1575 Abs. 3). Das bedeutet, dass dieser Ehegatte sich dann auch auf solche Tätigkeiten verweisen lassen muss, die für ihn vor Beginn der Ausbildungs- oder Berufsmaßnahmen angemessen gewesen waren. Denn es erschien nicht gerechtfertigt, den Unterhalt zahlenden Ehegatten dann auch noch mit dem Risiko einer Anstellung durch die Höherqualifizierung zu belasten, wenn sich die ursprüngliche positive Prognose einer nachhaltigen Unterhaltssicherung zerschlagen hat.

Anspruchs-voraussetzungen

Es ist ohnehin nur schwer verständlich, dass dann noch Unterhalt geschuldet werden kann, wenn der ausgebildete, fortgebildete oder umgeschulte Ehegatte nun weder eine seiner neuen Qualifizierung gemäße, noch eine seinen vorherigen Fähigkeiten entsprechende Anstellung findet oder durch diese sein Lebensbedarf nicht gedeckt werden kann, weil das die nacheheliche Solidarität überstrapaziert.

c) Unterhalt wegen Krankheit oder Gebrechen

Anspruchs-
voraussetzungen

Geschiedenen Ehegatten steht nach § 1572 ein Unterhaltsanspruch zu, „solange und soweit" von ihnen wegen

Krankheit, anderer Gebrechen, Schwäche der körperlichen oder geistigen Kräfte

eine angemessene Erwerbstätigkeit nicht erwartet werden kann.

Dabei ist unerheblich, ob es sich dabei um einen vorübergehenden oder um einen voraussichtlich lang andauernden Zustand handelt.[91]

Eheanknüpfung
erforderlich

Ein solcher Unterhaltsanspruch besteht aber auch hier nur, wenn die Anknüpfung an die Ehe möglich ist, denn nach § 1572 ist Bedingung, dass der oben genannte Zustand *entweder* vorliegt zum Zeitpunkt

1. der Scheidung (d. h. gemäß § 1564 S. 2: bei Rechtskraft[92]) *oder*
2. der Beendigung von Pflege oder Erziehung eines gemeinschaftlichen Kindes *oder*
3. der Beendigung der Ausbildung, Fortbildung oder Umschulung *oder*
4. des Wegfalls der Voraussetzungen für einen Unterhaltsanspruch nach § 1573.

Kausalitätsnachweis
nicht erforderlich

Nur das muss nachgewiesen werden, nicht jedoch, dass die Ursache dieses Zustandes aus der Ehe resultiert. Dieser Unterhaltsanspruch kommt daher auch dann in Betracht, wenn z. B. die Krankheit nachweislich schon vor der Ehe bestanden hat[93]. – Hier kommt aber dann gemäß § 1578b Abs. 2 evtl. eine *Herabsetzung* und *Befristung* in Betracht.

Spätere Erkrankungen

Ein Anspruch besteht jedoch nicht, wenn der betreffende Zustand erst nach den o. a. „Einsatzzeitpunkten" auftritt, es sei denn, es besteht noch ein Zusammenhang mit diesen. Das ist z. B. dann der Fall, wenn eine Krankheit bei Scheidung schon vorhanden war, aber erst später zur Erwerbsunfähigkeit führt. – Hier wird aber dann evtl. eine Befristung in Betracht kommen (s. dazu oben).

In der Rechtsprechung sind – soweit ersichtlich – nur wenige Entscheidungen zum zeitlichen Zusammenhang veröffentlicht worden. Im Fall des *OLG Stuttgart*[94] führte ein zum Einsatzzeitpunkt bereits bestehendes Unterschenkelgeschwür etwa sechs Monate später zur Erwerbsunfähigkeit. Im Fall des *BGH*[95] lag bereits bei Ehescheidung eine teilweise Erwerbsunfähigkeit wegen mehrerer Leiden vor, woraus 1 1/2 Jahre später eine völlige Erwerbsunfähigkeit resultierte. In beiden Fällen wurde dies jeweils noch dem Einsatzzeitpunkt zugeordnet und somit ein Anspruch nach § 1572 anerkannt. Dagegen hat das *OLG Karlsruhe*[96] den Zusammenhang verneint, als eine Psychose, deren Symptome schon während der Ehe bestanden, erst vier Jahre nach Scheidung ausbrach.

Später eintretende
Bedürftigkeit

Umstritten ist, ob ein Anspruch auch dann besteht, wenn dieser Zustand zu den gesetzlichen Einsatzzeitpunkten (s. o.) zwar schon vorhanden

---

[91] MüKoBGB/*Maurer*, § 1572 Rn. 2; OLG Nürnberg, FamRZ 1992, 682.

[92] Ebenso: MüKoBGB/*Maurer*, § 1572 Rn. 12.

[93] BGH, NJW 1982, 40; FamRZ 1994, S. 566; 1995, 1405; 1996, 1272; 2004, 779; MüKoBGB/*Maurer*, § 1572 Rn. 5; *Palandt/Brudermüller*, § 1572 Rn. 3; *Schwab*, Rn. 383.

[94] OLG Stuttgart, FamRZ 1983, 501.

[95] BGH, FamRZ 1987, 684.

[96] OLG Karlsruhe, FamRZ 1994, 104.

war und deshalb auch Erwerbsunfähigkeit vorlag, aber erst zu einem späteren Zeitpunkt eine Bedürftigkeit eintritt.[97]

Nach § 1572 kommt auch ein Teilanspruch in Betracht (vgl. „soweit"), nämlich wenn wegen des betreffenden Zustandes nur eine Teilzeittätigkeit zu erwarten ist.

Teil-Anspruch möglich

Scheitert ein Unterhaltsanspruch wegen Krankheit nur am Einsatzzeitpunkt, so kann ein Unterhaltsanspruch nach § 1576 (s. dazu S. 242 ff.) in Betracht kommen[98].

d) Unterhalt aus Altersgründen

Ein geschiedener Ehegatte kann von dem anderen Unterhalt verlangen, soweit von ihm wegen seines Alters eine Erwerbstätigkeit nicht mehr erwartet werden kann (§ 1571). Diese Situation muss vorliegen im Zeitpunkt:

Eheanknüpfung nötig

1. der Scheidung (d. h. gem. § 1564 S. 2: bei Rechtskraft) *oder*
2. der Beendigung der Pflege oder Erziehung eines gemeinschaftlichen Kindes *oder*
3. des Wegfalls der Voraussetzungen für einen Unterhaltsanspruch nach den §§ 1572 und 1573,

d. h.: nach diesen gesetzlich festgelegten Zeitpunkten kann dieser Unterhaltsanspruch nicht mehr geltend gemacht werden.

Der Gesetzgeber hat es vermieden, eine feste Altersgrenze festzulegen, weil auch hier wiederum Einzelfallgerechtigkeit geübt werden sollte. Die Regelung will nicht nur Ehegatten, die ein Alter erreicht haben, das Voraussetzung für die Gewährung einer öffentlichen Altersversorgung ist, von der Verpflichtung zu einer Erwerbstätigkeit befreien. Sie will auch denjenigen Geschiedenen einen Unterhaltsanspruch verschaffen, die bereits vorher – insbesondere nach einer langen Berufsunterbrechung – in keine iSd § 1574 angemessene Erwerbstätigkeit mehr vermittelt werden können.[99] Das ist u. U. auch berufsabhängig (z. B. bei Polizei, Bundeswehr, fliegendem Personal, OP-Schwestern). – Die Rechtsprechung ist (wie so oft) nicht immer einsichtig:

Keine feste Altersgrenze

Beispiele: Einer berufslosen Frau von 60 Jahren, die bislang den Haushalt führte, mutete das OLG Hamm[100] Haushalts- und verwandte Tätigkeiten zu.

Einer 53-jährigen berufslosen Frau gestand das OLG Hamburg[101] nach 20-jähriger Ehe gegen ihren gut verdienenden geschiedenen Ehemann einen Anspruch auf Altersunterhalt zu.

Das OLG Koblenz[102] hat dagegen einer 53-jährigen Frau nach 22-jähriger Ehe u. keinerlei Erwerbstätigkeit außerhalb des Haushalts einen Anspruch versagt.

---

[97] Das OLG München, FamRZ 1993, 564, hat in einem solchen Fall den Anspruch 2 1/2 Jahre nach Scheidung noch für denkbar gehalten.
[98] Vgl. BGH, FamRZ 1990, 496 sowie OLG Karlsruhe, FamRZ 1996, 948.
[99] Dazu *Schleicher*, RWP 1978, Nr. 1007, S. 533.
[100] OLG Hamm, FamRZ 1995, 1416.
[101] OLG Hamburg, FamRZ 1991, 445.
[102] OLG Koblenz, FamRZ 1992, 950.

e) Überbrückungs- und Aufstockungs-Unterhalt

aa) Überbrückungs-Unterhalt

Kriterien

§ 1573 Abs. 1 gewährt geschiedenen Ehegatten, die keinen gesetzlich anerkannten Unterhaltsanspruch besitzen, dennoch Unterhalt, solange sie nach der Scheidung keine ihnen gemäß § 1574 angemessene Erwerbstätigkeit zu finden vermögen. Dabei ist es unerheblich, ob sie vor oder während der Ehe schon einmal erwerbstätig waren oder nicht und ob ehebedingte (z. B. Kindeserziehung) oder äußere Gründe (schlechte Arbeitsmarktlage) hierfür maßgeblich sind.[103] Da beide Risiken den wirtschaftlich stärkeren geschiedenen Ehegatten treffen, wird dieser Anspruch auch *„Arbeitslosenunterhalt"* genannt.

Kein Unterhalt
bei Arbeitsaufgabe

Gibt aber ein Ehegatte aus Anlass der Scheidung eine von ihm zu erwartende und ihm angemessene Erwerbstätigkeit auf, so besteht dieser Anspruch nicht, dann wäre § 1579 Nr. 4 anwendbar (s. dazu S. 253). Das gilt jedoch in beiden Fällen nicht, wenn der Ehegatte zu einer solchen Erwerbstätigkeit gar nicht verpflichtet gewesen wäre oder nun nach der Scheidung nicht verpflichtet ist (s. dazu S. 232 ff.), d. h.: dann besteht der Anspruch.

Nachweis

Der betreffende Ehegatte muss konkret nachweisen, dass er trotz ständigem Bemühen keine ihm angemessene Erwerbstätigkeit zu finden vermag. Dabei genügt es nicht, sich bei der *Bundesagentur für Arbeit* arbeitsuchend zu melden,[104] vielmehr ist es zusätzlich nötig, sich auf Stellenanzeigen zu bewerben und auch eigene Anzeigen aufzugeben.

Fallkonstellationen

Folgende Situationen können diesen Unterhaltsanspruch auslösen:

Trotz (nachgewiesener) ernsthafter Bemühungen findet ein geschiedener Ehegatte, der sich gemäß § 1577 nicht selbst unterhalten kann, keine ihm nach § 1574 angemessene Erwerbstätigkeit,

1. dem kein Anspruch nach den §§ 1570, 1571, 1572 zusteht (§ 1573 Abs. 1),

   Beispiele: Der Ehegatte betreut keine Kinder, macht keine Ausbildung, Fortbildung, Umschulung, ist weder krank noch zu alt für eine Erwerbstätigkeit und es liegen auch keine Härtegründe vor

2. dessen Unterhaltsanspruch nach den §§ 1570, 1571[105], 1572, 1575 wegen Wegfall der dort festgelegten Voraussetzungen entfallen ist (§ 1573 Abs. 3),

   Beispiele: Die Kinderbetreuung, Ausbildung, Fortbildung, Umschulung oder Krankheit ist beendet, oder die Härtegründe reichen nur für einen zeitlich begrenzten Unterhaltsanspruch

3. dessen Einkünfte aus einer bisherigen Erwerbstätigkeit wegfallen, weil ihm trotz Bemühen eine nachhaltige Sicherung des Unterhalts nach der Scheidung misslungen ist (§ 1573 Abs. 4 S. 1).

---

[103] BGH, NJW 1980, 394; MüKoBGB/*Maurer*, § 1573 Rn. 2.
[104] BGH, FamRZ 1999, 789.
[105] Es ist aber kaum denkbar, dass aus Altersgründen zunächst keine Erwerbstätigkeit erwartet werden kann und später doch.

Beispiele: Ehegatte macht sich selbstständig, gibt diese Tätigkeit mangels Gewinn aber wieder auf; verliert die gefundene Anstellung wieder und sucht nun vergeblich nach einer neuen

4. Hinzu kommt der Fall, dass ein Ehegatte während der Ehe eine von ihm nicht zu erwartende und/oder eine ihm nicht angemessene Erwerbstätigkeit ausgeübt hat und diese jetzt im Hinblick auf § 1574 (s. dazu Seite 223 ff.) aufgibt.

Beispiele: Trotz Kinderbetreuung, Krankheit oder Alter war ein Ehegatte erwerbstätig; Sozialpädagogin, Psychologin, Lehrerin o. ä. hatten Schreibarbeiten übernommen; Zusammentreffen der ersteren und letzteren Beispielsfälle.

bb) Aufstockungs-Unterhalt

Unterhaltsberechtigte Ehegatten sollen nach der Zielsetzung des 1. EheRG durch die Scheidung keinen sozialen Abstieg erleiden. Daher wurde das Maß für den Unterhaltsbedarf gesetzlich hoch angesetzt: Nach § 1578 richtet sich die Höhe des zu zahlenden Unterhalts nach den ehelichen Lebensverhältnissen (s. dazu S. 244 ff.). Das kann dazu führen, dass ein geschiedener Ehegatte, der einer von ihm zu erwartenden Erwerbstätigkeit nachgeht, Einkünfte erzielt, die den ehelichen Lebensverhältnissen nicht entsprechen. In diesen Fällen kann der betreffende Ehegatte den Differenzbetrag zwischen dem erzielten und dem nach § 1578 zu berechnenden (s. dazu S. 244 ff.) Unterhalt beanspruchen (§ 1573 Abs. 2). **Zielsetzung**

Folgende Situationen können diesen Unterhaltsanspruch auslösen: **Fallkonstellationen**

Ein geschiedener Ehegatte

1. geht nach der Scheidung einer ihm angemessenen Erwerbstätigkeit nach, deren Einkünfte entsprechen jedoch nicht den ehelichen Lebensverhältnissen, d. h., sie reichen zum vollen Unterhalt (§ 1578) nicht aus (§ 1573 Abs. 2),

Beispiele: Infolge Kinderbetreuung, Krankheit oder Alter ist nur eine Teilzeittätigkeit auszuüben, deren Einkünfte zum vollen Unterhalt (§ 1578) nicht ausreichen; Einkünfte aus einer Vollzeittätigkeit decken den höheren ehelichen Lebensstandard nicht

2. dessen Unterhaltsanspruch nach den §§ 1570–1572, 1575 wegen Wegfall der dort festgelegten Voraussetzungen entfallen ist, geht einer Erwerbstätigkeit nach, deren Einkünfte zum vollen Unterhalt (§ 1578) nicht ausreichen (§ 1573 Abs. 3),

Beispiele: Die Kinderbetreuung, Ausbildung, Fortbildung, Umschulung oder Krankheit ist beendet oder die Härtegründe reichen nur für einen zeitlich begrenzten Unterhaltsanspruch und die Einkünfte decken den früheren hohen ehelichen Lebensstandard nicht

3. hat zwar eine Erwerbstätigkeit gefunden, die den Unterhalt nachhaltig sichert, aber die hieraus erzielten Einkünfte reichen zum vollen Unterhalt (§ 1578) nicht aus (§ 1573 Abs. 4 S. 2).

Beispiel: Einkünfte aus Vollzeittätigkeit decken den ehelichen Lebensstandard nicht.

Zur zeitlichen Begrenzung des Aufstockungsunterhalts siehe unten S. 250. **Zeitliche Begrenzung**

f) Unterhalt aus Billigkeitsgründen

Nur subsidiäre Auffangvorschrift

Wenn keiner der in den §§ 1571–1573 und 1575 geregelten Unterhalts-berechtigungsgründe greift,[106] kann einem geschiedenen Ehegatten den-noch ein Unterhaltsanspruch zustehen, „soweit und solange" von ihm „aus sonstigen schwerwiegenden Gründen" eine Erwerbstätigkeit nicht erwartet werden kann. Der Anspruch besteht allerdings nur, wenn die Versagung von Unterhalt („unter Berücksichtigung der Belange beider Ehegatten") grob unbillig wäre (§ 1576 S. 1). Die Norm stellt eine Aus-nahmevorschrift dar, die restriktiv anzuwenden ist.[107] Sie kommt daher nur in Betracht, wenn die Versagung von Unterhalt unter Berücksich-tigung der Belange beider Ehegatten dem Gerechtigkeitsempfinden in unerträglicher Weise widersprechen würde.[108] Bei der Billigkeitsabwä-gung sind sämtliche Umstände des Einzelfalles, insbesondere die bisheri-gen Lebensumstände (z. B. die langjährige Berufsunterbrechung oder das fortgeschrittene Alter des Unterhalt begehrenden Ehegatten) sowie die wirtschaftlichen Verhältnisse beider Eheleute zu würdigen. Bei der Ge-samtwürdigung sind auch persönliche Gesichtspunkte zu berücksichti-gen einschließlich der Gründe, die zum Scheitern der Ehe geführt haben; Letztere dürfen jedoch nicht allein ausschlaggebend sein (vgl. § 1576 S. 2).

Anspruchs-voraussetzungen

Die ursprüngliche Fassung der Norm sah dagegen ausdrücklich die Nichtbe-rücksichtigung von Scheiternsgründen vor, weil ausgeschlossen werden sollte, dass Fragen des Verschuldens doch wieder Eingang in das 1. EheRG finden könnten.[109] Diese Fassung ist jedoch nicht Gesetz geworden.

„Positive" Härteklausel Gesetzesintention

Die „positive Härteklausel" wollte sicherstellen, dass durch das Enume-rations-Prinzip der §§ 1570–1575 keine Ungerechtigkeiten auftreten.[110] Sie hat daher „Auffang-Funktion".[111] Gedacht ist vor allem an Fälle, in denen „eine Ehefrau weit über ihre Rechtspflichten hinaus ihrem Ehe-mann oder anderen Familienangehörigen besondere Leistungen erbracht oder Belastungen auf sich genommen hat und dann mit der Scheidung konfrontiert wird."[112, 113]

Beispiele: Ein Ehegatte finanziert dem anderen die Ausbildung oder ein Studium, trägt durch Mitarbeit oder Finanzierung maßgeblich zum Aufbau einer beruflichen Existenz bei, hat Schwiegereltern oder andere Verwandte des Ehegatten langjährig aufgenommen oder gar gepflegt.

Nach hM kann aber auch die Betreuung eines nicht gemeinschaftlichen Kindes (z. B. Stief- oder Pflegekind) die Anwendung von § 1576 rechtfertigen und die Ver-weisung eines geschiedenen Ehegatten auf eine Erwerbstätigkeit als grob unbillig erscheinen lassen. Dabei sei zu berücksichtigen, wie es zu der Aufnahme dieses Kindes gekommen ist, wie lange diese besteht und in welchem Umfang eine Ver-festigung der Beziehung zwischen Kind und beiden Ehegatten oder zumindest zum pflegenden Teil eingetreten ist.[114]

---

[106] Ebenso: *Schwab*, Rn. 391.
[107] Ebenso: *Palandt/Brudermüller*, 66. Aufl., § 1575 Rn. 1.
[108] Vgl. Gesetzesbegründung, BT-Drucks. 7/4361, S. 17, 29, 30.
[109] BT-Drucks. 7/4361, S. 90.
[110] Vgl. Gesetzesbegründung, BT-Drucks. 7/4361, S. 17, 29, 30.
[111] *Palandt/Brudermüller*, 66. Aufl., § 1575 Rn. 1; *Schwab*, Rn. 391.
[112] BT-Drucks. 7/4361, S. 17, 29, 30.
[113] Nach BGH, FamRZ 1983, 800, wenn ein Ehegatte besondere Opfer gebracht hat.
[114] OLG Hamm, FamRZ 1996, 1417.

Auf § 1576 kann wegen seines subsidiären Charakters dieser Regelung (s. dazu oben) nur dann zurückgegriffen werden, wenn und soweit ein Unterhaltsanspruch nach den sonstigen im Gesetz genannten Vorschriften nicht oder nur teilweise besteht,[115] z.B. wenn nach dem Alter gemeinschaftlicher Kinder schon eine Teil- oder Vollzeittätigkeit zu erwarten ist.

Nachrang gegenüber allen anderen Ansprüchen

Für die Anwendung der „positiven Härteklausel" sind in § 1576 keine bestimmten Einsatzzeitpunkte vorgesehen, auch ist nicht Voraussetzung, dass die „schwerwiegenden Gründe" ehebedingt sind (vgl. § 1576).[116]

Die im ersten Gesetzesbeschluss vorgesehene Voraussetzung, dass es sich um „in den ehelichen Lebensverhältnissen liegende" Gründe handeln müsse, wurde im Vermittlungsverfahren gestrichen, weil man meinte, dass es in der Praxis kaum beweisbar sei, ob ein bestimmter Grund (beispielsweise eine Erkrankung der Ehefrau, die erst Jahre nach der Scheidung zur Erwerbsunfähigkeit führt) auf die ehelichen Lebensverhältnisse zurückzuführen ist.[117]

Die hM verlangt für die Anerkennung eines Unterhaltsanspruchs nach § 1576 jedoch, dass die schwerwiegenden Gründe zumindest in einem sachlichen oder zeitlichen Zusammenhang mit den ehelichen Lebensverhältnissen stehen.[118]

Kontext mit der Ehe nach hM nötig

Fraglich ist, ob ein Anspruch nach § 1576 S. 1 das Vorhandensein einer konkreten Bedürftigkeit voraussetzt oder nicht. Angesichts der §§ 1569 und 1577 wäre zwar grundsätzlich davon auszugehen. Jedoch kann das m.E. im Hinblick auf die Entstehungsgeschichte und Intention der Vorschrift (siehe dazu oben) nicht bedingungslose Voraussetzung sein, wie die „Sonderopfer"-Beispiele (insbesondere die der Finanzierung einer Ausbildung oder Existenzgründung) zeigen. Hier wäre es grob unbillig, würde der so geförderte Ehegatte im Scheidungsfall sagen können: „Du kannst ja selbst für dich sorgen."

Zur Bedürftigkeit

Dauer und Höhe des Anspruchs sind abhängig vom Ergebnis der anzustellenden Billigkeitsabwägungen. Sie können zur Anerkennung eines zeitlich begrenzten oder eines unbegrenzten („lebenslänglichen") Unterhaltsanspruchs führen (vgl. § 1576 S. 1 „solange"). Für die Höhe ist in besonderem Maße die Leistungsfähigkeit des in Anspruch genommenen geschiedenen Ehegatten entscheidend, aber auch zu berücksichtigen, wie groß der eigentliche Bedarf ist (vgl. § 1576 S. 1 „soweit").

Dauer und Höhe

Voraussetzungen für einen Unterhaltsanspruch nach § 1576:

– die §§ 1570–1573, 1575 ergeben keinen oder nur einen Teilanspruch,
– schwerwiegende Gründe lassen eine Erwerbstätigkeit nicht erwarten,
– diese Gründe stehen in Verbindung mit der Ehe (einschließlich deren Scheitern),
– die Versagung von Unterhalt wäre unter Berücksichtigung der gesamten Belange beider Ehegatten grob unbillig.

Zusammenfassung

---

[115] BGH, NJW 1984, 1538.
[116] So explizit auch BGH, FamRZ 1983, 800 (801).
[117] Vgl. BT-Drucks. 7/4992 und BR-Drucks. 216/76.
[118] So z.B. BGH, FamRZ 1983, 800; 1984, 361 und 769.

2. Grundsatz der Bedürftigkeit

Unterhalt nur für
Ehegatten ohne
ausreichende eigene
Mittel

Oben wurde bereits gezeigt, dass Geschiedene – wie alle Bürger – zunächst gehalten sind, selbst für ihren Unterhalt zu sorgen (§ 1569 Abs. 1). Diese Eingangsvorschrift des Kapitels „Unterhalt des geschiedenen Ehegatten" normiert daher, dass geschiedenen Ehegatten nur dann Unterhaltsansprüche zustehen, wenn sie nach der Scheidung nicht selbst für ihren Unterhalt sorgen können (§ 1569). Diesen Grundgedanken konkretisiert § 1577 BGB. Anspruch auf nachehelichen Unterhalt hat danach nur ein bedürftiger Ehegatte. Bei der Prüfung der Bedürftigkeit ist zunächst der Bedarf des Ehegatten zu ermitteln, also mit den Worten des BGB das Maß des Unterhalts festzustellen. In einem zweiten Prüfungsschritt ist sodann zu klären, ob die Einkünfte und das Vermögen des Unterhaltsberechtigten ausreichen, um seinen Bedarf zu decken.

a) Maß des Unterhalts

Terminologie

Bei Geschiedenen wird unterschieden zwischen dem Unterhalt, der

- sich an den ehelichen Lebensverhältnissen orientiert (voller Unterhalt),
- den konkret anzuerkennenden Lebensbedarf umfasst (angemessener Unterhalt),
- nur die objektiv bestehenden Mindestbedürfnisse deckt (notwendiger Unterhalt).

Voller Unterhalt

Grundsätzlich richtet sich die Höhe des Ehegattenunterhalts nach den bisherigen ehelichen Lebensverhältnissen (§ 1578 Abs. 1 S. 1), d. h. nach dem Lebensstandard der Ehegatten, wie er sich aufgrund der Einkommens- und Vermögensverhältnisse sowie des gewohnten Lebensstils während der Ehe dargestellt hat *(voller Unterhalt)*. Gesetzliche Zielsetzung ist, dem unterhaltsbedürftigen Ehegatten möglichst das bisherige Lebensniveau zu erhalten. Nähere gesetzliche Regelungen bestehen diesbezüglich nicht, weil nicht schematisch vorgegangen, sondern Einzelfallgerechtigkeit ausgeübt werden sollte. Im Einzelnen ist daher – nicht nur in der Scheidungspraxis, sondern auch in Rechtsprechung und Literatur – vieles umstritten. Es kann jedoch Folgendes festgehalten werden:

Maßgeblicher Zeit-
punkt: Rechtskraft
der Scheidung

Für die Bemessung des ehelichen Lebensstandards ist auf den Unterhaltszeitraum abzustellen.[119]

Was ist prägend
für den ehelichen
Lebensstandard?

Den ehelichen Lebensverhältnissen werden nur diejenigen Einkommens- und Vermögensverhältnisse zugeordnet, die den ehelichen Lebensstandard nachhaltig geprägt haben.[120] Veränderungen nach der Scheidung werden von der hM nur berücksichtigt, wenn diese zum Scheidungszeitpunkt schon für beide Ehegatten vorhersehbar und mit hoher Wahrscheinlichkeit zu erwarten waren und deshalb bereits prägenden Einfluss auf die Lebensverhältnisse während des Bestehens der Ehe gewonnen hatten.[121] Das ist z. B. der Fall, wenn Kinder erst nach der Scheidung erhöhte Ausbildungskosten verursachen oder diese durch Beendigung dann wegfallen.

---

[119] Vgl. BGH NJW 2006, 1654.
[120] Vgl. BGH NJW 1982, 1871.
[121] *Palandt/Brudermüller*, 66. Aufl., § 1578, Rn. 20 unter Hinweis auf die ständige Rechtsprechung des BGH (z. B. FamRZ 1982, 684; NJW 1987, 58 u. 1555; 1988, 2034; FamRZ 2006, 683).

Umstritten ist, ob bzgl. der ehelichen Lebensverhältnisse auf den konkreten Lebensstil der jeweiligen Eheleute oder auf eine objektive Betrachtungsweise abzustellen ist.[122]

Der Unterhalt umfasst den gesamten Lebensbedarf (§ 1578 Abs. 1 S. 4). Dazu zählen nicht nur sämtliche Kosten für angemessene

Angemessener Unterhalt

– Wohnung, Lebensmittel, Kleidung, Hygiene, Gesundheit, Freizeitgestaltung, kulturelle Bedürfnisse etc.,
– sondern gemäß § 1578 Abs. 2 u. 3 auch die Kosten für angemessene Kranken-, Alters-, Berufs- und Erwerbsunfähigkeits-Versicherungen (sog. Vorsorge-Unterhalt)[123] sowie Kosten für eine angemessene Schul- und Berufsausbildung, Fortbildung oder Umschulung (sofern § 1575 erfüllt ist).

Im konkreten Einzelfall bereitet die Festlegung des angemessenen Unterhalts stets Schwierigkeiten. Hinzu kommt, dass bei jeder Unterhaltsfestsetzung ja auch die Leistungsfähigkeit des Unterhaltspflichtigen berücksichtigt werden muss (s. dazu § 1581 sowie unten 5.). Die Gerichte haben daher schon immer versucht, die Problematik durch sog. „*Unterhaltstabellen*" zu entschärfen. Diese enthalten nach Einkommen

Unterhaltstabellen

wobei von einem sog. „bereinigten" Netto-Einkommen (d. h.: nach Abzug von Steuern und angemessenen Versicherungsbeiträgen) ausgegangen wird

gestaffelte Beträge für Unterhaltsberechtigte (wobei für Kinder ausgehend vom Mindestunterhalt[124] drei Altersgruppen vorgesehen sind) wie für Unterhaltsverpflichtete. Dabei wird bei sog. „Doppelverdienern" die Differenz des anrechenbaren Erwerbseinkommens und ansonsten das Erwerbseinkommen des erwerbstätigen Ehegatten zu 4/7 auf den erwerbstätigen und zu 3/7 auf den nicht erwerbstätigen Ehegatten verteilt, da erwerbsbedingte Mehraufwendungen und der Anreiz zur Erwerbstätigkeit berücksichtigt werden sollen.

Aufbau

Diese „*Unterhaltstabellen*" sind für die jeweiligen Richter selbst dann nicht verbindlich, wenn sie zum selben Gericht oder zu diesem Gerichtsbezirk gehören. Die z. T. verwendete Bezeichnung „*Unterhaltsrichtlinien*" ist daher zumindest missverständlich. Denn die Richter können stets unabhängig von bestehenden „Tabellen" entscheiden. Vielfach orientieren sie sich allerdings an ihnen oder sie übernehmen sie auch (mit oder ohne Modifikationen).

Unverbindlichkeit von Tabellen Irreführende Bezeichnungen

Die Hauptbedeutung aller Unterhaltstabellen liegt vor allem darin, dass sie eine gewisse Befriedungsfunktion erfüllen. Denn Unterhaltsberechtigte wie Unterhaltsverpflichtete können aus ihnen oftmals ersehen, dass ihre eigenen Vorstellungen nicht so weit auseinander liegen, als dass sich ein Unterhaltsprozess (mit doch stets unsicherem Ausgang) lohnen würde.

Bedeutung von Tabellen

In der Praxis wird am häufigsten die sog. „*Düsseldorfer Tabelle*" angewendet. Diese wird inzwischen in einigen Gesetzessammlungen einschließlich Erläuterungen als

Düsseldorfer Tabelle

---

[122] Für Letzteres *Schwab*, Rn. 401 unter Hinweis auf BGH, FamRZ 1986, 783; 1988, 145.

[123] Dieser ist zweckbestimmt und daher im Urteil gesondert auszuweisen (BGH, NJW 1981, 1558).

[124] Siehe dazu S. 261 ff.

Anhang abgedruckt. Im Hinblick auf Platzprobleme wird daher auf ein näheres Eingehen auf sie verzichtet. (Es gibt aber weitere 18 Tabellen anderer OLG).

Konkreter Bedarf und ehel. Lebensverhältnisse divergieren oft

Eheliche Lebensverhältnisse und *konkreter Lebensbedarf* sind oftmals nicht deckungsgleich, sondern stehen in einem Spannungsverhältnis – vielfach auch in krassem Widerspruch zueinander. Durch die Scheidung erhöht sich der Lebensbedarf der Ehegatten allein schon durch die Verdoppelung der Wohnkosten sowie häufig durch das Hinzukommen eines neuen Partners und die Geburt weiterer Kinder. Meist sind auch die Steuerlast und die Versicherungsaufwendungen höher als zuvor. Somit ist klar, dass untere und mittlere Einkommen nicht für den nach der Scheidung erhöhten Lebensbedarf der Betroffenen ausreichen.

Zeitliche Begrenzung des vollen Unterhalts

Die Bemessung des Unterhalts nach den ehelichen Lebensverhältnissen kann jedoch zeitlich begrenzt werden, soweit vor allem unter Berücksichtigung der Ehedauer sowie der Gestaltung von Haushaltsführung und Erwerbstätigkeit eine unbegrenzte Orientierung der Unterhaltshöhe an den ehemaligen ehelichen Lebensverhältnissen unbillig wäre (§ 1578b Abs. 2).[125]

Danach gilt der angemessene Unterhalt

Wenn eine zeitliche Begrenzung des *vollen* Unterhalts erfolgt, orientiert sich die Bemessung danach dann am „angemessenen Lebensbedarf" (§ 1578b Abs. 2). Dieser liegt nach hM oberhalb des notwendigen Unterhalts, nicht aber unterhalb des vorehelichen Lebensstandards. Zum Teil wird dann auch von einer fiktiven Lebensstellung (ohne Ehe) ausgegangen.

Kinderbetreuung lässt Unterhaltsbeschränkung idR nicht zu

Eine Begrenzung und Herabsetzung des Unterhalts kommt aber idR nicht in Betracht, wenn der Unterhaltsberechtigte während der Ehe nicht nur vorübergehend ein gemeinschaftliches Kind betreut hat oder betreut (vgl. § 1578b Abs. 1 S. 3).

b) Keine ausreichenden eigenen Mittel

Unterhalt nur bei Bedürftigkeit

Unterhalt kann nur beanspruchen, wer seinen Unterhaltsbedarf nicht mit eigenem Einkommen und Vermögen decken kann.

Einzusetzendes Einkommen

Angerechnet wird zunächst das Einkommen aus einer angemessenen und zu erwartenden Erwerbstätigkeit (§ 1574 Abs. 2).

Keine Anrechnung „überobligationsmäßigen Einkommens"

Einkünfte aus einer nicht angemessenen Tätigkeit, die er lediglich deshalb ausübt, weil der andere nicht den geschuldeten „vollen Unterhalt" (§ 1578) zahlt, sind ihm grundsätzlich nicht anzurechnen (§ 1577 Abs. 2 S. 1). Er gilt dann also weiterhin als unterhaltsberechtigt. – Sind die Einkünfte aber höher als der ihm zustehende Unterhaltsbetrag, so sind sie insoweit anzurechnen, als dies nach den beiderseitigen wirtschaftlichen Verhältnissen der Billigkeit entspricht (§ 1577 Abs. 2 S. 2). Der Umfang des anzurechnenden Betrages richtet sich nach dem Einzelfall.

Berücksichtigung fiktiven Einkommens

Unterlässt die Unterhaltsgläubigerin/der Unterhaltsgläubiger eine zu erwartende unzumutbare Erwerbstätigkeit (§ 1574 Abs. 2) wird fiktives Einkommen berücksichtigt. Dies ist das Einkommen, das mit der Ausübung der Erwerbstätigkeit erzielt worden wäre.

Anrechnung sonstiger Einkünfte

Weiter sind Einkünfte aus Vermögen (Beispiel: Miete aus Immobilie, Zinsen), freiwillige Leistungen Dritter sowie ggf. Sozialleistungen einzu-

---

[125] Diese Regelung erfolgte durch das Gesetz zur Änderung des Unterhaltsrechts vom 21.12.2007 (BGBl. I S. 3189).

setzen. Der BGH berücksichtigt weiter bei bei Unterhaltsgläubigern, die in ihrer eigenen Immobilie leben, deren Wohnwert.[126]

Schließlich muss auch der Vermögensstamm eingesetzt werden. Dieser muss nicht verwertet werden, soweit dies unwirtschaftlich oder unter Berücksichtigung der beiderseitigen wirtschaftlichen Verhältnisse unbillig wäre (§ 1577 Abs. 3).

Berücksichtigung von Vermögen

Wenn zum Zeitpunkt der Scheidung zu erwarten war, dass der Unterhalt aus dem Vermögen nachhaltig gesichert sein würde, das Vermögen später dann aber doch wegfällt (gleichgültig, ob verschuldet oder nicht), so besteht kein Unterhaltsanspruch (kein Zusammenhang mit der Ehe und damit auch keine Mitverantwortung!), es sei denn, es kann jetzt wegen Pflege oder Erziehung eines gemeinschaftlichen Kindes eine Erwerbstätigkeit nicht erwartet werden (§ 1577 Abs. 4).

Kein Unterhalt bei späterem Vermögenswegfall

3. Leistungsfähigkeit

Die Gewährung des *vollen* Unterhalts iSd § 1578 Abs. 1 S. 1 setzt volle Leistungsfähigkeit auf Seiten des Unterhaltpflichtigen voraus. Wenn nämlich durch seine Inanspruchnahme zum Unterhalt (z.B. durch die Kinder und den geschiedenen Ehegatten) sein eigener angemessener Unterhalt gefährdet würde, braucht man seinem geschiedenen Ehegatten nur insoweit Unterhalt zu leisten, als das mit Rücksicht auf die beiderseitigen Bedürfnisse und die Erwerbs- und Vermögensverhältnisse der Billigkeit entspricht (§ 1581 S. 1). Dabei muss der Unterhaltpflichtige allerdings evtl. sogar den Stamm seines Vermögens verwerten (d.h.: verkaufen), soweit dies nicht unwirtschaftlich oder unter Berücksichtigung der beiderseitigen wirtschaftlichen Verhältnisse unbillig wäre (§ 1581 S. 2).

Gegenüber Ehegatten

Abwägungen

Einsatz des Vermögens

Zur Klärung der Leistungsfähigkeit (wie auch der Bedürftigkeit) besteht gegenseitige Auskunftpflicht iSd § 1605 (s. dazu S. 267) der geschiedenen Ehegatten (§ 1580).

Auskunftpflicht

Mit seinen unverheirateten noch nicht 21 Jahre alten Schulkindern, die im Haushalt eines ihrer Elternteile leben, muss der Unterhaltpflichtige jedoch alle verfügbaren Mittel gleichmäßig teilen, es sei denn, es ist ein anderer unterhaltpflichtiger, leistungsfähiger Verwandter (z.B. Großeltern) oder Kindesvermögen vorhanden (vgl. § 1603 Abs. 2). – Bei verheirateten Kindern haften jedoch deren Ehegatten vorrangig, sofern dadurch nicht deren eigener Unterhalt gefährdet wird (vgl. § 1608).

Gegenüber Schulkindern

Der Unterhaltpflichtige ist leistungsfähig, solange ihm ein eigener angemessener Unterhalt (sog. *Selbstbehalt*) verbleibt. Dabei wird unterschieden zwischen dem *notwendigen* (§ 1602 Abs. 2), dem *angemessenen* (§ 1603 Abs. 1) sowie dem *ehe-angemessenen* (§ 1581) Selbstbehalt. Letzterer gilt gegenüber Ehegatten und beträgt nach der sog. Düsseldorfer Tabelle 4/7 des bereinigten Einkommens (sog. „Netto-Netto"-Einkommen) der Ehegatten. Der *notwendige Selbstbehalt* gegenüber minderjährigen unverheirateten (und ihnen nach § 1603 Abs. 2 S. 2 gleichgestellten) volljährigen Kindern wird nach der *Düsseldorfer Tabelle* seit 1.1.2013 bei erwerbstätigen Unterhaltsverpflichteten mit 1000,– EUR (und bei nicht Erwerbstätigen sogar nur mit 800,– EUR!) und der *angemessene* Selbstbehalt gegenüber anderen Unterhaltsberechtigten mit 1100,– EUR angesetzt.

Selbstbehalt begrenzt die Leistungsfähigkeit

---

126 BGH FamRZ 2007, 1532.

4. Rangfolgen[127]

Nur relevant, wenn es nicht für alle reicht

Für Fälle, in denen die Mittel Unterhaltspflichtiger zur Deckung des Unterhaltsbedarfes aller Berechtigten nicht ausreichen (sog. Mangelfälle), sieht das Gesetz Rangfolgen auf Seiten der Berechtigten wie der Verpflichteten vor (siehe S. 249). Das bedeutet einerseits, dass dann evtl. einige Bedürftige nur einen Teil oder auch gar nichts erhalten. Andererseits führt das dazu, dass sie sich dann an andere Familienangehörige wenden müssen.

Rangfolgen Unterhaltsberechtigter (d.h.: nachrangige erhalten evtl. nur einen Teil oder gar nichts)
Rangstufe 1 (vgl. § 1609 Nr. 1) – minderjährige unverheiratete Kinder, – noch nicht 21 J. alte im Haushalt eines Elternteils lebende unverheiratete Schulkinder (unabhängig davon, ob aus dieser oder anderer Ehe stammend, nichtehelich geboren sowie adoptiert)
Rangstufe 2 (vgl. § 1609 Nr. 2) Elternteile, die wegen Betreuung eines Kindes unterhaltsberechtigt sind oder im Fall der Scheidung wären sowie Ehegatten und geschiedene Ehegatten bei einer Ehe von langer Dauer
Rangstufe 3 (vgl. § 1609 Nr. 3) Ehegatten und geschiedene Ehegatten
Rangstufe 4 (vgl. § 1609 Nr. 4) Nicht unter Nr. 1 fallende Kinder
Rangstufe 5 (vgl. § 1609 Nr. 5) Enkelkinder und weitere Abkömmlinge
Rangstufe 6 (vgl. § 1609 Nr. 6) Eltern
Rangstufe 7 (vgl. § 1609 Nr. 7) Weitere Verwandte der aufsteigenden Linie; die näheren haben vor den entfernteren Verwandten Vorrang.

Nur relevant, wenn jemand nicht alles zahlen kann

Ebenso gibt es auch eine Rangfolge auf Seiten der Unterhaltspflichtigen. Diese kann dazu führen, dass bei Leistungsunfähigkeit oder nur teilweiser Leistungsfähigkeit der vorrangig Unterhaltspflichtigen sich die

---

[127] Vgl. Fn. 125.

Unterhaltsberechtigten dann ganz oder teilweise an die Unterhaltspflichtigen der nächsten Rangstufe wenden müssen.

Rangfolgen Unterhaltsverpflichteter[128]
(d.h.: diese sind vorrangig zahlungspflichtig)
Rangstufe 1
Ehegatten (auch geschiedene) und Lebenspartner iSd LPartG haften vor den Verwandten eines Bedürftigen (vgl. §§ 1608 S. 1 u. 4 sowie 1584 S. 1) bei Leistungsunfähigkeit des Ehegatten sowie bei erschwerter Rechtsverfolgung tritt jedoch Ersatzhaftung der Verwandten des Bedürftigen ein (vgl. §§ 1608 S. 2 u. 1584 S. 2)
Rangstufe 2
Abkömmlinge (d.h.: Kinder, Enkel, Urenkel – und zwar in dieser Reihenfolge) (vgl. § 1606 Abs. 1 u. 2)
Rangstufe 3
Verwandte „aufsteigender" Linie (d.h.: Eltern, Großeltern, Urgroßeltern – und zwar in dieser Reihenfolge) (vgl. § 1606 Abs. 1 u. 2)

5. Absenkung und Befristung des Unterhaltsanspruchs bei Unbilligkeit

Beide Ansprüche können gerichtlich herabgesetzt oder zeitlich begrenzt werden, wenn der volle oder zeitlich unbegrenzte Unterhalt unbillig wäre. Bei der Entscheidung sind die Belange eines dem Berechtigten zur Pflege oder Erziehung anvertrauten Kindes zu berücksichtigen (§ 1578b).

Voraussetzungen

Die Vorgängervorschrift wurde vor allem im Hinblick darauf eingeführt, dass Ansprüche wegen Erwerbsausfalles sich konjunktur- und arbeitsmarktbedingt vom Überbrückungs-Unterhalt zum Unterhalt wegen „Arbeitslosigkeit" von unabsehbarer Dauer entwickelt hatten und es zunehmend als unerträglich angesehen worden war, dieses Risiko dem wirtschaftlich stärkeren geschiedenen Ehegatten aufzubürden[129].

Zielsetzungen

Bei der Prüfung, ob ein unbegrenzter Unterhaltsanspruch unbillig erscheint, sind sämtliche Umstände des Einzelfalles zu berücksichtigen und nicht etwa nur die in der Norm genannten Kriterien der Ehedauer und Gestaltung von Haushaltsführung und Erwerbstätigkeit und Dauer der Ehe (vgl. „insbesondere" in § 1578b Abs. 1 S. 3).

Berücksichtigung der gesamten Umstände

So sind bei der vorzunehmenden Billigkeitsabwägung z.B. auch die Unselbstständigkeit und wirtschaftliche Abhängigkeit des einen Ehegatten von dem anderen sowie Alter und Gesundheitszustand, aber auch die Leistungsfähigkeit des Unterhaltspflichtigen zu beachten. Vor allem ist bedeutsam, warum z.B. eine Ehefrau eine Erwerbstätigkeit aufgegeben oder gar

Allgemeine Kriterien

---

[128] Vgl. Fn. 125.
[129] BT-Drucks. 10/2888, S. 18.

nicht aufgenommen hat. Tat sie das aus persönlichen Gründen (wie z.B. Unzufriedenheit mit der Arbeit), so kann das für eine zeitliche Begrenzung des Unterhaltsanspruchs sprechen. Tat sie es dagegen wegen der Kinderbetreuung und/oder Haushaltsführung, so spricht das gegen eine Begrenzung. In einer sog. „Doppelverdiener-Ehe" mit beiderseitiger Haushaltsführung kann dagegen ein unbegrenzter Unterhaltsanspruch unbillig sein.

Ehedauer Bezüglich der zu berücksichtigenden Ehedauer ergibt sich nach der Rechtsprechung Folgendes:

– Als Ehedauer zählt (ebenso wie in § 1579 Nr. 1) die Zeit bis zur Stellung des Scheidungsantrags, und zwar unabhängig vom tatsächlichen Zusammenleben oder Getrenntleben der Ehegatten. Die Zeit der Kinderbetreuung nach der Scheidung wird dabei mitgezählt (vgl. § 1578b Abs. 1 S. 3).

– Einige Gerichte meinen, dass nach mehr als 10-jähriger Ehedauer grundsätzlich keine Begrenzung des Unterhaltsanspruchs mehr in Betracht kommt. Andererseits wurde aber auch nach 13 und 16 Jahren Ehedauer noch eine Begrenzung für möglich gehalten, wenn der betreffende Ehegatte noch nicht so alt ist[130]. Der BGH lehnt jedoch eine feste Zeitgrenze ab[131] und meint, auch eine 15-jährige Ehe schließe eine Begrenzung nicht generell aus.[132]

Zeitliche Begrenzung von Überbrückungs- und Aufstockungs-Unterhalt	
dafür spricht	dagegen spricht
– kinderlose Ehe, – nur kurzzeitige Kinderbetreuung, – gemeinsame Kinderbetreuung, – kürzere Ehedauer (unter 10 J.),★ – Doppelverdiener-Ehe mit gemeinsamer Haushaltsführung, – keine Einschränkung beruflicher Tätigkeit des Unterhaltsberechtigten für die Familie, – Verpflichteter krank oder alt, – relativ geringe Einkünfte des Pflichtigen, – weitere erhebliche Unterhaltspflichten, – „Sitzenlassen" des Unterhaltspflichtigen	– derzeitige Kinderbetreuung, – frühere lange Kinderbetreuung, – schwere Schicksalsschläge, – lange Ehedauer (mehr als 10 Jahre),★ – Haushaltsführung erfolgte wesentlich durch Unterhaltsberechtigten – wesentliche Einschränkung beruflicher Tätigkeit des Unterhaltsberechtigten für die Familie, – Berechtigter krank oder alt, – „normaler" Unterhalt ist gedeckt, – Vermögen ist einsetzbar, – „Sitzenlassen" des Berechtigten
★ Dabei werden Kinderbetreuungszeiten der Ehedauer hinzugezählt.	

Begrenzungsdauer Die Dauer der zeitlichen Begrenzung des Unterhaltsanspruchs hat unter Abwägung aller Umstände des Einzelfalles zu erfolgen, ist also nicht

---

[130] OLG Düsseldorf, FamRZ 1987, 945 bzw. OLG Hamm, FamRZ 1995, 1204.
[131] Vgl. BGH, FamRZ 1990, 857.
[132] BGH, FamRZ 2006, 1006.

etwa in das völlig freie Ermessen der Gerichte gestellt. Bei gerichtlicher Begrenzung des Unterhalts erlischt der Anspruch nach Ablauf der festgelegten Zeitspanne. Die Begrenzung garantiert andererseits jedoch nicht auf jeden Fall den Unterhalt für diesen Zeitraum. Vielmehr ist dieser auch dann abhängig vom Fortbestehen der in den § 1573 Abs. 1–4 normierten Voraussetzungen. Findet z. B. ein Ehegatte vorher eine Erwerbstätigkeit oder erzielt er inzwischen angemessene Einkünfte, entfällt der Unterhaltsanspruch natürlich sofort.

6. Beschränkung oder Ausschluss der Unterhaltspflicht („negative" Härteklauseln)

Unterhaltspflichten belasten geschiedene Ehegatten oftmals ganz erheblich. Da sie sogar lebenslänglich bestehen können (s. S. 230 f.) und das Maß für den zu gewährenden Unterhaltsbedarf vom 1. EheRG hoch angesetzt ist (vgl. § 1578 sowie S. 244 ff.), kann das zu unabsehbaren Einschränkungen und Verzichten bei der weiteren eigenen Lebensgestaltung der Unterhaltspflichtigen führen. Dies wird von den Betroffenen in so manchen Fällen als ungerecht empfunden. Das Unterhaltsrecht sah daher schon immer Unterhalts-Beschränkungen oder Ausschlüsse vor, wenn es im speziellen Einzelfall unzumutbar wäre, Unterhalt gewähren zu müssen (sog. „negative" Härteklauseln). § 1579 sieht daher bei kurzer Ehedauer sowie bei bestimmten Fehlverhalten eines geschiedenen Ehegatten die Möglichkeit vor, einen an und für sich bestehenden Unterhaltsanspruch

Gesetzeszweck

herabzusetzen, zeitlich zu begrenzen oder ganz zu versagen,

Konsequenzen

soweit eine Inanspruchnahme des eigentlich Unterhaltspflichtigen grob unbillig wäre. Dabei sind allerdings die Belange des(r) dem Unterhaltsberechtigten anvertrauten gemeinschaftlichen Kindes(r) zu wahren.

§ 1579 gehört zu den umstrittensten Regelungen des 1. EheRG. Es herrscht weitgehend Einvernehmen darüber, dass die Vorschrift völlig missglückt ist.[133] Sie erweckt zunächst in den Ziffern 1–7 den Eindruck einer abschließenden Regelung von Anwendungsfällen, die aber von unbestimmten Rechtsbegriffen strotzen und sich zum Teil überschneiden (z. B. die Nrn. 2, 4 u. 6), öffnet dann aber zum Schluss in der Ziffer 8 nicht nur Tür und Tor für freies Ermessen der Gerichte, sondern bietet auch einen willkommenen „Kriegsschauplatz" für unwillige Unterhaltsschuldner.

Umstrittene Norm

Bei Anwendung der negativen Härteklauseln des § 1579 ist Folgendes zu beachten:

Anwendungskriterien

- Sämtliche Härteklauseln setzen voraus, dass ein Unterhaltsanspruch („eigentlich") besteht, sind also nicht heranzuziehen bzgl. der Prüfung, ob eine Bedürftigkeit überhaupt vorliegt.
- Das Vorliegen eines Härtetatbestandes der Ziffern 1–8 ist allein nicht ausreichend. Hinzukommen muss vielmehr, dass die Inanspruchnahme des Unterhaltsverpflichteten *grob unbillig* ist. Das setzt voraus, dass eine Unterhaltszahlung in einem unerträglichen Widerspruch zum Gerechtigkeitsempfinden stehen würde.[134]

Härtefall sowie grobe Unbilligkeit

---

[133] Kritisch hierzu *Graba*, FamRZ 2005, 2032 ff.
[134] BGH, FamRZ 1982, 582 u. FamRZ 1989, 483; OLG Frankfurt, FamRZ 1991, 823; OLG Celle, FamRZ 1990, 519.

Ausnahmesituation — *Grobe Unbilligkeit* verlangt einen Ausnahmesachverhalt. Sie ist anhand aller Umstände des Einzelfalles zu beurteilen, wobei es auch darauf ankommt, in welcher Weise die Unterhaltspflicht den Schuldner insbesondere in wirtschaftlicher Hinsicht trifft.[135] — Der Unterhaltspflichtige hat die tatsächlichen Voraussetzungen für das Vorliegen eines Härtegrundes und der unbilligen Härte darzulegen und im Streitfall zu beweisen.

Kindesinteressen sind aber stets zu beachten — Auch bei Vorliegen eines Härtegrundes kann ein Unterhaltspflichtiger nur insoweit von Unterhaltszahlungen freigestellt werden, als die Interessen des Kindes dem nicht entgegenstehen (vgl. § 1579 Halbsatz 1). Denn bei Kürzung, zeitlicher Begrenzung oder Versagung von Unterhalt für den betreffenden Elternteil besteht die Gefahr mangelnder Kinderbetreuung durch notwendig werdende Erwerbstätigkeit. Das ist bei allen Varianten des § 1579 im Rahmen einer auf den Einzelfall bezogenen Abwägung stets zu beachten.[136] Beschneidungen bestehender Unterhaltsansprüche kommen daher nur in Betracht, wenn die Pflege und Erziehung des Kindes trotzdem gesichert bleibt. Das ist der Fall, soweit der Unterhalt wenigstens das Existenzminimum erreicht.[137] Nach Ansicht des *BGH* können die Belange des Kindes gewahrt sein, wenn seine Pflege und Erziehung in anderer Weise als durch elterliche Betreuung sichergestellt werden kann.[138]

Die gesetzlichen Härtegründe im Einzelnen:

Kurze Ehedauer (§ 1579 Nr. 1)

Rechtsprechungs- § 1579 Nr. 1 BGB besagt nichts darüber, was unter einer kurzen Dauer
beispiele zu verstehen ist und bis zu welchem Zeitpunkt sie zählt. Im Einzelnen ist alles umstritten. Die überwiegende Rechtsprechung geht davon aus, dass

— die Ehedauer bis zum Scheidungsantrag zählt[139] und es dabei unerheblich ist, wie lange die Eheleute zusammengelebt haben,
— ab drei Jahren in der Regel keine Kurzehe mehr vorliegt,[140]
— vier Jahre noch eine Kurzehe ist, wenn es an einer wechselseitigen Abhängigkeit fehle,[141]
— der Annahme einer kurzen Ehe nicht entgegensteht, dass sich die Ehegatten bei Heirat bereits im vorgerückten Alter befunden haben.[142]

Kinderbetreuung Bei der Ehedauer werden Zeiten der Kinderbetreuung mit- bzw. hin-
zählt mit zugezählt (§ 1579 Nr. 1), so dass bei einer Ehe von einem Jahr, aus der ein gemeinsames Kind stammt, das die Mutter langjährig pflegt und erzieht, eine Berufung auf eine kurze Ehedauer nicht möglich ist.

---

[135] BGH, aaO, sowie in FamRZ 1992, 1045.
[136] BVerfG, FamRZ 1989, 941.
[137] BVerfG, FamRZ 1981, 745.
[138] BGH, FamRZ 1989, 1279.
[139] Davon geht der BGH (NJW 1981, 754 und 1986, 2832) aus.
[140] So BGH, FamRZ 1986, 886; 1995, 1405; 1999, 710.
[141] OLG Hamm, FamRZ 1992, 326; OLG Köln, FamRZ 1992, 65.
[142] BGH, FamRZ 1981, 140 u. 1982, 582; OLG Frankfurt, FamRZ 1991, 823.

Verfestigte Lebensgemeinschaft (§ 1579 Nr. 2)
Der unterhaltsberechtigte Ehegatte lebt in einer neuen verfestigten Lebensgemeinschaft, wenn er mit dem neuem Partner zwei bis drei Jahre zusammenlebt und der neue Partner Unterhalt leistet.[143]

Schwere Straftaten gegen den Verpflichteten oder dessen nahe Angehörige (§ 1579 Nr. 3)
Die Begriffe entstammen dem Strafrecht (vgl. dazu § 12 StGB). Hintergrund ist, dass es unerträglich erscheint, wenn sozusagen „mit der einen Hand geschlagen und die andere zum Geldempfang aufgehalten" wird.

Intention

Beispiele: Körperverletzungen, Vergewaltigungen, Nötigungen, Erpressungen; schwere Verleumdungen gegen Unterhaltsverpflichtete, deren Kinder, Eltern, Geschwister oder neue Partner;
Betrug (z.B. Leugnen von Einkünften im Scheidungsverfahren);
eigener sexueller Missbrauch von gemeinsamen Kindern oder Stiefkindern oder Duldung durch Dritte.

Nicht erforderlich ist, ob volle strafrechtliche Verantwortlichkeit besteht. Es muss auch kein Strafverfahren eingeleitet sein oder gar eine Verurteilung vorliegen.

Mutwilliges Herbeiführen der Bedürftigkeit (§ 1579 Nr. 4)
Diese Ziffer ist nicht anwendbar bei der Prüfung, ob eine Bedürftigkeit überhaupt vorliegt, sondern sie setzt – wie die gesamte Norm – einen bestehenden Unterhaltsanspruch voraus.

Kriterien

Mutwillig bedeutet nicht unbedingt vorsätzlich, vielmehr genügt unterhaltsbezogene Leichtfertigkeit, d.h.: sinn-, verantwortungs- und rücksichtsloses Verhalten.[144]

Mutwilligkeit

Beispiele: grundlose Aufgabe einer Erwerbstätigkeit oder Berufsausbildung; Verschwendung des Vermögens; Alkohol, Drogen- (inkl. Tabletten-) Sucht bei fehlender Bereitschaft zur Behandlung und/oder Therapie.

Verletzung schwerwiegender Vermögensinteressen des Unterhaltspflichtigen (§ 1579 Nr. 5)
Nach dem Willen des Gesetzgebers unterfällt diesem Tatbestand insbesondere das Anschwärzen des Unterhaltspflichtigen bei seinem Arbeitgeber, sofern sich daraus eine Gefährdung des Arbeitsplatzes ergibt.[145]

Beispiele: Schwerwiegende Vermögensinteressen sind auch verletzt, wenn ein Unterhaltsberechtigter in der Absicht, dem Unterhaltspflichtigen zu schaden, diesen bei Geschäftspartnern oder Behörden (Polizei, Gesundheits-, Gewerbeaufsichts-, Finanz, Zollamt o.ä.) denunziert.

Hier kann es zu Überschneidung mit Nr. 3 der Vorschrift kommen (z.B. beim Prozessbetrug durch Verschweigen von Einkünften).

Überschneidungen

Was das subjektive Merkmal „mutwillig" betrifft, gilt das oben zu Nr. 4 Gesagte.

---

[143] *Büttner* FamRZ 2007, 773.
[144] BGH, FamRZ 1993, 1055; 1994, 240; 2001, 541.
[145] BT-Drucks. 10/2888, S. 20.

Grobe Verletzung der eigenen Unterhaltspflicht vor der Trennung (§ 1579 Nr. 5)

Kriterien Wenn ein Ehegatte während des ehelichen Zusammenlebens seiner eigenen Verpflichtung, zum Unterhalt der Familie beizutragen (s. dazu §§ 1356 Abs. 1, 1360 S. 2), in eklatanter Weise nicht nachgekommen ist, wäre es ungerecht, an ihn jetzt Unterhaltszahlungen leisten zu müssen. In Betracht kommen außer der Verweigerung des Bar-Unterhalts (s. dazu S. 255) insbesondere völlige Vernachlässigung der gemeinsamen minderjährigen Kinder sowie des Haushalts. Das gilt vor allem dann, wenn deshalb unter großem finanziellen Aufwand Hilfskräfte eingesetzt werden mussten.

Interessanterweise ist hierzu – soweit ersichtlich – bislang keine Rechtsprechung veröffentlicht worden.

Offensichtlich schwerwiegendes Fehlverhalten gegen Unterhaltspflichtige (§ 1579 Nr. 7)

Hintergrund Diese Klausel kommt zur Anwendung, wenn dem Unterhaltsberechtigten ein offensichtlich schwerwiegendes, eindeutig bei ihm liegendes Fehlverhalten gegen den Unterhaltsverpflichteten zur Last fällt. Obwohl durch das 1. EheRG das Schuldscheidungsrecht abgeschafft werden sollte, wirkt dies hier fort.

Beispiele: grundloses Ablehnen eines gemeinsamen Wohnsitzes während der Ehe;[146] Unterschieben eines fremden Kindes vor oder nach der Scheidung;[147] „grundloses" Verlassen der Ehefrau mit den Kindern und Zusammenziehen mit neuer Partnerin, es sei denn, der andere Ehegatte äußerte bereits ebenfalls Scheidungsabsichten;[148] Begründung einer „nachhaltigen Intimbeziehung";[149] Prostitution gegen den Willen des geschiedenen Ehemannes[150], Vereitelung des Umgangsrechts.[151]

Viel sagend erscheint, dass bislang fast ausschließlich diesbezügliche Entscheidungen gegen Frauen zur Veröffentlichung gekommen sind. Man nennt daher diese Härteklausel auch „Männer-Paragraf".

Auffangklausel ### Andere, ebenso schwerwiegende Gründe (Auffangklausel) (§ 1579 Nr. 8)

Diese Vorschrift soll die Anwendung des § 1579 in den Fällen sicherstellen, in denen ein anderer Grund vorliegt, der ebenso schwer wiegt wie die in den Nrn. 1–7 aufgeführten Gründe. Es handelt sich somit um einen Auffangtatbestand.[152] Ein Sachverhalt, der für einen der Härtegründe des § 1579 Nr. 1–7 nicht ausreicht, kommt dabei jedoch nicht in Betracht.[153]

Härteklauseln wirken evtl. nur temporär Die Anwendung der Härteklauseln des § 1579 kann später auch wieder wegfallen und damit erneut Unterhalt in Betracht kommen.[154] Der früher

---

146 BGH, FamRZ 1990, 490.
147 BGH, FamRZ 1985, 51 u. 267.
148 BGH, FamRZ 1980, 40.
149 BGH, FamRZ 1981, 439.
150 OLG Schleswig, FamRZ 1977, 814.
151 BGH NJW 2007, 1969.
152 Vgl. BGH, FamRZ 1995, 1405.
153 BGH, aaO
154 BGH, FamRZ 1987, 1238 sowie: MüKoBGB/*Maurer*, § 1579 Rn. 80–82; *Palandt/Brudermüller*, 66. Aufl., § 1579 Rn. 53.

vor allem als Härtefall anerkannte Fall einer verfestigten neuen Partnerschaft ist nunmehr in § 1579 Nr. 2 geregelt.

7. Art der Unterhaltsgewährung

Der „laufende" Unterhalt ist durch Zahlung einer Geldrente monatlich im Voraus zu gewähren (§ 1585 Abs. 1 S. 1). Der Verpflichtete muss den Unterhalt auf seine Gefahr und Kosten übermitteln (§ 270 Abs. 1).

Geldrente monatlich im Voraus

Neben dem laufenden Unterhalt können evtl. einmalige Zahlungen wegen Sonderbedarfs verlangt werden (§ 1585b Abs. 1). Das ist nach der Legal-Definition des § 1613 Abs. 2 Nr. 1 „unregelmäßiger außergewöhnlich hoher Bedarf".

Sonderbedarf

Beispiele: hohe Krankheits-, Operations-, Zahnersatz-, Pflege-, Umzugskosten

Unterhalt kann grundsätzlich immer nur für die Zukunft verlangt werden, da er nur der Sicherstellung des gegenwärtigen Lebensbedarfs dient und Unterhaltsverpflichtete vor Ansprüchen, mit denen sie nicht rechnen konnten, geschützt werden sollen. Unterhalt für die Vergangenheit oder Schadensersatz wegen Nichtleistung (z. B. Kosten für Kreditaufnahme) kann jedoch gemäß § 1585b gefordert werden, wenn

Unterhaltsrückstände

– es sich um Sonderbedarf handelt (§ 1585b Abs. 1; siehe dazu oben),
– Unterhaltsverpflichtete sich im Zahlungsverzug befinden (§ 1585b Abs. 2 i.V. m. §§ 1613, 286),

Zahlungsverzug tritt nach § 286 BGB ein, wenn der Unterhaltspflichtige fälligen Unterhalt nicht gezahlt hat. Dass der Unterhaltspflichtige dies zu vertreten hat, vermutet § 286 Abs. 4. Die nach § 286 erforderliche Mahnung muss nach Eintritt der Fälligkeit erfolgen. Eine monatliche Mahnung ist nicht erforderlich. In den Fällen des § 286 Abs. 2 muss nicht gemahnt werden, wenn

– der Unterhaltsanspruch bereits rechtshängig (= gerichtlich geltend gemacht) ist (§ 1585 Abs. 2 i.V. m. § 1613) oder
– der Unterhaltspflichtige aufgefordert wurde, Auskunft zu erteilen, damit der Unterhalt berechnet werden kann.

Grundsätzlich können all diese Ansprüche nur bis zu einem Jahr rückwirkend gefordert werden, es sei denn, Unterhaltsverpflichtete haben sich absichtlich den Zahlungen entzogen (vgl. § 1585b Abs. 3).

Sofern zu befürchten ist, dass die Unterhaltsleistungen gefährdet sind, können Unterhaltsberechtigte Sicherheit für die Zahlungen verlangen, die meist durch Gehaltsabtretung erfolgt, da die Beschränkungen des § 232 hier nicht gelten (s. dazu § 1585a).

Sicherheitsleistung

Unterhaltsberechtigte können statt laufender Zahlungen auch eine – einmalige – Abfindung verlangen, wenn ein wichtiger Grund hierfür vorliegt

Einmalige Abfindung

Beispiele: behindertengerechter Umbau der Wohnung nach Unfall, Wohnungskauf, Darlehensrückzahlung, Existenzgründung, Auswanderung

und dies den Unterhaltsverpflichteten nicht unbillig belastet; Unterhaltsverpflichtete können dagegen nicht auf einer Abfindung bestehen (vgl. § 1585 Abs. 2). Abfindungen sind in der Praxis selten, da schwer deren angemessene Höhe festzulegen ist und dies ohnehin meist nur für Begüterte in Betracht kommt.

8. Unterhaltsvereinbarungen

Form

Geschiedene Ehegatten können für die Zeit nach der Scheidung notariell beurkundete Unterhaltsvereinbarungen treffen (§ 1585c).

Inhalt

Inhaltlich besteht fast uneingeschränkte Ausgestaltungsfreiheit (z. B. bzgl. Höhe und Dauer, Zahlungsmodalitäten etc.).

Unterhaltsverzicht

Im Gegensatz zum Ehegatten- und Verwandtenunterhalt (vgl. §§ 1361 Abs. 4 S. 4, 1360a Abs. 3, 1614 Abs. 1) ist hier auch der − Verzicht (selbst für den Fall der Not) grundsätzlich zulässig, da ihm − im Gegensatz zu anderen Unterhaltsvereinbarungen − Vorbehalte an veränderte Lagen fremd sind.[155] Wegen seiner weit gehenden Bedeutung bedarf ein Unterhaltsverzicht allerdings stets klarer und eindeutiger Vereinbarung, denn es ist ein Erfahrungssatz, dass ein Verzicht nicht zu vermuten und im Zweifel eng auszulegen ist.[156]

Unwirksamer Unterhaltsverzicht

Ein Unterhaltsverzicht ist allerdings nichtig, wenn bereits vom Sozialhilfeträger die Mitteilung nach § 94 SGB XII erfolgt ist, dass der Unterhaltsanspruch schon auf ihn übergegangen ist.

Anfechtbarkeit und Nichtigkeit

Unterhaltsvereinbarungen unterliegen − wie alle Verträge − den Vorschriften über die Anfechtung und Nichtigkeit von Willenserklärungen (vgl. §§ 119–121, 123, 124 bzw. §§ 116–118, 134, 138). In Betracht kommen vor allem Drohungen, arglistige Täuschungen und Sittenwidrigkeit. − Nach *BVerfG*[157] und *BGH*[158] ist die Wirksamkeit jedes Unterhaltsverzichts insbesondere genau nach § 138 zu prüfen, weil dadurch keine einseitige, durch die ehelichen Lebensverhältnisse nicht gerechtfertigte Lastenverteilung entstehen dürfe.[159]

Rechtsprechungsbeispiele zu nichtigen Verzichten

Die Rechtsprechung zur Nichtigkeit von Unterhaltsverzichten erscheint hier *widersprüchlich*[160]:

So wurde einerseits ein Unterhaltsverzicht selbst dann nicht für sittenwidrig (und damit nichtig) gehalten, wenn eine Frau ein Kind erwartet und der Mann die Heirat vom Unterhaltsverzicht abhängig gemacht hat.[161] − Inzwischen hat aber das *BVerfG* derartige Verzichte wegen Verstoßes gegen Art. 2 Abs. 1 iVbm Art. 6 Abs. 4 und gegen Art. 6 Abs. 2 GG für verfassungswidrig und damit nichtig erklärt.[162]

Andererseits wird das Berufen auf einen vorhandenen Unterhaltverzicht für treuwidrig und damit nach § 242 für unzulässig gehalten, solange eine Frau infolge der Betreuung eines gemeinsamen Kindes an einer Erwerbstätigkeit gehindert ist und ohne Leistung von Unterhalt auf Arbeitslosengeld II oder Sozialhilfe angewiesen wäre.[163] Allerdings wird dann dem betreffenden Elternteil nur der notwendige Unterhalt zugebilligt.[164]

---

[155] BGH, FamRZ 1980, 172.

[156] OLG Schleswig, FamRZ 1993, 72.

[157] BVerfG, FamRZ 2001, 343.

[158] BGH, FamRZ 2004, 601.

[159] BGH, aaO

[160] *Schwab*, Rn. 390, meint zu Recht: „Rechtssicherheit ist aus der Rspr. des BGH schwerlich zu gewinnen".

[161] OLG Celle, FamRZ 1989, S. 65; ebenso der BGH (FamRZ 1992, 1403) mit dem Argument, die Frau hätte sich ja beraten lassen können.

[162] BVerfG, FamRZ 2001, 343.

[163] BGH, FamRZ 1985, 787, 1991, 306 und 1995, 291; OLG Köln, FamRZ 1990, 634; OLG Hamburg, FamRZ 1991, 1317; OLG Celle, FamRZ 1992, 447.

[164] BGH, FamRZ 1992, 1403.

Ein Unterhaltsverzicht verstößt nach hM gegen die guten Sitten und ist daher nach § 138 Abs. 1 nichtig, falls die Eheleute dadurch bewusst eine Unterstützungsbedürftigkeit zu Lasten der Jobcenter oder der Sozialämter herbeiführen, auch wenn sie deren Schädigung nicht beabsichtigt haben.[165] – Dies kann m.E. nur bei Nachweis der Schädigungsabsicht gelten.

Ein Unterhaltsverzicht ist

- nach § 134 unwirksam, wenn bereits vom Sozialhilfeträger die Mitteilung nach § 94 SGB XII erfolgt ist, dass der Unterhaltsanspruch auf ihn übergegangen ist,
- bei nachgewiesener Schädigungsabsicht zu Lasten des Trägers der Sozialhilfe stets sittenwidrig und daher nach § 138 Abs. 1 nichtig,
- nach st. Rspr. des BGH auch ohne Schädigungsabsicht zu Lasten des Trägers der Sozialhilfe sittenwidrig und somit nach § 138 Abs. 1 nichtig
- u. U. nach § 138 auch dann nichtig, wenn ein Ehegatte dabei – insbesondere im Hinblick auf eine Kinderbetreuung – unangemessen benachteiligt wird.

Zusammenfassung

---

9. Ende der Unterhaltspflicht

Unterhaltsansprüche enden, wenn

- die Voraussetzungen für die jeweilige Unterhaltsberechtigung entfallen,
- eine Abfindung vereinbart und gezahlt wurde (siehe dazu S. 256 f.),
- ein Unterhaltsverzicht vorliegt (siehe dazu S. 256 f.),
- Unterhaltsberechtigte sterben (§ 1586 Abs. 1),
  die Unterhaltsberechtigung ist also nicht vererblich, die Unterhaltspflicht jedoch (vgl. § 1586b)
- Unterhaltsberechtigte eine neue Ehe eingehen (§ 1586 Abs. 1).

In Betracht kommende Fälle

Grundsätzlich sind die Unterhaltsansprüche damit erloschen. Im ersten und letzten Fall können die Ansprüche jedoch u. U. wiederaufleben.

Grundsatz: Erlöschen Ausnahme: Wiederaufleben

Beispiele für ein „Wiederaufleben" der Unterhaltspflicht: Eine geschiedene Frau geht nach überwundener Krankheit wieder einer Erwerbstätigkeit nach, gibt diese dann aber auf, um ein gemeinschaftliches schwer erkranktes oder verunfalltes Kind zu pflegen.

Die kinderlose zweite Ehe einer Frau wird geschieden und sie betreut ein 6-jähriges Kind aus der ersten Ehe.

(Hier haftet allerdings gem. § 1586a Abs. 2 der zweite vor dem ersten Ehemann, d. h., der zweite Ehemann ist allein unterhaltspflichtig, wenn seine geschiedene Frau ihm gegenüber auch einen Unterhaltsanspruch besitzt – z.B. wegen Krankheit. Ist das jedoch nicht der Fall, knüpft sie durch § 1570 wieder an ihre erste Ehe an und kann daher nach beendeter Kinderbetreuung sogar vom ersten Ehemann gemäß den §§ 1571–1573 u. 1575 u. U. wieder Unterhalt erhalten.)

---

[165] Ständige Rechtsprechung des BGH (vgl. FamRZ 1983, 137; 1987, 40; 1990, 634; 1991, 88; 1992, 1403).

Kapitel 7. Verwandtenunterhalt

Übersicht

Vorbemerkung

Nicht nur Ehegatten sind einander zum Unterhalt verpflichtet, sondern auch Verwandte in gerader Linie. Einzelheiten regeln insoweit die §§ 1601 ff. **Gegenseitige Unterhaltspflicht Verwandter in gerader Linie**

Anspruchsgrundlage des Unterhaltsanspruchs in gerader Linie ist § 1601. Wegen der Suche nach der richtigen Anspruchsgrundlage wird nach oben verwiesen (S. 198). **Anspruchsgrundlage**

Die Voraussetzungen des Unterhaltsanspruchs der Verwandten in gerader Linie ergeben sich aus den §§ 1601 ff. Folgende Voraussetzungen sind zu prüfen: **Voraussetzungen**

Voraussetzungen des Anspruches auf Verwandtenunterhalt:

– Verwandtschaft in gerader Linie
– Bedürftigkeit der Unterhalt begehrenden Person
  – Bedarf
    – abzüglich des einzusetzenden Einkommens, ggf. fiktiven Einkommens und Vermögens der Unterhalt begehrenden Person
– Leistungsfähigkeit des in Anspruch genommenen
– Fehlen von Ausschlussgründen

Merke:

Die Unterhaltspflicht der Eltern gegenüber ihren minderjährigen Kindern besteht unabhängig davon, ob ihnen die elterliche Sorge zusteht oder nicht, denn § 1601 stellt hierauf nicht ab. Die Sorge- und Unterhaltspflichten bestehen also unabhängig von einander, denn es wäre kaum hinnehmbar, wenn z. B. ein Elternteil nach einem Sorgerechtsentzug von seiner Unterhaltspflicht befreit wäre (s. dazu auch S. 373).

Liegen die genannten Voraussetzungen vor, besteht ein – ggf. gerichtlich einklagbarer Anspruch auf Unterhalt. Art und Dauer des Anspruches wird in den §§ 1601 ff. näher bestimmt. **Anspruchsinhalt**

A. Voraussetzungen

I. Verwandtschaft in gerader Linie

Dass Eltern ihren Kindern gegenüber unterhaltspflichtig sind, ist allgemein bekannt; dass diese Verpflichtung jedoch auch umgekehrt besteht, ist da- **Gegenseitige Pflicht** gegen wohl weniger verbreitet. Beides ergibt sich aus § 1601, der allen geradlinigen Verwandten diese gegenseitige Solidarität *ohne altersmäßige oder sonstige zeitliche Begrenzung* auferlegt (was vielfach nicht bekannt ist). Somit besteht gemäß §§ 1601/1589 eine gegenseitige Unterhaltspflicht für:

Unterhaltspflichtige   Eltern ↔ Kinder – Großeltern ↔ Enkel – Ur-Großeltern ↔ Ur-Enkel.

Nicht Unterhalts-   Nach deutschem Recht besteht somit keine Unterhaltspflicht anderer
pflichtige   Familienangehöriger, also nicht unter Verwandten in der Seitenlinie, d. h.:

- unter Geschwistern – zwischen Tanten/Onkeln und Nichten/Neffen – zwischen Cousinen/Cousins
- ebenso wenig unter Verschwägerten
- insbesondere nicht zwischen Schwiegereltern und Schwiegertöchtern/ -söhnen.

II. Bedürftigkeit

Begriff Bedürftigkeit   *Bedürftig* ist, wer außerstande ist, sich selbst zu unterhalten (§ 1602 Abs. 1). Um dies festzustellen, ist zunächst der Bedarf der Unterhalt begehrenden Person zu ermitteln. Danach ist zu klären, ob die Unterhalt begehrende Person diesen Bedarf mit ihrem Einkommen, ggf. fiktiven Einkommen und Vermögen decken kann.

1. Unterhaltsbedarf

Gesamter   Der zu gewährende Unterhalt umfasst den gesamten Lebensbedarf (§ 1610
Lebensbedarf   Abs. 2),

Beispiele: Nahrung, Wohnung, Kleidung, Gesundheitssorge, angemessene Versicherung (nicht jedoch Lebensversicherungen u. Altersvorsorge), kulturelle, gesellschaftliche und Freizeit-Bedürfnisse.

Nicht hierzu zählen jedoch sonstige Verpflichtungen, die der Bedürftige seinerseits zu erfüllen hat (sog. „Schulden").

Erziehungskosten   Der Unterhalt umfasst auch Erziehungsmaßnahmen (§ 1610 Abs. 2), d. h. auch die Kosten für die Unterbringung bei Tagesmüttern, in Kindertagesstätten, Pflegestellen, Heimen etc.

Angemessener   Die Lebensbedürfnisse einer Person können in unterschiedlicher Qua-
Unterhalt   lität und Quantität befriedigt werden. Der Unterhalt ist in dem Maß zu gewähren, das der Lebensstellung des Bedürftigen entspricht (sog. „angemessener Unterhalt", vgl. § 1610 Abs. 1). Dieser richtet sich nach den (bisherigen) Lebens-, Einkommens- und Vermögensverhältnissen des jeweiligen Unterhaltsberechtigten. Es ist aber auch die Leistungsfähigkeit des Unterhaltsverpflichteten zu beachten (s. dazu § 1603 sowie S. 247 f.).

Ausbildung – Zweit-Ausbildung

Keine Alters-   Der Unterhalt umfasst auch die Kosten einer angemessenen Schul- und
begrenzung   Berufsausbildung (§ 1610 Abs. 2). Diese Verpflichtung wird nicht durch Erreichen eines bestimmten Alters begrenzt,

(auch nicht mit 27 Jahren, wie immer wieder behauptet wird)

Konkrete Situation   sondern allein durch die Dauer der Ausbildung, wobei Verzögerungen
maßgeblich   in der Reifeentwicklung, Krankheit und sonstige individuelle Umstände

zu berücksichtigen sind.[1] – *Begrenzungen* entstehen jedoch bei besonders langwierigen und/oder kostspieligen Ausbildungen bei Eltern mit nur geringerem Einkommen. Grenzen der Zumutbarkeit sind vor allem bei einer Zweit-Ausbildung zu beachten. Sie ist zwar weder generell zu versagen noch anzuerkennen. Vielmehr kommt es hierbei jeweils auf die konkrete Fallsituation an.[2]

Zweit-Ausbildungen

Die gerichtliche Praxis orientiert sich bei der Berechnung des Unterhalts an der Düsseldorfer Tabelle und den jeweiligen Leitlinien der Oberlandesgerichte. Die Düsseldorfer Tabelle geht von Mindestunterhalt aus und sieht nach dem Einkommen der Eltern und dem Alter des Kindes gestaffelte Beträge vor.

Unterhaltstabellen

Als Einkommen ist das bereinigte Nettoeinkommen zugrunde zu legen. Dieses wird dadurch ermittelt, dass vom Bruttoeinkommen Steuern und gesetzliche Vorsorgeaufwendungen (vor allem Sozialversicherungsbeiträge) abgezogen werden. Von der hierbei ermittelten Zwischensumme werden weiter u. a. berufsbedingte Mehraufwendungen und berücksichtigungsfähige Schulden abgezogen.

Bereinigtes Nettoeinkommen

§ 1612a setzt einen Mindestunterhalt fest, den ein minderjähriges Kind mindestens verlangen kann. Der Mindestunterhalt orientiert sich am steuerrechtlichen Kinderfreibetrag (derzeit für jeden Elternteil 2184 EUR, vgl. § 32 Abs. 6 S. 1 EStG). Der Mindestunterhalt wird angepasst. Bei der Berechnung des Mindestunterhalts ist vom doppelten Kinderfreibetrag – da beiden Elternteilen dieser zusteht – auszugehen. Er wird auf den Monat umgelegt. Je nach Altersstufe beträgt der Mindestunterhalt 87% bei Kindern bis zur Vollendung des sechsten Lebensjahres 100% bei Kindern vom siebten bis zum vollendeten zwölften Lebensjahr und 113% ab dem 13. Lebensjahr des Monatsbetrages (§ 1612a Abs. 2).

Mindestunterhalt

Auf die jeweils sich errechnenden Unterhaltsbeträge wird nach § 1612b das für das betreffende Kind gezahlte Kindergeld zur Hälfte angerechnet, weil man davon ausgeht, dass dies zwei Funktionen hat, nämlich einerseits dem Unterhalt zu dienen und andererseits als Art „Aufwandsentschädigung" für den betreuenden Elternteil gedacht ist (sog. „Halbteilungsgrundsatz").[4] Daraus ergibt sich für die Unterhaltsberechnung Folgendes:

Anrechnung von Kindergeld[3]

„Halbteilungsgrundsatz"

– erhält der bar-unterhaltspflichtige (s. dazu S. 266) Elternteil kein Kindergeld, weil es an einen anderen Kindergeldberechtigten ausbezahlt wird, so erhöht sich der errechnete Unterhaltsbetrag um die Hälfte des Kindergeldes (§ 1612b Abs. 1),
die Hälfte des Kindergeldes dient ja dem Unterhalt (vgl. oben), also darf er diesen Teil anrechnen, d. h. vom errechneten Unterhaltsbetrag abziehen

– sind beide Eltern bar-unterhaltspflichtig (d. h.: weil keiner von ihnen das Kind betreut [s. dazu S. 266]), so erhöht sich der errechnete Unterhaltsanspruch gegen den das Kindergeld beziehenden Elternteil um die Hälfte des auf das Kind entfallenden Kindergeldes (§ 1612b Abs. 2),

---

[1] BGH, FamRZ 1984, 777; OLG Hamm, FamRZ 1986, 198.
[2] Siehe dazu BGH, FamRZ 1989, 853; 1991, 322; 1992, 1407; 2000, 420; 2001, 1601.
[3] Vgl. Fn. 125.
[4] Diese Berechnung ist bedauerlich; betreuende Elternteile sollten stets das ungekürzte Kindergeld erhalten.

mangels Kindesbetreuung steht ihm die „Aufwandsentschädigung" (vgl. oben) nicht zu; er muss sie herausgeben

Ausnahmsweise volle Anrechnung

– besitzt nur der unterhaltspflichtige Elternteil, der das Kind nicht betreut, den Kindergeldanspruch, wird es aber nicht an ihn ausbezahlt, so ist es in voller Höhe anzurechnen, d.h.: er kann seine Unterhaltszahlung um den Betrag des Kindergeldes kürzen.

Begründung

Bei Tod eines Elternteils und Unterhaltspflichtverletzung durch den anderen Elternteil oder bei Fremdunterbringung des Kindes wird das Kindergeld an das Kind selbst oder an die Betreuungsperson ausbezahlt. Da in diesen Fällen der überlebende Elternteil den Gesamtunterhalt zahlt, erschien dem Gesetzgeber die volle Anrechnung des Kindergelds berechtigt,[5] d.h.: der Unterhaltsverpflichtete kann es voll von seinen Unterhaltszahlungen abziehen.

Auskunftspflicht

Zur Klärung der unterhaltsrechtlichen Lage (einschließlich der Höhe der zu zahlenden Beträge) besteht zwischen geradlinigen Verwandten eine gegenseitige Auskunftspflicht (vgl. § 1605 sowie S. 267).

2. Einzusetzende Mittel

Bedürftig iSv § 1602 BGB ist nur, wer seinen Lebensunterhalt nicht aus eigenen Mitteln bestreiten

d.h., wer weder aus zumutbarer Erwerbstätigkeit

Schülern ist ausnahmslos, Studenten grundsätzlich keine Erwerbstätigkeit zumutbar

noch aus sonstigen Einkünften (wie Ausbildungsvergütung, Ferienjobs), noch aus Verwertung seines Vermögens seinen angemessenen Lebensbedarf bestreiten kann; minderjährige unverheiratete Kinder brauchen jedoch ihr Vermögen nicht zu verwerten, sondern müssen sich nur die Einkünfte hieraus (Zinsen, Mieteinnahmen etc.) anrechnen lassen (vgl. § 1602 Abs. 2).

III. Leistungsfähigkeit

Begriff Leistungsfähigkeit

Leistungsfähig ist nur, wer unter Berücksichtigung seiner sonstigen Verpflichtungen andere vorrangige oder gleichrangige (s. dazu S. 248 ff.) Unterhaltsverpflichtungen, Versicherungs-, Darlehens-, Abzahlungsverpflichtungen

diese „familienfeindliche" Berücksichtigung von „Schulden" wird allerdings dadurch gemildert, dass sie bei Pfändungen gemäß § 850d ZPO nur berücksichtigt werden, soweit dies im Interesse der Unterhaltsverpflichteten geboten ist (d.h., wenn ihre Existenz auf dem Spiel steht wie z.B. bei privaten oder gewerblichen Mietverträgen oder bei Abzahlungsverpflichtungen bzgl. Hausrat oder beruflich benötigten Kfz)

ohne Gefährdung seines eigenen angemessenen Unterhalts (siehe dazu den sog. „Kontrollbedarf" der Unterhalts-Tabellen) zahlen kann (§ 1603 Abs. 1).

Gesteigerte Verpflichtung

Gegenüber *unverheirateten* Kindern besteht allerdings eine gesteigerte Unterhaltspflicht, solange diese

---

[5] Siehe BT-Drucks. 13/7338, S. 30.

- minderjährig sind *oder*
- sich noch in allgemeiner Schulausbildung befinden, noch nicht 21 J. alt sind und noch zumindest mit einem Elternteil zusammenleben.

Das bedeutet, dass Eltern mit diesen Kindern alle verfügbaren Mittel teilen müssen, sofern nicht

Folgen

- ein anderer unterhaltspflichtiger (und leistungsfähiger) Verwandter vorhanden ist
- der Unterhalt dieses Kindes aus seinem Vermögensstamm bestritten werden kann

(wobei auch die Vermögenssubstanz eingesetzt werden muss, sofern das nicht unwirtschaftlich ist)

(vgl. § 1603 Abs. 2).

Bei partieller Bedürftigkeit oder Leistungsfähigkeit kommt Teilunterhalt in Betracht.

Partieller Unterhalt

Wenn die Leistungsfähigkeit des(r) Unterhaltspflichtigen nicht ausreicht, so ist zunächst unverheirateten minderjährigen Kindern sowie (gleichermaßen) sich noch in allgemeiner Schulausbildung befindlichen noch nicht 21 Jahre alten Kindern Unterhalt zu gewähren. (vgl. § 1609 sowie „Rangfolgen" auf S. 248 ff.). Andere Unterhaltsberechtigte kommen also erst nach ihnen zum Zuge.

In Mangelfällen Rangfolge beachten

IV. Beschränkung oder Versagung von Unterhalt

Unterhaltspflichtige geradlinige Verwandte (also auch Eltern) brauchen nicht den vollen Unterhalt, sondern nur einen Unterhaltsbeitrag zu leisten, wenn Unterhaltsberechtigte

- durch eigenes „sittliches"[6] Verschulden unterhaltsbedürftig geworden sind,

Beschränkungsgründe

Beispiele: Arbeitsscheu, Spiel, Wettschulden, Erwerbsverlust durch Alkohol- oder Drogen-Abusus (nicht jedoch: einmalige leichtsinnige Aufgabe des Arbeitsplatzes, frühe Mutterschaft)

- sich vorsätzlich einer schweren Verfehlung gegen die Unterhaltspflichtigen oder deren nahe Angehörige (z.B. Kinder, Eltern, neuer Ehegatte, Partner) schuldig gemacht haben,

Beispiele: körperliche Misshandlungen, massive Bedrohungen u. Erpressungen, schwerer Betrug, Denunziationen (z.B. gegenüber Finanzamt, sonstige Behörden, Arbeitgeber) mit dem Ziel, die Unterhaltspflichtigen beruflich oder wirtschaftlich zu schädigen,
umstritten sind: Beleidigungen, tiefe Verachtung[7] u. jegliche Kontaktverweigerung

- zuvor ihre eigene Unterhaltspflicht gegenüber den jetzt Unterhaltspflichtigen gröblich vernachlässigt hatten,

---

[6] Nicht nur abzuleiten aus dem (ungeschriebenen) sog. „allgemeinen Sittengesetz", sondern aus den sich aus der Verwandtschaft ergebenden Pflichten zur Rücksichtnahme (vgl. auch § 1618a).
[7] Gegenüber todkrankem Vater ist die Norm anwendbar (OLG Bamberg, FamRZ 1992, 717).

dazu zählt auch keinerlei Mithilfe im Haushalt noch zu Hause lebender (vor allem volljähriger) Kinder

(vgl. § 1611 Abs. 1 S. 1).

Folgen

In den vorgenannten Fällen brauchen Unterhaltsverpflichtete nur einen Unterhaltsbeitrag zu leisten, der der Billigkeit entspricht. Von Kürzungen

Kürzungen

betroffen ist vor allem Sonderbedarf (nicht jedoch Ausbildungskosten).

> Die Herabsetzung auf den sog. „notdürftigen Unterhalt" (der im Wesentlichen mit dem Sozialhilfesatz gleichgesetzt wird) ist zwar 1970 weggefallen, kann aber dennoch relevant sein.

Versagung

Wenn in den vorgenannten Fällen eine Inanspruchnahme der eigentlich Unterhaltspflichtigen grob unbillig wäre, kann die Unterhaltspflicht sogar völlig entfallen (§ 1611 Abs. 1 S. 2). Diese Ausnahmesituation erfordert strenge Anforderungen, d. h. hier muss nach hM selbst die Leistung eines geringfügigen Beitrags der Gerechtigkeit „in unerträglicher Weise" widersprechen. – Der Verweis auf § 2333 ist 1970 zwar entfallen, jedoch sind die dort aufgeführten Fälle nach wie vor von Bedeutung.[8]

Andere Verwandte haften dann nicht

In Fällen der Unterhaltsminderung oder -versagung können die betroffenen Unterhaltsbedürftigen dann auch nicht andere Unterhaltspflichtige in Anspruch nehmen (§ 1611 Abs. 3).

Gilt nicht gegenüber minderj. Kindern

Gegenüber unverheirateten minderjährigen Kindern können Eltern keine Unterhaltsminderung oder -versagung nach § 1611 Abs. 1 geltend machen (vgl. dessen Abs. 2). *Umstritten* ist, ob das auch dann gilt, wenn das Kind inzwischen volljährig ist und nun Unterhalt begehrt.[9] Hier kann jedoch m.E. in besonders gravierenden Fällen über § 242 ein entsprechendes Ergebnis erzielt werden.

Verzeihung

Hier kann entsprechend den Regelungen der §§ 523, 2337 grundsätzlich auch Verzeihung in Betracht kommen,[10] sofern die Unterhaltsberechtigten nachweisen können, dass die betreffenden Unterhaltspflichtigen somit aus dem Fehlverhalten keinerlei Rechtsfolgen mehr herleiten wollen.[11]

V. Unterhaltsvereinbarungen

Grundsätzlich möglich

Unterhaltsansprüche Verwandter können infolge der Vertragsfreiheit grundsätzlich vertraglich näher geregelt werden. Unter geradlinigen Verwandten kann aber – im Gegensatz zum Geschiedenenunterhalt (s.

Unterhaltsverzicht unzulässig

S. 256 f.) – auf den Unterhalt für die Zukunft weder ganz noch teilweise verzichtet werden (§ 1614 Abs. 1). Das gilt für sämtliche unterhaltspflichtigen Verwandten, also zwischen Eltern und Kindern sowie Großeltern und Enkeln (§ 1589 S. 1). Gesetzesintention ist hier nicht nur der Schutz evtl. stark abhängiger Verwandter, sondern auch die Eindämmung staatlicher Verpflichtungen. Denn bei Nichteinhaltung von Unterhaltsverpflich-

---

[8] Bezüglich § 2333 Nr. 5 BGB aA: *Palandt/Diederichsen*, § 1611 Rn. 3.
[9] Dafür: BGH, FamRZ 1988, 159; OLG Stuttgart, FamRZ 1997, 447; OLG Hamburg, FamRZ 1995, 959 MüKoBGB/*Born*, § 1611 Rn. 42; aA: OLG Düsseldorf, FamRZ 1990, 194; OLG Karlsruhe, FamRZ 1988, 758.
[10] MüKoBGB/*Born*, Rn. 46; *Palandt/Diederichsen*, Rn. 10 (jeweils zu § 1611).
[11] MüKoBGB/*Born*, aaO; *Palandt/Diederichsen*, aaO (jeweils unter Berufung auf BGHZ 91, 272).

tungen würde ja das soziale Sicherungssystem einspringen müssen (siehe dazu nachstehend).

B. Rechtsfolgen

I. Art und Weise der Unterhaltsgewährung

Grundsätzlich ist Verwandtenunterhalt durch Entrichtung einer Geldrente monatlich im Voraus zu leisten (vgl. § 1612 Abs. 1 S. 1, Abs. 2 S. 1). Wenn besondere Gründe es rechtfertigen, können unterhaltspflichtige Verwandte (und somit auch Eltern) verlangen, dass ihnen die Unterhaltsgewährung „in anderer Weise" gestattet wird (§ 1612 Abs. 1 S. 2). Wann das der Fall sein kann, und was dies bedeutet, besagt diese Vorschrift nicht. Es handelt sich dabei um Unterhalt durch Sachleistungen, insbesondere durch das Zurverfügungstellen von Kost und Logis, Kleidung etc. (sog. *Natural-Unterhalt*). Da hiermit eine Beschränkung der persönlichen Freiheit und Bevormundung der Unterhaltsberechtigten verbunden ist, kommt Natural-Unterhalt nur in Frage, wenn z.B. die Geldmittel von Land- oder Gastwirten oder Lebensmittel- oder Textilkaufleuten sehr beschränkt sind. Er kann deshalb den Bar-Unterhalt auch nicht völlig ersetzen, sondern nur ergänzen.

Minderjährigen unverheirateten Kindern gegenüber ist dagegen die Gewährung von Natural-Unterhalt der Regelfall, sofern diese mit ihren Eltern zusammenleben. Geldzahlungen reduzieren sich hier gewöhnlich auf die Zahlung von *Taschengeld*. Das Gesetz gesteht die Leistung von Natural-Unterhalt nicht nur ausdrücklich den Eltern für ihre unverheirateten minderjährigen Kinder zu, sondern auch für ihre unverheirateten volljährigen Kinder; bei ihrer diesbezüglichen „Bestimmung" müssen sich die Eltern allerdings einig sein und haben hierbei auf Belange ihrer Kinder die gebotene Rücksicht zu nehmen (vgl. § 1612 Abs. 2 S. 1). Damit eröffnet das BGB Eltern die Möglichkeit, auch noch über die Volljährigkeit hinaus auf die Lebensführung ihrer Kinder Einfluss zu nehmen und sie an sich zu binden, solange diese noch von ihnen finanziell abhängig sind.[12] Da dies problematisch sein kann, sieht § 1612 Abs. 2 S. 2 vor, dass das FamG auf Antrag betroffener Kinder derartige Bestimmungen der Eltern „aus besonderen Gründen" ändern kann. Das bedeutet, dass das Anbieten von Naturalunterhalt stets möglich ist und nur in begründeten Ausnahmefällen gerichtlich geändert werden kann (sog. Regel-Ausnahme-Bestimmung). Eine solche Änderung von Staats wegen hält die Rechtsprechung nur in eindeutigen – vom Kind zu beweisenden – Missbrauchsfällen für zulässig.[13]

– große Entfernung zwischen Ausbildungsstätte und Elternhaus,[14]
– nicht zu rechtfertigende Einmischung in die Lebensgestaltung Volljähriger,[15]
– tief greifende Entfremdung,[16] es sei denn, das Kind hat diese zu vertreten,[17]

Geldrente mtl. im Voraus

Natural-Unterhalt: grundsätzlich Ausnahme

Bei mdj. Kindern dagegen Regelfall

Auch möglich für unverheiratete Volljährige

Aus besonderen Gründen Änderung durch FamG

Rechtsprechungsbeispiele

---

[12] Das hat der BGH als legitim bejaht, FamRZ 1981, 250.
[13] So z.B. der BGH, FamRZ 1981, 250.
[14] OLG Hamburg, FamRZ 1987, 1183.
[15] OLG Bremen, FamRZ 1976, 702; BayObLG, FamRZ 1989, 1222.
[16] BayObLG, FamRZ 1991, 1224.
[17] OLG Hamburg, FamRZ 1983, 1053; OLG Zweibrücken, FamRZ 1988, 205.

– „Zurückholenwollen" volljähriger Kinder nach bereits jahrelangem Getrennt-leben,[18]
– schikanöses Verhalten oder Tätlichkeiten gegen das Kind.[19]

Dagegen wird der bloße Wunsch nach Selbstständigkeit volljährig gewordener Kinder nach ständiger Rechtsprechung nicht anerkannt.

Problematische Regelung

Von verschiedenen Seiten ist wiederholt eine Streichung oder Ände-rung dieser gesetzlichen Norm gefordert worden. Die Umkehr der Re-gel-Ausnahme-Bestimmung wäre m.E. eine angemessene Lösung, d.h., dann müssten nicht mehr die Kinder nachweisen, dass ihnen die Gewäh-rung von Naturalunterhalt unzumutbar ist, sondern die Eltern dies bzgl. des Bar-Unterhalts tun.

II. Aufteilung der elterlichen Unterhaltspflicht

Grundsatz: individuelle Haftung

Eltern müssen sich ihre Unterhaltsverpflichtungen gegenüber ihren Kin-dern nicht teilen (also nicht „halbe-halbe"), sondern sie haften grundsätz-lich – wie andere gleich nahe Verwandte auch – jeweils anteilig nach ih-ren Erwerbs- und Vermögensverhältnissen (§ 1606 Abs. 3 S. 1). Wenn jedoch ein Elternteil ein minderjähriges unverheiratetes Kind pflegt und erzieht, erfüllt er damit „in der Regel" seine Unterhaltspflicht (§ 1606 Abs. 3 S. 2). Das gilt auch dann, wenn an der Betreuung andere Personen beteiligt sind (z.B.: Lebensgefährten, Großeltern oder andere Verwandte, Tagesmütter), es sei denn, diese Betreuung überwiegt (wie z.B. bei Un-terbringungen in Vollzeitpflege oder Heimen).

Kinderbetreuung er-füllt Unterhaltspflicht

Wertung des BGB

Aus dieser Wertung des BGB ergibt sich, dass
– Kinder zu pflegen und zu erziehen bedeutet, ihnen Unterhalt zu leisten,
– dies nur bzgl. minderjähriger Kinder gilt (vgl. „und" in § 1606 Abs. 3 S. 2),
– Betreuungs-Unterhalt und Bar-Unterhalt gleichwertig sind.

Ausnahmen

Dies gilt jedoch nur „in der Regel". Das bedeutet, dass auch der be-treuende Elternteil Unterhaltszahlungen leisten muss, wenn
– der Kindesunterhalt durch den nicht betreuenden Elternteil allein nicht sichergestellt werden kann,
– dies zu einem erheblichen Ungleichgewicht zwischen den Elternteilen führen würde.

(Letzteres nimmt der *BGH*,[20] aber nur bei extremen Einkommensunterschieden an.)

Bar-Unterhalt

Elternteile, die keine Kinderbetreuung übernehmen, müssen Unter-halts-*Zahlungen* (sog. Bar-Unterhalt) leisten; betrifft dies beide Eltern, so sind sie dazu anteilig nach ihren Erwerbs- und Vermögensverhältnissen (s. dazu S. 263) verpflichtet.

---

[18] BayObLG, FamRZ 2000, 976; OLG Hamburg, FamRZ 1990, 1269.
[19] OLG Zweibrücken, FamRZ 1986, 1034.
[20] BGH, FamRZ 1984, 39.

C. Anspruch auf Auskunft

Der Klärung der unterhaltsrechtlichen Lage dienen Ansprüche auf Aus- Inhalt und Umfang
kunft über die wirtschaftlichen Verhältnisse der an einem Unterhalts-
rechtsverhältnis beteiligten Person (§ 1605). Geradlinig Verwandte (insbesondere Eltern und Kinder) sind somit gegenseitig zu Auskünften über ihr
Einkommen und ihr Vermögen verpflichtet, soweit dies zur Feststellung
von Unterhaltsansprüchen erforderlich ist (§ 1605 Abs. 1 S. 1). Auf Verlangen sind Einkommensbelege (§ 1605 Abs. 1 S. 2), ferner ein Verzeich-
nis der Einnahmen und Ausgaben (§ 260 Abs. 1) vorzulegen, dessen Voll-
ständigkeit gemäß §§ 260 Abs. 2, 261 nach bestem Wissen an Eides statt
zu versichern ist. Das Recht auf Auskunft ist *einklagbar*. Die Klage auf Vorlage des Verzeichnisses oder auf Abgabe der eidesstattlichen Versicherung
kann mit der Klage auf den (noch unbezifferten) Unterhalt verbunden
werden (§ 254 ZPO). Um einer Ausuferung von Prozessen vorzubeugen,
ist der Auskunftsanspruch nach § 1605 Abs. 2 aber grundsätzlich auf einen
2-Jahres-Rhythmus (und überdies nach den allgemeinen Grundsätzen des
§ 242) eingeschränkt, wenn nicht glaubhaft gemacht werden kann, dass
die Auskunftspflichtigen zuvor wesentlich höhere Einkünfte erzielt oder
weiteres Vermögen erworben haben.

D. Ausfall von Unterhaltszahlungen

Wenn Unterhaltspflichtige nicht zahlen, kommen Leistungen der *Grund-* Alg II, Sozialgeld,
sicherung für Arbeitsuchende oder *Sozialhilfeleistungen* in Betracht. Diese Sozialhilfe
werden jedoch grundsätzlich *nur subsidiär* gewährt (§§ 5, 7, 11 f. SGB II;
§§ 2 Abs. 1, 19, 82 ff. SGB XII). Daher ist sowohl in der Grundsicheurng
für Arbeitsuchende und in der Sozialhilfe bei der Gewährung von Leistungen der Forderungsübergang kraft Gesetzes auf den Leistungträger
(d. h.: kreisfreie Gemeinde oder Landkreis) vorgesehen (§ 33 SGB II,
§ 94 SGB XII), d. h.: dieser kann die von ihm erbrachte Leistung in
Höhe des Unterhaltsanspruchs von den nach BGB Unterhaltspflichtigen
einfordern.

Eine Sonderheit besteht für Kinder alleinerziehender Elternteile. Sie Für allein Erziehende
haben nach dem Unterhaltsvorschussgesetz (UhVG) Anspruch auf Unter- Unterhaltsvorschüsse
haltsvorschüsse oder Unterhaltsausfallleistungen (d. h. vollen Unterhalter- oder Ersatzleistungen
satz), wenn

– diese Kinder noch nicht 12 Jahre alt sind,[21] Anspruchs-
– sie in der BRD leben (Ausländer benötigen eine Aufenthalts- oder voraussetzungen
  Niederlassungserlaubnis),

  und zwar bei einem Elternteil, der ledig, verwitwet, geschieden oder von seinem
  Ehegatten dauernd getrennt lebt
  (Letzteres liegt auch bei voraussichtlich mind. 6-monatiger Anstaltsunterbrin-
  gung wegen Krankheit oder Behinderung des anderen Ehegatten sowie bei gerichtlicher Anordnung des Getrenntlebens [s. dazu S. 214 ff.] vor.)

---

[21] Gegen altersmäßige Begrenzungen dieser Leistungen: *Schleicher*, Soziale Arbeit
1980, S. 153.

- sie entweder nicht oder nicht regelmäßig Unterhalt vom anderen Elternteil oder bei Tod desselben Waisenbezüge in Höhe der für ihre Altersgruppe maßgeblichen Mindestunterhalts (d.h. 133 EUR bei Kindern bis fünf und 180 EUR bei Kindern zwischen 6 und 11 Jahren) erhalten,
- der mit dem Kind zusammenlebende Elternteil einen schriftlichen Antrag bei der nach Landesrecht zuständigen Behörde (meist ist es das JA) gestellt hat.

(§ 1 Abs. 1, 2, 2a, § 9 UVG).

Anspruchshindernisse Diese Ansprüche bestehen jedoch *nicht*, wenn der Elternteil, bei dem das Kind lebt,

- mit dem anderen Elternteil zusammenlebt,
- nicht bei der Feststellung der Vaterschaft oder des Aufenthalts des anderen Elternteils mitwirkt,
- seiner zur Durchführung des UhVG bestehenden Auskunftspflicht nicht nachkommt

(vgl. § 1 Abs. 3 UVG).

Höhe der UVG-Leistungen Die Höhe der Leistungen des UhVG bestimmt sich nach den für die jeweilige Altersgruppe maßgeblichen Mindestunterhalt (§ 2 Abs. 1 UhVG). Sie betragen seit 1.1.2010: 279 bzw. 322 EUR. Von diesen Beträgen werden jedoch gemäß § 2 Abs. 2 u. 3 UVG abgezogen

- das Kindergeld,
- Unterhaltszahlungen des nicht mit dem Kind zusammenlebenden Elternteils,
- Waisenbezüge einschließlich Schadensersatzleistungen.

Anspruchsdauer max. 72 Monate Leistungen nach dem UVG werden längstens für insgesamt 72 Monate gezahlt (§ 3 UVG). Danach kämen dann Grundsicherungs- oder Sozialhilfeansprüche nach dem SGB XII in Betracht (s. dazu S. 267).

Anspruchsübergang auf leistende Behörde In den Fällen, in denen nach dem UhVG berechtigte Kinder einen Unterhaltsanspruch gegen den nicht mit ihnen zusammenlebenden Elternteil haben, geht dieser in Höhe der geleisteten Zahlungen zusammen mit dem nach § 1605 bestehenden unterhaltsrechtlichen Auskunftsanspruch (siehe dazu nachstehend) gemäß § 7 UVG auf das Bundesland über, der die leistende Behörde angehört.

E. Ende der Unterhaltspflicht

In Todesfällen Der Unterhaltsanspruch erlischt mit dem Tode des Unterhaltsberechtigten oder des Unterhaltsverpflichteten; Ansprüche auf Erfüllung oder Schadensersatz wegen Nichterfüllung für die Vergangenheit oder auf im Voraus zu bewirkende Leistungen, die zur Zeit des Todes des Berechtigten oder des Verpflichteten schon fällig sind, bleiben jedoch bestehen, d.h.: sie werden vererbt (§ 1615 Abs. 1).

Im Falle des Todes des Unterhaltsberechtigten hat der Verpflichtete die Kosten der Beerdigung zu tragen, soweit ihre Bezahlung nicht von dessen Erben zu erlangen ist (§ 1615 Abs. 2).

Kapitel 8. Elterliche Sorge

Übersicht

A. Wesen und Bedeutung

Nach unserer *Verfassung* ist die Pflege und Erziehung der Kinder das natürliche Recht und die oberste Pflicht der Eltern, deren Ausübung die staatliche Gemeinschaft überwacht (Art. 6 Abs. 2 GG). Diese Wertung des Grundgesetzes bedeutet Folgendes:

Die Wertung des Grundgesetzes

– Bei der Erziehung ihrer Kinder besitzen die Eltern grundsätzlich Vorrang gegenüber allen anderen Erziehungsträgern und somit ein *Abwehrrecht* gegenüber Eingriffen in ihre Erziehung (Einschränkungen bestehen allerdings durch das öffentliche Recht – z.B. durch die Schulpflicht und die Jugendschutzgesetze). Dieser verfassungsmäßige Vorrang der Eltern bei der Erziehung ihrer Kinder ist nach der Wertentscheidung des Grundgesetzes so selbstverständlich, dass jede andere Regelung nicht verfassungsgemäß wäre (vgl. Art. 6 Abs. 2 S. 1 GG: *„natürliches Recht")*.

Erziehungsprimat der Eltern ist deren „natürliches Recht"

– Die Kindererziehung ist jedoch weniger ein Recht, sondern vor allem die Pflicht der Eltern (vgl. Art. 6 Abs. 2 S. 1 GG). Das *Bundesverfassungsgericht* spricht daher von „Elternverantwortung"[1].

Elternverantwortung

– Pflege und Erziehung ihrer Kinder ist den Eltern jedoch nicht nach ihrem Belieben völlig frei überlassen, sondern sie haben sich dabei am Wohl der Kinder zu orientieren (vgl. § 1627). Um dies zu gewährleisten, sind die staatlichen Organe (insbesondere JA und FamG) nach Art. 6 Abs. 2 GG berechtigt und verpflichtet, das elterliche Verhalten zu überwachen und erforderlichenfalls die Pflege und Erziehung der Kinder sicherzustellen (sog. *Wächteramt des Staates*). Diese Verpflichtung ergibt sich in erster Linie daraus, dass das Kind ein Wesen mit eigener Menschenwürde (Art. 1 Abs. 1 GG) und einem eigenen Recht auf Entfaltung seiner Persönlichkeit (Art. 2 Abs. 1 GG) ist und damit Anspruch auf staatlichen Schutz hat. Die Konkretisierung des staatlichen Wächteramts erfolgt vor allem durch die §§ 8a, 42 SGB VIII und §§ 1631b, 1666, 1666a, 1667, 1693, 1696, 1697a BGB.

Staatliches Wächteramt

Konkretisierung durch SGB VIII und BGB

---

[1] Vgl. z.B. BVerfGE 14, S. 119, NJW 1982, S. 1379.

**Trennung
von den Eltern**

– Wenn Eltern ihrer Verantwortung nicht gerecht werden, ist der Staat verpflichtet, die Pflege und Erziehung der Kinder sicherzustellen. Allerdings dürfen die Kinder gegen den Willen ihrer Eltern nur dann von der Familie getrennt (also anderweitig untergebracht) werden, wenn ein Gesetz dies ausdrücklich vorsieht und die Eltern entweder bei der Kindererziehung versagen oder die Kinder aus anderen Gründen (also: ohne Versagen der Eltern) zu verwahrlosen drohen (vgl. Art. 6 Abs. 3 GG).

Kein eigenes Grundrecht für Kinder

Während das Elternrecht verfassungsmäßig besonders geschützt wird, sieht das Grundgesetz kein eigenes Grundrecht für Kinder vor. Ein im Bundestag eingebrachter Gesetzentwurf der Fraktion der SPD vom 23.4.2013[2] sah daher in Art. 6 Abs. 2 GG eine Verankerung des Rechts eines jeden Kindes auf Entwicklung und Entfaltung seiner Persönlichkeit und auf Schutz vor Gewalt, Vernachlässigung und Ausbeutung sowie die staatliche Verpflichtung vor, die Rechte des Kindes zu achten, zu schützen und zu fördern und für kindgerechte Lebensbedingungen zu sorgen. Dieser der UN-Kinderrechtskonvention entlehnte Forderungskatalog hatte jedoch schon aus Zeitgründen (die Bundestagswahl fand am 22.9.2013 statt) keine echte Beratungs- und Realisierungschance. Allerdings hatte bei einer diesbezüglichen Experten-Anhörung die ganz überwiegende Mehrheit keine Notwendigkeit für eine ausdrückliche Aufnahme von Kinderrechten in unsere Verfassung gesehen, da die Rechtsposition von Kindern ausreichend gesichert sei. Denn diese resultiert allgemein aus Art. 1 Abs. 1 und 2 Abs. 1 GG (s.o.) sowie aus der Pflicht der Eltern (Art. 6 Abs. 1 S. 2 GG) zur Pflege und Erziehung (Letzteres ist ein sog. *Reflex-Recht*). – Diese Wertentscheidung unserer Verfassung, die Erziehungsverantwortung primär den Eltern und nicht dem Staat zu übertragen, der hier nur das Wächteramt besitzt (s.o.), ist vor allem historisch zu verstehen, und zwar als Absage an die Periode indoktrinativer Staatserziehungsversuche.

**BGB regelt detailliert
die elterliche Sorge**

Die nähere Ausgestaltung der elterlichen Verantwortung für ihre Kinder wird durch das BGB geregelt, das hierfür *früher* den Begriff „*elterliche Gewalt*" verwandte. Weil deutlich gemacht werden sollte, dass das Grundrecht der Eltern, ihre Kinder zu pflegen und zu erziehen (siehe dazu oben), *kein Herrschaftsrecht*, sondern vor allem eine starke Verantwortung der Eltern beinhaltet, verwendet das BGB seit 1.1.1980 die (treffendere) Bezeichnung „elterliche Sorge". Damit wurde – nicht nur sprachlich – anerkannt, dass Kinder nicht „beherrschbare Objekte", sondern eigene Rechtspersönlichkeiten mit Anspruch auf Verwirklichung der in unserer Verfassung für alle Menschen verbrieften Grundrechte sind, wie es das *Bundesverfassungsgericht* mehrfach betont hat. Der bei der (am 1.7.1998 erfolgten) Kindschaftsrechtsreform gemachte Vorschlag, den Begriff elterliche Sorge durch „elterliche Verantwortung" zu ersetzen, wurde damals abgelehnt, weil auch in Fällen der Alleinzuständigkeit eines Elternteils der andere nicht völlig aus seiner Verantwortung entlassen sei (z.B. hinsichtlich seiner Unterhaltspflicht)[3]; diese Missdeutung verhindert aber erfahrungsgemäß auch der Terminus elterliche Sorge nicht (siehe dazu S. 272).

---

[2] Siehe BT-Drucks. 17/13223, S. 2.
[3] Siehe BT-Drucks. 13/4899, S. 58.

Schleicher

Elterliche Sorge aus verfassungsrechtlicher Sicht

– Nach Art. 6 Abs. 2 S. 1 GG haben die Eltern Vorrang bzgl. Pflege und Erziehung ihrer Kinder vor anderen (auch staatlichen) Erziehungsträgern (Ausnahme: Schulpflicht, JuSchG, JArbSchG).
– Der Staat (vertreten durch JA und FamG) wacht darüber, dass Eltern ihre Aufgaben zum Wohl ihrer Kinder wahrnehmen (sog. staatliches Wächteramt) (vgl. dazu §§ 8a, 42 SGB VIII bzw. §§ 1631b, 1666, 1666a, 1667, 1693, 1696, 1697a BGB).
– Im Vordergrund stehen die Pflichten, nicht die Berechtigungen der Eltern. Es ist daher verfehlt, vom „Elternrecht" zu sprechen; eher handelt es sich um ein „Recht im Interesse des Kindes" (bezeichnender ist der vom BVerfG verwendete Begriff „Elternverantwortung").

B. Inhalt und Umfang

Das BGB unterteilt die elterliche Sorge in drei Bereiche:

– die Personensorge,
– die Vermögenssorge,
– die gesetzliche Vertretung in allen Belangen des Kindes.

Die Eltern haben also für die Person ihrer Kinder sowie für deren eventuell vorhandenes Vermögen zu sorgen und ihre Kinder dabei bei allen anfallenden Rechtshandlungen zu vertreten.

Wie unsere *Verfassung* (vgl. Art. 6 Abs. 2 S. 1 GG sowie oben Kapitel A.) betont seit 1.7.1998 auch das BGB, dass die elterliche Sorge für die Eltern *in erster Linie eine Verpflichtung* und nur sekundär eine Berechtigung darstellt. Zur Betonung des Pflichtcharakters der elterlichen Sorge wird die elterliche Verpflichtung, für ihre minderjährigen Kinder zu sorgen, ihrem diesbezüglichen Recht seit 1.7.1998 gesetzlich vorangestellt (vgl. § 1626 Abs. 1 S. 1 „Pflicht und Recht"). Die elterliche Sorge ist somit ein *Fürsorge-* und *Schutzverhältnis* für minderjährige Kinder, für das die (leider) meist verwandte Bezeichnung „Elternrecht" fehl am Platz ist.

Die elterliche Sorge beginnt mit der Geburt und endet mit der Volljährigkeit des Kindes (§ 1626 Abs. 1 BGB). Eine Ausnahme besteht nur bei Adoption des Kindes (vgl. dazu §§ 1754, 1755 BGB sowie die S. 343 ff.). Ansonsten ist die elterliche Sorge in ihrer *Substanz unentziehbar* (vgl. Art. 6 Abs. 2, 19 Abs. 2 GG), d. h. nur ihre Ausübung ist einschränkbar (vgl. dazu unten die Kapitel F. und G.), so dass bei Wegfall der Beschränkungsgründe ihnen die Ausübung der elterlichen Sorge unverzüglich wieder zugestanden werden muss.

Marginalien rechts:

„Pflicht-Recht" der Eltern

Fürsorge- und Schutzverhältnis für mdj. Kinder

Beginn und Ende der elterl. Sorge

Entziehbar ist nur die Ausübung

C. Die einzelnen Bereiche der elterlichen Sorge

Elterliche Sorge			
Personensorge		**Vermögenssorge**	
tatsächliche Personen- sorge	Pflege, Erziehung, Ausbildung, Aufenthaltsbestimmung, Beaufsichtigung, Umgangsregelung, Herausgabeanspruch, sowie die Betreuung aller anderen persönlichen Belange des Kindes	Vermehrung, Erhaltung, Verwertung eines eventuell vorhandenen Vermögens des Kindes	tatsächliche Vermögens- sorge
Die Vertretung des Kindes in allen Bereichen der Personen- und Vermögenssorge			

I. Tatsächliches Sorgerecht

Inhaltliche Sorge ohne gesetzliche Vertretung

Da die drei Elemente der elterlichen Sorge (siehe oben Kapitel B.) nicht immer in einer Hand liegen, ist die Bezeichnung tatsächliche Personensorge und tatsächliche Vermögenssorge üblich, *wenn* ein Elternteil für diese Bereiche keine gesetzliche Vertretung besitzt. Tatsächliche Personensorge zu haben, bedeutet also, dass ein Elternteil zwar die tatsächliche (= inhaltliche) Möglichkeit hat, für die Person seines Kindes zu sorgen, es hierbei jedoch nicht vertreten kann, weil er nicht die Vertretungsmacht besitzt.

Typisches Beispiel: minderjährige Mütter

Ein typisches Beispiel hierfür ist die minderjährige Mutter: Sie kann zwar (z. B.) den Vornamen, die Religion und den Aufenthalt ihres Kindes mitbestimmen und es auch sonst miterziehen, kann jedoch dabei notwendig werdende Rechtshandlungen (z. B. Vertragsabschlüsse) nicht vor-

Vertretung hat der andere Elternteil

nehmen. Dafür ist dann der andere Elternteil (oder ein Vormund) allein zuständig (vgl. § 1673 Abs. 2 sowie S. 309 f.). – Es erhebt sich nun natürlich die Frage, ob es einem Elternteil überhaupt etwas nützt, wenn er zwar die tatsächliche Personensorge, hierbei jedoch nicht die gesetzliche Vertretung besitzt. Dass die tatsächliche Personensorge eine echte

Echte Rechtsposition

Rechtsposition darstellt, erweist sich in der Tat, denn gegen den Willen einer minderjährigen Mutter kann ein Kind z. B. nicht getauft, in eine Pflegestelle, ein Krankenhaus oder Heim gebracht werden, denn darüber hat sie inhaltlich (= tatsächlich) mitzubestimmen, obwohl sie das Kind gesetzlich dabei nicht vertreten kann. (Zur Problematik der Uneinigkeit bei Eheleuten vgl. S. 298 f. – zur Uneinigkeit mit einem Vormund vgl. S. 311)

Verwechslungsgefahren

Der Begriff tatsächliche Personensorge ist also ein rechtlicher *Fachausdruck*, der nur dann verwendet wird, wenn ein Elternteil (oder beide) die gesetzliche Vertretung nicht besitzt. Er sollte daher nicht für andere Handlungen im Bereich der Personensorge benutzt werden (man könnte ja – rein sprachlich – auch die Pflege, Ernährung, Kleidung etc. des Kindes so bezeichnen), weil sonst Verwechslungen und damit Fehlschlüsse unausbleiblich sind.

Auf eine weitere (sprachlich bedingte) *Verwechslungsgefahr* soll hier hingewiesen werden:

Die *Personensorge* darf nicht mit der *Unterhaltspflicht* (vgl. § 1601 ff. sowie S. 259 ff.) verwechselt werden, denn beide Pflichten *bestehen unabhängig voneinander.* Dies wird vor allem beim Entzug der Ausübung der elterlichen Sorge deutlich, denn hier muss dieser Elternteil dann idR sogar allein Unterhalt zahlen (vgl. § 1606 Abs. 3 S. 2) – und nicht etwa der Sorgeberechtigte! – Auch wenn Väter nichtehelicher Kinder keine elterliche Sorge besitzen (s. dazu unten Kapitel E. I. und II.), müssen sie Unterhalt zahlen.

Bei der Vermögenssorge wird der Ausdruck tatsächliche Vermögenssorge kaum verwandt, weil das Gesetz hier keine Trennung vornimmt, wenn ein Elternteil minderjährig ist (vgl. dazu § 106). Er besitzt dann nämlich überhaupt keine Vermögenssorge (vgl. § 1673 Abs. 2 sowie unten Kapitel F. I. 2. b). | **Tatsächliche Vermögenssorge**

> Von tatsächlicher Personensorge (oder von tatsächlichem Sorgerecht) spricht man, wenn ein Elternteil nicht die gesetzliche Vertretung besitzt, wie das bei minderjährigen Eltern der Fall ist (vgl. § 1673 Abs. 2). Die tatsächliche Personensorge umfasst uneingeschränkt die inhaltlichen Befugnisse, jedoch ohne die rechtsgeschäftliche Vertretungsmacht. Minderjährige Eltern können daher z.B. über die Erziehung, Heilbehandlungen, Aufenthalt etc. bestimmen, aber keine diesbezüglichen Verträge abschließen.

Zusammenfassung

II. Gesetzliche Vertretung des Kindes

Die Ausdrücke „gesetzliche Vertretung" und „gesetzlicher Vertreter" rühren daher, dass die Vertretung des Kindes in allen seine Person oder sein Vermögen betreffenden Angelegenheiten kraft Gesetzes festgelegt ist (siehe § 1629 Abs. 1 S. 1). Unter der Vertretung des Kindes versteht man dabei jedes Handeln mit Rechtswirkung für das Kind, insbesondere dass Minderjährige bei Rechtshandlungen vertreten werden, damit diese für sie wirksam sind – und zwar mit allen sich daraus ergebenden Rechten und Pflichten, d.h. auch mit allen hieraus resultierenden Vor- und Nachteilen. Dabei ist es unerheblich, ob die Minderjährigen im konkreten Einzelfall die Rechtshandlungen gemäß §§ 106 ff. auch selbst hätten wirksam vornehmen können oder nicht. | **Handlungen mit Rechtswirkungen für das Kind**

Wenn Eltern ihre minderjährigen Kinder bei Rechtshandlungen vertreten, kommen zwei Fallgruppen in Betracht: Sie tun das ohne Mitwirkung ihrer Kinder oder sie genehmigen nachträglich eine von jenen bereits vorgenommene Rechtshandlung, die diese nicht alleine rechtswirksam bewirken können (s. dazu §§ 107, 108, 110).

Beispiele: Abschluss von Kauf-, Versicherungs-, Telekommunikations-, Ausbildungs-, Arbeits-, Leasing-, Miet-Verträgen, Zeitschriften-/Buch-Abonnements, Konto-Eröffnung, Mitgliedschaften in Clubs/Vereinen, Buchung von Reisen etc.

Gesetzliche Vertretung ist eine rechtliche Befugnis, von der die Eltern Gebrauch machen können oder auch nicht. Bei Missbräuchen kommt nur Schadensersatz (vgl. §§ 1664, 277) oder Entzug der Vertretung durch das FamG (vgl. §§ 1666–1667 sowie S. 328) und Pflegerbestellung (vgl. | **Rechtsmacht, aber keine Verpflichtung oder gar Haftung**

§ 1909 sowie S. 385) in Betracht. Gesetzliche Vertretung bedeutet jedoch nicht etwa, dass kraft Gesetzes die Eltern gegenüber den jeweiligen Rechtspartnern ihrer Kinder für von ihnen getätigte Rechtshandlungen

Rechtswirkungen treffen nur die Minderjährigen

einzustehen haben, weil deren Wirkungen (d. h. Berechtigungen wie Verpflichtungen) bei den Minderjährigen (und nicht etwa bei deren Eltern) eintreten, wie das bei Handlungen anderer Stellvertreter auch der Fall ist (vgl. § 164 Abs. 1). – Allerdings ist seit 1.1.1999 die Haftung Minderjähriger für Verbindlichkeiten, die auf ein Tätigwerden ihrer gesetzlichen Vertreter beruhen, auf das bei Eintritt ihrer Volljährigkeit vorhandene Vermögen gesetzlich begrenzt (vgl. § 1629a[4]). Auslöser für diese gesetzliche Haftungsbeschränkung waren Bedenken des *Bundesverfassungsgerichts*[5].

Wenn Eltern aber nicht ausdrücklich im Namen ihrer Kinder (wenn auch in ihrem Interesse) handeln, treffen die Rechtswirkungen nur sie selbst.

Beispiele: Kauf von Kleidung, Skiern, PC, TV, Fahrrad etc.

Vertretung nicht nur bei Rechtsgeschäften

Eltern vertreten ihre Kinder aber nicht nur bei allen rechtsgeschäftlichen Handlungen, sondern auch bei sämtlichen sonstigen Rechtshandlungen, die das Kind betreffen.

Beispiele: Einwilligung in operative Eingriffe, Anträge bei Behörden (auf Gewährung von Ausbildungsbeihilfen, Sozialhilfe, Wohngeld, auf Einbürgerung o. ä.), Antrag auf Strafverfolgung gemäß § 77 StGB, die Geltendmachung von Ansprüchen des Kindes sowie seine Vertretung in Rechtsstreitigkeiten jeder Art usw.

Gesetzl. Ausschlüsse

Um Interessenskollisionen zu vermeiden, sind die Eltern jedoch bei bestimmten Rechtshandlungen kraft Gesetzes von der Vertretung ihrer Kinder ausgeschlossen (s. dazu unten Kapitel F. II).

III. Die Personensorge

Bereiche, die das BGB nennt

Eine *abschließende Festlegung*, was alles zur Sorge für die Person eines minderjährigen Kindes gehört, ist *nicht möglich*. Das BGB nennt daher nur die wichtigsten Bereiche der Personensorge:

– Pflege, Erziehung, Beaufsichtigung, Aufenthaltsbestimmung (§ 1631 Abs. 1),
– Ausbildungs- und Berufswahl (§ 1631a),
– mit Freiheitsentzug verbundene Unterbringungen (§ 1631b),
– Herausgabeanspruch gegenüber Dritten (§ 1632 Abs. 1),
– Bestimmung des Umganges mit anderen Personen (§ 1632 Abs. 2).

Darüber hinaus gibt es jedoch noch diverse weitere die Person des Kindes betreffende wichtige Angelegenheiten, zu deren Vornahme die Eltern berechtigt und verpflichtet sind. Diese sind nur z. T. ausdrücklich gesetzlich geregelt, ergeben sich ansonsten aus der Generalnorm des § 1626 Abs. 1. Zur Personensorge gehört außer den gesetzlichen genannten Bereichen (u. a.) noch Folgendes:

Weitere Bereiche der Personensorge

– die Vornamensgebung und – soweit dies zugelassen ist – die Festlegung des Familiennamens (vgl. §§ 1617 ff.),

---

[4] Vgl. Minderjährigenhaftungsbeschränkungsgesetz (MHbeG) vom 25.8.1998 (BGBl. I S. 2487).
[5] BVerfGE 72, S. 155.

- die Bestimmung der religiösen Erziehung (§ 1 RelKErzG),
- die Förderung der schulischen und beruflichen Ausbildung (siehe dazu unten Kapitel C. III. 5.) sowie der musischen und sportlichen Neigungen,
- die Einwilligung in ärztliche Behandlungen, insbesondere in Operationen (siehe dazu unten Kapitel C. III. 4.),
- die Geltendmachung von Rechtsansprüchen des Kindes jedweder Art (siehe dazu oben die Beispiele im Kapitel C. II.), insbesondere die Geltendmachung von Unterhaltsansprüchen (dies gehört nicht etwa zur Vermögenssorge, vgl. § 18 Abs. 1 Nr. 1 SGB VIII).

Eine Beschränkung der aus der Personensorge resultierenden Rechte bildet das öffentliche Recht z.B. durch den Schulzwang, durch strafrechtliche und Jugendschutz-Bestimmungen im weitesten Sinn (siehe dazu S. 1 ff.).

Die wichtigsten Teile der Personensorge werden nachfolgend erörtert. Dabei ist darauf hinzuweisen, dass die einzelnen Bereiche sich nicht streng voneinander abgrenzen lassen, was besonders deutlich bei der Erziehung des Kindes wird, da sich unter diesen Begriff auch die anderen Bereiche der Personensorge (fast ausnahmslos) einordnen ließen. **Ineinandergreifen der Bereiche**

1. Die Erziehung des Kindes

a) Begriff und Ziele der Erziehung

Die Erziehung des Kindes ist zweifellos der wichtigste und verantwortlichste Teil der Personensorge – ja das Kernstück der gesamten elterlichen Sorge. Denn fast alle Handlungen der Eltern geschehen unter Erziehungsaspekten und hier werden Weichen gestellt, die die Entwicklung des Kindes weit über seine Minderjährigkeit hinaus beeinflussen. **Kernstück der elterlichen Sorge**

Begriff und Ziele der Erziehung sind sehr diffus. Sie bedürfen der Definition durch die Erziehungswissenschaften. Auf die vorhandenen Definitionen des Begriffs Erziehung und deren Zielsetzungen kann in diesem Rahmen nicht eingegangen werden. Festzuhalten ist jedoch, dass allgemein anerkanntes Erziehungsziel ist, dass sich ein Kind zu einer selbstverantwortlichen Persönlichkeit entwickelt. (Dieses Ziel ist bereits in der „Erklärung der *Vereinten Nationen* über die Rechte des Kindes" vom 20.11.1959 enthalten.) Dabei ist auch anerkannt, dass es dazu notwendig ist, das Kind rechtzeitig und stufenweise auf seine Selbstständigkeit und Selbstverantwortlichkeit vorzubereiten (siehe dazu unten Kapitel C. III. 2.). **Begriff und Ziele sind diffus**

Die *Eltern* wirken allerdings nicht alleine auf die Erziehung ihrer Kinder ein. Diese wird vielmehr auch von anderen Erziehungsträgern beeinflusst. Das sind vor allem: **Erziehungsträger neben den Eltern**
Kindertageseinrichtungen, Schule, Freundes- und Bekanntenkreis, Verwandte, Nachbarn, Jugend- und Sportgruppen, Freizeiteinrichtungen und – nicht zuletzt – die Medien (einschließlich der Werbung). (Man spricht daher im sozialpädagogischen Bereich statt von: Erziehung meist auch von: *Sozialisation*.)

Vor allen anderen Erziehern besitzen die Eltern den verfassungsmäßig geschützten Vorrang (vgl. Art. 6 Abs. 2 GG sowie oben Kapitel A.). Sie haben also – von der Schulpflicht abgesehen – zunächst die alleinige Entscheidungsbefugnis, wie ihre Kinder erzogen werden sollen. **Erziehungsprimat der Eltern**

C. Die einzelnen Bereiche der elterlichen Sorge

Vor 1980 hatte das BGB den Erziehungsbegriff überhaupt nicht definiert und auch nichts über Erziehungsziele ausgesagt. Die Sorgerechtsreform hat dann – trotz z. T. heftiger Angriffe – einige Leitlinien zur Erziehung aufgestellt, die seit 1980 gelten (siehe dazu unten C. III. 2. u. 5.).

Gesetzliche Leitlinien

b) Grenzen der elterlichen Erziehung

Die Eltern sind in ihrer Erziehung nicht völlig frei, denn sie haben die elterliche Sorge zum Wohle des Kindes auszuüben (§ 1627 S. 1), d. h., alle elterlichen Handlungen haben sich an den (recht verstandenen) Interessen ihrer Kinder zu orientieren. Die Schwierigkeit dabei liegt jedoch darin, dass dies im Einzelfall nicht leicht zu klären ist. Konkretere (und auch gesetzlich fixierte) Grenzen elterlicher Entscheidungsfreiheit ergeben sich besonders deutlich durch das öffentliche Recht.

Grenzen durch öffentliches Recht

Beispiele: Schulrecht, Jugendschutzbestimmungen, Strafrecht.

Grenzen des BGB

Aber auch das BGB setzt dem elterlichen Erziehungsrecht Grenzen, und zwar durch:

– das Gebot der Berücksichtigung des wachsenden Bedürfnisses und Fähigkeit des Kindes zu selbstständigem verantwortungsbewusstem Handeln (vgl. § 1626 Abs. 2 sowie unten C. III. 2.),
– das Verbot jeglicher körperlicher Bestrafungen, seelischer Verletzungen und anderer entwürdigender Erziehungsmaßnahmen (vgl. § 1631 Abs. 2 sowie unten C. III. 3.),
– die Berücksichtigung von Eignung und Neigung des Kindes bei der Ausbildungs- und Berufswahl (vgl. § 1631a sowie unten C. III. 5.),
– das Genehmigungserfordernis von mit Freiheitsentzug verbundenen Unterbringungen (vgl. § 1631b sowie unten C. III. 8. b),
– das Ergreifen von kinderschutz-rechtlichen Maßnahmen des FamG bei Gefährdungen oder Schädigungen des Kindeswohls (vgl. dazu §§ 1666, 1666a sowie unten G. I. 2.),
– die Berücksichtigung des Kindeswillens bei familiengerichtlichen Sorgerechtsregelungen, wenn sich die Eltern trennen (vgl. § 1671 sowie oben Kapitel 6, D. II.),
– die Anerkennung einer Reihe von sog. „Teilmündigkeiten" (siehe dazu unten F. II. 3.).

c) Staatliche Unterstützung bei der Erziehung

Unterstützung durch das Jugendamt

Allein Erziehende

Das JA muss Eltern, denen die Personensorge allein zusteht,

Beispiele: verwitwete (vgl. § 1680 Abs. 1), geschiedene[6] (vgl. § 1671) Elternteile, Mütter nichtehelicher Kinder (vgl. § 1626a Abs. 3[7])

Beratung und Unterstützung

auf Antrag bei der Ausübung der Personensorge, insbesondere bei der Geltendmachung von Unterhaltsansprüchen beraten und unterstützen (§ 18 SGB VIII). Diese Beratungs- und Unterstützungspflicht des JA gilt also auch für Erziehungsfragen. In Betracht kommende Fälle sind vor allem:

---

[6] Siehe dazu oben Kapitel 6, D. II.
[7] Siehe dazu oben Kapitel 8, E. I.

Beispiele: Erziehungs- und Schulschwierigkeiten, Verhaltensauffälligkeiten (oder -störungen), Partner-, Alkohol- und Drogen-Probleme.

Dabei hat das JA allerdings keine eigenen Befugnisse gegenüber dem Kind, sondern ist auf eine Beratung von Eltern und Kind beschränkt.[8]

Unterstützung durch das Familiengericht

Auch das FamG hat die Eltern auf Antrag bei der Sorgerechtsausübung zu unterstützen (§ 1631 Abs. 3). Dabei ist Folgendes zu beachten:

- das FamG wird nur auf Antrag sorgeberechtigter Eltern tätig,

Antragserfordernis

- sind beide Sorgeinhaber, müssen sie sich wegen § 1627 einig sein,

- das FamG kann die Eltern nur in ihrem Wollen unterstützen, ihnen also keine Vorschriften machen,

Elternwille maßgebl.

- es muss sich um geeignete Fälle (d. h., dem Kindeswohl dienliche) handeln; das FamG muss daher zuvor Eltern, Kind und JA anhören (§§ 160, 159, 162 Abs. 1 FamFG) und ein Tätigwerden ablehnen, wenn es dieses im Interesse des Kindes für nicht hilfreich oder nicht geboten hält.

Nur in geeigneten Fällen

Im letzteren Fall muss das FamG dann aber wegen § 26 FamFG von Amts wegen prüfen, ob es evtl. nach §§ 1666, 1666a kinderschutz-rechtliche Maßnahmen zu ergreifen hat (siehe dazu unten G. I. 1.–3.).

Als zulässige Unterstützungsmaßnahmen des FamG gelten z. B.:

Möglichkeiten des FamG

Vorladung der Minderjährigen zu einer Besprechung, Ermahnungen/Verwarnungen; Anordnung und evtl. auch Vollstreckung der Rückkehr in das Elternhaus oder der Unterbringung in einer anderen Familie, betreuten Wohnform oder sonstigen Erziehungseinrichtung.

Das FamG kann seine Anordnungen gegenüber den Minderjährigen mit Zwangsgeld oder notfalls auch mit Gewalt (z. B. wenn sie sich heftig wehren, nach Hause zurückzukehren oder in ein Heim zu gehen) durch den Gerichtsvollzieher durchsetzen (vgl. §§ 87, 90 FamFG), wobei das JA in geeigneten Fällen Unterstützung leistet (§ 88 Abs. 2 FamFG). Maßstab muss aber auch hier stets das Kindeswohl sein – nicht die Elterninteressen!

Kindeswohl beachten

d) Das Recht des Kindes auf Erziehung

Hier findet man folgende Rechtslage vor:

Art. 1 Abs. 1 GG erkennt die Menschenwürde als unantastbar an und verpflichtet alle staatliche Gewalt zu ihrem Schutz.

Das Grundgesetz

Art. 2 Abs. 1 GG garantiert jedem Menschen die freie Entfaltung seiner Persönlichkeit.

Nach Art. 6 Abs. 2 GG ist die Pflege und Erziehung von Kindern das natürliche Recht und die oberste Pflicht der Eltern, deren Ausübung die staatliche Gemeinschaft überwacht (siehe dazu S. 269).

Nach Art. 1 Abs. 3 GG binden diese vorgenannten Grundrechte alle Staatsgewalten (d. h.: Gesetzgebung, Verwaltung und Rechtsprechung) als unmittelbar geltendes Recht.

---

[8] Zur Beratungs- und Unterstützungspflicht des JA im Einzelnen siehe S. 68 ff.

Das SGB VIII § 1 Abs. 1 SGB VIII proklamiert zwar:

„Jeder junge Mensch hat ein Recht auf Förderung seiner Entwicklung und auf Erziehung zu einer eigenverantwortlichen und gemeinschaftsfähigen Persönlichkeit."

Intention Der Gesetzgeber wollte aber klarstellen, dass sich der Erziehungsanspruch des Kindes wegen Art. 6 Abs. 2 GG zunächst nur an die Eltern und nicht an andere Erziehungsträger richten könne, es somit dem KJHG verwehrt sei, Kindern einen Rechtsanspruch auf Erziehung gegenüber der öffentlichen Jugendhilfe einzuräumen und dieser daher kein eigenständiger Erziehungsauftrag zukomme.[9] Das KJHG hat daher aus diesem Grund leider § 8 SGB I, der vor 1991 ausdrücklich ein Erziehungsrecht zur Entfaltung der Persönlichkeit junger Menschen anerkannt und der öffentlichen Jugendhilfe diesbezüglich eine Gewährleistungspflicht auferlegt hatte, erheblich „zurückgestutzt". Denn § 8 SGB I lautet seit 1991 nur noch:

Das SGB I „Junge Menschen und Personensorgeberechtigte haben im Rahmen dieses Gesetzbuchs ein Recht, Leistungen der öffentlichen Jugendhilfe in Anspruch zu nehmen. Sie sollen die Entwicklung junger Menschen fördern und die Erziehung in der Familie unterstützen und ergänzen."

„Konsequent" bestimmt das SGB VIII daher in § 27 Abs. 1 nicht die Minderjährigen, sondern deren Personensorgeberechtigte zu den Anspruchsberechtigten der „Hilfen zur Erziehung".[10]

Das BGB Da das BGB für Kinder ebenfalls kein ausdrückliches Erziehungsrecht vorsieht, sondern in § 1631 Abs. 1 lediglich feststellt, dass die elterliche Personensorge „insbesondere" das Recht und die Pflicht umfasst, das Kind zu erziehen, erhebt sich die Frage, ob das Kind wirklich ein eigenes Erziehungsrecht besitzt oder nur bloßes „Erziehungsobjekt"[11] seiner **Dennoch: Recht des** Eltern ist. Auch wenn dies der Ansicht des KJHG-Gesetzgebers wider-
Kindes auf Erziehung spricht, ist m.E. – entgegen der herrschenden Meinung – aus folgenden Gründen von einem Recht des Kindes auf Erziehung auszugehen:[12]

Das BVerfG Das *BVerfG* hat bereits 1967 ausdrücklich darauf hingewiesen, dass das Kind im Sinne unserer Verfassung „ein Wesen mit eigener Menschenwürde und eigenem Recht auf Entfaltung seiner Persönlichkeit" ist und dass die von Art. 6 GG anerkannte primäre Elternverantwortung und die damit verbundenen Rechte ihre Rechtfertigung allein im Schutz- und Hilfebedürfnis des Kindes findet. Denn nach dem Wertesystem unserer Verfassung könne niemandem Rechte an der Person eines anderen eingeräumt werden.[13] Die grundgesetzlich abgesicherte vorrangige Elternverantwortung ist folglich nicht für sie als Rechtsposition geschaffen, sondern um den Interessen des Kindes zu dienen – vor allem seiner Persönlichkeitsentfaltung.

---

[9] Dazu ausführlich: *Fieseler* in Fieseler/Schleicher/Busch/Wabnitz, GK-SGB VIII, § 1, Rn. 5 ff.

[10] siehe dazu S. 81.

[11] Diese Bezeichnung erfolgte bei Beratung des KJHG (vgl. BT-Drucks. 11/5948, S. 68 und BT-Drucks. 11/6002, S. 5) bedauerlicherweise (s. dazu S. 81).

[12] Siehe dazu ausführlich *Fieseler*, aaO

[13] BVerfGE 24, S. 119 (144).

Schleicher

Wenn in der amtlichen Begründung der Bundesregierung zum KJHG stets vom grundgesetzlich geschützten Eltern„*recht*" die Rede ist, werden zugleich die Verfassungslage (s. dazu S. 270) und der Gesetzesauftrag verkannt. Denn die staatliche Gemeinschaft hat die Persönlichkeitsentfaltung von Kindern durch Unterstützung ihrer Eltern zu fördern, diese gegebenenfalls zu ergänzen und notfalls (d. h., bei Ausfall der Eltern) zu ersetzen. Dies ergibt sich aus § 1 Abs. 3 SGB VIII, in dem es heißt: „Jugendhilfe soll zur Verwirklichung des Rechts nach Absatz 1 …". Dabei kommt der Jugendhilfe den Eltern gegenüber eine komplementäre Aufgabe zu.

Gesetzgeber verkennt das Grundgesetz

Aber selbst wenn man ein Erziehungsrecht des Kindes anerkennt, bereitet dessen Durchsetzung (rechtlich wie tatsächlich) Schwierigkeiten: Grundrechte sind als Abwehrrechte der Bürger gegen die drei Staatsgewalten konstruiert, binden zunächst also nur diese (vgl. Art. 1 Abs. 3 GG). Inwieweit sie auch zwischen Privatpersonen (hier: Kindern und Eltern) gelten, ist jedoch von der Anerkennung einer sog. „*Drittwirkung*" von Grundrechten abhängig. Dies ist aber bisher umstritten. – Diese Problematik wird z. T. auch unter dem Aspekt der „Grundrechtsmündigkeit" diskutiert.

Schwierigkeiten bei Durchsetzung des Rechts auf Erziehung

In der Praxis lässt sich das Erziehungsrecht des Kindes aber nur schwer durchsetzen, weil dessen Verwirklichung zunächst allein von dessen Eltern abhängig ist und ihm weder beim JA noch beim FamG ein Antragsrecht eingeräumt worden ist. Allerdings kann sich das Kind gemäß § 8 Abs. 2 SGB VIII an das JA wenden und dort Rat suchen (s. dazu S. 45). – Sollten sich Minderjährige an das FamG wenden, so hätte es (nach pflichtgemäßem Ermessen) dieser Sache nachzugehen und eigene Ermittlungen anzustellen (vgl. § 26 FamFG). Zuvor sollte es das JA informieren und mit diesem kooperieren.

Kein Antragsrecht des Kindes

2. Berücksichtigung der wachsenden Selbstständigkeit des Kindes

Vor 1980 war die Selbstständigkeit Minderjähriger nur bei einigen sog. „höchstpersönlichen" Rechtshandlungen anerkannt. Bei diesen hängt die Wirksamkeit von Entscheidungen von ihrer Mitwirkung bzw. Einwilligung ab (vgl. dazu unten Kapitel F. II. 3.). Die Anerkennung dieser sog. „*Teil-Mündigkeiten*" erschien jedoch *nicht mehr ausreichend*. Bei der Sorgerechtsreform von 1980 (von der „elterlichen *Gewalt*" zur „elterlichen *Sorge*") war es daher für wichtig erachtet worden, für die elterliche Erziehung als gesetzliches Leitbild festzuhalten, dass die zunehmende Einsichtsfähigkeit und die wachsende Selbstständigkeit Minderjähriger – *unabhängig von festen Altersgrenzen* – möglichst früh zu beachten und daher bei allen sie betreffenden Entscheidungen zu berücksichtigen ist[14]. Daher lautet § 1626 Abs. 2 seitdem:

Gesetzliches Leitbild des § 1626 Abs. 2

„Bei der Pflege und Erziehung berücksichtigen die Eltern die wachsende Fähigkeit und das wachsende Bedürfnis des Kindes zu selbstständigem verantwortungsbewusstem Handeln. Sie besprechen mit dem Kind, soweit es nach dessen Entwicklungsstand angezeigt ist, Fragen der elterlichen Sorge und streben Einvernehmen an."

Voraussetzungen für Selbstverantwortlichkeit

---

[14] BT-Drucks. 8/2788, S. 34 und 45 ff.

Kinder einbeziehen
in Entscheidungen

Es erscheint richtig, Kinder so frühzeitig wie möglich in ihre Person betreffende Entscheidungen einzubeziehen, damit sie lernen können, eigene Entscheidungen sachgemäß verantwortlich zu treffen, d. h., sie dann auch selbst zu tragen. Dies kann man von ihnen nämlich nicht erwarten, wenn sie nur daran gewöhnt sind, dass Entscheidungen über ihren Kopf hinweg getroffen werden. Das heißt:

Demokratischer
Erziehungsstil

Wer Minderjährige zu selbstverantwortlichen Persönlichkeiten erziehen will, muss ihnen auch rechtzeitig und ausreichend Gelegenheit geben, sich selbstverantwortlich handelnd zu bewähren. Dazu gehört es, sie demokratisch zu erziehen, d. h., sie argumentieren, entscheiden und etwas verantworten zu lehren. Wer das nicht tut, muss sich nicht wundern, wenn junge Menschen später selbstverantwortliche Entscheidungen nicht treffen können.

Die Fassung des § 1626 Abs. 2 wird zum Teil verzerrt dargestellt. Es erscheinen daher folgende Klarstellungen nötig:

Die Norm *bedeutet nicht* etwa, dass

Klarstellungen

– den Eltern hiermit ein verbindlicher Erziehungsstil vorgeschrieben würde, sondern sie will programmatisch (als sog. Leitlinie) nur das wiedergeben, was verantwortungsvolle Eltern ohnehin praktizieren;
– die Eltern sich jetzt dem Kindeswillen unterzuordnen hätten (ebenso wenig, dass sie sich mit dem Kind einigen müssen; vielmehr bleibt die letzte Entscheidung immer bei den Eltern);
– die Eltern bei Nichteinhalten der Vorschrift mit staatlichem Eingreifen rechnen müssen; dies ist nur in krassen Fällen (wie z. B. ständiges Übergehen des Willens eines einsichtsfähigen Minderjährigen bei bedeutsamen Entscheidungen) unter den Voraussetzungen der §§ 1666, 1666a (dazu S. 322 ff.) möglich;
– ein Minderjähriger nun (z. B.) bei verweigertem Moped-Kauf das FamG anrufen könnte und dies dann an Stelle der Eltern entscheiden würde; vielmehr ist Minderjährigen gesetzlich kein eigenes Antragsrecht[15] eingeräumt worden und ein Tätigwerden des FamG von Amts wegen (= gemäß § 26 FamFG) kommt nur bei konkreter Gefährdung des Kindeswohls in Betracht.

Kein Antragsrecht für
Minderjährige

Was bringt nun eine solche Rechtsnorm?

Verbindlichkeit

Obwohl § 1626 Abs. 2 bewusst nur als Norm ohne Sanktionen (sog. *Lex imperfecta*) geschaffen worden ist, stellt sie dennoch eine verbindliche Rechtsnorm dar, die allerdings insbesondere diejenigen Eltern überfordert, die selbst keine argumentative Auseinandersetzung (und somit demokratische Erziehung) erfahren haben.

Gilt für das gesamte
Kindschaftsrecht

Diese gesetzliche *Leitlinie* ist im gesamten Kindschaftsrecht zu beachten, ist somit bei allen gerichtlichen Sorgerechtsregelungen zu berücksichtigen, in denen es um das Kindeswohl geht, also vor allem bei Umgangsregelungen (vgl. dazu §§ 1632, 1684, sowie unten C. III. 6. und H.) und bei Sorgerechtsentscheidungen bei Trennung oder Scheidung der Eltern (vgl. dazu § 1671 sowie S. 225 ff.).

---

[15] Siehe dazu S. 222 ff.

3. Gesetzliches Verbot von Gewaltanwendung bei der Erziehung

Durch das „Gesetz zur Ächtung der Gewalt in der Erziehung" vom 2.11.2000 wurde § 1631 Abs. 2 wie folgt gefasst:

Seit 2.11.2000 Verankerung im BGB

> „Kinder haben ein Recht auf gewaltfreie Erziehung. Körperliche Bestrafungen, seelische Verletzungen und andere entwürdigende Maßnahmen sind unzulässig."

Damit wurde auch in Deutschland ein gesetzliches Gewaltverbot in der Erziehung geschaffen und somit endlich Art. 19 der UN-Kinder-Konvention erfüllt, der sämtliche Mitgliedstaaten verpflichtet, *„alle geeigneten Gesetzgebungsmaßnahmen zu treffen, um das Kind vor jeder Form körperlicher oder geistiger Gewaltanwendung zu schützen".*

UN-Kinder-Konvention damit erfüllt

Hintergründe des gesetzlichen Gewaltverbots bei der Erziehung

– Gewaltausübung gehört leider immer noch zum Alltag, lässt sich jedoch wegen der Dunkelziffer nur schwer erfassen. Aber es wird davon ausgegangen, dass 80 % der Minderjährigen bei ihrer Erziehung Gewalt erfahren.

Gewaltausübung ist weit verbreitet

– Gewalt in der Erziehung wird überwiegend verharmlost und meistens nicht nur von Eltern als rechtens angesehen, sondern auch von der Umwelt gebilligt. Zumindest werden durchweg „ein Klaps" und „eine Ohrfeige" gerechtfertigt (wobei natürlich stets verschwiegen wird, dass es nicht bei „einmal" bleibt).[16]

Rechtfertigungen

– Es ist anerkannt, dass das Erleiden von Gewalt gravierende negative Folgen für die Persönlichkeitsentwicklung von Minderjährigen hat. Dadurch wird z.B. das Risiko erhöht, dass sie ängstlich und kontaktscheu werden, sich nichts mehr zutrauen und in der Schule versagen, emotional gleichgültig und aggressiv werden, eher zu Alkohol und Drogen greifen und ihre Gewissensbildung verkümmert.

Gewalt löst keine Probleme, sondern schafft nur neue

– Umfragen und Untersuchungen belegen, dass Opfer elterlicher Gewalt später vermehrt selbst Gewalt anwenden. Gewalttätiges Verhalten wird also „gelernt" und weitergegeben, d.h., Menschen, die in ihrer Kindheit Gewalt erfahren haben, werden selbst häufiger gewalttätig als gewaltfrei aufgewachsene Menschen.
Dieser *Kreislauf der Gewalt* soll durch das gesetzliche Verbot von Gewaltanwendung bei der Erziehung verhindert werden.

Gewalt erzeugt wiederum Gewalt

Kreislauf der Gewalt soll verhindert werden

In Schweden, Dänemark, Norwegen und Österreich bestanden übrigens schon vorher entsprechende gesetzliche Gewaltverbote.

Andere Länder waren Vorbild

Die Regelungen des § 1631 Abs. 2 BGB im Einzelnen
„Kinder haben ein Recht auf gewaltfreie Erziehung."

– Die Norm stellt kein bloßes unverbindliches „Leitbild" dar. Vielmehr haben alle Erziehenden dieses Recht des Kindes zu beachten. Es gilt also nicht nur für Eltern, sondern gemäß §§ 1800, 1915 auch für Vormünder und Pfleger sowie für alle Personen, die von jenen Erziehungsberechtigung ableiten (wie z.B. Stiefeltern, Lebensgefährten, Lebenspartner,

Mehr als ein „Leitbild"

Gilt für alle Erzieher

---

[16] Dazu ausführlich *Schleicher* in: Jugendhilfe 2001, S. 181 ff. sowie in GK-SGB VIII, § 16, Rn. 2a ff.; *Knödler*, ZKJ 2007, S. 58 ff.

Verwandte, Freunde, Bekannte, Pflegeeltern, ErzieherInnen in Kindergärten, Horten, Heimen etc.).

Keine Festlegung des Erziehungsstils

– Ein bestimmter Erziehungsstil ist Eltern (und anderen Erziehungsberechtigten) damit – ansonsten – jedoch nicht vorgeschrieben.

Fragwürdig, ob einklagbar

– Zweifelhaft ist, ob sich aus diesem „Recht" ein einklagbarer Rechtsanspruch des Kindes gegen seine Eltern (oder andere Personensorge-Inhaber) ergibt. Im Gesetzgebungsverfahren hatte angeblich „Einigkeit bestanden", dass „trotz der Ausgestaltung als Recht" nicht jede einzelne Verletzung von § 1631 Abs. 2 einen einklagbaren Rechtsanspruch begründen solle.[17]

„Körperliche Bestrafungen sind ausnahmslos unzulässig" (vgl. § 1631 Abs. 2).

Keine Rechtfertigung körperl. Bestrafung mehr zulässig

Sie lassen sich somit nicht mehr (wie auch immer) rechtfertigen, denn sie stellen (unabhängig von ihrer Intensität) für Kinder stets eine Demütigung dar, die ihre Würde verletzen (so ausdrücklich die offizielle Gesetzesbegründung).[18]

Beispiele: jegliches Schlagen – und zwar nicht nur die ominöse „Tracht Prügel", sondern auch „eine Ohrfeige" oder „ein Klaps" (in das Gesicht, auf Arm/Hand/Finger, Rücken, Gesäß), das Treten, aber auch heftiges Schütteln oder festes Drücken, Schubsen, Stoßen eines Kindes (meist beschönigend „hartes Zupacken" genannt), das „Ohr umdrehen", an den Haaren ziehen, sowie das Anbinden oder Fesseln.

Nicht erfasste Fälle:

Maßnahmen zur Gefahrenabwehr

Die Formulierung körperliche „Bestrafungen" macht deutlich, dass nicht jede körperliche Einwirkung auf ein Kind verboten ist. Die häufig diskutierten Beispielsfälle des (gewaltsamen) Festhaltens oder Zurückreißens eines Kindes (z. B. an einer roten Ampel, Rolltreppe oder Bahnsteigkante, vor einer Brüstung oder einem anderem Abgrund, an fließenden Gewässern o. ä.) werden deshalb von dem Verbot nicht erfasst, *sofern* es sich hierbei um objektiv erforderliche Maßnahmen zur Gefahrenabwehr handelt und keine körperliche Bestrafung hinzukommt.

Andere Bestrafungen

In krassen Fällen unzulässig

(wie z. B. Kürzen des Taschengeldes, zeitweiliges Spiel-, Fernseh- oder Kino-Verbot, Hausarrest o. ä.) sind zwar nicht verboten, können aber in krassen Übermaßfällen (z. B. bei längerem völligem Einsperren) eventuell „seelische Verletzungen" oder „andere entwürdigende Maßnahmen" darstellen (siehe dazu nachstehend) und deswegen unzulässig sein.

*„***Seelische Verletzungen** *sind ebenfalls unzulässig"* (vgl. § 1631 Abs. 2).

Für sie ist kein Raum in einer am Persönlichkeitsrecht des Kindes orientierten Erziehung.

Beispiele: herabsetzende, kränkende sowie demütigende Verhaltensweisen (etwa das Bloßstellen vor Geschwistern, anderen Verwandten, Nachbarn, Freunden oder Schulkameraden), Alleinlassen des Kindes für längere Zeit, insbesondere Einsperren im Dunkeln. Aber auch extreme Kälte im Umgang mit dem Kind (vor allem lang andauerndes Nichtsprechen oder Nichtbeachten) kann seelische Verletzungen verursachen.

---

[17] *Heger/Schomburg*, Kind-Prax 2000, S. 172.
[18] BT-Drucks. 14/1247, S. 8.

Der Begriff „seelische Misshandlung" wurde nicht verwendet, weil befürchtet wurde, dass er in weiten Teilen der Bevölkerung eng interpretiert werde und somit hierunter nur krasse Fälle von Missbrauch oder Übermaß verstanden werden könnten[19].

Grenze bereits vor einer Misshandlung

„Andere entwürdigende Maßnahmen sind ebenso unzulässig" (vgl. § 1631 Abs. 2).

Auffangtatbestand

Es erschien notwendig, dies auch gesetzlich festzuschreiben, da sonst solche Handlungsweisen zulässig wären, bei denen konkret keine seelischen Verletzungen eintreten, weil z.B. das Kind besonders unsensibel ist oder etwa von „hinter seinem Rücken" erfolgten verächtlich machenden Äußerungen nichts erfährt[20].

Beispiele: Außer den vorstehenden (im Gesetzgebungsverfahren ausdrücklich genannten) Beispielen fallen hierunter z.B.: Erpressungen und Bedrohungen sowie andere besonders verwerfliche Handlungen der Eltern, die keine „körperlichen Bestrafungen" oder „seelischen Verletzungen" sind.

§ 1631 Abs. 2 BGB stellt keine abschließende Regelung unzulässiger Erziehungsmaßnahmen dar.

keine abschließende Regelung

Die Unzulässigkeit von elterlichen Handlungsweisen beschränkt sich also nicht etwa auf „körperliche Bestrafungen", „seelische Verletzungen" und „andere entwürdigende Maßnahmen". Vielmehr sind (nach wie vor) alle das Kindeswohl gefährdende Verhaltensweisen der Eltern (und anderer Erziehungs-Berechtigter) unzulässig – wie z.B.: Duldung von (oder gar Animieren zum) Alkohol- oder Drogen-Konsum, leichtfertiges Verabreichen von Tabletten o.ä.[21]

Jede Gefährdung des Kindeswohls weiterhin unzulässig

Die Bedeutung der sanktionslosen gesetzlichen Regelung

§ 1631 Abs. 2 sieht *keine Sanktionsmöglichkeiten* vor (sog. lex imperfecta), denn Intention der Norm ist Hilfe und nicht Strafe[22]. Zielsetzung der Regelung ist daher auch, Eltern (und anderen Erziehungs-Berechtigten) Wege zur gewaltfreien Erziehung aufzuzeigen und sie dabei zu begleiten. Folglich dürfen nicht vermehrte Kontrolle, Entzug der elterlichen Sorge oder Strafverfolgung im Vordergrund stehen, sondern Hilfen für die betroffenen Kinder, Jugendlichen und Eltern. Letzterem dient vor allem die ebenfalls am 2.11.2000 erfolgte Erweiterung der Aufgaben der Jugendhilfe in § 16 Abs. 1 Satz 3 SGB VIII.

Gesetzesintention: Hilfe statt Strafe

Obwohl die Vorschrift keine *Sanktionsmöglichkeiten* enthält, stellt sie eine Verbesserung des Rechtsschutzes von Minderjährigen dar. Im Einzelnen kommt ihr *folgende Bedeutung* zu:
– Die in § 1631 Abs. 2 festgelegten Wertungen (s.o.) sind nicht nur im Rahmen der Überprüfung von Kindeswohlgefährdungen iSd § 1666 Abs. 1 zu berücksichtigen, sondern bei sämtlichen Entscheidungen der FamG – wie z.B. bei Uneinigkeit gem. § 1628 (s. dazu S. 298), bei

Bedeutung im Einzelnen:

In FamG-Verfahren stets zu beachten

---

[19] So die Gesetzesbegründung, BT-Drucks. 14/1247, S. 8.
[20] So die Gesetzesbegründung, aaO.
[21] Zu weiteren Beispielen siehe S. 323.
[22] So die amtliche Gesetzesbegründung, aaO.

Sorgerechts-Regelungen getrennt lebender Eltern gem. § 1671 (s. dazu S. 225 ff.) oder Umgangs-Regelungen gem. § 1684 (s. dazu S. 337).

Vereinzelte Vorfälle   – *Nur vereinzelt vorkommende* körperliche Bestrafungen, seelische Verletzungen oder andere entwürdigende Maßnahmen werden (auch wenn sie dem JA oder FamG bekannt werden) – wie früher auch – grundsätzlich staatlicherseits ohne Reaktionen bleiben.

Wiederholte Vorfälle   – *Bei wiederholtem Auftreten* derartigen elterlichen Fehlverhaltens kommen Eingriffe des FamG in die elterliche Sorge gemäß §§ 1666, 1666a bis hin zu Beschränkungen *oder* Entzug der Ausübung derselben *oder* Herausnahme der betroffenen Kinder aus ihrer Familie/Pflegeeltern/Heim etc. in Betracht (evtl. auch durch das JA gem. § 42 Abs. 1 S. 2 HS 2 SGB VIII – s. dazu S. 109 f.).

Gravierende Fälle   – *Bei besonders gravierenden Fällen* kommen *zusätzlich* strafrechtliche Sanktionen wegen Körperverletzung und Nötigung in Betracht.

4. Ärztliche Behandlungen

Das BGB enthält keine Regelung   Die allgemeine ärztliche Behandlung Minderjähriger ist gesetzlich nicht ausdrücklich geregelt, so dass hierüber die Eltern im Rahmen ihrer Personensorge zu entscheiden haben. Allerdings erkennen *Rechtsprechung* und auch *Rechtslehre* schon seit längerem an, dass Minderjährige dann selbst über ärztliche Behandlungen (einschließlich Operationen) entscheiden können, wenn:

Anerkennung der Selbstständigkeit Minderjähriger   sie hinsichtlich deren Bedeutung bereits die nötige Urteils- und Einsichtsfähigkeit haben und die erforderliche Aufklärung über Tragweite und Folgen der Behandlung erhalten.[23]

Rechtslage   Bei Heilbehandlungen Minderjähriger besteht folgende Rechtslage:

Entscheidungsrecht der Eltern   – Die Entscheidung über Heilbehandlungen gehört zur Personensorge und steht somit grundsätzlich den Eltern zu (§ 1626 Abs. 1), so dass von Minderjährigen abgeschlossene (besser: *angebahnte*) ärztliche Behandlungsverträge von der Genehmigung ihrer gesetzlichen Vertreter abhängen (§§ 107, 108 Abs. 1). Ärzte müssten daher aus zivil- und strafrechtlichen Gründen (Eingriff ohne Einwilligung der Eltern ist Körperverletzung und es kommt ohne sie kein Behandlungsvertrag zustande) auf der Zustimmung der Eltern bestehen.

Diese Lösung erscheint vor allem bei älteren Jugendlichen zweifellos unbefriedigend. Sie wird aber durch die o. a. Rechtsprechung modifiziert.

Wille der Minderj.   – *Gegen den Willen* einsichtsfähiger (siehe oben) Minderjähriger ist eine von den Eltern gewünschte ärztliche Behandlung (insbesondere eine Operation) *nur zulässig*, wenn nachhaltige gesundheitliche Schäden zu befürchten sind.
– Der Besprechung mit den Minderjährigen und dem Bemühen um Einvernehmen mit ihnen (§ 1626 Abs. 2) kommt bei Heilbehandlungen besondere Bedeutung zu.

---

[23] BGHSt 5, S. 363; BGHZ 29, S. 33 (36); OLG München, NJW 1958, S. 633; OLG Celle, MDR 1960, S. 136; BayObLG 85, S. 53; *Roßner*, NJW 1990, S. 2291.

– Seit dem 21.12.2012 ist in § 1631d die Beschneidung eines männlichen Kindes ausdrücklich geregelt. Nach dieser Vorschrift umfasst die Personensorge auch das Recht, in eine medizinisch nicht erforderliche Beschneidung des nicht einsichts- und urteilsfähigen männlichen Kindes einzuwilligen, wenn diese nach den Regeln der ärztlichen Kunst durchgeführt werden soll, wenn hierdurch nicht das Kindeswohl gefährdet wird (§ 1631d Abs. 1). Außerdem ist seitdem ausdrücklich erlaubt, dass in den ersten sechs Monaten nach der Geburt des Kindes Beschneidungen gemäß Absatz 1 auch von einer Religionsgesellschaft dazu vorgesehene Personen durchgeführt werden dürfen, wenn diese dafür besonders ausgebildet und, ohne Arzt zu sein, für die Durchführung vergleichbar befähigt sind (§ 1631d Abs. 2).

Sonderregelung für Beschneidungen

– Seit 1980 ist bei Unterbringungen in Heil-, Pflege- oder Entziehungsanstalten, die mit Freiheitsentzug verbunden sind, gemäß § 1631b eine Genehmigung des FamG erforderlich (siehe dazu unten C. III. 8. b).

Geschlossene Anstalten

– Bei *dringend* notwendig werdenden ärztlichen Behandlungen oder Eingriffen

Eilfälle

Beispiele: Unfälle, Blinddarmdurchbruch, Suizid-Versuch, Alkohol-, Drogen-Abusus

ist die Einholung der elterlichen *Zustimmung nicht notwendig, wenn:* andernfalls die Gefahr ernsthafter Gesundheitsschäden besteht. Das gilt also nur, wenn die Eltern zzt. nicht – oder nicht rechtzeitig – erreichbar sind, denn dann hilft (*straf*rechtlich) die Annahme einer mutmaßlichen Einwilligung und (*zivil*rechtlich) das Rechtsinstitut der Geschäftsführung ohne Auftrag (= §§ 677 ff.).

– *Umstritten* ist, ob eine Minderjährige selbstständig wirksam über einen legalen Schwangerschafts-Abbruch entscheiden kann oder dabei von der Einwilligung ihrer Eltern abhängig ist. Zum Teil wird hier auf das Alter der Schwangeren oder auf die Motive für den Schwangerschafts-Abbruch abgestellt[24]. Nach hM erfüllt allerdings elterlicher Zwang zum Schwangerschafts-Abbruch (unabhängig von den Motiven der Eltern wie der Schwangeren) stets den Tatbestand des § 1666 Abs. 1, so dass dieser Eingriff bei rechtzeitiger Kenntnis durch das FamG verhindert werden kann[25]. Da ein legaler Schwangerschafts-Abbruch eine so höchstpersönliche, außerordentlich stark vom Gewissen abhängige Entscheidung darstellt, muss m.E. der Wille der Schwangeren stets maßgeblich sein, sofern nicht vehemente Zweifel an ihrer Einsichtsfähigkeit bestehen (z.B. bei starker Debilität – aber auch hier nicht generell).[26]

Abbruch einer Schwangerschaft

---

[24] BT-Drucks. 13/8511, S. 65.
[25] Siehe dazu *Scherer*, FamRZ 1997, S. 589 ff.
[26] So auch: *Deutscher Juristinnenbund*, Familienrechtskommission zur Reform des Sorgerechts (1980, S. 82); LG Berlin (FamRZ 1980, 285); LG München I (NJW 1980, S. 646); Letzteres lässt jedoch bei Verweigerung der elterlichen Zustimmung zum Abschluss des Arztvertrages keine gerichtliche Ersetzung zu und hebelt damit die „selbstständige" Einwilligung der Minderjährigen aus (ebenso OLG Hamm, NJW 1998, S. 3424).

Das bedeutet, dass die elterliche Verweigerung eines legalen Schwangerschafts-Abbruchs gemäß § 1666 Abs. 3 gerichtlich ersetzt werden kann[27].

Behandlungsverträge   – Die Einwilligung in ärztliche Behandlungen ist von der zum Abschluss des Arztvertrages erforderlichen rechtsgeschäftlichen WE zu trennen. Erstere können Minderjährige u. U. schon selbst wirksam erteilen (s. o.), Letztere ist jedoch wegen § 107 immer von der Zustimmung der Eltern abhängig.

Sterilisation   – Seit 1992 sind Sterilisationen Minderjähriger *ausnahmslos untersagt*, denn weder die Minderjährigen selbst, noch ihre Eltern oder gar Pfleger/ Vormund sind hierzu einwilligungsbefugt (vgl. §§ 1631c, 1800).

5. Ausbildungs- und Berufswahl

Vor 1980 keine Regelung im BGB   Vor der Sorgerechtsreform hatte das BGB die Ausbildungs- und Berufswahl nicht ausdrücklich geregelt. Es lag damit vor dem 1.1.1980 völlig im Ermessen der Eltern zu bestimmen, welche Ausbildung und welchen Beruf ihr Kind zu ergreifen hatte. Allerdings betonten *Rechtslehre* und *Rechtsprechung* hierbei die Bindung der Eltern an das Kindeswohl. Die meisten Gerichte waren jedoch sehr zurückhaltend bei der Entscheidung, einzugreifen, wenn Eltern ihren Kindern gegen deren Willen und Eignung Berufsentscheidungen aufgezwungen hatten.

Weil elterliche Entscheidungen bzgl. Ausbildung und Beruf des Kindes für dessen gesamten Lebensweg von ausschlaggebender Bedeutung sind, war in der Reformdiskussion zum SorgeRG gefordert worden, den Minderjährigen ein sog. *Sperrrecht* einzuräumen, das bereits das *Preußische Allgemeine Landrecht* und das *Sächsische BGB* kannten, das aber vom BGB (1900) nicht übernommen worden war.

Seit 1980 Rücksicht auf Eignung/Neigung   Als Ergebnis der Reformdiskussion ist § 1631a entstanden, der – wiederum als *Leitlinie* elterlichen Handelns – davon ausgeht, dass die Eltern in Angelegenheiten der Ausbildung und des Berufes insbesondere auf Eignung und Neigung des Kindes Rücksicht nehmen (vgl. § 1631a Abs. 1 S. 1). *Gerade hier* ist von einem wachsenden Bedürfnis der Minderjährigen zu selbstständigem verantwortungsbewusstem Handeln auszugehen. Daher gilt hier besonders der in § 1626 Abs. 2 festgelegte Grundsatz. Das bedeutet, dass mit den Minderjährigen alle Ausbildungs- und Berufs-Fragen ausgiebig zu beraten sind und dabei Einvernehmen mit ihnen anzustreben ist. Denn heranwachsende Minderjährige werden sich kaum für eine Ausbildung oder einen Beruf engagieren und dort auftretende Schwierigkeiten überwinden, wenn sie bei der Festlegung der Ausbildung oder des Berufes nicht beteiligt wurden oder diese gar gegen ihren Willen erfolgte.

Gemeinsame Beratung

Bei Zweifeln Beratungspflicht mit Dritten   Wenn bezüglich der Eignung und Neigung der Minderjährigen Zweifel bestehen, so sollen die Eltern den Rat eines Lehrers oder einer anderen geeigneten Person (vor allem: Berufs- und Bildungs-Berater) einholen (§ 1631a Abs. 1 S. 2). Diese Verpflichtung besteht nicht nur dann, wenn Eltern und Kind hierüber kontroverser Ansicht sind, sondern auch, wenn wegen der heutzutage schwer zu durchschauenden vielfältigen Aus-

---

[27] Ebenso: *Moritz*, ZfJ 1999, S. 99

bildungs- und Berufs-Möglichkeiten in der gemeinsamen Einschätzung Unsicherheiten verbleiben.

Bis 30.6.1998 sah § 1631a Abs. 2 Folgendes vor: Nahmen die Eltern offensichtlich keine Rücksicht auf Eignung und Neigung des Kindes und wurde dadurch die Besorgnis begründet, dass hierdurch die Entwicklung des Kindes nachhaltig und schwer beeinträchtigt wurde, so entschied damals das *VormG* (nach vorheriger Anhörung der Eltern und des Mdj.). Das *VormG* konnte dabei erforderliche Erklärungen der Eltern (oder eines Elternteils) ersetzen (§ 1631a Abs. 2 aF). Dieser *besondere Eingriffstatbestand* sollte eklatante Ermessensüberschreitungen der Eltern verhindern. – Am 1.7.1998 hat das KindRG diese Vorschrift gestrichen, weil sie nach Auskunft der Landesjustizverwaltungen in der Praxis keine erwähnenswerte eigene Rolle gespielt habe und § 1666 gleichermaßen schütze.

Vor dem 1.7.1998 bessere Regelung

In derartigen Fällen kann das FamG seit 1.7.1998 folglich nur noch unter den Voraussetzungen des § 1666 Abs. 1 (s. dazu S. 325 ff.) eingreifen und gegebenenfalls an Stelle der Personensorge-Inhaber handeln (vgl. § 1666 Abs. 3).

Seit 1.7.1998 hilft nur noch § 1666

Beispiele für Eingriffe des Familiengericht gemäß § 1666:
– Trotz guter Leistungen darf ein Mädchen keine weiterführende Schule besuchen, „weil Mädchen eh bald heiraten" oder „eine Lehre für sie genügt".
– Der Sohn wird gezwungen, den väterlichen (handwerklichen oder landwirtschaftlichen) Betrieb zu übernehmen, obwohl er nach seinen Leistungen und Neigungen Sprachen studieren möchte.
– Die Eltern erzwingen als „Strafe" für tatsächliches Verhalten den Abbruch einer Schul- oder Berufsausbildung.
– Wenn die Eltern trotz konträrer Auffassungen mit dem Mdj. (vor allem bei schwer wiegenden Auseinandersetzungen) entweder zu keinerlei Beratung mit Dritten (siehe dazu oben) bereit sind oder solche Ratschläge missachten und eine Entscheidung gegen die Eignung und Neigung ihres Kindes treffen wollen.

Obwohl bereits das *Preußische Allgemeine Landrecht* und das *Sächsische BGB* (sowie das *Österreichische ABGB*) dem Minderjährigen ein Antragsrecht auf gerichtliche Überprüfung von Berufs- und Ausbildungsentscheidungen seiner Eltern zubilligten, ist das SorgeRG 1980 entsprechenden Anregungen nicht gefolgt, weil das FamG im Amtsermittlungs-Verfahren (vgl. § 26 FamFG) „eher die Möglichkeit habe, eine vorhandene Konfliktlage beizulegen oder zu lösen"[28].

Zweifelhafte Begründung

Richtig ist daran nur, dass das FamG auch ohne Antragsrecht der Minderjährigen ihren „Beschwerden" gegen elterliche Entscheidungen „pflichtgemäß" nachzugehen hat. Minderjährige haben aber keinen Anspruch darauf, dass das FamG eine Entscheidung trifft. Sie kann ohnehin nur unter den in § 1666 Abs. 1 festgelegten Voraussetzungen (s. dazu S. 325 ff.) ergehen, also nur bei *offensichtlichen Ermessensmissbräuchen*, die zu schweren Beeinträchtigungen der weiteren Entwicklung des Minderjährigen führen können (siehe dazu obige Beispiele).

Somit ist die Begründung des Gesetzgebers halbherzig, denn man wollte den Minderjährigen keine echte Rechtsposition einräumen[29].

---

[28] BT-Drucks. 8/2788, S. 50.
[29] *Franz*, ZblJugR 1978, S. 149.

6. Regelung des Umganges der Minderjährigen

Personensorgeinhaber entscheiden

Zur Personensorge gehört auch das Recht, den Umgang minderjähriger Kinder – auch mit Wirkung für und gegen Dritte – zu bestimmen (§ 1632 Abs. 2). Zu diesem Zweck können die Eltern mit Ge- und Verboten sowohl gegen die Minderjährigen als auch gegen Dritte vorgehen. Dabei ist der Begriff „Umgang" weit auszulegen. Er betrifft also nicht nur das Zusammensein mit anderen Personen, Kontakte per Telefon, E-Mail oder Post, sondern kann sich auch auf die Überlassung von bestimmten Gegenständen richten (wie z.B. *gefährliches Spielzeug, bestimmte Zeitschriften, Tabak, Alkohol, Drogen, Mofa, Waffen etc.).*

Selbstständigkeit berücksichtigen

Insbesondere bei Umgangsverboten ist die wachsende Fähigkeit und das wachsende Bedürfnis der Minderjährigen zu selbstständigem und verantwortungsbewusstem Handeln zu berücksichtigen (vgl. § 1626 Abs. 2 sowie S. 279), da sich die *Schranken* dieses Teiles der Personensorge nicht erst aus § 1666, sondern auch aus dem Alter, der Reife und Entwicklung der Minderjährigen sowie aus allgemein gültigen Anschauungen ergeben. Probleme entstehen hier vor allem bei sexuellen Kontakten Jugendlicher und im Drogenbereich.

Streit mit Dritten

Für Streitigkeiten zwischen Eltern und Dritten über den Umgang ihrer minderjährigen Kinder ist das FamG zuständig, das auf Antrag eines Elternteils entscheidet (vgl. § 1632 Abs. 3).

Herausgabe von Dritten

Befinden sich Minderjährige bei einem Dritten, so ist für das Herausgabeverlangen der Eltern ebenfalls das FamG zuständig (§ 1632 Abs. 3), das die (berechtigte) Herausgabe der Minderjährigen *durch Ordnungsgeld oder unmittelbaren Zwang (d. h., mit Hilfe des Gerichtsvollziehers und evtl. der Polizei)* erzwingen kann (vgl. §§ 87, 89, 90 FamFG, §§ 909 Abs. 1 S. 1, 913 ZPO)[30].

Beispiel: Eltern verlangen ihre 15-jährige Tochter von ihrem 40-jährigen Freund heraus.

Gerichtliche Verfahren

Bei Streitigkeiten über Umgangsregelungen (sowie bei Herausgabeansprüchen der Eltern gegenüber Dritten) entscheidet das FamG grundsätzlich nur auf Antrag (von mindestens einem Elternteil, vgl. § 1632 Abs. 3). Im Hinblick auf § 1666 hat das FamG jedoch bei entsprechender Kenntnis (z.B. durch die Minderjährigen oder Dritte) nach pflichtgemäßem Ermessen eventuell auch ohne Antrag von Amts wegen zu ermitteln (§ 26 FamFG).

Vor seiner Entscheidung hat das FamG stets die Eltern und die Minderjährigen persönlich anzuhören (vgl. §§ 160, 159 FamFG) sowie dem JA Gelegenheit zur Stellungnahme zu geben (§ 162 Abs. 1 S. 1 FamFG); unter Umständen kommt im Rahmen der Amtsermittlung gemäß § 26 FamFG auch eine Anhörung betroffener Dritter in Betracht.[31]

§ 1632 nicht anwendbar auf Umgangsberechtigte

§ 1632 Abs. 2 u. 3 sind aber nicht anwendbar, wenn es um die Ausübung des sog. „Umgangsrechts" von Eltern, anderen Verwandten oder nahen Bezugspersonen geht (siehe dazu S. 332 ff.). Vielmehr kommen hier ausschließlich die §§ 1684, 1685 zur Anwendung.

---

[30] § 90 Abs. 2 S. 1 FamFG steht dem nicht entgegen, da dieser nur zwangsweise „Zuführungen" an Umgangsberechtigte ausschließt.

[31] BT-Drucks. 8/2788, S. 73.

Schleicher

7. Beaufsichtigung

Zur Sorge für die Person des Kindes gehört u. a. auch das *Recht und* (vor allem) die *Pflicht*, das Kind zu beaufsichtigen (§ 1631 Abs. 1). Das beinhaltet eine doppelte Verpflichtung der Eltern:

Teil der Personensorge

- Sie *müssen* das minderjährige Kind davor *schützen*, dass ihm durch andere Personen – oder durch sich selbst – Schäden (körperliche, gesundheitliche, sittliche, seelische, geistige oder materielle) entstehen.
- Sie haben zu verhindern, dass andere Personen („Dritte") durch das Kind zu Schaden kommen.

Doppelte Verpflichtung

Das BGB spricht nur Letzteres ausdrücklich an (vgl. § 832 Abs. 1), während erstere Verpflichtung aus der allgemeinen Schadensersatzvorschrift des § 823 „herausgelesen" werden muss (siehe dazu S. 10).

Gesetzliche Regelung

Zu Inhalt, Umfang und Erfüllung der Aufsichtspflicht sowie zu den Rechtsfolgen bei Verletzung dieser Pflicht (insbesondere zur Schadensersatzpflicht) vergleiche im Einzelnen oben das Kapitel Aufsichtspflicht, S. 5 ff.

8. Aufenthaltsbestimmung

a) Allgemeines

Zu den ausdrücklich vom BGB genannten Bereichen der Personensorge gehört das Recht und die Pflicht, den Aufenthalt des Kindes zu bestimmen (vgl. § 1631 Abs. 1). Dieses „Pflichtrecht" gibt die Befugnis, über den Wohnort sowie über den Aufenthalt des Kindes bei Verwandten, Bekannten, Freunden, in Pflegestellen, Kindergärten, Heimen, Internaten, Kranken-, Heil-, Pflege- und Entziehungsanstalten zu bestimmen.

Teil der Personensorge

Aus der Pflicht zur Aufenthaltsbestimmung ergibt sich in Verbindung mit der Beistandspflicht des § 1618a ein Anspruch des Kindes auf Aufnahme ins Elternhaus, bei dessen Verletzung ein Einschreiten des FamG gemäß §§ 1666, 1666a in Betracht kommen kann.

Anspruch auf Aufnahme ins Elternhaus

Infolge ihres Aufenthaltsbestimmungsrechtes können die Eltern auch ein von zu Hause (oder aus einer Pflegestelle) weggelaufenes Kind (oder den Jugendlichen) wieder zurückholen und dazu notfalls auch durch das FamG und JA Unterstützung erhalten (vgl. dazu § 1631 Abs. 3 BGB, § 42 SGB VIII sowie S. 276).

Rückholung von Ausreißern

Ist jedoch die Unterbringung für das Kind mit Freiheitsentzug verbunden, so benötigen die Eltern seit 1.1.1980 die Genehmigung des FamG (vgl. dazu § 1631b sowie das nachfolgende Kapitel).

Bei Freiheitsentzug FamG-Genehmigung

Auch bei diesem Teil der Personensorge wird deutlich, dass deren einzelne Bereiche kaum voneinander trennbar sind, sondern ineinander greifen. Denn eine Aufenthaltsbestimmung ist ohne Erziehung, Aufsichtspflicht, Umgangsbestimmung mit anderen Personen kaum denkbar und steht meist auch im Zusammenhang mit Herausgabeverlangen der Eltern (zu Letzterem vgl. S. 292 ff.).

Überschneidungen zu anderen Bereichen

b) Unterbringungen mit Freiheitsentzug

Das Recht zur Aufenthaltsbestimmung besteht jedoch nicht völlig schrankenlos. Vielmehr sind Unterbringungen von Minderjährigen, die mit

Genehmigung des FamG stets vorher erforderlich	Freiheitsentzug verbunden sind, – ausnahmslos – nur mit vorheriger Genehmigung des FamG zulässig (§ 1631b S. 1). Daran sind sämtliche Personensorge-Inhaber gebunden – also nicht nur Vormund oder Pfleger, sondern auch die Eltern. Freiheitsentzug liegt vor, wenn:
Definition des Freiheitsentzuges	**Minderjährige *gegen ihren Willen* in einem bestimmten beschränkten Raum festgehalten werden, ihr Aufenthalt *ständig überwacht* und die Aufnahme eines Kontaktes mit Personen außerhalb dieses Raumes durch *Sicherungsmaßnahmen* verhindert wird (wobei der Zweck der Unterbringung gleichgültig ist).** Daher bedarf es auch der Genehmigung des FamG, wenn Heimerziehung nach § 34 SGB VIII [32] oder eine Inobhutnahme des JA für Minderjährige mit Freiheitsentzug verbunden ist (vgl. § 42 Abs. 2 S. 2 SGB VIII [zu Letzterem siehe S. 110]).
Genehmigungspflichtige Unterbringungen	Die *Genehmigung* des FamG ist somit *erforderlich* bei Unterbringungen Minderjähriger in: *geschlossenen* Heimen, Heil-, Pflege-, Kranken-, Entziehungs-Anstalten (oder geschlossenen Abteilungen derselben).
Genehmigungsfreie Unterbringungen	*Keine Freiheitsentziehung* ist gegeben, wenn: eine Unterbringung nur mit Freiheitsbeschränkungen verbunden ist, die bei dem Alter der Minderjährigen üblich sind oder sich aus der Erfüllung der Aufsichtspflicht ergeben. **Beispiele:** Somit sind z. B. nicht genehmigungspflichtig: Unterbringungen bei Verwandten, Bekannten, Pflegefamilien, in Internaten, offenen oder halboffenen Heimen, in Krankenanstalten (z. B. bei erforderlichen Operationen – auch wenn dort die Bewegungsfreiheit eingeschränkt wird) sowie Ausgehverbote oder kurzzeitige Hausarreste.
Abgrenzung ist problematisch	Allerdings kann die Abgrenzung zwischen (genehmigungs*freien*) Freiheitsbeschränkungen und (genehmigungs*bedürftigen*) Freiheitsentziehungen Schwierigkeiten bereiten, denn was für ein kleineres Kind noch Freiheitsbeschränkung ist, kann für einen Jugendlichen schon Freiheitsentzug bedeuten.[33]
Genehmigung hängt vom Kindeswohl ab	Für die Erteilung oder Versagung der Genehmigung durch das FamG ist *allein* das Wohl der Minderjährigen entscheidend. Seit 1.9.2009 ist eine freiheitsentziehende Unterbringung daher ausdrücklich nur dann zulässig, wenn sie zum Kindeswohl, insbesondere zur Abwendung einer erheblichen Selbst- oder Fremdgefährdung erforderlich ist und der Gefahr nicht auf andere Weise, auch nicht durch andere öffentliche Hilfen, begegnet werden kann (§ 1631b S. 2). Die Unterbringung muss also in ihrem wohlverstandenen Interesse liegen und der Freiheitsentzug dazu unumgänglich sein, weil weniger einschneidende Maßnahmen (z. B. Unterbringung in offenen Anstalten) entweder nicht möglich oder nicht ausreichend sind. Nur dann kommt eine Genehmigung des FamG in Betracht.
Bei Gefahr im Verzug ist Genehmigung nachträglich möglich	**Eilmaßnahmen:** Ohne richterliche Genehmigung ist eine mit Freiheitsentzug verbundene Unterbringung des Kindes durch seine Eltern nur zulässig, wenn sonst akute Gefahr für das Kind entsteht (§ 1631b S. 3) und auch keine *vorläufige Unterbringung* (d. h.: durch

---

[32] So die hM (vgl. z. B. MüKo/*Huber*, § 1631b, Rn. 3 mwN).
[33] *Gernhuber/Coester-Waltjen*, § 62 III. 3; MüKo/*Huber*, § 1631b, Rn. 5.

einstw. AnO gemäß § 331 i.V.m. § 167 FamFG) möglich ist.[34] In diesen Fällen ist die Genehmigung des FamG unverzüglich, d.h. ohne schuldhaftes Zögern (= sobald das FamG erreichbar ist), nachzuholen (§ 1631b S. 3).

Beispiele: Suizidgefahr, mehrfaches Entweichen aus Einrichtungen, wiederholtes Begehen besonders gravierender Straftaten, konkrete Gefahr für Leib und Leben durch Dritte oder bei akutem Alkohol-/Drogen-Abusus.

Der Genehmigungspflicht gem. § 1631b unterliegen nur die Eltern und andere Personensorge-Inhaber (d.h.: Vormund, Pfleger) nicht jedoch geschlossene Einrichtungen. Für sie ergibt sich im Hinblick auf § 239 StGB jedoch die Notwendigkeit, entweder auf einer alsbaldigen Einleitung des Genehmigungsverfahrens seitens der Eltern zu bestehen oder dem zuständigen FamG Kenntnis von der Unterbringung zu geben, da dies dann von Amts wegen zu ermitteln hat (§ 26 FamFG). – Im Hinblick auf Art. 104 Abs. 2 GG wäre hier eine ausdrückliche gesetzliche Verpflichtung zur Einschaltung des FamG erforderlich. **Genehmigungspflicht betrifft nur PS-Inhaber Verpflichtung geschlossener Anstalten**

Unterbringungsverfahren

Bei freiheitsentziehenden Unterbringungen Minderjähriger gilt dasselbe Verfahren wie bei Erwachsenen (§ 167 Abs. 1 FamFG). Das bedeutet: Das FamG muss vor seiner Entscheidung die Minderjährigen im Beisein eines Sachverständigen (und gemäß § 160 FamFG auch die Eltern) persönlich anhören und sie über den möglichen Verlauf des Verfahrens unterrichten, es sei denn, es werden ärztlicherseits erhebliche Gesundheitsnachteile für sie befürchtet oder sie können (nach unmittelbarem Eindruck des FamG) keinen Willen kundtun (vgl. § 34 Abs. 2 FamFG). In diesen Fällen muss das FamG zur Wahrung der Interessen der Minderjährigen für das Unterbringungsverfahren dann einen Pfleger („Anwalt des Kindes") bestellen (vgl. § 317 Abs. 1 S. 1 u. 2 FamFG). – Eine Pflegerbestellung erscheint aber auch in allen anderen Fällen gemäß § 317 Abs. 1 S. 1 FamFG („zur Wahrnehmung der Interessen der Betroffenen") geboten. Wenn das dem FamG im Einzelfall wirklich nicht erforderlich erscheint, so muss es das extra begründen, sofern es eine geschlossene Unterbringung anordnet (§ 317 Abs. 2 FamFG). **Persönliche Anhörung der Minderjährigen und der Eltern**

Verfahrenspfleger

Bevor das FamG eine freiheitsentziehende Unterbringung genehmigt, hat es ein Sachverständigengutachten (Arzt, Jugendpsychologe, -psychiater o.ä.) hierüber einzuholen (§ 321 Abs. 1 FamFG) und kann dazu die Unterbringung zur Beobachtung bis zu idR sechs Wochen (maximal jedoch drei Monate) anordnen (vgl. §§ 322, 284 FamFG). Außerdem ist das JA anzuhören (§ 162 Abs. 1 FamFG). Jede gerichtliche Genehmigung einer Unterbringung ist zu begründen und hat die Art und die Dauer der Unterbringung anzugeben (§ 323 FamFG), d.h. auch die aufnehmende geschlossene Anstalt zu benennen. **Sachverständigengutachten**

Anhörung des JA

Begründungspflicht

Eine Unterbringung darf nur für längstens ein Jahr genehmigt werden, bei „offensichtlich langer Unterbringungsbedürftigkeit" höchstens zwei Jahre (§ 329 Abs. 1 FamFG). Erscheint danach eine weitere Unterbringung erforderlich, so ist erneut das o.a. Genehmigungsverfahren zu wiederholen (§ 329 Abs. 2 S. 1 FamFG), damit gewährleistet ist, dass der Minderjährige sobald wie möglich aus der geschlossenen Einrichtung ent- **Genehmigungsdauer**

---

[34] Ebenso: *Palandt/Diederichsen*, 72. Aufl., § 1631b Rn. 5.

lassen wird (und sei es auch nur in eine halboffene oder offene Abteilung derselben Einrichtung), wenn keine freiheitsentziehende Maßnahme mehr erforderlich ist oder keine Kindeswohlgefährdung mehr besteht (vgl. § 1696 Abs. 2).

Einstweilige Anordnungen

Bei Gefahr im Verzuge kann die vorläufige Unterbringung durch einstweilige Anordnung für max. sechs Wochen (in Ausnahmefällen ist Verlängerung bis max. drei Monaten möglich) genehmigt werden (vgl. dazu §§ 331, 333 FamFG)[35].

Beispiele: Sachverständigengutachten verzögert sich, Entzug ist aber offensichtlich dringlich; Klärung einer anderen Unterbringung eines 16-jährigen Strichmädchens benötigt Zeit.

Ab 14 Jahren voll verfahrensfähig

Minderjährige sind ab vollendetem 14. Lebensjahr unabhängig von ihrer Geschäftsfähigkeit *verfahrensfähig* (§ 316 FamFG), d.h., sie können unabhängig von ihren gesetzlichen Vertretern (d.h.: auch gegen deren Willen) sich einen Anwalt nehmen, Anträge stellen (auch auf Prozesskostenhilfe), ergangene Entscheidungen selbstständig anfechten etc.

9. Herausgabeanspruch gegenüber Dritten

Teil der Personensorge

Die Personensorge umfasst auch das Recht, Kinder oder Jugendliche von jedem heraus zu verlangen, der sie den Eltern (oder einem Elternteil) *widerrechtlich* (siehe dazu unten) *vorenthält* (§ 1632 Abs. 1). Dieses Recht der Eltern ist untrennbar mit ihrem Aufenthaltsbestimmungsrecht (siehe dazu S. 289) verbunden. Es bildet die Grundlage für ein Vorgehen gegen andere Personen, Einrichtungen/Anstalten (z.B. Pflegestellen, Heime, Internate, Krankenhäuser etc.), aber auch wenn ein Elternteil vom anderen das gemeinsame Kind heraus verlangt. – Sind sich dagegen die Eltern nicht einig über die Herausgabe des Kindes von Dritten, so kommt nur ein Vorgehen nach § 1628 in Betracht (s. dazu S. 298).

Vorenthalten

„Vorenthalten" ist jede tatsächliche Zurückhaltung des Kindes, die auch im Verschweigen des Aufenthaltes oder Hinderung der Eltern am Zutritt zu ihrem Kind liegen kann. Dieses „Vorenthalten" des Kindes ist generell widerrechtlich, *sofern hierfür nicht ein gesetzlicher Rechtfertigungs-*

Rechtfertigungs-gründe

grund

Beispiele: elterliche Sorge, Vormundschaft, Schulpflicht, gerichtliche Einweisung in eine Erziehungs- oder Entziehungsanstalt, Anordnung von Jugendarrest, Untersuchungs- oder Strafhaft

vorliegt.

Der Herausgabeanspruch der Eltern findet jedoch seine Grenzen im Kindeswohl. Missbräuchen kann allerdings nur unter den Voraussetzungen des § 1666 Abs. 1 begegnet werden (siehe dazu S. 322 ff.).

Sonderheit bei Pflegekindern

Zum Schutz von Pflegekindern hat das SorgeRG 1980 eine Schutznorm für die Fälle geschaffen, in denen ein (insbesondere abruptes) Herausreißen des Kindes aus seinem Bezugsfeld seiner Entwicklung schaden würde. § 1632 Abs. 4 gibt daher in solchen Fällen dem FamG die Möglichkeit, den weiteren Verbleib des Kindes in der Pflegefamilie gegen den Willen seiner Eltern anzuordnen. Wegen des Eingriffs in das verfassungs-

Bleibeanordnung durch das FamG

---

[35] *Palandt/Diederichsen*, 72. Aufl., § 1631b Rn. 5.

mäßig geschützte Elternrecht müssen für eine Entscheidung gemäß § 1632 Abs. 4 folgende Voraussetzungen erfüllt sein:

Das Kind muss sich bereits „seit längerer Zeit" in der betreffenden Pflegefamilie (das können auch Verwandte wie Onkel und Tante, Großeltern, ältere Geschwister sein) oder in einer Pflegestelle befinden, so dass ein Herausreißen aus den dort aufgebauten Beziehungen (zumindest: zurzeit) für das Kind schädlich wäre. Davon darf jedoch nur dann ausgegangen werden, wenn das Kind durch die Trennung seinen leiblichen Eltern entfremdet ist und in der Pflegefamilie seine neue Bezugswelt gefunden hat.

Dabei ist der Zeitbegriff bewusst nicht festgelegt worden, um dem Einzelfall besser Rechnung tragen zu können. So ist z. B. bei einer 6-monatigen Trennung eines *Kleinkindes* von seinen Eltern wohl dieser Zeitbegriff erfüllt, bei 13-jährigen Minderjährigen dagegen nicht unbedingt.

Die Herausnahme des Kindes muss das Kindeswohl (insbesondere das seelische) gefährden, weil sie *zur Unzeit* erfolgen soll.

Beispiele: Abruptes Herausreißen aus einer fest verwurzelten Bezugswelt, Ortswechsel während einer Krisenphase des Kindes, Herausverlangen nach langer Zeit ohne vorherige Kontaktaufnahme, Rückführung in ungünstige Familienverhältnisse, Schulwechsel während eines besonders wichtigen Schuljahres.

Ein Fehlverhalten der Eltern ist seit 1.7.1998 nicht mehr Voraussetzung; auch muss das FamG seitdem nicht mehr überprüfen, wie es zu der Unterbringung bei der Pflegeperson kam (wie das zuvor gesetzlich vorgeschrieben war).

Bei Herausgabeverlangen ist stets zu beachten, wie sich die Bindungen und Kontakte des Kindes zu seinen Eltern und zur Pflegefamilie sowie zu sonstigen Bezugspersonen entwickelt haben und wo das Kind nun untergebracht werden soll.

So ist z. B. zu beachten, ob die Eltern das Kind jetzt zu sich nehmen wollen oder es zu nahen Verwandten oder nur in eine billigere Pflegefamilie kommen soll oder ob sie es in ein Heim oder eine Pflegeanstalt geben wollen.

Verfahren: Es muss entweder ein entsprechender Antrag der Pflegeeltern beim FamG vorliegen oder dieses muss vom JA oder von anderer Seite über den Fall informiert worden sein (denn dann kann es „von Amts wegen" entscheiden, d. h.: auch ohne Antrag der Pflegeeltern). – Dem Kind ist für das gesamte diesbezügliche gerichtliche Verfahren ein *Verfahrensbeistand* zu bestellen (§ 158 Abs. 2 Nr. 4 FamFG).

Das FamG muss das JA am gesamten Verfahren beteiligen (vgl. §§ 50 Abs. 1 S. 2 SGB VIII, 162 FamFG) sowie Eltern, Pflegeeltern und Kind stets persönlich anhören, es sei denn, es handelt sich um ein Kleinkind oder die Eltern wollen durch Nichterscheinen die Entscheidung verhindern (vgl. dazu §§ 160, 161, 159 FamFG).

Das Verbleiben bei der Pflegeperson darf nur so lange angeordnet werden, wie das Kindeswohl durch die Wegnahme von der Pflegeperson gefährdet würde (§ 1632 Abs. 4). Mit dieser flexiblen Regelung soll der Konflikt zwischen Eltern, Pflegepersonen und Kind möglichst entschärft und somit der Weg zur Wiederaufnahme des Kontaktes der leiblichen Eltern zu ihrem Kind mit dem Ziel seiner Rückführung zu ihnen (nach entsprechender Vorbereitung) offen gehalten werden. Es ist aber zu beachten, dass es hier nicht etwa nur um das von Art. 6 GG geschützte Elternrecht geht, sondern vor allem um das Wohl des Kindes als das des schwächeren Rechtspartners. Daher lehnen Gerichte zunehmend Herausnahmeverlangen der Eltern ab, wenn das Pflegeverhältnis schon mehr als zwei Jahre besteht[36] – vor allem wenn sie das Kind gar nicht zu sich nehmen, sondern nur woanders unterbringen wollen (vor allem bei Streit mit den Pflegeeltern oder aus Kostenersparnisgründen).

Vollstreckung   Das FamG kann die Dritten zur Befolgung seiner Anordnungen zur Herausgabe Minderjähriger durch Androhung von **Ordnungsgeld** bis zu 25 000 EUR anhalten, sofern es in seinem Beschluss darauf hingewiesen hatte (vgl. § 89 FamFG). Wenn dies keinen Erfolg verspricht oder bereits erfolglos geblieben ist, kann das FamG auch **Ordnungshaft** bis zu sechs Monaten anordnen, die ebenfalls grundsätzlich vorher anzudrohen ist und durch den Gerichtsvollzieher vollzogen wird (vgl. §§ 87 Abs. 3, 89 Abs. 1 u. 3 FamFG, §§ 909 Abs. 1 S. 1, 913 ZPO). Das FamG kann in diesen Fällen aber auch **unmittelbaren Zwang** gegenüber den Eltern anordnen (vgl. § 90 FamFG), der vom Gerichtsvollzieher ebenso vollstreckt wird.

Zusammenfassung

Voraussetzungen für den Herausgabeanspruch des § 1632 Abs. 1 sind:

– der betreffende Elternteil ist Personensorge-Inhaber,
– sein Kind wird von einer anderen Person oder Institution „vorenthalten",
– das „Vorenthalten" ist rechtswidrig, d. h., gesetzlich nicht zu rechtfertigen.

Voraussetzungen für Bleibeanordnung in Pflegefamilie gem. § 1632 Abs. 4:

– Kind lebt bereits „seit längerer Zeit" bei einer Pflegeperson,
– Trennung von Pflegeperson würde (zumindest derzeit) Kindeswohl stark beeinträchtigen oder gefährden,
– Antrag der Pflegeeltern oder Kenntnis des FamG (egal, ob durch Pflegeperson, JA oder anderweitig); im letzteren Fall entscheidet es vAwg.

IV. Die Vermögenssorge

Inhalt   Dieser Bereich der elterlichen Sorge umfasst alle tatsächlichen und rechtlichen Handlungen, die die Erhaltung, Vermehrung und Verwertung des Kindesvermögens (Grundbesitz, Wertpapiere, Geschäftsanteile, namhafte Geldbeträge) betreffen; er wird daher auch als „Vermögensverwaltung" bezeichnet. Damit wird deutlich, dass im sozialpädagogischen Bereich dieser Teil der elterlichen Sorge idR keine großen Probleme aufwerfen wird.

Beschränkungen   Es sollen daher nur kurz die gesetzlichen Beschränkungen in der Vermögenssorge aufgezeigt werden:

Genehmigungspflichtige Rechtsgeschäfte   Einige vom Gesetzgeber als besonders wichtig erachtete Rechtsgeschäfte (insbesondere bei *Grundstücks- und Kreditgeschäften* sowie bei Verträgen, bei denen Minderjährige über ein Jahr über die Volljährigkeit hinaus noch verpflichtet werden würden) bedürfen der Genehmigung des FamG (vgl. im Einzelnen § 1643 Abs. 1).

---

[36] *Lakies* bzgl. einer von ihm durchgeführten Untersuchung (ZfJ 1990, S. 552).

Das Gleiche gilt gemäß § 1643 Abs. 2 bei der *Ausschlagung einer Erbschaft* oder eines Vermächtnisses sowie für den *Verzicht auf einen Pflichtteilsanspruch.*

Ausschlagung von Erbschaften

Bei der *Verwaltung von Schenkungen und Erbschaften* haben sich die Eltern grundsätzlich an (eventuelle) Anordnungen der Schenker bzw. Erblasser zu halten (vgl. § 1639) und haben bei Zuwendungen von mehr als 15 000,– EUR ein Vermögensverzeichnis anzulegen (vgl. dazu § 1640). – Schenker und Erblasser können die Eltern aber auch von der Vermögensverwaltung ausschließen (vgl. § 1638); dann muss hierfür ein Pfleger bestellt werden (vgl. § 1909 Abs. 1 S. 2).

Verwaltung von Schenkungen, Erbschaften

Zu Lasten des Kindes sind keine Schenkungen (Ausnahme: aus sittlichen oder Anstandsgründen) möglich (§ 1641); diese wären gemäß § 134 nichtig.

Schenkungsverbot

Geld, das der Vermögensverwaltung der Eltern unterliegt, haben diese nach den Grundsätzen einer wirtschaftlichen Vermögensverwaltung anzulegen, soweit es nicht zur Bestreitung von Ausgaben bereit zu halten ist (vgl. § 1642). – *Die Verpflichtung zur mündelsicheren Anlegung (§ 1807) ist aber 1980 entfallen; sie gilt nur noch für Pfleger und Vormund.*

Verwaltung nach wirtschaftl. Grundsätzen
Verwaltung von Geld

Erhält das JA Kenntnis von einer drohenden oder bereits eingetretenen Pflichtverletzung bzgl. der Vermögensverwaltung, kann das FamG Sicherungsmaßnahmen anordnen (siehe § 1667 Abs. 1–3) oder bei Nichtbefolgen seiner Anordnungen sowie bei Gefährdung des Vermögens der Eltern (insbesondere bei Insolvenzverfahren) ihnen die Vermögensverwaltung teilweise oder ganz entziehen (§ 1667 Abs. 3 S. 4). Letzteres ist auch bei Unterhaltspflichtverletzungen der Eltern möglich (vgl. § 1666 Abs. 2).

Sicherungsmaßnahmen des FamG

D. Ausübung der elterlichen Sorge

I. Eigenverantwortlichkeit der Eltern

Die elterliche Sorge wird von den Eltern in eigener Verantwortung ausgeübt (vgl. § 1627 Satz 1). Dies beinhaltet Folgendes:

Hierdurch wird zunächst der Grundentscheidung unserer Verfassung Rechnung getragen, die das Elternrecht zu einem sog. Grundrecht erklärt hat (vgl. Artikel 6 Abs. 2 S. 1 GG) und damit vor Eingriffen Dritter schützt. Die Entscheidungen in den Angelegenheiten ihrer minderjährigen Kinder stehen also „den Eltern" zu, soweit nicht gesetzliche oder richterliche Beschränkungen vorliegen (siehe dazu S. 308 ff. und 321 ff.). Die daraus resultierenden *Rechte* und *Pflichten* sind daher *in ihrer Substanz unentziehbar (vgl. Art. 19 Abs. 2 GG), unverzichtbar und nicht übertragbar,* d. h.: Folglich kann ihnen *nur die Ausübung* der elterlichen Sorge entzogen werden (s. dazu unten G. I. 3.) – und sie wiederum können an Dritte auch nur die Ausübung ihrer elterlichen Sorge übertragen (und zwar in jederzeit widerruflicher Weise; die Letztverantwortung bleibt jedoch stets bei den Eltern).

Selbstständigkeit der Eltern

Nur Delegation möglich

Zum anderen kommt in dieser Regelung die *Verantwortung* der Eltern für alle Maßnahmen zum Ausdruck, die sie im Rahmen der elterlichen Sorge treffen. Allerdings *haften* sie ihren Kindern für Schäden, die sie ihnen in Ausübung der elterlichen Sorge zufügen, nur begrenzt, denn sie haben lediglich für die Sorgfalt „einzustehen", die sie in eigenen Angelegenheiten anzuwenden pflegen (§ 1664

Haftung der Eltern

Abs. 1). Das bedeutet, dass sie ihren Kindern zumindest bei vorsätzlichem und grob fahrlässigem Handeln schadensersatzpflichtig sind (vgl. § 277). Dabei ist es unerheblich, ob die Eltern selbst tätig wurden oder die Ausübung der elterlichen Sorge im Einzelfall Dritten übertrugen. Im letzteren Fall haften sie für Auswahl und Überwachung der mit der Ausübung betrauten Personen. – Im Einzelnen wird dies jedoch unterschiedlich beurteilt, vor allem im Hinblick auf die Frage, ob § 1664 generell die Haftung der Eltern beschränkt oder bei Aufsichtspflichtverletzungen (s. dazu S. 22), anderer deliktischer Haftung (z. B. bei verschuldeten Verkehrsunfällen) sowie bei zwischen Eltern und Kind geschlossenen Verträgen aus Gründen des Minderjährigenschutzes unanwendbar ist. Nach hM stellt § 1664 nicht nur Haftungsmaßstab, sondern auch Haftungsgrundlage dar.[37]

II. Gemeinsame Ausübung

Einvernehmen ist vorgeschrieben

Die Eltern haben die elterliche Sorge über gemeinsame eheliche Kinder „in gegenseitigem Einvernehmen" auszuüben (§ 1627 S. 1). Damit will das BGB zum Ausdruck bringen, dass Mutter und Vater – dem Grundsatz der *Gleichberechtigung* entsprechend – die elterliche Sorge nur einvernehmlich ausüben können, ohne dass also ein Elternteil bevorrechtigt Entscheidungen treffen kann.

Intention: Beratung und Planung

Mit diesem ausdrücklichen Hinweis darauf, dass ein Elternteil nicht gegen den Willen des anderen Entscheidungen im Rahmen der Sorge für die Person oder das Vermögen des Kindes treffen kann, will der Gesetzgeber darüber hinaus erreichen, dass die Eltern beabsichtigte Maßnahmen zuvor gemeinsam planen. Er glaubt, dass damit am ehesten zu gewährleisten sei, dass die für das Kind zu fällenden Entschlüsse seinem Wohl entsprechen werden, wenn vorher ein „Entscheidungsprozess" stattfinden würde.

Familienalltag

Im *Familienalltag* werden die Ergebnisse von Beratungen, was man am besten für die Entwicklung des Kindes tun soll, allerdings häufig von anderen Faktoren bestimmt. Hier spielen finanzielle Überlegungen, Prestigedenken und nicht zuletzt das Verhältnis der Ehepartner zueinander sowie ihre Einstellung zu dem Kind und seiner „Förderungsbedürftigkeit" eine maßgebliche Rolle. Somit finden in vielen Familien gar keine echten Entscheidungsprozesse statt. Die Eltern entscheiden vielmehr so, wie sie es ihrer eigenen Sozialisation gemäß erfahren haben, sei es, dass sie glauben, unter Sachzwängen zu stehen und daher bereits resigniert haben oder dass sie von ihren schichtspezifischen Entscheidungen „überzeugt" sind.

Ausdruck partnerschaftlicher Gleichberechtigung

Es wäre jedoch nicht richtig, hieraus den Schluss zu ziehen, dass das BGB „schichtspezifische Gesetzmäßigkeiten" manifestieren würde oder diese Bestimmung sinnlos sei. Der Grundsatz der *gemeinsamen Ausübung* der elterlichen Sorge entspricht dem heutigen Verständnis der partnerschaftlichen Gleichberechtigung und kann nicht bezweifelt werden. Es zeigt sich aber gerade im Familienrecht, dass ohne gesellschaftspolitisch relevante Hilfen des Staates die *Eltern häufig überfordert* sind[38], dem Kind gemäße Entscheidungen zu treffen. Somit wirkt sich die staatliche Zurückhaltung vor Eingriffen in den familiären Bereich für viele Kinder

---

[37] Nachweise z. B. bei MüKo/*Huber*, Rn. 9 zu § 1664.
[38] Dazu *Schleicher*, GK-SGB VIII, Vor § 16, Rn. 1.

nachteilig aus, obwohl dieses Prinzip nach allen historischen Erfahrungen sicher zu begrüßen ist.

Die gesetzliche Regelung bedeutet allerdings nicht, dass jede Handlung im Bereich der elterlichen Sorge von den Eltern gemeinsam beschlossen und gemeinsam ausgeführt werden müsse. Das wäre in der täglichen Praxis gar nicht immer möglich und auch nicht nötig. Erforderlich ist jedoch, dass die Eltern sich über die Ausübung der elterlichen Sorge *einig* sind, wobei es in der Regel zu einer natürlichen, den jeweiligen tatsächlichen Gegebenheiten der einzelnen Familie entsprechenden *Aufgabenteilung* kommen wird. Hierzu bedarf es keiner ausdrücklichen Vereinbarung (was jedoch nach den oben ausgeführten Intentionen wünschenswert wäre). Vielmehr genügt die stillschweigende Handhabung (= Billigung). Das heißt, dass es ausreicht, wenn der eine Elternteil bei der Vornahme von Maßnahmen dem bekannten oder mutmaßlichen Willen des anderen entspricht oder dieser sie stillschweigend hinnimmt und damit billigt.

Gemeinsamkeit nicht immer erforderlich

Handelt es sich aber nicht allein um ein Tätigwerden im tatsächlichen Sorgebereich (siehe dazu S. 272), sondern um eine Vertretung des Kindes (insbesondere bei weit reichenden Handlungen), so ist § 1627 stets zu beachten.

Vertretung des Kindes

> **Beispiele:** An- und Abmeldungen im Kindergarten, Hort, Heim, Schule;
> Einwilligung in Operationen;
> Änderung der Religion;
> Abschluss und Kündigung von Ausbildungsverträgen.

In diesen Fällen ist entweder eine vorherige Absprache oder eine nachträgliche Zustimmung des nicht handelnden Elternteils unumgänglich. Fehlt es hieran, so stellt dieses Verhalten einen Verstoß der sich aus der Ehe und der elterlichen Sorge ergebenden Verpflichtungen dar. Bei Rechtshandlungen bewirkt ein solches Vorgehen überdies, dass die beabsichtigte Rechtswirkung nicht ohne das Mitwirken des anderen eintreten kann, denn hier sind die Grundsätze der Zustimmung bei Rechtsgeschäften entsprechend anwendbar (d.h.: die §§ 177, 182, 184, 185).

Einigkeit nötig

Man spricht daher auch von der *Gesamtvertretung* der Eltern. Diese kann natürlich im Einzelfall unter Umständen zu Unzuträglichkeiten nicht nur für den „betroffenen" Elternteil, sondern eventuell auch für das Kind führen, weil sich Entscheidungen verzögern können. Der Rechtspartner wird nämlich häufig wegen der für ihn nicht überschaubaren „Vertretungslage" darauf bestehen, dass ihm die Einigung der Eltern nachgewiesen wird. Das erschwert zweifellos den Rechtsverkehr, ohne dass dies im Einzelfall gerechtfertigt zu sein braucht.

Probleme der Gesamtvertretung

Es wird daher z.T. angenommen, die Grundsätze der Anscheinsvollmacht könnten beim alleinigen Auftreten eines Elternteils angewendet werden.[39]

Alleiniges Handeln ist jedoch seit 1.7.1998 gesetzlich ausdrücklich anerkannt in folgenden Fällen:

Ausnahmen:

— bei getrennt lebenden Eltern im Rahmen der sog. *Alltagssorge* (siehe dazu S. 223)

Alltagssorge

— bei „*Gefahr im Verzug*"

Gefahr im Verzug

---

[39] So BGH, NJW 1988 S. 2946.

Notvertretungsrecht   Im letzteren Bereich ist jeder Elternteil berechtigt, alle Rechtshandlungen vorzunehmen, die zum Wohle des Kindes notwendig sind (sog. *Notvertretungsrecht)*; der andere Elternteil ist dann hiervon unverzüglich (siehe dazu § 121 Abs. 1 S. 1) zu unterrichten (vgl. § 1629 Abs. 1 S. 4). Voraussetzung für dieses alleinige Handeln eines Elternteils ist, dass nur durch unverzügliches Handeln die Gefährdung wichtiger Rechtsgüter oder Rechte des Kindes verhindert werden und daher die Rücksprache mit dem anderen Elternteil nicht abgewartet werden kann.

Beispiele: Unfälle, Blinddarmdurchbruch, Vergiftungen.

III. Uneinigkeit der Eltern

Gesetzlicher Einigungszwang   Wie zuvor unter II. ausgeführt, steht die Ausübung der elterlichen Sorge bei *ehelichen* Kindern den Eltern gemeinsam zu (§ 1627 S. 1). Sind die Eltern verschiedener Auffassung, was zum Wohl des Kindes zu veranlassen ist, so müssen sie versuchen, sich zu einigen (§ 1627 S. 2).

Bei Uneinigkeit Entscheidung des FamG möglich   Bei nicht zu behebendem Meinungsstreit über Sorgerechtsangelegenheiten kann von jedem Elternteil das FamG angerufen werden, wenn die im Streit befindliche Regelung für das Kind von erheblicher Bedeutung ist (§ 1628 S. 1); andernfalls muss das FamG die Entscheidung ablehnen.

Praxisrelevante Fälle   *In der Praxis handelt es sich meist um folgende Fälle:*
Vornamensgebung, Religionsbestimmung, Unterbringung in Kindergarten, Pflegestelle, Heim oder bei Verwandten, Bekannten, Einwilligung in Heilbehandlungen oder Entziehungsmaßnahmen (bei Alkohol- oder Drogen-Problemen), Schul-, Berufs-, Partnerwahl.

Zunächst: Einigungsversuch des FamG   Wird das FamG angerufen, so hat es zunächst darauf hinzuwirken, dass sich die Eltern auf eine dem Kindeswohl dienliche Regelung einigen (§ 36 Abs. 1 S. 2 FamFG). Dabei hat das Gericht stets mit beiden Eltern persönlich die Angelegenheit zu besprechen (§ 160 Abs. 1 S. 1 FamFG). Wenn die Neigungen, Bindungen oder der Wille des Kindes für die Entscheidung von Bedeutung sein können (wovon fast immer auszugehen ist), ist – abgesehen von Kleinkindern – auch das Kind persönlich anzuhören (vgl. § 159 FamFG). – Eine *Anhörung des JA* ist seit 1.9.2009 ebenfalls gesetzlich vorgeschrieben (vgl. § 162 Abs. 1 S. 1 FamFG).

Entscheidungsmöglichkeiten des FamG   Kommt keine Einigung der Eltern zustande, so kann das FamG *keine eigene Entscheidung* treffen, sondern hat diese nach § 1628 S. 1 auf einen Elternteil zu übertragen (evtl. mit Auflagen oder Einschränkungen), sofern dies dem Wohl des Kindes entspricht (gemäß § 1629 Abs. 1 S. 3 vertritt dieser dann das Kind allein). Andernfalls hat es u.U. gemäß § 1666 (siehe dazu S. 322 ff.) einzugreifen und die Erklärungen der Eltern zu ersetzen (§ 1666 Abs. 3) oder die Ausübung des Sorgerechts insoweit zu entziehen (siehe dazu S. 328) und dafür einen Pfleger zu bestellen (§ 1909 Abs. 1 S. 1).

Bei Meinungsverschiedenheiten sorgeberechtigter Eltern kann unter folgenden Voraussetzungen das FamG entscheiden: – entsprechender Antrag von mindestens einem Elternteil, – Angelegenheit, deren Regelung für das Kind von erheblicher Bedeutung ist, – Einigungsversuch des FamG gem. § 36 Abs. 1 S. 2 FamFG war erfolglos. Das FamG kann nicht selbst entscheiden, sondern nur die Entscheidung über die betr. Angelegenheit auf einen Elternteil übertragen (wodurch dieser gem. § 1629 Abs. 1 S. 3 insoweit alleiniger gesetzlicher Vertreter würde), sofern dies dem Kindeswohl entspricht. Anderen falls kommt evtl. ein Vorgehen nach § 1666 in Betracht.	**Zusammenfassung**

IV. Beistandschaften

Die seit dem 1.7.1998 bestehende (freiwillige) Beistandschaft der §§ 1712–1717 BGB hat die vorherige (weitgehend bedeutungslose) Beistandschaft des BGB (d.h.: der §§ 1685–1692 BGB *aF*) sowie die für nichteheliche Kinder nach den §§ 1706–1709 BGB aF bis dahin zwangsweise bestehende ehemalige gesetzliche Amtspflegschaft des Jugendamts abgelöst.

Die – ausschließlich auf Freiwilligkeit basierende – Beistandschaft ist für alle (ehelichen wie nichtehelichen) Kinder (unabhängig von deren Staatsangehörigkeit) vorgesehen, sofern Kinder entweder nur einen Sorgeinhaber besitzen (§ 1713 Abs. 1 Satz 1 BGB) oder sich nur in Obhut eines Elternteils befinden (§ 1713 Abs. 1 Satz 2 BGB). Die neue Beistandschaft ist nicht mehr – wie die vorherige nach den §§ 1685 ff. BGB *aF* – für einen Elternteil, sondern nur noch für das Kind vorgesehen (s. § 1712 Abs. 1 BGB), sofern das Kind seinen gewöhnlichen Aufenthalt im Inland hat (s. § 1717 BGB). Als Beistand kommen seit dem 01.07.1998 keine Privatpersonen mehr, sondern nach § 1712 Abs. 1 BGB generell das Jugendamt oder gemäß § 54 Abs. 1 SGB VIII freie Jugendhilfeträger in Betracht.

Der Beistand nach den §§ 1712 ff. BGB ist nicht zu verwechseln mit

– einem Erziehungsbeistand nach § 30 SGB VIII,
– dem Beistand nach § 13 Abs. 4 SGB X (Helfer von Beteiligten im Verwaltungsverfahren),
– einem Verfahrensbeistand nach § 158 FamFG (Interessenvertreter Minderjähriger in familiengerichtlichen Verfahren).

Entwicklung

Verwechslungsgefahren

1. Eintritt der Beistandschaft

§ 55 Abs. 1 SGB VIII sieht vor, dass das JA Beistand wird „in den durch das BGB vorgesehenen Fällen". Eintritt, Merkmale, Aufgabenkreis und Ende der Beistandschaft richten sich somit ausschließlich nach den §§ 1712–1717 BGB. Das bedeutet Folgendes:

Die neue Beistandschaft ist für alle Kinder (nichteheliche, eheliche, adoptierte) vorgesehen (vgl. § 1712 Abs. 1: „des Kindes"), die ihren gewöhnlichen Aufenthalt (iSd § 30 Abs. 2 S. 3 SGB I) in der BRD haben (§ 1717 S. 1). Sie kommt unter bestimmten Voraussetzungen auch pränatal in Betracht (vgl. § 1713 Abs. 1 S. 1 sowie Abs. 2; siehe dazu unten).

BGB ist maßgeblich

Für alle Kinder möglich

Voraussetzungen: Alleinsorge/-obhut

Eine Beistandschaft ist nur für Elternteile vorgesehen, die entweder alleinige Sorge-Inhaber sind oder das Kind allein in Obhut haben (§ 1713 Abs. 1 S. 1 und 2).

Freiwilligkeit

Die Beistandschaft basiert auf Freiwilligkeit. Daher kommt sie nur auf entsprechenden Antrag zustande (vgl. §§ 1712, 1713, 1714).

Antragsberechtigt sind:

Antragsberechtigte

– werdende Mütter, wenn ihnen die alleinige elterliche Sorge zustünde, wenn das Kind bereits geboren wäre (vgl. § 1713 Abs. 1 S. 1),
  Das ist nur bei unverheirateten werdenden Müttern denkbar. Hier bleibt die Beistandschaft bei Geburt bestehen.

– werdende Mütter, wenn ihr Kind, sofern es bereits geboren wäre, unter Vormundschaft stünde (§ 1713 Abs. 2 S. 1),
  Das ist nur bei minderjährigen oder geisteskranken unverheirateten Müttern denkbar, da bei verheirateten Elternteilen gem. § 1678 Abs. 1 dann der andere Elternteil insoweit alleinige elterliche Sorge besitzt. Hier endet die Beistandschaft bei Geburt wegen Eintritt der Vormundschaft nach § 1791c.

– jeder alleinige Sorgeinhaber (vgl. § 1713 Abs. 1 S. 1),
  unverheiratete Mütter, getrennt lebende, geschiedene, verwitwete Elternteile

– ein nach § 1776 berufener (d. h.: von den Personensorge-Inhabern testamentarisch vorgesehener) Vormund (§ 1713 Abs. 1 S. 3).
  Andere Vormünder (oder Pfleger) sind nicht antragsberechtigt, da davon ausgegangen wurde, dass diese vom Gericht so ausgewählt werden, dass sie das Kind bei den in Betracht kommenden Aufgaben (Vaterschaftsfeststellung und Unterhaltssicherung) selbst vertreten können.

Schriftlicher Antrag

Der Antrag kann (mit Ausnahme geisteskranker werdender Mütter) *nur höchstpersönlich* gestellt werden (vgl. § 1713 Abs. 1 S. 1 u. Abs. 2 S. 2 u. 3). Er bedarf gemäß § 1712 Abs. 1 der *Schriftform* (d. h. gemäß § 126 Abs. 1: Unterschrift ist erforderlich). E-Mail, Telefax, Telegramm genügen nicht (s. dazu *Schleicher* in *Fieseler/Schleicher/Busch/Wabnitz*, GK-SGB VIII, § 52a Rn. 32).

Beschränkung auf bestimmte Aufgaben

Der Antrag auf Bestellung einer Beistandschaft kann auf einzelne der in § 1712 Abs. 1 bezeichneten Aufgaben (siehe dazu unten 3.) beschränkt werden (§ 1712 Abs. 2).

2. Merkmale der Beistandschaft

Freiwilligkeit

Die Beistandschaft basiert auf Freiwilligkeit, d. h., sie

– kommt nur auf schriftlichen Antrag zustande (vgl. §§ 1712, 1713, 1714),
– wird durch entsprechenden Antrag sofort wieder beendet (§ 1715 Abs. 1),
– führt zu *keinerlei Einschränkungen der elterlichen Sorge* (§ 1716 S. 1) und damit zu „Doppelzuständigkeiten" von Elternteil und Beistand (siehe dazu S. 302). – (Ebenso ist das in *Österreich* und hat dort angeblich zu keinen Schwierigkeiten geführt[40]; das deutsche Recht kennt dies auch bei der rechtlichen Betreuung gemäß §§ 1896 ff. für Geschäftsfähige (siehe dazu S. 386).

---

[40] So BT-Drucks. 13/892, S. 28.

Amts- und Vereinsbeistandschaften
Als Beistand ist nach BGB zwar nur das JA vorgesehen (§ 1712 Abs. 1),
das die Ausübung der Aufgaben des Beistands (siehe dazu § 1712 Abs. 1
sowie unten) Einzelnen seiner Beamten oder Angestellten überträgt (vgl.
§ 55 Abs. 2 S. 1 SGB VIII). Grundsätzlich handelt es sich also um eine
(wenn auch freiwillige) *Amtsbeistandschaft.* Eine Beistandschaft kann allerdings – mit Zustimmung des allein sorgenden Elternteils – vom JA *auch
auf freie Jugendhilfeträger* übertragen werden, wenn das Landesrecht von der
in Art. 144 EG BGB vorgesehenen Ermächtigung Gebrauch gemacht hat
und der freie Träger vom LJA die entsprechende Erlaubnis besitzt (vgl.
§ 54 Abs. 1 SGB VIII).

Privatpersonen können (anders als nach den bis 30.6.1998 geltenden **Keine Privatperson**
§§ 1685 ff. *aF*) jedoch *nicht* Beistand werden.

Automatischer Eintritt der Beistandschaft
Das JA wird *(automatisch)* Beistand, sobald ihm ein entsprechender schrift- **Mit Zugang des**
licher Antrag (siehe dazu oben) zugegangen ist (vgl. §§ 1712 Abs. 1, 1714 **Antrags beim JA**
S. 1). – Eine Bedürfnis- oder Zweckmäßigkeitsprüfung findet also nicht
statt. – Dabei richtet sich die *örtliche Zuständigkeit* grundsätzlich nach dem
gewöhnlichen Aufenthalt des antragstellenden Elternteils oder testamentarisch berufenen Vormunds – Hilfsweise nach deren tatsächlichem Aufenthalt (§ 87c Abs. 5 SGB VIII).

Keine Beteiligung des FamG
Begründung, Führung wie Beendigung der Beistandschaft finden ohne
Beteiligung des FamG statt (vgl. § 1716 S. 2), denen das JA daher weder den Eintritt einer Beistandschaft mitteilen (vgl. § 57 SGB VIII) noch
ihnen Rechnung legen muss oder sonst wie von ihnen beaufsichtigt wird
(§ 1716 S. 2).

Beistandschaft für das Kind (nicht für die Eltern)
Im Gegensatz zum bis 30.6.1998 geltenden Recht handelt es sich bei dem
neuen Rechtsinstitut um eine Beistandschaft *für das Kind* und *nicht für die
Eltern* (vgl. § 1712 Abs. 1: „wird … Beistand des Kindes"). Damit ist ein **Perspektivenwechsel**
Perspektivenwechsel gegenüber der früheren Beistandschaft verbunden.
Das bedeutet:

Der Beistand unterstützt das Kind und tritt für dessen Interessen ein
(worin zwar zugleich eine Unterstützung des allein sorgenden Elternteils
liegen kann, aber nicht muss). Der Beistand ist für die beantragten Auf- **Konsequenzen**
gaben insgesamt zuständig und damit auch verantwortlich, d. h., der öffentliche Träger haftet gemäß §§ 1716 S. 2, 1915 Abs. 1, 1833 und nach
Art. 34 GG, § 839 BGB und ein freier Träger gemäß §§ 30, 31, 278.

Kostenfreiheit
Die Beistandschaft wird kostenfrei gewährt, denn eine Kostenbeteiligung
ist nach § 90 SGB VIII nicht vorgesehen; es ist auch keine Vergütung und
keine Aufwandsentschädigung möglich (vgl. §§ 1716 S. 2, 1915 Abs. 1,
1835a Abs. 5, 1836 Abs. 3).

**Informationspflicht des JA gegenüber Müttern nichtehelicher
Kinder**
Mütter nichtehelicher Kinder sind vom JA auf die *Möglichkeit*, eine Bei-
standschaft zu beantragen, auf vorgenannte *Rechtsfolgen* sowie auf ihre

Kostenfreiheit (s. o.) hinzuweisen, sobald das JA von der Geburt durch das Standesamt gemäß § 52a Abs. 4 SGB VIII informiert wurde oder von der bevorstehenden Geburt anderweitig Kenntnis erlangt hat (vgl. § 52a Abs. 1 S. 2 Nr. 4 u. Abs. 2 SGB VIII), da die Beistandschaft auch pränatal möglich ist (vgl. § 1713 Abs. 1 S. 1 sowie § 1714 S. 2). Dabei muss das JA der Mutter ein persönliches Gespräch anbieten, das auf ihren Wunsch bei ihr zu Hause stattfinden soll (§ 52a Abs. 1 S. 3 u. 4 SGB VIII).

3. Aufgaben des Beistands

Begrenzung auf: Amts- oder Vereinsbeistand sind gesetzlich *ausschließlich* folgende Aufgaben zugewiesen:

Vaterschaftsfeststellung   – Vaterschaftsfeststellung (§ 1712 Abs. 1 Nr. 1)
Unterhaltssicherung   – Geltendmachung von Unterhaltsansprüchen des Kindes und Verfügung hierüber einschließlich der Bezahlung von Pflegeeltern aus den Unterhaltsleistungen (§ 1712 Abs. 1 Nr. 2)

Der Aufgabenkreis des Beistands bezieht sich jedoch nur auf einen der beiden Aufgabenbereiche, wenn der betreffende Elternteil dies ausdrücklich beantragt. Dies ist von Anfang an oder jederzeit nachträglich möglich (vgl. §§ 1712 Abs. 2, 1715 Abs. 1 S. 2).

Beratung, Unterstüt-   Die Aufgaben des Beistands umfassen jeweils die Beratung und Unter-
zung, Vertretung   stützung sowie die rechtsgeschäftliche Vertretung des Kindes, wenn auch nur Letzteres ausdrücklich gesetzlich geregelt ist (vgl. §§ 1716 S. 2, 1915 Abs. 1, 1793 S. 1).

Keine Einschränkung   Durch die Beistandschaft wird (im Gegensatz zur früheren Amtspfleg-
der elterlichen Sorge   schaft für nichteheliche Kinder) *die elterliche Sorge nicht eingeschränkt* (§ 1716 S. 1). Es kann hier daher zu Überschneidungen der Handlungen des Bei-
Doppelzuständigkeit   stands und des Elternteils kommen (sog. *Doppelzuständigkeit*). So können beide dieselben Handlungen vornehmen

Beispiele: einen Unterhaltsschuldner mahnen oder etwas vom Konto abheben

Bei Divergenzen   und einer kann evtl. auch Aktionen des anderen wieder revidieren (so-
besteht keine   fern das tatsächlich noch möglich ist). – Für hieraus entstehenden Streit
spezielle Regelung   ist keine spezielle gesetzliche Lösung vorgesehen. Der Elternteil kann jedoch durch schriftlichen Antrag die sofortige Beendigung der Beistandschaft (partiell oder insgesamt) herbeiführen (vgl. § 1715 Abs. 1) und das JA ist u. U. gemäß § 8a Abs. 2 S. 1 SGB VIII zur Benachrichtigung des FamG verpflichtet, wenn es dessen Tätigwerden wegen Gefährdung des Kindeswohls für erforderlich hält.
Alleinzuständigkeit   Von dieser Doppelzuständigkeit besteht allerdings *in gerichtlichen Verfah-*
in gerichtlichen   *ren* eine Ausnahme: Dort verdrängt der Beistand (z. B. in einem Unter-
Verfahren   haltsprozess) aus Gründen der Rechtssicherheit den Elternteil (vgl. §§ 173 u. 234 FamFG).

4. Ende der Beistandschaft

Sie endet automatisch (partiell oder insgesamt)

– mit Zugang eines entsprechenden schriftlichen Verlangens des antragsberechtigten Elternteils (vgl. §§ 1715 Abs. 1, 1713 sowie S. 300),

- mit Wegfall der in § 1713 festgelegten Voraussetzungen (§ 1715 Abs. 2),

  Eintritt gemeinsamer elterlicher Sorge, Sorgerechtsentzug, Adoption, Volljährigkeit

- sobald das Kind seinen gewöhnlichen Aufenthalt (iSd § 30 Abs. 3 S. 2 SGB I) im Ausland hat (§ 1717 S. 1),
- wenn bei pränataler Beistandschaft die Mutter ihren gewöhnlichen Aufenthalt ins Ausland verlegt (§ 1717 S. 2).

Beistandschaft

Beistandschaft gibt es nur für Kinder allein sorgender Eltern und für gemäß § 1776 „berufene" Vormünder.

Aufgabenkreis:	Vaterschaftsfeststellung und Unterhaltssicherung für das Kind (jederzeit auf einen der beiden Bereiche begrenzbar).
Voraussetzungen:	– schriftlicher Antrag an das zuständige JA (pränatal möglich),
	– Antragsberechtigung,
	– Alleinsorge oder Obhut eines Elternteils,
	– werdende Mütter,
	– gewöhnlicher Aufenthalt des Kindes in der BRD.
Eintritt:	mit Zugang des Antrags beim JA wird dieses automatisch Beistand, wenn o.a. Voraussetzungen erfüllt sind. (Weitere Überprüfungen sind nicht zulässig.)
Delegation:	durch das JA auf vom LJA autorisierte freie Träger nach Landesrecht möglich.
Ausführung:	Mitarbeiter(innen) des JA bzw. des freien Trägers.
Aufgaben:	Beratung/Unterstützung und gesetzl. Vertretung bzgl. o.a. Aufgabenkreis.
Ende:	– automatisch mit Wegfall der o.a. Voraussetzungen.
	– auf schriftliches Verlangen der Antragsberechtigten.

E. Elterliche Sorge für nichteheliche[41] Kinder

Zur historischen Entwicklung der elterlichen Sorge für nichteheliche Kinder von einer bis zum 30.6.1970 bestehenden „Entmündigung" der Mütter durch die Vormundschaft des Jugendamts bis hin zur am 1.7.1998 erfolgten alleinigen Ausübung durch diese sowie vom völligen Ausschluss der Väter bis hin zu deren – vom alleinigen Willen der Mütter abhängigen – Beteiligung siehe die 13. Auflage, S. 292. Im Folgenden wird nur noch die Rechtslage erläutert, die das *Gesetz zur Reform der elterlichen Sorge nicht miteinander verheirateter Eltern* vom 16.4.2013 (BGBl. I S. 795) seit dem 19.5.2013 geschaffen hat.

Rechtslage seit 19.5.2013

---

[41] Obwohl dieser Begriff am 1.7.1998 abgeschafft wurde, wird er weiterhin verwendet (vgl. auch BVerfG v. 28.2.2007, NJW 2007, S. 1735), weil die Bezeichnung *„Eltern, die bei Geburt ihres Kindes nicht miteinander verheiratet sind"* (vgl. § 1626a), einfach nicht praktikabel ist.

I. Alleinige elterliche Sorge der Mutter als Normalfall

Alleinsorge der Mutter ist weiter Regelfall

Obwohl gesetzlich an letzter Stelle genannt (§ 1626a Abs. 3), stellt die Alleinsorge der Mutter in der Praxis den Regelfall dar. Denn die gemeinsame elterliche Sorge ist (entgegen vielfachen Forderungen) gesetzlich nicht generell, sondern nur dann vorgesehen, wenn

– **entweder** beide Elternteile dies wollen, d.h., wenn entweder beide eine sog. „*Sorgeerklärung*" abgeben oder einander heiraten (vgl. § 1626a Abs. 1)
– **oder** das FamG auf Antrag eines der beiden Elternteile gemäß § 1626a Abs. 1 Nr. 3 Entsprechendes anordnet (s. dazu S. 306).

II. Gemeinsame elterliche Sorge durch „Sorgeerklärung" der Eltern

Gemeinsame Sorge der Eltern

Wenn beide Eltern eines nichtehelichen Kindes erklären, dass sie die elterliche Sorge gemeinsam übernehmen wollen (sog. *Sorgeerklärung*), so steht ihnen die elterliche Sorge für ihr Kind gemeinsam zu (§ 1626a Abs. 1 Nr. 1) und kann nur durch das FamG wieder verändert werden (siehe dazu S. 307). Diese durch die Kindschaftsrechts-Reform seit 1.7.1998 geschaffene gesetzliche Möglichkeit, gemeinsame elterliche Sorge zu erhalten, ist also nur dann vorgesehen, wenn beide Eltern das wollen. Andernfalls besteht nur die Möglichkeit der familiengerichtlichen Übertragung der gemeinsamen elterlichen Sorge gem. § 1626a Abs. 2 (s. dazu S. 306) oder die Mutter hat die Alleinsorge (§ 1626a Abs. 3). Hierauf hat das JA, das nach § 52a Abs. 4 SGB VIII von der Geburt nichtehelicher Kinder durch das Standesamt zu benachrichtigen ist, die Mütter hinzuweisen und ihnen Beratung und Unterstützung anzubieten (§§ 18 Abs. 2, 52a Abs. 1 S. 2 Nr. 5 u. S. 3, Abs. 4 SGB VIII); dies kann auch schon vor der Geburt des Kindes erfolgen (§ 52a Abs. 2 SGB VIII).

1. Anforderungen an die Sorgeerklärung

Wirksamkeits-voraussetzungen
Keine Bedingungen

Zur Wirksamkeit einer Sorgeerklärung sind bestimmte inhaltliche wie auch formale Voraussetzungen zu erfüllen:
Sie ist bedingungsfeindlich und zeitlich nicht einschränkbar (§ 1626b Abs. 1). Sie darf somit nur die Erklärung enthalten, dass beide Eltern die el-

Gemeinsamer Wille

terliche Sorge gemeinsam ausüben wollen (§ 1626a Abs. 1 Nr. 1). Nähere Abmachungen, die die Aufteilung oder die Ausübung, den Beginn oder das Ende der elterlichen Sorge oder die Wirksamkeit der Sorgeerklärung betreffen, würden diese insgesamt unwirksam machen (§ 1626b Abs. 1).

Beurkundung durch JA oder Notar nötig

Es genügt nicht, dass die Eltern einander eine dem § 1626a Abs. 1 Nr. 1 entsprechende (s. o.) Erklärung abgeben. Für eine Sorgeerklärung ist vielmehr die *öffentliche Beurkundung* erforderlich (§ 1626d Abs. 1), d.h. entweder *(kostenpflichtig)* beim Notar (§ 20 BNotO) oder (kostenfrei) bei jedem JA (vgl. §§ 59 Abs. 1 Nr. 8, 87e, 90 SGB VIII).

Jederzeit möglich, auch pränatal

Die Sorgeerklärung kann ohne zeitliche Begrenzung jederzeit erfolgen (§ 1626a Abs. 1 Nr. 1), und zwar auch schon vor der Geburt des Kindes (§ 1626b Abs. 2).

Persönliche Erklärung

Sie kann nur *höchstpersönlich* abgegeben werden (§ 1626c Abs. 1), – und zwar entweder gemeinsam oder separat (z.B. jeder an seinem Wohnort).

Minderjährige Elternteile bedürfen hierzu der Zustimmung ihrer gesetzlichen Vertreter, die ebenfalls höchstpersönlich abzugeben und zu beurkunden ist (§§ 1626c Abs. 2, 1626d Abs. 1).

Zur Erlangung der gemeinsamen elterlichen Sorge sind nur die vorgenannten Formvorschriften zu beachten. Weitere (insbesondere inhaltliche) Voraussetzungen müssen nicht erfüllt werden: **Keine weitere Anforderungen**

- Es bedarf keines Zusammenlebens der Eltern oder des Kindes mit den Eltern (das Kind kann also auch nur bei einem Elternteil oder bei Pflegeeltern oder im Heim leben).
- Die Eltern brauchen nicht ledig, sondern können auch jeweils verheiratet sein.
- Ist ein Elternteil (oder beide) anderweitig verheiratet, muss der jeweilige Ehepartner der „*Sorgeerklärung*" nicht zustimmen.
- Weder JA noch FamG sind berechtigt oder verpflichtet zu überprüfen, ob die gemeinsame elterliche Sorge überhaupt realisierbar ist oder dem Kindeswohl entspricht.

2. Aufklärungspflicht der beurkundenden Stelle

JA bzw. Notar müssen beide Eltern zuvor auf die Bedeutung einer „*Sorgeerklärung*" und auf das Verbot von Detailvereinbarungen (insbesondere von Einschränkungen oder zeitlichen Begrenzungen) bezüglich der Ausübung der elterlichen Sorge (vgl. § 1626b Abs. 1) hinweisen. Außerdem sind die Eltern darüber zu informieren, dass sie die „Sorgeerklärung" nicht rückgängig machen können, sondern die elterliche Sorge dann – wie bei verheirateten Eltern – so lange bestehen bleibt, bis das FamG eine andere Entscheidung trifft (siehe dazu unten 5.). Das ist gesetzlich nicht eigens festgelegt worden, ergibt sich jedoch aus dem Wesen und Bedeutung dieser elterlichen Verpflichtung, die man zwar delegieren, aber nicht einfach „ablegen" kann (siehe dazu S. 295). **Bedingungsfeindlichkeit**

Unwiderruflichkeit

3. Nachweismöglichkeiten

Im Gegensatz zu früher, als die Mutter eines nichtehelichen Kindes (von den Funktionen des JA als Amtspfleger abgesehen) stets die Alleinsorge besaß, hat sie nunmehr evtl. Bedarf, sich diesbezüglich auszuweisen. Sie kann daher vom JA des Geburtsortes ihres Kindes, das ein sog. „Sorgeregister" zu führen hat, die schriftliche Bestätigung darüber verlangen, dass keine „*Sorgeerklärung*" vorliegt (vgl. §§ 58a, 87c Abs. 6 S. 3, 88 Abs. 1 S. 2 SGB VIII). Denn dieses JA würde hiervon Kenntnis haben, da jede beurkundende Stelle gemäß § 1626d Abs. 2 dem JA des Geburtsortes des Kindes zum Zweck der Auskunftserteilung nach § 58a SGB VIII unverzüglich entsprechende Mitteilungen machen muss (liegt der Geburtsort des Kindes im Ausland oder ist er nicht zu ermitteln, so erhält gemäß § 87c Abs. 6 S. 2 SGB VIII das JA des Landes Berlin diese Mitteilung). **Für Mütter**

Alleinsorgenachweis durch „Negativtest" aus „Sorgeregister"

Da nicht davon ausgegangen werden kann, dass allgemein bekannt ist, was dieses „Negativattest" bedeutet, muss diese Bestätigung m. E. auch den Hinweis enthalten, dass somit die Mutter die Alleinsorge hat (dies geschieht z. B. in München).

Für Väter ist ausdrücklich keine Nachweismöglichkeit für ihre Sorgeberechtigung vorgesehen. Sie können diese aber durch Vorlage der beurkundeten „*Sorgeerklärung*" (oder einer Ausfertigung derselben) nachweisen. **Für Väter**

4. Stärkere Rechtsposition der Mutter

Ohne Einverständnis der Mutter kommt keine „*Sorgeerklärung*" zustande; lehnt sie diese ab, hat sie zunächst die alleinige elterliche Sorge (§ 1626a Abs. 3). Der Vater eines nichtehelichen Kindes hat somit bis heute die schwächere Rechtsposition:

– Ihm steht nach wie vor keine originäre elterliche Sorge zu. Er kann sie vielmehr nur über eine gemeinsame „*Sorgeerklärung*" (s. dazu S. 304) erlangen.
– Verweigert die Mutter eine „*Sorgeerklärung*", besitzt sie kraft Gesetzes die alleinige elterliche Sorge (§ 1626a Abs. 3).
– Nur in Fällen der gemeinsamen elterlichen Sorge wird bei Ruhen, Sorgerechtsentzug oder Tod der Mutter der Vater kraft Gesetzes Inhaber der elterlichen Sorge (vgl. §§ 1678 Abs. 1, 1680 Abs. 1). War in diesen Fällen die Mutter jedoch Alleininhaberin der elterlichen Sorge, so kann der Vater erst nach Überprüfung des FamG, ob die Übertragung auf ihn dem Kindeswohl nicht widerspricht, die elterliche Sorge erhalten (vgl. §§ 1678 Abs. 2, 1680 Abs. 3).

Möglichkeit der Erzwingung gemeinsamer elterlicher Sorge

EuGHMR:
EMRK-Verstoß

Der EuGHMR hatte mit Urteil vom 3.12.2009 festgestellt, dass die Sorgerechtsregelung gemäß § 1626a Abs. 2 aF **gegen** das Diskriminierungsverbot und das Recht auf Achtung des Familienlebens nach **Art. 14 iVm Art. 8 der EMRK verstößt**[42] und das BVerfG hatte am 21.7.2010

BVerfG: GG-Verstoß

§ 1626a Abs. 1 Nr. 1 aF und § 1672 Abs. 1 aF für unvereinbar mit Art. 6 Abs. 2 GG erklärt.[43]

Seit 19.5.2013
Neu-Regelung

Daraufhin ist seit dem 19.5.2013 durch das *Gesetz zur Reform der elterlichen Sorge nicht miteinander verheirateter Eltern* vom 16.4.2013[44] vorgesehen,

Auf Antrag
eines Elternteils

dass auf Antrag eines Elternteils das *Familiengericht* die elterliche Sorge insgesamt oder Teile derselben beiden Eltern gemeinsam überträgt, wenn dies dem Kindeswohl nicht widerspricht (§ 1626a Abs. 2 Satz 1 BGB). *Antragsberechtigt* ist diesbezüglich also nicht nur der nach wie vor zunächst nicht sorgeberechtigte *Vater*, sondern *auch* die gemäß § 1626a Abs. 3 BGB (bis dahin) allein sorgeberechtigte *Mutter*. Denn auch sie sollte die Möglichkeit erhalten, den Vater (ohne oder auch gegen seinen Wunsch) nicht nur unterhaltsmäßig, sondern auch bezüglich der elterlichen Sorge in die elterliche Verantwortlichkeit iSd §§ 1626 ff. einzubinden.[45] – *Schweigt der andere*

Verfahren

Elternteil zu einem solchen Antrag *oder* werden von ihm in diesem gemäß § 155a Abs. 1 i.V.m. 155 Abs. 2 Satz 1 FamFG vorrangig und beschleunigt durchzuführenden schriftlichen Verfahren innerhalb einer ihm vom Familiengericht nach § 155a Abs. 2 FamFG zu setzenden Frist zur Stellungnahme (die für Mütter frühestens 6 Wochen nach der Geburt endet) keine der gemeinsamen Übertragung der elterlichen Sorge entgegenstehende Gründe vorgetragen, und sind solche „auch sonst nicht ersichtlich", so wird seit dem 19.5.2013 *gesetzlich vermutet*, dass die (partielle oder gesamte) gemeinsame elterliche Sorge dem Kindeswohl nicht widerspricht

---

[42] ZKJ 2010, S. 112 ff.
[43] BGBl. I, S. 1173.
[44] BGBl. I, S. 795.
[45] So die Gesetzesbegründung, BT-Drucks. 17/11048, S. 16.

(§ 1626a Abs. 2 Satz 2 BGB). Das hat zur *Folge*, dass das Familiengericht dann (in beiden Fällen) gemäß § 155a Abs. 3 Satz 1 und 2 FamFG in einem abgekürzten Verfahren (d.h.: schriftlich, ohne persönliche Anhörung der Eltern und ohne jede Beteiligung des Jugendamts) einem Antrag auf (partielle oder gesamte) Übertragung der gemeinsamen elterlichen Sorge in vollem Umfang ohne jede Abänderungsmöglichkeit *stattgeben muss* und das Jugendamt erst dann hiervon gemäß § 155a Abs. 3 Satz 3 FamFG zu unterrichten hat. Es wird dann also gar nicht geprüft, ob der Vater bereit und in der Lage ist, die elterliche Sorge zum Wohle des Kindes auszuüben.[46] Wenn allerdings dem Familiengericht (auf welche Art und Weise auch immer) Gründe bekannt werden sollten, die der gemeinsamen elterlichen Sorge entgegenstehen können, erfolgt dann in einem „normalen" Verfahren (leider) nur eine *negative Kindeswohlprüfung*, d.h.: es wird nur geprüft, ob die Übertragung gemeinsamer elterlicher Sorge dem Kindeswohl nicht widerspricht[47]. Welche Gründe dabei in Betracht zu ziehen sind, muss die Praxis zeigen. Es können jedenfalls nur Kind bezogene Gründe berücksichtigt werden (und nicht rein partnerbezogene, wie z.B., dass die Mutter den Vater ablehnt). – Nach dem Bekanntwerden diesbezüglicher Gründe muss das Familiengericht grundsätzlich spätestens nach einem Monat einen *Erörterungstermin* mit beiden Eltern und dem Jugendamt ansetzen, bei dem das persönliche Erscheinen der Eltern angeordnet werden und vom FamG auf ein Einvernehmen derselben hingewirkt werden soll (vgl. § 155a Abs. 4 i.V.m. § 155 Abs. 2 und 3, § 156 Abs. 1 FamFG).

Abgekürztes Verfahren

Verfahren bei entgegenstehenden Gründen

5. Aufhebung gemeinsamer elterlicher Sorge nur durch FamG

Liegt eine *„Sorgeerklärung"* vor, so kann sie durch die Eltern weder einseitig noch übereinstimmend rückgängig gemacht werden. Das ist zwar gesetzlich nicht eigens festgelegt worden, ergibt sich jedoch aus dem Wesen und Bedeutung dieser elterlichen Verpflichtung, die man zwar delegieren, aber nicht einfach „ablegen" kann (siehe dazu S. 295). Vielmehr bleibt die gemeinsame elterliche Sorge – *wie bei verheirateten Eltern* – so lange bestehen, bis das FamG eine abweichende Entscheidung trifft. Dies kommt jedoch nur in Betracht, wenn

In Betracht kommende Fälle

– bei nicht nur vorübergehender Trennung der Eltern mindestens ein Elternteil beantragt, dass das FamG der Mutter oder dem Vater die Ausübung der elterlichen Sorge (insgesamt oder zum Teil) allein überträgt (§ 1671 Abs. 1),
– bei einem Elternteil ein Sorgerechts-Entzug gemäß § 1666 erforderlich wird.

Trennung der Eltern

Sorgerechtsentzug

Es empfiehlt sich daher, dass Eltern erst dann eine *„Sorgeerklärung"* abgeben, nachdem sie die gemeinsame Ausübung der elterlichen Sorge zuvor praktiziert haben und sich dies bewährt hat.

---

[46] Zur Kritik an diesem „vereinfachten" familiengerichtlichen Verfahren, das den Amtsermittlungsgrundsatz erheblich einschränkt, *Schleicher* in GK-SGB VIII, § 52a Rn. 17c.
[47] Obwohl das BVerfG 2010 (s.o. S. 306) – richtigerweise – davon ausgegangen war, dass eine familiengerichtliche Übertragung der elterlichen Sorge nur erfolgen soll, wenn zu erwarten ist, dass diese dem Kindeswohl am besten entspricht.

III. Gemeinsame elterliche Sorge
durch Heirat der Eltern

Wenn die Eltern eines nichtehelichen Kindes einander (irgendwann) heiraten, steht ihnen kraft Gesetzes die elterliche Sorge für ihr Kind („automatisch") gemeinsam zu, ohne dass irgendwelche Erklärungen abgegeben werden müssen (vgl. § 1626a Abs. 1 Nr. 2). Voraussetzung ist nur, dass beide Ehegatten gemäß §§ 1591, 1592 als Eltern feststehen.

Elterliche Sorge für nichteheliche Kinder

– Sie steht im Normalfall der Mutter allein zu (§ 1626a Abs. 3), da die gesetzliche Amtspflegschaft des JA seitdem weggefallen ist.
– Wenn jedoch eine sog. Sorgeerklärung beider Eltern vorliegt, steht ihnen die elterliche Sorge für ihr Kind gemeinsam zu (§ 1626a Abs. 1 Nr. 1) und kann nur durch das FamG wieder verändert werden.
– Eine Sorgeerklärung ist nur übereinstimmend (pränatal oder jederzeit später) möglich; sie ist höchstpersönlich abzugeben, bedingungsfeindlich (auch zeitlich unbeschränkt) und bedarf der Beurkundung durch Notar oder JA; weitere Voraussetzungen sind nicht zu erfüllen (vgl. §§ 1626b–d).
– Seit dem 19.5.2013 muss das FamG die gesamte elterliche Sorge oder einen Teil derselben den Eltern gemeinsam übertragen, wenn ein Elternteil dies beantragt und dies dem Kindeswohl nicht widerspricht, was (leider) nur in einem vereinfachten Verfahren überprüft wird (vgl. § 1626a Abs. 2 i.V.m. § 155a FamFG).

Wenn die Eltern (irgendwann später) einander heiraten, steht ihnen (natürlich) ebenfalls die elterliche Sorge gemeinsam zu (§ 1626a Abs. 1 Nr. 2).

F. Gesetzliche Beschränkungen
der elterlichen Sorge

Im Interesse des Kindes

Abgesehen von der Möglichkeit (und evtl. Notwendigkeit) des Eingriffes in die elterliche Sorge durch das FamG bei Gefährdungen des Kindeswohls (vgl. dazu S. 322 ff.) sieht das BGB im Interesse des Kindes eine Reihe von Beschränkungen vor, die einzelne Teile oder die gesamte elterliche Sorge betreffen können. Sie bestehen kraft Gesetzes, d.h., ohne dass es einer besonderen Anordnung oder eines Hinweises bedarf und entfallen daher genauso „automatisch" wieder, wenn der Grund der Beschränkung nicht mehr besteht (siehe dazu unten I. 1.).

Eintritt und Ende erfolgen automatisch

I. Das Ruhen der elterlichen Sorge

1. Begriff

Wenn ein Elternteil aus rechtlichen oder aus tatsächlichen Gründen an der Ausübung der elterlichen Sorge verhindert ist, so wird das als Ruhen der elterlichen Sorge bezeichnet. In diesen Fällen besitzt der betreffende Elternteil zwar noch die elterliche Sorge, ist jedoch nicht berechtigt, sie auszuüben (§ 1675).

Zum Teil ordnet das BGB ein Ruhen ausdrücklich an (vgl. § 1673), zum anderen muss das Ruhen (= die Verhinderung) erst gerichtlich festgestellt werden (vgl. § 1674 sowie S. 314).

Gesetzliches oder gerichtliches Ruhen

Ist das Ruhen der elterlichen Sorge *gesetzlich* vorgesehen, so ist der davon betroffene Elternteil „automatisch" (= eben von Gesetzes wegen) von der Ausübung der elterlichen Sorge ausgeschlossen. Fällt der gesetzliche Grund für das Ruhen wieder weg, so lebt sie dadurch auch „automatisch" (d. h., ohne weitere Anordnung) wieder auf. Dies ist nicht ausdrücklich vom BGB festgelegt worden, ergibt sich jedoch eindeutig aus dem Zweck der Regelung sowie aus § 1675 BGB, der besagt, dass ein Elternteil zur Ausübung der elterlichen Sorge nicht berechtigt ist, „solange sie ruht", d. h.: solange der gesetzliche Hinderungsgrund besteht.

Ausschluss und Wiederaufleben des Sorgerechts

Das BGB unterscheidet zwischen dem Ruhen aus rechtlichen oder aus tatsächlichen Gründen. Das heißt, dass die Eltern entweder infolge gesetzlicher Vorschriften oder tatsächlicher Gegebenheiten an der Ausübung der elterlichen Sorge verhindert sind.

Verhinderungen

2. Rechtliche Verhinderungen

a) Geschäftsunfähige Elternteile

Geisteskranke Elternteile sind geschäftsunfähig (§ 104 Nr. 2) und benötigen somit seit 1992 gemäß § 1896 einen Betreuer mit Einwilligungsvorbehalt (§ 1903), denn Entmündigungen sind 1992 weggefallen. Ihnen ist daher die *Ausübung* der gesamten elterlichen Sorge genommen (§§ 1673 Abs. 1, 1675).

Ausschluss vom Sorgerecht bei Geisteskrankheit

Bei ehelichen Kindern übt in diesem Fall der „andere Teil" (= Elternteil) dann die elterliche Sorge allein aus (vgl. § 1678 Abs. 1, HS 1), ohne dass es hierzu einer besonderen Anordnung oder Feststellung bedarf. Das gilt allerdings nicht, wenn dem vom Ruhen betroffenen Elternteil die elterliche Sorge gem. § 1671 allein zustand (§ 1678 Abs. 1, HS 2). Es erschien dem Gesetzgeber entbehrlich, in § 1678 (wie bis 30.6.1998 geschehen) explizit vorzusehen, dass in diesen Fällen dann eine gerichtliche Entscheidung nötig ist, da sich das allgemein aus § 1696 ergebe[48].

Anderer Elternteil dann alleiniger Sorgeinhaber

Sonderheit bei Alleinsorgeinhabern

Wird jedoch der Elternteil erst geschäftsunfähig, nachdem ihm nach der Scheidung der Ehe oder bei Getrenntleben der Eltern die elterliche Sorge allein übertragen worden war, so geht das Ausübungsrecht nicht automatisch auf den anderen Elternteil über (vgl. § 1678 Abs. 1 HS. 2). Vielmehr muss das FamG (bei Kenntnis) dann von Amts wegen die alleinige Ausübung der elterlichen Sorge dem anderen Elternteil übertragen, sofern dies dem Kindeswohl entspricht. Um dies klären zu können, sind der betreffende Elternteil sowie das Kind persönlich vom FamG anzuhören (vgl. §§ 160, 159 FamFG). Außerdem ist auch das JA anzuhören (§ 162 Abs. 1 S. 1 FamFG). Erscheint aber das Kindeswohl auch durch den anderen Elternteil nicht gewährleistet zu sein, so ist ein Pfleger oder Vormund einzusetzen (vgl. §§ 1909, 1915 bzw. §§ 1773, 1774).

Eheliche Kinder

---

[48] BT-Drucks. 13/4899, S. 102 bzgl. § 1696 BGB aF.

Nichteheliche Kinder	Vorstehendes gilt auch bei Getrenntleben von nicht miteinander verheirateten Eltern, die zunächst durch Sorgeerklärung (siehe dazu S. 304) oder Entscheidung des FamG gem. § 1626a Abs. 2 (siehe dazu S. 306) die gemeinsame elterliche Sorge besaßen und dann eine Entscheidung des FamG gemäß § 1671 Abs. 2 erfolgte.

> **Beispiel:** Bei der Überprüfung durch das FamG stellt sich heraus, dass sich der andere Elternteil nicht ausreichend um das Kind kümmern kann oder will.

Sonderheit bei geisteskranker Mutter	Wird die Mutter eines nichtehelichen Kindes, die die elterliche Sorge nach § 1626a Abs. 3 bisher alleine besaß, geisteskrank und besteht keine Aussicht auf Heilung, so hat das FamG die elterliche Sorge dem Vater zu übertragen, sofern dies dem Wohl des Kindes nicht widerspricht (vgl. § 1678 Abs. 2). – Anderenfalls ist für das Kind vom FamG von Amts wegen ein Vormund zu bestellen, da dann dessen Eltern weder in Personensorge- noch in Vermögenssorge-Angelegenheiten vertretungsberechtigt sind (vgl. §§ 1773 Abs. 1, 1774 S. 1).
Beide Eltern sind geschäftsunfähig	Sind beide Eltern geisteskrank und damit gemäß § 104 Nr. 2 geschäftsunfähig, steht das Kind nicht mehr unter elterlicher Sorge, weil bei beiden Eltern die elterliche Sorge ruht (1673 Abs. 1). Das Kind erhält dann immer einen Vormund, den das FamG von Amts wegen bestellt, sobald es davon Kenntnis erhält (§§ 1773, 1774).

b) Beschränkt geschäftsfähige Elternteile

Tatsächliche Personensorge bleibt erhalten	Ist ein Elternteil beschränkt geschäftsfähig (d. h. minderjährig, denn Entmündigungen sind 1992 weggefallen), so spricht das BGB ebenfalls vom Ruhen der elterlichen Sorge (vgl. § 1673 Abs. 2). Obwohl es in dieser Bestimmung einleitend heißt: „Das Gleiche gilt", wird aus dem weiteren Text deutlich, dass die Folgen dem weniger gravierenden rechtlichen Hindernis entsprechend hier anderer Art sind als bei geschäftsunfähigen Eltern, die dann überhaupt keine elterliche Sorge besitzen [s. dazu oben unter a)]. Denn im nächsten Satz wird eindeutig festgelegt, dass kein „totales" Ruhen eintritt, sondern die tatsächliche Personensorge (siehe dazu S. 272) dem beschränkt geschäftsfähigen Elternteil erhalten bleibt (vgl. § 1673 Abs. 2 S. 2).
Rechtsfolgen bei 2 Sorgeinhabern	Das bedeutet Folgendes:
	Bei Kindern, deren Eltern gemeinsam die elterliche Sorge besitzen, bleibt es bei der gemeinsamen Ausübung der tatsächlichen Personensorge. Die dort notwendig werdende gesetzliche Vertretung – sowie die gesamte Vermögenssorge – wird jedoch von dem anderen Elternteil (= der nicht „rechtlich verhindert" ist) allein ausgeübt (§ 1678 Abs. 1 HS. 1). Kommt es bei der Ausübung der Personensorge zu einer Meinungsverschiedenheit, so geht die Meinung des anderen (= nicht „rechtlich verhinderten") Elternteils dennoch nicht vor (vgl. § 1673 Abs. 2 S. 3), obwohl dieser die alleinige gesetzliche Vertretung hat. In diesem Fall gilt vielmehr der allgemeine Grundsatz, dass die Eltern versuchen
Einigungszwang	müssen, sich zu einigen (vgl. §§ 1673 Abs. 2 S. 3, HS 2, 1627 S. 2), und andernfalls gem. § 1628 eventuell das FamG angerufen werden kann (siehe dazu S. 298).
Beide Eltern sind verhindert	Kommt die alleinige gesetzliche Vertretung und Ausübung der Vermögenssorge durch den anderen Elternteil nicht in Betracht, weil er aus

rechtlichen oder tatsächlichen Gründen ebenfalls verhindert ist, so muss ein Vormund bestellt werden, da dann das Kind „weder in den die Person noch in den das Vermögen betreffenden Angelegenheiten" zur Vertretung berechtigte Eltern hat (vgl. §§ 1773 Abs. 1, 1774).

Beispiele: Ein Elternteil ist minderjährig und der andere Elternteil ist tatsächlich an der Ausübung der elterlichen Sorge verhindert[49] oder ihm wurde die elterliche Sorge entzogen.

Bei eventuellen Meinungsverschiedenheiten zwischen dem minderjährigen Elternteil und dem Vormund über die „richtige" Ausübung der Personensorge besteht kein Einigungszwang nach § 1627 mit Anrufungsmöglichkeit des FamG, sondern dann geht die Meinung des betreffenden Elternteils der des Vormundes vor (vgl. § 1673 Abs. 2 S. 3).

Vorrang mdj. Eltern gegenüber Vormund

Ist der Elternteil, dem die elterliche Sorge aufgrund einer Entscheidung des FamG nach § 1626a Abs. 3 oder § 1671 allein zusteht, minderjährig, steht dem anderen nicht automatisch die gesetzliche Vertretung allein zu (§ 1678 Abs. 1 HS. 2), sondern dies müsste das FamG extra so bestimmen. Anderenfalls ist die Bestellung eines Vormunds nötig (§§ 1773 Abs. 1, 1774).

Rechtsfolgen bei Alleinsorgeinhabern

Bei minderjährigen Müttern nichtehelicher Kinder wird, wenn keine pränatale gemeinsame Sorgeerklärung vorliegt (siehe dazu S. 304), mit Geburt des Kindes kraft Gesetzes das JA automatisch Vormund (§ 1791c Abs. 1 S. 1). Die minderjährige Mutter hat dann mit dem JA gemeinsam die tatsächliche Personensorge und kann sich bei Meinungsverschiedenheiten auch diesem gegenüber durchsetzen (vgl. § 1673 Abs. 2 S. 3 HS. 1).

Sonderheiten bei ledigen Müttern

Beispiel: Die mdj. Mutter möchte das Kind nicht in eine vom JA angebotene Pflegestelle geben, sondern es während ihrer ausbildungsbedingten Abwesenheit von Freunden und Bekannten betreuen lassen.

Die Mutter könnte also zunächst ihren Willen durchsetzen. Das JA wäre aber in so einem Fall (wie jeder andere Vormund auch) verpflichtet, eine Entscheidung des FamG herbeizuführen, wenn die Absicht der Mutter das Wohl des Kindes gefährden sollte. Für das JA ergibt sich diese Verpflichtung ausdrücklich aus § 8a Abs. 2 S. 1 SGB VIII, für einen anderen Vormund aus der allgemeinen Fürsorgepflicht des § 1793 und der Haftungsnorm des § 1833.

Bei Gefährdung Meldepflicht des JA

---

[49] Siehe dazu die Beispiele auf S. 313.

Zusammenfassung

Die Teile der elterlichen Sorge, die bei einem Elternteil wegen Geisteskrankheit oder Minderjährigkeit ruhen (vgl. § 1673 Abs. 1. u 2.), stehen in dieser Zeit grundsätzlich dem anderen Elternteil automatisch allein zu (vgl. § 1678 Abs. 1 HS 1), d. h.,

– im ersten Fall übt der andere Elternteil die gesamte elterliche Sorge allein aus,
– im letzteren nur die Vermögenssorge und die gesetzliche Vertretung.
– Entsprechendes gilt, wenn ein Elternteil (teilweise oder ganz) tatsächlich an der Ausübung der elterlichen Sorge verhindert ist (Bsp.: er liegt nach Unfall im Koma).
– Wenn jedoch der ausfallende Elternteil bislang gem. §§ 1626a Abs. 3, 1671 die elterliche Sorge allein besaß, muss das FamG eine Regelung treffen, d. h.:
    – entweder überträgt es dem anderen Elternteil diese Teile der elterlichen Sorge
    – oder es ergreift gem. § 1693 selbst Maßnahmen
    – oder es ordnet (je nach Umfang) Pfleger- oder Vormundbestellung an.
– Beim Ruhen der e.S. lediger Mütter wird das JA automatisch Vormund des Kindes (§ 1791c Abs. 1 S. 1), wenn keine Sorgeerklärung oder eine E. des FamG gem. § 1626a Abs. 2 vorliegt.

c) Problematik der gesetzlichen Regelung

Faktisch besteht elterl. Sorge fort

Wenn die elterliche Sorge eines Elternteils wegen Geisteskrankheit gemäß § 1673 Abs. 1 ruht, reicht die nach § 1678 Abs. 1 automatisch eintretende inhaltliche Alleinentscheidung und/oder rechtliche Alleinvertretungsmacht des anderen Ehegatten nicht immer aus, das Wohl des Kindes zu gewährleisten. Das ist insbesondere dann der Fall, wenn der betreffende Elternteil weiterhin in der Familie lebt und damit „faktisch" nach wie vor Funktionen der elterlichen Sorge wahrnimmt, zumindest im Bereich der tatsächlichen Personensorge. Das ist nicht unbedenklich, wenn man sich vergegenwärtigt, dass damit kaum eine ausreichende oder gar dem Kinde angemessene Förderung zuteil werden kann. Das gilt vor allem, wenn der andere Elternteil erst am Abend von der Arbeit nach Hause kommt.

Gefährdungen zu befürchten Unterbringungen meist unumgänglich

Abgesehen davon können die Kinder in solchen Fällen natürlich auch konkret gefährdet sein, ohne sich hiergegen selbst schützen zu können.

Den Kindern kann aber nur geholfen werden, wenn sie vor der zumindest latent drohenden körperlichen Gefährdung wirksam geschützt und darüber hinaus in ihrer Entwicklung gefördert werden können. Um dieses Ziel zu erreichen, müssen JA und FamG (bei Kenntnis) dafür Sorge tragen, dass entweder der geisteskranke Elternteil in eine Heil- oder Pflegeanstalt gebracht werden kann (das richtet sich nach dem *Unterbringungsgesetz* des betr. Landes) oder, dass das Kind in eine geeignete Pflegefamilie oder in ein Heim kommt. Letzteres wird sich in der Regel auch dann nicht vermeiden lassen, wenn eine Unterbringung des geisteskranken Elternteils erfolgt, es sei denn, es kann anderweitig für das Kind gesorgt werden (z. B. Verwandte, Tages-Pflegemütter oder -Einrichtungen).

3. Tatsächliche Verhinderungen

Ist ein Elternteil zwar nicht rechtlich (siehe dazu S. 309 f.), aber tatsächlich an der Ausübung der elterlichen Sorge verhindert, so ruht seine elterliche Sorge ebenfalls (§ 1674). Der andere Elternteil übt dann die elterliche Sorge allein aus (vgl. § 1678 Abs. 1) und hat damit inhaltlich sowie bei der gesetzlichen Vertretung also das *Alleinentscheidungsrecht.*

Anderer Elternteil ist dann allein sorgeberechtigt

Dabei ist es nicht notwendig, dass der betreffende andere Elternteil die gesamte elterliche Sorge tatsächlich nicht ausüben kann. Es genügt vielmehr, dass einzelne, nicht aufschiebbare Handlungen im Bereich der Personen- oder Vermögenssorge von ihm aus tatsächlichen Gründen nicht wahrgenommen werden können.

Das gilt auch, wenn es sich nur um eine kurze vorübergehende Verhinderung handelt. Allerdings sind wegen des die elterliche Sorge beherrschenden Grundsatzes der gemeinsamen Ausübung *strenge Anforderungen* an das Vorliegen einer tatsächlichen Verhinderung zu stellen. Es genügt z. B. nicht, dass ein Elternteil zum Zeitpunkt der das Kind betreffenden Rechtshandlung nicht anwesend sein kann, weil er sich an seinem Arbeitsplatz oder im Krankenhaus, auf einer Reise oder in einer Strafvollzugsanstalt befindet. Denn hier könnte er ja mitwirken, wenn der andere Elternteil ihm dazu Gelegenheit geben (= warten) würde. Unterlässt dieser das, so stellt das eine Umgehung der gesetzlichen Regelung zu Grunde liegenden Intention dar, dass nämlich vor Entscheidungen über die Personen- oder Vermögenssorge des Kindes eine gemeinsame Beratung und eventuell auch Auseinandersetzung darüber stattfinden soll, was dem Wohl des Kindes am besten entspricht (vgl. S. 296 f.).

Beurteilungsgrundsätze

Man kann daher *nur in den folgenden Fällen* von einer tatsächlichen Verhinderung iSd §§ 1674, 1678 Abs. 1 ausgehen:

Anzuerkennende Verhinderungsfälle

a) wenn der Aufenthalt eines Elternteils nicht nur vorübergehend unbekannt oder zwar bekannt ist, er aber dort nicht erreicht werden kann (z. B. Entwicklungshelfer in Krisengebieten, Inhaftierung in einem totalitären Staat, Geiselnahme);

Unbekannter Aufenthalt

b) wenn z. B. infolge schweren Unfalls, Operation, Geburt eine elterliche Mitwirkung an nötigen Entscheidungen (z. B. Zustimmung zur Bluttransfusion, Operation etc. des Kindes) derzeit tatsächlich ausgeschlossen ist;

Elterl. Mitwirkung ist nicht möglich

c) bei allen echten Eil- oder Notfällen (z. B. Kind verunglückt, Mutter kann zu Hause erreicht werden, der Vater jedoch nicht, weil er mit dem Auto unterwegs ist).

Echte Eil- u. Notfälle

Zur Problematik der tatsächlichen Verhinderung kann man häufig lesen, dass diese bei „schwerer Krankheit, langer Haft, Auslandsreise" vorliegen würde. Diese bloße Benennung denkbarer Situationen hilft nicht viel weiter, weil man in den genannten Fällen keineswegs immer von einer wirklichen Verhinderung ausgehen kann. Nur bei echten Eil- und Notfällen liegt dann eine tatsächliche Verhinderung vor, nicht jedoch bei „normalen" Entscheidungen im Rahmen der elterlichen Sorge.

Problematische Fälle

Besonders bedauerlich ist, wenn in diesem Zusammenhang die Verbüßung einer Freiheitsstrafe als generelle Verhinderung genannt wird. Richtig ist daran nur, dass inhaftierte Eltern an der Ausübung der *tatsächlichen* Personensorge (zwangsläufig) verhindert sind. An rechtserheblichen

Keine generelle Verhinderung bei Strafhaft

Entscheidungen im Bereich der Personen- oder Vermögenssorge können (und müssen!) sie aber beteiligt werden.

Beispiele: Einwilligungen bei Heimunterbringungen, Ausbildungs- oder Berufswahlentscheidungen, Operationen, Verkauf von Wertpapieren, Auflösung des Sparkontos.

Nur bei echten Eil- oder Notfällen

Beispiele: fristwahrende Antragsstellungen oder Einlegung von Rechtsmitteln, Blinddarmdurchbruch, Verkehrsunfall, Alkohol-/Drogen-Abusus

ist der inhaftierte Elternteil an der Mitwirkung von Sorgerechtsentscheidungen als *verhindert* anzusehen.

Wer dagegen bei inhaftierten Eltern eine generelle Verhinderung annimmt, diskriminiert den ohnehin schon von der Familie isolierten (und damit von familiären Entscheidungen weit gehend ausgeschlossenen) Strafgefangenen zusätzlich. Das ist jedoch in keiner Weise gerechtfertigt und widerspricht auch allen Beteuerungen, dass dem Inhaftierten eine Wiedereingliederung in die Gesellschaft nach seiner Entlassung erleichtert werden müsse.

Beschluss des FamG schafft Klarheit

Probleme bestehen dadurch, dass es für Dritte nicht erkennbar ist, ob im konkreten Fall der eine Elternteil tatsächlich verhindert ist oder nicht. Liegt eine Verhinderung vor, so kann der andere Elternteil allein rechtswirksam handeln (vgl. § 1678 Abs. 1). Anderenfalls ist jedoch dessen Vorgehen zunächst „schwebend unwirksam", kann folglich noch keine Rechtswirkung entfalten, solange man nicht von einer zumindest „stillschweigenden" Zustimmung des anderen Sorgeberechtigten ausgehen kann. Daher sieht das BGB vor, dass das FamG durch Beschluss feststellen kann, dass ein Elternteil „auf längere Zeit" die elterliche Sorge tatsächlich nicht ausüben kann. Aus der tatsächlichen wird dann eine rechtliche Verhinderung, die man (wie auf S. 308 ausgeführt) als Ruhen der elterlichen Sorge bezeichnet (vgl. § 1674 Abs. 1).

Systematisch gesehen gehört dieses gerichtliche Eingreifen zwar in das Kapitel G., wird jedoch aus Gründen des Zusammenhanges gleich hier besprochen.

Verfahren

Das FamG trifft diese Feststellung entweder auf Antrag des nicht verhinderten Elternteils oder auf Anregung des JA. Es genügt aber auch die Kenntnis des FamG von der tatsächlichen Verhinderung, wenn es eine klarstellende Regelung für das Kind für notwendig erachtet, d. h., es kann auch von Amts wegen entscheiden.

Bevor das FamG eine *Feststellung* über die tatsächliche Verhinderung eines Elternteils trifft, hat es von Amts wegen „die zur Feststellung der Tatsachen erforderlichen Ermittlungen zu veranstalten und die geeignet erscheinenden Beweise aufzunehmen" (§§ 26, 29 FamFG). Dabei ist es auch notwendig, das JA anzuhören (vgl. § 162 Abs. 1 S. 1 FamFG) und den anderen Elternteil zu einem Gespräch vorzuladen (vgl. § 160 Abs. 1 S. 1 FamFG).

Wegfall der Verhinderung

Wenn der Grund der tatsächlichen Verhinderung wegfällt, lebt die Ausübung der elterlichen Sorge grundsätzlich automatisch wieder auf. Hat jedoch das FamG gemäß § 1674 Abs. 1 das Ruhen der elterlichen Sorge festgestellt, so bedarf es hier ebenfalls einer förmlichen Feststellung des FamG, dass der Grund des Ruhens nicht mehr besteht (§ 1674 Abs. 2).

Diese Entscheidung kann auf Antrag oder muss (bei entsprechender Kenntnis) von Amts wegen getroffen werden.

Sind beide Elternteile oder ein alleiniger Inhaber der elterlichen Sorge an der Ausübung der elterlichen Sorge oder ihrer Bestandteile tatsächlich verhindert, so hat (= *muss*) das FamG „die im Interesse des Kindes erforderlichen Maßregeln zu treffen" (vgl. § 1693). Dabei ist es meist unumgänglich, einen Pfleger (vgl. § 1909) oder bei voraussichtlich längerem Ruhen[50] einen Vormund zu bestellen (vgl. §§ 1773, 1774) und das Kind in einer geeigneten Pflegefamilie oder einem Heim unterzubringen. Unterlässt der Richter eine solche erforderliche Maßnahme, so haftet er (wie immer) gemäß § 839 Abs. 1 und 3 iVm Art. 34 GG, falls daraus dem Kind ein Schaden entstehen sollte.

Verhinderung beider Eltern

4. Geistig behinderte, psychisch kranke, drogenabhängige Eltern

Eine spezielle Regelung der elterlichen Sorge für diesen Personenkreis besteht bis heute nicht. Sie wurde bei der Reform des Kindschaftsrechts zurückgestellt, weil ein *vom Bundesjustizministerium eingeholtes Gutachten* ergeben hatte[51], dass bei Beratungsstellen, ambulanten medizinischen Diensten, ASD, Jugendämtern und Gerichten diesbezügliche Sorgerechtsprobleme für die beiden ersten Personengruppen nur eine sehr geringe Rolle spielen (nur ca. 1% aller Fälle) und dann überwiegend einvernehmliche Regelungen (und zwar meist Beschränkungen der elterlichen Sorge) erzielt würden.

Keine spezielle gesetzl. Regelung

Mangels spezieller Regelung (dies ist im Hinblick auf den Kinderschutz zu bedauern) sind für diese Eltern verschiedene Vorschriften anwendbar:

Anwendbare Vorschriften

Wenn ein Elternteil sich nicht nur vorübergehend in einem seine freie Willensbestimmung ausschließenden Zustand krankhafter Störung der Geistestätigkeit befindet (sog. „natürliche" Geschäftsunfähigkeit – vgl. § 104 Nr. 2), ruht seine elterliche Sorge (§ 1673 Abs. 1). Dieses Ruhen tritt „automatisch" (d.h. kraft Gesetzes) ein und würde genauso wieder beendet, wenn dieser Zustand entfallen sollte, also ohne dass dies in einem eigenen Verfahren geprüft wird. Dies geschieht vielmehr inzidenter meist nur dann, wenn die Wirksamkeit einer vorgenommenen Sorgerechtshandlung angezweifelt wird oder wenn ohnehin gerade eine gerichtliche Sorgerechtsregelung ansteht (wie z.B. bei Meinungsverschiedenheiten, Trennung oder Scheidung, Sorgerechtsentzug oder Tod gemäß §§ 1628, 1671, 1680).

Wenn das FamG auf entsprechende Information von dritter Seite (meist wohl durch das JA) feststellt, dass ein Elternteil wegen geistiger Behinderung, psychischer Erkrankung oder Drogenabhängigkeit die elterliche Sorge für längere Zeit nicht ausüben kann, ruht diese gemäß § 1674 Abs. 1 (s. dazu oben 3.). Zu den Folgen bei Ruhen gemäß § 1673 Abs. 1 vgl. S. 309.

---

[50] Siehe dazu S. 308 ff.
[51] BT-Drucks. 13/4899, S. 67.

**Klare Abgrenzungs-
kriterien fehlen**

Klare Abgrenzungskriterien für die vorgenannten Vorschriften bestehen nicht. In der Praxis werden von den Gerichten am häufigsten die §§ 1666, 1666a angewandt.[52]

II. Beschränkungen der gesetzlichen Vertretung

**Zielsetzung:
Vermeidung von
Interessenkollisionen**

Das BGB sieht für einige Bereiche eine Einschränkung der gesetzlichen Vertretung der Eltern minderjähriger Kinder vor, um mögliche Interessen-Kollisionen vorzubeugen. Dabei ist unerheblich, ob diese im konkreten Fall wirklich vorliegen oder nicht.

Die Beschränkungen in der gesetzlichen Vertretung führen zum Teil dazu, dass die Eltern bestimmte Rechtshandlungen nur mit Genehmigung des FamG rechtswirksam vornehmen können. Es gibt aber auch rechtsgeschäftliche Handlungen, bei denen sie ihr Kind überhaupt nicht vertreten können.

1. Genehmigungsbedürftige Rechtshandlungen

Hier können die einzelnen in Betracht kommenden Rechtshandlungen nur aufgezählt werden, zumal sie z.T. an entsprechender Stelle im Einzelnen erörtert werden.

Der Genehmigung des FamG bedürfen:

Genehmigungsfälle

– mit Freiheitsentzug verbundene Unterbringungen (§ 1631b),
– Aufhebung eines Erbvertrages (§§ 2290, 2291),
– Verzicht auf das Erbe zu Lebzeiten (§ 2347),
– Ausschlagung von Erbschaften oder Vermächtnissen (§ 1643 Abs. 2),
– Betrieb eines eigenen Erwerbsgeschäftes (§§ 112, 1645),
– Antrag auf Entlassung aus der Staatsangehörigkeit gem. § 18 StAG,
– sowie die auf S. 294f. genannten Beschränkungen in der Vermögenssorge (vgl. §§ 1643, 1821, 1822, 1642).

2. Ausschluss von der gesetzlichen Vertretung

Wegen befürchteter Interessens-Kollisionen können Eltern ihre minderjährigen Kinder nach § 1629 Abs. 2 S. 1 „insoweit nicht vertreten, als nach § 1795 ein Vormund von der Vertretung des Kindes ausgeschlossen ist".[53]

Das bedeutet den Ausschluss der Vertretung in folgenden Fällen:

**Rechtsgeschäfte
mit den Eltern
nicht wirksam**

a) Die Eltern können mit ihren Kindern keine Rechtsgeschäfte abschließen, soweit sie diese dabei vertreten müssen (vgl. § 1795 Abs. 2 in Verbindung mit § 181), sind also bei allen Verträgen mit ihren Kindern von der Vertretung ausgeschlossen; d.h.: diese Rechtsgeschäfte sind schwebend unwirksam (siehe dazu unten).

Ausnahmen gemäß § 1795 Abs. 1 Nr. 1:

Schenkungen an Kinder, die bereits sieben Jahre alt sind, weil sie dadurch lediglich einen rechtlichen Vorteil erlangen und sie diese somit selbst rechtswirksam an-

---

[52] MüKo/*Finger* (§ 1674, Rn. 6) unter Berufung auf BayObLG (FamRZ 1981, S. 595, 597) und KG (FamRZ 1962, S. 200) für Fälle, in denen sowohl die Anwendung von § 1673 wie von § 1674 zweifelhaft ist.

[53] Man muss in § 1795 hier also an Stelle von „Vormund" jeweils „Elternteil" und statt „Mündel" jeweils „Kind" setzen (= lesen).

nehmen können und damit ohne Mitwirkung der Eltern Eigentümer werden (vgl. § 929 iVbm § 107); dies gilt jedoch nicht bei Grundstücksübertragungen, weil damit Kosten (Notar, Grundbuch, Steuer) verbunden sind.
Rechtshandlungen „in Erfüllung von Verbindlichkeiten" gegenüber den Kindern (vgl. § 181), wie z. B. die Abhebung des „Kostgeldes" vom Konto der Minderjährigen.

b) Bei Rechtshandlungen und/oder Rechtsgeschäften des Kindes mit geradlinigen Verwandten der Eltern (also mit den Geschwistern und Großeltern des Kindes, vgl. § 1589) oder mit dem Ehegatten (oder Lebenspartner iSd Lebenspartnerschaftsgesetz) des vertretungsberechtigten Elternteils (sog. Stiefmutter/-vater) besteht ebenfalls der Ausschluss von der gesetzlichen Vertretung, es sei denn, das Rechtsgeschäft besteht ausschließlich in Erfüllung einer Verbindlichkeit (vgl. § 1795 Abs. 1 Nr. 1 – s. o.).

Rechtsgeschäfte mit nahen Verwandten

c) Bei einem Rechtsgeschäft, das die Übertragung oder Belastung einer durch Pfandrecht, Hypothek oder Bürgschaft gesicherten *Forderung des Kindes* gegen die Eltern oder die Aufhebung oder Minderung dieser Sicherheit zum Gegenstande hat oder die Verpflichtung des Kindes zu einer solchen Übertragung, Belastung, Aufhebung oder Minderung begründet, besteht ebenfalls der Vertretungsausschluss (§ 1795 Abs. 1 Nr. 3).

Pfandrechtlich gesicherte Forderungen

d) Der vertretungsberechtigte Elternteil kann das Kind auch nicht vertreten, wenn es sich um einen *Rechtsstreit* (Prozess) zwischen dem Kind und den oben unter b) bezeichneten Personen oder über eine unter c) bezeichnete Angelegenheit oder um ein Verfahren nach § 1598a Abs. 2 handelt (vgl. §§ 1795 Abs. 1 Nr. 3, 1629 Abs. 2a).

Spezielle Prozesse

Bei den vorstehenden Bereichen a) – d) kommt es also nicht darauf an, ob der (die) Elternteil(e) wirklich „befangen" sind oder nicht, und damit überhaupt eine Gefährdung oder nicht ausreichende Vertretung der Interessen des Kindes zu befürchten ist. Denn die gesetzliche Konstruktion will möglichen Interessen-Kollisionen ohne Einzelprüfung generell vorbeugen.

Unabhängig von konkreten Konflikten

Ausgenommen von diesem Ausschluss der gesetzlichen Vertretung sind aber folgende Bereiche:

Ausnahmen:

Rechtshandlungen, die bei Gefahr im Verzug zum Kindeswohl notwendig sind (vgl. § 1629 Abs. 1 S. 4[54]).

Notvertretungsrecht

Befindet sich das Kind trotz gemeinsamer elterlicher Sorge *nur in Obhut eines Elternteils*, so kann dieser Unterhaltsansprüche des Kindes gegen den anderen Elternteil gem. § 1629 Abs. 2 S. 2 stets allein geltend machen (da jener Elternteil daran wohl kaum mitwirken würde).

Unterhaltsklärung ggü. and. Elternteil

Ist nur ein Elternteil von der Vertretung des Kindes ausgeschlossen, so kann nach einheitlicher Meinung in *Rechtsprechung* und *Rechtslehre* der andere Elternteil das Kind ebenfalls nicht vertreten und es muss ein Ergänzungspfleger nach § 1909 bestellt werden[55], um auch hier möglichen Interessenskollisionen (s. o.) vorzubeugen.

Ausschluss erfasst auch anderen Elternteil

---

54 Siehe dazu die Beispiele auf S. 298.
55 Vgl. *Palandt/Götz*, 72. Aufl., § 1629 Rn. 14 unter Berufung auf BGH, NJW 1972, S. 1708; MüKo/*Huber*, 5. Aufl., § 1629 Rn. 42.

Beispiele: Die Mutter möchte dem Kind das ihr allein gehörende Grundstück übertragen (= der Vater kann das Kind hierbei nicht vertreten).

Bei Rechtsgeschäften oder Prozessen des Kindes mit seinen Großeltern mütterlicherseits kann auch der Vater das Kind nicht vertreten.

Mitteilungspflicht gegenüber FamG

Wenn gesetzliche Vertreter gemäß §§ 1629, 1795 von der Vertretung *ausgeschlossen* sind, so haben sie dies unverzüglich dem FamG „anzuzeigen" (– davon Mitteilung zu machen), weil in diesen Fällen ein sog. *Ergänzungspfleger* benötigt wird (vgl. § 1909 Abs. 1 S. 1, Abs. 2), der vom Gericht von Amts wegen bestellt werden muss (§§ 1693, 1915, 1774). Das gilt auch, wenn das FamG anderweitig Kenntnis vom Ausschluss der Vertretungsmacht der Eltern bekommt.

Rechtsfolge bei Nichtbeachtung: schwebend unwirksam

Werden Rechtsgeschäfte von einem Elternteil (oder beiden) vorgenommen, obwohl die Vertretung gesetzlich ausgeschlossen war, so sind diese nicht nichtig, sondern *schwebend unwirksam*. Damit bezeichnet man die Möglichkeit, dass die ohne Vertretungsmacht vorgenommene Rechtshandlung durch Genehmigung des gerichtlich zu bestellenden Pflegers (s. dazu oben) noch wirksam werden kann (siehe dazu § 177).

3. „Höchstpersönliche" Rechtshandlungen des Kindes

Begriff

Es gibt Bereiche, in denen das Kind ungeachtet seiner Minderjährigkeit die dort erforderlich werdenden Rechtshandlungen von einem bestimmten Alter an nur selbst vornehmen kann. Man spricht dann von „höchstpersönlichen" Rechtshandlungen (oder Rechtsgeschäften) oder von *„Teilmündigkeit"*. Damit soll zum Ausdruck gebracht werden, dass diese rechtserheblichen Handlungen (ungeachtet der eventuellen notwendigen Zustimmung der Eltern) nur wirksam werden, wenn sie von dem minderjährigen Kind *persönlich* vorgenommen worden sind.

Jugendlicher muss einwilligen oder selbst handeln

Beispiele:
– Einwilligung zur Adoption *ab vollendetem 14. Lebensjahr (§ 1746)*,
– Änderungen des Vor- und Familiennamens *von adoptierten Kindern sowie des Familiennamens von anderen Kindern ab 14 Jahren (§§ 1757, 1617c Abs. 1 S. 2, 1618 S. 6)*.
– Antrag auf Aufhebung der Adoption *wegen fehlender Einwilligung ab 14 Jahren (§ 1762 Abs. 1)*,
– Eheschließung *bereits 16-jähriger Minderjähriger (§§ 1303 Abs. 2, 1311)*,
– *Abschluss von Ehe- und Erbverträgen minderjähriger Ehegatten (§§ 1411 bzw. 2274, 2275 Abs. 2)*.

„Teilmündigkeiten"

Darüber hinaus gibt es höchstpersönliche Rechtshandlungen, die Minderjährige auch ohne Zustimmung ihrer Eltern *allein* vornehmen können, also auch gegen ihren Willen (sog. „Teilmündigkeiten").

Jugendlicher kann allein handeln

Beispiele:
– *freie Bestimmung der* Religion *ab 14 Jahren (§ 5 RelKErzG)*,
– *eigenes* Antragsrecht *zur Ablösung seines Amts- oder Vereinsvormundes durch eine geeignete Einzelperson ab 14 Jahren (§§ 1887 Abs. 2)*,
– *eigenes, selbständiges* Rechtsmittelrecht *vor den FamG in allen persönlichen Angelegenheiten ab 14 Jahren (vgl. § 60 FamFG)*,
– *volle Verfahrensfähigkeit bei mit Freiheitsentzug verbundenen Unterbringungen (§ 167 Abs. 3, 316 FamFG), d.h.: selbständiges Antrags-/Rechtsmittelrecht, Anwaltsbeauftragung etc. ohne Mitwirkung (und auch gegen den Willen) ihrer g.V.*
– *eigenes Rechtsmittelrecht im Jugendstrafverfahren, also ab 14 Jahren (§ 55 Abs. 2 S. 2 JGG)*,

– *eigenes Recht, Sozialleistungen zu beantragen und entgegenzunehmen*, ab 15 Jahren (das aber durch seine gesetzlichen Vertreter beschränkt werden kann, vgl. § 36 SGB I),
– *Prozessfähigkeit in Sozialversicherungsangelegenheiten* ab 16 Jahren (§ 71 SGG),
– *Errichtung eines sog. öffentlichen* Testaments *ab 16 Jahren* (§§ 2229 Abs. 1 und 2, 2233 Abs. 1, 2232).

III. Heirat Minderjähriger

Minderjährige, die bereits 16 Jahre alt sind, können mit Einwilligung ihrer gesetzlichen Vertreter und ihrer Personensorgeberechtigten sowie mit Genehmigung des FamG heiraten (§ 1303). Sie werden dadurch jedoch nicht volljährig, sondern bleiben – *eigenartigerweise* – sogar beschränkt geschäftsfähig, können also z. B. weder Möbelkauf, noch Miet- oder Versicherungsverträge selbstständig tätigen (siehe dazu unten). Die Eltern dieses minderjährigen Ehegatten haben daher weiterhin die elterliche Sorge, weil diese erst mit der Volljährigkeit endet (vgl. § 1626 Abs. 1). Aber es treten im Hinblick auf die Ehe wesentliche Beschränkungen der elterlichen Sorge ein. § 1633 S. 1 sagt dazu Folgendes:

> „Die Personensorge für einen Minderjährigen, der verheiratet ist oder war, beschränkt sich auf die Vertretung in den persönlichen Angelegenheiten."

Vorzeitige Heirat macht nicht mündig

Elterliche Sorge wird aber eingeschränkt

Das bedeutet, dass nur bezüglich der Personensorge eine Beschränkung eintritt – nicht jedoch im Bereich der *Vermögenssorge*, es sei denn, die Ehegatten vereinbaren durch Ehevertrag Gütergemeinschaft (§ 1415) mit alleinigem Verwaltungsrecht des einen Teils (§ 1421 S. 1). Der minderjährige Ehepartner benötigt allerdings zum Abschluss eines derartigen Ehevertrages die Zustimmung seiner gesetzlichen Vertreter (§ 1411 Abs. 1 S. 1), also seiner Eltern (§ 1629 Abs. 1).

Vermögenssorge endet nur bei diesbezüglichem Ehevertrag

Im Bereich der *Personensorge* reduziert sich jedoch durch die Heirat die elterliche Sorge auf die sog. gesetzliche Vertretung. Das bedeutet, dass die tatsächliche Personensorge (siehe dazu S. 272 f.) der Eltern entfällt und somit die inhaltlichen Rechte und Pflichten „in den persönlichen Angelegenheiten" des verheirateten Kindes (vgl. § 1633).

Tatsächl. PS endet, VS u. ges. Vertretung jedoch nicht

Mit Ausnahme des Vermögenssektors (siehe oben), wirkt sich die Minderjährigkeit des einen Ehegatten also nur noch dadurch aus, dass sich die Betreffenden weiterhin bei *Rechtshandlungen* (insbesondere bei Rechtsgeschäften) durch ihre Eltern (oder Vormund) „vertreten" lassen müssen. Da die Minderjährigen inhaltliche Entscheidungen aber selbst treffen können, erlangt diese Vertretung keine besondere Bedeutung mehr, weil sie nur nach dem von ihnen geäußerten Willen geschehen kann und nicht gegen denselben. (Abgesehen davon gibt es in diesen Fällen ohnehin nicht viele Anlässe der Vertretung, da sich die Personensorge überwiegend in nichtrechtsgeschäftlichen Bereichen auswirkt.)

Rechtsfolgen

Es verbleiben allerdings einige *Rechtshandlungen*, bei denen sich die fehlende unbeschränkte Geschäftsfähigkeit auswirkt:

– An- oder Abmeldung zu einer Berufsausbildung oder Studium,
– Abschluss von Miet- oder Arbeitsverträgen,
– Kaufverträge ohne vollständige Barzahlung,
– Kreditaufnahmen,
– Vertretung in Prozessen.

Lösungsmöglichkeiten

In den Fällen, in denen verheiratete (oder verheiratet gewesene) Minderjährige auf die Mitwirkung ihrer gesetzlichen Vertreter angewiesen sind, gibt es bei deren Weigerungen folgende Lösungsmöglichkeiten:

Anderer Ehegatte handelt allein

Soweit das geht, nehmen die jeweiligen Ehepartner die betreffenden Rechtshandlungen alleine vor.

Diese rufen dann aber auch nur für diese Rechtswirkungen hervor, denn sie sind als Ehegatte nicht etwa vertretungsbefugt und können wegen § 111 Satz 1 auch nicht per Vollmacht dazu gemacht werden.

Versuch beim FamG

Die Minderjährigen machen beim FamG geltend, dass die Weigerung ihrer gesetzlichen Vertreter gem. § 1666 eine diesbezügliche Beschränkung und Bestellung eines Pflegers erfordere.

Ein Recht auf Entscheidung haben sie jedoch mangels eigenem gesetzlichen Antragsrechts (siehe dazu S. 279) nicht.

Eheauflösungen bewirken keine Veränderungen

Wenn die Ehe eines Minderjährigen durch Tod, Scheidung oder Aufhebungsklage nicht mehr besteht, so bleibt es bei den vorstehend erläuterten Rechtsfolgen (vgl. § 1633).

Wichtige gesetzliche Beschränkungen der elterlichen Sorge	
Geschäftsunfähige Eltern (§ 104)	Ihre elterliche Sorge (eS) ruht völlig, d.h. sie können sie (rechtlich) überhaupt nicht ausüben (§§ 1673 Abs. 1, 1675). Der andere Elternteil übt daher die gesamte eS allein aus (§ 1678 Abs. 1). – In den Fällen der §§ 1626a Abs. 3, 1671 bedarf es dann einer Regelung durch das FamG (siehe dazu S. 309).
Minderjährige Eltern (§ 106)	Die Vermögenssorge sowie die gesamte gesetzliche Vertretung ruhen, d.h. sie können sie nicht rechtswirksam ausüben (§§ 1673 Abs. 2 S. 1, 1675). Diese Bereiche übt der andere Elternteil allein aus (§ 1678 Abs. 1). – In den Fällen der §§ 1626a Abs. 3, 1671 bedarf es dann einer Regelung durch das FamG (siehe dazu S. 312).
Tatsächlich verhinderte Eltern (§§ 1678 Abs. 1, 1674)	Bei echten Eil- oder Notfällen sowie bei anzuerkennenden Verhinderungsfällen ruht die eS. Der andere Elternteil übt sie allein aus (§ 1678 Abs. 1). – In den Fällen der §§ 1626a Abs. 3, 1671 bedarf es dann einer Regelung durch das FamG (siehe dazu S. 313ff.).
Rechtlich verhinderte Eltern (§§ 1629 Abs. 2 S. 1, 1795)	Rechtshandlungen und Rechtsgeschäfte für das Kind mit nahen Angehörigen können die Eltern nicht wirksam vornehmen; hierfür müsste vom Gericht ein Pfleger bestellt werden (siehe dazu S. 316ff.).
Väter von nichtehelichen Kindern	Sie besitzen nur dann elterliche Sorge, wenn eine gemeinsame Sorgeerklärung vorliegt oder das FamG sie ihnen auf ihren Antrag hin eingeräumt hat (s. dazu S. 306f.).

Wichtige gesetzliche Beschränkungen der elterlichen Sorge	
höchstpersönliche Rechtshandlungen	Hier müssen die Minderj. selbst mitwirken, z.T. können sie die Rechtshandlungen auch alleine vornehmen (vgl. S. 317 f.).
Genehmigungsbedürftige Rechtshandlungen	Sie sind nur wirksam, wenn das FamG sie genehmigt hat (siehe dazu S. 316).

G. Gerichtliche Beschränkungen der elterlichen Sorge

In Ausübung des staatlichen „Wächteramtes" (siehe dazu S. 269) haben das FamG in Zusammenarbeit mit dem JA (vgl. §§ 157 Abs. 1, 162 FamFG, 8a, 42 SGB VIII) die Ausübung der elterlichen Sorge näher zu regeln, *wenn das Kindeswohl es erfordert.* Dabei beschränken die Gerichte (mehr oder weniger) jeweils die elterliche Sorge der Eltern. Die wichtigsten gerichtlich vorgesehenen Beschränkungen werden nachfolgend dargestellt.

I. Gefährdung des Kindeswohls

1. Kinderschutz und Elternrecht

Sind Wohlergehen und/oder Entwicklung eines Kindes gefährdet (oder liegen bereits Schädigungen vor), so bedarf es der Hilfe. Hier sind zunächst die Eltern gefordert als die nach Verfassung (Art. 6 Abs. 2 GG) und Gesetz (§ 1626 BGB) primären Erziehungsträger. Die gesetzgeberischen Begriffe „elterliche Sorge", „Personensorge" und „Vermögenssorge" betonen diese Verantwortung noch. Können (oder wollen) Eltern Gefährdungen oder Schädigungen ihres Kindes nicht abwenden bzw. beheben, so bedarf das Kind der Hilfe von außen. Diese Hilfe (und somit den Schutz des Kindes) entsprechend der verfassungsmäßigen Garantie (vgl. Art. 6 Abs. 2 S. 2 GG) zu gewährleisten, ist Aufgabe von FamG und JA (vgl. §§ 1666, 1666a BGB, 162 FamFG, 8a, 42 SGB VIII, die hier das sog. „Wächteramt" des Staates konkretisieren). Dies führt jedoch nicht zu einer regelmäßigen Kontrolle der Eltern. Das *BVerfG* hat daher wiederholt betont, dass nicht jedes Versagen oder jede Nachlässigkeit der Eltern den Staat berechtige einzugreifen.[56] Vielmehr dürfen JA und FamG nur dann tätig werden, wenn sie von Umständen Kenntnis erlangen, die *Maßnahmen zum Schutz des Kindes unbedingt erforderlich* machen. Wenn diese nicht von den Eltern veranlasst und getragen werden, wird in die verfassungsmäßig geschützte (vgl. Art. 6 GG sowie oben S. 269) elterliche Verantwortung eingedrungen. Daher sind derartige *Hilfs- und Schutzmaßnahmen*

„Wächteramt" von JA und FamG

Keine ständige Kontrolle

Eingreifen des FamG nur bei bestimmten Voraussetzungen

---

[56] Vgl. BVerfGE 24, S. 119 (144 f.) u. 60, S. 79 (91) sowie BVerfG, 1 BvR 374/09 v. 29.1.2010, Absatz-Nr. 34 (NJW 2010, S. 2333).

Problematik des Vorgehens

dem FamG vorbehalten und nur unter ganz bestimmten, eng eingegrenzten Voraussetzungen zulässig, weil es hierbei darum geht, die Interessen des Kindes unter Beachtung der grundgesetzlich geschützten Elternposition zu wahren – ein wirklich nur schwer zu lösendes Problem, das einer Gratwanderung gleicht:

Hält man jedes staatliche Eingreifen in das Erziehungsvorrecht der Eltern nur im Ausnahmefall für zulässig, so erfolgen Hilfs- und Schutzmaßnahmen erst in eklatanten Fällen der Gefährdung des Kindes (meist wohl erst, wenn bereits „einiges passiert" ist). Hier führt das zum Schutz des Kindes gedachte „staatliche Wächteramt" zu rein reaktivem Verhalten von JA und FamG. Propagiert man dagegen (mit guten Gründen) ein präventives Vorgehen, um Schädigungen des Kindes nicht erst eintreten lassen zu müssen, so kann dies allzu leicht zu einem Kontrollieren elterlichen Handelns führen und auch zu einem Übertragen „mittelschichtsorientierter Maßstäbe" (= von JA und Gericht) auf wohl zumeist dadurch nochmals überforderte Eltern. Hinzu kommt noch, dass der gesetzgeberisch überall verwendete Begriff „Kindeswohl" (als Maßstab jeglichen Handelns im Eltern-Kind-Bereich) sehr schillernd und damit sehr unterschiedlich interpretierbar ist. Daran haben auch die Neufassungen des § 1666 durch das KindRG (1997) und durch das FamRMaßnErlG (2008) nichts geändert.

Definitionsprobleme

Hinzu kommt, dass es „naturgemäß" nicht leicht ist zu definieren, was für ein minderjähriges Kind im konkreten Einzelfall (oder gar generell) am besten ist. Daher ist auch die (noch so verständliche) Kritik am gesetzgeberisch verwendeten (zweifellos „ideologieanfälligen") Begriff des „Kindeswohls" (als Maßstab jeglichen richtigen Handelns für das Kind) wenig hilfreich. Denn die Ersetzung durch einen neuen (wie z.B. „Kindesinteressen" oder „Förderung des Kindes") würde nur neue Definitionsversuche ohne bessere Klärung erbringen. Denn dieser ließe ebenfalls subjektiver Interpretation (oder konkreter: ideologischer Ausfüllung) genügend Raum und würde somit keinen allgemein akzeptablen Maßstab für kindgerechtes Handeln bieten. Und der Versuch einer Aufzählung von Einzelbelangen des Kindes muss stets unvollständig bleiben. – Es wird also immer das Ringen um das Finden und Durchsetzen richtigen, kindgemäßen Erziehungshandelns bleiben.

2. Voraussetzungen für ein Eingreifen des FamG

Für ein Tätigwerden des FamG bei Kindeswohlgefährdungen sind gemäß §§ 1666, 1666a folgende Voraussetzungen zu erfüllen:

Gefährdung des Kindeswohls

– Das Wohl des Kindes muss gefährdet sein (§ 1666 Abs. 1), d.h. entweder: *gegenwärtig konkret* oder: *nahe bevorstehend* (s. dazu unten S. 324). Die gesetzliche Aufzählung „körperliches, geistiges und seelisches" Wohl dient nur dem Zweck, alle Belange der Persönlichkeit und Entwicklung eines Kindes zu umfassen. Klare Abgrenzungen sind dabei daher nicht nötig – und auch gar nicht immer möglich. Seit 4.7.2008 ist der Nachweis entfallen, dass die Gefährdung des Kindes entweder durch pflichtwidriges Verhalten seiner Eltern (wie Missbrauch, Vernachlässigung oder unverschuldetes Versagen) oder durch das Verhalten anderer *(„Dritter")* hervorgerufen worden und ursächlich für die Gefährdung des Kindes sein muss, um rasche Hilfe durch Ursachenforschung und Kausalitätsproblematik nicht zu erschweren und die weitere Zusammenarbeit mit den Eltern nicht zu belasten.[57]

– Die Eltern müssen entweder nicht gewillt oder nicht in der Lage sein, eine bereits bestehende (oder sich schon konkret abzeichnende) Gefährdung von ihrem Kind abzuwenden.

Fehlender Wille oder Unvermögen der Eltern

– Es müssen konkrete Maßnahmen des FamG erforderlich und geeignet sein, die Gefährdung für das Kind abzuwehren.

FamG-Maßnahmen notwendig u. geeignet

Nur wenn alle drei vorstehenden Voraussetzungen erfüllt sind, ist ein Eingreifen des FamG zulässig.

Obwohl die Tatbestandshürde des elterlichen Erziehungsversagens 2008 abgeschafft wurde (s. o.), spielen in der Praxis die alten Kategorien „Missbrauch, Vernachlässigung, unverschuldetes Versagen" bei der Überprüfung von Kindeswohlgefährdungen wohl nach wie vor eine gewisse Rolle. Daher erscheinen hierzu weiterhin noch einige Erläuterungen notwendig:

Missbrauch der Personensorge

Darunter versteht man ein *aktives Handeln*, das zwar auf Grund der elterlichen Sorge möglich war, aber die darin liegende Berechtigung missbrauchte. Dabei ist unerheblich, ob dies aus Eigennutz geschieht oder nicht. Die von der Rechtsprechung anerkannten Fälle sind vielfältig.

Aktives Fehlverhalten

Es sollen hier nur die wichtigsten Beispiele aufgeführt werden:

Beispiele:
– Körperliche Bestrafungen, seelische Verletzungen (s. dazu S. 282), andere entwürdigende Maßnahmen (s. dazu S. 283) – oder Dulden durch Dritte,
– willkürliche andere Strafen oder solche, die das Kind seelisch oder körperlich erheblich beeinträchtigen,
– Ausnutzung der Arbeitskraft des Kindes in nicht vertretbarem Maße (vgl. dazu §§ 1618a, 1619 BGB, 1 Abs. 2 Nr. 1 u. 2, 5 Abs. 3–4a JArbSchG)
– grundlose Verhinderung jeglichen Kontaktes zum anderen Elternteil,
– Weigerung, eine wichtige Heilbehandlung vornehmen zu lassen,
– Aussperren oder Verweisen aus der Familienwohnung,
– Aufzwingen eines Bekenntnisses (vor allem bei unvermitteltem Wechsel),
– Verleiten oder Erzwingen von Schule „schwänzen", Bettelei, Straftaten, Prostitution.

Vernachlässigung des Kindes

Hier kommt sowohl *passives* als auch *aktives* Handeln in Betracht.

Passives u. aktives Fehlverhalten

Beispiele:
– Unzureichende Aufsicht, Betreuung, Förderung der Entwicklung des Kindes (vor allem wenn Kinder weit gehend sich selbst überlassen und somit gefährdet sind oder ältere Geschwister jüngere allein betreuen müssen).
– Erheblich mangelnde tatsächliche und gesundheitliche Fürsorge,
– Abhalten vom Schulbesuch oder von jeglicher Berufsausbildung,
– Ausweisung aus der Familienwohnung ohne Sorge für anderweitige angemessene Unterbringung,
– Gewährenlassen von Umgang mit Personen, die das Kind gefährden.

---

[57] Vgl. Gesetzesbegründung zum FamRMaßnErlG vom 4.7.2008 (BT-Drucks. 16/6815, S. 9, 11, 14).

Unverschuldetes Versagen der Eltern

Schuldvorwurf ist 1980 weggefallen

Dieser Begriff war am 1.1.1980 in § 1666 eingefügt worden, weil bis dahin die hM dessen Anwendung nur dann zuließ, wenn den Eltern nachgewiesen werden konnte, dass sie die Gefährdung ihres Kindes verschuldet hatten. Dies hatte ein Eingreifen des FamG zum Schutze gefährdeter Kinder (zu deren Nachteil) erheblich erschwert.

Unverschuldetes Versagen

Als unverschuldetes Versagen der Eltern ist ein erhebliches Fehlverhalten (aktiv oder passiv) in Ausübung elterlicher Sorgepflichten anzusehen, ohne dass ihnen daraus ein Schuldvorwurf (im juristischen Sinne) zu machen ist. Wenn dadurch die Entwicklung ihrer Kinder gefährdet ist, muss das FamG nämlich ebenfalls zu deren Schutz eingreifen können.

Beispiele: Die Eltern kümmern sich nicht ausreichend um ihr Kind, weil sie *krank*, alkohol-/drogenabhängig, *schwer neurotisch, psychopathisch* oder *überfordert* sind oder weil sie *resigniert* haben oder weil sie ihrem Kind alles durchgehen lassen, es so übermäßig verwöhnen, dass sie es damit völlig unselbstständig machen.

Gefährdungen durch Dritte

Eingriffsmöglichkeiten des FamG bestehen auch bei Gefährdungen des Kindeswohls durch das Verhalten Dritter. Darunter werden alle Personen verstanden, die nicht die elterliche Sorge besitzen (wie z.B.: *Verwandte, Stiefeltern, Geschwister, Nachbarn, Freunde, Bekannte, Schul- oder Sport-Kameraden – aber auch völlig fremde Personen*).

Alkohol, Drogen, Gewalt, Sexualität

Dies ist vor allem im Hinblick auf Gefährdungen durch *Alkohol, Drogen, Gewalt* sowie bei *sittlichen Gefährdungen* bedeutsam. Hier kommt (auf Antrag oder von Amts wegen) ein Eingreifen des FamG in Betracht, das dabei auch Maßnahmen mit Wirkung gegen Dritte (z.B. gegen Freunde des Minderjährigen) treffen (vgl. § 1666 Abs. 4) und seine Anordnungen auch vollstrecken kann, nämlich durch Zwangsgeld oder durch unmittelbaren Zwang – gegebenenfalls durch Zuhilfenahme der Polizei (vgl. dazu §§ 35, 89, 90 FamFG).

Überschneidungen der Eingriffsmerkmale

Grenzen sind fließend

Im Einzelnen sind die Grenzen zwischen den vorstehend genannten Gruppen von Tatbeständen fließend. Sie sind daher nicht so zu verstehen, dass entweder der eine oder andere dort allgemein bezeichnete Fall vorliegen muss, um ein Eingreifen zu ermöglichen. So stellen z.B. die Einbeziehung des Kindes in Straftaten, die Ausweisung aus der Wohnung oder das übermäßige Heranziehen zur Mitarbeit im elterlichen Betrieb zugleich einen Missbrauch sowie eine Vernachlässigung der elterlichen Sorge – und damit des Kindeswohls – dar. Entscheidend für ein Eingreifen des FamG ist sowieso nicht die exakte Etikettierung eines bestimmten Verhaltens der Erwachsenen, sondern allein die Tatsache der Gefährdung des Kindeswohls.

Gefährdung des Kindeswohls

Bevorstehende Gefährdung genügt

Die (nachweisbare) Gefährdung des Kindes muss nicht bereits eingetreten sein. Es genügt auch eine gegenwärtige, in einem solchen Maße begründete Gefahr, dass sich eine erhebliche Schädigung seiner Entwicklung mit ziemlicher Sicherheit voraussehen lässt.[58] Das FamG muss hierzu diesbe-

---

[58] BVerfG, 1 BvR 374/09 v. 29.1.2010, Absatz-Nr. 34 (NJW 2010, S. 2333).

züglich vAwg Ermittlungen anstellen (§§ 26, 28, 29 FamFG) und rechtzeitig das JA anhören (§ 162 Abs. 1 S. 1 FamFG).[59]

> **Voraussetzungen für Eingriffe in die elterliche Sorge nach den §§ 1666, 1666a:**
>
> 1. bereits eingetretene oder sich konkret abzeichnende Gefährdung des Kindeswohls (körperliches oder geistiges oder seelisches) durch die Eltern selbst oder durch andere Personen,
> 2. die Eltern sind
>   a) entweder nicht gewillt
>   b) oder nicht in der Lage,
>   die dem Kindeswohl drohende Gefährdung abzuwenden.
> 3. Maßnahmen des FamG zur Abwendung der Gefährdung müssen erforderlich und geeignet sein (siehe dazu unten).

3. Kinderschutz-rechtliche Maßnahmen des FamG

Wenn eine Gefährdung des Kindeswohls vorliegt (siehe dazu S. 322 ff.) des § 1666 Abs. 1 S. 1 erfüllt sind, muss („hat") das FamG die zur Abwendung der für das Kind bestehenden Gefahr „erforderlichen" Maßnahmen treffen.

„Erforderlich" bedeutet Folgendes:

Das FamG kann jede Maßnahme ergreifen, die geeignet und zugleich notwendig ist, die Gefährdung des Kindes zu beheben. Da es sich hierbei um Eingriffe in die Rechtssphäre anderer (hier: der Eltern des Kindes) handelt, hat das FamG dabei jene Schranken zu beachten, die aller staatlicher Macht dabei gesetzt sind. Das *BVerfG* hat daher wiederholt betont,[60] dass nicht jedes Versagen oder jede Nachlässigkeit der Eltern den Staat berechtige, auf der Grundlage seines ihm nach Art. 6 Abs. 2 Satz 2 GG zukommenden Wächteramtes, die Eltern von der Pflege und Erziehung ihres Kindes auszuschalten oder gar selbst diese Aufgabe zu übernehmen. Vielmehr müsse der Staat nach Möglichkeit zunächst versuchen, durch helfende, unterstützende, auf Herstellung oder Wiederherstellung eines verantwortungsgerechten Verhaltens der leiblichen Eltern gerichtete Maßnahmen sein Ziel zu erreichen. Ist das nicht möglich, darf das FamG immer nur so weit in die elterliche Sorge eingreifen, wie es zur Erreichung des angestrebten Zieles unbedingt notwendig ist. Dabei ist darauf zu achten, dass der Eingriff für Eltern und Kind auch verhältnismäßig ist. Da dies

Definitionssache ist, wird hier die *Chance und Gefahr der Vorschrift* deutlich: Ihre Flexibilität kann zum Vorteil der Minderjährigen sein, ihnen aber auch zum Nachteil gereichen, da praktisch alles möglich ist, wenn es entsprechend gut begründet wird.

Obwohl das Spektrum der in Betracht kommenden Maßnahmen des FamG infolge der offenen Formulierung in § 1666 Abs. 1 vielfältig ist,

---

[59] Zur Aufgabenstellung des JA s. S. 119 f., zum familiengerichtlichen Verfahren im Einzelnen s. S. 329 f.

[60] Vgl. BVerfGE 24, S. 119 (144 f.) u. 60, S. 79 (91) sowie BVerfG, 1 BvR 374/09 v. 29.1.2010, Absatz-Nr. 34 (NJW 2010, S. 2333).

wurde am 4.7.2008 in Abs. 3 ein – beispielhafter (s. „insbesondere") – Maßnahmenkatalog eingeführt, um klarzustellen, dass es bei Maßnahmen nach § 1666 beileibe nicht nur um Beschränkungen des Sorgerechts geht[61] (die seit 2004 wohl im Hinblick auf spektakuläre einzelne Kindesvernachlässigungen/-misshandlungen mit Todesfolge, die die Öffentlichkeit alarmierten, signifikant zugenommen haben).[62] Vielmehr geht es in erster Linie darum, Gefährdungen des Kindeswohls wirksam zu beheben.

Bezüglich der in Betracht kommenden Maßnahmen sollen unter Berücksichtigung des gesetzlichen Maßnahmenkatalogs nachfolgend *typische Überlegungen* aufgezeigt werden, die bei familiengerichtlich festgestellten Kindeswohlgefährdungen anzustellen sind (dabei stellt die Reihenfolge zugleich die – wegen des Grundsatzes der Verhältnismäßigkeit der Mittel einzuhaltende – Abstufung der einzelnen Maßnahmen dar):

Besprechungen — Besprechen der Situation mit den Eltern, Vormündern oder Pflegern (mit oder ohne Hinzuziehung des JA),

Beratung — Rat, eine Erziehungsberatungsstelle aufzusuchen,

Ermahnungen, Verwarnungen, Ge-/Verbote — Aussprechen von Ermahnungen und Verwarnungen, aber auch von konkreten Geboten oder Verboten für die Minderjährigen bzgl. ihrer Lebensführung oder gegenüber Dritten (z. B. Umgangsverbote). Den Eltern können diesbezügliche Vorschriften zwar nicht gemacht werden, jedoch sind sie u. U. darauf hinzuweisen, dass bei Fortsetzung bestimmter Handlungsweisen ihnen die Ausübung der elterlichen Sorge (teilweise oder ganz) entzogen und auch das Kind von ihnen getrennt werden kann (oder sogar muss).

Gebote zur Einhaltung der Schulpflicht — Das FamG kann auch Gebote zur Einhaltung der Schulpflicht (z. B. konkretes Kontrollieren, evtl. auch Hinbringen und Abholen, Kontaktaufnahme zu den Lehrern) anordnen (§ 1666 Abs. 3 Nr. 2). *Adressaten* sind nicht nur die Eltern und Kinder, sondern evtl. auch Personen, bei denen sich das Kind vor oder nach dem Schulunterricht aufhält (wie z. B. Verwandte, Freunde, Bekannte).

„Go-order" — Das FamG kann auch Nutzungs- und Aufenthalts-Verbote gemäß § 1666 Abs. 3 Nr. 3 aussprechen. *Adressaten* sind nicht nur die Eltern, sondern auch Stiefeltern, Lebenspartner, Freunde, Bekannte oder sonstige Personen. Es kommen dabei sämtliche Schutzanordnungen in Betracht, die das *Gewaltschutzgesetz*[63] vorsieht, insbesondere Verbote gegenüber, sich vorübergehend oder für unbestimmte Zeit in (oder in einem bestimmten Umkreis) der Familienwohnung oder an Orten, die das Kind regelmäßig aufsucht, aufzuhalten (sog. „go-order").

Kontaktverbote — Das FamG kann auch Verbote, Verbindung zum Kind aufzunehmen (persönlich oder durch Telefon, Fax, E-Mail, Internet, Briefe etc.) oder ein Zusammentreffen mit ihm herbeizuführen, gegenüber Eltern oder Dritten anordnen (§ 1666 Abs. 3 Nr. 4).

---

[61] Siehe FamRMaßnErlG (BGBl. I S. 1188) mit Gesetzesbegründung (BT-Drucks. 16/6815, S. 9, 11) .

[62] Von 8.060 im Jahre 2004 auf 12.723 im Jahre 2011 (siehe Statistisches Bundesamt – Destatis – Pressemitteilung Nr. 251 v. 29.7.2013).

[63] Vom 11.12.2001 (BGBl. I, S. 3513).

– Ersetzung von Rechtshandlungen, die für das Kindeswohl erforderlich sind (vgl. § 1666 Abs. 3 Nr. 5), d. h. Vornahme durch das FamG.

Beispiele: Anmeldung an einer Ausbildungsstätte oder Lösung eines Ausbildungsverhältnisses; Einwilligung in Heilbehandlungen und Abschluss der betreffenden ärztlichen Behandlungsverträge einschließlich Operationen und Schwangerschaftsabbrüchen (zu Letzteren siehe S. 285).

Da zunächst alle Maßnahmen zu überlegen sind, bei denen eine Beschränkung der elterlichen Sorge und eine Trennung von der Familie vermieden werden kann, legt der 2008 neu gefasste § 1666 Abs. 3 Nr. 1 fest, dass zu den Maßnahmen des FamG insbesondere auch **Gebote** gehören, öffentliche Hilfen wie z. B. Leistungen der Jugendhilfe und der Gesundheitsfürsorge in Anspruch zu nehmen.

Beispiele: Erziehungsberatung, Unterstützung, formlose Betreuung, Kindertagespflege oder Kindertageseinrichtung, EB, soziale Gruppenarbeit, SPFH, (evtl. einhergehend mit Früherkennungs- und Vorsorgeuntersuchungen, Gewährung von Wohngeld, Ausbildungsförderung, Sozialhilfe für die Familie und/oder die Minderjährigen o. ä.).

Diesbezügliche **Gebote** des FamG gegenüber den Sorgeberechtigten ließen sich aber nicht vollstrecken (s. dazu unten), da sie dem Angebots-Charakter sämtlicher Jugendhilfeleistungen, der auch für HzE gilt (s. dazu S. 102), widersprechen. – Noch viel weniger kann das FamG Jugendhilfeleistungen anfordern oder gar anordnen.[64] Das ergibt sich aus Folgendem:

Dies widerspricht dem verfassungsmäßigen Gebot der Gewaltenteilung. Daraus folgt, dass das FamG einen öffentlichen Jugendhilfeträger weder zu einem konkreten Handeln, insbesondere nicht zu einer bestimmten Leistung verpflichten, noch deren Ausführung kontrollieren kann. Dies steht vielmehr nur den Verwaltungsgerichten gemäß § 113 Abs. 4 VwGO und den Jugendgerichten gemäß § 12 JGG zu. Eine entsprechende Rechtsgrundlage für die FamG fehlt dagegen; diese kann auch nicht aus § 1666a Abs. 1 abgeleitet werden.[65] Vielmehr ergibt sich aus § 1666 Abs. 3 Nr. 1 („Gebote … Leistungen der Jugendhilfe … in Anspruch zu nehmen") seit 4.7.2008 auch ausdrücklich, dass das FamG Jugendhilfeleistungen selbst *nicht* anordnen kann.

Außerdem würde dies dem wesentlichen Strukturelement der Freiwilligkeit sämtlicher Jugendhilfeleistungen (siehe dazu S. 39 u. 102) widersprechen und den für HzE in § 36 SGB VIII festgelegten Beratungs- und Entscheidungsprozess bezüglich der Gewährung der richtigen Hilfeart aushöhlen. – Hinzu kommt, dass dem FamG zur Auswahl geeigneter Jugendhilfeleistungen die Sachkompetenz fehlt.[66]

---

[64] Ebenso: *Häbel* in GK-SGB VIII, § 27 Rn. 82; *Happe*, Jugendwohl 1994, 94; *Mrozynski*, § 27, Anm. 22; MüKo/*Olzen*, § 1666, Rn. 176/177; *Wiesner*, vor § 27, Rn. 29 ff; aA: *Coester*, FamRZ 1991, 260; OLG Frankfurt, ZfJ 1993, 561; *Kunkel*, LPK-SGB VIII, § 36, Rn. 18.

[65] So auch MüKo/*Olzen*, 5. Aufl., § 1666, Rn. 176; aA *Kunkel*, aaO (Ano-Kompetenz ggü Personensorgeberechtigte, jedoch nicht ggü JA).

[66] AA: *Coester*, FamRZ 1991, S. 260.

FamG-E. binden die
ö. Juhi-Träger nicht

Entscheidungen des FamG nach §§ 1666, 1666a können immer nur Personensorge-Inhaber und ihre Kinder sowie andere Personen („Dritte") betreffen (und verpflichten), jedoch keine bindende Wirkung für öffentliche Jugendhilfeträger oder das JA entfalten.

Keine andere Hilfe
möglich?

— Erst wenn sich herausstellt, dass der Gefährdung nicht auf andere Weise, auch nicht durch öffentliche (inkl. materieller) Hilfen (s. o.) begegnet werden kann und das Kind bei einem Verbleiben in der Familie in seinem körperlichen, geistigen oder seelischen Wohl nachhaltig gefährdet

Trennung von den
Eltern

wäre,[67] ist eine Fremdunterbringung (Pflegestelle, betreute WG, Heim o. ä.) zulässig (vgl. den zwingenden § 1666a Abs. 1 S. 1 und 2); das gilt auch, wenn einem Elternteil der Verbleib in der Wohnung untersagt werden kann (s. dazu unten).

Hierbei ist Folgendes *zu beachten:*

Vorher: Beratungen

— Das FamG muss unter Einbeziehung des JA (§ 162 FamFG) mit den Eltern persönlich darüber beraten, wie die Gefährdung des Kindes behoben werden kann (vgl. § 160 Abs. 1 S. 2 FamFG).
— Außerdem ist zunächst abzuwarten, ob die Eltern (allein oder unter Mithilfe des JA) den Minderjährigen unterbringen werden.
— Erst wenn nichts anderes übrig bleibt, kann das FamG die Unterbringung auch gegen den Willen der Eltern anordnen und durchsetzen.

Partielle Beschrän-
kung der Ausübung
der Personensorge

Dabei ist es dann auch möglich, dass das FamG Teile der Ausübung der Personensorge beschränkt (§ 1666 Abs. 3 Nr. 6), z. B. das Aufenthaltsbestimmungsrecht (§ 1631 Abs. 1) und das Herausgaberecht (§ 1632 Abs. 1). Bei sog. Sorgerechts*entzügen*[68] gegenüber nur einem Elternteil übt diese Teile der andere Elternteil allein aus (§ 1680 Abs. 3); das gilt auch bei Entziehung von Teilbefugnissen (z. B. des Aufenthaltsbestimmungs- oder Erziehungsrechts, vgl.: „… soweit ").[69] — Wenn es jedoch das Kindeswohl erfordert (z. B. weil der andere Elternteil die Gefährdung vom Kind nicht abwenden kann oder will), trifft das FamG vAwg eine andere Entscheidung, d. h. es muss dann dem anderen Elternteil auch Sorgerechtsbefugnisse entziehen und gemäß § 1909 für die entzogenen Teile einen Pfleger bestellen.

weiter gehende
Beschränkungen

— Weiter gehende Beschränkungen der Personensorge (z. B. des Erziehungsrechts) sind erst dann zulässig, wenn dies später durch das Verhalten der Eltern erforderlich werden sollte.

Beispiele: Die Eltern sträuben sich, erforderliche Einwilligungen oder Entscheidungen im Erziehungs- oder Ausbildungsbereich vorzunehmen.

Entzug der gesamten
Personensorgeaus-
übung

— Die gesamte Personensorge darf jedoch nur entzogen[70] werden, wenn alles andere (s. o.) vergeblich war oder wenn anzunehmen ist, dass andere Maßnahmen zur Gefahrenabwehr nicht ausreichen (§ 1666a Abs. 2).

---

[67] Siehe S. 325 mit Fn. 60.
[68] Dieser Terminus ist schlichtweg falsch, da nur die Ausübung – nicht jedoch die Substanz – der elterlichen Sorge entziehbar ist (s. dazu S. 271 und 295).
[69] Ebenso: MüKo/*Finger,* 5. Aufl., Rn. 14, *Palandt-Diederichsen,* 72. Aufl., Rn. 4 (jeweils zu § 1680).
[70] Siehe dazu Fn. 68.

- Bei Gefährdung des Kindesvermögens (siehe dazu § 1666 Abs. 2) kommt nach den Prämissen des § 1666 Abs. 1 auch der Entzug der Ausübung der Vermögenssorge in Betracht.

  Entzug der Ausübung der Vermögenssorge

- Der Entzug[71] der gesamten elterlichen Sorge ist gesetzlich zwar nicht ausdrücklich vorgesehen (vgl. §§ 1666, 1666a), kann jedoch in Extremfällen durch Entziehung der gesamten Ausübung der Personensorge sowie der gesamten Vermögenssorge erreicht werden[72]. Es ist allerdings selten, dass es wirklich zur Gefahrenabwehr erforderlich ist, die Ausübung sämtlicher Elemente der elterlichen Sorge (siehe dazu S. 272) entziehen zu müssen.

  Entzug der gesamten Ausübung der elterlichen Sorge

- Gegenüber Dritten, die Minderjährige gefährden, sind ebenfalls Maßnahmen des FamG möglich, soweit dies Angelegenheiten der Personensorge betrifft (§ 1666 Abs. 4). In Betracht kommen vor allem Kontaktverbote, Herausgabeanordnungen und *„Go-Order"* (s. dazu S. 326).

  Maßnahmen gegenüber Dritten

Der Unterschied zu einem Vorgehen nach § 1632 Abs. 1–3 besteht darin, dass jenes nur auf Antrag eines Elternteils vorgesehen ist (und keine Kindeswohlgefährdung vorliegen muss), während hier das FamG auch von Amts wegen entscheiden kann, also selbst bei Nichtbeachtung, Duldung oder gar Billigung der Gefährdung durch die Eltern. Hier wird wieder der Normzweck des § 1666 deutlich, der ausschließlich am Kindeswohl orientiert ist.

Abgrenzung zu § 1632

Verfahren

Um den Kinderschutz zu gewährleisten, leitet das FamG das Verfahren, ohne dass es eines Antrages bedarf, *von Amts wegen* ein, sobald es Kenntnis von einer Kindeswohlgefährdung hat. Diese erhält das FamG idR durch das JA, das gem. § 8a Abs. 3 S. 1 SGB VIII eine diesbezügliche Mitteilungspflicht hat (s. dazu auch S. 120). Diese Anrufungen des FamG haben sich seit 2004 wohl im Hinblick auf spektakuläre einzelne Kindesvernachlässigungen/-misshandlungen mit Todesfolge, die die Öffentlichkeit alarmierten, gegenüber 2011 fast verdoppelt (nämlich von 8.817 auf 15.924).[73]

Einleitung vAwg

Mitteilungspflicht des JA

Ansonsten erhält das FamG meist Kenntnis von Kindeswohlgefährdungen durch Verwandte, Freunde, Bekannte, Ärzte, Schule des Kindes, durch einen Elternteil, das Kind selbst[74] oder die Polizei – in spektakulären Fällen evtl. auch durch die Medien. In allen Fällen liegt es *im pflichtgemäßen Ermessen* des FamG, ob es den Informationen nachgeht und dazu formlose Ermittlungen gem. § 26 FamFG anstellt oder ein förmliches Beweisverfahren nach den §§ 29, 30 FamFG durchführt.

Ermittlungen des FamG

Seit 1.9.2009 ist gesetzlich vorgeschrieben (vgl. § 155 FamFG), dass Verfahren wegen Kindeswohlgefährdungen vom FamG vorrangig und beschleunigt durchzuführen sind und das FamG dabei die gesamte Situation unter Anhörung des JA mit allen Beteiligten in *einem* Termin erörtern

Vorrang- und Beschleunigungsgebot

---

[71] Siehe dazu Fn. 68.

[72] BayObLG, NJW 1999, 294.

[73] Statistisches Bundesamt (www.destatis.de/Soziales/Kinder-&Jugendhilfe/Anrufungen und Maßnahmen zum Entzug der elterlichen Sorge).

[74] Diesbezügliche „Anträge" stellen jedoch keine Sachanträge im formellen Sinn dar. Zum fehlenden Antragsrecht Minderjähriger s. auch S. 280.

Früher 1. Termin muss. Dieser frühe erste Termin *soll spätestens* einen Monat nach Verfahrenseinleitung anberaumt werden (hierbei sind keine Ausnahmen akzeptabel, vielmehr ist idR eine kürzere Terminierung nötig[75]). Dies setzt eine sehr gute Kooperation von FamG und JA voraus, die in der Praxis jedoch z.T. noch ein erhebliches Umdenken von beiden Seiten erfordert.[76]

Mediation Um eine Mediation oder ein anderes Verfahren zur außergerichtlichen Konfliktbeilegung zu ermöglichen, kann das FamG jedoch das Verfahren bis zu 3 Monaten aussetzen (vgl. § 155 Abs. 4 FamFG).

Einstweilige Anordnungen – Das FamG muss bei allen Verfahren nach den §§ 1666, 1666a unverzüglich prüfen, ob der Erlass einer einstweiligen Anordnung in Betracht kommt (§ 157 Abs. 3 FamFG). Voraussetzung für eine solche Eilmaßnahme ist, dass ein dringendes Bedürfnis für ein unverzügliches Einschreiten des FamG besteht, weil sofortige Maßnahmen zur Abwendung einer konkreten Kindeswohlgefährdung erforderlich sind[77].

Anhörungen In Verfahren nach §§ 1666, 1666a muss das FamG anhören:

Eltern – Eltern (unabhängig davon, ob sie personensorgeberechtigt sind oder nicht) – und zwar stets persönlich (vgl. § 160 Abs. 1 FamFG),

Kinder – Kinder ebenfalls stets persönlich, da es zur Feststellung des Sachverhalts immer „angezeigt" ist, dass sich das FamG vom betroffenen Kind einen unmittelbaren Eindruck verschafft (vgl. § 159 Abs. 1 S. 1, Abs. 2 FamFG),

Pflegeeltern – Pflegepersonen, bei denen das Kind sich seit längerer Zeit befindet, sind auch anzuhören (vgl. § 161 Abs. 2 FamFG),

Stiefeltern, Umgangsberechtigte – Stiefeltern und Umgangsberechtigte (s. dazu S. 330), wenn das Kind aufgrund einer Entscheidung nach § 1682 bei ihnen lebt (§ 161 Abs. 1 S. 2, Abs. 2 FamFG),

JA – das Jugendamt muss ebenfalls stets angehört werden (§ 162 Abs. 1 S. 1 FamFG).

Das Jugendamt ist seinerseits zur Mitwirkung im Verfahren sowie – gegebenenfalls – zu Informationen (nicht jedoch zu Ermittlungen) verpflichtet, die die Gefährdung des Kindes betreffen (s. dazu § 50 u. § 8a SGB VIII sowie S. 118 ff.).

Vollstreckung Die Vollstreckung der Anordnungen des FamG erfolgt, da es sich hier um Angelegenheiten der freiwilligen Gerichtsbarkeit handelt, nach den §§ 86, 87 u. 95 Abs. 1 Nr. 3–5 FamFG. Daneben kann das FamG die Eltern sowie Dritte zur Befolgung seiner Anordnungen durch Androhung von Zwangsgeld bis zu 25 000 EUR anhalten (vgl. § 35 Abs. 1 S. 1, Abs. 3 S. 1 FamFG). – Da Gebote (oder gar unzulässige Anordnungen[78]) des FamG nach § 1666 Abs. 3 Nr. 1 dem Angebots-Charakter sämtlicher Jugendhilfeleistungen widersprechen, der auch für HzE gilt (s. dazu S. 102), könnten diese jedoch nicht vollstreckt werden.

---

[75] Ebenso *Meysen*, Das Familienverfahrensrecht – FamFG, § 155 Rn. 12, 13.
[76] Zur Problematik *Schleicher* in GK-SGB VIII, § 50 Rn. 67–72a.
[77] In der Praxis haben diese leider häufig dauernden Bestand. Das ist rechtswidrig!
[78] Siehe dazu S. 327.

Seit 1.7.1998 neue Rechtsfolgen bei Sorgerechtsbeschränkungen

Sorgerechtsentzüge[79] gegenüber einem Elternteil sind meist problematisch. Denn man muss sich fragen, ob der andere Elternteil die Gefährdung nicht verhindern wollte oder konnte. Im ersten Fall sind ebenfalls die Voraussetzungen für einen Sorgerechtsentzug (s. dazu S. 322 ff.) erfüllt – im Letzteren jedoch oftmals nicht.

Seit 1.7.1998 ist eine familiengerichtliche Entscheidung jedoch nur noch möglich, wenn bzgl. des anderen Elternteils die Voraussetzungen für einen Sorgerechtsentzug ebenfalls erfüllt sind. Denn seitdem hat in allen Fällen (bisheriger) gemeinsamer elterlicher Sorge der andere Elternteil „automatisch" (d. h. kraft Gesetzes) die Alleinsorge bzgl. der dem anderen Elternteil entzogenen Bereiche (und die übrigen Teile üben sie weiterhin gemeinsam aus), ohne dass noch (die früher vorgesehene) Kindeswohlprüfung durch das Gericht stattfinden kann (vgl. § 1680 Abs. 3 iVbm Abs. 1).

Im Gegensatz zum früheren Recht (vgl. § 1680 Abs. 2 aF) gilt diese „Automatik" auch bei Sorgerechtsentzügen[80] von getrennt lebenden oder geschiedenen Elternteilen, sofern diesen bislang die gemeinsame elterliche Sorge zustand. Ist das nicht der Fall, hat das FamG zu entscheiden und dabei dem anderen Elternteil die elterliche Sorge zu übertragen, wenn dies dem Kindeswohl nicht widerspricht (vgl. § 1680 Abs. 3 iVm Abs. 2).

Diese Gesetzeslage erscheint problematisch, weil durch sie das Kindeswohl nicht mehr so gut berücksichtigt werden kann wie nach der vor dem 1.7.1998 geltenden Regelung, bei der (ohne die hohe Hürde des § 1666) stets die beste Sorgerechts-Regelung für das Kind eruiert werden musste.

Nichteheliche Kinder

In den Fällen, in denen Eltern durch gemeinsame Sorgeerklärung gem. § 1626a Abs. 1 Nr. 1 oder durch E. des FamG gem. § 1626a Abs. 2 bisher die elterliche Sorge gemeinsam besaßen, besteht gemäß § 1680 Abs. 3 dieselbe „automatische" Regelung wie bei ehelichen Kindern (siehe dazu vorstehend).

Wenn Mütter jedoch gem. § 1626a Abs. 3 die Alleinsorge besitzen, muss das FamG entscheiden und den Vätern die entzogenen Bereiche der elterlichen Sorge übertragen, wenn dies dem Kindeswohl nicht widerspricht (vgl. § 1680 Abs. 3 iVbm Abs. 2).

Schlussbetrachtung

Das FamG muss bei Eingriffen in die elterliche Sorge äußerst behutsam vorgehen. Das gebietet nicht nur die verfassungsmäßig geschützte Elternposition, sondern auch das Kindeswohl. Denn eine Trennung von der Familie ist für die Entwicklung eines Kindes immer problematisch. Selbst wenn die Ursachen der Gefährdung im elterlichen Verhalten liegen, ist genauestens zu überlegen, ob eine Trennung sich wirklich zu seinen Gunsten auswirken kann. Denn sie bewirkt – fast ausnahmslos – auch einen Wechsel sämtlicher Bezugspersonen und damit eine große Verunsicherung des Kindes. – Erscheint dennoch eine Trennung von der Familie erforderlich, so dürfen die Eltern von ihrem Sorgerecht (und ihrer Sorgepflicht!) nicht weiter ausgeschlossen werden als unumgänglich ist, weil sonst die Gefahr

Marginalien:

Problematik

Nur wenn § 1666 erfüllt, kann FamG entscheiden

Getrennt lebende, geschiedene Eltern

Kritik

Gemeinsam sorgende Eltern

Allein sorgende Mütter

Bei Sorgerechtsentzug Kindeswohl beachten

---

[79] Siehe dazu Fn. 68.
[80] Siehe dazu Fn. 68.

besteht, dass sie nicht mehr bereit sind, sich noch weiter um das Kind zu kümmern.

Überprüfg./Abänderg.
gerichtlicher AnO-en

Länger dauernde Maßnahmen nach den §§ 1666–1667 hat (= muss) das FamG in angemessenen Zeitabständen zu überprüfen, denn diese sind aufzuheben, wenn eine Gefahr für das Kindeswohl nicht mehr besteht oder die Erforderlichkeit der Maßnahme entfallen ist (§ 1696 Abs. 2); dies ist gemäß § 26 FamFG vAwg zu ermitteln.

II. Elterliche Sorge nach Scheidung der Eltern

Regelung durch
FamG nur auf Antrag

Seit 1.7.1998 ist der zuvor bestehende sog. *„Zwangsverbund"* von Scheidung und Sorgerechtsregelung entfallen. Folglich wird seitdem im Scheidungsverfahren vom FamG nur noch dann eine Regelung bzgl. der Ausübung der elterlichen Sorge getroffen, wenn ein Ehegatte dies beantragt (§ 1671 Abs. 1).[81] Geschieht das nicht (oder wird ein solcher Antrag abgelehnt), behalten geschiedene Eltern seitdem also weiterhin die gemeinsame elterliche Sorge.

H. Umgangs- und Auskunftsrecht

I. Begriff und Inhalt

Gesetzgeberisch werden Kontakte des Kindes zu anderen Personen (einschließlich seiner Eltern) sowie deren Kontakte zum Kind als „Umgang" bezeichnet. Seit 1.7.1998 wird dabei gesetzlich unterschieden zwischen dem „Umgang" des Kindes mit

Personenkreis
- *seinen leiblichen*[82] *Eltern* (§§ 1626 Abs. 3 S. 1, 1684 Abs. 1, § 1686a),
- *seinen Geschwistern, Groß-, Stief- und Pflegeeltern* (§ 1685),
- *sonstigen Personen* (§ 1632 Abs. 2).[83]

Sprachgebrauch

Da nach der bis 30.6.1998 ergangenen Rechtsprechung nicht personensorgeberechtigte Eltern darauf bestehen konnten, dass ihr „eheliches" Kind sie regelmäßig (d. h. ein- bis zweimal im Monat) besuchte (bzw. Kleinkinder zu Besuchen abgeholt werden durften), ist sozialpädagogisch allgemein die Bezeichnung *„Besuchsrecht"* gebräuchlich. Sie wird daher auch hier – so weit als möglich – dem sehr kindfremden Terminus „Umgangsrecht" vorgezogen und anstelle des gesetzlich verwendeten Begriffs „Umgang" meistens der Ausdruck „Kontakt(e)" benutzt.

Inhalt

Unter Umgang des Kindes werden seine sämtlichen Kontakte zu anderen Personen verstanden.

Beispiele: Briefe, E-Mails, Telefonate, SMS, MMS, gemeinsame Unternehmungen (Spazierengehen, Wandern, Rad-, Skifahren, Kino-, Theater-, Restaurantbesuche, Sportveranstaltungen) sowie zeitlich begrenzte Besuche (halb- oder ganztags, an Wochenenden, in den Ferien etc.).

---

[81] Siehe dazu im Einzelnen S. 224 ff.
[82] Ab Freigabeerklärung zur Adoption stehen leiblichen Eltern aber keine Kontakte mehr zu (§ 1751 Abs. 1 S. 1 HS 2).
[83] Siehe dazu S. 288.

II. Kontakte zwischen Eltern und Kindern

Bis 30.6.1998 gesetzliche Fehlkonstruktion

Bis dahin war nur für nicht sorgepflichtige Eltern von *ehelichen* Kindern ein Recht (aber keine Pflicht) zum „*Umgang*" mit ihren Kindern gesetzlich verankert (§ 1634 aF), von dem diese Eltern ganz nach Belieben Gebrauch machen konnten oder auch nicht. Ein Bedürfnis (oder gar ein Recht) des Kindes auf Kontakte zu seinen Eltern war gesetzlich nicht vorgesehen und wurde dem Kind auch gerichtlich nicht zugestanden.

Seit 1.7.1998 spielt bei Kontakten zwischen Eltern und deren Kindern die eheliche oder nichteheliche Geburt keine Rolle mehr. Vielmehr besteht eine einheitliche Regelung für sämtliche Kinder und deren Eltern (inkl. „nichteheliche" Väter). Daraus ergibt sich folgende Rechtslage: **Gilt für alle Kinder**

Seitdem programmiert der vom KindRG geschaffene § 1626 Abs. 3 S. 1, dass der Umgang mit beiden Eltern „in der Regel" (d. h.: von – bedauerlichen – Ausnahmefällen abgesehen) dem Kindeswohl dient. Weiter ist seitdem in § 1684 Abs. 1 S. 1 erstmals ein Recht des Kindes auf Umgang mit jedem Elternteil sowie Pflicht und Recht aller (leiblicher sowie Adoptiv-) Eltern auf Umgang mit ihren Kindern verankert worden. Dieses Recht des Kindes besteht ohne Altersbegrenzung und *ohne jede Einschränkungsmöglichkeit*. Allerdings wurde im Vertrauen auf die Beratungs- und Unterstützungspflicht des JA nach § 18 Abs. 3 SGB VIII (siehe dazu unten) von einer Regelung der Durchsetzung dieses Rechts des Kindes abgesehen. Der Vorschlag des *Bundesrates*, dem Kind ab vollendetem 14. Lebensjahr ein diesbezügliches Antragsrecht und damit die Geltendmachung seines Rechts selbst zu überlassen, ist mit dem – mehr als fragwürdigen – Argument abgelehnt worden, dass „erzwungene Kontakte dem Kindeswohl nicht zuträglich wären"[84]. Denn die Eltern können ihr Umgangsrecht (schon immer) gerichtlich einfordern (siehe dazu S. 337 ff.). **Seit 1.7.1998: Recht des Kindes, Pflicht und Recht der Eltern**

Zielsetzung der vom KindRG geschaffenen Regelung war, dadurch einen Bewusstseinswandel herbeizuführen, weil Untersuchungen ergeben hatten, dass mehr als die Hälfte aller geschiedenen Väter bereits ein Jahr nach der Scheidung keinerlei Kontakt mehr zu ihren Kindern haben.[85] Durch diese gesetzliche Normierung sollte verdeutlicht werden, dass Eltern nicht nur ein Recht auf Kontakte zu ihren Kindern haben, sondern im Interesse ihrer Kinder vor allem die Pflicht, diese Kontakte zu ermöglichen. Das gilt sowohl für den Elternteil, bei dem das Kind lebt und der die Kontakte mit dem anderen Elternteil vereitelt, als auch für den Elternteil, der sich nicht mehr um sein Kind kümmert.[86] **Zielsetzungen des KindRG von 1998**

Solange beide Eltern mit dem Kind zusammenleben, wird das „Umgangsrecht" nur dann relevant, wenn entweder ein Elternteil oder das Kind Kontakte verweigert. Bedeutsam wird die gesetzliche Regelung, wenn Elternteile nicht mit dem Kind zusammenleben. Wenn beide Eltern sorgeberechtigt sind, entscheidet jeder Elternteil über seine Kontakte zum Kind sowie über deren Art und Umfang. Wenn jedoch ein Elternteil alleiniger Personensorge-Inhaber ist, kann dieser zunächst über Kontaktmöglichkeiten zum anderen Elternteil befinden (§ 1632 Abs. 2), denn in diesem Kontext ist auch der nicht personensorgeberechtigte Elternteil **Relevanz des Umgangsrechts bei Getrenntlebenden**

---

[84] BT-Drucks. 13/4899, S. 153 u. 168.
[85] BT-Drucks. 13/4899, S. 62.
[86] BT-Drucks. 13/8511, S. 68.

„Dritter". – Wird einem Elternteil Kontakt zum Kind verweigert, kann er sich an das JA oder FamG wenden (siehe dazu S. 335 ff.).

1. Umgangsvereinbarungen

Die Eltern können miteinander Vereinbarungen treffen, wie die jeweiligen Kontakte zu ihren Kindern ausgeübt werden sollen. Dabei handelt es sich vor allem um die oben genannten **Beispiele.**

Wohlverhaltens-
vorschrift

Bei der Ausübung der Kontakte haben beide Elternteile alles zu unterlassen, was das Verhältnis des Kindes zum jeweils anderen Elternteil beeinträchtigt oder die Erziehung erschwert (§ 1684 Abs. 2 S. 1). Diese (dem schweizerischen Recht entlehnte) Vorschrift will der Gefahr vorbeugen helfen, dass Animositäten der Eltern mittels und auf Kosten der Kinder ausgetragen werden. Obwohl die Norm selbst *sanktionslos* ist, kann das FamG durch Anordnungen gegen den betreffenden Elternteil diesen zur Erfüllung seiner Pflichten anhalten (§ 1684 Abs. 3 S. 2).[87] Wenn das Kindeswohl das erforderlich macht, kann das FamG aber auch gemäß § 1684 Abs. 4 die Kontakte einschränken oder ausschließen (s. dazu S. 337 f.).

2. Kontroverse Fälle

Rechtsanspruch auf
Beratung durch das JA

Können die Eltern sich über eine Regelung der Kontakte nicht einigen oder erweist sich eine diesbezügliche vorherige Vereinbarung als nicht mehr tragfähig oder wehrt sich das Kind gegen elterliche Abmachungen, so können die Eltern wie auch das Kind sich zwecks Beratung und Unterstützung an das JA wenden (vgl. dazu § 18 Abs. 3 iVbm §§ 3 Abs. 2 S. 2, 69 Abs. 3 SGB VIII sowie unten 3.). Kommt keine Einigung zustande, kann das FamG – nach vorheriger Anhörung von Eltern, Kind und JA (vgl. §§ 160, 159, 162 FamFG) – sowohl über den Umfang der Kontakte

Entscheidung
des FamG

entscheiden als auch deren Durchführung näher regeln (siehe dazu unten 4.) und die Eltern auch durch Anordnungen zur Einhaltung der Wohlverhaltensvorschrift (s. o.) anhalten (§ 1684 Abs. 3 S. 1 u. 2), sofern dies von einem Elternteil beantragt wird oder sonstwie dem FamG bekannt wird und zum Kindeswohl erforderlich erscheint.

Aus der Sicht des Kindes sind die Fälle prekär, in denen Kontakte/Besuche

Problematische Fälle

– vom Kind oder Jugendlichen abgelehnt werden,
– von den Eltern (oder einem Elternteil) verweigert werden,
– zwar stattfinden, diese aber zu Auseinandersetzungen führen,

z.B. weil die Eltern sich über Art und Umfang nicht einig sind, insbesondere wenn ein Elternteil diese be- oder verhindert oder wenn durch sie die Erziehung oder das Kindeswohl beeinträchtigt oder gar gefährdet erscheint.

Sonderregelung
für Putativ-Väter
seit 13.7.2013

Seit dem 13.7.2013 haben leibliche Väter, die ein ernsthaftes Interesse an dem Kind gezeigt haben, auch dann, wenn nach § 1592 die Vaterschaft eines anderen Mannes besteht (sog. gesetzliche Vaterschaft),

1. ein Recht auf Umgang mit dem Kind, wenn dieser dem Kindeswohl dient

---

[87] Das FamG kann seine diesbezüglichen Entscheidungen notfalls auch mit Zwangsmitteln nach § 90 FamFG durchsetzen.

2. ein Recht auf Auskunft von jedem Elternteil über die persönlichen Verhältnisse des Kindes, soweit sie ein berechtigtes Interesse daran haben und dies dem Kindeswohl nicht widerspricht.

Werden leiblichen Vätern diese Rechte von den Müttern und/oder den gesetzlichen Vätern verweigert, können sie diese beim FamG einfordern, sofern sie an Eides statt versichern, der Mutter des Kindes während der Empfängniszeit beigewohnt zu haben (§ 167a Abs. 1 FamFG). Soweit es in diesen Verfahren zur Klärung der leiblichen Vaterschaft erforderlich ist, hat jede Person Untersuchungen, insbesondere die Entnahme von Blutproben, zu dulden, es sei denn, dass ihr die Untersuchung nicht zugemutet werden kann[88] (§ 167a Abs. 2 FamFG). Bei wiederholter unberechtigter Verweigerung der Untersuchung kann auch unmittelbarer Zwang angewendet, insbesondere die zwangsweise Vorführung zur Untersuchung angeordnet werden (§ 167a Abs. 3 i.V. m. § 177 Absatz 2 Satz 2 FamFG).

Besteht dagegen keine gesetzliche Vaterschaft, stehen diese Rechte Putativ-Vätern nicht zu, sondern sie müssten zuvor ihre Vaterschaft rechtswirksam (s. dazu §§ 1594, 1595) anerkennen.

Kritik:

Diesbezügliche aufgrund gerichtlicher Anordnung durchgeführte Umgangs-Regelungen sind abzulehnen, da es kaum vorstellbar erscheint, dass sie dem Kindeswohl dienen, sondern bei ihm nur zu größter Verunsicherung und Enttäuschung führen können, die selbst bei intensiver fachlich qualifizierter Hilfestellung kaum aufzufangen sind.

3. Beratung und Unterstützung durch die Jugendhilfe

Der Gesetzgeber hat erkannt, dass bei der Durchsetzung des Besuchsrechts des Kindes gegenüber seinen Eltern sowie bei dem Kindeswohl förderlichen Kontakten von Eltern *in der Praxis großer Hilfebedarf* besteht. Denn von den Erwachsenen (Eltern und Richtern) werden die Belange des Kindes nicht immer genügend beachtet, sondern oftmals durch kindfremde Interessen und Sichtweisen beeinträchtigt, so dass das Kindeswohl „nicht selten auf der Strecke bleibt"[89]. – Besonderer Hilfebedarf liegt vor allem dann vor, wenn für das Kind wünschenswert erachtete Kontakte zu seinen Eltern nicht bestehen oder wenn diese von Eltern oder Kind verweigert oder gar von einem Elternteil torpediert oder gar verhindert werden (sog. „Knaller-Fälle"). Der Gesetzgeber hat daher der Jugendhilfe eine wichtige Aufgabe zugewiesen:

Die Minderjährigen haben Anspruch auf Beratung bei der Ausübung von Kontakten und Besuchen mit ihren Eltern, Großeltern, Geschwistern sowie mit Stief- und Pflegeeltern; sie sollen dabei vor allem darin unterstützt werden, dass die vorgenannten Personen von ihrem Umgangsrecht zum Wohl der Minderjährigen Gebrauch machen (§ 18 Abs. 3 S. 1 u. 2 SGB VIII). | **Aufgaben der JuHi**

Hilfe für Minderj.

Eltern sowie Personen, in deren Obhut sich die Minderjährigen befinden, haben ebenfalls Anspruch auf Beratung und Unterstützung bei der Ausübung von Kontakten und Besuchen mit den Minderjährigen (§ 18 Abs. 3 S. 3). | **Hilfe für Eltern und betreuende Personen**

---

[88] Was nur bei schwersten Erkrankungen vorübergehend denkbar erscheint.
[89] Gesetzesbegründung zum KindRG, BT-Drucks. 11/5948, S. 59.

Vermittlerrolle des JA

Bei der konkreten Herstellung von Kontakten soll die Jugendhilfe den Minderjährigen und deren Eltern Hilfestellung leisten und in Konfliktfällen vermitteln (§ 18 Abs. 3 S. 4). – Dazu gehört es evtl. (jeweils) auch, die Inanspruchnahme von Spezialdiensten der Jugendhilfe (wie Ehe- und Familien-Beratungsstellen) zu empfehlen.[90]

Bereits bestehende gerichtl. Regelungen

Dem allem kommt insbesondere Bedeutung zu, wenn bezüglich der Kontakte zwischen Eltern und Kindern bereits Regelungen vom FamG bestehen und nun Konflikte entstanden sind (s. dazu unter 4.).

Kindeswohl ist oberste Maxime

Grundsätzlich muss die Jugendhilfe zwar anstreben, Kindern gute Beziehungen zu dem Elternteil zu ermöglichen, mit dem sie nicht zusammenleben. Dabei ist aber darauf zu achten, dass diese Kontakte auch wirklich dem Kindeswohl förderlich sind und dieses nicht beeinträchtigen. Daher bedarf es einer sehr sorgfältigen *Beratung, die bei beiden Elternteilen ansetzt und dann die Kinder behutsam mit einbezieht.* Die Jugendhilfe muss dabei versuchen, die Minderjährigen möglichst wenig mit eventuell bestehenden Konflikten ihrer Eltern zu belasten und daher einvernehmliche Lösungen anstreben, weil in der Praxis letztlich nur diese sich als tragfähig erweisen. Ist das nicht (oder nicht mehr) durchführbar, so müssen die Eltern vom *Vorrang der Interessen des Kindes* gegenüber ihren eigenen Anliegen[91] überzeugt werden. Anderenfalls sind Beeinträchtigungen des Kindeswohls unvermeidbar, aus denen oftmals langfristige Schäden resultieren, die zu Bindungs- und Trennungsängsten führen und damit die eigenen Partnerbeziehungen der Kinder bis ins Erwachsenenalter hinein nachhaltig belasten und gefährden können.

Problematische Gerichtspraxis

Bei allen Wünschen nach persönlichem Kontakt zwischen Eltern und Kindern ist insbesondere zu bedenken, wie vor allem ein Zusammentreffen des Kindes mit einem Elternteil, mit dem es ja in aller Regel seit längerer Zeit nicht zusammenlebt, sich voraussichtlich auf sein Wohl auswirken wird. Die Gerichtspraxis krankt oftmals noch daran, dass die Problematik meist zu stark unter dem Aspekt des Elternrechts und nicht aus der Sicht des Kindes gesehen wird. So wird z.B. immer wieder von den Gerichten zu wenig beachtet, was es für ein Kind bedeutet, wenn es nach Jahren ohne jeglichen Kontakt mit einem Elternteil mit diesem „von oben verordnet" plötzlich Stunden oder gar Tage verbringen soll. – Noch viel mehr kann ein Erstkontakt das Kind in einen Strudel der Gefühle reißen, in dem es ohne behutsame fachliche Hilfe evtl. Schäden für seine gesamte Entwicklung erleidet. Das gilt vor allem dann, wenn danach wieder jede Verbindung für lange Zeit abrupt abreißt. Daher ist insbesondere bei erstmaligen Besuchswünschen von Eltern (oder nach vorheriger langer Unterbrechung) die Prognose bezüglich der Kontinuität weiterer Kontakte besonders zu beachten.

Kompromisse fragwürdig

In allen Konfliktfällen ist von der Jugendhilfe darauf hinzuwirken, dass dem *Kindeswohl Priorität vor* – noch so verständlichen – *Kontaktwünschen der Eltern* eingeräumt wird. So sind zeitweilige Beschränkungen auf Briefe/ eMails und/oder Telefonate/SMS oder auch ein – zumindest zeitweises –

---

[90] Zu Letzteren *Schleicher* in GK-SGB VIII, § 18, Rn. 47 ff.
[91] Das BVerfG geht in seiner Entscheidung v. 6.11.2009 nur von einer Abwägung der beiderseitigen Grundrechtpositionen der Eltern *unter Berücksichtigung des Kindeswohls und dessen Individualität als Grundrechtsträger* aus (FamRZ 2010, S. 109).

Ruhen dieser Kontakte in derartigen Fällen evtl. besser, als nach – für das Kind fragwürdigen – Kompromissen zu suchen. Dabei ist es letztlich auch unerheblich, wem bestehende Querelen anzulasten sind, da das Kind in jedem Fall in die elterlichen Auseinandersetzungen um das Besuchsrecht hineingezogen und damit sein Wohl unweigerlich beeinträchtigt wird. Denn das bleibt schon dadurch nicht aus, da es in diesen Fällen fast ausnahmslos eine Art Entscheidung für oder gegen einen Elternteil treffen muss – eine Situation, die für ein Kind stets prekär ist und nicht ohne negative Folgen bleiben kann. Andererseits wäre es aber auch problematisch, Kontakt- oder Besuchsregelungen ohne – oder gar gegen – den Willen des Kindes zu treffen (von Kleinstkindern mal vielleicht abgesehen). Das Kind muss daher in gerichtlichen Verfahren die Möglichkeit erhalten, seine persönlichen Beziehungen zu den Eltern erkennbar werden zu lassen. Dabei müssen die Gerichte ihre Verfahren so gestalten, dass sie möglichst zuverlässig die Grundlage einer am Kindeswohl orientierten Entscheidung erkennen können.[92]

Kindeswille

4. Gerichtliche Regelungen

Kontakte zwischen Kindern und Eltern können durch das FamG geregelt werden. Dies ist vor allem bei Scheidungen üblich. Ansonsten kommt dies dann in Betracht, wenn weder familienintern noch unter Mitwirkung der Jugendhilfe eine einvernehmliche Lösung bezüglich der Kontakte möglich ist. Das FamG kann dann sowohl den Umfang der Kontakte festlegen als auch seine konkrete Durchführung näher regeln (§ 1684 Abs. 3 S. 1). Das geschieht meist bis ins Detail in der Hoffnung, dass sich dann keine Auseinandersetzungen mehr ergeben. Das bedeutet Folgendes:

> **Beispiele:** Im Hinblick auf die (zu Recht) für wünschenswert erachtete Kontinuität der Kontakte und die Beeinträchtigung der Freizügigkeit aller Beteiligten halten die Gerichte regelmäßige Zusammentreffen von kürzerer Dauer für die beste Lösung. So werden überwiegend ein bis zwei Zusammentreffen im Monat festgelegt – und zwar bei kleineren Kindern nur für einige Stunden und bei anderen für einen halben oder „ganzen" Tag oder für ein Wochenende (Letzteres vor allem auch bei weiterer Anreise). Es werden aber insbesondere bei älteren Kindern oder Jugendlichen auch Ferienbesuche von mehreren Wochen vorgesehen.

Bei allen Kontakten (auch bei Wochenend- und Ferien-Besuchen) gilt der Grundsatz, dass der zum Kontakt berechtigte Elternteil an dem vom Gericht festgelegten Tag (z. B. ein bestimmter Sonntag im Monat) entweder das Kind abholt oder dieses zu ihm kommt. Das richtet sich nach dem Alter des Kindes, den Entfernungen oder Verkehrsmöglichkeiten u. Ä. Während der festgelegten Zeit kann der Elternteil natürlich auch Ausflüge mit seinem Kind unternehmen, mit ihm ins Museum oder Theater gehen usw. Er hat dann Sorge zu tragen, dass das Kind rechtzeitig und sicher wieder nach Hause kommt, denn er ist insoweit aufsichtspflichtig. Dies resultiert aus der gesetzlich diesbezüglich festgelegten „Befugnis" zur alleinigen Entscheidung in Angelegenheiten der tatsächlichen Betreuung (vgl. § 1687a i.V.m. § 1687 Abs. 1 S. 4).

Konsequenzen

---

[92] BVerfG vom 13.12.2012 (ZKJ 2013, S. 163) unter Berufung auf BVerfGE 55, S. 171 (182) und BVerfGE 64, S. 180 (191).

Vermittlung des JA Kommt es auch nach einer Regelung durch das FamG zu Auseinandersetzungen zwischen den Eltern oder mit dem Kind, so kann jeder von ihnen sich zwecks Beratung und Unterstützung an das JA wenden (vgl. dazu § 18 Abs. 3 SGB VIII sowie vorstehend unter 3.).

Vermittlung durch FamG Wenden sich die Eltern dagegen an das FamG, soll dies, sofern dies dem Kindeswohl nicht widerspricht, auf ein Einvernehmen der Beteiligten hinwirken und auf die Möglichkeiten der Beratung durch spezielle Beratungsstellen/-dienste der Träger der Jugendhilfe sowie der Mediation hinweisen (vgl. § 156 Abs. 1 S. 1, 2 FamFG). Das FamG kann auch anordnen (ohne dabei jedoch Zwangsmittel einsetzen zu können), dass die Eltern eine Beratungsstelle aufsuchen (vgl. § 156 Abs. 1 S. 4, 5 FamFG). – Beantragt ein Elternteil, der geltend macht, dass der andere die Durchführung einer gerichtlichen Umgangsregelung erschwert oder gar vereitelt, eine gerichtliche Vermittlung, lädt das FamG unverzüglich beide Eltern sowie das JA zu einem Vermittlungstermin, wobei es deren persönliches Erscheinen anordnet und auf die Folgen des Nichterscheinens oder einer

Scheitern der Vermittlung erfolglosen Vermittlung hinweist (vgl. § 165 Abs. 1–3 FamFG). In diesen Fällen stellt das FamG durch nicht anfechtbaren Beschluss die Erfolglosigkeit der Vermittlung fest (§ 165 Abs. 5 S. 1 FamFG) und prüft gemäß § 165 Abs. 5 S. 2 FamFG vAwg, ob

evtl. Zwangsgeld – Ordnungsmittel (d. h. Zwangsgeld bis zu 25 000,– EUR und im Nichtbeitreibungsfall Ordnungshaft) angeordnet (s. dazu § 89 FamFG),[93]

Neue Regelungen – Änderungen seiner bisher festgelegten Umgangsregelungen vorgenommen,

Sorgerechtseingriffe – Maßnahmen in Bezug auf die elterliche Sorge (d. h. Beschränkungen) ergriffen werden sollen
– oder gemäß § 90 FamFG unmittelbarer Zwang gegen die Eltern (nicht jedoch gegen das Kind) nötig erscheint.[94]

Einschränkungen von Kontakten Da das Umgangsrecht eines Elternteils ebenso wie die elterliche Sorge unter dem Schutz von Art. 6 Abs. 2 S. 1 GG steht,[95] müssen beide Rechtspositionen von den Eltern im Verhältnis zueinander respektiert werden.[96] Elterliche Kontakte zum Kind können vom FamG daher nur dann eingeschränkt oder ausgeschlossen werden, soweit dies zum Wohl des Kindes erforderlich ist – für längere Zeit oder auf Dauer[97] allerdings nur, wenn andernfalls das Kindeswohl gefährdet wäre (vgl. § 1684 Abs. 4 S. 1 u. 2) – also jeweils nur bei nicht leicht zu führendem Nachweis (siehe dazu auch unten unter „Weiterhin Reformbedarf").

5. Begleitete (beschützte) Besuche

Bei Besorgnis von Kindeswohlgefährdungen Bestehen begründete Bedenken, das Kind dem besuchsberechtigten Elternteil zu überlassen, weil von ihm eine schädliche Beeinflussung oder

---

93 Der Vollzug erfolgt durch den Gerichtsvollzieher, der dabei um Unterstützung der polizeilichen Vollzugsorgane nachsuchen kann (vgl. § 87 Abs. 3 FamFG).
94 Siehe Fn. 93.
95 BVerfG vom 13.12.2012, ZKJ 2013, S. 163.
96 BVerfG, aaO.
97 Eine konkrete Befristung ist hierbei (mangels sicherer Prognose) nicht möglich (aA: OLG Köln, ZKJ 2013, S. 303 [Ausschluss für 6 Jahre]).

konkrete Gefährdung des Kindes oder seine Entführung (insbesondere ins Ausland)[98, 99] zu befürchten ist, werden z.T. Treffen an einem neutralen Ort (z.B. im Kindergarten, JA, sozialen Dienst oder Pfarrei) oder in Gegenwart Dritter (nicht jedoch im Beisein des anderen Elternteils) durchgeführt, um emotional für wünschenswert erachtete Kontakte nicht völlig versagen zu müssen. Diese schon lange bestehende gerichtliche Praxis (sog. *begleitete oder beschützte Besuche*) hat das *KindRG* seit 1.7.1998 explizit unter der Bedingung legalisiert, dass mitwirkungsbereite Dritte vorhanden sind (vgl. § 1684 Abs. 4 S. 3); dies können auch Angehörige der Jugendhilfeträger oder Vereine (d.h. freie Jugendhilfe-Organisationen) sein (§ 1684 Abs. 4 S. 4).

Zur Begründung dieser Regelung war angeführt worden, dass *begleitete oder beschützte Besuche* z.B. dann in Betracht kämen, wenn beim besuchsberechtigten Elternteil der unbewiesene, aber nicht fern liegende Verdacht auf Kindesentziehung oder sexuellen Missbrauch bestehe.[100] Es ist schwerlich einzusehen, wie bei solchen Konstellationen Besuche mit dem Kindeswohl vereinbar sein sollen. In derartigen Fällen ist vielmehr eine – zumindest temporäre – Beschränkung auf Briefe/eMails und Telefonate/SMS „Inszenierungen" dieser Art vorzuziehen, die als Relikt der einseitig als Recht der Eltern verstandenen vor dem 1.7.1998 bestehenden Rechtslage und Gerichtspraxis anmuten, die doch gerade überwunden werden sollten. *Denn in derartigen Konfliktfällen ist es für das Kind besser, wenn der Kontakt derzeit oder auf längere Sicht unterbleibt.* Das wird viel zu wenig berücksichtigt – und zwar meist mit der (fragwürdigen) Argumentation, das Kind dürfe nicht zum Halbwaisen gemacht werden. Dabei kann inzwischen die Erkenntnis doch bereits fast als Allgemeingut bezeichnet werden, dass stabile, kontinuierliche soziale Bezüge für ein Kind ungleich wichtiger sind als die bloße Tatsache der biologischen Abstammung.

Problematische Lösung

Weiterhin Reformbedarf

Auch bei der Neuregelung des Umgangsrechts durch das KindRG wurden m.E. die Belange des Kindes immer noch nicht genügend gewahrt. Das ergibt sich aus Folgendem:

Eltern, die ihr Umgangsrecht gerichtlich einfordern, müssen weder nachweisen, dass bereits kontinuierliche, gute Kontakte bestehen, noch dass die gewünschten Kontakte dem Kindeswohl dienen.

Verstöße der Eltern gegen ihre Pflicht zu Kontakten haben für sie keine negativen Auswirkungen. Vielmehr können sie später ihr Umgangsrecht dennoch gerichtlich beanspruchen.

Elterliche Kontakte zum Kind können nur dann eingeschränkt oder ausgeschlossen werden, soweit dies zum Kindeswohl erforderlich ist; für längere Zeit ist dies nur möglich, wenn anderenfalls das Kindeswohl gefährdet wäre (vgl. §§ 1684 Abs. 4 S. 1 u. 2) – also jeweils nur bei nicht leicht zu führendem Nachweis. Aber selbst dann kommen ja nach der *Gesetzesbegründung* evtl. noch sog. „begleitete/beschützte Besuche" in Betracht (vgl. § 1684 Abs. 4 S. 3 u. 4 sowie oben).

---

[98] Die bloße abstrakte Möglichkeit genügt für eine Einschränkung nicht (BVerfG, 1 BvR 1410/08 vom 6.11.2009, Absatz-Nr. 20 [FamRZ 2010, S. 109]).
[99] Zur Rückführung ins Ausland entführter Kinder: *Cirullies*, ZKJ 2010, S. 178f.
[100] BT-Drucks. 13/4899, S. 106.

Forderungen an den Gesetzgeber

Im Interesse des Kindes ist daher nach wie vor eine Regelung zu fordern, die Folgendes beachtet:

Ein gerichtlich durchsetzbares Recht der Eltern erscheint nur dann vertretbar, wenn dies dem Kindeswohl dient und dabei insbesondere berücksichtigt wird, ob bereits vorher kontinuierliche, gute Kontakte bestanden haben – vor allem, ob diese Kontakte auch künftig zu erwarten sind.

Ab einem bestimmten Alter (spätestens ab 14 Jahren) ist für Kinder ein Antragsrecht auf wünschenswerte Kontakte zu ihren Eltern und anderen nahen Bezugspersonen vorzusehen (denn ohne jegliche Durchsetzungsmöglichkeit erweist sich ihr „Recht" auf Kontakte als Farce) – außerdem ist dem Kind spätestens ab 14 Jahren (besser ab 12 Jahren) ein Veto-Recht gegen unerwünschte Kontakte einzuräumen.

III. Kontakte des Kindes mit Verwandten und engen Bezugspersonen

Personenkreis

Das KindRG hat am 1.7.1998 erstmalig bestimmten Verwandten sowie nahen Bezugspersonen des Kindes ein „Umgangsrecht" eingeräumt, wenn dies dem Kindeswohl dient (vgl. § 1685). Unter dieser Voraussetzung besitzen ein Kontakt- und evtl. auch Besuchsrecht:

– *Geschwister* (einschließlich sog. Stiefgeschwister),
– *Großeltern*,
– *Stiefeltern*, die für das Kind tatsächliche Verantwortung haben (oder hatten) – was in der Regel bei längerem Zusammenleben angenommen wird (sog. *sozial-familiäre Beziehung*),
– *andere Lebenspartner* eines Elternteils unter denselben Bedingungen,
– *Pflegeeltern* bei Erfüllung derselben Voraussetzungen.

Kein Recht des Kindes

Das Kind besitzt gegenüber diesen nahen Bezugspersonen jedoch kein Recht auf Kontakte oder Besuche (vgl. § 1685 Abs. 3, der nicht auf § 1684 Abs. 1 verweist). Das ist bedauerlich und auch nicht „nachvollziehbar"[101], da der § 1626 Abs. 3 S. 2 (zu Recht) davon ausgeht, dass Kontakte mit Personen, zu denen das Kind Bindungen besitzt, in der Regel zum Kindeswohl gehören, wenn ihre Aufrechterhaltung für seine Entwicklung förderlich ist.

Zunächst bestimmen nach der Gesetzeslage die Personensorge-Inhaber völlig frei über „ob" und „wie" von Kontakten zu o. a. Personen (§ 1632 Abs. 2).

Konfliktfälle

In Konfliktfällen bestehen dieselben Regelungen wie bei Kontaktproblemen mit den Eltern, denn § 1684 Abs. 2–4 finden entsprechende Anwendung (§ 1685 Abs. 3), d. h.:

– auch hier besteht Beratungs-, Unterstützungs-, und Vermittlungspflicht der Jugendhilfe (siehe oben unter II. 3.),
– das FamG kann die Kontakte näher regeln (siehe dazu oben unter II. 4.),
– eine Einschränkung oder der Ausschluss durch das FamG ist hier unter denselben Voraussetzungen vorgesehen wie bei den Eltern (siehe dazu S. 337 ff.).

---

[101] So auch ausdrücklich *Willutzki*, Kind-Prax 1988, S. 11.

IV. Sorgerechtsbefugnisse
während des Besuchs des Kindes

Solange sich das Kind mit Einwilligung des Sorgeinhabers beim besuchsberechtigten Elternteil aufhält, hat dieser die Befugnis zur alleinigen Entscheidung in Angelegenheiten der tatsächlichen Betreuung und damit
auch die sich hieraus ergebenden Verpflichtungen wie z.B. die Aufsichtspflicht (§§ 1687a, 1687 Abs. 1 S. 4).

Tatsächliche
Betreuung

Aufsichtspflicht

Der besuchsberechtigte Elternteil ist aber dann ganz besonders ver-
pflichtet, alles zu unterlassen, was das Verhältnis des Kindes zum anderen
Elternteil beeinträchtigt oder die Erziehung erschwert (§§ 1687a, 1687
Abs. 1 S. 5, 1684 Abs. 2 S. 1).

Wohlverhalten

Das FamG kann diese Befugnisse einschränken oder ausschließen,
wenn dies zum Kindeswohl erforderlich ist (§ 1687a, 1687 Abs. 2). – In
echten Eil- und Notfällen ist dieser Elternteil in allen Belangen des Kindes
entscheidungsbefugt (§§ 1687a, 1687 Abs. 1 S. 5, 1629 Abs. 1 S. 4).

Gerichtliche
Beschränkungen
Eil- und Notfälle

V. Auskunftsrecht

Jeder Elternteil kann bei berechtigtem Interesse vom anderen Elternteil
Auskunft über die persönlichen Verhältnisse des Kindes verlangen, soweit
dies dem Kindeswohl nicht widerspricht (§ 1686 S. 1).

Voraussetzungen

Ein berechtigtes Interesse besteht nur dann, wenn für einen Elternteil
keine Kontakte zum Kind vorhanden sind, so dass er sich nicht über die
Entwicklung und das Wohlergehen seines Kindes informieren kann. Dieser Anspruch ist somit grundsätzlich nur anzuerkennen bei akuten Anlässen

Berechtigtes Interesse

> **Beispiele:** Schulwechsel/-abschluss, schwere Erkrankung, Unfall

oder wenn ein Elternteil keinen persönlichen Kontakt zum Kind aufnehmen kann, weil ihm das aus tatsächlichen Gründen

> **Beispiele:** weite Entfernung, Auslandsaufenthalt, Inhaftierung, schwere oder
> ansteckende Krankheit oder Alter

oder aus rechtlichen Gründen

> **Beispiele:** Einschränkung oder Ausschluss des Umgangs durch das FamG

nicht möglich ist.

Der Anspruch richtet sich auf Auskünfte über die persönlichen Verhältnisse des Kindes.

Inhalt der Auskunft

> **Beispiele:** Auskunft über das persönliche (auch gesundheitliche) Befinden, über
> schulische Leistungen, Ausbildungs- und Berufspläne.

Eine Unvereinbarkeit mit dem Kindeswohl ist bei Auskunftsverlangen
z.B. dann denkbar, wenn die schützenswerte Intimsphäre des Kindes oder
Jugendlichen beeinträchtigt ist oder wenn zu befürchten ist, dass die Auskünfte dem Kindeswohl abträgliche persönliche Kontakte ermöglichen
sollen. Das Auskunftsrecht kann aber gerichtlich nicht völlig ausgeschlossen werden (vgl. § 1686).

Kindeswohl-
gefährdung

Bei Streit über das Auskunftsrecht ist das FamG zuständig (§ 1686 S. 2).
Antragsberechtigt wäre jeder Elternteil.

Bei Streit: FamG

Wenn über das elterliche Auskunftsrecht gestritten wird, besteht besonderer Beratungs- und Unterstützungsbedarf. Denn hier geht es nicht nur um berechtigte (oder unberechtigte) Informationsbedürfnisse der Eltern, sondern auch um Wahrung der Belange des Kindes (s.o.) und eventuell auch um die des von Auskunftsverlangen betroffenen anderen Elternteils. Da auch hier z.T. erbittert „gefochten" wird, [102] kommt der in § 18 Abs. 3 S. 4 SGB VIII festgelegten Hilfe und Vermittler-Rolle des Jugendamts große Bedeutung zu.[103]

I. Ende der elterlichen Sorge

Ende nur durch: Adoption und Volljährigkeit des Kindes Da das elterliche Sorgerecht von unserer Verfassung als *Grundrecht geschützt* (vgl. Art. 6 Abs. 2 S. 1 GG sowie oben S. 269) und daher seiner Substanz nach *unentziehbar* ist (siehe dazu S. 295), kann (zum Schutze des Kindeswohls) nur deren Ausübung beschränkt oder gänzlich entzogen werden, wie das in den §§ 1666–1667 vorgesehen ist (siehe dazu S. 328 ff.). Ein Ende der elterlichen Sorge tritt daher nur bei Volljährigkeit oder Adoption des Kindes ein (vgl. § 1626 Abs. 1 und § 1755). Das gilt selbst bei schwersten Verfehlungen gegenüber dem Kind, da die „Verwirkung" der elterlichen Sorge (§ 1676 BGB aF) seit 1.1.1980 weggefallen ist.

---

[102] Umfangreiche Rechtsprechungsnachweise hierzu bei *Schleicher* in GK-SGB VIII, § 18, nach Rn. 93.
[103] *Schleicher* in GK-SGB VIII, § 18, Rn. 79 ff.

Kapitel 9. Adoptionsrecht

Übersicht

A. Vorbemerkungen

Da das BGB fast keine Fremdworte verwendet, spricht es von „der Annahme als Kind" (und nicht von: „Adoption"). Das ist auch bei der umfassenden Reform des Adoptionsrechts im Jahre 1977 beibehalten worden. Allerdings verwendet das *Adoptionsvermittlungsgesetz* (AdVermiG) im Titel wie in seinen Bestimmungen das Wort „Adoption". (Nachfolgend wird nur dieses viel gebräuchlichere Wort „Adoption" verwandt.) **BGB-Terminologie „Annahme als Kind"**

Durch die Adoptionsreform von 1977 wurde das alte Rechtsinstitut der „Annahme an Kindes Statt" abgeschafft, das (1896!) kinderlosen Ehepaaren ermöglichen wollte, ihren Namen und ihr Vermögen zu erhalten. Zu diesem Zweck konnten sie mit anderen Erwachsenen (!) einen „Adoptionsvertrag" schließen, der der Genehmigung des VG bedurfte. Schon bald entsprach diese gesetzliche Regelung nicht mehr den tatsächlichen Bedürfnissen der Bürger. Denn es suchten nicht vordringlich kinderlose „Eltern" junge Erwachsene als Erben, sondern es suchten zunehmend elternlose minderjährige Kinder Eltern. Dennoch wurden erst 1950 Ausnahmen vom bis dahin unumstößlichen Gebot der Kinderlosigkeit und des (insofern konsequenten) Mindestalters von 50 Jahren zugelassen. Die sich aus dem Vertragssystem ergebenden mehr als eigenartigen Rechtsfolgen wurden dagegen bis Ende 1976 beibehalten: **Historische Entwicklung** **Rechtswirkungen vor 1977**

– Es entstanden nur Rechtsbeziehungen zu den Adoptiveltern, nicht jedoch zu deren Verwandten.
– Das Erbrecht zur leiblichen Familie des Kindes blieb bestehen.
– Das Kind und seine leiblichen Eltern blieben einander unterhaltspflichtig (wenn auch nur nachrangig).
– Die Adoptiveltern konnten im Adoptionsvertrag das Erbrecht für das Adoptivkind ausschließen und sie selbst besaßen (kraft Gesetzes) kein Erbrecht gegenüber dem Kind.

Diese (schier unglaublichen) Rechtsfolgen sind erst 1977 durch die sog. Volladoption abgelöst worden; d.h.: erst seit diesem Zeitpunkt wird das Adoptivkind rechtlich aus seiner Ursprungsfamilie herausgelöst und in die Adoptiv-Familie hinein gegeben wie ein leiblicher Abkömmling (vgl. §§ 1754, 1755 sowie S. 361 ff.). Adoptionen stellen somit den weitest gehenden Eingriff in die Familie dar. Nirgendwo sonst spielt der Staat so sehr Schicksal wie hier. Daher bedürfen Adoptionen ganz besonders sorgfältiger Überlegungen und Vorbereitungen sowie einer Nachbetreuung. **Seit 1977 Volladoption**

Seit Abschaffung des VormG am 1.9.2009 ist das FamG für Adoptionen zuständig (§§ 23a Abs. 1 S. 1 Nr. 1, 23b Abs. 1 GVG; § 111 Nr. 4 FamFG). **Seit dem 1.9.2009 ist FamG zuständig**

B. Adoption Minderjähriger

I. Rechtliche Voraussetzungen

1. Das Adoptivkind

a) Das Kindeswohl

Kindesinteressen allein maßgeblich

Bereits die Eingangsvorschrift des Adoptionsrechts hebt hervor, dass jede Adoption primär dem Kindeswohl zu dienen hat und nicht den Interessen der Adoptionsbewerber. § 1741 Abs. 1 S. 1 bestimmt nämlich, dass eine Adoption nur zulässig ist, wenn sie dem Wohl des Kindes dient und zu erwarten ist, dass zwischen dem Annehmenden und dem Kind ein echtes Eltern-Kind-Verhältnis entsteht *(soziale Elternschaft)*. Diese – von den Adoptionsvermittlungsstellen und schließlich vom FamG zu überprüfenden – Voraussetzungen sind nur dann als erfüllt anzusehen, wenn

Bessere Entwicklung

– ein Kind in seiner Ursprungsfamilie trotz des Einsatzes öffentlicher Erziehungshilfen keine ausreichenden Entwicklungschancen besitzt,
– die Aufnahme und dauerhafte Integration in einer bestimmten (Ersatz-) Familie seinen Lebens- und Entwicklungs-Bedarf am besten gerecht wird,
– andere Formen der Fremdunterbringung (wie z. B. eine Pflege-Familie) den Bedürfnissen des Kindes nicht gerecht werden.

Interessenabwägung

Die – grundsätzlich natürlich zu respektierenden – Interessen der leiblichen Eltern sowie die der Adoptiveltern haben hiergegen zurückzutreten. Vorrangig und damit entscheidend ist, ob sich durch eine Adoption die Entwicklungs-Chancen des Kindes voraussichtlich wirklich verbessern. Daher darf eine Adoption dann nicht erfolgen, wenn zu befürchten ist, dass durch evtl. vorhandene (leibliche oder Adoptiv-) Kinder der Adoptiveltern die Interessen des Adoptivkindes gefährdet werden (vgl. § 1745).

Es wäre jedoch ein dem Kindeswohl abträgliches Missverständnis, deshalb kinderlose Adoptionsbewerber generell zu bevorzugen.

b) Einwilligung des Kindes

Mitwirkung der gesetzlichen Vertreter

Zur Adoption ist die Einwilligung des Kindes erforderlich (§ 1746 Abs. 1 S. 1). Solange das Kind noch nicht 14 Jahre alt oder geschäftsunfähig iSd § 104 Nr. 2 (d. h.: geisteskrank) ist, erteilen diese Einwilligung seine gesetzlichen Vertreter (§ 1746 Abs. 1 S. 2). Ab Vollendung des 14. Lebensjahres kann das Kind seine Einwilligung zwar nur selbst erteilen, seine gesetzlichen Vertreter müssen dieser aber zustimmen (§ 1746 Abs. 1 S. 3). Diese Zustimmung ist seit 1.7.1998 jedoch nicht mehr nötig, wenn die leiblichen Eltern des Kindes nach §§ 1747, 1750 ihrerseits bereits unwiderruflich in die Adoption eingewilligt haben oder das FamG deren Einwilligung nach § 1748 ersetzt (s. dazu S. 349) hat (vgl. § 1746 Abs. 3 HS 2). – Wenn bei unterschiedlicher Staatsangehörigkeit von Kind und Adoptionsbewerbern die Adoption nicht deutschem Recht unterliegt, bedarf die Einwilligung des Kindes der Genehmigung des FamG (§ 1746 Abs. 1 S. 4).

Ersetzung durch FamG bei Vormund/Pfleger

Wird die Einwilligung oder Zustimmung von einem Vormund oder Pfleger ohne triftigen Grund verweigert, so kann das FamG diese ersetzen – bei leiblichen Eltern dagegen *nicht* (vgl. § 1746 Abs. 3 HS 1).

Die Selbstständigkeit bereits 14-jähriger Minderjähriger wird bei dieser weitreichendsten Änderung ihrer familienrechtlichen Verhältnisse voll respektiert. Denn gegen ihren Willen kann eine Adoption nicht erfolgen, da ihre Einwilligung vom FamG nicht ersetzt werden kann (vgl. § 1746). Bereits 14 Jahre alte, nicht geschäftsunfähige (d. h. gem. § 104 Nr. 2: nicht geisteskranke) Minderjährige können ihre Einwilligung noch bis zum Wirksamwerden des Ausspruchs der Adoption (d. h. gem. § 197 Abs. 2 FamFG mit dessen Zustellung an die Adoptionsbewerber) durch das FamG (vgl. § 1752 Abs. 1) diesem gegenüber widerrufen, ohne dass eine Zustimmung ihres gesetzlichen Vertreters erforderlich ist, sofern der Widerruf öffentlich beurkundet wird (vgl. § 1746 Abs. 2), d. h.: entweder (kostenpflichtig) vom Notar (§ 1 BeurkG) oder (kostenfrei) vom JA gemäß § 59 Abs. 1 S. 1 Nr. 6 SGB VIII.

Ab 14 Jahren Selbstbestimmung

2. Die Adoptiveltern

a) Ehepaare

Der Gesetzgeber geht von der gemeinsamen Adoption durch ein Ehepaar als dem erstrebenswerten Normalfall aus (§ 1741 Abs. 2 S. 2), da das Adoptivkind „in eine harmonische und lebenstüchtige Familie, die sich in der Regel um ein Ehepaar gruppiert, aufgenommen werden soll"[1] (zu den Ausnahmen vgl. S. 346).

Als Normalfall vorgesehen

Wenn ein Ehepaar ein Kind adoptieren will, muss der eine Ehegatte mindestens das 25. und der andere das 21. Lebensjahr vollendet haben (§ 1743 S. 2). – Eine Befreiungsmöglichkeit vom Mindestalter ist seit 1977 nicht mehr vorgesehen (vgl. § 1743).

Mindestalter für Adoptionsbewerber

b) Andere Lebensgemeinschaften

Anderen Lebensgemeinschaften als Eheleuten gestattet der Gesetzgeber die gemeinschaftliche Adoption nicht; vielmehr könnte hier nur einer der beiden ein Kind allein adoptieren (vgl. § 1741 Abs. 2 S. 1). Das wird damit begründet, dass jede andere Lebensgemeinschaft als die Ehe rechtlich nicht so abgesichert sei, um eine gemeinschaftliche Adoption des Kindes durch ihre Mitglieder zu rechtfertigen und somit die Voraussetzungen nicht erfüllt seien, um das Kind rechtlich in diese Gemeinschaft einzuordnen.[2] – Mit dieser Argumentation wird *bisher* auch eingetragenen Lebenspartnerschaften iSd LebenspartnerschaftsG eine gemeinsame Adoption verwehrt. Allerdings kann ein Lebenspartner mit Zustimmung des anderen ein Kind allein adoptieren oder ein leibliches (aber kein adoptiertes) Kind des anderen Lebenspartners adoptieren (vgl. § 9 Abs. 6 u. 7 LebenspartnerschaftsG). Das *Bundesverfassungsgericht* hat jedoch am 19.2.2013 entschieden[3], dass § 9 LPartG mit Art. 3 Abs. 1 GG *unvereinbar* ist, soweit danach die Adoption eines von einem eingetragenen Lebenspartner adoptiertes Kind durch den anderen Lebenspartner (sog. „Sukzessiv-Adoption") nicht möglich ist. Das BVerfG hat zugleich dem Gesetzgeber aufgegeben, bis zum 30.6.2014 eine verfassungsgemäße Regelung zu tref-

Gemeinsame Adoption nicht möglich

Eingetragene Lebenspartner

---

[1] Amtliche Begründung zum AdoptG von 1976, BR-Drucks. 691/74, S. 28.
[2] RegE des AdoptG, BR-Drucks. 691/74, S. 30.
[3] Vgl. BGBl. I S. 428.

fen sowie entschieden, dass bis zur gesetzlichen Neuregelung § 9 Abs. 7 LPartG mit der Maßgabe anzuwenden ist, dass „Sukzessiv-Adoptionen" möglich sind.

c) Allein-Adoption eines Ehegatten

Grundsätzlich kann ein Ehepaar ein Kind nur gemeinsam adoptieren (§ 1741 Abs. 2 S. 2). In folgenden Fällen ist jedoch die Adoption durch einen Ehegatten, der das 21. Lebensjahr vollendet hat (vgl. § 1743 Satz 1 HS 2), allein möglich:

Stiefkind-Adoption	– bei der sog. „Stiefkind"-Adoption (§ 1741 Abs. 2 S. 3) – siehe dazu S. 347,
Mindestalter erfüllt anderer Ehegatte nicht	– wenn der andere Ehegatte das Mindestalter von 21 J. (vgl. § 1743 S. 2) nicht erfüllt (§ 1741 Abs. 2 S. 4),
Geisteskrankheit des anderen Ehegatten	– wenn der andere Ehegatte geschäftsunfähig (d.h. gemäß § 104 Nr. 2: geisteskrank) ist (§ 1741 Abs. 2 S. 4) (hier wird eine Adoption aber wohl kaum zum Kindeswohl sein).
Einwilligung des anderen Ehegatten stets nötig	In diesen Fällen ist die Einwilligung des anderen Ehegatten erforderlich, es sei denn, dieser wäre zu deren Abgabe dauernd außerstande oder dauernd unbekannten Aufenthalts (vgl. § 1749 Abs. 2 u. 3).

d) Einzelpersonen

In der Praxis Ausnahmefälle

Eine Einzelperson, die das 25. Lebensjahr vollendet hat, kann ebenfalls ein Kind adoptieren (§§ 1741 Abs. 2 S. 1, 1743 Satz 1). Dieser Adoptionsfall wird vom Gesetzgeber – wie auch meist in der Adoptionspraxis – jedoch nur als Ersatzlösung angesehen, d.h., wenn im konkreten Einzelfall kein geeignetes Ehepaar vorhanden ist.[4] Daran ändert auch der Umstand nichts, dass dieser Adoptionsfall seit 1.7.1998 gesetzlich sogar an erster Stelle genannt wird (vgl. § 1741 Abs. 2), denn dies geschah bei der durch das KindRG erfolgten Neufassung der Vorschrift ohne spezielle Intention mehr zufällig.[5] Ohnehin ist hier von den Adoptions-Vermittlungsstellen besonders sorgfältig zu prüfen, ob sich eine Einzelperson in der ersten – bei Adoptionen eminent wichtigen – Phase des Zusammenlebens dem Kind voll widmen kann. – Das immer wieder gegen Adoptionen durch Einzelpersonen vorgebrachte Argument, das Kind werde dann nur mit einem Familienstamm neu verbunden, erscheint dagegen weniger gewichtig, weil es bei Adoptionen vor allem auf emotionale und soziale stabile Bezüge und nicht auf vermögensrechtliche Absicherung ankommen sollte. – Mehrere Einzelpersonen (z.B. ein Geschwisterpaar) können jedoch nicht gemeinsam ein Kind adoptieren.

Adoption eigener ne. Kinder seit 1.7.1998 unzulässig

Die Regelung des § 1741 Abs. 3 aF, sein eigenes nichteheliches Kind adoptieren zu können, hat das KindRG seit 1.7.1998 abgeschafft und damit endlich eine Perversion des Rechts überwunden. Das BVerfG[6] hatte ohnehin die Verfassungsmäßigkeit dieser – schier unglaublichen – Adoptionsmöglichkeit bezweifelt, die damit gerechtfertigt worden war, dass das Kind dadurch die (damals) bessere Rechtsstel-

---

[4] So der RegE des AdoptG, aaO, S. 29.
[5] Siehe BT-Drucks. 13/4899, S. 111.
[6] Beschluss vom 7.3.1995, vgl. FamRZ 1995 S. 789.

lung eines ehelichen Kindes erlangen konnte. (Es hatte dadurch jedoch seinen anderen Elternteil und dessen Familie rechtlich völlig verloren.)

e) Stiefkind-Adoptionen

Verheiratete können das Kind ihres Ehegatten (= ihr sog. Stiefkind) allein adoptieren (§ 1741 Abs. 2 S. 3). Dabei handelt es sich entweder um ein Kind aus der (durch Scheidung oder Tod) aufgelösten Ehe seines Ehegatten oder um dessen nichteheliches Kind. Der Sinn dieser Regelung ist es, das sog. Stiefkind – auch rechtlich gesehen – vollständig in die Familie der Ehegatten aufzunehmen. Es erhält daher durch diese Adoption die Rechtsstellung eines gemeinschaftlichen ehelichen Kindes beider Ehegatten (§ 1754 Abs. 1). – Die Hälfte aller Adoptionen betrifft Stiefkinder [7].

Begriff

Sonderheiten:

Bei der „Stiefkind"-Adoption gilt bezüglich des Alterserfordernisses, dass der Adoptierende nur das 21. Lebensjahr vollendet haben muss (§ 1743 S. 1). Das ist unabhängig davon, wie alt der andere Ehegatte (leibliche Elternteil) ist.

Alterserfordernis

Wenn das „Stiefkind" bereits in der Familie des Adoptionsbewerbers lebte, kann hier sicherlich in den meisten Fällen auf eine gesonderte Adoptionspflegezeit (vgl. § 1744 sowie S. 359) verzichtet werden. Etwas anderes gilt, wenn der Adoptionsbewerber erst vor kurzem geheiratet hat. Hier empfiehlt es sich unbedingt, eine Zeit lang abzuwarten, wie sich die Beziehungen und Bedingungen zu dem „Stiefkind" tatsächlich entwickeln.

Adoptionspflegezeit

f) Verwandten-Adoptionen

Sie sind unbegrenzt möglich[8], denn das BGB sieht keine Einschränkung vor (vgl. § 1756 Abs. 1). Anlass sind meist Tod oder Scheidung der Eltern, aber auch eigene Kinderlosigkeit auf der einen und „Kinderreichtum" – nicht selten verbunden mit problematischen persönlichen und wirtschaftlichen Verhältnissen – auf der anderen Seite.

Bedeutung

Solange das Kindeswohl dabei im Vordergrund steht und gewährleistet ist, dass zwischen den beteiligten Personen ein echtes Eltern-Kind-Verhältnis entsteht, erfüllt die Adoption von Verwandten (z.B. durch Onkel und Tante) ebenfalls eine wichtige soziale Funktion, wenn sie dem Adoptivkind eine bessere Entwicklung ermöglicht. Das gilt vor allem für Fälle, bei denen durch die Adoption eine Heimunterbringung vermieden werden kann.

Tante/Onkel

Die uneingeschränkte Möglichkeit, Verwandte zu adoptieren, erscheint aber nicht unbedenklich. Ist es wirklich möglich, zwischen Geschwistern oder zwischen Großeltern und Enkelkindern ein „Eltern-Kind-Verhältnis" oder „solche Beziehungen herzustellen, wie sie zwischen Eltern und Kindern üblicherweise bestehen"?[9] Das ist hier aufgrund der natur-

Adoptionen durch Geschwister und Großeltern bedenklich

---

[7] Statistisches Bundesamt für das Jahr 2012 (Destatis – Bevölkerung, Kinder- und Jugendhilfe, Adoption).
[8] Sie machten laut Statistischem Bundesamt (aaO) im Jahr 2012 immerhin 3% aller Adoptionen aus.
[9] Davon geht jedoch der RegE des AdoptG, aaO, S. 29, aus.

gegebenen Verhältnisse wohl nur schwer erfüllbar. Derartige Adoptionen werden nach allgemeiner Anschauung – aber auch nach der der Beteiligten – vielmehr als künstlich angesehen. Das aber soll und darf durch eine Adoption gerade nicht geschehen. Die an sich wünschenswerte Betreuung des Waisenkindes (der wohl häufigste Anlass einer derartigen Adoption) durch nahe Verwandte könnte auch durch Einrichtung einer Vormundschaft gewährleistet werden. Allerdings bietet eine Adoption unterhalts- und erbrechtlich eine bessere Absicherung.

Zu den Problemen der Rechtswirkungen, die sich aus einer solchen Adoption naher Verwandter zwangsläufig ergeben, siehe S. 364.

3. Die leiblichen Eltern

a) Einwilligung der Eltern

Freigabeerklärung beider Eltern nötig

Seit 1.7.1998 ist stets die Einwilligung beider leiblichen Eltern zur Adoption (sog. „Freigabe") erforderlich, denn seitdem wird hier nicht mehr zwischen ehelicher und nichtehelicher Geburt unterschieden (vgl. § 1747 Abs. 1 S. 1). Die Einwilligung ist gemäß § 1747 Abs. 2 S. 2 auch dann wirksam, wenn ein Elternteil die schon feststehenden[10] Adoptionsbewerber nicht kennt (sog. Inkognito-Freigabe). Daraus folgt, dass eine generelle Freigabe des Kindes in eine beliebige Adoption (sog. Blanko-Freigabe) – entgegen einer verbreiteten Forderung in Wissenschaft und Praxis – nicht wirksam ist, denn das Kind soll nicht zum „Niemands-Kind" werden.[11]

Inkognito-Freigabe zulässig

Blanko-Freigabe unzulässig

8-Wochen- „Sperrfrist"

Die elterliche Einwilligung zur Adoption kann erst dann wirksam erteilt werden, wenn das Kind acht Wochen alt ist (§ 1747 Abs. 2 S. 1).

Die bis Ende 1976 geltende „Sperrfrist" von drei Monaten hatte sich in der Praxis der Adoptionsvermittlung als zu lang erwiesen, da die Adoptionsbewerber fast ausnahmslos die Kinder unmittelbar nach der Geburt zu sich nehmen wollen, um zu ihnen möglichst früh natürliche Bindungen aufbauen zu können. – Der RegE zum AdoptG hatte daher eine Frist von sechs Wochen vorgesehen. In der Diskussion der Adoptionsreform wurde zum Teil sogar die Forderung erhoben, überhaupt von einer „Sperrfrist" abzusehen und die „Freigabe" zur Adoption bereits vor der Geburt des Kindes zuzulassen. (Zur Ausnahme bei Vätern nichtehelicher Kinder siehe S. 350 f.)

Die gesamte Diskussion um die „Freigabefrist" ist auch im Zusammenhang mit der Problematik und der (mehrfachen) Reform des § 218 StGB zu sehen, auf die jedoch in diesem Rahmen nicht eingegangen werden kann.

Überlegungsfrist

Das AdoptG hat versucht, das berechtigte Interesse an einer möglichst frühen Adoption und den Schutz vor unüberlegter Weggabe des Kindes in einer – evtl. nur momentan – ausweglos erscheinenden Situation dadurch auszugleichen. Es macht zwar die Einhaltung der Überlegungsfrist von acht Wochen für leibliche Eltern in § 1747 Abs. 2 S. 1 zur zwingenden Wirksamkeitsvoraussetzung, erklärt aber in § 7 Abs. 1 S. 3 AdVermiG den Beginn der Ermittlungen bei den Adoptionsbewerbern schon vor der

---

[10] Dazu genügt die Bezugnahme auf eine Nummer der Bewerberliste der Adoptionsvermittlungsstelle, da diese eine öffentliche Urkunde ist, die nachträglich nicht geändert werden darf (Empfehlungen zur Adoptionsvermittlung der Bundesarbeitsgemeinschaft der Landesjugendämter 2009, S. 39).

[11] RegE des AdoptG, S. 30.

Geburt zum Regelfall („soll"), wenn zu erwarten ist, dass die Einwilligung zur Adoption erteilt werden wird (§ 7 Abs. 1 S. 3 AdVermiG).

Damit eine mögliche Adoption nicht für unbestimmte Zeit verzögert wird oder sogar ganz scheitert, bedarf es keiner Einwilligung, wenn der betreffende Elternteil zur Abgabe einer Erklärung dauernd außerstande (z.B. gem. § 104 Nr. 2) oder sein Aufenthalt dauernd unbekannt (wie z.B. beim Findelkind oder bei Nichtfeststellung der Vaterschaft eines Kindes) ist (§ 1747 Abs. 4).

Einwilligung nicht nötig

Die gemäß § 1750 Abs. 2 unbedingte und unwiderrufliche Einwilligungserklärung kann nur persönlich gegenüber dem FamG abgegeben werden (§ 1750 Abs. 1 u. 3). Sie bedarf der notariellen Beurkundung (§ 1750 Abs. 1 S. 2). Bei minderjährigen und damit beschränkt geschäftsfähigen (vgl. § 106) leiblichen Eltern ist die Zustimmung ihrer gesetzlichen Vertreter nicht erforderlich (§ 1750 Abs. 3 S. 2).

Einwilligung ist unbedingt und unwiderruflich

Eine Freigabe-Erklärung verliert ihre Wirksamkeit, wenn der Adoptionsantrag zurückgenommen oder vom FamG abgelehnt wird oder das Adoptionsverfahren innerhalb von drei Jahren nicht zum Ausspruch der Adoption durch das FamG geführt hat (vgl. § 1750 Abs. 4). In all diesen Fällen müsste also eine erneute Freigabe erfolgen.

Freigabeerklärung nicht unbegrenzt wirksam

Das Erfordernis der Einwilligung der Eltern besteht unabhängig davon, ob ihnen die elterliche Sorge für das Kind zusteht oder nicht. Das bedeutet also, dass beide Elternteile des Kindes auch dann einwilligen müssen, wenn:

Einwilligung unabhängig vom Sorgerecht nötig

– ein Elternteil bei Getrenntleben oder Scheidung,
– der Vater eines nichtehelichen Kindes,
– ein Elternteil infolge des Entzugs der gesamten elterlichen Sorge

nicht Inhaber der elterlichen Sorge ist.

b) Ersetzung der elterlichen Einwilligung

Voraussetzungen

Verweigert ein Elternteil die erforderliche Einwilligung, so muss das FamG sie gemäß § 1748 Abs. 1 S. 1 auf Antrag des Kindes ersetzen,

ist sein gesetzlicher Vertreter der betr. Elternteil oder dessen Ehegatte, so ist Pflegerbestellung nötig (vgl. §§ 1629 Abs. 2, 1795 Abs. 1 Nr. 1, 3, Abs. 2, 181); zudem ist gem. § 191 FamFG ein *Verfahrensbeistand* für das Kind zu bestellen (beides hat vom FamG vAwg zu erfolgen).

wenn dieser Elternteil seine Pflichten gegenüber dem Kind anhaltend gröblich verletzt

Anhaltend grobe Pflichtverletzungen

Beispiele: Unterlassen jeglicher Pflege; Verweigerung notwendiger ärztlicher Behandlungen; „Untertauchen" mit der Folge der Unauffindbarkeit eines Elternteils; wiederholte schwere Kindesmisshandlungen; lebensbedrohliche Nichtversorgung

oder durch sein Verhalten gezeigt hat, dass ihm das Kind gleichgültig ist

Gleichgültigkeit

Beispiele: Fehlen jeglicher gefühlsmäßigen Bindung; keinerlei Kontaktaufnahme; völliges Desinteresse bzgl. des Schicksals des Kindes

und das Unterbleiben der Adoption dem Kind zu unverhältnismäßigem Nachteil gereichen würde

Nachteil für Kind unverhältnismäßig

Beispiele: Befürchtung von überdurchschnittlichen Entwicklungsstörungen oder ständig wechselnden Unterbringungen; Verlust der Chance, in einer Familie aufzuwachsen.

Besonders schwere Pflichtverletzungen

Die Ersetzung ist ferner möglich, wenn die Pflichtverletzung zwar nicht anhaltend, aber besonders schwer ist und das Kind voraussichtlich dauernd nicht mehr der Obhut des Elternteils anvertraut werden kann (§ 1748 Abs. 1 S. 2).

Beispiele: Sexueller Missbrauch; Aussetzung oder versuchte Tötung des Kindes; ein Elternteil tötet den anderen oder die Person, bei der das Kind lebt.

Verfahren bei Gleichgültigkeit

Wegen gleichgültigen Verhaltens, das nicht zugleich eine anhaltende gröbliche Pflichtverletzung (s. dazu oben) darstellt (weil das Kind vielleicht anderwärtig – Pflegestelle, Heim etc. – ausreichend versorgt wird), darf die Einwilligung nur ersetzt werden, wenn der betreffende Elternteil mindestens drei Monate vorher vom JA darüber belehrt worden ist und sich weiterhin in keiner Weise um das Kind kümmert; darauf muss das JA den betreffenden Elternteil hinweisen (vgl. § 51 Abs. 1 SGB VIII); dabei läuft die Frist frühestens fünf Monate nach der Geburt des Kindes ab (§ 1748 Abs. 2, S. 1–3). Der Belehrung bedarf es jedoch nicht bei Aufenthaltswechsel eines Elternteils ohne Angabe der neuen Adresse und daraufhin erfolgter drei-monatiger vergeblicher Nachforschung durch das JA (vgl. § 1748 Abs. 2 S. 2).

Geisteskranke Eltern

Die Einwilligung eines Elternteils kann ferner ersetzt werden, wenn er wegen besonders schwerer geistiger Gebrechen zur Pflege und Erziehung des Kindes dauernd unfähig ist und wenn das Kind bei Unterbleiben der Adoption nicht in einer Familie aufwachsen könnte und dadurch in seiner Entwicklung schwer gefährdet wäre (§ 1748 Abs. 3).

Zur Verfassungs-mäßigkeit

Problematik

Die Ersetzung der elterlichen Einwilligung wurde erstmals durch das Familienrechtsänderungsgesetz vom 11.8.1961 eingeführt. Diese Vorschrift hat das Bundesverfassungsgericht als mit dem Grundgesetz vereinbar erklärt[12]. Durch das „Gesetz vom 14.8.1973 zur Änderung von Vorschriften des Adoptionsrechts" sowie durch das AdoptG wurde diese Möglichkeit erweitert. – Die Notwendigkeit einer Ersetzungsmöglichkeit liegt auf der Hand. Gerade in den Fällen, in denen überlegt wird, ob eine Adoption gegen den Willen der leiblichen Eltern erfolgen soll, wird die Herauslösung des Kindes aus seiner bisherigen Familie wohl besonders dringlich sein. Da durch die Ersetzung in den natürlichen Familienverband und das Elternrecht (die beide gem. Art. 6 GG verfassungsmäßigen Schutz genießen) eingegriffen wird, ist dies nur zulässig, wenn die Grundrechte des Kindes auf Achtung seiner Menschenwürde und Entfaltung seiner Persönlichkeit (Art. 1 und 2 GG) sowie schwere Verletzungen der dem Elternrecht inne wohnende Pflichtbindung dies rechtfertigen. § 1748 trägt dem Rechnung, indem er unter Abgrenzung der beiderseitig geschützten Grundrechtspositionen unter bestimmten, fest umrissenen Voraussetzungen das Kindesinteresse gegen das Elterninteresse durchsetzt.

c) Sonderheiten bei „nichtehelichen" Vätern

Einwilligung stets nötig

Seit 1.7.1998 müssen stets beide Eltern, also auch Väter nichtehelicher Kinder, mit einer Adoption einverstanden sein (vgl. § 1747 Abs. 1 S. 1). Ihre Einwilligung ist nicht nur dann erforderlich, wenn die Vaterschaft auf-

---

[12] BVerfGE 24 S. 119 = FamRZ 1968 S. 578.

grund Anerkennung (§ 1597) oder gerichtlicher Entscheidung (§ 1600d) feststeht, sondern auch dann, wenn kein Mann als Vater iSd § 1592 anzusehen ist, aber ein Mann im Adoptionsverfahren behauptet, Vater des Kindes zu sein. Dazu wäre erforderlich, dass er gegenüber dem FamG gem. § 31 Abs. 1 FamFG glaubhaft macht (z.B. durch Versicherung an Eides statt), dass er der Mutter während der Empfängniszeit (§ 1600d Abs. 3) beigewohnt hat (vgl. §§ 1747 Abs. 1 S. 2, 1600d Abs. 2 S. 1).

Vaterschaftsfeststellung nicht unbedingt erforderlich

Diese Regelung zugunsten „denkbarer" Väter war im Gesetzgebungsverfahren zum KindRG umstritten, weil „unwürdige und unhaltbare Zustände und Ergebnisse" sowie eine verstärkte Tendenz von Müttern, den Namen des Vaters zu verschweigen, befürchtet wurden.[13] Es ist jedoch nicht zu leugnen, dass eine frühkindliche Adoption nichtehelicher Kinder weithin illusorisch wäre, wollte man die rechtsverbindliche Klärung der Abstammung zur Voraussetzung der Freigabeerklärung durch ihre Väter machen. Denn dann würde viel Zeit verloren gehen, die eine Adoptionsvermittlung sehr erschwert oder gar unmöglich macht, da Adoptionsbewerber sich ohnehin meist nur um Säuglinge bemühen und auch nur um solche, bei denen die Freigabe-Erklärung unproblematisch ist.

§ 1747 Abs. 2 bestimmt zwar, dass in eine Adoption erst eingewilligt werden kann, wenn das Kind bereits acht Wochen alt ist, weil man wegen der Unwiderruflichkeit der Entscheidung (vgl. § 1750 Abs. 2 S. 2) vor allem allein stehende Mütter vor übereilten Entschlüssen schützen will (siehe dazu S. 348). Väter nichtehelicher Kinder werden dagegen nicht für besonders schutzwürdig angesehen. § 1747 Abs. 3 Nr. 1 sieht daher vor, dass sie ihre Freigabeerklärung bereits vor der Geburt des Kindes abgeben können, sofern keine – pränatal mögliche – Sorgeerklärung vorliegt (vgl. dazu §§ 1626a, 1626b Abs. 2 sowie S. 304 ff.).

Einwilligung pränatal möglich

Verweigert der Vater eines nichtehelichen Kindes, der nicht Sorge-Inhaber ist, die Einwilligung in die Adoption, kann das FamG diese unter erleichterten Voraussetzungen ersetzen. Hier genügt es, dass das Unterbleiben der Adoption dem Kind zu unverhältnismäßigem Nachteil gereichen würde (vgl. § 1748 Abs. 4). Es werden dann also nur die Kindesinteressen berücksichtigt und es muss kein Fehlverhalten oder Betreuungsunfähigkeit des Vaters vorliegen, wie das bei anderen Eltern Voraussetzung ist (vgl. § 1748 Abs. 1–3 sowie S. 349 ff.).

Erleichterte Ersetzung durch FamG vorgesehen

Nicht sorgeberechtigte nichteheliche Väter können in öffentlich beurkundeter Form – unwiderruflich – darauf verzichten, die Übertragung der elterliche Sorge nach § 1626a Abs. 2 und § 1671 Abs. 2 zu beantragen (§ 1747 Abs. 3 Nr. 2). Darin liegt zwar kein Verzicht auf eine Einwilligung zur Adoption. Jedoch sind hiermit die Voraussetzungen für die erleichterte Ersetzung nach § 1748 Abs. 4 (siehe dazu oben) geradezu vorprogrammiert, worauf die Jugendämter bei ihrer nach § 51 Abs. 3 SGB VIII vorgeschriebenen Beratung hinzuweisen haben.[14]

Verzicht auf Übertragung elterlicher Sorge

Durch einen solchen Antrag nach § 1626a Abs. 2 oder § 1671 Abs. 2 hat nämlich der Vater eines nichtehelichen Kindes gute Aussichten, die Adoption seines Kindes zu verhindern, weil dann eine Adoption erst ausgesprochen werden darf, nachdem über seinen Antrag entschieden worden ist (§ 1747 Abs. 3 Nr. 3). Denn normalerweise wird die Freigabe-Erklärung der Mutter bereits vorliegen und damit ihre elterliche Sorge gemäß § 1751 Abs. 1 S. 1 ruhen. Somit hat der Vater, der das Kind zu sich

Abwehrmöglichkeit von Adoptionen

---

[13] So der Bundesrat, BT-Drucks. 13/4899, S. 156.
[14] Ebenso *Frank*, FamRZ 1998, S. 396.

nehmen will, durch seinen o. a. Antrag gute Chancen, die elterliche Sorge übertragen zu bekommen und durch sein Veto die Adoption zu verhindern. Denn darüber könnte man sich dann nun nur unter den erschwerten Voraussetzungen des § 1748 Abs. 1 hinwegsetzen, die in solchen Fällen kaum erfüllt sein werden. (Hierin ist nicht etwa eine Besserstellung gegenüber nicht sorgeberechtigten „ehelichen" Elternteilen [sondern lediglich eine Gleichstellung mit ihnen] zu sehen, da sich über deren Veto stets nur unter den erschwerten Voraussetzungen des § 1748 Abs. 1 hinweg gesetzt werden kann.)

d) Rechtsfolgen der elterlichen Einwilligung

Entscheidende Phase der Adoption

Nach der wirksam erklärten (oder rechtskräftig ersetzten) elterlichen Einwilligung tritt das Adoptionsvorhaben in seine entscheidende Phase. Erst jetzt können schon bekannte Adoptionsbewerber an das Kind herangeführt werden, und man kann es ihnen vielleicht auch schon – nach vorheriger entsprechender Vorbereitung – in Pflege geben. Denn die eigentliche Adoptionsvorbereitung ist erst dann möglich, wenn sicher – oder zumindest nicht mehr ungewiss – ist, dass die leiblichen Eltern einer Adoption zustimmen.

Rechtsfolgen der elterl. Einwilligung

In dieser ungeklärten Phase zwischen „Freigabe" des Kindes zur Adoption und deren endgültigen Ausspruch durch das FamG ist das Kind besonders schutzbedürftig und bedarf daher einer gesicherten Rechtsposition. Daher ergeben sich durch die „Freigabe" der Eltern folgende Rechtswirkungen:

Ruhen der elterlichen Sorge

– Die elterliche Sorge des einwilligenden Elternteils ruht und er verliert zugleich die Befugnis zum persönlichen Umgang mit dem Kind (§ 1751 Abs. 1 S. 1).

Sonderheiten bei Stiefkindadoptionen

Bei der Stiefkind-Adoption gilt das natürlich nicht für den Elternteil, dessen Ehegatte das Kind adoptieren will (§ 1751 Abs. 2), denn hier erhält das Kind die Rechtsstellung eines gemeinschaftlichen Kindes beider Eheleute (§ 1754 Abs. 1).

JA „automatisch" Vormund

– Das JA wird nun „automatisch" Vormund des Kindes (§ 1751 Abs. 1 S. 2), also ohne dass es einer förmlichen Bestellung gemäß § 1791 durch das FamG bedarf, sondern es erhält lediglich unverzüglich vom FamG eine Bescheinigung über den Eintritt der Vormundschaft (§ 190 FamFG).

Ausnahmen

Wenn jedoch bereits früher ein Vormund oder Pfleger für das Kind bestellt worden war (denkbare Anlässe wären u. a.: Tod beider Eltern, Entzug oder Ruhen der elterlichen Sorge), wird das JA nicht Vormund; dasselbe gilt, wenn zunächst nur ein Elternteil die Einwilligung erklärt hat und der andere (noch) die elterliche Sorge allein ausübt (§ 1751 Abs. 1 S. 2 u. 3).

Bei Adoptionspflege: Alltagssorge und Unterhaltspflicht

– Sobald das Kind von einem Adoptionsbewerber mit dem Ziel der Adoption „in Obhut" genommen wird (sog. *Adoptionspflege*, siehe dazu S. 359), hat dieser gemäß § 1751 Abs. 1 S. 4 die sog. *Alltagssorge* iSd § 1688 Abs. 1 u. 3 (siehe dazu S. 223) und ist vor den Verwandten des Kindes (also vor dessen leiblichen Eltern) unterhaltspflichtig (§ 1751 Abs. 4 S. 1).

Zielsetzung

Mit diesen Regelungen soll erreicht werden, dass Adoptionsbewerber bereits in der Adoptionspflegezeit vorrangig für das Kind zu sorgen haben. Damit unterstreicht der Gesetzgeber, dass die Adoptionspflege in die Adoption übergehen und somit dort auch die gleiche Verantwortlichkeit bestehen soll.

Bei Stiefkind-Adoptionen gilt die Sonderheit, dass schon vom Zeitpunkt der Adoptionspflege an beide Ehegatten (also der leibliche und der „Stief"-Elternteil) vor den anderen leiblichen Verwandten des Kindes unterhaltsverpflichtet sind (vgl. § 1751 Abs. 4 S. 2).

Unterhaltspflicht bei Stiefkindadoptionen

– Die elterlichen Einwilligungen verlieren ihre Wirksamkeit, wenn der Adoptionsantrag von den betreffenden Bewerbern zurückgenommen oder die Adoption vom FamG versagt wird (§ 1750 Abs. 4 S. 1). Dasselbe gilt, wenn das Kind innerhalb von drei Jahren (seit Zugang der Einwilligungserklärung beim FamG) nicht adoptiert worden ist (§ 1750 Abs. 4 S. 2 iVbm Abs. 1 S. 3).

Unwirksamkeit der Einwilligung

In diesen Fällen hat das FamG nach vorheriger Anhörung des zuständigen JA die elterliche Sorge dem/den Elternteil(en) zurück zu übertragen, soweit dies dem Kindeswohl nicht widerspricht (vgl. § 1751 Abs. 3, § 194 Abs. 1 S. 1 FamFG). Während die Unterhaltsverpflichtung der Eltern nun wieder voll eintritt, fällt die elterliche Sorge also nicht automatisch den Elternteilen wieder zu, denen sie bis zur „Freigabe"-Erklärung zustand. Es soll vielmehr erst vom JA und FamG geprüft werden, ob die betreffenden Eltern nach alledem noch bereit sind, – vor allem – noch geeignet erscheinen, die elterliche Sorge zum Wohl des Kindes auszuüben. Anderenfalls muss das FamG einen Pfleger oder Vormund bestellen. – Ist die Adoption drei Jahre nach Erteilung der elterlichen Einwilligung noch nicht gerichtlich ausgesprochen worden, können die Eltern also erneut prüfen, ob sie der Adoption durch die vorgesehenen Adoptionsbewerber weiterhin zustimmen wollen.

Rückübertragung der elterl. Sorge oder: Pfleger/Vormund

Voraussetzungen für eine Adoption:

– sie muss dem Kindeswohl dienen (§ 1741 Abs. 1 S. 1),
– es muss zu erwarten sein, dass ein echtes Eltern-Kind-Verhältnis entsteht (§ 1741 Abs. 1 S. 1),
– Erfüllung des Mindestalters (25 bzw. 21 Jahre) der Adoptiveltern (§ 1743),
– „Freigabe"-Erklärung der leiblichen Eltern bzw. ihre Ersetzung durch das FamG (§§ 1747, 1748, 1750),
– Zustimmung des Kindes bzw. dessen gesetzlicher Vertreter (§§ 1746, 1750),
– Berücksichtigung der Interessen bereits vorhandener Kinder (§ 1745),
– positiv verlaufene angemessene Adoptions-Pflegezeit (§ 1744),
– Antrag der Adoptiveltern beim FamG (§ 1752),
– positives Adoptionsgutachten einer Adoptions-Vermittlungsstelle bzw. bei privater Vermittlung positive fachliche Äußerung des JA (§ 189 FamFG),
– Anhörung des JA, falls nicht schon dessen fachliche Äußerung erfolgte (§ 194 Abs. 1 FamFG).

Zusammenfassung

II. Das Adoptionsverfahren

1. Die Adoptionsvermittlung

a) Grundsätze

Dem eigentlichen Adoptionsverfahren, das durch einen notariell beurkundeten – bedingungslosen – Antrag der Adoptionsbewerber beim FamG (vgl. § 1752) eingeleitet wird, geht in der Regel eine eingehende Beratung der Adoptionsbewerber und der Eltern des für die Adoption vor-

Vorbereitung der Adoption

Zugelassene Stellen gesehenen Kindes einschließlich der Klärung sämtlicher tatsächlichen und rechtlichen Gesichtspunkte einer Adoption voraus (*Adoptionsvermittlung*). Sie wird von den Jugend- und Landesjugendämtern sowie von den hierzu zugelassenen *freien Wohlfahrtsverbänden* (Diakonisches Werk, Deutscher Caritasverband, Arbeiterwohlfahrt) geleistet (siehe dazu unten).

Zielsetzung   Zielsetzung jeder Adoptionsvermittlung ist die Zusammenführung von „Kindern ohne Eltern" mit zu ihnen passenden „Eltern ohne Kinder"[15] so vorzubereiten, dass gute Eltern-Kind-Beziehungen entstehen können. Diese sorgfältige, behutsame und umfassende Vorbereitung jeder einzelnen Adoption, die eine besonders anspruchsvolle und schwierige Tätigkeit darstellt, erfordert entsprechende organisatorische und personelle Ausstattung der Adoptionsvermittlungsstellen. Denn nur so kann gewährleistet werden, dass möglichst frühzeitig geprüft werden kann, ob Kinder zur Verbesserung ihrer Entwicklungschancen zur Adoption vermittelt werden können.

Das AdVermiG will erreichen, dass Kinder, für die eine Adoption in Betracht kommen könnte, möglichst früh ermittelt werden, um für sie rechtzeitig Adoptiveltern finden zu können. Denn nur für Kleinkinder bestehen wirklich gute Chancen, geeignete Adoptiveltern zu finden und in deren Familie problemlos integriert zu werden. Denn viele Bewerber fürchten, bei älteren Kindern Schwierigkeiten beim Aufbau echter Eltern-Kind-Beziehungen zu haben. So täuscht es, dass immer genügend Adoptionsbewerber registriert sind – nach der alljährlichen Bundesstatistik ist ihre Zahl sogar meist um ein Vielfaches größer als die Zahl der zur Adoption vorgemerkten Kinder.[16]

b) Die Adoptionsvermittlungsstellen

Der Bedeutung und Tragweite ihrer verantwortungsvollen Arbeit, die über den weiteren Lebensweg eines Kindes in so gravierender Weise entscheidet, entsprechend, ist die Adoptionsvermittlung gemäß § 2 Abs. 2 AdVermiG nur zulässig durch:

Jugendämter   – JÄ, die dafür eigens eine Adoptionsvermittlungsstelle eingerichtet haben,[17]
– von der zentralen Adoptionsstelle des LJA ausdrücklich als Adoptions-

Vom LJA anerkannte Organisationen   vermittlungsstelle anerkannte örtliche und zentrale Stellen der freien Träger *Diakonisches Werk, Deutscher Caritasverband, Arbeiterwohlfahrt* (und diesen angeschlossene Fachverbände), mit denen die Adoptionsvermittlungsstellen der Jugendämter partnerschaftlich zusammenarbeiten (§ 2 Abs. 3 AdVermiG).

---

[15] Hierbei darf aber nicht übersehen werden, dass die Vermittlung von Eltern, die bereits eigene (leibliche oder adoptierte) Kinder haben, nicht nur möglich ist, sondern sogar wünschenswert sein kann.

[16] Vgl. z. B. Statistisches Bundesamt (Statistisches Jahrbuch 2012, S. 63, 2.6.21). – Zur Problematik diesbezüglicher Statistiken *Schleicher*, Soziale Arbeit 1977, S. 217.

[17] Wenn das Kind oder die Adoptionsbewerber ihren gewöhnlichen Aufenthalt im Ausland haben oder das Kind in den letzten zwei Jahren vor Beginn der Adoptionsvermittlung in die BRD gebracht worden ist, sind nur „anerkannte Auslandsvermittlungsstellen" zu diesen (internationalen) Adoptionsvermittlungen befugt (vgl. §§ 2a und 4 AdVermiG).

§ 3 AdVermiG legt fest, dass

– mit der Adoptionsvermittlung nur Fachkräfte betraut werden dürfen, die dazu aufgrund ihrer Persönlichkeit, ihrer Ausbildung und ihrer beruflichen Erfahrung geeignet sind (wie z.B. Studium der SA/SP oder Psychologie und Tätigkeit in diesem oder einem verwandten Bereich [z.B. ASD]),

Personelle Besetzung

Geeignete Fachkräfte

– die gleichen fachlichen Anforderungen für Personen gelten, die diesen Fachkräften gegenüber weisungsberechtigt sind,

– die Mindestbesetzung zwei Vollzeit-Fachkräfte (oder eine entsprechende Zahl von Teilzeit-Fachkräften) beträgt, die „nicht überwiegend" mit „vermittlungsfremden" Aufgaben befasst sind (die zentrale Adoptionsstelle des LJA kann aber hier Ausnahmen zulassen).

Grundsätzlich mind. 2 Vollzeit-Fachkräfte

Ausnahmen möglich

Anderen Stellen (z.B. anderen Beratungsstellen, Krankenhäusern) oder Personen (z.B. Hebammen, Ärzten, Geistlichen, SA/SP) ist die Adoptionsvermittlung untersagt (§§ 5 Abs. 1, 6 AdVermiG). Das Adoptionsvermittlungs-Verbot gilt jedoch nicht für: Verwandte und Verschwägerte bis zum 3. Grad (d.h.: Eltern, Geschwister, Großeltern, Tante/Onkel) *sowie für den unentgeltlichen Nachweis in einem Einzelfall*, wenn hiervon unverzüglich eine Adoptionsvermittlungs-Stelle oder ein JA benachrichtigt wurde (§ 5 Abs. 2 AdVermiG).

Beratungsverbot für and. Stellen/Personen

Ausnahmen

Weiter ist untersagt, Schwangere gewerbsmäßig oder geschäftsmäßig durch Gewähren oder Verschaffen von Gelegenheit zur *Entbindung außerhalb der BRD* zu bestimmen, dort ihr Kind zur Adoption wegzugeben oder ihnen dabei Hilfe zu leisten (§ 5 Abs. 3 AdVermiG).

Weitere Verbote

Die Vermittlung von *Schein-Vaterschafts*-Anerkennungen zur Umgehung eines Adoptionsverfahrens sowie von sog. Leih- oder Ersatzmüttern ist ebenfalls untersagt (§§ 5 Abs. 4, 6 Abs. 3; 13a-d AdVermiG).

Verstöße gegen die o.a. Verbote werden mit *Geldbuße* geahndet (§ 14 AdVermiG). *Leih-/Ersatzmutter*-Vermittlung sowie *Kinderhandel* sind grundsätzlich strafbar (vgl. § 14b AdVermiG, § 1 ESchG, § 236 StGB); Ersatzmütter und Bestell-Eltern bleiben jedoch stets straffrei, beim Kinderhandel leibliche und Bestell-Eltern aber nur bei „geringer Schuld" (vgl. § 14b Abs. 3 AdVermiG bzw. § 236 Abs. 5 StGB).

Bei Verstößen: Geldbuße oder Strafen

c) Die zentralen Adoptionsstellen

Die Landesjugendämter haben zentrale Adoptionsstellen einzurichten, deren Aufgaben in den Ländern Berlin, Hamburg und Saarland der Adoptionsvermittlungsstelle des JA übertragen werden können (vgl. § 2 Abs. 1 AdVermiG). Die Aufgaben der zentralen Adoptionsstellen sind gemäß § 11 Abs. 1 AdVermiG die Unterstützung der einzelnen Adoptionsvermittlungsstellen bei ihrer Arbeit, insbesondere durch fachliche Beratung, wenn

Intention: Früherfassung von Adoptionsfällen

1. ein Kind schwer zu vermitteln ist,
2. ein Kind oder ein Adoptionsbewerber eine ausländische Staatsangehörigkeit besitzt oder *staatenlos* ist,
3. ein Kind oder ein Adoptionsbewerber seinen Wohnsitz oder gewöhnlichen Aufenthalt im Ausland hat,
4. in sonstigen schwierigen Einzelfällen.

In den Fällen Nr. 2 und 3 ist die zentrale Adoptionsstelle des LJA vom Beginn der Ermittlungen an durch die Adoptionsvermittlungsstellen ihres Bereiches zu beteiligen (§ 11 Abs. 2 S. 1 AdVermiG).

Das Anliegen, die Adoptionsvermittlungsstellen möglichst frühzeitig mit solchen Kindern zu befassen, die nur durch eine Adoption die Chance für eine familiale Sozialisation haben, sollen die zentralen Adoptionsstellen unterstützen. Diese interdisziplinär (d. h. mit mindestens je einem Kinderarzt-/psychiater, Psychologen, Jurist, SA/SP) zu besetzenden (vgl. § 13 AdVermiG) *zentralen Adoptionsstellen* müssen daher von den jeweiligen Adoptionsvermittlungsstellen unterrichtet werden, wenn

- ein Kind nicht innerhalb von drei Monaten nach Abschluss der bei ihm durchgeführten Ermittlungen in Adoptionspflege gegeben werden kann (§ 10 Abs. 1 S. 1 AdVermiG)
- Adoptionsbewerber, bei denen positive Ermittlungen bereits durchgeführt wurden, bereit und geeignet sind, ein ansonsten schwer vermittelbares Kind aufzunehmen und der Unterrichtung der zentralen Adoptionsstelle zustimmen (§ 10 Abs. 2 AdVermiG).

Gesetzliche Mithilfepflicht der Heimträger ist seit dem 11.12.2008 weggefallen

Seit dem Wegfall von § 47 Abs. 2 SGB VIII durch das KICK ist die darin enthalten gewesene Verpflichtung der Träger sozialpädagogischer Einrichtungen, die gemäß § 45 SGB VIII der Erlaubnispflicht unterliegen, an der Früherfassung von Adoptions-Vermittlungsfällen mitzuwirken, entfallen. (Zuvor hatten die Träger von sozialpädagogischen Einrichtungen sämtliche Neuaufnahmen von Minderjährigen mit den Personalien sowie der einweisenden Stelle oder Person der nach Landesrecht zentralen Adoptionsstelle zu melden und alljährlich über die Adoptionsmöglichkeit der Minderjährigen und bereits unternommenen Vermittlungsbemühungen zu berichten. – Mit dem KiföG vom 10.12.2008 ist daher der dies zuvor regelnde § 12 AdVermiG aF – leider – aufgehoben worden.)

Konkrete Vermittlung durch: JA und freie Verbände

Die eigentliche Adoptionshilfe und -vermittlung – d. h. vor allem die umfassende vorherige Beratung aller Beteiligten, auf die ein Rechtsanspruch gegenüber dem JA besteht (vgl. §§ 9 Abs. 1, 9a AdVermiG) – sowie die konkrete Vorbereitung der Adoption, die mit der Aufnahme des Kindes bei den Adoptiveltern abgeschlossen wird, liegt aber nach wie vor bei den Adoptionsvermittlungsstellen der JÄ und den hierfür zugelassenen freien Wohlfahrtsverbänden (siehe dazu S. 354 f.).

Aufgabenstellung

Sobald Adoptionsvermittlungsstellen bekannt wird, dass für ein Kind eine Adoption in Betracht kommt, sind sie verpflichtet, die zur Vorbereitung einer Vermittlung sachdienlichen Ermittlungen unverzüglich bei den Adoptionsbewerbern, bei dem Kind und bei seiner Familie durchzuführen (§ 7 Abs. 1 S. 1 AdVermiG). Sie haben dabei vor allem zu prüfen, ob die Adoptionsbewerber unter Berücksichtigung der Persönlichkeit des Kindes und seiner besonderen Bedürfnisse für die Adoption geeignet sind (§ 7 Abs. 1 S. 2 AdVermiG).

Pränatale Beratung

Im Hinblick auf die für „elternlose Kinder" erstrebenswerte Frühadoption und auf die Wünsche der Adoptionsbewerber nach Vermittlung eines Neugeborenen soll nach § 7 Abs. 1 S. 3 AdVermiG mit den Ermittlungen bei den Adoptionsbewerbern aber auch schon vor der Geburt des Kindes begonnen werden, wenn zu erwarten ist, dass die Einwilligung zur Adoption erteilt wird. Eine Ermittlung bei den Eltern des Kindes soll vor der Geburt jedoch noch nicht beginnen, um sie nicht einseitig zur Weggabe des Kindes zu beeinflussen. Dies gilt vor allem für jüngere alleinstehende Schwangere, die nichteheliche Kinder erwarten.

2. Das gerichtliche Verfahren

a) Das Dekret-System

Das AdoptG hat 1977 das *Vertragssystem* des alten Rechts (der „Annahme an Kindes Statt") aufgegeben (s. dazu S. 343) und durch das *Dekretsystem* ersetzt, d. h. den Ausspruch der Adoption – sowie alle weiteren die Adoption betreffenden Entscheidungen – dem Gericht zugewiesen. Damit ist einerseits der Bedeutung der Adoption besser Rechnung getragen und zugleich das Adoptionsverfahren zusammengefasst und insofern vereinfacht worden.

Das FamG spricht die Adoption aus

b) Zuständigkeit des Familiengerichts

Seit dem 1.9.2009 ist für Adoptionssachen das FamG zuständig (vgl. §§ 1752 Abs. 1 BGB; 23b Abs. 1 GVG; 111 Nr. 4, 186 ff. FamFG). Das gerichtliche Adoptionsverfahren wird durch den persönlichen Antrag der Adoptionsbewerber an das FamG eingeleitet. Dieser muss notariell beurkundet[18] und frei von Bedingungen oder Zeitbestimmungen sein (§ 1752 Abs. 1 und 2). Der Antrag kann zurückgenommen werden (vgl. § 1750 Abs. 4 S. 1).

c) Örtliche Zuständigkeit

Grundsatz

Wenn ein Adoptionsbewerber oder das Kind die deutsche Staatsangehörigkeit besitzt oder seinen gewöhnlichen Aufenthalt (gA) iSd § 30 Abs. 3 S. 2 SGB I (s. dazu S. 51) im Inland hat, sind für sämtliche Adoptionsangelegenheiten die deutschen Gerichte (ausschließlich!) zuständig (vgl. § 187 Abs. 1 und 2 FamFG). Örtlich zuständig ist grundsätzlich das FamG des gewöhnlichen Aufenthalts der Adoptionsbewerber (§ 187 Abs. 1 FamFG). Fehlt ein solcher im Inland, ist das FamG des gA des Kindes zuständig (§ 187 Abs. 2 FamFG). Maßgebend ist dabei jeweils der Zeitpunkt der Antragstellung der Adoptionsbewerber[19].

Der gA der Adoptionsbewerber ist maßgeblich

Deutsche Adoptionsbewerber im Ausland

Ist ein Adoptionsbewerber Deutscher, der im Inland keinen gA hat, so ist das AG Berlin-Schöneberg zuständig [siehe a)], das die Sache jedoch aus wichtigen Gründen an ein anderes FamG mit bindender Wirkung abgeben kann [siehe b)](§ 187 Abs. 4 FamFG).

AG Berlin-Schöneberg grundsätzl. zuständig

> **Beispiele:**
> a) Ein Deutscher, der in Brüssel lebt, möchte ein Kind adoptieren. Das AG Berlin-Schöneberg ist zuständig.
> b) Wenn der deutsche Adoptionsbewerber im Ausland und das zur Adoption vorgesehene Kind in München lebt, kann das Adoptionsverfahren sicherlich besser beim FamG München durchgeführt werden als beim FamG in Berlin.

Ausländische Adoptionsbewerber

Bei Adoptionen von Kindern durch Ausländer, die im Inland keinen gA haben, ist das FamG des gA des Kindes zuständig (§ 187 Abs. 2 FamFG).

Der gA des Kindes ist maßgeblich

---

[18] Kostenlose Beurkundung durch JA ist leider nicht möglich (vgl. § 59 SGB VIII).
[19] Das ergab sich früher ausdrücklich aus dem am 1.9.2009 außer Kraft getretenen § 43b Abs. 2 FGG – seitdem nur allgemein aus § 2 Abs. 1 FamFG.

Beispiel: Ein Ausländer ohne gA in Deutschland möchte ein Kind aus München adoptieren: Das FamG München ist zuständig.

Ausländische Adoptivkinder

Der gA der Bewerber ist maßgeblich

Bei Adoptionen ausländischer Kinder durch Deutsche im Inland ist das FamG des gA der Adoptionsbewerber zur Zeit der Antragstellung zuständig (vgl. § 187 Abs. 1 u. 2 FamFG). Haben die deutschen Adoptionsbewerber im Inland keinen gA, so ist das AG Berlin-Schöneberg zuständig, das die Sache aus wichtigen Gründen mit bindender Wirkung an ein anderes FamG abgeben kann (vgl. § 187 Abs. 4 FamFG).

Beispiele: Deutsche mit gA München möchten ausländisches Kind adoptieren: Das FamG München ist zuständig. Haben sie ihren gA z. B. in Brüssel, ist das FamG Berlin-Schöneberg zuständig.

d) Das Adoptionsgutachten

Grundlage für Adoption

Bevor das FamG die Adoption ausspricht *(Dekret)*, muss es eine fachliche Äußerung der Adoptionsvermittlungsstelle, die die Adoption vorbereitet hat, darüber einholen, ob das Kind und die Adoptionsbewerber für die Adoption geeignet sind (§ 189 S. 1 FamFG). Hierbei ist – unter anderem – auch dazu Stellung zu nehmen, ob die Interessen bereits vorhandener Kinder (= leibliche oder adoptierte) der Adoptionsbewerber einer Adoption entgegenstehen oder umgekehrt die Interessen des zur Adoption in Aussicht genommenen Kindes gefährden könnten. Dabei sollen vermögensrechtliche Interessen nicht ausschlaggebend sein (vgl. § 1745 Satz 2).

Ist keine Adoptionsvermittlungsstelle tätig geworden (z. B. bei Verwandten-Adoptionen), so muss das FamG eine fachliche Äußerung des JA oder einer Adoptionsvermittlungsstelle einholen (§ 189 Satz 2 FamFG), die kostenlos zu erstellen ist (§ 189 Satz 3 FamFG).

Stellungnahme des JA sowie evtl. des LJA

Bevor das FamG die Adoption ausspricht, hat es auch das örtlich zuständige (vgl. § 87b Abs. 1 S. 1 i.V.m. § 86 Abs. 1–3 SGB VIII) JA anzuhören, es sei denn, dass dieses selbst die Adoption vermittelt und daher schon ein „Gutachten" gemäß § 189 FamFG abgegeben hat (§ 194 Abs. 1 FamFG). Bei Fällen mit „Auslandsberührung" (vgl. § 11 Abs. 1 Nr. 2 und 3 AdVermiG) ist auch die zentrale Adoptionsstelle des LJA anzuhören (vgl. § 195 Abs. 1 FamFG).

Diese Vorschriften tragen der sozialen Funktion sowie der Intention des Gesetzgebers Rechnung, dass jede Adoption primär dem Wohl des Kindes zu dienen hat und sie entsprechen damit zugleich der Forderung von Artikel 9 des *Europäischen Adoptionsübereinkommens* nach sachdienlichen Ermittlungen.

Es erscheint richtig und wichtig, dem FamG die besondere Erfahrung der Adoptionsvermittlungsstellen nutzbar zu machen, bevor es über den weiteren Lebensweg eines Kindes (in so gravierender Weise) entschei-

Weitere Ermittlungspflicht des FamG

det. – Das FamG ist durch dieses Gutachten aber nicht etwa der Pflicht enthoben, weitere Ermittlungen (z. B. persönliche Anhörung der Eltern oder Verwandten des Kindes sowie der Adoptionsbewerber) nach pflichtgemäßem Ermessen vorzunehmen (vgl. §§ 26, 29 FamFG). Das FamG

Kindes-Anhörung

muss vielmehr auch die zu adoptierenden Kinder (ohne Altersbegrenzung nach unten), persönlich anhören, bevor es die Adoption ausspricht, es sei denn, es wären Nachteile für ihre Entwicklung, Erziehung oder Gesundheit zu befürchten oder altersbedingt keine Aufklärung davon zu erwarten (vgl. § 192 Abs. 1 u. 3 FamFG). – Schon 14 Jahre alte Kinder wirken am Adoptionsverfahren bereits durch das ihnen gemäß § 1746 Abs. 1 S. 3 zustehende Einwilligungsrecht mit (s. o. S. 344 f.). Allerdings kommt die Adoption von Jugendlichen meist nur im Verwandtenbereich vor[20].

3. Die Adoptionspflege

Eine Adoption soll grundsätzlich erst dann vom FamG ausgesprochen werden, wenn die Adoptionsbewerber das Kind eine „angemessene Zeit" in Pflege gehabt haben (§ 1744). Das soll den Adoptionsvermittlungsstellen ermöglichen, die zwischen dem Kind und den Adoptionsbewerbern entstehenden Beziehungen für eine Adoption richtig einschätzen zu können. – Bei vielen Adoptionen ist eine solche Adoptionspflege gar nicht nötig, weil Adoptionsbewerber und Kind bereits länger zusammenleben (z. B. Stief- oder Pflegeeltern, Verwandte) oder gar nicht möglich (z. B.: Bewerber aus dem Ausland bemühen sich um Adoption eines deutschen Kindes). Dann kann von dieser „Auflage" evtl. abgesehen werden.

Regelfall

Ausnahmen

Diese – flexible – Regelung entspricht voll Artikel 17 Europäisches Adoptionsübereinkommen. – Ausländische Rechtsordnungen schreiben z. T. auch solche Anpassungszeiten vor, die zwischen drei Monaten und drei Jahren betragen; andere treffen diesbezüglich gar keine Regelungen.

In der Reformdiskussion war umstritten, ob eine solche Anpassungszeit und ihre Dauer gesetzlich festgelegt werden sollte oder nicht. Vielfach wurde eine *„Probezeit"* (s. dazu unten) von einem Jahr gefordert. Andererseits wurde vorgebracht, dass insoweit das alte Recht, das vor 1977 keine Anpassungszeit vorschrieb, zu keinen Unzuträglichkeiten geführt habe und die meisten Adoptionsvermittlungsstellen ohnehin vor Abschluss des damaligen Adoptionsvertrages das Kind dem Adoptionsbewerber eine längere Zeit (idR bis zu einem Jahr) in sog. Adoptionspflege gegeben hatten. Andere fürchteten, eine starre Frist könnte Adoptionen erschweren.

Für und Wider der Adoptionspflege

Bei der gesamten Diskussion wird leider meist die Gefahr des Scheiterns der *„Probezeit"* (s. dazu unten)im Hinblick auf das Kind nicht berücksichtigt, d. h. welchen Schock es für ein Kind bedeutet, in dieser eminent wichtigen Entwicklungsphase *verstoßen* zu werden und damit in aller Regel wieder in ein Heim zu kommen. Seine Chancen, erneut zur Adoption vermittelt zu werden, sind dann nur noch gering. Denn die meisten Bewerber interessieren sich nur für (möglichst erst wenige Wochen oder höchstens einige Monate alte) Kleinkinder und verhalten sich darüber hinaus „zurückgegebenen" Kindern gegenüber misstrauisch oder sogar ablehnend.

Problematik

Deshalb ist eine besonders sorgfältige Vorbereitung der Adoptionspflege durch die jeweilige Adoptionsvermittlungsstelle nötig, denn sie ist entscheidend für die weitere Entwicklung des zur Adoption vorgesehenen Kindes. *Die Adoptionspflege darf deshalb gerade nicht zur „Probezeit" werden.* (Man sollte daher den – leider auch als amtliche Überschrift bei § 1744 verwendeten – Ausdruck „Probezeit" auch gar nicht gebrauchen). Die Erprobung, d. h. die Überprüfung, ob die Adoptionsbewerber für die Adoption – und damit für die Aufnahme des ausgewählten Kindes in ihre

Adoptionspflege keine „Probezeit"

---

[20] Vgl. Statistisches Bundesamt, Statistisches Jahrbuch 2012, S. 63, 2.6.21.

Familie – geeignet sind, muss abgeschlossen sein und bereits zu einem eindeutig positiven Ergebnis geführt haben. Anderenfalls darf das Kind den Adoptionsbewerbern nicht anvertraut werden (vgl. § 8 AdVermiG). – Die „Rückgabefälle" sind dank sorgfältiger Vorbereitung der Adoptionsvermittlungsstellen zum Glück gering.[21]

Unterhaltspflicht   Während der Adoptionspflegezeit sind die Adoptionsbewerber vor den leiblichen Verwandten des Kindes (also vorrangig) unterhaltspflichtig (§ 1751 Abs. 4 S. 1).

Elterliche Sorge   Die elterliche Sorge der leiblichen Eltern ruht dann und wird vom JA als gesetzlichem Vormund (s. dazu oben S. 352) ausgeübt (vgl. § 1751 Abs. 1 S. 1 und 2).

Befugnisse der Adoptionsbewerber   Während der Adoptionspflegezeit sind die Adoptionsbewerber berechtigt, in Angelegenheiten des täglichen Lebens zu entscheiden sowie den Inhaber der elterlichen Sorge in solchen Angelegenheiten zu vertreten – einschließlich der Geltendmachung und Verwaltung von Unterhalts-, Versicherungs-, Versorgungs- und sonstigen Sozialleistungen (vgl. § 1751 Abs. 1 S. 4 i.V.m. § 1688).

4. Der Adoptionsbeschluss

Das Adoptionsdekret   Wenn das FamG sämtliche materiellen und formellen Voraussetzungen der Adoption geprüft und festgestellt hat, dass sie dem Kindeswohl dient, spricht es die Adoption durch Beschluss (sog. *Dekret*) aus (§ 1752 Abs. 1 BGB, § 197 Abs. 1 S. 1 FamFG).

Angabe der Rechtsgrundlagen   In seinem Adoptionsbeschluss muss das FamG angeben, auf welche Gesetzesvorschriften sich die Adoption gründet (§ 197 Abs. 1 S. 1 FamFG). Das ist deshalb wichtig, weil es verschiedene Arten der Adoption gibt (s. dazu oben B. I. 2.), die auch unterschiedliche Rechtswirkungen hervorrufen. Denn es ergeben sich aus der Volladoption eines Minderjährigen oder eines Volljährigen, aus der Verwandten- oder Stiefkind-Adoption unterschiedliche Rechtswirkungen (siehe dazu unten B. III. 1. und 2. sowie C.).

Wirksamwerden und Rechtskraft   Dieses Dekret des FamG wird mit seiner Zustellung an die Adoptionsbewerber wirksam (§ 197 Abs. 2 FamFG). Es ist *unanfechtbar* und auch gerichtlich *unabänderlich* (§ 197 Abs. 3 FamFG), also sofort rechtskräftig.

Da sich der *Status* des Kindes durch die Volladoption wesentlich verändert und diese Änderung aus Gründen der Sicherheit des Kindes sowie des allgemeinen Rechtsverkehrs nicht in der Schwebe bleiben darf, hat das AdoptG das Adoptions-Dekret mit dieser Endgültigkeit und Unumstößlichkeit ausgestattet.

Wegen ihrer Unanfechtbarkeit darf eine Adoption, bei der erforderliche Einwilligungen (der Eltern, des Vormundes oder des Pflegers des Kindes oder des Ehegatten des Adoptionsbewerbers) gerichtlich ersetzt werden mussten, grundsätzlich erst dann ausgesprochen werden, wenn der Ersetzungsbeschluss, der mit der Beschwerde (= idR binnen zwei Wochen seit Bekanntgabe an den Betroffenen, vgl. § 63 Abs. 2 Nr. 2, Abs. 3 FamFG) angefochten werden kann, rechtskräftig geworden ist (§ 198 Abs. 1 S. 1

---

[21] Sie lagen laut Statistischem Bundesamt vom 26.7.2013, S. 11, im Jahr 2012 bei 4,2 %.

FamFG); bei Gefahr im Verzuge kann das FamG jedoch dessen sofortige Wirksamkeit anordnen (§ 198 Abs. 1 S. 2 FamFG).

Wird ein Adoptionsantrag vom FamG abgelehnt, so kann dieser ablehnende Beschluss von den Adoptionsbewerbern mit der Beschwerde binnen Monatsfrist angefochten werden (vgl. §§ 58 Abs. 1, 63 Abs. 1 FamFG).

Abgelehnte Adoption

III. Rechtswirkungen der Adoption

1. Die Volladoption

a) Grundsatz

Durch die Adoption Minderjähriger werden diese seit 1977 voll in den Familienverband des/der Annehmenden eingegliedert und zugleich aus ihrer leiblichen Familie ganz herausgelöst (= *Volladoption*). Dies wird dadurch erreicht, dass das Adoptivkind durch die Adoption wie ein leibliches Kind seiner Adoptiveltern behandelt wird:

Rechtsstellung wie ein leibliches Kind

- Wird ein Kind von einem Ehepaar adoptiert, so erlangt es die rechtliche Stellung eines gemeinschaftlichen Kindes seiner Adoptiveltern (§ 1754 Abs. 1).
- Erfolgt eine Adoption durch eine Einzelperson, so erhält das Adoptivkind die Rechtsstellung eines leiblichen Kindes dieses Adoptivelternteils (vgl. § 1754 Abs. 2: *„in den anderen Fällen"*).

In beiden Fällen erlischt das Verwandtschaftsverhältnis des Adoptivkindes zu sämtlichen leiblichen Verwandten mit den sich hieraus ergebenden Rechten und Pflichten (§ 1755 Abs. 1 S. 1). Im Fall der Adoption durch eine Einzelperson bedeutet dies, dass das Adoptivkind dann nur noch einem Familienstamm zugeordnet ist (d.h.: entweder dem seiner Adoptivmutter oder dem seines Adoptivvaters).

Rechtliche Zäsur zur leiblichen Familie

Durch diese gesetzliche Regelung der Volladoption mit Abbruch sämtlicher Rechtsbeziehungen zur Ursprungs-Familie soll auch rechtlich gewährleistet werden, dass das Adoptivkind uneingeschränkt in den neuen Familienverband integriert wird.

Volle Integration in Adoptionsfamilie

b) Ausnahmen

Von den vorgenannten Rechtswirkungen bestehen jedoch folgende sich aus der Tatsache der blutsmäßigen Abstammung zwangsläufig ergebenden Ausnahmen:

– Das *Eheverbot* wegen *Verwandtschaft* (zwischen geradlinigen Verwandten [§ 1589 Satz 1] sowie zwischen Geschwistern) lässt § 1307 S. 1 zur leiblichen Familie als Muss-Vorschrift und zur Adoptions-Familie als Soll-Vorschrift (vgl. dazu § 1308) fortbestehen (s. dazu S. 191). Im Hinblick auf die Inkognito-Adoption (s. dazu S. 348) müssen die Eheschließenden seit dem 1.1.2009 daher durch öffentliche Urkunden ihren Personenstand nachweisen (§ 12 Abs. 2 Nr. 1 PStG), was durch beglaubigte Abschrift aus dem Geburtenregister möglich ist, aus dem sich eine Adoption ergeben würde (vgl. dazu §§ 21 Abs. 1 Nr. 1, 27 Abs. 3 Nr. 1 PStG).[22]

Eheverbote bleiben

---

[22] Zuvor war dieser Nachweis durch Vorlage der Abstammungsurkunde (die seitdem entfallen ist), zu führen.

Strafbarkeit von sexuellen Handlungen

Renten, Waisengeld- und Schadensersatz- ansprüche bestehen weiterhin

Zielsetzung

Sonderheiten bei Ver- wandten-Adoptionen

Der *Beischlaf* zwischen dem Kind und seinen leiblichen Verwandten aufsteigender Linie bleibt *strafbar*, der mit den „Adoptiv-Verwandten" ist jedoch *nicht generell strafbar* (vgl. § 173 StGB), da der Gesetzgeber bei dieser Strafbestimmung nun allein auf die leibliche Abstammung abstellt. – Allerdings sind jegliche sexuellen Handlungen mit minderjährigen Adoptivkindern strafbar (§ 174 Abs. 1 Nr. 3 StGB).

– *Ansprüche* des Kindes – insbesondere auf Renten, Waisengeld und andere entsprechende wiederkehrende Leistungen (z. B. Schadensersatzansprüche) –, die *vor* der Adoption *entstanden* sind, *bestehen* – mit Ausnahme von Unterhaltsansprüchen[23] – auch nach der Adoption *fort* (§ 1755 Abs. 1 S. 2).

Diese Bestimmung soll Adoptionsbewerbern z. B. die Adoption von behinderten Kindern erleichtern helfen, weil dann wenigstens keine großen finanziellen Belastungen auf solche Adoptiveltern zukommen. – Diese Regelung ist zu begrüßen, da sie Kindern, die unfallbedingt oder aus sonstigen Gründen behindert sind, evtl. doch noch zu einer Adoption verhelfen kann. Denn diese Kinder haben in der Praxis ohnehin leider nur geringe Chancen, überhaupt Adoptiveltern zu finden.

Zu den *Modifizierungen* bei der Adoption durch *Verwandte* und *Verschwägerte* vgl. die §§ 1755 Abs. 2 und 1756 sowie S. 364 f.

c) Die Rechtswirkungen im Einzelnen

Dadurch, dass das Adoptivkind die uneingeschränkte Stellung eines gemeinschaftlichen Kindes der Adoptiveltern erlangt, ergeben sich im Einzelnen folgende Rechtswirkungen:

aa) Familienname

Adoption durch Ehepaare

Familienname des Adoptivkindes

Adoption durch Einzelpersonen

Hinzufügen des alten Namens möglich

Das Kind erhält als Geburtsnamen den Familiennamen des Annehmenden (§ 1757 Abs. 1 S. 1), bei der Adoption durch ein Ehepaar also den Namen, den dieses als gemeinsamen Ehenamen gemäß § 1355 Abs. 1 S. 1 führt. Das kann der Geburtsname des Mannes oder der Frau sein (§ 1355 Abs. 2), jedoch nicht der dem Ehenamen oder dem Lebenspartnerschaftsnamen gemäß § 1355 Abs. 4 bzw. § 3 Abs. 2 LebenspartnerschaftsG hinzugefügte Name (§ 1757 Abs. 1 S. 2). – Haben die Adoptiveltern bei Heirat keinen gemeinsamen Ehenamen gewählt, sondern beide ihren zuvor geführten Familiennamen beibehalten (vgl. § 1355 Abs. 1 S. 3), so bestimmen sie durch (vor Ausspruch der Adoption abzugebender Erklärung) gegenüber dem FamG einen ihrer Familiennamen zum Geburtsnamen ihres Adoptivkindes (§ 1757 Abs. 2 S. 1), d. h. den Geburtsnamen der Adoptivmutter oder des Adoptivvaters.

Bei Adoptionen durch eine Einzelperson erhält das Adoptivkind deren Familiennamen als Geburtsnamen, es sei denn, sie führt gemäß § 1355 Abs. 4 einen hinzugefügten Namen (d. h. einen durch Voranstellung oder Anhängen gebildeten Doppel-Namen) aus einer früheren Ehe oder einer eingetragenen Lebenspartnerschaft iSd Lebenspartnerschaftsgesetzes (vgl. § 1757 Abs. 1 S. 2 bzw. § 3 Abs. 2 LebenspartnerschaftsG).

Das FamG kann auf Antrag der Adoptiveltern mit Einwilligung des Kindes (§ 1757 Abs. 4 S. 2) gestatten, dass dem neuen Familiennamen des

---

[23] Rückstände können aber eingefordert werden (BGH, NJW 1981 S. 2298).

Adoptivkindes sein bisheriger hinzugefügt oder vorangestellt wird, wenn dies aus schwerwiegenden Gründen zum Wohl des Kindes erforderlich ist (§ 1757 Abs. 4 S. 1 Nr. 2). Gedacht ist vor allem an Fälle der Verwandten-Adoption, bei denen sich der Name ändern würde.

bb) Vorname

Das Adoptivkind behält grundsätzlich seinen bisherigen Vornamen. Das FamG kann aber seit 1993 auf Antrag der Adoptiveltern mit Einwilligung des Kindes (§ 1757 Abs. 4 S. 2) den Vornamen des Adoptivkindes ändern oder ergänzen (durch Hinzufügen eines weiteren Vornamens), wenn dies dem Wohl des Kindes entspricht (§ 1757 Abs. 4 Nr. 1).

Änderung kann FamG genehmigen

Beispiel: Der bisherige Vorname ist in Deutschland völlig ungebräuchlich oder lässt nicht auf das Geschlecht schließen (z. B. bei der Adoption ausländischer Kinder[24]).

cc) Staatsangehörigkeit

Das minderjährige Adoptivkind erwirbt durch die Adoption durch einen Deutschen samt seinen späteren Abkömmlingen die *deutsche Staatsangehörigkeit* (§§ 3 Abs. 1 Nr. 3, 6 StAG). Umgekehrt verliert ein deutsches Kind seine Staatsangehörigkeit, wenn es von einem Ausländer adoptiert wird und dadurch die Staatsangehörigkeit des Ausländers erwirbt (§ 27 S. 1 StAG). – Der Verlust der deutschen Staatsangehörigkeit tritt jedoch nicht ein, wenn das Adoptivkind mit einem deutschen Elternteil verwandt bleibt (§ 27 S. 3 StAG), wenn z. B. der ausländische Stiefvater das Kind adoptiert.

Erwerb und Verlust möglich

dd) Elterliche Sorge

Adoptiveltern erlangen die elterliche Sorge für ihr Adoptivkind (§ 1754 Abs. 3) und die der leiblichen Eltern endet. Die seit der „Freigabe"-Erklärung gemäß § 1751 Abs. 1 S. 2 bestehende JA-Vormundschaft (s. dazu S. 348) endet ebenfalls (§ 1882). – Das folgt alles automatisch aus § 1755 Abs. 1 S. 1 und wird daher nicht in den Adoptionsbeschluss (s. dazu S. 360) aufgenommen.

ee) Unterhalt

Das BGB sieht *keine eigene* Unterhalts-Vorschrift für Adoptivkinder vor. Die Unterhaltsregelung nach der Adoption lässt sich jedoch eindeutig aus dem BGB ableiten:
Das Adoptivkind hat jetzt die uneingeschränkte Rechtsstellung eines leiblichen Kindes (vgl. § 1754 Abs. 1 u. 2). Es gilt daher nicht nur mit seinen Adoptiveltern, sondern auch mit den „Adoptivgroßeltern" als geradlinig verwandt (vgl. § 1589 S. 1). Aus dieser Verwandtschaftsart erwächst die Verpflichtung, einander Unterhalt zu gewähren (vgl. § 1601). Damit ergibt sich, dass zwischen dem Adoptivkind und seinen Adoptiveltern, aber auch zwischen ihm und seinen „Adoptivgroßeltern", *gegenseitige Unterhaltsverpflichtungen* bestehen.

Genauso wie beim leiblichen Kind

---

[24] So sind z. B. „Andrea" „Nicola" und „Simone" in manchen Ländern (z. B. in Italien) nicht weibliche, sondern ausschließlich männliche Vornamen.

Zäsur zur leibl. Familie

Da *zur Herkunftsfamilie* durch die Adoption alle aus der Verwandtschaft resultierenden Rechte und Pflichten erloschen sind (vgl. § 1755 Abs. 1), bestehen – natürlich – auch keine Unterhaltsbeziehungen mehr.

ff) Erbenstellung

Volles Erbrecht

Seit 1977 besteht als richtige Konsequenz der Volladoption (s. dazu S. 361) zwischen dem Adoptivkind und seinen „neuen" Verwandten ein gegenseitiges – uneingeschränktes – *Erbrecht*. Das BGB regelt dies nicht ausdrücklich, denn das Adoptivkind gilt aufgrund seiner Rechtsstellung als leibliches Kind der Adoptierenden (vgl. §§ 1754, 1589) im Erbrecht als Abkömmling und reiht sich damit in das Schema der verschiedenen Erbordnungen ein (vgl. §§ 1924 ff.) und das Erbrecht zu seinen leiblichen Verwandten ist gemäß § 1755 Abs. 1 S. 1 erloschen.

2. Sonderheiten

a) Verwandten-Adoptionen

Rechtsbeziehungen erlöschen nur zu den Eltern

Sind die Adoptiveltern mit dem Kind im zweiten (Großeltern, Geschwister)[25] oder im dritten Grad verwandt oder verschwägert (Onkel und Tante), so erlischt durch diese Adoptionen nur das Verwandtschaftsverhältnis des Kindes – und das seiner eventuellen Abkömmlinge – zu seinen leiblichen Eltern mit allen sich daraus ergebenden Rechten und Pflichten (§ 1756 Abs. 1). Die verwandtschaftlichen Bande zu den übrigen leiblichen Verwandten bleiben dagegen mit allen daraus resultierenden wechselseitigen Rechtswirkungen bestehen. Die Eingliederung in die Familie der/des Adoptierenden erfolgt jedoch uneingeschränkt (vgl. § 1754).

Rechtsbeziehungen zu anderen Verwandten bleiben erhalten

Der Gesetzgeber geht bei der Verwandten-Adoption davon aus, dass es zur vollen Integration des Kindes in die neue Familie ausreicht, wenn das rechtliche Band zu seinen leiblichen Eltern aufgelöst wird. Denn es sei „rechtlich nicht geboten, noch tatsächlich möglich, das Kind aus seiner alten Familienbindung ganz zu lösen, wenn der Annehmende[26] oder sein Ehegatte selbst zu dieser Familie gehört."[27] Das bedeutet, dass z. B. das von seiner älteren Schwester oder das von Tante und Onkel adoptierte Kind mit seinen leiblichen Geschwistern und seinen beiden Großelternpaaren verwandt bleibt. – Im letzteren Fall erhält es ein drittes Großelternpaar durch die Adoption hinzu, nämlich die Eltern des „angeheirateten" Onkels (oder der Tante).

Dieser Konsequenz hat der Gesetzgeber bewusst den Vorzug gegeben gegenüber einer Lösung, die das rechtliche Band zu den leiblichen Großeltern zerschnitten oder keine Rechtsbeziehungen zu den Eltern des nicht aus der Familie des Kindes stammenden Adoptivelternteils (hier im Beispiel: Onkel oder Tante) hergestellt hätte.

Ausnahmen

Dieser Kompromiss erscheint ausgewogen. Jedoch ist nicht einzusehen, warum diese Lösung nur bis zum dritten Verwandtschaftsgrad geht, also bei einer Adoption durch – entsprechend ältere – Vettern oder Kusinen oder durch sog. „Großonkel" und „Großtanten" (= Geschwister der

---

[25] Zu den Bedenken gegen diese Adoption vgl. S. 347.
[26] d. h.: der Adoptionsbewerber.
[27] RegE AdoptG, BR-Drucks. 691/74, S. 22.

Großeltern) die Rechtsbeziehungen zu allen leiblichen Verwandten erlöschen. Es ist kein Grund ersichtlich, der hier dazu zwänge, die verwandtschaftlichen Bande zur gesamten leiblichen Familie zu löschen, in den Fällen der Adoption durch Geschwister bzw. Onkel und Tante dagegen nur zu den Eltern. – Die volle Integration in die Adoptionsfamilie mildert diese Rechtsfolgen allerdings (vgl. § 1754, 1924 ff.).

b) Stiefkind-Adoptionen

Adoptiert ein Ehegatte ein Kind seines Ehegatten, so erlangt das Adoptivkind die rechtliche Stellung eines gemeinschaftlichen Kindes der Ehegatten und es erlischt das Verwandtschaftsverhältnis zum anderen Elternteil und dessen Verwandten (§ 1755 Abs. 2), also zu dem Elternteil, der nun ersetzt wird. Nimmt z.B. ein Ehemann das Kind seiner Frau an, wird es ein gemeinschaftliches Kind dieser beiden Ehegatten (§ 1754 Abs. 1) mit der konsequenten Folge, dass sämtliche Rechtsbeziehungen zum leiblichen Vater und dessen Verwandten erlöschen (Entsprechendes gilt, wenn eine Ehefrau das Kind ihres Ehemannes adoptiert). Das Kind bekommt dadurch jeweils neue Verwandte – nämlich die seines Adoptivelternteils.

> **Rechtsbeziehungen erlöschen zum „ersetzten" Elternteil**

> **Rechtsstellung wie gemeinsames Kind**

Adoptiert ein Ehegatte das eheliche Kind seines Ehegatten, dessen frühere Ehe durch Tod aufgelöst worden ist, so erlöschen die verwandtschaftsrechtlichen Beziehungen des Adoptivkindes zu den leiblichen Verwandten seines verstorbenen Elternteils nicht, wenn dieser die elterliche Sorge besaß (§ 1756 Abs. 2). „Es wäre auch kaum verständlich, wenn die Großeltern, deren Tochter oder Sohn gerade gestorben ist, die Rechtsbeziehungen zu ihrem Enkelkind durch die Adoption verlieren könnten."[28] Dieser Fall tritt jedoch für die betreffenden Großeltern ein, wenn ihre Tochter oder Sohn verstorben sind und nicht die elterliche Sorge besaßen, wie das bei den meisten „nichtehelichen", aber auch bei geschiedenen Vätern der Fall sein kann. Dies ist nicht nur für diese Großeltern eine unverständliche Regelung.

> **Sonderheiten bei Tod eines Elternteils**

3. Wahrung des Adoptionsgeheimnisses

Für eine gedeihliche Entwicklung des Adoptiv-Kindes in seiner neuen Familie ist es unerlässlich, dass es sich uneingeschränkt als Kind dieser neuen Familie fühlen kann. Dazu ist u.a. erforderlich, dass Kontaktaufnahmen und die damit verbundenen Einflüsse und vor allem Störungen aus der alten Familie unterbleiben und die Tatsache der Adoption nicht ohne Einverständnis der Adoptiveltern grundlos von dritter Seite (Privatpersonen, Behörden, Gerichten) aufgedeckt wird. Es soll vielmehr den Adoptiveltern überlassen bleiben zu entscheiden, *ob, wann* und *wie* das Kind über seine Adoption *informiert* wird.

> **Schutzgedanke**

Es ist allerdings allen Adoptiveltern dringend zu empfehlen, die Kinder rechtzeitig (spätestens zum Schulbeginn) über die Adoption in kindgemäßer Form zu unterrichten. Dadurch wird vor allem verhindert, dass das Kind von dritter Seite – evtl. in ungeschickter oder liebloser Weise – von seiner Adoption erfährt und dann einen Schock erleidet. In solchen Fällen wird das Kind misstrauisch, zieht sich verunsichert zurück, bekommt

> **Rechtzeitige Information des Kindes ratsam**

---

[28] So der RegE AdoptG, aaO, S. 22.

Ängste, fühlt sich getäuscht. Die daraus resultierende Entfremdung bringt Probleme für die weitere Entwicklung des Kindes und das Zusammenleben in der Adoptiv-Familie, die diese dann oftmals nicht allein auffangen und zu psychischen Schäden des Kindes führen können.

Inkognito-Adoption   Zum Schutz der Adoptions-Familie vor unerwünschten Einwirkungen der leiblichen Eltern und deren Verwandten sowie von Dritten erfolgen schon seit langem die Mehrzahl der Adoptionen *inkognito*. Das bedeutet, dass das Kind von Personen adoptiert wird, die unter einer bestimmten Nummer in einer sog. Adoptions-Liste eingetragen sind, so dass die leiblichen Eltern weder Namen noch Adresse der Adoptiveltern erfahren. Diese wiederum erfahren nur allgemein etwas über die Herkunft des Kindes nicht jedoch Name und Adresse seiner leiblichen Eltern.

Europäisches Adoptionsübereinkommen   Das entspricht Art. 20 Abs. 1 des *Europäischen Adoptionsübereinkommens,* nach dem „jeder Mitgliedstaat Anordnungen treffen soll, damit ein Kind angenommen werden kann ohne dass seiner (leiblichen) Familie aufgedeckt wird, wer die Annehmenden sind".

Ausforschungsverbot   Dem trägt § 1758 Rechnung. Nach Absatz 1 dieser Vorschrift dürfen „Tatsachen, die geeignet sind, die Adoption und ihre Umstände aufzudecken, ohne Zustimmung der Adoptiveltern und des Adoptivkindes nicht offenbart oder ausgeforscht werden, es sei denn, dass besondere Gründe des öffentlichen Interesses dies erfordern."[29] Dieser Schutz beginnt bereits mit der elterlichen Einwilligung zur Adoption (§ 1758 Abs. 2 S. 1). Das FamG kann anordnen, dass diese Wirkung auch dann eintritt, wenn bei ihm ein Antrag auf Ersetzung der elterlichen Einwilligung gestellt worden ist (§ 1758 Abs. 2 S. 2), damit dieser Elternteil das Adoptionsverfahren nicht stören kann.

Die Wahrung des Adoptionsgeheimnisses soll also *von Anbeginn an gewährleistet* sein. Daher bestimmt § 9d Abs. 1 AdVermiG, dass für die Erhebung, Verarbeitung und Nutzung personenbezogener Daten die Datenschutzvorschriften des SGB X (d.h.: die §§ 67 ff.) mit der Maßgabe gelten, dass Daten, die für Zwecke dieses Gesetzes erhoben worden sind, nur für Zwecke verarbeitet oder genutzt werden dürfen, die die Adoptionsvermittlung/-begleitung, die Anerkennung, Zulassung oder Beaufsichtigung von Adoptionsvermittlungsstellen, die Überwachung von Vermittlungsverboten, die Verfolgung von Verbrechen oder anderen Straftaten von erheblicher Bedeutung oder die internationale Zusammenarbeit auf diesen Gebieten betreffen. – Außerdem hat das AdoptG die vor 1977 bestehende unbeschränkte Möglichkeit, jedem Einsicht in die Akten des FamG zu gestatten, der ein berechtigtes Interesse glaubhaft macht, insoweit aufgehoben, „als § 1758 entgegensteht". In solchen Fällen ist daher die Akteneinsicht zu versagen (§ 13 Abs. 2 S. 2 FamFG).

Ausnahme Heirat   Um das natürlich auch nach der Adoption zur leiblichen Familie gemäß § 1307 fortbestehende Eheverbot (s. dazu S. 191) zu überprüfen, muss das Standesamt Einsicht in das Geburtenregister der Heiratswilligen nehmen, da die Vorlage von Abstammungsurkunden 2009 entfallen ist (s. dazu S. 361).

---

[29] Näheres ist dem RegE zum AdoptG nicht zu entnehmen. Ein denkbarer Anwendungsfall wäre die Mitteilung an die leiblichen Eltern, um ihnen ein Aufhebungsverfahren nach § 1760 wegen nicht erteilter Einwilligung zur Adoption zu ermöglichen (s. dazu S. 367 f.).

Der Schutz des § 1758 betrifft nur die „Außenwelt", gilt jedoch nicht zwischen Adoptivkind und Adoptiveltern. Diesen gegenüber hat das Kind einen Anspruch auf Klärung seiner genetischen Herkunft, den das *Bundesverfassungsgericht* aus Art. 1 Abs 1 i.V. m. 2 Abs. 1 GG ableitet.[30] Dem trägt § 63 Abs. 1 S. 1 PStG Rechnung. Danach kann das Adoptivkind ab 16 J. selbst eine Personenstandsurkunde beim Standesamt beantragen, aus der sich dann seine wahre genetische Herkunft ergibt (§ 21 Abs. 1 Nr. 1 PStG).

§ 1758 gilt nicht innerhalb der Familie

Rechtsfolgen der Adoption für das Adoptivkind
- deutsche Staatsangehörigkeit wird erworben bzw. verloren (§§ 3 Abs. 1 Nr. 3, 6, 27 S. 1 StAG),
- die Rechtsbeziehungen zur gesamten leiblichen Familie erlöschen (§ 1757 Abs. 1 S. 1),
  Ausnahmen:
  - Vor der Adoption entstandene Renten, Waisengeld, Schadensersatz-Ansprüche bleiben bestehen (§ 1755 Abs. 1 S. 2),
  - Ehe-/Sexual-Verbote bestehen fort (§§ 1307 S. 1 BGB; 173 StGB)
  - Bei Adoption durch Verwandte erlischt nur das Verwandtschaftsverhältnis zu seinen leiblichen Eltern (§ 1756 Abs. 1)
- in der Adoptivfamilie gilt es als leibliches Kind (§ 1754 Abs. 1, 2), d.h.:
  - Geburtsname wird der Familienname der Adoptiveltern (§ 1757 Abs. 1),
  - evtl. ist Änderung des Vor- und/oder Familiennamen durch FamG möglich (§ 1757 Abs. 4 Nr. 1 und 2),
  - Inhaber der elterlichen Sorge werden die Adoptiveltern (§ 1754 Abs. 3),
  - es besteht volles gegenseitiges Erb-Recht (§§ 1754, 1924 ff.),
  - es bestehen gegenseitige Unterhalts-Ansprüche zwischen ihm und seinen Adoptiv-Eltern/-Großeltern (§§ 1754, 1601 ff.).

IV. Aufhebung der Adoption

1. Voraussetzungen

Das *AdoptG* von 1977 geht davon aus, dass die Adoption grundsätzlich ein unauflösliches Eltern-Kind-Verhältnis schafft, das von besonderem Ernst und Verantwortungsgefühl bestimmt sein soll. Alle Beteiligten sollen dabei das Bewusstsein haben, dass das neue Familien-Verhältnis auf Dauer gegründet ist. In der amtlichen Begründung zum AdoptG hieß es dazu[31]:

„Jeder Überlegung, das angenommene Kind sei nicht das eigene Kind, soll der Boden entzogen werden. Diese Meinung hat die *Bundesregierung* schon für die nur mit beschränkten Wirkungen ausgestattete ‚Annahme an Kindes Statt' des (damals) geltenden Rechts vertreten. Sie ist für ein Annahmeverhältnis, in dem das Kind dem leiblichen ehelichen Kind gleichgestellt wird, noch mehr begründet."

Eine Aufhebung der Adoption ist daher *grundsätzlich nicht möglich*. Denn die Vollwertigkeit des durch die Adoption begründeten Familienbandes wäre beeinträchtigt, wenn dieses Band leicht zu lösen wäre. Damit befindet sich das AdoptG in Übereinstimmung mit Art. 13 *Europäisches Adop-*

Grundsatz der Unauflösbarkeit

---

[30] BVerfG, NJW 1997 S. 1769.
[31] RegE AdoptG, BR-Drucks. 691/74, S. 27.

tionsübereinkommen und trägt dem – zu begrüßenden – Umstand Rechnung, dass durch eine Adoption das rechtliche Band zur leiblichen Familie des Kindes völlig zerschnitten wird. Dadurch werden aber zugleich die Folgen einer eventuellen Aufhebung der Adoption schwerwiegender für das Kind. Seine Lage wäre schlechter als vor der Adoption. Denn abgesehen von den seelischen Belastungen und Schäden, die ein derart „verstoßenes" Kind erleidet, sind seine Chancen, erneut eine Familie zu finden, fast aussichtslos (siehe dazu S. 359). Es besteht dann die Gefahr, dass

Kindesschutz vorrangig

es ohne jegliche Familienbindung dasteht und somit ein *„Niemands-Kind"* wird. Deshalb führen selbst gravierende Vernachlässigung oder andere schwere Verfehlungen der Adoptiveltern nur dann zur Aufhebung einer Adoption, wenn die Aufnahme des Kindes in seine „alte" Familie oder in eine „neue" Adoptivfamilie gesichert ist (§ 1763 Abs. 3). Ist dies nicht

Statt Aufhebung Maßnahmen des FamG

möglich, so kommen – wie bei leiblichen Eltern – nur Maßnahmen nach §§ 1666, 1666a in Betracht.[32] Denn auch bei einer dann (zumindest zeitweilig) nötigen Fremdunterbringung des Kindes ist es zu seinem Schutz besser, die rechtlichen Bande zu den Adoptiveltern und deren Verwandten (vor allem: Unterhalts- und Erbrecht) bestehen zu lassen, als es einer erst noch zu klärenden neuen Rechtsposition auszusetzen.

Grundsätzlich keine Zweit-Adoptionen

Aus diesen Gründen (sowie zur Vermeidung des „Weiterreichens" eines Kindes) verbietet § 1742 grundsätzlich Zweit- (und weitere) Adoptionen, lässt jedoch drei Ausnahmen zu:

Ausnahmen

– die (Erst-)Adoption ist aufgehoben worden (siehe dazu unten)
– die (ersten) Adoptiveltern sind verstorben,
– die Adoption durch Stiefelternteile (= Ehegatte des Adoptivelternteils des Kindes).

Beispiele: die erste Adoption wurde durch das FamG aufgehoben und eine neue bietet sich an,
die Adoptiveltern verunglücken beide tödlich und eine neue Adoption bietet sich an,
eine unverheiratete Frau adoptiert ein Kind, heiratet später und ihr Ehemann möchte das Kind adoptieren,
Adoptivvater stirbt und die Adoptivmutter heiratet wieder und der neue Ehemann will das Kind adoptieren

Aufhebung nur in gravierenden Ausnahmefällen

Das AdoptG lässt die Aufhebung der Adoption durch das FamG zu und durchbricht damit das Institut der Volladoption. Die Adoptionsaufhebung kommt allerdings nur noch in drei besonderen Ausnahmefällen in Betracht:

Schwere rechtliche Mängel

– die Aufhebung *auf Antrag*, wenn der Adoption besonders schwere rechtliche Mängel anhaften (§ 1760) und sie noch keine drei Jahre besteht (§ 1762 Abs. 2 S. 1);

Zum Kindeswohl

– die Aufhebung *von Amts wegen*, wenn dies aus schwer wiegenden Gründen zum Wohl des Kindes erforderlich ist (§ 1763);

Verbotswidrige Heirat

– die Aufhebung *kraft Gesetzes*, wenn ein Adoptierter mit einem Adoptivelternteil ohne Erlaubnis des FamG den eherechtlichen Vorschriften zuwider (vgl. § 1308) die Ehe geschlossen hat (§ 1766).

---

[32] Ebenso: MüKo/*Maurer*, § 1763 Rn. 2.

Während im letzteren Fall die Adoption gem. § 1766 automatisch endet, müsste in den beiden anderen Fällen ihre Aufhebung durch das FamG ausgesprochen werden.

Da es in der Praxis kaum vorkommen wird, dass eine Adoption so grob fehlerhaft ist oder vom Standesamt übersehen werden kann, dass die Ehewilligen durch Adoption in einem Eltern-Kind-Verhältnis stehen,[33] soll hier *nur* auf die *Aufhebung* näher eingegangen werden, die aus schwerwiegenden Gründen (z. B. Straftaten) zum Wohl des Kindes erforderlich werden kann. Sie ist gemäß § 1763 Abs. 3 bloß bei Fehlen jeder Eltern-Kind-Beziehung, aber auch dann nur zulässig, wenn ein leiblicher oder ein Adoptiv-Elternteil bereit und in der Lage ist, die Pflege und Erziehung des Kindes nach Aufhebung der Adoption zu übernehmen und wenn die Ausübung der elterlichen Sorge durch diesen Elternteil bzw. Adoptivelternteil dem Wohl des Kindes nicht widersprechen würde oder wenn die Aufhebung eine erneute Adoption des Kindes ermöglichen soll. Zuvor ist stets das JA anzuhören (§ 194 Abs. 1 S. 1 FamFG).

Aufhebung im Kindes-Interesse

Adoptionsaufhebungen sind schon immer sehr selten gewesen. Sie machen nicht einmal 0,2 % aller Adoptionen aus.[34] Das ist sicherlich nicht zuletzt ein Verdienst der guten Arbeit der Adoptionsvermittlungsstellen. Es zeugt aber zugleich auch von dem Verantwortungsgefühl der Adoptiveltern.

Adoptionsaufhebungen sind sehr selten

2. Rechtswirkungen

a) Grundsatz

Die Aufhebung einer Adoption wirkt nur für die Zukunft (§ 1764 Abs. 1 S. 1). Sie bewirkt das *Erlöschen* des Verwandtschaftsverhältnisses (und damit aller Rechtsbeziehungen) zu den Adoptiveltern und deren Verwandten (§ 1764 Abs. 2) und *zugleich ein Wiederaufleben* der Rechtsbeziehungen zu sämtlichen leiblichen Verwandten (§ 1764 Abs. 3).

Keine Rückwirkung

Wurde das Kind von einem Ehepaar adoptiert und die Adoption nur zu einem Adoptiv-Teil aufgehoben, so erlöschen die verwandtschaftsrechtlichen Beziehungen nur zu diesem Teil und dessen Verwandten (§ 1764 Abs. 5). Zu den leiblichen Verwandten des Kindes leben dann keine Rechtsbeziehungen wieder auf (§ 1764 Abs. 5). – Solche Fälle, in denen die Adoption nur zu einem Adoptivelternteil aufgehoben, zum anderen jedoch belassen wird, sind sicher selten. Sie setzen voraus, dass der andere Teil das Kind weiterhin genügend versorgen will und kann. Anlass könnte eine gegen das Kind begangene Straftat des einen Adoptiv-Elternteils mit der Folge sein, dass das Ehepaar sich getrennt hat. Aber auch hier ist zu überlegen, ob nicht Maßnahmen nach § 1666 (s. dazu S. 325 ff.) genügen, weil durch eine Aufhebung der Adoption rechtliche Beziehungen nur noch zu einem Elternteil bestehen bleiben.

Adoptionsaufhebung zu einem Elternteil

---

[33] Siehe dazu S. 361.
[34] Vgl. Statistisches Bundesamt vom 26.7.2013, Tabelle 6, für das Jahr 2012.

b) Elterliche Sorge

Rückübertragung auf leibliche Eltern

Eine Ausnahme bildet jedoch die *elterliche Sorge*. Sie lebt nicht automatisch wieder auf (§ 1764 Abs. 3), kann aber vom FamG den leiblichen Eltern zurück übertragen werden, wenn und soweit dies dem Wohl des Kindes nicht widerspricht; anderenfalls bestellt das FamG einen Pfleger oder Vormund (§ 1764 Abs. 4). Vor seiner Entscheidung hat das FamG die leiblichen Eltern, das JA und auch das Kind selbst anzuhören (vgl. §§ 160 Abs. 1 S. 1, 192 Abs. 1, 194 Abs. 1 S. 1 FamFG).

Dieser individuellen Regelung der elterlichen Sorge bedarf es deshalb, weil genau überprüft werden muss, ob ein Kind nach so langer Zeit in seine alte Familie überhaupt noch integrierbar ist. Das wird wesentlich von der Einstellung der leiblichen Eltern und Geschwister – aber auch des Kindes selbst – abhängen, aber auch davon, ob in seiner leiblichen Familie überhaupt zumutbare Entwicklungsbedingungen für das Kind vorhanden sind. Dabei darf auch nicht außer Acht gelassen werden, welche Gründe damals zur Adoption führten. Haben sich jedoch die Verhältnisse positiv verändert, so ist immer anzustreben, das Kind in seiner leiblichen Familie aufwachsen zu lassen.

c) Namensführung

Familienname

Über die *Änderung des Familiennamens* nach der Aufhebung der Adoption enthält § 1765 besondere Bestimmungen. Danach verliert das Kind (und seine Abkömmlinge) grundsätzlich das Recht zur Führung des Familiennamens der ehemaligen Adoptiveltern (§ 1765 Abs. 1 S. 1 und 2) und erhält somit wieder den vor der Adoption geführten Familiennamen (vgl. §§ 1616, 1617).

Von dieser Regelung gibt es jedoch zwei *Ausnahmen*:

– wenn die Adoption nur zu einem Adoptivelternteil aufgehoben wurde, behält es den Familiennamen, den es durch die Adoption erhalten hatte (§ 1765 Abs. 1 S. 2),
– wenn ein berechtigtes Interesse des Kindes an der Weiterführung des erworbenen Namens besteht, weil es damit eine starke Identität verbindet, kann das FamG auf Antrag des Kindes anordnen, dass es seinen Familiennamen weiterführen kann (§ 1765 Abs. 2 S. 1).

Vorname

Da die Namensänderung des § 1765 nur den Familiennamen betrifft (siehe dazu vorstehend), ändert sich durch die Aufhebung der Adoption der Vorname des Kindes nicht. Das gilt auch für den Fall, dass die Adoptiveltern gemäß § 1757 Abs. 4 Nr. 1 den ursprünglichen Vornamen des Kindes vom FamG hatten ändern lassen (siehe dazu S. 363).

C. Adoption Volljähriger

Voraussetzung: „sittlich gerechtfertigt"

Eine Adoption Volljähriger ist nur zulässig, wenn dies „sittlich gerechtfertigt ist", was vor allem dann anzunehmen ist, wenn zwischen den Beteiligten bereits ein Eltern-Kind-Verhältnis besteht (§ 1767 Abs. 1). Dadurch soll insbesondere verhindert werden, dass jemand, der sich nicht scheiden lassen will, zum Nachteil seines Ehegatten und evtl. vorhandener Kinder einem(r) Sexualpartner(in) eine gesicherte Rechtsposition verschafft.

Für Volljährigen-Adoptionen gelten zwar grundsätzlich sinngemäß die Bestimmungen der Minderjährigen-Adoption (§ 1767 Abs. 2), aber ihre Rechtswirkungen erstrecken sich grundsätzlich nicht auf die Verwandten der Adoptiveltern (§ 1770 Abs. 1 S. 1). Es erlöschen auch nicht die Rechtsbeziehungen zu der Ursprungsfamilie (§ 1770 Abs. 2). – Außerdem ist die Aufhebung dieser Adoption erleichtert möglich (vgl. § 1771). **Grundsätzlich keine Volladoption**

Unter bestimmten Voraussetzungen kann das FamG aber auch eine Volladoption (vgl. S. 361 ff.) aussprechen. Das ist gemäß § 1772 Abs. 1 aber nur in folgenden Fällen möglich: **Ausnahmen**
- wenn die Adoptivbewerber minderjährige Geschwister des zu adoptierenden Volljährigen entweder bereits früher schon adoptiert haben oder gleichzeitig adoptieren wollen,
- der zu adoptierende Volljährige bereits als Minderjähriger in die Familie der Adoptionsbewerber aufgenommen worden war,
- bei Adoption volljähriger Kinder des Ehegatten (sog. Stiefkindadoption),
- wenn das Adoptivkind bei Eingang des Adoptionsantrags beim FamG noch minderjährig war, aber inzwischen volljährig geworden ist.

In diesen Fällen ist die Aufhebung der Adoption erschwert (vgl. § 1772 Abs. 2).

Kapitel 10. Vormundschaft – Pflegschaft – Rechtliche Betreuung

Übersicht

A. Vorbemerkungen

Der letzte Abschnitt des Familienrechts des BGB befasst sich mit:

Vormundschaft   –   Rechtliche Betreuung   –   Pflegschaft
(§§ 1773–1895)   (§§ 1896–1908i)   (§§ 1909–1921).

Das erste Rechtsinstitut ist nur für Minderjährige (vgl. § 1773) und das zweite ausschließlich für Volljährige (vgl. § 1896) vorgesehen; Letzteres kommt für beide Personengruppen sowie für Ungeborene und auch für ein Vermögen in Betracht (vgl. §§ 1909, 1911, 1913; 1912; 1914). **Zielgruppen**

Vormundschaften für Minderjährige sowie Pflegschaften für Abwesende und unbekannte Beteiligte beinhalten die rechtliche Fürsorge sämtlicher Angelegenheiten (vgl. § 1793 bzw. §§ 1911 u. 1913). Die anderen Pflegschaften erfassen dagegen (generell) und Betreuungen (grundsätzlich) nur die Wahrnehmung bestimmter Angelegenheiten (vgl. §§ 1909 u. 1896). **Aufgaben**

Seit Abschaffung des VormG am 1.9.2009 ist das FamG für Vormundschaften und Pflegschaften zuständig (§§ 23a Abs. 1 S. 1 Nr. 1, 23b Abs. 1 GVG; 1, 111 Nr. 2, 151 Nr. 4, 5 FamFG). **Seit 1.9.2009 ist FamG zuständig**

Minderjährige, die einen Vormund haben, werden als *Mündel* bezeichnet. **Definitionen Mündel**

Personen, für die eine Pflegschaft besteht, bekommen einen Pfleger und werden *Pflegling* genannt. **Pfleglinge**

Volljährige, für die eine rechtliche Betreuung angeordnet wurde, erhalten vom Betreuungsgericht einen Betreuer und werden *Betreute* genannt. **Betreute**

B. Vormundschaft

I. Gegenstand und Grundsätze

Zunächst war das Rechtsinstitut der Vormundschaft für Minderjährige und Erwachsene vorgesehen, seit 1992 mit Wegfall der Entmündigung (s. dazu S. 386) jedoch nur noch für Minderjährige. Seitdem ist die Vormundschaft ausschließlich die rechtliche Fürsorge für Minderjährige, deren Eltern die gesamte elterliche Sorge – oder zumindest die gesetzliche Vertretung – aus rechtlichen oder tatsächlichen Gründen nicht wahrnehmen können (§ 1773 Abs. 1). Die Vormundschaft stellt also einen Ersatz für die elterliche Sorge dar. Daher sind die Aufgaben eines Vormunds dieselben wie die der Eltern (vgl. §§ 1793, 1800). Ein Vormund unterliegt aber einer stärkeren gerichtlichen Kontrolle (s. S. 381 f.). **Seit 1992 nur noch für Minderjährige** **Ersatz für elterl. Sorge**

AnO und Bestellung durch das FamG

Eine Vormundschaft tritt grundsätzlich nicht *kraft Gesetzes* ein, sondern es bedarf hierzu einer ausdrücklichen *Anordnung* (§§ 1774, 1789) und dann noch einer konkreten *Bestellung* (§§ 1775, 1789) durch das FamG, das eine Abteilung des Amtsgerichts ist (§ 23b Abs. 1 GVG). Das Prinzip der Anordnung durch das FamG wird jedoch beim nichtehelichen Kind durchbrochen. Dort wird mit dessen Geburt kraft Gesetzes (= automatisch) das JA Vormund, wenn das Kind eines Vormundes bedarf (vgl. § 1791c iVbm § 1773).

Ausnahme ne. Kind

Beispiele: Die Mutter ist minderjährig, unbekannten Aufenthalts, geisteskrank oder verstorben und es liegt jeweils keine pränatale Sorge-Erklärung iSd § 1626a Abs. 1 Nr. 1 vor (s. dazu S. 304f.), so dass der Vater keine elterliche Sorge besitzt.

Ernennung zum Vormund heißt Bestellung

Die Ernennung eines Vormundes durch das FamG wird als *„Bestellung"* bezeichnet (vgl. §§ 1775, 1789). Sie erfolgt „durch Verpflichtung zu treuer und gewissenhafter Führung" der Vormundschaft und zwar grundsätzlich „mittels Handschlags an Eides statt" (vgl. § 1789). Dabei erhält der Vormund eine Bestallungsurkunde, aus der Mündel, Vormund sowie Umfang und eventuelle Beschränkungen der Vormundschaft ersichtlich sein müssen (§ 1791). – Diese Bestimmungen gelten für die Vereins- und Amtsvormundschaft nicht (vgl. §§ 1791a Abs. 2, 1791b Abs. 2, 1791c; s. dazu auch S. 377).

Ergänzungen durch das SGB VIII

Das Vormundschaftsrecht des BGB wird durch das SGB VIII ergänzt, das insbesondere die Mitwirkung des JA bei der Auswahl von Vormündern, deren Beratung und Unterstützung sowie die Organisation und somit die verwaltungsmäßige Abwicklung der Vormundschaften durch das Jugendamt und seine Stellung und Aufgaben im Vormundschaftswesen regelt (vgl. die §§ 2 Abs. 3 Nr. 9–11, 53–58 SGB VIII).

Aufgaben des JA

II. In Betracht kommende Fälle

Minderjährige Kinder erhalten einen Vormund, wenn:

Fehlende elterl. Sorge

1. sie überhaupt nicht „unter elterlicher Sorge stehen" (§ 1773 Abs. 1)

Beispiele: Vollwaisen; Halbwaisen, wenn der andere Elternteil geisteskrank oder ihm die Ausübung der gesamten elterlichen Sorge entzogen ist; beide Eltern sind geisteskrank; beiden Eltern ist die gesamte Ausübung der elterlichen Sorge entzogen worden – oder nur einem, aber dem anderen kann die Ausübung nicht überlassen werden.

Fehlende gesetzliche Vertretung

2. die Eltern von der gesetzlichen Vertretung ausgeschlossen sind (§ 1773 Abs. 1).

Beispiele: Minderjährige ledige Mutter (wenn keine Sorgeerklärung iSd § 1626a Abs. 1 Nr. 1 [s. dazu S. 304f.] vorliegt); ein Elternteil ist minderjährig und der andere unbekannten Aufenthaltes

Findelkind

3. der Familienstand eines Kindes nicht ermittelt werden kann (= Findelkind, vgl. § 1773 Abs. 2).

Adoptionen

4. bei Adoptionen die elterliche Einwilligung hierzu erteilt wird (vgl. § 1751 Abs. 1) oder bei Aufhebung der Adoption im Falle des § 1764 Abs. 4 HS 2.

Anzeigepflicht

Damit gewährleistet ist, dass das FamG von der Notwendigkeit der Anordnung einer Vormundschaft Kenntnis erhält, sind die Standes- und Jugendämter sowie sämtliche Gerichte verpflichtet, einen der oben genannten Anordnungsgründe dem FamG mitzuteilen (vgl. §§ 8a Abs. 2 S. 1 SGB VIII, 22a Abs. 1, 168a Abs. 1 FamFG).

III. Auswahl des Vormundes

1. Einzelvormundschaft

Das BGB geht von der Einzelvormundschaft als der besten Vormundschaft aus (vgl. §§ 1775 S. 2, 1779 Abs. 2, 1887; 56 Abs. 4 SGB VIII).[1] Da die Vormundschaft bei Minderjährigen einen Ersatz für die fehlende elterliche Fürsorge und Betreuung bieten soll, ist seit 1999 ausdrücklich vorgesehen, dass ein Ehepaar gemeinsam zu Vormündern bestellt werden kann (§ 1775 S. 1). Ansonsten soll das FamG für einen Mündel grundsätzlich nur eine Person zum Vormund bestellen; das gilt auch, wenn mehrere Geschwister einen Vormund benötigen; nur bei Vorliegen besonderer Gründe können mehrere Personen zum Vormund für einen Mündel bestellt werden (§ 1775 S. 2) – z.B. der eine für die Personensorge und der andere für die Vermögenssorge (jeweils mit gesetzlicher Vertretung). Die Auswahl einer geeigneten Persönlichkeit obliegt dem FamG nach Anhörung und entsprechendem Vorschlag des JA (vgl. §§ 1779 Abs. 1, 53 Abs. 1 SGB VIII).[2] Dabei hat das FamG wegen des stets zu beachtenden Mündelinteresses nachfolgende Personen (in dieser Reihenfolge!) zu „berücksichtigen", d.h.: in erster Linie sie zu überprüfen, ob sie als Vormund geeignet sind (vgl. § 1779 Abs. 2):

Einzelperson oder Ehepaar

Zu berücksichtigen sind vorrangig:

a) Ehegatten als Vormund für ihre(n) minderjährige(n) Ehepartner(in) (§ 1778 Abs. 3).
   Hier ist allerdings besonders zu prüfen, ob dies wirklich dem Mündelinteresse entspricht.

Ehepartner

b) Personen, die durch die sorgeberechtigten Eltern des Mündels testamentarisch benannt (= „berufen") wurden (vgl. §§ 1776, 1777, 1779 Abs. 1).
   Sie dürfen nur unter den in § 1778 genannten Voraussetzungen übergangen werden.

Testamentarisch Berufene

c) Ist niemand vorrangig zu berücksichtigen, soll das FamG zum Vormund die Person auswählen, die nach ihren persönlichen Verhältnissen, ihrer Vermögenslage sowie den sonstigen Umständen geeignet ist (§ 1779 Abs. 2 S. 1). Kommen im Einzelfall mehrere geeignete Personen als Vormund in Betracht, so sind bei der Auswahl der mutmaßliche Wille der Eltern, die Bindungen des Mündels, die Verwandtschaft oder Schwägerschaft mit dem Mündel sowie das religiöse Bekenntnis des Mündels zu berücksichtigen (§ 1779 Abs. 2 S. 2).

Gesamtumstände

---

[1] Da Einzelvormünder jedoch schwierig zu finden sind, spielt diese Form der Vormundschaft schon lange nur noch eine geringe Rolle. Den Regelfall (d.h. 75% aller Vormundschaften) stellt vielmehr die bestellte Amtsvormundschaft dar (14. Kinder- und Jugendbericht vom 30.1.2013, BT-Drucks. 17/12200, S. 263; s. dazu auch S. 377).

[2] Siehe dazu *Schleicher* in GK-SGB VIII, § 53 Rn. 3 ff.

Vertrauen und Eignung

Diese Regelungen des BGB wollen erreichen, dass nach Möglichkeit nur Personen zum Vormund bestellt werden, die entweder das besondere Vertrauen der Eltern des Mündels genießen oder aufgrund verwandtschaftlicher Beziehungen geeignet erscheinen, ein solches Amt zu übernehmen. Gleichzeitig wird jedoch eindeutig klargestellt, dass oberster Gesichtspunkt bei der Auswahl eines Vormundes seine Eignung sein muss. Denn nur so kann gewährleistet werden, dass das Kindeswohl voraussichtlich gewahrt werden wird.

Übernahmepflicht

Eine zum Einzelvormund vorgesehene Person kann nur unter ganz bestimmten Voraussetzungen dieses „Amt" ablehnen (vgl. § 1786), da *„jeder Deutsche"* zur Übernahme einer Vormundschaft verpflichtet ist (vgl. § 1785) – sog. *bürgerliches Ehrenamt*. Bei unbegründeter Ablehnung droht *Schadensersatz und Zwangsgeld* bis zu 1000,– EUR (vgl. §§ 1787, 1788 BGB, Art. 6 EG StGB). Jedoch werden diese Bestimmungen (sinnvollerweise) kaum angewendet, weil es nicht zum Wohl der zu betreuenden Mündel sein kann, wenn jemandem dieses Amt aufgezwungen wird.

Ehrenamtliche Vormundschaft

Die Führung der Vormundschaft erfolgt grundsätzlich unentgeltlich (§ 1836 Abs. 1 S. 1). Aufwendungen, die ein Vormund zum Zwecke der Vormundschaft macht, kann er jedoch vom Mündel – und bei dessen Mittellosigkeit von der Staatskasse – ersetzt verlangen (§ 1835 Abs. 1 u. 3).

Aufwendungsersatz

Beispiele: bare Auslagen, Porto, Fahrt-, Rechtsanwalts-, Gerichtskosten etc.

Stattdessen Pauschale

Anstelle des Aufwendungsersatzes kann ein Vormund aber auch eine pauschale Aufwandsentschädigung (von jährlich maximal 323,– EUR) vom Mündel – und bei dessen Mittellosigkeit von der Staatskasse – verlangen (vgl. § 1835a Abs. 1 S. 1 iVbm § 22 JVEG).

Berufs-Vormund

Wenn ein Vormund die Vormundschaft berufsmäßig führt

wovon bei Führung von mehr als 10 Vormundschaften oder bei einem erforderlichen Zeitaufwand von mindestens 20 Wochen-Stunden kraft Gesetzes grundsätzlich ausgegangen wird (vgl. § 1836 Abs. 1 S. 2 u. 3 iVbm § 1 Abs. 1 VBVG)

Vergütung möglich

oder dies in absehbarer Zeit zu erwarten ist, muss das FamG einem Vormund seit 1.1.1999 eine angemessene Vergütung bewilligen, die sich nach den für die Führung der Vormundschaft nutzbaren Fachkenntnissen des Vormundes sowie nach dem Umfang und der Schwierigkeit der vormundschaftlichen Geschäfte zu richten hat, d. h., der Stundensatz liegt

Stundensätze

zwischen 19,50 EUR (ohne besondere Fachkenntnisse), 25,– EUR (durch abgeschlossene Lehre oder vergleichbare abgeschlossene Ausbildung erworbene Fachkenntnisse) und 33,50 EUR (durch Hochschulabschluss oder vergleichbare Ausbildung erworbene Fachkenntnisse) – jeweils zuzüglich der sog. „Mehrwertsteuer" (vgl. § 3 Abs. 1 VBVG). – Soweit die

Erhöhung bei besonderer Schwierigkeit

besondere Schwierigkeit der vormundschaftlichen Geschäfte dies ausnahmsweise rechtfertigt, kann das FamG auch höhere als die oben aufgeführten Stundensätze bewilligen (§ 3 Abs. 3 S. 1 VBVG).

Mittellose Mündel

Bei gemäß § 1836d *mittellosen* Mündeln können Berufsvormünder ihre Vergütungsansprüche an die Staatskasse richten (§ 1 Abs. 2 S. 2 VBVG). – Höhere Stundensätze können dann jedoch nicht bewilligt werden (vgl. § 3 Abs. 3 S. 2 VBVG). – In diesen Fällen gehen die Ansprüche der Vormünder auf die Staatskasse über, d. h., sie können dann 10 Jahre lang von ihr gegenüber den Mündeln – und in begrenztem Umfang auch gegenüber deren Erben – geltend gemacht werden (vgl. § 1836e).

Vergütungsansprüche erlöschen, wenn sie nicht binnen 15 Monaten nach ihrer Entstehung geltend gemacht werden; Verlängerung durch das FamG ist jedoch auf Antrag möglich (vgl. § 2 VBVG iVbm § 1835 Abs. 1a). | **Erlöschen von Vergütungsansprüchen**

2. Vereins- und Amtsvormundschaft

Außer der *Einzel*vormundschaft kennt das BGB noch die *Vereins-* und die *Amts*vormundschaft, und zwar in dieser Reihenfolge, d. h., diese kommen jeweils dann in Betracht, wenn die jeweils vorher genannte Art nicht zur Verfügung steht (vgl. §§ 1791a und 1791b).[3] | **Subsidiaritätsprinzip**

Von Vereinsvormundschaft spricht man, wenn ein vom LJA (vgl. §§ 70–72 SGB VIII) hierzu für geeignet erklärter (vgl. dazu § 54 SGB VIII) rechtsfähiger Verein (vgl. §§ 21 und 55 BGB) vom FamG zum Vormund bestellt wird (vgl. §§ 1791a, 1915). In Betracht kommen rechtsfähige Vereine, die sich der Jugendwohlfahrt annehmen, also vor allem die sog. *freien Wohlfahrtsverbände* wie Caritas, Diakonisches Werk (Innere Mission), Arbeiterwohlfahrt, Paritätischer Wohlfahrtsverband u. a. (vgl. dazu § 54 SGB VIII sowie die Ausführungsgesetze der Länder). – Die Vereinsvormundschaft kommt nur in Betracht, wenn eine als ehrenamtlicher Einzelvormund geeignete Person nicht zur Verfügung steht *oder* eine diesbezügliche Berufung gemäß § 1776 vorliegt *und* der Verein (jeweils) zustimmt (§ 1791a Abs. 1 S. 2). | **Vereinsvormundschaft** / **Bestellung durch FamG**

*Amts*vormundschaft nennt man die vom JA ausgeübte Vormundschaft. Sie kann von Gesetzes wegen eintreten (siehe § 1791c und § 1751 Abs. 1 S. 2) oder vom FamG angeordnet werden, wenn weder eine als ehrenamtlicher Einzelvormund geeignete Einzelperson noch ein Verein (siehe dazu oben) als Vormund zur Verfügung steht (vgl. § 1791b Abs. 1). Man spricht daher von der *gesetzlichen* oder der *bestellten* Amtsvormundschaft. | **Gesetzliche und bestellte Amtsvormundschaft**

Für die Vereins- sowie für die Amtsvormundschaft gelten grundsätzlich die Bestimmungen des BGB (§ 56 Abs. 1 SGB VIII), allerdings mit einigen *Sonderheiten*: | **BGB gilt mit Sonderheiten**

– So erfolgt die Bestellung (s. dazu S. 374) nicht gemäß §§ 1789, 1791 BGB, sondern durch schriftliche Verfügung des FamG (vgl. §§ 1791a Abs. 2, 1791b Abs. 2); bei der gesetzlichen Amtsvormundschaft entfällt eine persönliche Bestellung ohnehin (vgl. § 1791c). | **Bestellung**

– Das JA kann eine Vormundschaft nicht ablehnen (vgl. § 1791b), jedoch ein gemeinnütziger Verein (vgl. § 1791a Abs. 1 S. 2). | **Ablehnung**

– Neben dem JA kann kein Gegenvormund bestellt werden (vgl. § 1792 Abs. 1 S. 2), jedoch neben dem Verein (vgl. § 1791a Abs. 4). | **Gegenvormund**

– Darüber hinaus gelten für die Vereins- sowie die Amtsvormundschaft die Befreiungen des § 1857a sowie für das JA die gemäß § 56 Abs. 2 SGB VIII. | **Befreiungen**

– Die freien Wohlfahrtsverbände bedienen sich bei der Führung der Vormundschaften ihrer einzelnen „Mitglieder" oder Mitarbeiter (§ 1791a | **Durchführung der Vereinsvormundschaft**

---

[3] Bezüglich der Amtsvormundschaft ergibt sich das zwar nicht ausdrücklich aus §§ 1791b, 1887, jedoch aus der Gesetzesbegründung (BT-Drucks. 11/5948, S. 91) zu § 56 Abs. 4 SGB VIII, nach dem das JA jährlich zu prüfen hat, ob seine Entlassung als Amtspfleger/-vormund und die Bestellung einer Einzelperson oder eines Vereins angezeigt ist, und dies dem FamG mitzuteilen hat.

Abs. 3 S. 1), d.h., idR ihrer Angestellten, die allerdings die Mündel nicht bereits in einem Heim des Verbandes betreuen dürfen (vgl. § 1791a Abs. 3 S. 1), weil die Mündel durch eine außenstehende Person betreut (und überwacht) werden sollen.

Kein Aufwandsersatz u. keine Vergütung   – Dem JA und dem Verein können weder Aufwandsersatz noch Vergütungen bewilligt werden (vgl. §§ 1835a Abs. 5, 1836 Abs. 3).

Umwandlung der Amts- in Vereins- oder in Einzelvormundschaft   Aus dem Prinzip der Einzelvormundschaft ergibt sich, dass eine Vereins- oder Amtsvormundschaft vom FamG in eine Einzelvormundschaft umzuwandeln ist, wenn nunmehr eine geeignete Einzelperson für den Mündel zur Verfügung steht (vgl. §§ 1887 Abs. 1 BGB, 56 Abs. 4 SGB VIII sowie S. 375). Diese „Ablösungen" haben also jeweils durch das zuständige FamG zu erfolgen. Das JA hat dazu entsprechende Überprüfungen (in der Regel jährlich) vorzunehmen (vgl. § 56 Abs. 4 SGB VIII). – Das JA oder der freie Verband können die Umwandlung einer Amtsvormundschaft in eine Vereins- oder Einzelvormundschaft oder einer Vereins- in eine Einzelvormundschaft aber nur anregen (was die Regel ist), dies jedoch nicht etwa „selbst vornehmen".

Da ehrenamtliche Einzelvormünder schwierig zu finden sind, spielt diese Form der Vormundschaft schon lange nur noch eine geringe Rolle. In der Praxis stellt vielmehr die Amtsvormundschaft den Regelfall dar. Sie macht drei Viertel aller Vormundschaften aus.[4]

Fallzahl-Problematik   Hohe Fallzahlen be- (bzw. ver-) hindern dort aber eine angemessene Aufgabenerfüllung, insbesondere eine persönliche Betreuung der Mündel, wie vor Jahren die erschütternden Fälle von extremen Kindesvernachlässigungen, sexuellem Kindesmissbrauch, Kindesmisshandlungen und Kindestötungen erschreckend gezeigt haben (als Beispiele seien nur die Fälle von *„Kevin"* (in Bremen), *„Jesica"* (in Hamburg) und *„Lea-Sophie"* (in Schwerin) genannt, bei denen die Amtsvormünder bis zu 120 – im Fall *„Kevin"* sogar zeitweise bis zu 240 – Mündel zu betreuen hatten).

Fallzahl-Begrenzung auf 50 seit 5.7.2013   Der Gesetzgeber hat aufgrund dessen am 5.7.2012 in § 55 Abs. 2 Satz 4 SGB VIII eine Begrenzung auf maximal 50 Vormundschaften/-pflegschaften festgelegt. Daraus ergibt sich aber keine wirkliche Verbesserung, denn damit kann der gesetzliche Auftrag zum (in der Regel allmonatlichen) persönlichen Kontakt in der gewohnten Umgebung des Kindes (das wären ca. 600 Besuche pro Jahr !) und zur individuellen Förderung und Gewährleistung der Pflege und Erziehung der Mündel (§§ 1793 Abs. 1a, 1800 Satz 2) in keiner Weise erfüllt werden. Anzustreben ist vielmehr eine Fallzahl von 20–25. Es ist jedoch zu befürchten, dass die gesetzliche Fallzahl-Obergrenze zur Regel-Fallzahl wird.[5]

IV. Wirkungskreis des Vormundes

Rechte und Pflichten   Ein Vormund hat grundsätzlich dieselben Rechte und Pflichten, die die Eltern aufgrund ihrer elterlichen Sorge haben (vgl. §§ 1793, 1800, 1631), es sei denn, das FamG hat zugleich einen Pfleger oder einen Gegenvormund bestellt (vgl. §§ 1792, 1794). Da Vormund und Mündel in der Re-

---

[4] Siehe 14. Kinder- und Jugendbericht 2012, BT-Drucks. 17/12200, S. 356.
[5] Kritische Würdigung der Fallzahlobergrenze (m.w.N.) bei *Schleicher* in GK-SGB VIII § 55 Rn. 24 ff.

gel nicht zusammenleben, ist seit dem 5.7.2012 gesetzlich *ausdrücklich* festgelegt, dass ein Vormund seine Mündel in der Regel allmonatlich in deren gewohnter Umgebung zu besuchen hat (§ 1793 Abs. 1a) und zur persönlichen Förderung und Gewährleistung der Pflege und Erziehung seiner Mündel verpflichtet ist (§ 1800 Satz 2).

Bei der Ausübung der ihm zustehenden Befugnisse ist der Vormund nicht so frei wie die Eltern im Rahmen ihrer elterlichen Sorge, denn er wird stärker vom FamG überwacht. (Es kann hier – aus Platzgründen – nur auf die wesentlichen Beschränkungen hingewiesen werden.) **Beschränkungen**

Der Vormund bedarf bei folgenden Rechtshandlungen der Genehmigung des FamG: **Genehmigungspflichtige Rechtshandlungen**
– Ausbildungs- und Arbeitsverträgen über ein Jahr (§ 1822 Nr. 6 und 7),
– allen Ratenzahlungs- und Kredit-Verträgen (§ 1822 Nr. 8),
– Vergleichen oder Schiedsverträgen von mehr als 3000,– EUR (§ 1822 Nr. 12),
– Rechtsgeschäften, die einen Anspruch des Mündels mindern, aufheben oder begründen (§ 1822 Nr. 13).

Natürlich bedarf auch der Vormund in den Fällen der Genehmigung des FamG, in denen die Eltern diese benötigen (vgl. dazu §§ 1643, 1821, 1822 Nr. 1, 3, 5, 8–11; 1800 iVbm 1631b). Er ist auch bei denselben Rechtshandlungen von der Vertretung ausgeschlossen wie die Eltern (vgl. § 1795 u. § 1629 sowie S. 316f.).

Darüber hinaus ergeben sich für ihn bei der Vermögensverwaltung weitere Beschränkungen (vgl. die §§ 1802 bis 1820).

Im Übrigen übt der Vormund das ihm übertragene Amt selbstständig und frei aus, d.h.: nach pflichtmäßigem eigenen Ermessen. **Selbstständigkeit**

V. Beratung und Überwachung des Vormundes

Die ursprüngliche Annahme des BGB-Gesetzgebers, dass Vormundschaften aufgrund der allgemeinen Lebenserfahrung ohne besondere Vorkenntnisse problemlos ehrenamtlich ausgeübt werden können, hat sich schon lange als unzutreffend erwiesen. Denn hierfür ist neben einem nicht geringen Maß an erzieherischen Fähigkeiten auch eine gewisse Geschäftsgewandtheit und Gesetzeskenntnis erforderlich. Diese Voraussetzungen sind bei Privatpersonen, die zur Übernahme von Vormundschaften ja gesetzlich verpflichtet sind (vgl. § 1785), jedoch vielfach nicht vorhanden. Diesem Umstand trägt das SGB VIII besser Rechnung (als vormals das JWG), indem es Beratung und Unterstützung von Vormündern durch das JA in den Vordergrund stellt und deren Tätigwerden in Ausübung des staatlichen Wächteramtes (s. dazu S. 269) auch vom JA kontrollieren lässt. **Ehrenamtliche Vormünder**

1. Beratung und Unterstützung des Vormundes durch das Jugendamt

Dem gewandelten Verständnis von Jugendhilfe entsprechend (= mehr Hilfe als Kontrolle oder gar Eingriff) haben Vormünder und Pfleger seit 1991 einen Rechtsanspruch auf regelmäßige und dem jeweiligen erzieherischen Bedarf der Mündel entsprechende Beratung und Unterstützung durch das JA (§ 53 Abs. 2 SGB VIII), in dessen Bereich sich die Pfleger **Rechtsanspruch für Einzel- und Vereinsvormünder** oder Vormünder tatsächlich aufhalten (§ 87d Abs. 1 SGB VIII). Dies gilt gemäß § 53 Abs. 4 S. 2 SGB VIII auch für Vereinsvormundschaften (da nach dieser Vorschrift nur § 53 Abs. 3 SGB VIII nicht anwendbar ist). Darauf hat das FamG aufgrund seiner gesetzlichen Fürsorgepflicht (vgl. Gesetzesüberschrift vor §§ 1837 ff.) alle Vormünder bei ihrer Bestellung unbedingt hinzuweisen.

Aufgaben des JA   Die gesetzliche Betreuungspflicht des JA beinhaltet in erster Linie die individuelle Beratung und Unterstützung der einzelnen Vormünder in allen Erziehungsangelegenheiten (§ 53 Abs. 2 SGB VIII). Hierzu gehört aber auch, ihnen bei Rechtsangelegenheiten zu helfen, und zwar angefangen von der Erteilung von Rechtsauskünften (z. B. vor und nach Abschluss von Verträgen) bis hin zum Abfassen von Anträgen und Gesuchen oder der Abwehr von geltend gemachten Ansprüchen Dritter. Des Weiteren ergibt sich aus dieser Betreuungspflicht des JA, für Vormünder Info- und Merkblätter (über ihre gesetzlichen Rechte und Pflichten ebenso wie über Grundsätze pädagogisch sinnvollen Handelns) sowie Schulungs- und Fortbildungsveranstaltungen anzubieten. Diesbezügliche Pflichtverletzung des JA kann evtl. Haftung des Trägers der öffentlichen Jugendhilfe nach § 839 BGB, Art. 34 GG auslösen.

Entsprechende Ausstattung nötig   Ob – und wie – die JÄ diese wichtigen Aufgaben erfüllen können, hängt ganz wesentlich von ihrer personellen (genügend Fachkräfte) wie materiellen (entsprechende Mittel) Ausstattung ab. Anderenfalls besteht die Gefahr, dass diese wichtige Jugendamtsaufgabe nur standardisiert (und vor allem nur am Rande) und damit wenig effektiv bewältigt werden kann.

2. Einflussnahmemöglichkeiten des Jugendamtes[6]

Wächteramt nur über Einzelvormünder   Das JA hat darauf zu achten, dass Einzelvormünder für die Person der Mündel, insbesondere ihre Erziehung und Pflege, Sorge tragen (§ 53 Abs. 3 S. 1 SGB VIII). Wenn das JA feststellt, dass bei (oder: trotz) der Betreuung im Personensorgebereich Probleme oder gar Mängel auftreten, so ist das JA berechtigt und zugleich verpflichtet, im Einvernehmen mit dem Vormund auf deren Behebung hinzuwirken (§ 53 Abs. 3 S. 2 SGB VIII). Das bedeutet, dass nach eingehender Besprechung der konkreten Situation mit allen Beteiligten (Minderjährigen, Eltern, Vormund, Dritten) zusammen zu überlegen ist, wie am besten Abhilfe geschaffen werden kann. Dabei sind u. U. auch andere Fachdienste (z. B. ASD, Ehe-, Familien-, Drogen-Beratungsstellen), die Schule, sonstige Ausbildungsstätte, der Arbeitgeber etc. einzubeziehen sowie evtl. konkrete Jugendhilfeleistungen anzubieten. Dabei kann aber *alles nur Angebotscharakter* haben, ist vor allem **Grundsätzlich ohne Befugnisse** nur mit Einverständnis des Vormunds sowie der sonstigen Personensorge-Berechtigten möglich. Auch besitzt das JA hierdurch kein Zutrittsrecht zu den betreffenden Minderjährigen, noch weniger eigene Entscheidungs-, Weisungs- oder gar Eingriffsbefugnisse, es sei denn, es sind die Voraussetzungen der § 42 Abs. 1 S. 1 oder Abs. 1 S. 2 HS 2 SGB VIII erfüllt und dadurch eine Handlungsnotwendigkeit gegeben (s. dazu S. 106 ff.). – Zur Benachrichtigung des FamG bei nicht erfolgter Mängelbehebung s. unter 4.

---

[6] Bei Vereinsvormundschaften entfällt diese (§ 53 Abs. 4 S. 2 SGB VIII).

3. Berichtspflicht des Jugendamtes[7]

Das SGB VIII hat für das JA eine allgemeine Berichtspflicht eingeführt, die sich auf die gesamte Situation im Personensorgebereich der betreffenden Minderjährigen zu erstrecken hat (vgl. § 53 Abs. 3 S. 4 SGB VIII). Über den konkreten Inhalt sowie die Häufigkeit der Berichte entscheidet das JA in eigener Verantwortung, sofern nicht die Voraussetzungen des § 53 Abs. 3 S. 3 oder 5 SGB VIII erfüllt sind. Es wird dabei wohl eine regelmäßige (d. h., mindestens alljährliche) eingehende Information über die gesamten Lebensumstände der Minderjährigen erforderlich sein.

Umfasst gesamte Personensorge

JA entscheidet eigenverantwortlich

4. Mitteilungen des Jugendamtes an das Familiengericht[8]

Wenn der Versuch einer konkreten Problemlösung nach § 53 Abs. 3 S. 2 SGB VIII seitens des JA scheitert (aus welchen Gründen auch immer), ist das JA verpflichtet, dies dem FamG mitzuteilen (§ 53 Abs. 3 S. 3 SGB VIII), damit dieses überlegen kann, ob z. B. Maßregeln gemäß § 1846 oder eine Ablösung des Vormunds erforderlich ist. Hierzu sollte das JA als kompetente Fachbehörde bereits Stellung beziehen und gegebenenfalls entsprechende Vorschläge unterbreiten.

Bei Scheitern von Problemlösungen

Bei konkreten Kindeswohlgefährdungen (s. dazu S. 322 ff.) ergibt sich diese Mitteilungspflicht des JA aus § 8a Abs. 3 S. 1 SGB VIII.

Bei Gefährdung des Kindeswohls

Im Vermögenssorgebereich besteht für das JA gegenüber Vormündern keine ausdrückliche Beratungspflicht oder Einflussmöglichkeit. Das JA hat hier lediglich gemäß § 53 Abs. 3 S. 4 SGB VIII eine Mitteilungspflicht gegenüber dem FamG, falls es (irgendwie) Kenntnis von einer Vermögensgefährdung eines Mündels erfährt, weil dann ein Tätigwerden des FamG gemäß § 1666 Abs. 1 S. 1 iVbm 1667 in Betracht kommen kann (siehe dazu S. 294).

Vermögensgefährdung

5. Fürsorge und Aufsicht des Familiengerichts

Das FamG hat gegenüber Vormündern ebenfalls eine allgemeine Beratungs- und Unterstützungspflicht (vgl. § 1837 Abs. 1). Diese ergibt sich auch aus der Fürsorgepflicht des FamG gegenüber den Vormündern (vgl. Gesetzesüberschrift vor den §§ 1837 ff.) sowie aus der für Vormünder gemäß § 1800 vorgesehenen entsprechenden Anwendung von § 1631 Abs. 3 (vgl. dazu S. 276 f.).

Beratung und Unterstützung

Darüber hinaus hat das FamG über die gesamte Tätigkeit des Vormundes (insbesondere bezgl. der Einhaltung der persönlichen Kontakte zum Mündel) Aufsicht zu führen und gegen Pflichtwidrigkeiten durch geeignete Gebote und Verbote einzuschreiten (vgl. § 1837 Abs. 2). Dabei kann es seine Anordnungen (nach vorheriger Androhung) notfalls durch Zwangsgeld bis zu 25 000,– EUR (je Einzelfall) durchsetzen (vgl. § 1837 Abs. 3 BGB, § 35 FamFG) oder den Vormund entlassen (§ 1886).

Aufsicht, Gebote, Verbote

Zwangsgeld Entlassung

Die Überwachungspflicht des FamG ist also viel weit gehender als bei den Eltern und führt ohne die Voraussetzungen der §§ 1666 bis 1667 zu einer Beschränkung der Ausübung der Befugnisse des Vormunds. Das erklärt sich zum einen daraus, dass das Elternrecht ja als Grundrecht in der

Überwachungspflicht des FamG

---

[7] Siehe Fn. 6.
[8] Siehe Fn. 6.

<table>
<tr><td>

Haftung des FamG

**Auskunfts-/Berichts-
pflicht der Vormünder**

**Bei Verweigerungen:
Zwangsgeld, Pfleger
oder Entlassung**

**Vormünder haften
intensiver als Eltern**

</td><td>

Verfassung verankert wurde (Art. 6 GG), zum anderen folgt dies auch aus der Haftung der Familienrichter (vgl. Art. 34 GG, § 839). Sie müssen somit die erleichterte Möglichkeit der Überprüfung einzelner Handlungen des Vormundes (sowie seiner Befugnisse insgesamt) haben.

Damit das FamG seine Überwachungspflicht überhaupt erfüllen kann, ist der Vormund (ebenfalls im Gegensatz zu den Eltern) auf dessen Verlangen jederzeit zur Auskunft über die persönlichen Verhältnisse des Mündels sowie über die Führung der Vormundschaft verpflichtet (§ 1839). Außerdem haben Vormünder mindestens einmal jährlich über die persönlichen Verhältnisse ihrer Mündel und über die persönlichen Kontakte zu ihnen zu berichten sowie über ihre Vermögensverwaltung Rechnung zu legen (§ 1840).

Bei Verweigerung dieser Pflichten kann das FamG in jedem Einzelfall bis zu 25 000,– EUR Zwangsgeld auferlegen (§ 1837 iVbm § 35 Abs. 3 FamFG). Dabei ist zu überprüfen, ob dann nicht zusätzlich eine Beschränkung der Personen- und/oder der Vermögenssorge (und hierfür Pflegerbestellung, vgl. §§ 1837 Abs. 3, 1909) oder gar die Entlassung des Vormundes (vgl. dazu § 1886) erfolgen muss. Von Letzterem wäre allerdings abzusehen, wenn zwischen Vormund und Mündel besonders gute persönliche Beziehungen bestehen (z. B. bei Aufnahme in dessen Familie).

Bei entstehenden Schäden haften Vormund und Gegenvormund dem Mündel gem. § 1833 für jede Art des Verschuldens (vgl. hierzu § 276). Sie haben also nicht nur für die Sorgfalt „wie in eigenen Angelegenheiten" (vgl. dazu § 277) einzustehen, wie das bei Eltern gegenüber ihren Kindern nur der Fall ist (vgl. § 1664 sowie S. 295).

</td></tr>
</table>

VI. Befreite Vormundschaft

<table>
<tr><td>

Bei Einzelvormündern

**Bei testamentarisch
Berufenen**

Zulässige Befreiungen

**Aufhebung
durch das FamG**

**Bei Vereins- und
Amtsvormundschaft
stets Befreiungen**

</td><td>

Da bei besonderer Vertrauenswürdigkeit eines Vormundes die strengen Vorschriften, die an die Ausübung seines Amtes gebunden sind, und die zu nicht unerheblichen Beschränkungen seines Amts führen, unnötig sein können, sieht das Gesetz gewisse „Lockerungen" vor. Sie treten aber beim Einzelvormund niemals automatisch ein, müssen vielmehr testamentarisch von den Eltern eingeräumt worden sein (vgl. §§ 1852, 1855, 1856, 1777).

Voraussetzung ist, dass den Eltern zurzeit ihres Todes die elterliche Sorge zustand (§§ 1856 S. 1, 1777 Abs. 1) und sie eine bestimmte Person in ihrem Testament zum Vormund benannt haben (§§ 1852 Abs. 1, 1853, 1855).

Zulässig sind folgende testamentarische Befreiungen:
– Ausschluss der Bestellung eines Gegenvormundes (§ 1852 Abs. 1);
– Befreiung von der Pflicht der regelmäßigen Rechnungslegung (§ 1840) – mit Ausnahme der Schlussrechnung (§ 1854);
– Verpflichtung eines Teiles der sog. mündelsicheren Anlegung von Geld (vgl. §§ 1810, 1809, 1812) kann erlassen werden (§ 1852 Abs. 2);
– die Hinterlegung von Inhaber- und Orderpapieren (§ 1853).

Diese von den Eltern angeordneten Befreiungen können jedoch vom FamG aufgehoben werden, wenn sie die Interessen des Mündels gefährden würden (§ 1857) und das FamG davon Kenntnis hat (z. B. vom JA).

Die Amts- und Vereinsvormundschaft sind stets befreite Vormundschaften im Sinne der §§ 1852 bis 1854 (vgl. § 1857a). Bei der Vereinsvormundschaft kann jedoch ein Gegenvormund bestellt werden (meist das JA), bei der Amtsvormundschaft dagegen nicht (vgl. § 1792 Abs. 1 S. 2). –

</td></tr>
</table>

Für das JA bestehen weitere Befreiungen, die durch das jeweilige Landesrecht noch erweitert werden können (vgl. § 56 Abs. 2 SGB VIII).

VII. Ende der Vormundschaft

Die Vormundschaft endet mit dem Wegfall der zu ihrer Begründung führenden Voraussetzungen, ohne dass (grundsätzlich) ein gesonderter Aufhebungsakt erforderlich ist (§ 1882).

Endet grundsätzlich ohne Aufhebung

In Betracht kommen folgende Fälle:
- Volljährigkeit des Mündels,
- Tod, Todeserklärung oder Feststellung der Todeszeit (§ 1884 Abs. 2) des Mündels,
- Eintritt oder Wiedereintritt der elterlichen Sorge.

Beispiele: Die minderjährige Mutter wird volljährig; die Feststellung des Ruhens ihrer elterlichen Sorge wird aufgehoben; ein Mündel wird adoptiert; sein Familienstand wird ermittelt.

Bei Verschollenheit des Mündels endigt die Vormundschaft aber erst, wenn das FamG deren Aufhebung anordnet (vgl. § 1884).

Ausnahmen

Von der Beendigung der Vormundschaft ist zu trennen die Beendigung des Amtes des einzelnen Vormunds, das entsprechend dem Bestellungsprinzip (s. dazu S. 374) grundsätzlich der Entlassung durch das FamG bedarf. Eine Entlassung des Vormundes kommt in Betracht:

Amtsende erst durch Entlassung

- wegen pflichtwidrigen Verhaltens (§ 1886),
- wenn ein Untauglichkeitsgrund gemäß § 1781 eintritt (§ 1886),
- bei Vereins- und Amtsvormundschaften, wenn eine geeignete Einzelperson die Vormundschaft fortführen könnte (§ 1887),
- wenn eine dienstliche Hinderung eines zum Vormund bestellten Beamten oder „Religionsdieners" eintritt (vgl. § 1888),
- auf Antrag des Vormundes, wenn er einen wichtigen Grund hierfür hat; das gilt auch für den Verein, nicht aber für das JA, es sei denn, ein geeigneter Einzelvormund könnte die Vormundschaft fortführen (vgl. § 1889).

Entlassungsgründe

Nach Beendigung seines Amtes hat der Vormund das verwaltete Vermögen herauszugeben und über die Verwaltung Rechnung zu legen (§ 1890), was vom FamG zu überprüfen ist (§ 1892).

Pflichten bei Amtsende

- Vormundschaften bestehen seit 1992 nur noch für Minderjährige; sie haben die gesamte elterliche Sorge zum Inhalt (§§ 1793, 1800, 1631).
- Sie kommen in Betracht bei Findelkindern und bei Minderjährigen, die nicht unter elterlicher Sorge stehen oder keinen gesetzlichen Vertreter haben (§ 1773) sowie bei Adoptionen gemäß §§ 1751 Abs. 1, 1764 Abs. 4 HS 2.
- Sie bedürfen grundsätzlich der AnO und Bestellung (Ausnahme: nichteheliche Kinder) durch das FamG (§§ 1774, 1775 bzw. 1791c).
- Reihenfolge der Vormunds-Auswahl durch das FamG: Ehepaar, Einzelperson, Verein (= Wohlfahrtsverband), JA (vgl. §§ 1779, 1887, 1791a, 1791b).
- FamG beaufsichtigt die Vormünder (vgl. §§ 1821, 1822, 1837 ff.); Befreiungen bestehen für Verein und JA (§ 1857a).
- Vormundschaften enden automatisch mit Wegfall ihres Anlasses (§ 1882) – das Amt eines Vormunds aber erst mit seiner Entlassung durch das FamG.

Zusammenfassung

C. Pflegschaft

I. Gegenstand und Zielsetzung

Die Pflegschaft ist eine Unterart der Vormundschaft. Sie hat – wie die Vormundschaft – eine unter staatlicher Aufsicht ausgeübte Fürsorgetätigkeit zum Inhalt. Während die Vormundschaft alle Angelegenheiten einer Person umfasst, betrifft eine Pflegschaft nur einzelne (oder einen Kreis von bestimmten) Angelegenheiten. Die Pflegschaft dient im Wesentlichen der Ergänzung und Erweiterung des elterlichen oder vormundschaftlichen Schutzes.

Begrenzte Vormundschaft

Die Pflegschaft ist eine Vormundschaft mit begrenztem Umfang, d. h. für diejenigen Angelegenheiten, die entweder die Eltern oder der Vormund oder die Person selbst aus rechtlichen oder tatsächlichen Gründen nicht vornehmen können oder sollen. Dabei ist der Umfang der Pflegschaft – im Gegensatz zur Vormundschaft (vgl. §§ 1793, 1800, 1897, 1901) – nicht gesetzlich festgelegt, sondern jeweils bei der Bestellung des Pflegers durch das FamG zu bestimmen.

FamG muss jeweils Umfang festlegen

Anwendung des Vormundschaftsrechts

Wegen der Ähnlichkeit mit der Vormundschaft finden auf die Pflegschaft weitgehend die Vormundschaftsvorschriften entsprechende Anwendung (§ 1915 Abs. 1). Es bestehen jedoch vor allem folgende Sonderheiten:

Sonderheiten

– Bei Ergänzungspflegschaften (vgl. § 1909 sowie unten III.) ist keine Berufung durch die Eltern (§§ 1776–1778) möglich (§ 1916), weil hier der Pfleger meist gerade Interessen gegen die Eltern zu vertreten hat.

– Die Bestellung eines Gegenvormundes ist nicht erforderlich (§ 1915 Abs. 2), aber möglich.

– Bezüglich der Beendigung einer Pflegschaft gelten ebenfalls Sonderheiten (vgl. §§ 1918, 1919).

– Seit 1.9.2009 ist für Pflegschaften für Minderjährige oder für eine Leibesfrucht das FamG, für alle anderen Pflegschaften jedoch das seitdem geschaffene (vgl. § 23c GVG) *Betreuungsgericht* zuständig (§ 1915 Abs. 1 S. 3).

II. Praxisrelevante Pflegschaftsarten

In der Praxis der SA/SP spielen vor allem Pflegschaften für Minderjährige eine Rolle. Daher sollen nur sie hier besprochen werden (s. unten III.).

Weitere Pflegschaften sind möglich für:

eine Leibesfrucht (§ 1912), Abwesende (§ 1911), unbekannte Beteiligte (§ 1913), Nachlässe (§ 1960 ff.), Sammelvermögen (§ 1914), als besondere Verfahrensvertreter in Unterbringungsverfahren gemäß (§ 317 FamFG).

Seit 1998 für ne. Ki.
Beistandschaft statt Amtspflegschaft des JA

Die früher für nichteheliche Kinder bestehenden gesetzlichen Amtspflegschaften des JA sind seit 1.7.1998 weggefallen. Sie wurden durch freiwillige Beistandschaften ersetzt (vgl. §§ 1712–1717 sowie S. 299 ff.).

III. Pflegschaft für Minderjährige

Sie kommt bei Minderjährigen in Betracht, wenn Eltern oder ein Vormund aus tatsächlichen oder rechtlichen Gründen an der Besorgung bestimmter Angelegenheiten der elterlichen Sorge verhindert sind (§ 1909 Abs. 1 S. 1) und werden daher auch *Ergänzungspflegschaften* genannt.

Voraussetzungen:
Tatsächl.
Verhinderung

Beispiele: Unfälle, schwere Erkrankungen, Abwesenheit

(Bei lang andauernden Fällen ist jedoch gemäß § 1674 vorzugehen und dann ein Vorgehen gemäß § 1693 oder Vormundbestellung nötig.)

Weitere Beispiele: Sorgerechtsbeschränkungen gem. §§ 1666, 1666a, 1667, 1796, 1801 Abs. 1, gesetzliche Vertretungsverbote gem. §§ 1629 Abs. 2, 1795; 317 FamFG; 52 Abs. 2 S. 2 StPO.

Rechtl. Verhinderung

Die Bestellung eines *Ergänzungspflegers* setzt ein konkretes Bedürfnis zur Besorgung einer oder bestimmter Angelegenheiten voraus, an deren Erledigung Eltern oder Vormund verhindert sind (arg.: „erforderlich" in § 1909 Abs. 2). Sie haben dies dem FamG unverzüglich „mitzuteilen" (§ 1909 Abs. 2). Anzeigepflicht haben auch: JA (§ 8a Abs. 3 S. 1 SGB VIII) sowie jedes Gericht (§ 22a Abs. 1 FamFG). Das FamG hat dann vAwg zu ermitteln (§ 26 FamFG). Das gilt nach pflichtgemäßem Ermessen auch dann, wenn andere Personen oder Institutionen (Verwandte, Nachbarn, Pflegefamilie, Arzt, Krankenhaus, Schule, JA etc.) das FamG von einer (tatsächlichen oder rechtlichen) Verhinderung der Eltern oder eines Vormunds in Kenntnis setzen.

Erforderlichkeit

Anzeigepflicht

FamG ermittelt von Amts wegen

Der Wirkungskreis eines Pflegers ergibt sich aus seiner Bestallungsurkunde (vgl. zu dieser: §§ 1915, 1791), erstreckt sich also nur auf die darin bezeichneten Angelegenheiten. Insoweit ist dann das Sorgerecht der Eltern oder des Vormundes eingeschränkt (vgl. §§ 1630 Abs. 1, 1794).

Wirkungskreis des Pflegers

Ergänzungspflegschaften (nach § 1909) enden kraft Gesetzes (= automatisch) mit der Erledigung der betreffenden Angelegenheiten (§ 1918 Abs. 3), spätestens mit Beendigung der elterlichen Sorge oder Vormundschaft (§ 1918 Abs. 1). Bei Wegfall des Anordnungsgrundes bedarf es dagegen der Aufhebung durch das FamG (§ 1919), wie das z. B. bei *Ergänzungspflegschaften* im Rahmen der §§ 1629 Abs. 2, 1795 (s. dazu S. 316 ff.) oder bei Verfahrenspflegschaften gemäß § 317 FamFG der Fall ist.

Beendigung

Einen Sonderfall stellt die sog. Ersatzpflegschaft nach § 1909 Abs. 3 dar, die dann (vAwg) anzuordnen ist, wenn die Vormundschaftsvoraussetzungen (= § 1773) zwar vorliegen, der Vormundbestellung aber noch Hindernisse entgegenstehen (z. B. Überprüfung berufener Personen schwierig; Weigerung, Amt zu übernehmen o. ä.) und schon ein Bedürfnis nach rechtlicher Fürsorge besteht. Diese (vorübergehende) Pflegschaft kann sehr umfassend sein und vom Umfang her einer Vormundschaft entsprechen.

Sonderfall Ersatzpflegschaft

Zusammenfassung

> – Pflegschaften sind begrenzte Vormundschaften.
> – Für Minderjährige sind sie vorgesehen, wenn Sorge-Inhaber partiell aus tatsächlichen oder rechtlichen Gründen ausfallen (§ 1909), oder wenn Kindesinteressen dies erfordern.
> – Der Wirkungskreis eines Pflegers ergibt sich aus seiner Bestallungs-Urkunde. Er beschränkt insoweit die Eltern oder den Vormund (§§ 1630 Abs. 1, 1794),
> – Auf Pflegschaften findet generell Vormundschafts-Recht Anwendung (§ 1915).
> – Die gesetzlich automatisch eintretende Zwangs-Pflegschaft des JA für sämtliche nichteheliche Kinder (vgl. § 1709 aF) wurde am 1.7.1998 durch die freiwillige Beistandschaft ersetzt (vgl. §§ 1712 ff. n.F. sowie S. 299 ff.).

D. Rechtliche Betreuung

Seit 1992

Die Rechtsstellung psychisch Kranker sowie (geistig, körperlich oder seelisch) Behinderter, insbesondere die alter, gebrechlicher Menschen, war reformbedürftig. Das seit dem 1.1.1992 geltende Betreuungsgesetz (BtG) hatte daher die (fast nur) vermögensorientierten Rechtsinstitute der Erwachsenen-Vormundschaft und der Gebrechlichkeitspflegschaft durch das

Betreuungsgericht ist zuständig

weitaus stärker personenbezogene Rechtsinstitut der „Betreuung"[9] ersetzt (vgl. §§ 1896–1908i), für das seit Abschaffung des VormG am 1.9.2009 das seitdem installierte *Betreuungsgericht* zuständig ist (§ 23c GVG).

Die wichtigsten Grundsätze
Keine Entmündigung mehr vorgesehen

Da die Darstellung des Jugendrechts im Mittelpunkt dieses Buches steht, sollen nachfolgend nur die zentralen Regelungen des Betreuungsrechts kurz skizziert werden:

1. Die Entmündigung ist 1992 weggefallen, da die damit zwangsweise verbundene Entrechtung zunehmend als unnötig stigmatisierend und auch als diskriminierend empfunden worden war.

Rechtliche Betreuung statt Vormundschaft und Pflegschaft

2. Vormundschaft und Gebrechlichkeitspflegschaft für Volljährige sind *seitdem* entfallen und stattdessen sind *rechtliche Betreuungen* vorgesehen (vgl. §§ 1896 ff.). Sie kommen in Betracht, wenn *Volljährige* wegen psychischer Krankheit oder körperlicher, geistiger oder seelischer Behinderung ihre Angelegenheiten ganz oder z.T. (nicht allein oder überhaupt nicht) besorgen können – und zwar generell nur auf deren Antrag und nie gegen ihren *freien* Willen (§ 1896 Abs. 1 u. 1a).

Geschäftsfähigkeit bleibt bestehen

3. Die Bestellung von Betreuern schränkt die Betreuten grundsätzlich nicht bei der Teilnahme am Rechtsverkehr ein (oder schließt sie gar aus). Das gilt auch bezüglich der Ehe- und Testierfähigkeit. Es kann hier da-

Doppelzuständigkeit

her zu Überschneidungen der Handlungen von Betreuern und Betreuten kommen (sog. *Doppelzuständigkeit*). So können beide dieselben Handlungen vornehmen (z.B. etwas vom Konto abheben, Kaufverträge tätigen, Mietverträge abschließen oder kündigen) und einer kann evtl. auch Aktionen des anderen wieder revidieren, sofern das tatsächlich und rechtlich noch möglich ist. – Abzulehnen ist die Ansicht, dass bei sich wider-

---

[9] Seit 1999 heißt dieses Rechtsinstitut (weniger missverständlich) „Rechtliche Betreuung".

sprechenden Rechtshandlungen von Betreuer und Betreuten die zeitlich früher gilt[10]; ebenso, dass sich dies durch einen Einwilligungsvorbehalt des Betreuers vermeiden lasse[11], denn dieser kann nur zur Abwendung erheblicher Gefahr für Person oder Vermögen des Betreuten gerichtlich angeordnet und Betreute insoweit rechtsgeschäftlich eingeschränkt werden (vgl. § 1903 Abs. 1). – Wenn sich allerdings Betreute in einem ihre freie Willensbestimmung ausschließenden Zustand der Störung der Geistestätigkeit befinden (sog. „natürliche" Geschäftsunfähigkeit nach § 104 Nr. 2), sind ihre Willenserklärungen gemäß § 105 nichtig, sofern es sich nicht nur um geringwertige Geschäfte des täglichen Lebens (z. B. kleine Einkäufe von Lebensmitteln und Getränken) handelt (vgl. § 105a S. 1). **Geisteskrankheit**

4. Für alle mit einer Betreuung zusammenhängenden Verfahren ist seit 1.9.2009 das durch das *FGG-Reformgesetz* beim Amtsgericht installierte *Betreuungsgericht* (vgl. § 23c GVG) zuständig (2. Instanz: LG, 3. Instanz: OLG mit Divergenzmöglichkeit zum BGH). Es bestehen einheitliche Verfahrensvorschriften (vgl. §§ 271 – 311 FamFG), die die Rechtsposition der Betroffenen gegenüber dem früheren Recht verbessert haben, insbesondere stets deren Verfahrensfähigkeit anerkennen (§ 275 FamFG). **Einheitliches Verfahrensrecht**

5. Betreuer sollen (ohne Rangfolge) eine oder mehrere Einzelpersonen werden (vgl. §§ 1897–1899), d. h. *ehrenamtliche* oder *berufliche* (= freiberuflich oder als Mitarbeiter anerkannter Betreuungsvereine oder einer Betreuungsbehörde). Dabei sind vom Betreuten als Betreuer vorgeschlagene Personen zu bestellen, wenn es dem Wohl des Betreuten nicht zuwiderläuft; auf Vorschläge des Betreuten, bestimmte Personen nicht zum Betreuer zu bestellen, soll Rücksicht genommen werden (siehe dazu § 1897 Abs. 4). Diese Vorschläge können aktuell oder irgendwann zuvor in sog. *Betreuungsverfügungen* erfolgen. – Die in § 1897 Abs. 3 genannten Personen sind jedoch (ausnahmslos) von der Bestellung zum Betreuer ausgeschlossen. Erscheint durch Einzelpersonen keine hinreichende Betreuung gesichert, so bestellt das Betreuungsgericht einen anerkannten Betreuungsverein oder (nachrangig) die *Betreuungsbehörde* zum Betreuer (vgl. § 1900 Abs. 1 u. 4 sowie §§ 1–9 Betreuungsbehördengesetz). **Betreuerkreis**

Betreuer müssen zur Besorgung der vom Betreuungsgericht festgelegten Angelegenheiten sowie zur persönlichen Betreuung der Betroffenen im erforderlichen Umfang geeignet sein, wozu bei der erstmaligen Bestellung die Betreuungsbehörde angehört werden soll (vgl. § 1897 Abs. 1 u. 7). Betreuer müssen dazu beitragen, dass Möglichkeiten genutzt werden, die Krankheit oder Behinderung des Betreuten zu beseitigen, zu bessern, ihre Verschlimmerung zu verhüten oder ihre Folgen zu mildern (§ 1901 Abs. 4 S. 1). Halten Betreuer nicht den erforderlichen persönlichen Kontakt zu den Betreuten, so ist das nach § 1908b Abs. 1 S. 2 ein (vAwg zu berücksichtigender) wichtiger Entlassungsgrund durch das Betreuungsgericht. **Persönliche Betreuung**

6. Bei Bestellung, Aufgabenzuweisung und Genehmigungshandlungen der Betreuer sind grundsätzlich Wille und Wünsche der Betreuten sowie stets die konkrete Erforderlichkeit zu beachten (vgl. §§ 1896 Abs. 2, 1897 **Eigene Lebensgestaltung**

---

[10] So *Schwab*, 21. Aufl., Rn. 958.
[11] So *Palandt/Götz*, 72. Aufl., Einführung vor § 1896 Rn. 13.

Abs. 4, 1901 Abs. 2, 3), damit die Betreuten im Rahmen ihrer Fähigkeiten ihr Leben nach eigenen Vorstellungen gestalten können (vgl. § 1901 Abs. 2 S. 2).

Ärztliche Behandlungen

7. Untersuchungen, Heilbehandlungen, ärztliche Eingriffe dürfen nur mit Zustimmung der Betreuten vorgenommen werden, wobei nach ständiger Rechtsprechung deren sog. „natürliche" Einsichtsfähigkeit genügt. Ist diese nicht gegeben und liegt auch keine wirksame Patientenverfügung vor (s. dazu nachstehend), so ist die Einwilligung des Betreuers erforderlich.

Sehr risikoreiche ärztliche Maßnahmen

Wenn jedoch die begründete Gefahr besteht, dass der Betreute auf Grund der Maßnahme einen schweren und länger andauernden gesundheitlichen Schaden erleidet (oder gar stirbt), ist – wenn nicht Gefahr im Verzug besteht – zusätzlich die Genehmigung des Betreuungsgerichts erforderlich (vgl. § 1904 Abs. 1). Diese ist zu erteilen, wenn sie dem Willen des Betreuten entspricht (zu ärztlichen Zwangsbehandlungen s. unten unter 10.).

Berücksichtigung von Patientenverfügungen

Wenn ein einwilligungsfähiger Volljähriger für den Fall seiner späteren Einwilligungsunfähigkeit schriftlich festgelegt hat, ob er in künftige bestimmte ärztliche Untersuchungen, Heilbehandlungen oder Eingriffe einwilligen oder sie untersagen will (sog. *Patientenverfügung*), muss der Betreuer prüfen, ob diese Festlegungen auf die aktuelle Lebens- und Behandlungssituation zutreffen (§ 1901a Abs. 1 S. 1). Ist dies der Fall, muss der Betreuer dem Willen des Betreuten Ausdruck und Geltung verschaffen (§ 1901a Abs. 1 S. 2). Liegt keine oder eine unvollständige oder eine mangels Schriftform ungültige Patientenverfügung vor oder treffen die Festlegungen einer solchen nicht auf die aktuelle Lebens- und Behandlungssituation zu, so muss der Betreuer die Behandlungswünsche oder den mutmaßlichen Behandlungswillen des Betreuten feststellen und dann auf dieser Grundlage entscheiden, ob er in eine ärztliche Maßnahme nach § 1901a Abs. 1 einwilligt oder sie untersagt (§ 1901a Abs. 2 S. 1). Das gilt auch dann, wenn dadurch der Tod des Betreuten herbeigeführt wird, da der frei verantwortlich gefasste Wille eines Menschen in allen Lebenslagen beachtet werden muss und eine *Weiterbehandlung gegen seinen Willen* somit *rechtswidrig* ist.[12] Dabei ist unabhängig von Art und Stadium einer Erkrankung des Betreuten stets dessen mutmaßlicher Behandlungswille aufgrund konkreter Anhaltspunkte zu ermitteln, wobei frühere mündliche oder schriftliche Äußerungen, ethische oder religiöse Überzeugungen und sonstige persönliche Wertvorstellungen des Betreuten zu berücksichtigen sind (vgl. § 1901a Abs. 2 S. 2 u. 3, Abs. 3). – Wenn zwischen Betreuer und behandelndem Arzt Einvernehmen darüber besteht, dass die Erteilung, die Nichterteilung oder der Widerruf der Einwilligung in ärztliche Maßnahmen dem nach § 1901a festgestellten Willen des Betreuten entspricht, ist auch bei sehr risikoreichen ärztlichen Maßnahmen keine Genehmigung des Betreuungsgerichts erforderlich (§ 1904 Abs. 4).

Sterilisation

8. Die Sterilisation Volljähriger[13] ist nur noch zur Abwendung von Notlagen für die Schwangere zulässig, wenn

---

[12] Daher ist dann auch ein aktives Handeln (hier Durchtrennen der Ernährungsschläuche) straffrei (BGH v. 25.6.2010, Az: 2 StR 454/09 unter Hinweis auf § 1901a).

[13] Zum Verbot der Sterilisation Minderjähriger siehe S. 286.

- die Betreuten einwilligungsunfähig sind und auf Dauer bleiben werden,
- die Sterilisation dem Willen der Betreuten nicht widerspricht,
- anzunehmen ist, dass es ohne die Sterilisation zu einer Schwangerschaft kommen würde,
- infolge dieser Schwangerschaft eine Gefahr für das Leben oder die Gefahr einer schwerwiegenden Beeinträchtigung des körperlichen oder seelischen Gesundheitszustands der Schwangeren zu erwarten wäre, die nicht auf zumutbare Weise abgewendet werden könnte, und
- die Schwangerschaft nicht durch andere zumutbare Mittel verhindert werden kann

(vgl. § 1905 Abs. 1). Nur wenn sämtliche vorstehenden Voraussetzungen erfüllt sind, kommt eine Einwilligung des Betreuers sowie die Genehmigung des Betreuungsgerichts in Betracht und eine Sterilisation darf erfolgen. Anderenfalls muss sie unterbleiben[14]. Da oberstes Prinzip ist, Zwangs-Sterilisationen zu verhindern[15], ist sowohl die Einwilligungsfähigkeit wie der Wille der betreffenden Betreuten ärztlicherseits zu beurteilen[16].

Die – umstrittene – Sterilisation „im Interesse" des „ungezeugten" Kindes ist nicht zugelassen; auch dürfen keine anderen – noch so verständlich erscheinenden – Interessen (der Allgemeinheit oder von Verwandten) berücksichtigt werden (vgl. § 1905). – Bei der Sterilisation ist stets der Methode der Vorzug zu geben, die eine Refertilisierung zulässt (§ 1905 Abs. 2 S. 3).

9. Der Bedeutung der Wohnung als Lebensmittelpunkt entsprechend bedürfen Betreuer beim Abschluss von Mietverträgen von mehr als vier Jahren sowie – stets – zur Beendigung von Mietverhältnissen der Genehmigung des FamG; das gleiche gilt, wenn der Betreuer Wohnräume der Betreuten anderweitig vermieten will (§ 1907).

Mietverträge

10. Mit Freiheitsentzug verbundene Unterbringungen Betreuter durch ihre Betreuer sind gemäß § 1906 Abs. 1 nur zulässig, solange sie zum Wohl der Betreuten erforderlich sind, weil **entweder**

Freiheitsentzug und ähnliche Maßnahmen

1. aufgrund einer psychischen Krankheit oder geistigen oder seelischen Behinderung der Betreuten die Gefahr besteht, dass sie sich selbst einen erheblichen gesundheitlichen Schaden zufügen oder Suizid begehen **oder**
2. zur Abwendung eines drohenden erheblichen gesundheitlichen Schadens eine Untersuchung des Gesundheitszustands, eine Heilbehandlung oder ein ärztlicher Eingriff notwendig ist, die ohne die Unterbringung der Betreuten nicht durchgeführt werden können und die Betreuten aufgrund einer psychischen Krankheit oder geistigen oder seelischen Behinderung die Notwendigkeit der Unterbringung nicht erkennen oder nicht nach dieser Einsicht handeln können.

Mit Freiheitsentzug verbundene Unterbringungen sind nur mit vorheriger Genehmigung des Betreuungsgerichts zulässig, es sei denn, es besteht

Betreuungsgerichtl. Genehmigung erforderl.

---

[14] *Palandt/Götz*, 72. Aufl., § 1905 Rn. 3.
[15] MüKo/*Schwab*, § 1905 Rn. 6 und 17 f.; *Palandt/Götz*, aaO, Rn. 5.
[16] MüKo/*Schwab*, aaO, Rn. 12.

Notfälle

Gefahr im Verzug; die gerichtliche Genehmigung ist dann jedoch unverzüglich (iSd § 121 S. 1) nachzuholen (§ 1906 Abs. 2 S. 2).

Beendigungspflicht

Wenn die o. g. Voraussetzungen für eine mit Freiheitsentzug verbundene Unterbringung wegfallen, müssen Betreuer sie beenden und dies dem Betreuungsgericht anzeigen (§ 1906 Abs. 2 S. 3 u. 4).

Unterbringungen durch Bevollmächtigte

Mit Freiheitsentzug verbundene Unterbringungen durch Bevollmächtigte setzen voraus, dass die Vollmacht schriftlich erteilt worden ist und die in den § 1906 Abs. 1 genannten Maßnahmen ausdrücklich umfasst (Generalvollmachten genügen daher nicht); im Übrigen gilt § 1906 Abs. 1–4 entsprechend – also insbesondere die betreuungsgerichtliche Genehmigungspflicht (vgl. § 1906 Abs. 5).

Ärztliche Zwangsmaßnahmen

Sollen im Rahmen einer mit Freiheitsentzug verbundenen Unterbringung ärztliche Maßnahmen gegen den natürlichen Willen Betreuter vorgenommen werden, so bedürfen diese ärztlichen Zwangsmaßnahmen der Einwilligung der jeweiligen Betreuer. Betreuer können jedoch nach § 1906 Abs. 3 S. 1 in sie nur einwilligen, wenn folgende **5 Voraussetzungen** erfüllt sind:

Einwilligung des Betreuers

1. ein Betreuter kann auf Grund einer psychischen Krankheit oder einer geistigen oder seelischen Behinderung die Notwendigkeit einer ärztlichen Maßnahme nicht erkennen oder nicht nach dieser Einsicht handeln,
2. zuvor wurde versucht, den Betreuten von der Notwendigkeit der ärztlichen Maßnahme zu überzeugen,
3. die ärztliche Zwangsmaßnahme ist im Rahmen der Unterbringung nach § 1906 Abs. 1 zum Wohl des Betreuten erforderlich, um einen drohenden erheblichen gesundheitlichen Schaden von ihm abzuwenden,
4. ein erheblicher gesundheitlicher Schaden kann durch keine andere dem Betreuten zumutbare Maßnahme abgewendet werden,
5. der zu erwartende Nutzen der ärztlichen Zwangsmaßnahme überwiegt die zu erwartenden Beeinträchtigungen deutlich.

Der Betreuer hat die Einwilligung in die ärztliche Zwangsmaßnahme zu widerrufen, wenn ihre Voraussetzungen (eine davon genügt) wegfallen und dies dem Betreuungsgericht anzuzeigen (§ 1906 Abs. 3a S. 2 u. 3).

Genehmigungspflicht

Die Einwilligung des Betreuers in ärztliche Zwangsmaßnahmen bedarf der Genehmigung des Betreuungsgerichts (§ 1906 Abs. 3a S. 1).

Freiheitsentzug in Heimen, Anstalten, sonst. Einrichtungen

Vorgenanntes gilt entsprechend, wenn Betreuten, die sich in einer Anstalt, einem Heim oder einer sonstigen Einrichtung aufhalten (ohne iSd § 1906 Abs. 1 untergebracht zu sein), durch mechanische Vorrichtungen, Medikamente oder auf andere Weise über einen längeren Zeitraum oder regelmäßig die Freiheit entzogen werden soll (§ 1906 Abs. 4).

Einwilligung durch Bevollmächtigte

Einwilligung eines Bevollmächtigten in ärztliche Zwangsmaßnahmen oder in Freiheitsentzug nach § 1906 Abs. 4 setzen voraus, dass die Vollmacht schriftlich erteilt ist und die in den Absätzen 1, 3 und 4 genannten Maßnahmen ausdrücklich umfasst; im Übrigen gilt § 1906 Abs. 1 bis 4 entsprechend (vgl. § 1906 Abs. 5).

Einheitliches Verfahrensrecht

Für mit Freiheitsentzug verbundene Unterbringungen (s. dazu S. 290 ff.) ist ein einheitliches Verfahrensrecht geschaffen worden (vgl. §§ 312–339 FamFG), das auch für öffentlich-rechtliche Unterbringungen nach Landesrecht sowie für sonstige freiheitsbeschränkende Maßnahmen in Heimen, Anstalten o. ä. Einrichtungen gilt (vgl. § 312 FamFG).

In Unterbringungssachen sind die Betreuten unabhängig von ihrer Geschäftsfähigkeit verfahrensfähig (§ 316 FamFG) – also auch bei Geisteskrankheit, so dass alle von ihnen im Verfahren artikulierten Willenserklärungen verfahrensmäßig zu interpretieren/werten sind und dann selbständig (und somit auch gegen den Willen ihrer Betreuer) zu beachten sind (z. B. als Antrag oder Rechtsmitteleinlegung). **Uneingeschränkte Verfahrensfähigkeit**

11. Um eine Betreuung zu vermeiden (insbesondere die mit dem Verfahren zwangsläufig verbundene Zeitverzögerung bei evtl. wichtigen Entscheidungen), kann eine sog. *Vorsorgevollmacht* erteilt werden, in der eine Person (oder mehrere)[17] für bestimmte Handlungen und/oder Bereiche (aber auch für sämtliche denkbaren Angelegenheiten[18]) als verbindlich handlungsberechtigt vorgesehen wird, wenn jemand – aus welchen Gründen auch immer[19] – nicht mehr in der Lage ist, sich um seine *rechtlichen* Angelegenheiten zu kümmern. Denn dann sind weder Ehepartner (oder Lebenspartner iSd LPartG) noch Kinder, Eltern, Geschwister oder sonstige nahe Angehörige hier vertretungs- und damit entscheidungsbefugt. Vielmehr müsste erst das *Betreuungsgericht* eingeschaltet werden und einen Betreuer bestellen. – Wenn eine *Vorsorgevollmacht* vorliegt, für die keine bestimmte Form vorgeschrieben (vgl. § 1897 Abs. 4), aber Schriftform empfehlenswert ist, wäre dann insoweit grundsätzlich keine Betreuerbestellung erforderlich (vgl. hierzu § 1896 Abs. 2 S. 2). – Bezüglich ärztlicher Behandlungen wären allerdings evtl. vorhandene Patientenverfügungen (s. dazu oben unter 7.) zu beachten. **Vorsorgevollmachten**

---

[17] Die Bevollmächtigung von in § 1897 Abs. 3 genannten Personen wäre jedoch gem. § 1897 Abs. 2 S. 2 unwirksam.
[18] Sog. Generalvollmacht.
[19] Beispiele: Koma-/Schlaganfall-/Herzinfarkt-Patienten, schwere Unfälle, Demenz.

Stichwortverzeichnis

Die Ziffern verweisen auf die Seitenzahlen.
In Klammern gesetzte Ziffern geben die jeweilige Altersstufe in Kapitel 1 an.

Stichwortverzeichnis

Stichwortverzeichnis

Stichwortverzeichnis

Stichwortverzeichnis

Stichwortverzeichnis

Stichwortverzeichnis

Stichwortverzeichnis

Stichwortverzeichnis